그림으로 배우는 풍수

人子須知

인자수지

《풍수(風水)의 꽃《혈편(穴編)》

김상태 역주

머리말

「인자수지」는 명나라 초기의 서선계(徐善繼)와 서선술(徐善述) 쌍둥이 형제가 250종의 풍수관련 책을 모아 한 권으로 엮은 것으로 풍수지리를 형상(形象)과 이기(理氣)로 구분한 뛰어난 고전입니다. 이 책은 내용이 방대한 관계로 용(龍)·혈(穴)·사(砂)·수(水)·향(向) 중에서 형기풍수를 먼저 알아야 합니다. 이를 고려하여 이미 역자(譯者)는 형기 풍수서인 '설심부 변와정해(雪心賦 辯譌正解)(2023년 4월)'와 '인자수지(人子須知)' 가운데 사법(砂法)·수법(水法)· 양기(陽基)(2024년 7월)를 번역하였고 형기 부분의 내용을 보완하기 위하여 '인자수지'가운데 풍수의 꽃이라고 여기는 혈(穴) 부분에 대하여 풍부한 주석을 달았습니다.

사람들은 풍수에 대해 아는 듯하나 실제로 현장에 가서는 자연의 모습을 보고 머뭇거리는 경우가 종종 있는 것을 보았습니다. 그러나 산의 모양이 어떠한지를 안다면 풍수에 대한 확신이 생길 것입니다. 사람의 내면세계를 알기 전에 먼저 그 모습을 보고 성격이나 건강한 정도를 추측할 수 있듯이 산 역시 마찬가지로 산의 모습을 보고 판단하는 것이 형기(形氣)의 본래 취지이기 때문입니다.

그러한 측면에서 이기(理氣)보다 우선 형기(形氣) 관련 이론을 터득하는 것이 풍수를 습득하는 지름길이라 생각합니다. 이 책에는 산도(山圖)가 많이 수록되어 있어 형기 관련 내용을 쉽게 익힐 수 있습니다. 더불어 사·수(砂水)와 혈(穴)을 제대로 공부를 한다면 산의 모양[형기]이 보이는 벅찬 순간이 올 것입니다.

풍수에 대한 관심은 좋은 땅을 찾는 출발점입니다. 또한 유익한 땅을 찾고자 하면 반드시 결실이 보일 것입니다. 여러분이 이 번역서를 가까이 하신다면 좋은 땅을 찾을 수 있습니다. 백 마디 말보다 이제 **한 장의 산도**(山圖)부터 시작합시다.

2026년 1월

포항 비학산 자락에서 문석 김상태 드림

목차

제1장 혈법 …… 009

제1절 총론(總論) …… 009
제2절 혈(穴)의 사상(四象) …… 025
1) 와형(窩穴)의 혈(穴) …… 026
2) 겸형의 혈(論鉗形之穴) …… 046
3) 유형의 혈(論乳形之穴) …… 067
4) 돌형(突形)의 혈(穴) …… 084
5) 변와격(邊窩之格) …… 101
6) 병와격(論並窩之格) …… 109
7) 분겸격(論分鉗之格) …… 111
8) 합겸격[論合鉗之格] …… 114
9) 섭유격(論閃乳之格) …… 116
10) 측유격[論側乳之格] …… 121
11) 골돌의 격(鶻突之格) …… 123
12) 병돌격(幷突格) …… 127
13) 와(窩)라도 와(窩)에 장(葬)하지 못하는 와격(窩格) …… 129
14) 겸(鉗)이라도 겸에 장사하지(葬) 못하는 겸격(鉗格) … 133
15) 유(乳)가 있으나 유(乳)에 장사하지[葬] 못하는 유격(乳格) 134
16) 돌(突)이 있으나 돌(突)에 장사하지[葬] 못하는 돌격(突格) 135

제3절 혈성론(穴星論) …… 137
1) 머리말 …… 138
2) 혈성(穴星)의 삼대격(三大格) …… 139
3) 혈성(穴星) 삼격(三格)의 변(辨) …… 141

제4절 혈성(穴星)의 여러 형상[諸形] ······ 143
1) 금성형(金星形) ······ 144
2) 목성(木星) 모양[形]이 곧은 것[直]이니 ······ 144
3) 수성(水星) 모양[形]은 굽은 것[曲]이니 ······ 144
4) 화성(火星) 모양[形]이 뾰족하므로 혈을 맺지 못한다. · 145
5) 토성(土星) 모양[形]은 네모지다. ······ 145
6) 화성(火星) 불결혈(不結穴)의 변(辨) ······ 146

제2장 혈증(穴證) ······ 182

제1절 머리말 ······ 182
제2절 조산증혈(論朝山証穴) ······ 182
제3절 명당증혈(論明堂証穴) ······ 193
제4절 수세증혈(論水勢証穴) ······ 195
제5절 낙산증혈(論樂山証穴) ······ 197
제6절 귀성증혈(鬼星証穴) ······ 200
제7절 용호증혈(論龍虎証穴) ······ 202
제8절 전호증혈(論纏護証穴) ······ 205
제9절 순전증혈(論唇氈証穴) ······ 205
제10절 천심십도증혈(論天心十道証穴) ······ 211
제11장 분합증혈(論分合証穴) ······ 213

제3장 혈(穴)의 소기(所忌) ······ 216

제1절 머리말 ······ 216
제2절 조악(粗惡) ······ 216

제3절 준급(峻急) ······ 217
제4절 단한(單寒) ······ 223
제5절 옹종(臃腫) ······ 224
제6절 허모(虛耗) ······ 225
제7절 요결(凹缺) ······ 228
제8절 수삭(瘦削) ······ 238
제9절 돌로(突露) ······ 238
제10절 파면(破面) ······ 242
제11절 흘두(疙頭) ······ 247
제12절 산만(散漫) ······ 249
제13절 유냉(幽冷) ······ 250
제14절 첨세(尖細) ······ 252
제15절 탕연(蕩軟) ······ 253
제16절 완경(頑硬) ······ 253
제17절 참암(巉岩) ······ 254

제4장 정혈법(定穴法) ······ 264

제1절 머리말 ······ 264
제2절 태극정혈(以太極定穴) ······ 264
제3절 양의정혈(以兩儀定穴) ······ 271
제4절 삼세정혈(以三勢定穴) ······ 275
제5절 삼정정혈(以三停定穴) ······ 282
제6절 사살정혈(以四殺定穴) ······ 292
제7절 자웅정혈(以雌雄定穴) ······ 298
제8절 요감정혈(以饒減定穴) ······ 299

제9절 취산정혈(以聚散定穴) ···································· 303
제10절 향배정혈(以向背定穴) ···································· 305
제11절 장산식수정혈(以張山食水定穴) ···································· 307
제12절 침룡이각정혈(枕龍耳角定穴) ···································· 310
제13절 추길피흉(以趨吉避凶) 장신복살정혈(藏神伏煞定穴) ·· 312
제14절 근취제신(以近取諸身)정혈(定穴) ···································· 321
제15절 지장정혈(以指掌定穴) ···································· 331
제16절 원취제물(以遠取諸物)정혈(定穴) ···································· 342
제17절 유성정혈(以流星定穴) ···································· 344
제18절 팔괘정혈(以八卦定穴) ···································· 345

제5장 어록(語錄) ···································· 348

제1절 머리말 ···································· 348
제2절 변집어록(釆輯語錄) ···································· 348

제6장 괴혈(怪穴) ···································· 401

제1절 머리말 ···································· 401
제2절 괴혈파혹가(怪穴破惑歌) ···································· 402
제3절 천교혈(天巧穴) ···································· 409
제4절 추졸혈(醜拙醜) ···································· 447
제4절 교졸만금가(巧拙萬金歌) ···································· 479

제1장 혈법

제1절 총론(總論)

穴法總論

夫地理龍穴之說，乃天造地設[1]，生成自然之妙，初無一毫勉強[2]。才有勉強，便非真造化。卜氏云：「既有生成之龍，必有生成之穴。」故凡龍穴既皆生成，則砂水莫不應副，而龍虎、明堂、水城、對案、羅城、水口，自然件件合法。何則[3]？蓋龍譬之君也，穴譬之臣也，砂水譬之天下民庶也。君明臣良，則萬邦莫不[4]向化，四夷[5]莫不賓服，如雲之從龍，風之從虎，各以其類應耳。苟龍不真，則穴與砂水亦皆背戾[6]。縱有假情，終是勉強，有真見者不為其所惑。是故相地之法，先須察龍。恐君疑[7]穴難取裁，好向後龍身上別。龍上生峰是根核，前頭形穴是花開。根核若真穴不假，蓋從種類生出來。」又云：「龍若真兮穴便真，龍不真兮少真穴。」皆謂有真龍方有真穴。若龍不真，縱有天然可愛[8]之穴，亦為花假虛偽[9]，而生氣不鍾矣。然辨穴固在審龍，而有龍無穴，法亦不葬。故楊公三不葬，首言有龍無穴不葬。厲伯韶四不下，亦首言無穴不下。蔡牧堂先生亦謂一不可下者夭也，有龍而無穴者也。夫

1) 天造地設(천조지설) : 자연적으로 이루어져 더 다듬을 필요가 없다. 하늘의 혜택으로 모든 것이 아름답고 이상적이다. 아주 자연스럽고 이상적이다
2) 勉强(면강) : 간신히 . 마지못하다. 강요하다. 억지로
3) 何則(하즉) : 왜 그러한가? ☞ 向化(향화) : 나아가 귀화(歸化)함.
4) 莫不(막불) : ~하지 않는 자가[것이] 없다. 모두 ~하다.
5) 四夷(사이) : 옛날 중국에서 일컫던 사방의 이민족(異民族, 오랑캐). 곧 동이(東夷), 서융(西戎), 남만(南蠻), 북적(北狄) 등을 말함. ☞ 賓服(빈복) : 외국에서 사신을 보내어 조공(朝貢) 함.
6) 背戾(배려) : 배반(背反)되고 어그러짐. ☞ 是故~ : 이런 까닭으로. 그러므로
7) 疑(의) : 정(定)하다. 정해짐. 헤아리다. ☞ 核 (핵) : 씨. 사물의 중심 cf) 荄(해) : 풀뿌리. 초근(草根)
8) 可愛(가애) : 사랑스럽다. 귀엽다.
9) 虛僞(허위) : 허위(적이다). 거짓(이다). 진실(하지 못하다). 위선(적이다)

所謂有龍無穴者，乃假僞之龍，非真龍也。龍不真固無融結造化，不能作穴，而無穴可下。

무릇 지리에서 용혈설(龍穴之說)은 곧 이상적[天造地設]으로 자연의 묘(妙)함으로 이루어져 최초부터 털 끝 만큼도 억지로 한 것이 없었으며, 재주로 억지로 편리하게 조작하여 모양을 바꾸면[造化] 진결이 아니다. 복씨(卜氏) 이르길 '생겨난 용이 있으면 반드시 생긴 혈이 있다' 고 하였으므로 무릇 용혈이 모두 생성되어 곧 사수(砂水)가 시중들지 않을 수 없고[따르지 않을 수 없다] 용호(龍虎)、명당(明堂)、수성(水城)、안대[對案]、나성(羅城、수구(水口) 등 저절로[自然] 건건이[件件] 합법이다. 왜 그러한가?[何則] 대개 용은 군(君)에 혈(穴)은 신하[臣]에 비유한다. 사수(砂水)는 천하의 서민[民庶]을 비유한 것은 군(君)은 밝고 신하는 어질면 모든 나라[萬邦]는 모두 나아가 귀화(歸化)하듯이 사이(四夷)도 외국에 사신을 보내어 조공을 한다. 가령 구름이 용을 따르고, 바람이 용을 따르듯이 각각 그 유(類)에 응하게 되는 것 같다. 진실로 용이 진룡이 아니면 혈과 사수(砂水)도 모두 배반되고 어그러진다[背戾;배려]. 비록 거짓으로 유정할지라도 끝까지 [終是] 부족하니[勉強;면강] 진실로 식견이 있는 자는 그것에 미혹되어서는 안된다. 이러한 이유로 땅을 보는 법은 먼저 용을 살펴야 한다. 《의룡경(疑龍經)》 하편에 이르길 '아마 그대가 혈을 식별하는 과정에서 재혈하여 취하기 어려워 걱정하는데, 후룡에 좋은 향은 후룡의 용신 위에서 분별하라. 용신 위에 생겨난 봉우리는 사물에 핵심인 뿌리(주산)[根核:근핵]이고 앞으로 나아가 혈형은 바로 꽃이 핀 것에 비유한 것이다. 또 이르길 '주산이 참이면 혈도 거짓이 아니고 대개 (주산의) 종류에 따라 생겨서 뻗어 온 것이다' 고 하였다. 또 이르길 ' 용이 참되면 혈은 곧 참이고 용이 참이 아니면 혈이 참인 것은 흔하지 않다 ' 고 하였고, 모두 진룡이 있으면 비로소 진혈이 있다는 것을 말한 것이다.

만약 용이 거짓이면 비록 천연적[天然] 좋은 혈이라도[可愛之穴] 역시 꽃이 가짜이니 거짓이고 생기는 모일 수 없다.

그러나 심룡하여 확실히 혈을 판단하였으나 용이 있으나 혈이 없으면 법에 따라 장할 수 없다. 그러므로 양공(楊公)은 삼불장(三不葬) 첫머리에 '용은 있으나 혈이 없으면 매장할 수 없다' 고 하였고, 여백소(厲伯韶)의 사불장(四不葬)도 ' 첫머리에 혈이 없으면 하장할 수 없다[不下;不葬].' 고 하였다. 채목당(蔡牧堂) 선생도 역시 말하기를 ' 온통 하장하기에 불가한 것은 천연적으로 용이 있으나 혈이 없으면 하장할 수 없다' 고 하였다. 무릇 이른바 용이 있으나 혈이 없는 것은 곧 가짜[假偽:가위] 용은 진룡이 아니다. 용이 확실히 참되지 않아 융결(融結)을 이룰 수 없어 혈을 만들 수 없고 혈에 하장 할 수 없다[無穴可下].

蔡西山云：「假龍誤人甚多，其擺佈精神，起人眼目，與真龍無異。只是到頭結果無取，世俗之人止謂其氣秀特，而時師又以真龍丑穴之說文之，鮮有不為所惑者。子微云「假龍亦有穿心開帳，有星辰秀麗，有橈棹手腳，亦有擺佈，但無迎送。或蜿蜒[10]四五里，或縈紆數十里，到大盡處[11]，乃無穴可下」是也。故龍之與穴，不可缺一。或有龍無穴，或有穴無龍，皆非真地。今之言地理者，往往以有龍無穴指作龍真穴怪，勉強[12]安扦，掘窩雖頂，自謂功力之巧。不知龍真穴怪，乃是[13]有穴而特醜拙奇怪，非若假龍之無收拾結果，而為粗惡、臃腫、急峻、頑硬、散漫、懶坦、蕩闊、軟皮、巉岩、瘦削、突露、孤寒、陡瀉、崩陷、飽肚、繃面、墜足、貫頂諸般兇惡之形，無穴可下也。

채서산(蔡西山)이 이르길 '가룡(假龍)은 사람들이 너무 오인(誤認)을 많이 하여 불안전한[擺佈;파포] 정신(精神)은 사람들에게 진룡과 차이가 없어

10) 蜿蜒(완연) : (뱀 따위가) 꿈틀꿈틀 기어가는 모양. (산·강·길 등이) 구불구불하다.

11)대진처(大盡處) : 용이 끝난 곳으로 큰 물이 구불구불하다가 감싼 곳[纏回之處]에 到達하면 正幹龍 大盡處이다. ☞缺一不可(결일불가) : 하나라도 부족해서는 안 된다.

12) 勉强(면강) ; 간신히. 마지못하다. 강요하다. (논리·이유 따위가) 부족하다.

13) 乃是 : 즉~이다. 곧 ~이다 ☞懶(나): 게으르다. ◦阧(두) : 갑자기. 우뚝하다. 험하다. 가파르다.

안목이 생기게 하여 다만 도두에 이르러[到頭] 결과(結果)를 취할 수 없다' 고 말하였다. 세속의 사람은 멈추어 그 기운이 특별히 빼어났다고 하고 시사들은 또 진룡과 나쁜 혈[丑穴(축혈):醜穴(추혈)]을 말과 글로 현혹되지 않는 사람이 거의 없다. 장자미[子微]가 이르길 ' 가룡(假龍)도 개장(開帳)과 천심(穿心)하고 수려한 봉우리[星辰;성신]가 있고 요도(橈棹)와 지각[手脚]이 있고 또한 벌려 펼쳐 있으나 다만 영송(迎送)이 없고 혹 구불구불 4,5십리를 가거나 수 십리를 감싸면[縈紆;영우] 이르러 용이 끝나 멈춘 곳[盡處:진처]에 곧 혈을 하장할 수 없는 것이다.

그러므로 대진처의 용(龍)과 혈은 하나라도 부족하여서는 안되며[缺一:결일] 혹 용이 있으나 혈이 없거나 혹 혈이 있으나 용이 없으면 모두 진실이 아닌 땅으로 사용할 수 없다[不可]. 요즘 지리를 말하는 사람들은 자주[往往:왕왕] 용은 있으나 혈이 없는 것을 가리켜 용은 진이고 혈이 괴이하다고 하여 비록 꼭대기일지라도 우묵하게 굴착하여[掘窩:굴와] 억지로 천장하여[安扦] 스스로 솜씨(수완)[功力]가 좋다고 한다. 용진혈괴(龍真穴怪)는 곧 혈은 있으나 특히 지저분하고 울퉁불퉁하거나[醜拙;추졸] 기괴(奇怪)하여 가룡(假龍) 같지 않으나 혈[結果]을 거둘 수 없음[無收拾]을 모르고 (즉 혈이 없음을 모르고), 조악(粗惡)、옹종(臃腫)、급준(急峻)、완경(頑硬)、산만(散漫)、변화가 없이 평탄하고[懶坦;나탄]、탕활(蕩闊)、연피(軟皮),가파른 바위[巉岩;참암],수삭(瘦削)、돌로(突露)、고한(孤寒)、가파르게 쏟아짐[陡瀉:두사],붕괴[崩陷;붕함]、맥이 거칠고 가운데가 가득하여 키를 엎어 놓은 모양[飽肚;포두]、횡(橫)으로 생긴 맥이 여러 가닥인 것(繃面;붕면)、추족(墜足)、정수리가 뚫린 것[貫頂:관정] 등 여러 모양의 흉악한 형태는 혈을 하장할 수 없다.

世之僥[14]富貴，圖大地者，多被術家所誤，以龍真穴怪為借口[15]，亂下無穴之地，求福得禍，誠為可憫。彼蓋不知地理之法，雖重於尋龍，猶切於扦穴。楊

14) 僥幸(요행) : 운이 좋다. 요행. 요행히. 요행이다. ☞ 僥(요행) : 바라다. 요행
15) 借口(차구) : 구실로 삼다. 핑계로 삼다 ◦切(절) : 깊이 생각함. 정성스럽다. 지성스러움.

公云：「尋龍容易點穴難。」古歌云：「望勢尋龍易，須知點穴[16)]難。若還差一指，如隔萬重山。」誠以千里來龍，入首惟融八尺之穴。乘生氣，注死骨，造化全在於此。苟穴無定准，可以[17)]從人作為，可以上下左右，則察識地中生氣之法，皆渺茫無據，豈不大謬矣乎！故不識穴法之妙者，皆是不得傳授，自作聰明，偏執臆見[18)]，其誤可勝言哉！地理家穴法，自有一定不易繩墨，纔失毫釐，便有乖戾，變吉為凶。子朱子《山陵義狀》所謂：「定穴之法，譬如針灸，自有一定[19)]之穴，而不可有毫厘之差。」誠確論也。予嘗歷覽富貴祖墳，有前人已下數穴，而差失[20)]尺寸，皆不發福，後遇明師扦點真穴，而遂獲富貴者。亦有先輩已下真穴，發越既過，後人妄覬其福，侵槨附葬，而福竟蔑聞者。何也[21)]？良由一穴之間，數尺之內，真氣融聚，不可過高，不可過低，不可偏左，不可偏右，不可太深，不可太淺。

세인들은 부귀를 바라고[僥:요] 대지를 계획하는 사람들은 대부분 술가들이 장소를 잘못 선택한 까닭으로[所誤:소오] 피해를 당하고 용진괴혈(龍真穴怪)이라 하여 핑계로 삼아[借口:차구] 혈이 없는 땅에 난잡하게 하장하여 복을 구하려다 화를 당하니 진실로 불쌍히 여긴다[憫;민]. 그들은 대개 지리법을 모르고 비록 용을 찾는 것[尋龍]을 중히 여기나 오히려 재혈[扦穴;천혈]이 중요하다[切:절]. 영균송(楊公)은 이르길 '용을 찾는 것은 쉬우나 점혈(點穴)은 어렵다' 고 하였다. 고가(古歌)에 이르길 ' 세(勢)를 보고 용을 찾기는 쉬우나 반드시 혈을 알아 묏자리를 잡는 것[點穴;점혈]은 어렵다. 만약[若還;약환] 한 손가락만큼의 차이가 있어도 매우 많은 여러 겹의 산이 떨어져 있는

16) 点穴(점혈) : 묏자리를 잡다. 지관(地官)이 묏자리를 잡다. 혈을 확정하다. 지정(指定)하다. ☞ 點(점) : 지정하다. 확정하다.
17) 可以 : ~할 수 있다. 괜찮다.~해도 좋다 ◦渺茫(묘망) : (꿈·희망 따위가) 끝이 없다. 아득하다. 막연하다.
18) 臆見(억견) : 근거가 없이 짐작이나 상상으로 하는 생각 ☞譬如(비여) : 예를 들다. 만일. 만약. 가령
19) 一定(일정) : 규정되어 있다. 고정불변의. 반드시. 특정한 ◦不可: ~할 수가 없다.(~하지 않으면) 안 된다.~해서는 안 된다.
20) 差失(차실) : 착오. 잘못. 실수◦ 尺寸(척촌) : 치수. 한 자와 한 치. 즉 적고 사소한 것. 규정 ☞ 附葬(부장) : 여러 사람의 시체를 한 무덤에 묻음
21) 何也(하야) : 이것은 어째서인가? 무엇. 어떤 이유인가? 也는 어조사로 의문문을 만든다.

것과 같다' 고 하였다. 진실로[誠] 천리를 뻗어온 내룡이라 하더라도 입수에 단지 팔척(八尺)의 혈이 융결될 뿐이다. 생기를 타[乘生氣] 죽은 사람의 뼈[死骨]에 주입되어 조화가 모두 이곳에 있다. 진실로[苟:구] 혈은 정하는 기준[准;준]이 없어 가이(可以) 따르는 사람들이 만들 수 있어, 상하좌우로 할 수 있으면[可以] 곧 지중의 생기의 법을 살펴서 아는 것이 모두 막연하고 근거가 없으니 어찌 크게 그릇되지 않을까! 혈법의 묘(妙)를 모르는 사람은 모두 올바른 전수(傳授)받지 못하고 스스로 총명(聰明)하다고 여겨 편견을 가지고 생각[臆:억]을 고집하니 그 그릇됨을 말로서 이길 수 없다! 지리가의 혈법이 자연적으로 고정불변[一定不易:일정불역]하니 겨우[纔;재] 먹줄[繩墨;승묵] 크기로 털끝[毫釐:호리]만큼 틀려도 곧 사리가 어그러져[乖戾:괴려] 길(吉)이 변하여 흉이 된다. 주자(子朱)의 《산릉의장(山陵義狀)》에서 소위 '혈을 정하는 법은 가령[譬如] 침구와 같아서 저절로 정해진[一定] 혈이 있으며 조그만 차이[毫厘之差]가 있어서도 안된다' 는 사실 정확한 논리이다. 내가 일찍이[予嘗;여상] 부귀한 조분(祖墳)을 여러 곳을 두루 다니며 구경하니[歷覽;역람] 전인(前人)들은 이미 혈에 여러 하장 하였으나 적고 사소한 실수[差失尺寸]로 모두 발복하지 못하다가[不發福] 나중에 명사를 만나 진혈(真穴)에 점혈(點穴)하여 드디어[遂:수] 부귀를 얻은 사람도 있었다.

선배(先輩)가 이미 진혈에 하장하여 복이 이미 겉으로 드러났는데[發越;발월], 후인들이 그 복을 망령스럽게 희망하여[妄覬:망기] 관을 침범하여[侵槨:침곽] 가까이 장사를 지내 소문나기를 마침내 복이 없는 것[蔑;멸]은 무슨 이유인가[何也]? 혈과 사이가 수척(數尺) 내에 진기가 융결하기 때문에 너무 높이 올려도 안되고 너무 낮게 아래로 내려도 안되며, 좌나 우로 치우쳐도 안되며 너무 깊이 장사해도 안되고 너무 얕게[太淺] 장사해도 안된다.

如方諸取水，陽燧[22]取火，不爽[23]毫釐，始得無中生有之妙。楊公云：「裁穴要知聚水火，遠近高低皆不可。聚光若能得中正，火卻炎炎水傾墜。鑒取於水

22) 阳燧(양수) : 옛날, 햇빛을 이용하여 불을 일으키던 동제(銅製)의 거울
23) 不爽(불상) : 몸이 불편하다. 차이가 없다. 기분이 언짢다. 꼭 맞다.
☞ 爽(상) : 어긋나다.

月中精，鑒必凹深取月明。其光圓聚方諸上，一點精光似水晶。太近光時水不滴，太遠光時亦不濕。只要[24]當中取正光，頃刻之間水盈溢。陽燧取火亦複然，日光聚正卻生煙。莫令太近莫太遠，只要當中火即然。若曾親自取水火，便識高低皆不可。日月在天幾萬里，陽燧方諸毫髮[25]細。聚光回射當凹中，水火即復生聚起。要識裁穴亦如斯，穴聚前朝由水氣。來山既聚眾氣來，下了須臾百祥至。取水取火須自為，方識陰陽論氣聚。」故點穴不可有差尺寸，高低、左右、深淺、向首俱要合法，一或少差，遂失生氣，縱是真龍，亦為毋益。

가령 방제(方諸)에 물은 거울[陽燧;양수]에서 취하고, 불은 털끝만 차이도 없이 꼭 맞아[不爽毫釐] 처음에 없는 가운데[無中] 발생하는 묘(妙)한 것을 얻는다. 양균송(楊公)은 『의룡경』에 이르길 ‘재혈(裁穴)은 수화(水火)를 모으는 것을 알아야 하며, 원근과 고저는 모두 수화를 모을 수 없다. 빛이 모인 한 가운데 혈 자리[中正]를 얻을 수 있으면 물이 오히려 활활 타올라 물방울이 맺혀 기울어 뚝뚝 떨어진다. 오목거울은 물에서 달가운데 정기[月中精]를 취할 수 있는데 거울[鑒;감]은 반드시 깊게 오목[凹深:요심] 해야 달에 밝은 기운을 취할 수 있다. 달빛이 동그라며 방제(方諸) 위에 모이면 한 점의 깨끗한 빛[精光]은 수정과 같다. 빛이 너무 가까울 때는 물이 방울져 떨어지지 않고 빛이 너무 멀 때도 습하지 않으니 만약 마땅히 중앙에 정확한 빛을 취한다면 순식간[頃刻之間]에 물이 차게 된다. 양수(陽燧)로 불을 취하는 것 또한[亦複;역복] 그러하니 햇빛을 정확히 취하면 연기가 난다. 너무 가깝게 하지 말고 너무 멀게도 하지 말라. 만약 가운데 (일광을) 마주하면 곧 불이 생길 것이다. 만약 일찍이 스스로 물과 불을 취하였다면 높고 낮은 데서[高低] 모두 물과 빛을 얻을 수 없다는 것을 쉽게 알 것이다. 해와 달이 하늘에서 몇 만 리 떨어져 있는데 물과 빛을 얻는 도구로 양수(陽燧)와 방제(方諸)는 머리털[毫髮;호발]처럼 가늘지만 달과 해의 빛을 받아 오목한 가운데[凹中]

---

24) 鑒(감) : 鑑과 同字. ☞ 只要(다요) : ~하기만 하면. 만약 ~라면 ◦頃刻之間(경각지간) : 잠깐 동안. 순식간에◦頃刻(경각) : 아주 짧은 시간 ◦複(복) : 또. 거듭하다. ◦莫令(막령) : 못하게 하다.

25) 毫髮(호발) : 솜털과 머리털. 지극히 적은 것 ◦起(기) : (물집·땀띠·종기 따위가) 나다. 생기다.

에 반사시키면 물과 불[水火]은 곧 다시 생기를 모아 생긴다[生聚起]. 재혈(裁穴)도 역시 이와 같은 것[如斯:여사]을 알아야 하는데 혈에 조읍하는 산 앞에 모이는 것은 물 기운 때문 이다.[界水則地] 뻗어오는 산[來龍]에 뭇 기운이 모여서 오면 하장 후에[下了:하료] 반드시 곧[臾;유] 백 가지 상서로움이 오게 된다' 고 하였다. 또 '방제와 양수를 이용하여 반드시 스스로 물과 빛을 만드는 것을 해보면 비로소 음양(陰陽)을 알고 기(氣)가 모이는 가를 논해야 한다 '고 하였다. 그러므로 점혈(點穴)에는 적고 사소한[尺寸] 차이가 있어서는 안된다. 고저(高低), 좌우(左右),심천(深淺),머리 방향[向首]은 모두 법에 적합하여야 한다. 한 가지라도 혹 작은 차이가 생기면[少差:소차] 끝내[遂:수] 생기를 잃는다. 비록 이것이 진룡이라도 무익(毋益)하다.

《地理指南》云：「立穴高低裁不正，縱饒吉地也徒然[26]。」《經》云：「穴若在低高下了，穴在承漿卻下腦。穴若居高裁處低，當針百會卻針臍。高低若是差裁卻，恰是[27]盲髡[28]針腿腳。穴隔分寸[29]尚無功，況是高低針不著？」是言不可有高低之失也。董德彰云：「下穴不容少偏頗[30]，左右如差福成禍。」吳景鸞云：「龍從左來，氣從右注；龍從右來，氣從左注。就生棄死，葬乘生處。左右如差，福應難許。」是言不可有左右之失也。《寶鑒》云：「天然正穴不須移，案正山齊乃合宜。午向忽然差作丙，即傷龍脈損根基。」又云：「就中安向如差悞，變福為災起禍愆。」是言立向不可有失也。

《지리지남(地理指南)》에 이르길 '혈 자리[立穴]에 재혈(裁穴)하는 데 고저(高低)가 바르지 않으면 비록[縱:종]길지라도 또한 쓸데없다[徒然:도연].' 고 하였다. 《의룡경(疑龍經)》이르길 '혈이 만약 낮게 있는데 하장은 높은 곳에 하고 혈이 승장(承漿)에 있으면 그 보다 높은 곳인 중심[腦]에 하장(下葬)하

26) 徒然(도연) : 공연히. 소용없다. 쓸데없이 ◦ 承奬(승장): 입 바로 아래 움푹하게 들어간 부위 ☞ 差卻 (차각) : 서로 어긋나서 틀림.
27) 恰似(흡사) = 恰是(흡시) : 딱 맞음. ~처럼 .☞흡사(恰似)는 흡시(恰是)와 같은 표현이다.
28) 髡(곤) : 머리 깎다. ☞腿脚(퇴각) : 다리. ☞ 腿(퇴) : 넓적다리
29) 分寸(분촌) : '일(一) 분(分) 일(一) 촌(寸)'이라는 뜻으로, 아주 적음을 비유적(比喻的)으로 이르는 말. ◦ 尙(상) : 여전히. 역시. ~조차도. 반드시. 분명히.
30) 頗(파) : 자못, 꽤, 치우치다.

고 혈이 만약 혈이 만약 높은 곳에 있는데 낮은 곳에 재혈을 한다면 마땅히 정수리[百會;백회]에 침을 놓을 것을 오히려 배꼽[臍;제]에 놓는 것과 같다. 고저가 이와 같으면 재혈 하는 것이 서로 달라 틀리는데, 마치 맹인이 머리를 깎기 위하여 정강이에 침을 놓는 것과 같다. 하물며 침을 놓을 고저가 바르게 드러나지 않으면? 혈과의 아주 조금 거리가 있어도 역시 공이 없다' 고 하였는데 이 말은 높고 낮음의 실수를 하여서는 안된다는 것이다.

동덕창(董德彰)이 이르길 '하장[下]시 혈(穴)이 약간의 어느 한쪽으로 치우침[偏頗;편파]도 허용하지 않는데 좌우가 차이가 있으면 복이 화가 된다' 고 하였다. 오경란(吳景鸞)이 이르길 '용이 좌(左)에서 오면 기(氣)는 우(右)에서 머물고[注:주] 용이 우(右)에서 오면 기(氣)는 좌에서 머문다. 생을 취하고 사를 버리니[就生棄死] 장사하여 생기를 타는 곳에 좌우가 차이가 있는 것 같으면 복이 응하여 허락하기 어렵다[難許]' 하였다. 이 말은 좌우에 잘못이 있어서는 안된다는 것이다. 《보감(寶鑒)》에 이르길 '천연적으로 바른 혈은 옮길 필요가 없다[不須:불수]. 안산이 바르고 산이 가지런하여 조화를 이루면 마땅히 합격이다. 오향(午向을 갑자기 병향으로 잘못하면 용맥이 상(傷)하고 근원인 뿌리가 손상된다' 고 하였다. 또 이르길 '가운데를 취하면 편안한데 향에 착오(差悞)가 있으면 복(福)이 변하여 재앙이 되고 화(禍)와 허물[愆;건]이 생긴다. 이 말은 입향을 틀리게 해서는 안된다는 것이다 ' 고 하였다.

《葬經》云：「淺深得乘[31]，風水自成。」蔡牧堂云：「下地必以深淺[32]為準的。當淺而深，則氣從上過；當深而淺，則氣從下過。雖得其地而效不應。」是言淺深不可有失也。蓋穴乃放棺的切[33]處，是地理緊關玄竅[34]，毫厘有差，

---

31) 經曰 氣感而應 鬼福及人 : 장경(葬經)에 이르기' 기(氣)가 감응(感應)하면[得乘;기를 타면] 귀신의 복[鬼福]이 사람에게 미친다'고 하였다. ◦得 : 이루어지다.

32) 太高則傷龍 : 너무 높으면 (장풍이 되지 않아) 용이 상하고,
太低則傷穴 : 너무 낮으면 (맥이 연결되지 않아)혈이 상한다.
高則犯罡 : 높으면 강(罡)을 범하고, 低則犯蕩 낮으면 탕(蕩)을 범한다.
犯罡則殺 : 강(罡)을 범하면 (맥을) 죽이는 것이고
犯蕩則絶 탕(蕩)을 범하면 (맥이) 끊어지는 것이다.

33) 的切(적절) : 적절하다. 적당하다. 딱 맞다.

34) 玄竅(현규) : 현묘한 구멍 ◦緊關(긴관) : 매우 긴밀한 관계

禍福千里。高一尺則犯罡35)鬥殺，傷龍；低一尺則犯蕩脫脈，傷穴。偏左一尺，水蟻侵左；偏右一尺，水蟻侵右。深一尺則氣從上過，水自底生；淺一尺則氣從下過，蟻自蓋入。直來直下，氣衝腦散。饒減太過，接氣不著。諺云「陰地一線」是也。

《장경(葬經)》에 이르길 '깊고 얕음[淺深]이 알맞으면[得] 기(氣)를 받아 풍수(風水)는 저절로 이루어진다' 고 하였다. 채목당(蔡牧堂)이 이르길 ' 장지(葬地;下地)는 반드시 심천(深淺)으로 기준[準的;준적]을 삼는다. 당연히 얕아야 하나 깊으면 곧 기는 위를 따라 지나가고, 마땅히 깊어야 하나 얕으면 기는 아래를 따라 지나간다. 깊어야 할 것을 얕게 하면 곧 기는 아래로 지나간다. 비록 그 땅(혈)을 얻었을지라도 효험은 없다' 고 하였다. 이 말은 얕고 깊은 것[淺深]을 실수해서는 안된다는 말이다. 대개 혈은 곧 적절한[的切] 자리에 관을 내려놓아야 한다[放棺:방관]. 이는 풍수지리에서 혈과 매우 긴밀한 관계로 털끝만한 차이가 있어도[毫厘有差] 화(禍)와 복(福)의 차이가 천리(千里)가 된다. 일 척(一尺)만 높으면 곧 강한 곳을 쳐[犯罡] 용(龍)을 상하게 하여 다투어 기가 흩어진다[鬥殺]. 한 척만 낮으면 곧 맥을 벗어나 (기가)흩어져지게 하여[犯蕩;범탕] 혈을 상(傷)하게 한다. 좌측으로 한 척을 치우치면 물개미[水蟻]가 좌측에 침입하고 우측으로 한 척 치우치면 물 개미가 우측에 침입한다. 일척(一尺)이 깊으면 기(氣)는 위로 지나가고 물은 바닥에서 생긴다. 일척(一尺)이 얕으면 기는 아래로 지나가고 개미는 덮개로부터 들어온다. 곧장 뻗어오는 데 바로 아래[直來直下]는 기(氣)가 뇌두(腦頭)를 충(衝)하여 흩어진다[氣衝腦散]. 요감(饒減)이 지나치거나 부족하면 사귀는 기는 나타나지 않는다. 언(諺)에 이르길 '음지(陰地)는 한 선[一線]이다' 고 하였다.

苟有少差，縱見真龍、奇砂、秀水、百般美處，種種成空。是故36)必有天然之穴，依繩墨以定高低、左右、向首、淺深，則自無數者之失。苟無天然之穴，而妄以臆見察地中之生氣，必渺茫毋據。生氣既無可據，定為蟻穴，為泉窟。以親

☞ 種種(종종) : 물건(物件)의 가지가지. 가끔.

35) 罡(강) : 강하다(強--). 꿋꿋하다. ☞ 犯(범) : 치다. 돌격함. 범하다.
☞ 殺(살) : 흩어지다. 쇠미해지다(衰微:쇠미).

36) 是故(시고) : 이러한 까닭으로. 그러므로 ☞統紀(통기) : 통일하는 규칙. 근본적인 규칙

體置之蟻穴泉窟之中，其禍必不旋踵而至矣。噫！穴之所系如此，其可忽乎？術家雖各有穴法，諸說略無統紀。論百物形象者失之誕，論九星變態者失之支，論天星方位者失之鑿，論精神動靜者失之異。而相山骨髓，及四十字銅人、空山、赤圖、寸金諸家之說，又皆失之漶漫[37]隱僻，殊非至當歸一之論，訛謬相傳，人心愈惑，竊嘗病之。今以諸家之法，參之吳、董心機，定為穴法標准。一曰穴形，非百物形象之形，而取夫楊筠松四象，窩、鉗、乳、突之形；二曰穴星，非九星之星，而取夫張子微五星，金、木、水、火、土之星；三曰穴証，則兼取夫前後左右、龍虎明堂之諸應；四曰穴忌，則致辨夫粗惡、急峻、臃腫、虛耗[38]之諸凶，列為四卷，曰形、星、証、忌。俾觀其星，究其形，審其証，察其忌，則出龍之性情，融結真偽，自不能遁。而仁人孝子之欲卜宅兆以寧其親者，不致眩惑訛謬云。應沙道人徐善述識。

진실로[苟:구] 조그만한 차이가 있으면 비록 진룡(真龍)의 기묘(奇妙)한 사(砂)와 수려한 물과 백 가지[百般:백반]가 아름다운 곳이라도 가지가지 공허하다. 그러므로 반드시 천연의 혈이 있으면 기준[繩墨;승묵]에 의하여 고저, 좌우,향수(向首),얕고 깊음을 정하여[以定] 헤아린다면 사람은 실수함이 없다. 진실로 천연의 혈이 없는데 망령(妄靈)되게 제멋대로 짐작(斟酌)으로[臆見;억견] 땅 가운데[地中] 생기를 관찰하므로[察;찰] 근거가 없어[毋據;무거] 막연하다[渺茫]. 생기의 증거라 할 수 없으면 반드시 개미[蟻:의]가 있는 혈이거나 샘물이 나는 굴이다[泉窟:천굴]. 부모의 유체(遺體)를 개미굴이나 물이 나오는 가운데 안치(安置)하면 그 화가 반드시 발걸음을 돌리기 전에 빨리[不旋踵;불선종] 이를 것이다. 오호라[噫;희]! 혈의 장소가 이와 같이 관련이 있으니 어찌 소홀히 할 수 있겠는가? 술가들이 비록 각각 혈법이 있을지라도 여러 설을 통일할 규칙[統紀]이 없다. 백 가지 물건의 형상을 논하여도 그것의 불합리함[誕;탄]에 실수하고, 구성이 변화하는 모양[九星變態]을 논하는 자는 그것의 지지(地支)에 실수하고, 천성의 방위(天星方位)를 논하는 자는

37) 漶漫(환만) : 모호함, 황폐함, 산만함, 아스라함 ☞ 漶(환): 흐리다. 분간하지 못함. 漫(만) : 질펀하다. 빠지다. 게으르다. 잠김 ☞ 歸(귀) : ~으로 되다.

38) 粗惡(조악) : 산이 거칠고 흉한 암석이 많은 곳, ◦急峻(급준) : 산세가 높고 바위가 많아 거칠고 경사가 심한 곳, ◦臃腫(옹종) : 산의 표면이 깨끗하지 못하고 곳곳에 종기가 난 것처럼 추한 곳 ◦虛耗(허모) : 토질이 푸석푸석하여 바람에 흙이 풀풀 날리는 땅

굴착에서 실수하고, 정신의 동(動)과 정(靜)을 논하는 자는 다른 곳에서 실수하고, 마음속이나 마음속의 깊은 곳에서 산을 보는 것[相山骨髓]과 사십자동인(四十字銅人), 공산(空山), 적도(赤圖), 촌금(寸金)의 여러 풍수 학파의 설은 또 모두 분간하지 못하고, 숨어 있거나 문장이나 어구가 성실치 않고 비꼬여[隱僻;은벽] 특히 하나의 논리로 당연히 되지 않아 그릇된 것[訛謬;와류]이 서로 전해지고 인심이 현혹되어 보이지 않게[竊:절] 병을 앓는다. 제가(諸家)의 법으로써 오경란(吳景鸞)과 동덕창(董德彰)의 실마리[心機:심기]를 참고하여 **반드시 혈법의 표준[標准]으로 삼는다.**

첫째 이르길 혈형은 백물형상(百物形象)의 형(形)이 아니고 무릇 **양균송**(楊筠松)**의 사상인 와(窩),겸(鉗),유(乳),돌(突)의 형**(形)을 취한다.

둘째 **혈성**(穴星)은 구성의 산봉우리가 아니라 무릇 장자미(張子微)의 오성(五星)인 금(金), 목(木), 수(水), 화(火), 토(土)의 산봉우리를 취한다.

셋째 이르길 **혈증**(穴証)은 무릇 전·후·좌·우와 용호, 명당 등 여러 가지 응함을 함께 취한다[兼取:겸취].

넷째 이르길 **혈기**(穴忌)는 무릇 조악(粗惡),급준(急峻),옹종(臃腫),허모(虛耗) 등 여러 흉함을 이른다. 앞에서 나열한 사권(四卷)에서 '**형**(形),**성**(星),**증**(証),**기**(忌)'를 이른 것이다. 그 산봉을 좇아[俾:비] 관찰하고 그 형상을 연구하며 그 혈증을 살피고 그 피해야 할 것을 살피면 산룡의 성정[타고난 본성]과 융결의 진위(真僞)는 자연적으로 숨길 수 없고[不能遁:불능둔], 인자(仁人)와 효자(孝子)는 혈[宅兆:택조]을 점을 치려고 할 때 그 친자가 편안하게 함으로써 현혹(眩惑)되거나 잘못된 것[訛謬;와류]에 이르는 일이 없도록 하는 것이다. 사에 응함을 도인(道人) 서선술이 명확히 하였다.

此一冊專論穴形

夫穴之形體39)**，變態萬狀，不一而足。寔則不過陰陽兩字，曰陰來陽受，陽來陰受而已**40)**。其為形則凹凸是也。陰中有陽，陽中有陰，故有太陽、少陽，有太**

39) 形體(형체) : 물건(物件)의 모양(模樣)과 그 바탕인 몸. ◦變態(변태) : 탈바꿈. 변(變)하여 달라진 상태(狀態). ◦不一而足: 하나뿐이 아니다. 적지 않다.
40) 而已 : ~만. ~뿐 ◦一言蔽之(일언폐지) : 한마디로 개괄하다. 한마디로 말하다.

陰、少陰。其為形則窩、鉗、乳、突是也。各得生氣，其形始真。故一言以蔽之，曰「葬乘生氣」。蓋生氣者，太極[41]也。凹凸者，兩儀也。窩、鉗、乳、突者，四象[42]也。太極兩儀，兩儀四象，寔古今之正傳，穴法之定論也。

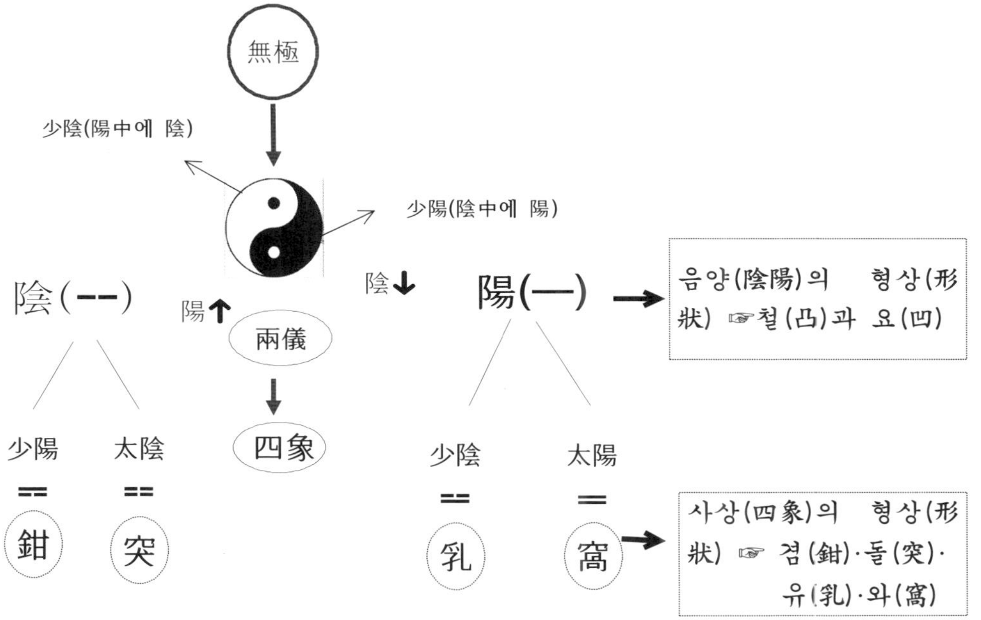

< 그림 1- 1 > 음양(陰陽[43])측면에서 본 혈의 사상(四象).

---

41) <태극도설(太極圖說)>의 '역(易)은 태극(太極)이고 이는 양의(兩儀)를 생하고, 양의(兩儀)는 사상(四象)을 생한다. 사상은 팔괘, 태극, 양의를 생한다(四象生八卦太極兩儀)

42)√ 穴象(혈상) : 혈(穴) 의 전체(입체적인) 형상(形象) 즉 사상(四象)의 형상
√ 穴相(혈상) : 묘(墓)를 재혈(裁穴)할 혈판(穴坂)을 뜻하며, 오악(五嶽)을 말할 때는 혈상(穴相)이라고도 한다.
cｆ) 穴相(혈상) - 家相 - 人相
√ 穴星 - 穴形 - 穴象 - 穴相

43) 양공(楊公)은 혈(穴)이 복장(覆掌)과 유돌(乳突)을 음(陰)이라 하고, 혈이 앙장(仰掌)과 와겸(窩鉗)을 양(陽)이라 하였다. 요공(廖公)은 강한 것[剛]을 陽[雄]으로 보고, 부드러운 것[柔]을 陰[雌]으로 보아서, 양공의 설과는 상반(相反)되지만 용법은 실제로 많이 다르지 않다. 요공은 철기(凸起)를 양(陽)이라고 하고, 요하 (凹下)를 음(陰)이라 한다.
<출처> 김상태 『박사논문』

이 한 권에서 혈형(穴形)을 오로지 논하고자 한다. 대개 혈의 모양이 온갖 모양으로 변화하여 달라진 모양이 한결같지 않으나 사실은 음양 두 글자에 불과하며 이르길 '음(陰)으로 오면 양(陽)으로 받고 양으로 오면 음으로 받을' 뿐이다. 그것이 형상으로 이루어지면 요(凹;오목)와 철(凸;볼록)이다. 음중(陰中)에 양(陽)이 있고, 양중(陽中)에 음(陰)이 있으므로 태양(太陽), 소양(少陽)이 있고, 태음(太陰), 소음(少陰)이 있다. 그것이 형태로 이루어지면 와(窩)、겸(鉗)、유(乳)、돌(突)이다. 각각 생기(生氣)를 얻으면 그 형태가 비로소 참이 되므로 한 마디로 말하여 이르길 '장사는 생기(生氣)를 타는 것이다.' 고 하였다. 대개 생기(生氣)는 태극(太極)이며, 요철(凹凸)은 양의(兩儀)이며, 와(窩)·겸(鉗)·유(乳)·돌(突)은 사상(四象)이다. 양의와 사상(兩儀四象)은 진실로 고금의 본론[正傳:정전]이고, 혈법(穴法)의 정론(定論)이다.

夫何各立機軸，支離其說，而有三十六形、八十一變、三百六十五體、三百八十九像？種種多門，不勝[44]蕃衍，使易簡[45]之理，反為分析隱晦。是皆欲以形盡山勢，而不知山勢變態不常[46]，咫尺轉移頓異，只可以理會，不可以形拘。《玄機論》云：「論星則胸中有主，喝像使眾人皆知。」是形像不過為眾人設耳。若曰山必合某形，穴當安某處，以某物為應案，乃刻舟求劍，膠柱鼓瑟，非達理之論也。餘氏云：「尋龍點穴，不過陰陽動靜，足以[47]盡其微妙。間有龍穴融結，偶合物形，因以名之[48]可也。若野俗之書，專以人物取像地形而較美惡，則失之遠矣[49]。」誠為確論。且物類有古方今圓，古長今短，古貴今賤，古有今無之不同，豈可以擬一定[50]之山形哉！範越鳳及劉公謙皆嘗鄙誚[51]

---

44) 機軸(기축) : 활동의 중심이 되는 중요한 부분. 즉 機軸(기축)은 관건과 중요한 곳을 비유한 것 ◦ 機(기) : 실마리. 단서 ◦ 軸(축) : 사물의 요점.
☞不勝(불승) : ~을 참을 수 없다. ~을 할 수 없다. 대단히. ~만 못하다.
☞ 蕃衍(번연) : 많이 퍼지다. 번영하다.
45) 易簡(이간) : 세상의 이치는 쉽고(易) 간단해야(簡) 뭇사람들이 따라 하기 좋다는 뜻
46) 不常(불상) : 끊임없이 변하여 달라지다.
☞頓異(돈이): 뚜렷하게 다르다. 확연히 차이가 나다.
47) 足以(족이) : 충분히 ~할 수 있다. ~하기에 족하다.
48) 因以名之 : 이로 말미암아 ~을 부른 것이다. 이렇게 부른다. 이로 인하여 이렇게 이름지었다. 이로 인하여 이러한 명칭이 되었다.
49) 失之遠矣(실의원의) : 달아나(失之) 멀어진 것이다(遠矣). 크게 잘못되었다.

之，謂如虎形，既虎能傷人，又安[52]可葬？肉堆案亦嘗食之否乎？其論不為無理。況物類形像相似者，尤難辨別，又烏[53]得無指鹿為馬、認烏為鸞者乎？愚故曰：山川只可以理會，不可以形拘。《葬書》謂「在天成象，在地成形[54]」，亦只指五星之形言之，非言形與百物類也。今故屏去[55]百物形象之說，不使眩惑心目。惟以楊筠松穴形四格，窩、鉗、乳、突以論形，則庶幾守約[56]盡博[57]，而易簡之理得矣。「葬乘生氣」之真機，又豈有餘蘊哉！穴形諸圖解見下。

무릇 무엇을 단서[機軸:기축]로 각각 세우겠는 가 ? 그 설의 지론에서 벗어나[支離:지리] 36형(形)과 81변(變)이 있고, 365체(體)와 389상(像)이 있는가? 여러 가지 많은 문파로 퍼지게 할 수 없다. 간단한 이치를 반대로 분석하여 모호하게 하였다. 쉽고 간단한[易簡;이간] 이치를 오히려 분석하여 모습을 감추게[隱晦:은회] 하였으니 이는 모두 형으로 산세(山勢)가 그친 것 같으나[欲:욕] 산세가 변화한 모양이 항상 같지 않은 것[無常]과 가까운 거리[咫尺;지척]에서 이동하여도 바뀌어 확연히 차이가 나는 것을 모르니 단지 깨달아 알아야만[理會(이회)] 가능하니 형태로 구애받지 않는다.

《현기론(玄機論)》에 이르길 '성봉을 논하는데 가슴 속에 있는 것을 주장하여 물형론[喝像(갈상);喝形(갈형)]을 대중들에게 하여금 모두 알게 하면 이것은 형상만 대중에게 설명하여 알리는 것[說破]에 불과할 뿐이다' 고 하였다.

---

50) 一定(일정) : 규정되어 있다. 고정불변의. 반드시. 특정한

51) 鄙(비) : 경시하다. 얕보다. 얕잡아보다. 깔보다. 무시하다.
◦誚(조) : 꾸짖다. 책망하다(責望--)

52) 의문 安~ : 왜~. 어찌. 어째서~. 焉과 쓰임이 같음

53) 烏(오) : 어찌. 아아. ◦현상(象) : 해와 달과 뭇 별들이 법도 있게 움직이는 것

54) 결국 천기하림(天氣下臨) 지덕상재(地德上載) : 결국 천기인 일월성신(日月星辰)이 혈을 비추면 지기(地氣)가 올라와 혈에 실린다. <출처>『장서(葬書)』

55) **屛去(병거)** : 내버리다. 제거하다. ◦**屛(=摒)** : (숨을) 죽이다. 버리다. 은퇴하다. (호흡을) 억제하다.

56) 守約(수약) : 약정을 준수하다.

57) 범씨(范祖禹)가 이르길' 배우는 자는 반드시 요점(要)을 아는 것에 힘써야 한다. 요점을 알면 요약함을 지킬 수 있고, 요약함을 지킨다면 해박함을 다할 수 있을 것이다.'고 하였다. (范氏曰 學者 必務知要 知要則能守約 守約則足以盡博矣)
<출처>『논어집주』<爲政> 1,2장

만약 '산이 반드시 특정한 형상[某形;모형]에 어울리면 혈은 마땅히 특정한 어느 곳[某處:모처]에 안장(安葬)하고, 특정한 어느 곳[某物:모물]에 발응하는 안산을 삼으라' 하는 것은 곧 **각주구검**(刻舟求劍)**이고 교주고슬**(膠柱鼓瑟)**로**[조금도 융통성이 없음을 비유하니] 통달한 이치를 논하는 것은 아니다. 혹시[若] 여씨(餘氏)가 이르길 ' **용을 찾아 점혈**(點穴)**하는 것은 음양과 동정**(陰陽動靜)**의 그 미묘함을 충분히 전력을 다하여 살피는 것**[盡]**에 불과하다**.

용과 혈의 융결이 우연히 물형(物形;어떤 형상)에 부합한 것으로 지칭할 수 있다[因以名之可也]. 만약 야속한 책에서 오로지 인물만으로 지형에서 상(像)을 취하여 미악을 비교하면 곧 완전히 말하고자 하는 의도에서 멀어지고 만다[失之遠矣:실지원의]' 고 하였다. 진실로 확실한 말[確論:확론]이다. 또 물형류는 옛날엔 방형이었던 것이 지금은 원형이 될 수 있고 옛날에는 길었으나 지금은 짧을 수 있고 옛날에 귀했던 것이 지금은 천할 수 있고 옛날에 있었던 것이 지금은 없어 같지 않아 차이 있는데 어찌 고정불변의 산형만으로 헤아릴 수 있는가[擬;의]? 범월봉(範越鳳)과 유공(劉公)도 함께 모두 꾸짖으며 이르길 '호랑이 형태라면 호랑이는 사람을 상하게 할 수 있는데 또 어찌 장사할 수 있는가? 퇴육안[肉堆案]도 먹는지 먹지 않는지를 막론하고 이치가 전혀 없는 것은 아니다' 고 하였다. 하물며 물류(物類)의 형상(形像)이 서로 비슷한 것은 변별하기에 더욱 어렵다. 어찌 사슴을 말이라고 하고, 까마귀를 난새[鸞;란]라고 알아 가리키는 것을 없다고 하겠는가? 우(愚)가 그리하여 이르길 '산천은 다만 이치가 모이는 것으로 가능한 것이고, 형태로써 구애받지 말아야 한다' 고 하였다. 《장서(葬書)》에 이르길 ' 하늘은 상(象)을 이루어 있고, 땅에서는 형(形)을 이루어 존재한다' 고 하였고 역시 오성의 형태만 가리켜 말한 것이지, 산형(山形)과 만물[百物]의 종류[類]를 말한 것은 아니다. 과거와 현재 백물형상의 설(百物形象之說)을 버려 마음과 눈[心目]을 현혹시키지 말아야 한다. 오직 양균송의 혈형 사격 와·겸·유·돌로 형을 논하여 거의 약정[요약]을 따르면 박식함에 이르고 쉬운 이치를 얻게 된다. '장사는 생기를 타는 것이다' 의 참된 틀에 또 어찌 더 받아들이는 것[餘蘊;여온]이 있으랴? 혈형의 여러 도해는 아래에 나타내었다[밝혔다].

제2절 혈(穴)의 사상(四象)

무릇 좌우 양쪽에서 감싸 양국(兩掬)이 만나는 것[交會]을 **장구와혈(藏口窩穴)** 이라 하고 그림과 비슷한 것이다(倣此58)).

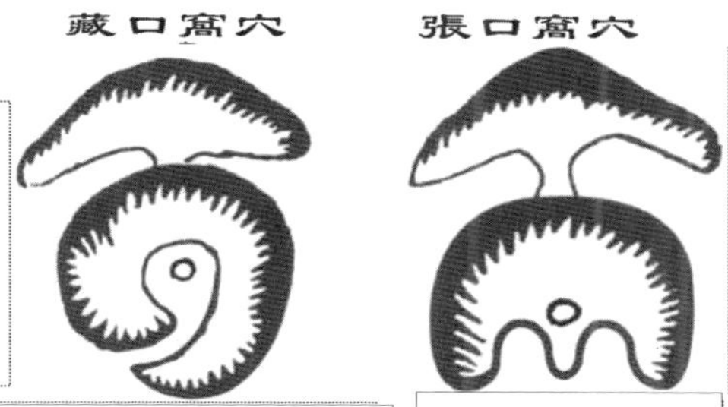

무릇 좌우 양쪽에서 양국((兩掬) 혈을 감싸 모여 간나지 못하면 **장구와혈(張口窩穴)** 이라 하고 그림과 비슷하다.

凡左右兩掬交會者
名曰藏口窩穴下倣此

凡左右兩掬不交會
者 名曰張口窩穴下

< 그림1-2 > 장구와혈 / 장구와혈 (藏口窩穴 張口窩穴)

論窩形之穴

窩穴，即廖氏開口穴也，亦曰窟穴。《葬書》云「形如燕窠，法葬其窩，胙土分茅」是也。凡曰雞窩、鍋底、掌心、旋螺、金盆、銅鑼等形，皆窩穴之異名耳。乃穴星開口生兩掬者也。平地高山皆有之，而高山為多高山以窟為真，平地以突為真，故高山多。俗亦名仰天湖格。除星體另論外見穴星卷，而窩之為形，凡四格：曰深窩，曰淺窩，曰狹窩，曰闊窩。皆以左右兩掬均匀為正格，左右不同為變格。而各有二體：一是左右交會，名曰藏口窩；一是左右不交會，名曰張口窩。四格之形，又各有俯仰不同。身俯則須窩中微有乳，穴就乳脈安扦；面仰則須窩中微有突，穴就窩心突頂安扦，此為最吉。廖氏云「凡開口之穴，靈光合聚於中，餘氣分行於外，雌雄相顧，血脈交通，所以謂之吉穴」是也。惟要弦棱伶俐，兩掬彎環，口中圓淨，窩內衝融；切忌落槽，最嫌偏陷。《經》曰「窠形須是曲如窩，左右不容少偏頗。偏頗不可名窩穴，倒側傾摧禍奈何」是也。又有懶坦、空亡、崩洪、破陷，謂之假窩、虛窩，務須詳辨。如誤下之，主淫亂少亡、貧窮絕嗣，不可不慎。若後龍真的，入首明白，星辰合格，証佐分曉，此穴至貴。

58) 倣此(방차) : 이것을 본뜸 ☞倣(방) : 모방하다. 닮다. 비슷하다.

1) 와형(窩穴)의 혈(穴)

와혈(窩穴)은 곧 요씨(廖氏)의 개구혈(開口穴)이다. 또 굴혈(窟穴)이라 한다. 《장서(葬書)》 이르길 '형(形)이 제비집[燕窠]과 같으면, 법에 맞추어 와(窩)에 장하면 토지를 하사받고 제후가 된다[胙土分茅;조토분모]'는 것이 이것이다. 무릇 닭의 등지[(雞窩;계와), 솥바닥[鍋底;과저], 손바닥 가운데[掌心:장심], 달팽이[旋螺;선라], 화분[金盆;금분], 징[銅鑼;동라] 등의 모양[等形]이라는 것은 모두 와혈(窩穴)의 다른 이름이다. 이는 혈성(穴星)이 개구(開口)하여 양쪽으로 감싸[兩掬:양국] 생긴 것이다.

평지(平地)와 고산(高山)에 모두 있으나 고산(高山)에 대부분 있다. 고산에 굴(窟)하면 진(真)으로 삼고, 평지(平地)에는 돌(突)을 진(眞)으로 삼으므로 고산(高山)에 많다. 세상 사람들은 앙천호격(仰天湖格)이라 한다. 성체(星體)를 제외하고 달리[另:령] 혈성(穴星)을 책[卷;권]에서 논하고 와(窩)의 모양은 무릇 사격(四格)을 걸으로 심와(深窩), 천와(淺窩), 협와(狹窩),활와(闊窩)라 하는 것은 모두 좌우 감싼 것이 균일한 것을 정격이라 한다. 좌우가 같지 않는 것을 변격이라 하고, 각각 이체(二體)가 있는데 하나[一是]는 좌우가 교회한 것을 장구와(藏口窩)라 하고, 또 하나는 좌우가 불교회(不交會) 한 것을 장구와(張口窩)라 한다. 사격(四格)의 형상[形]은 또 아래를 굽어보고 위를 우러러봄[俯仰:부앙]은 각각 같지 않다. 몸을 구부려 보면[身俯] 반드시 와중(窩中)에 미미한 유(乳)가 있으면 혈(穴)은 유맥(乳脈)을 취하여 편안하게 장사지내고[安扦(안천);安葬(안장)],올려다보아[面仰] 반드시 와중(窩中)에 미미한 돌(突)이 있으면, 혈(穴)은 와의 가운데[窩心] 돌의 꼭대기[突頂]를 취하여 안장[安扦]하는 것이 가장 좋다. 요씨(廖氏)가 이르길 '무릇 개구혈(開口之穴)은 신령스런 빛[靈光:영광] 즉 혈은 가운데에서 모여 합하고[合聚], 여기(餘氣)는 밖에 나누어 지나가[分行] 자웅이 서로 돌아보고 혈맥이 서로 통하는 것을 소이 좋은 혈이다'고 한 것이다. 다만 현릉(弦棱)이 분명하여야 하고[伶俐;영리] 양국(兩掬;용호의 감쌈이)이 만환(彎環)하야야 하고 와혈(窩穴) 가운데[口中]가 둥글고 깨끗해야[圓淨:원정] 하며, 와혈 속[窩內] (기운이) 서로 조화를 하여야 한다[衝融:충융]. 절대로 꺼리는 것은 혈 앞이 낙조

(落槽)한 것이며, 가장 혐오하는 것은 한쪽으로 치우쳐 패인 것[偏陷;편함]이다. 《(경(經)》에 이르길 '오목한 모양[窠形;과형]은 반드시 구부러진 것이 와(窩)와 같고, 좌우(左右)는 조금이라도 기울거나 치우쳐서는 안된다.
편파(偏頗)를 와혈(窩穴)이라 해서는 안되고, 옆으로 뒤집혀 경사지면 화가 가장 빠른 것을 어찌하겠는가' 하는 것이다. 또 변화 없이 평탄한 것[懶坦;나탄]、공망(空亡),붕홍(崩洪),파함(破陷)한 것을 가와(假窩)나 허와(虛窩)라 한다. 힘써 반드시 자세히 판단하여야 한다. 이런 곳에 오인하여 하장하면 주로 음란(淫亂), 소망(少亡:젊은이가 죽음), 가난[貧窮:빈궁], 절사(絕嗣:후계자가 끊김) 등이 생기니 삼가지 않을 수 없다. 만약 (와혈의) 후룡이 참되고 입수가 명백하고 성신이 합격이고 증좌가 분면하면 이러한 혈은 지극히 귀하다.

와혈의 사격(四格)은

심와(深窩),천와(淺窩),활와(闊窩),협와(狹窩)가 그것이다.

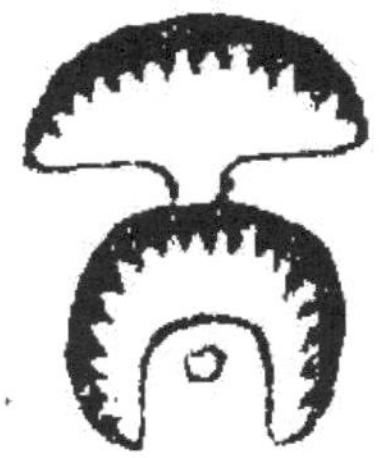

左為深窩圖。此深窩者，開口中深藏也。然窩既深藏，不宜太深坑陷，須是[59]深得其宜。惟窩中有微乳、微突者，謂之陽中有陰，雖深不忌。若無乳突，切忌深陷。又須窩中圓淨，弦棱[60]明白，兩掬[61]弓抱，方為合格。若窩太深陷，又無乳突，弦棱不圓，左右偏頗，即是虛窩，不可下也。

< 그림1-3 > 심와(深窩)

<그림 1-3 >은 심와(深窩)의 그림[圖]이다。이(此) 심와(深窩)는 개구(開口)한 가운데가 깊이 감추어 진 것[深藏]이다. 그러나 와(窩)가 이미 깊이 감추어져[深藏] 너무 깊이 땅이 꺼져서 생겨난 구덩이[坑陷;갱함]는 마땅하지 않다. 반드시 알맞은 심와(深窩)이면 마땅하다. 오직 와 가운데[窩中] 미

59) 須是(수시) : 반드시 ~해야 한다. 아마 ~일 것이다. 꼭 ~하지 않으면 안 된다.
60) 弦棱(현릉) ; 우각(牛角; 소분小分) ; 개장(開帳)
cf) 棱(릉) ; 엄하다. 모서리/ 陵(릉) : 큰 언덕. 언덕. 능가하다. /稜(릉) : 모서리. 논두렁
61) 掬(국) : 움키다(놓치지 않도록 힘 있게 잡다). (두 손으로) 움켜쥐다.

유(微乳)와 미돌(微突)이 있으면 양중(陽中)에 음(陰)이 있다고 하여 비록 깊어도 꺼리지 않는다. 만약에 유돌(乳突)이 없으면 깊이 움푹 들어가[深陷;심함] 절대로 꺼린다. 또 와 가운데[窩中] 원정[圓淨]하고, 현릉(弦棱)이 분명[明白]하고, 용호[兩掬;양국]가 활처럼 굽어 감싸 안아야[弓抱:궁포] 비로소 합격(合格)이다. 만약 와(窩)가 너무 크면 깊이 움푹 들어가[深陷] 또 유돌(乳突)이 없고 현릉(弦棱)이 둥글지 않고[不圓] 좌우에 한쪽이 치우쳐[偏頗:편파] 곧 이는 허와(虛窩)로 하장할 수 없다.

左為淺窩圖。此淺窩者，開口中平淺也。不宜太淺，太淺則不明。須是淺得其宜，如金盤，如荷葉之類，而又窩中弦棱明白，兩掬弓抱，方為合格。若窩中太淺，弦棱不明，懶坦無情，則非真窩，不可下也。

<그림1-4>천와(淺窩)

< 그림 1-4>는 천와(淺窩)의 그림[圖:도]이다. 여기서 천와(淺窩)는 개구(開口)한 가운데 평평하고 얕은 것이며 너무 얕으면 마땅하지 않다. 너무 얕으면 분명하지 않아 천와를 얻으면[淺得:천득] 그것이 금반(金盤)과 같거나 연꽃의 잎사귀[荷葉;하엽]과 같아야 마땅하다. 또 와중(窩中)에 현릉(弦棱)이 분명하고 양국(兩掬)이 활같이 둥글게 감싸야[弓抱;궁포] 비로소 합격(合格)이다. 만약 와(窩) 가운데가 너무 얕으면[太淺]이 현릉(弦棱)이 분명하지 않고 변화가 없이[懶坦(라탄)] 평탄하면 무정하여 진와(真窩)가 아니라 하장(下葬)할 수 없다.

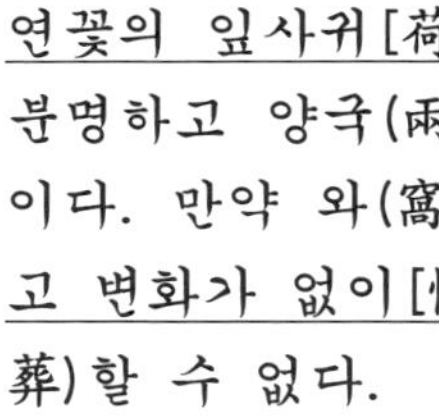

左為闊窩圖。此窩形之闊者，開口中寬闊也。窩既寬闊，不宜太深，須左右交會。要窩中有微乳、微突，就乳頭突頂安扦，方為合格。不然，多是[62]空亡虛冷之窩，氣不凝聚。又須窩中圓淨，弦棱明白，兩掬彎抱，乃為合法。若窩形太闊，又無乳突，弦棱不明，左右偏頗，或兩掬不交[63]，則不可下也。

<그림 1- 5> 활와도(闊窩圖)

<그림1-5>는 활와(闊窩)의 도(圖)이다. 여기서 활와(闊窩)의 형상은 개구(開口)한 가운데가 넓은 것[寬闊:관활]이다. 와(窩)가 너무 넓거나 너무 깊은 것은 마땅하지 않고 반드시 좌우가 모여 만나야[交會] 한다. 와(窩) 가운데[中] 작은 유·돌[微乳(미유),微突(미돌)]이 있어야 하고, 유(乳)의 머리나 돌(突)의 꼭대기를 취하여 알맞은 자리에 천장해야 합격이다. 그렇지 않으면 대개[多是] 공망과 허냉의 와혈(窩)로 기(氣)가 맺히지[凝聚;응취] 않는다. 또 모름지기 와(窩) 가운데[中]는 원정(圓淨)하고, 현릉(弦棱)이 분명(明白)하고 양쪽으로 감싸[兩掬:양국] 만포(彎抱)해야 곧 합격이다 만약 와의 형상[窩形]이 너무 넓으면 또 유돌이 없거나 현릉(弦棱)이 분명하지 않아 좌우에 치우쳐[偏頗;편파] 혹 양국(兩掬)이 양국이 인접하지 않으면[不交:불교] 하장할 수 없다.

左為狹窩圖。此窩形之狹者，開口中狹小也。窩雖狹小，亦要相停，不可太狹。太狹則恐開口不真。須是狹小得中[64]如燕窩，如雞窩之類，而又窩中圓淨，弦棱明白，兩掬彎抱，方為合格。若窩中太狹小，口內不圓，弦棱不明，左右不抱，則非真窩，不可下也。　以上窩形四格之圖。其左右兩掬均勻者，乃為正格，有五體。左右兩掬不　均勻者，為變格，有二十體。圖具下：

<그림 1- 6 > 협와도(狹窩圖)

<그림 1-6>는 협와(狹窩)의 그림[圖]이다. 여기서 협와(狹窩)의 형상(形)은 개구(開口)한 가운데 협소(狹小)하다. 와(窩)가 비록 협소(狹小)할 지라도 형상[相]이 머물러야[停:정]하고 너무 좁아서는 안된다. 너무 좁으면 개구함(開口)이 참되지 않을까 염려된다. 모름지기 협소(狹小)하면 꼭 맞는 것[得中]은 제비집[燕窩;연와]이나 닭의 등우리[雞窩;계와]와 같은 종류이나 또 와(窩) 가운데[中]가 원정(圓淨)하고 현릉(弦棱)이 분명(明白)하고, 양국(兩掬)이 만포(彎抱)하면 비로소 합격이다. 만약 와(窩) 가운데 너무 협소(狹小)하

62) 安(안) : 알맞은 위치에 자리 잡게 하다. 설치하다 ☞ 多是(다시) : 아마. 대개. 모두
63) 交(교) : 인접하다. 사귀다. 서로 맞대다.
64) 得 中(득중) : 더하거나 덜함이 없이 꼭 알맞음. 복권에 당첨되다. 시험에 합격하다.

면 개구[開口]내가 둥글지 않고 현릉이 분명하지 않아 좌우가 감싸지 않아 참된 와(窩)가 아니라 하장 할 수 없다. 이상(以上) 와형사격(窩形四格)의 그림은 좌우(左右) 양국(兩掬)이 고른 것[均匀:균균]이 곧 정격(正格)이며 오체(五體)가 있다. 좌우(左右) 양국(兩掬)이 고르지 않는 것은 변격(變格)이며 20체가 있다.

上圖為正格，凡五體，乃左右兩掬均勻者也，下仿此。圖具下：正格凡五格
위의 그림은 정격(正格)이며 무릇 오체(五體)는 곧 좌우 양국(兩掬)이 고른 것이다. 아래는 이와 같다[下仿此(하방차)]. 아래에 그림에서 정격은 무릇 오격이다.

정격은 무릇 오격(五格)

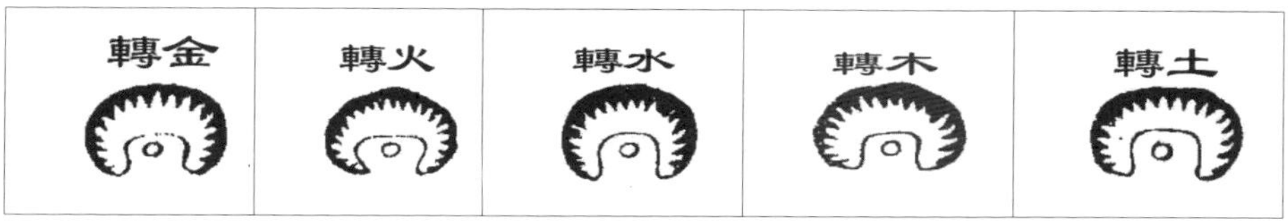

<그림 1- 7 > 정격오격(正格五格)

변격(變格) 대체로[凡] 20 격(二十)

以上變格，乃左右兩掬所轉不同，凡二十體，穴星仿此。
이상 변격은 곧 좌우 양국(兩掬)이 변화하는 바가 다르다. 무릇 20체의 형성은 이와 같다.

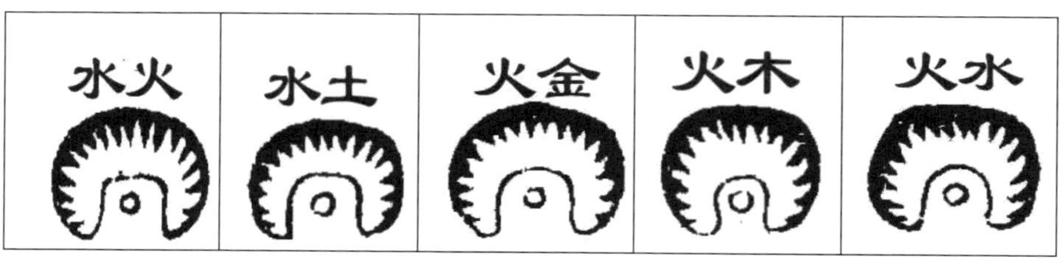

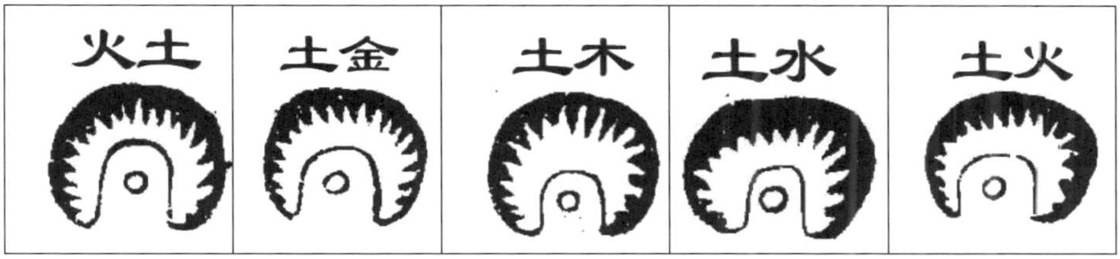

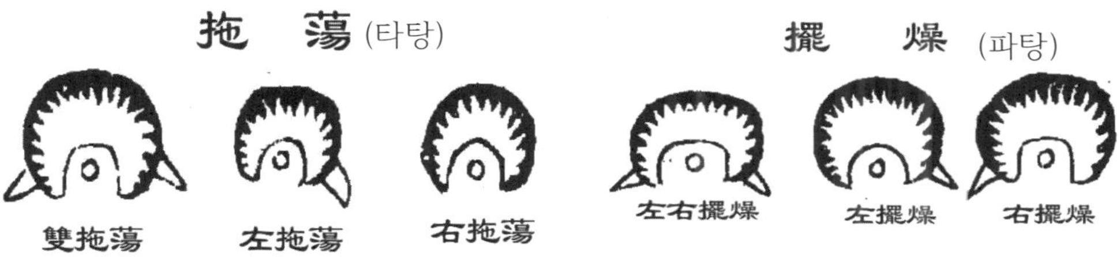

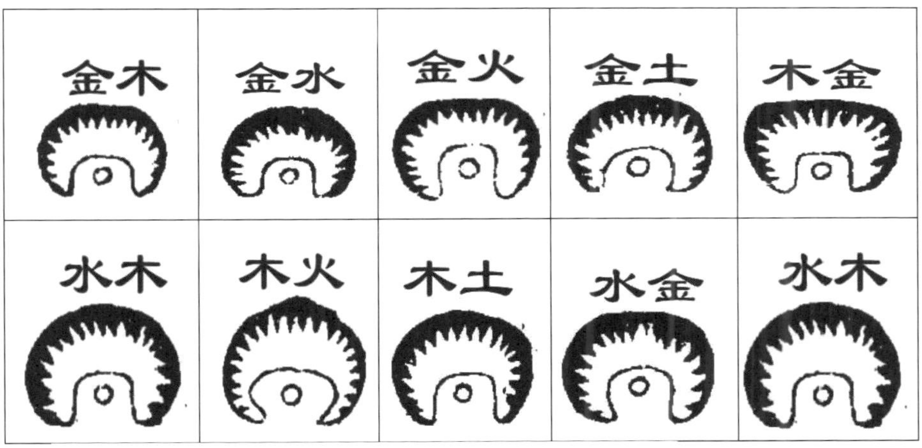

<그림 1-8 > 변격(變格) 20 격(二十)

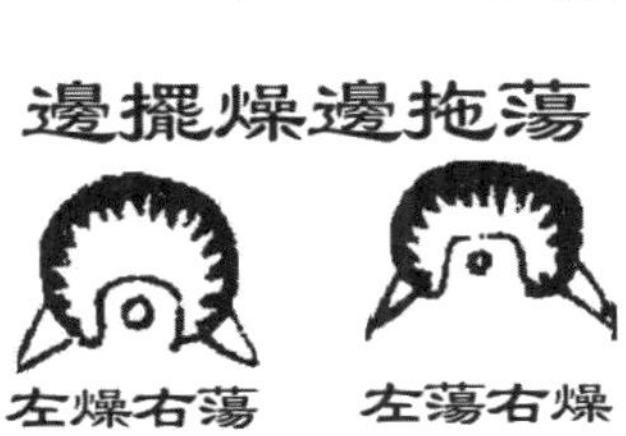

< 그림1-9 > 帶曜凡八格(대요팔격)

已上帶曜諸格，後皆仿此，圖繁，亦不重載。窩穴名地諸圖附後。

이상 요(曜)를 띤[帶曜] 제격(諸格)은 뒤에도 모두 이와 비슷하다[仿此;방차] 또 거듭 게재하지 않는다. 와혈(窩穴)의 땅 명칭은 제 그림[諸圖]은 나중 첩부한다[附後:부후].

右地在吾邑南門外，與縣龍分脈後，起五星聚講，開帳入局，又大斷過脈，列芙蓉大帳。帳中穿心出脈，垂落[65]清秀。入首結開口仰天窩穴。窩中圓淨，兩掬均勻，口中平坦，左右重重包裹，前朝秀麗，明堂融聚，水城繞抱，水口關鎖，系艮龍，扦丙向，俗傳仰天湖，賴布衣下。後余低出朝議大夫，數代清貴，至今福祉未艾。

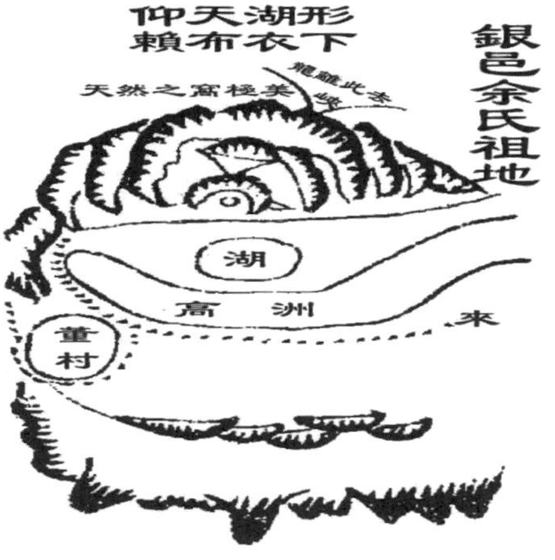

<그림 1- 10 > 은읍 여시조지(銀邑余氏祖地)

<그림 1-10>의 자리는 오(吾邑)의 남문(南門) 밖에 있으며 현의 용과 갈이 분맥을 후에 오성취강(五星聚講)을 일으켜 일으키고 개장(開帳)하여 국(局)에 들어 들어와 또 크게 끊어지듯 한 맥을 지나 연꽃[芙蓉:부용]을 늘어놓은 듯 하며, 장막[帳] 한가운데를 지나온[穿心] 맥[出脈]이 떨어져[垂落;수락] 맥이 깨끗하고 빼어나다[清秀]. 입수(入首)하여 개구앙천(開口仰天)의 와혈을 맺었다. 와(窩) 가운데가 원정(圓淨)하고 양국(兩掬)이 고르며[均匀;균균] 개구한

65) 垂落(수락) : 처지다. 떨어지다.

[開口] 가운데 평탄(平坦)하고 좌우가 거듭 감싸[包裹;포리] 앞에 조산[前朝]이 수려(秀麗)하고 명당(明堂)에 모이고[融聚] 수성(水城)이 감싸고[繞抱:요포], 수구(水口)는 관쇄(關鎖)하였다. 간룡[艮龍]의 뒤를 이어 병향(丙向)으로 천장[扦] 하였다. 속인들은 앙천호(仰天湖)라 전하는데, 뢰포의(賴布衣)가 하장하였다. 장사 후에 여씨(余a低)가 출조(出朝)하여 의대부(議大夫)를 하였고, 여러 대[數代]에 청귀(清貴)한 벼슬하였고 지금(至今)은 복지(福祉)가 아직도 끝나지 않았다[未艾:미예].

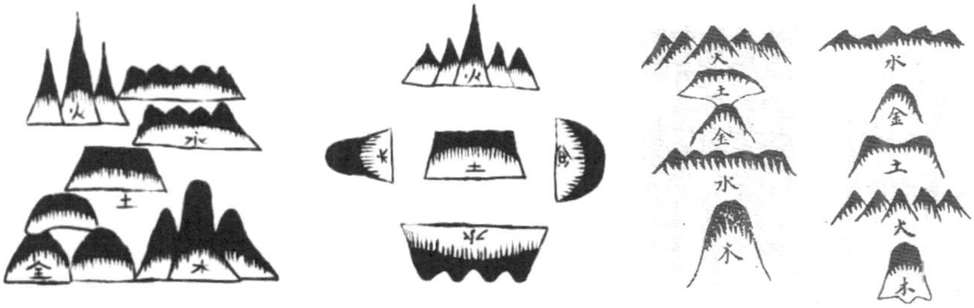

취강(聚講) 귀원(歸垣) 연주격(連珠格)

< 그림1-11 > 五星 聚講格(오성 취강격) 및 歸垣格(귀원격), 連珠格(연주격)

朱國本問曰：餘氏此地，分幹大龍開帳，穿心中落結美穴，明堂、龍虎、朝對、水城、水口，無一不貴。艮龍丙向，又合天星。賴公所下，葬法又善，宜其貴列三公。乃僅止此，何也[66]？僮仙曰：善哉！問此地龍穴、砂水俱上格，葬又合法，而貴不窮顯[67]者，有二缺焉：少餘氣，無曜星矣。吳公云：「餘氣不去數十里，決然不是王侯地。」楊公云：「龍真穴真只無曜，空有星峰重疊照。」故大貴須有餘氣、曜星。此地缺此，《葬書》謂「十一不具，是為其次。」此地是也。

주국본(朱國本)이 묻고 이르길 ' 여씨의 이 자리는 대간룡을 나누어 개장하고 천심하여 가운데로 낙맥하여 아름다운 혈을 맺었다. 명당(明堂),용호(龍虎),조대(朝對),수성(水城),수구(水口) 등이 하나 같이 귀하지 않는 것이 없다.

66) ~何也 : ~는 어째서(왜) 인가?. 豈~哉 : 어찌 ~인가? ; 어찌 ~하는가? A何也 : A는 어째서(왜) 인가? ◦豈~哉 : 어찌 ~인가? ; 어찌 ~하는가? ; 무엇을 ~하는가?
☞ 以~爲~ : ~를 ~라고 여기다(=말하다.삼다.) ◦~則~ : ~는 ~이다 ; ~가 ~하다.

67) 顯(현) : 보이다. 나타내다. 드러내다.

간룡(艮龍)에 병향(丙向)은 또 천성(天星)에 어울린다. 뇌공(賴公)이 하장한 곳[所下]이다. 장법(葬法)이 또 좋아[善] 마땅히 그 귀(貴)가 삼공(三公) 반열에 들었다. 겨우[僅;근] 이것에 그치니 어째서 인가[何也:하야]?
대선(儓仙)이 답하여 이르길 '좋은[善] 질문이다! 이곳은 용혈사수(龍穴砂水)가 모두 상격(上格)이고 장사[葬]도 합법(合法)이나 귀함[貴]이 끝까지 나타나지[窮顯] 않는 것은 2 가지 결함이 있는데 여기(餘氣)가 적고, 요성(曜星)이 없다. 오공(吳公)이 이르길 '여기(餘氣)가 수 십리(數十里)를 가지 못하여 결단코 이는 왕후지(王侯地)가 아니다' 고 하였다. 양공(楊公)이 이르길 '용이 참고 혈이 참인데 다만 요(曜)가 없으면 부질없어[空] 성봉이 중첩하여 비치는 것이 없다' 고 하였다. 그러므로 대귀(大貴)한 것은 반드시 여기(餘氣)와 요성(曜星)이 있어야 하는데 이 땅은 이러한 결함이 있다. 《(장서(葬書)》 에서 이르길 '열 가운데 하나를 구비하지 않아도 이것은 그 다음의 결함이다.' 고 하였다. 이곳이 그러하다.

右地在泰寧，土名洪港口。其龍乃南幹正條，穿草坪峽後，少華大旺處，分正脈一派，巍峨廣袤，綿亘[68]紆盤數百里，皆極其高大，非足力所能及。一枝一葉，亦甚長遠。入局起漲天水星，橫列十數里。帳之中垂落一脈，欲斷不斷，複[69]頓高金，貼在帳下，圓滿光肥。兩畔帳帶，如垂絲串珠者數十條，護從繁華。於高金星面，微開小窩，於上聚處結穴，弦棱伶俐，兩掬彎環，窩間平坦圓整，不深不闊，宛然如燕窠，僅可藏車隱馬。龍勢雄大，穴情巧小，真貴格也。不假外山包裹，穴自周密藏聚，天然可愛
<그림 1-12>의 자리는 태령(泰寧)에 있는데, 토명은 홍항구(洪港口)이다. 그 용은 남간정조(南幹正條)에서 초평협(草坪峽)을 지난 후에 소화(少華) 대왕처(大旺處)에서 정맥(正脈)의 한 줄기[一派]가 분맥하여 동서남북[廣袤;광무]으로 우뚝 솟아[巍峨;외아] 수 백리(數百里)를 구불구불 감돌아[紆盤;우반] 면면히 이어져[綿亘;면긍] 내려온 것이 모두 매우 높고 커서 다리의 힘[足力]

68) 綿亘(면긍) : 이어지다. 실처럼 길게 계속해서 뻗쳐 이어지는 모양
69) 複(복) : 중복하다. 돌아오다. 회복(回復)하다. 또. 거듭하다.

으로 미칠 수 없는 곳[非所能及]이다.

<그림 1-12 > 소와 격(小窩格)

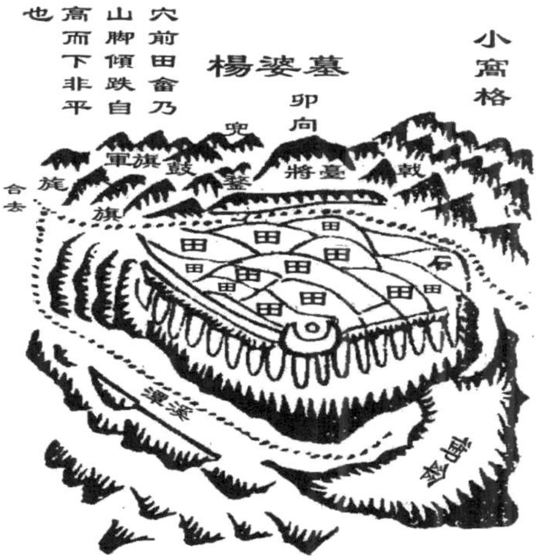

庚龍，酉山卯向。珍珠凉傘盖
交椅形，樸頭案。

가지하나 잎 하나도[一枝一葉]도 역시 길고 아득히 멀다[甚長遠]. 국(局)에 들어 올 즈음에 창천수성(漲天水星)을 일으켜 횡으로 십 수리(十數里)를 배열하여 뻗어나가 장막의 가운데 한 맥이 떨어져 끊어질 듯 말듯 연결되어 기봉을 하였다가 달려가 머무르기[頓跌:돈질]를 반복하여 높은 금성(金星)을 일으켜 장막 아래에 붙어 원만광비(圓滿光肥)하며 양쪽으로 장막이 붙어 구슬을 하나하나 실로 꿰어서[絲串珠;사관주] 수십 가지[數十條]로 드리워 많은 꽃[繁華;번화]이 호종하는 것 같다. 높은 금성의 면에 미미한 소와(小窩)를 열어 그 취처(聚處) 위에 혈을 맺어 현릉사(弦棱砂)가 분명하며[伶俐;영리] 양국(兩掬)이 활처럼 굽어 감싸고[彎環;만환] 와(窩)의 사이가 깊이도 넓지도 않아[不深不闊] 평탄(平坦)하고 원정(圓整)하다. 흡사[宛然;완연] 제비집[燕巢;연소]과 같으므로 겨우[僅] 거마(車馬)를 속에 넣어[隱] 감출 수 있다. 용세가 웅대하고 혈정(穴情)이 예쁘고 작아 참으로 귀격이다. 외산이 감싼 것을 빌리지 않아도[不假借;불가차] 자연적으로 주밀하고 장취(藏聚)하여 천연적

[天然] 좋다[可愛:가애].

穴前又平坦數尺，下注嘉泉，廣不盈畝，四時不涸不溢。此池即內堂也。堂之前一山，近可攀摘[70]，秀媚方平，不迫不欹，整然端拱。穴間惟見此山，其外洋及左右一切山水，俱所不見，恬然[71]安靜，如坐密室。而後坐大帳，高貼有力，不啻[72]端居幃幄[73]之中。俗傳「珍珠涼傘蓋交椅[74]」形，襆頭案，誠切當矣。

혈 앞에 또 수척(數尺)이 평탄하며 아래에 흐르는 가천(嘉泉)은 넓어 도랑[畝;묘]이 넘치지 않고 사계절에도 마르지[涸;학] 않고 넘치지도[溢;일] 않는다. 이 연못은 곧 내명당[內堂堂]이다. 내명당[內堂] 앞에 가까이 있는 한 산을 선택하여 의지할 만하고[可攀摘(가반적)] 빼어나 아름답고 사방[方:방]이 평편하여 기울지 않고 가깝지[逼迫;핍박]도 않아 정연(整然;가지런하다)하고 단정(端正;깔끔하고 반듯하다)하게 공읍(拱揖)[端拱(단공)]한다. 혈의 공간[間]에서 오직 산만 보이고 그 외양(外洋)과 좌우에 모든[一切;일체] 산수는 모두 보이지 않는다. 고요하고 편안하여 마치 밀실에 앉은 듯하며 뒤에 큰 장막이 높게 붙어 힘이 있고 휘장(幃幄;위악) 가운데 단정히 있는 듯하다. 속세에 전하길 '진주양산이 의자를 덮는' 형상으로 복두안(襆頭案 ; 두건을 쓴 형상)이라' 하였는데 참으로 적절하다[誠切當(성절당)].

從而檢點，外面諸山，重重疊疊，擁護羅列，合遝[75]暗拱，有萬卒影從之勢。混港東 ，洪港西兩溪夾送龍身，交會於五里外。水口諸山，皆大龍交纏。但穴結山腰，下鋪田畬，餘氣甚長，不免頓跌，勢似順局為異。然山勢高大，穴雖高，猶

70) 可(가) : 적합하다. ◦攀摘(반적) : (높은 곳의 것을) 따다. ☞ 攀(반) : 달아 붙다. 의지하다. 매달리다. ◦摘(적) : 움직이다.(요점만을) 가려서 쓰다. 인용하다.

71) 恬然(념연) : 조금도 걱정이 없다. 마음에 아무 생각이 없는 상태. 또는 평안한 모양. ☞ 恬(념) : 편안하다, 고요하다. ◦然(연) : 그러하다.

72) 不啻(불시) : 다만 ~뿐만 아니다. ~와 같다. ☞ 啻(시) : 뿐. 不-, 豈-, 奚- 등 부정어(否定語)나 반어(反語)와 함께 쓰여「~뿐 아니라 더」의 뜻을 나타냄

73) 幃(위) : 휘장(幃幄·幃帳·幃幌) ☞ 幄(악) : 휘장(揮帳). 천막. 막을 쳐 놓은 곳

74) 交椅(교의) : (팔걸이) 의자. 서열. 지위 √ 切當(절당) : 적절하다

75) 遝(답) : 뒤섞이다. ◦交纏(교전) : 헝클어지다. 서로 뒤얽히다. √悠永(유영) : 아득히 멀다.

是山麓間。而登穴夷坦藏聚，不知為高，亦不知有外面傾跌之患，此所以為美也。但離鄕而貴，亦職此故爾。然龍勢牽連，煞氣未淨，高金結穴，又是武星。金旺於西，以庚脈入首，作卯向，宜其貴皆以武功。且正乾分受，鍾山川正氣，主忠貞而悠永不替焉。

다가가 점검(檢點)하니 외면의 여러 산이 중첩하여 옹호하며 나열되어[擁護羅列:옹호나열] 뒤얽혀 하나가 되어[合遝;합답] 보이지 않게 공읍을 하며 많은 졸이 그림자처럼 따르는 세[影從之勢;영종지세]이다. 혼항(混港)과 홍항(洪港)의 두 계곡[兩溪]이 협송(夾送)하여 용신(龍身)이 5리 밖에서 만나 모인다[交會]. 수구의 여러 산이 모두 용이 들어와 서로 뒤얽혔다[交纏:교전]. 단 산허리[山腰]에 혈을 맺어 아래에 밭[田畲;전여]들이 펼쳐져 있고 여기(餘氣)가 매우 길어 머물지 않고 달아나[頓跌;돈질] 세(勢)가 순국(順局) 같으나 그렇지 않다. 그러나 산세(山勢)가 높고 커서 혈이 비록 높으나 오히려 이곳은 산기슭[山麓;산록] 주변(周邊)[間]에 있고 혈에 오르면 평탄하고[夷坦;이탄] 기운이 가두어 모여 높음을 알지 못하고 역시 외면이 한쪽으로 쏠린[기울어진][傾跌;경질] 근심을 알지 못하니 이것이 아름답기 때문이다. 다만 고향을 떠나[離鄕;이향] 벼슬[貴]을 하더라도 직무는 이곳에 한다[職此;직차]. 그러나 용세가 연이어 끌리고 살기가 정화되지 않아 고금성에서 혈을 맺고 또한 무성이 되었다. 금은 서쪽에서 왕성하고 경맥으로 입수하여 묘향이 되어 당연히 그 귀함은 모두 무(武)로 공을 세웠다. 또 정간에서 나누어 받아 산천정기가 모여 있으니 주된 역할은 충성스럽고 절의[忠貞:충절]가 유구하여 변함이 없다.

舊有記云：混港東，洪港西，裏有池塘外有溪言二水夾送真龍，而結穴處裏有泉注，外有溪送。一如龍子去尋母老龍抽嫩枝，盤[76]桓眷戀，又如龍母去盤兒大山包裹，小山結穴。遠看山斷卻不斷，近看子母不相離穴星貼大帳中。滿床牙笏渾[77]閒事，百萬軍聲唱若[78]齊言貴之多皆以武也。今鄕傳為楊筠松益避巢亂，過

76) 注(주) : 붓다. 따름. 물이 흐르다.☞盤(반) : 머뭇거리다. 배회하다. 빙빙 돌다. 둘둘 감다. 둘둘 휘감다. ☞卻(각) : 도리어. 오히려. 반대로. 그러나 . ~이기도 하지만

此愛之，求以葬母。後其孫有為麟州勅史者，值時亂，天下分南北，莫能歸，遂居太原，世為邊將云。即楊無敵等，亦莫考其寔。

滿床牙笏

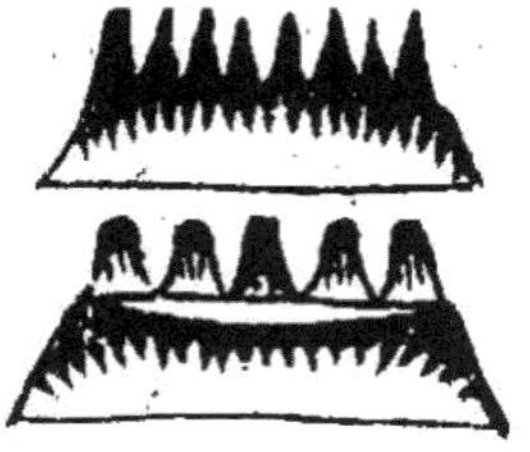

<그림 1-13 > 만상아홀(滿床牙笏)

옛날 기록에 이르길 '혼항동(混港東)과 홍항서(洪港西)의 안쪽에는 지당(池塘) 바깥에는 시냇물[溪:계]이 있는데 두 개의 물이 진룡을 협송하고[夾送] 결혈처 안에 흐르는 샘[泉注]이 있고, 바깥에는 시냇물이 흐른다[溪送:계송]. 하나는 용자(龍子)가 어미를 찾아가는 것과 같이 노룡(老龍)에서 어린 가지[嫩枝;눈지]를 뽑아내어 그리워하면서[眷戀;권련] 머뭇거리며 그 자리를 멀리 떠나지 못하고 서성이는 것[盤桓;반환] 같다. 또한 용의 어머니[龍母]가 나아가 아이를 감싸 안듯이[盤兒;반아] 큰 산이 작은 산을 감싸[包裹;포리] 결혈을 하였다. 멀리서 보면 산이 끊어진 듯하지만[却(각);그러나] 끊어지지 않고 가까이서 보면 모자(子母)가 서로 떨어지지 않고 혈성(穴星)이 큰 장막 가운데 가까이 붙어있다. 아홀(牙笏)이 가지런하게 상에 가득차 있는 같아[滿床牙笏] 한가로이 휴식을 취하는 것 같고[閒事], 백만대군이 함성을 지르며 질서정연하게 공손히 읍(揖)하는 듯하니 '벼슬은 대부분은 모두 무관을 한다[以武]' 고 한다. 지금 고향에서 전해지기[今鄉傳]를 '양균송(楊筠松) 익(益)

---

77) 滿床牙笏(만상아홀) : 혹(或) 첨봉(尖峰)이거나 혹 석순(石筍)이 떼지어 모여서[叢聚;총업] 아홀(牙笏)이 만상(滿床)에 있는 같아[有似] 대소고저(大小高低)을 논하지 않고 다만 청수(清秀)한 것을 좋은 것으로 한다(滿床牙笏者，或尖峰，或石筍叢聚，有似於牙笏滿床。不論大小高低，但以清秀為吉。)

☞ 渾(혼) : 가지런하다. 가지런히 함. 온전하다. 모두. 뒤섞이다.

78) 唱喏(창야) : 인사말을 하며 공손히 읍(揖)을 하다. ◦ 麁(추) : 거칠다.

이 황소의 난을 피하여 이곳을 지나다가 그곳을 좋아하여 어머니의 장지로 구하여 장사를 지냈다' 고 한다. 후에 그 후손이 인주칙사(麟州勅史)가 된 자가 있는데 난세[時亂:시란]를 만나[值:치] 천하가 남북으로 나누어져 돌아오지 못하고, 마침내 태원에 머물면서 대대로 변방의 장수[邊將:변장]가 되었다고 전해진다. 곧 양무적(楊無敵) 등 인데 역시 그것이 사실이라고 고증(考證)할 수 없다.

按：是地山勢麄雄，不見脫卸，而煞氣未除。兼以偏在萬山中，局甚逼窄，無龍虎明堂，不見外洋，不入俗眼。只是穴情一小窩可受，所謂璞中之玉，非哲師莫辨。傳疑[79] 楊無敵，宋初太原人。父信漢，麟州勅史。無敵名業，事劉崇，屢立戰功，時號無敵。太宗征太原，業勸其主繼禮降，以保生眾。太宗召見，以業為代州兼三交駐泊兵馬都部署，屢與契丹戰，被擒，不食而死。業不知書，忠烈武勇，有智謀，與士卒同甘苦，故士卒樂為之用。子延昭，太宗時以崇儀使知保州，屢敗契丹。後為商陽關副都部署，智勇善戰。契丹憚之，目為楊六郎。昭子文廣，從狄青南征，為廣西鈐轄[80]，知宜、邕二州，英宗稱為名將。屢遷興州防禦使、秦鳳副總管。後徙定州，遷部軍都虞候。遼人爭地界，文廣獻陣圖，並取幽、燕策，未報而卒。其後世為邊帥。

조사해 보니[按] 이곳은 산세(山勢)가 이곳은 산세가 거칠고 웅장하여[麄雄:추웅] 탈사(脫卸)를 한 것이 눈에 보이지 않으니 살기(煞氣)가 제거되지 않았다. 아울러 만산이 가운데에서 치우쳐 국(局)이 심히 핍착하여[逼窄] 용호와 명당이 없고 외양(外洋)이 보이지 않아 속안(俗眼)으로는 들어오지 않는다. 단지 이는 혈정(穴情)은 하나의 작은 와혈로 사랑스럽다. 소위 박옥 가운데 [璞中:박중] 옥(玉)은 (사리가 밝은) 철사(哲師)가 아니면 판별할 수 없다[莫辨:막변]. 傳疑(전의) 양무적(楊無敵)은 송나라 초(宋初)의 태원(太原) 사람이다. 부친 신한(信漢)은 인주칙사(麟州勅史)였다. 무적(無敵)의 이름은 업(業)이고 류숭(劉崇)을 섬겨[事] 여러[屢;루] 번 전공(戰功)을 세웠으므로 시

79) **傳疑(전의)** : 경전이나 고사의 의심스러운 점을 함부로 논단하지 않고 남겨두어 다른 사람이 해결하기를 기다리다. 학문을 하는 데[治學] 신중을 기하다. 경전이나 고사의 의심스러운 점을 정론(定論)을 주장하지 않고 그대로 후대에 전함

80) 鈐轄(검할): 나라에 난리가 났을 때 그 지방에 나가서 병마를 총관하던 군직.

호(時號)는 무적(無敵)이라 하였다. 태종(太宗)이 태원(太原)을 정복할 때 업(業)은 그 임금 계[主繼]를 권하여 예(禮)로 항복을 하게 하여 살아있는 중생[生衆:생중] 보호하였다[以保]. 태종이 불러서 만나보고[召見;소견] 업(業)을 대주(代州)로 삼았고, 삼교주박병마도부서(三交駐泊兵馬都部署)를 겸하였다. 여러 차례 거란과 전쟁을 하다가 포로가 되어 먹지 않아 굶어 죽었다.

업(業)은 글을 알지 못하나 충성스럽고 절개가 굳고[忠烈:충렬] 용맹하였으며 지모[智謀]가 있어 병사[士卒:사졸]과 달고 쓴 것[甘苦]을 같이 하였으므로 사졸(士卒)들이 그와 복무하는 것을 좋아했다[樂為之用:낙위지용]. 아들 연소(延昭)는 태종 때 숭의사(崇儀使)로 지보주(知保州)를 하다가 거란(契丹)에 여러 차례 패하였고, 후에 상양관부도부서(商陽關副都部署)가 되었으며 지혜와 용기가 있어 전쟁을 잘했다[善戰:선전]. 거란(契丹)은 그를 두려워하여[憚;탄] 그를 지목하여 양육랑(楊六郎)이라 하였다. 소(昭)의 아들 문광(文廣)은 적청(狄青)을 따라 남쪽 정벌하여 광서(廣西)에 검할(鈐轄)이 되었고 지의옹(知宜邕) 이주(二州)를 맡으니 영종(英宗)이 명장(名將)이라고 칭하였다.

여러 차례 옮겨[屢遷;루천] 흥주(興州) 방어사(防禦使),진봉(秦鳳) 부총관(副總管)이 되었고 뒤에 정주로 옮겨 부군도우후(部軍都虞候)가 되었다. 요인(遼人)과 땅의 경계[地界]를 다투다가 문광(文廣)은 진도(陣圖)를 헌납하여 유연책(幽燕策)을 취하였으나 계책을 보답하지 못하고 죽었다. 그 후 세상 사람들은 변방의 장수라 하였다.

左地在豐城縣，土名堯坊筲箕[81]窩，乃陸氏祖墓。其龍起自真軍腦，衝天火星作祖而來。迢遞至堯坊，脫卸平崗，左棲右閃，逶迤活動。將入首，頓起走馬金星。數節大斷，起正體太陽金星，開口成大窩穴格。登穴視之，有似空曠粗大。殊不知逆水漲潮[82]，妙在粗大。穴雖空曠，亦不足[83]畏。下手廟山，收盡洋朝諸流之水，山川相等，四獸和平。陸氏葬後，人財驟發，時通公官侍御。夢麟侍

81) 筲箕(소기) : 키처럼 생긴 대소쿠리. 조리 ☞ 迢递(초체) : 번체 迢遞(초체) : 매우 멀다. ☞ 粗大(조대) : (체격·물체가) 굵직하다. 크다. 큼직하다.
82) 漲潮(창조) : 바닷물이 밀려와서 해면이 높아지는 현상
83) 足(족) : 이루다. 되게 하다. ~에 충분하다. ~할 가치가 있다. 족히 ~할 만하다. [주로 부정에 쓰임.]

御，夢豹主事；曰應川、曰策，登科甲，福祉未艾。

<그림 1-14 >의 자리는 풍성현(豐城縣)에 있으며, 토명은 요방(堯坊)이고 대소쿠리 모양의 와혈[筲箕窩;소기와]이며 육씨(陸氏)의 조상의 묘[祖墓]이다. 그 용은 진군뇌(真軍腦)에서 충천화성(衝天火星)을 일으켜 조산을 만들고 뻗어와 멀리[迢遞(초체)] 요방(堯坊)에 이르러 탈사하여[脫卸] 평지의 작은 언덕[平崗;평강]이 되어 좌우로 잠깐 머무르고[棲閃;서섬] 구불구불 움직이다가[逶迤活動;위이활동] 입수할 즈음[將:장]에 달리다가 멈추어 금성을 일으켜[金星] 수절(數節)을 크게 끊어[大斷] 다시 정체 태양 금성(正體太陽金星)을 일으켰다. 개구하여 대와혈격(大窩穴格)을 이루어 혈에 올라 그것을 보면 넓고 큰 것 같다.

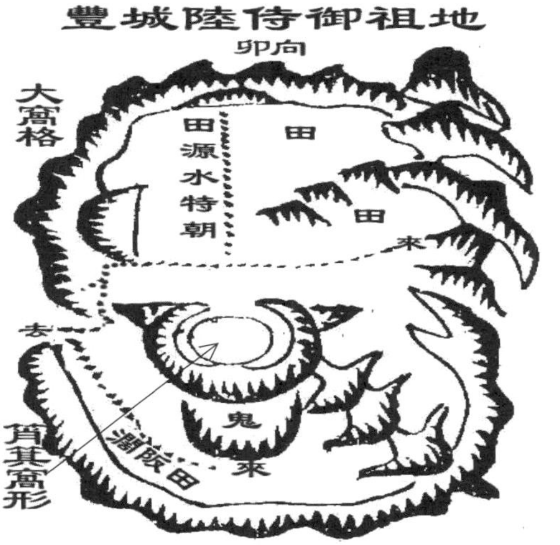

√ 澗阪田(간판전)
: 시냇가 비탈밭

<그림 1-14 > 풍성육시어조지(豐城陸侍御祖地)

특별히 수위가 상승하여 역수(逆水)가 됨을 알지 못하는데 묘함[妙]이 크다. 혈이 비록 넓어도[空曠:공광] 두려워할 필요가 없다. 묘산(廟山)이 하수사(下手)로 양조(洋朝)하여 흐르는 여러 물을 다 거두어 산천의 세력이 서로 비슷하고 사신사[四獸:사수]가 평화롭다. 육씨(陸氏)가 장사를 지낸 후 인재가 빨리 발복하여[驟發;취발] 시통공(時通公)의 벼슬[官]이 시어(侍御;시중드는 벼슬)이고, 몽린(夢麟)이 시어(侍御)의 벼슬을 하고 몽표(夢豹)는 주사(主事)를 하였다. 응천(應川)과 책(策)도 과거(科擧)에 등과(登科)하여[登科甲]

복지(福祉)가 끊어지지 않았다[未艾;미애].

右地在樂平縣南七十里，土名軍山。其龍來歷長遠，不詳述。將入局，平田廣野中崛起高山，勢侵雲漢，綿亘百餘里，雄冠一方[84]。峰巒層疊，正脈中出，枝腳蕃衍。入首開大帳，帳中落脈，屈曲而下，走弄[85]如蛇。抽出平崗，貼在邊帳之內。複起頂開窩結穴，窩中平淺如仰盤，弦棱圓整，天然可愛。兩掬彎抱有情，左臂一山逆抱過穴，為近案，以收大溪之水。隔溪遠山朝拱，四勢尊嚴，內堂緊夾，外洋寬暢，誠吉地也。取作漁翁撒網形，卯龍，庚酉向。許氏樂邑名族，而此地又許氏諸地之首稱。廖金精嘗贊美之曰：「行盡樂平路，無如許婆墓。」誠非虛譽。

<그림1-15 >의 자리는 낙평현(樂平縣) 남쪽 70리에 있으며, 토명은 군산(軍山)이다. 그 용(龍)은 내력(來歷)이 장원(長遠)하여 상세히 기술할 수 없다. 입국(入局)할 즈음에 평평한 밭과 넓은 들 가운데 높은 산이 (봉우리 따위가) 우뚝 솟아[崛起;굴기] 그 세가 하늘[雲漢:운한]을 침범한 듯하고 이어져 백여 리를 뻗어[綿亘;면긍] 웅장함이 한 방면에서 으뜸이다. 봉우리[峰巒]가 여러 겹[層疊;층첩]이고 정맥(正脈)이 가운데로 중출(中出)하여 지각(枝腳)이 많이 뻗어[蕃衍;번연] 입수(入首)에서 크게 장막을 열어 장막 가운데서 낙맥(落脈)하여 굴곡(屈曲)하여 뱀과 같이[如蛇:여사] 아래로 달려가[弄:롱] 평지의 언덕[平崗:평강]을 뻗어내려[抽出:추졸] 장막 내 변두리에 붙어 있다. 반[仰盤]과 같이 얕고 현릉사가 둥글고 정연하여 가지런하니 천연적으로 좋다[可愛]. 양국(兩掬)이 만포(彎抱)하여 유정(有情)하다. 좌측 한 산이 혈을 지나 역으로 감싸[逆抱:역포] 근안(近案)이 되어 대계수(大溪之水)을 거두어 주고, 대계수(大溪水)를 경계를 하여[隔] 먼 산이 공읍하고 사세가 존엄하며 내당이 좁고[緊夾:긴협] 외양(外洋)이 넓게 펼쳐져[寬暢] 진실로 길지이다. 이것을 가지고[取] 어옹살망형(漁翁撒網形)이라 하며[作], 묘좌[卯龍]에 경유향(庚酉向)이다.

84) 一方(일방) : 한 방면. (방향의) 한쪽. (두 개 중의) 한쪽. (오직) ~하기만 함
85) 弄(롱) : 하다. 행하다. 만들다. ['弄'은 원래 쓰여야 할 동사의 구체적 설명이 불필요하거나 곤란한 경우 등에 그 동사를 대신해서 쓰여 짐.] ☞ 名族(명족) : 명족. 명문

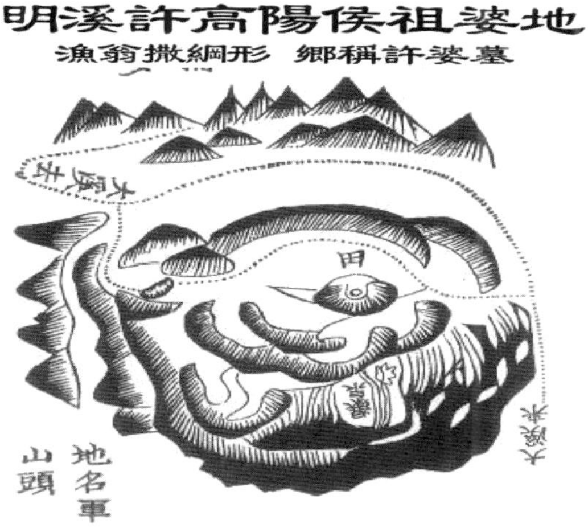

<그림 1-15 > 명계허고양후조파지(明溪許高陽侯祖婆地)

다시 일어나 정수리[頂]에 와(窩)를 열어 혈을 맺었다. 와중(窩中)에는 쟁허씨는 낙읍에서 명문[名族:명족]으로 이 자리는 또 허씨의 여러 자리 중 최고로 칭한다. 요금정(廖金精)이 일찍이 찬미(贊美)하여 이르길 ' 낙평(樂平)의 거리를 다 다녀도 허노파 묘[許婆墓;허파묘]와 같은 것이 없다.' 고 하였다. 진실로 실속이 없는 명예[虛譽]는 아니다.

葬後，自宋元以來，許氏出科第數十人，登仕籍者百餘人，且多忠貞節義云。但穴後一水，春夏之交自帳上飛下，如瀑布百丈，乃白刃之象。此瀑布穴上不見，亦不聞聲，但自穴後飛下。故明初，許瑗以忠奮死節於太平府。太祖平定[86]寰宇後，論功追封[87]高陽侯，是其應也。今人丁蕃衍，富貴未艾。

장후(葬後) 송원(宋元)에서 지금까지[以來] 허씨(許氏) 집안에서 과거 급제자[科第:과제] 수십인(數十人)이 나왔으며, 벼슬아치 명부[仕籍;사적]에 등재된 자가 백 여인(百餘人)이나 되고, 또 많고 충정절의(忠貞節義)에 이르길 ' 다만 혈 뒤에 한 가닥의 물이 봄과 여름이 바뀌는 때[春夏之交:춘하지교] 장막위에서[帳上:장상]에서부터 아래로 날려[飛下] 백장의 폭포(瀑布百丈)와 같아

86) 平定(평정) : (마음 등이) 차분하다. (반란 따위를) 평정하다. 진압하다.
87) 追封(추봉) : 추봉하다. 추서(追敍)하다. 죽은 사람에게 관작을 내림, 죽은 후에 봉함

곧 이를 서슬이 번쩍이는 칼[白刃:백인]의 형상이라' 고 한다. 이 폭포(瀑布)는 혈 위에서는 보이지 않고 또 소리도 들리지 않는다. 다만 혈 뒤로부터 아래로 날아온다. 그러므로 명초(明初)에 허원(許瑗)이 옛 임금에 충성하여[忠舊:충구] 태평부(太平府)에서 절개(節槪 · 節介)를 위(爲)하여 죽었는데[死節:사절] 태조가 환우(寰宇)를 평정한 후에 논공행상(論功行賞)으로 고양후(高陽候)로 추봉하였다. 이는 그 응함이다. 지금까지도 인정[자손]이 번성하고[蕃衍;번연] 부귀가 끝나지 않았다.

按：瀑布泉乃如白刃之狀，宅墓俱不宜見，即吉地亦有兵刃之應。此水宜居水口間，謂之挂劍水，於內必有大地。如匡廬瀑布泉，乃西江水口也。

조사하니[按] 폭포천(瀑布泉)은 곧 서슬이 번쩍이는 칼[白刃:백인]의 형상[白刃之狀]과 같으나 택묘(宅墓)에 모두 마땅히 보이지 않아 즉 길지이며 또 병사의 칼에 응(應)한다. 이 물은 수구 사이에 있어야 마땅하다. 이것을 '계검수(挂劍水) 안에는 반드시 대지(大地)가 있다.' 고 한다. 가령 여산(廬山)의 폭포천(瀑布泉)과 같다. 곧 서강(西江)의 수구이다.

右地在吾邑南門外五里，地名長塘。其龍與縣龍分脈後，起五星聚講，入局開五腦梅花帳，磊落數節，大斷穿田，起串珠金四座。又大斷走弄，三星結金星開口，成深窩穴格。窩既深，卻中垂微乳，穴安乳頭，賴公所下，取曰草蛇吐舌形。艮龍，扦癸山丁向。葬後，餘氏連登科甲，富貴雙全，迄今未艾。

<그림1-16 >의 자리는 오읍(吾邑)은 남문(南門) 밖 5리(里)에 있으며, 지명은 장당(長塘)이다. 그 용은 현(縣)의 용(龍)을 따라 분맥을 한 후에 오성취강(五星聚講)을 일으켜 입국하여 용모가 준수하게[磊落:뇌락] 오뇌매화(五腦梅花)의 장막[帳]을 열고 수절한 후에 크게 끊겨 밭을 지나[大斷穿田:대단천전], 4개의 금 구슬을 꿰고 일으키고 앉아 있는 듯하고[起串珠金四座:기관주금사좌] 또 크게 끊겼다가 삼성(三星)을 만들어[結] 금성(金星)을 개구(開口)하여 심와혈격(深窩穴格)을 이루었다. 와(窩)가 깊으나 중간[中] 미유(微乳)을 드리워 혈은 유두(乳頭)에 안장(安葬)하였다. 뇌공(賴公)[뇌포의(腦布衣)]가 하장 곳[所下]으로 초사토설형(草蛇吐舌形)이라 한다[取]. 간룡(艮龍)

에 계좌정향(癸山丁向)이다. 장사 후에 여씨가 연달아 과거(科擧)에 등과(登科)하고 부귀쌍전이 지금까지도[迄今;흘금] 끝나지 않는다.

<그림1-16 > 덕흥여씨 조지(德興余氏祖地)

按：深窩格，窩既深，必有微乳，乃陽中又有陰，方有融結。否則，純陽無化氣，不能結穴，謂之空窩，葬之主絶人丁。但此等微乳，非哲師莫能辨。此地若以山勢星辰取形，全不類蛇。賴公乃命[88]形曰「草蛇吐舌」，蓋全以穴情取之，其旨微矣妙矣。哲師之重穴如此，孰謂賴氏專於天星而不論形穴哉！

조사하니[按]：심와격(深窩格)에서 와(窩)가 깊으면[深:심] 반드시 미유(微乳)가 있으면 곧 양중(陽中)에 또 음(陰)이 있어 비로소 융결(融結)한 것이다. 그렇지 않으면[否則(부즉);미유가 없으면] 순양(純陽)으로 변화하여 기가 되는 것이 없어[無化氣] 혈을 맺을 수 없으니 이를 공와(空窩)라 한다. 장사지내면 주로 자손이 끊어진다. 다만 이러한 것들은 사리에 밝은 사람[哲士:철사]가 아니면 분별할 수 없다. 이러한 땅 만약 산세(山勢)와 성신(星辰)으로 형을 취하여 전부 뱀류[類蛇:유사]라 할 수 없다. 뇌공이 형태를 이름을 붙여 '풀밭에서 뱀이 혀를 내미는 형태[草蛇吐舌:초사토설]' 라고 이르니 대개 온전한 혈정(穴情)을 취하면 그 뜻이 은미(隱微)[旨微;지미]하고 묘(妙)하다.

88) 命(명) : 이름 짓다, 이름을 붙이다.☞旨微(지미) : 요지가 은미하다,은미하다.

사리에 밝은 사람[哲師]은 이와 같이 혈을 중히 여기니 뇌씨가 오로지 천성에만 마음을 기울이고 혈형(形穴)을 논하지 않는다고 말할 수 있겠는가!

以上開窩穴格，即廖金精開口穴也。姑附此數圖，以見其概。夫窩穴為穴法第一格，惟要大小深淺適得其宜，不可太小，不可太大，不可太深，不可太淺。大窩、深窩又須窩內有微乳微突，方有化氣。其小窩、淺窩，切有弦棱明白，兩掬彎抱，窩中平坦天然，此為融結得真。如太小淺，恐開窩不明，又非真結。務宜細察，不可潦草[89]，慎之！慎之！

이상과 같이 개와혈격(開窩穴格)은 요씨[廖]의 금정개구혈(金精開口穴)이다. 잠간 여러 개 그림을 첨부하여 개략적으로 나타내면 무릇 와혈(窩穴)은 혈법에 제일격(第一格)으로 오직 대소와 심천(大小深淺)이 적절하여야 하며 너무 작거나 너무 크거나 너무 깊거나 너무 얕아서는 안된다. 대와(大窩)와 심와(深窩)는 또 와내(窩內)에 반드시 미유(微乳)나 미돌(微突)이 있어야 비로소 변화하여[化] 기가 있다(有氣). 소와(小窩)와 천와(淺窩)는 모두[切:절] 현릉사(弦棱)가 분명하고 양국(兩掬)이 만포하여 와 가운데[窩中]는 천연적으로 평탄(平坦)해야 이는 융결하여 참된 것이다. 너무 작고 얕으면 와의 열림[開窩]이 분명하지 않아 염려되고 또 진결이 아니다. 마땅히 힘써 세밀하게 관찰하여야 하고[細察:세찰] 성실하지 않은 것은 불가하다. 허술하게 해서는 안된다[不可潦草:불가료초], 조심하고[慎之:신지] 신중하여야 한다[慎之]!

2) 겸형의 혈(論鉗形之穴)

<그림 1-17 > 겸형의 혈(論鉗形之穴)

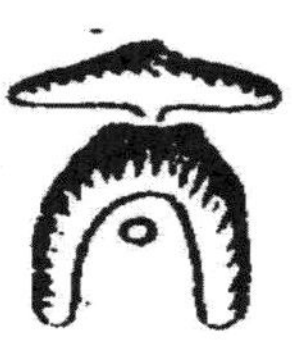	凡鉗中微有乳，宜就乳頭扦穴，忌乳頭峻急，脚下落槽。		凡鉗中微有窩，宜就窩中扦穴。忌漏槽、貫頂、界水淋頭[90]。

89) 潦草(료초) : (글씨가) 조잡하다. 거칠다. 난잡하다. (일을 하는 데) 허술하다. 성실하지 않다. ☞愼(신)=慎(신): 신중하다, 삼가다.
90) 임두수(淋頭水)? 📖 맥(脈)이 없으면→임두수(淋頭水)가 되면 천심(혈)에 물이 흘러들어

鉗中微有乳	鉗中微有窩
무릇 겸 가운데[鉗中] 작은 유[微乳]가 있으면 마땅히 유두(乳頭)을 취하여 혈을 천장한다. 유두(乳頭)가 급하고 가파르면 각하(脚下)가 낙조(落槽)하면 꺼린다.	무릇 겸 가운데[鉗中] 작은 와[微窩]가 있으면 마땅히 취하여 와 가운데[窩中] 혈을 천장한다. 꺼리는 것은 누조(漏槽)하여 계수(界水)하는 정수리를 지나가는 것[貫頂]을 임두(淋頭)라 한다.

鉗穴即廖氏開脚穴也。凡曰釵，曰虎口，曰合谷，曰夾穴，曰仙宮，曰單提、雙臂、單股、弓脚等形，皆鉗穴之異名耳。乃穴星開兩脚者也，平地高山皆有之。除星體另論外見穴星卷，而鉗之為形，凡八格，曰直鉗，曰曲鉗，曰長鉗，曰短鉗，曰雙鉗。此五者為正格。又有邊直邊曲，曰仙官；邊長邊短，曰單提；邊單邊雙，曰疊指。此三者為變格。八格各有二體，一是鉗中微有乳，乃乳穴之變來者，宜就乳頭插穴。要兩邊界水明白，頂頭圓正。切忌乳頭粗硬，脚下落槽，左右折陷，元辰直長。一是鉗中微有窩，乃窩形之變來者，宜就窩間扦穴。要弦棱分明，頂頭圓正。切忌漏槽、貫頂、界水淋頭，不可不審。八格之形，又各有俯仰不同。身俯則須微乳，面仰多是微窩，葬同前推。

겸혈(鉗穴)은 곧 요씨(廖氏)의 개각혈(開脚穴)이다. 무릇 채겸(釵鉗)이라 하고, 호구(虎口)라 하며 **합곡**(合谷), **협혈**(夾穴), **선궁**(仙宮), **단제**(單提), **쌍비**(雙臂), **단고**(單股), **궁각**(弓脚) **등 형**(形)**은 모두 겸혈**(鉗穴)**의 이명**(異名)**이다**. 이것은 혈성(穴星)이 양다리[兩脚]를 벌린 것이다. 평지(平地)와 고산(高山)에서 모두 있다. 성체를 제외하여[除:제] 별도로[另;령] 혈성편(穴星卷)에서 혈을 드러내어[見穴] 논하기로 하고, **겸의 형상은 무릇 8격**(八格)이 있고, **직겸**(直鉗), **곡겸**(曲鉗), **장겸**(長鉗), **단겸**(短鉗), **쌍겸**(雙鉗) **5**격은 정격이다. 또 한 변은 곧고 한 변이 굽은 것을 **선궁**(仙官)이라고 하고, 한 변이 길고 한 변이 짧은 것을 **단제**(單提)라고 하고, 한 변이 하나고 한 변은 둘인 것[雙]을 **첩지**(疊指)라고 한다. 이 3 가지는 변격(變格)이다.

8격(八格)에는 각각 2체(二體)가 있는데, 하나는 겸 중(鉗中)에 미유(微乳)

→유골을 젖서 → 그 결과 대(代)가 끊어진다[絶嗣].

가 있는 것이고, 이와 같으면[乃] 유혈(乳穴)이 변한 것[變來] 이다. 마땅히 유두(乳頭)를 취하여 천장[插穴:삽혈]하면 좋다[宜]. 양변(兩邊)의 계수(界水)가 분명하고, 입수도두[頂頭]가 원정(圓正)해야 한다. 유두(乳頭)가 거칠고 딱딱한 것[粗硬;조경], 지각 아래[脚下]로 낙조(落槽)한 것, 좌우(左右)가 끊어져 함몰된 것[折陷:절함], 원진수가 직장한 것[直長]을 절대로 꺼린다[切忌;절기]. 둘 중에 나머지 하나는 겸 중(鉗中)에 작은 와(窩)가 있는 것으로 이와 같으면 와형(窩形)이 변한 것이다. 마땅히 와(窩)의 공간[間]를 취하여 천혈하면 좋다. 현릉사[弦棱]가 분명하고 정상[頂頭;입수도두]이 원정(圓正)해야 한다. 낙조(落槽)한 것, 좌우(左右)가 끊어져 함몰된 것[折陷], 원진수가 직장한 것[直長]을 매우 꺼린다[切忌:절기]. 정상을 뚫어[貫頂] 계수(界水)가 임두(淋頭)하는 것을 절대로 꺼리며 자세히 살펴야 한다. 팔격(八格)의 형(形)은 또 각각 내려다보는 것[俯;부]과 올려다보는 것[仰;앙]이 다르다. 용신을 내려보면[身俯:신부] 반드시 미유(微乳)가 있어야 하고, 면에서 올려다 보면[面仰] 대부분 미와(微窩)가 있어야 한다. 장법은 앞에서 연구했던 것과 같다.

廖氏云「凡開脚之穴，靈光向[91]內而潛藏，餘氣貼身而護衛，左右或有不齊，上下初無二用，所以謂之吉穴」是也。大要頂上端圓，鉗中藏聚，弓脚必須逆水，單股切忌直長。最怕漏槽貫頂，界水淋頭[92)]，元辰傾瀉，堂水捲廉[93)]. 《經》曰：「鉗穴如釵挂壁隈，惟嫌頂上有水來。釵頭不圓多破碎，水傾穴內必生災.」吳公《秘訣》云「鉗穴元辰多不收，莫教直瀉退田牛。明堂融聚財砂繞，定有榮名播九州」是也。又有橈棹之間、枝葉之內、界水之中，多有直

91) 向(향) : 근접하다. 다가가다. ◦無二(무이) : 오직 하나◦ ◦貫(관) : 통하다. 통과함. 꿰뚫다. 관통하다.

92) 임두수(淋頭水) : 혈 뒤에 용맥이 없어 계수(界水, 分水)를 못하고 골이 패여서 물이 묘두(墓頭)로 흘러 유골을 적시는 것을 말한다. 대개 혈은 묘 뒤에 입수도두가 있어 물을 계수하는데 맥이 없기 때문에 그대로 물이 묘지의 내광(內壙)에 스며든다.
< 출처>『설심주 변와정해』김상태 역주

93) 권렴수(捲簾水) : 혈 앞의 지형이 층층이 낮아지며 기울어져 달아나는 지형으로 물이 모이지 않고 흩어져 쏟아진다. 고과(孤寡)가 있고 외간(外間) 남자를 안방으로 불러들이고 점점 손이 끊어진다[絶嗣].

鉗，謂之假鉗、虛鉗，務須詳辨。如誤下之，主退敗資財，多出疾病幼孤老寡，隨以絕滅，不可不慎。若後[94]，入首明白，星辰合格，証佐分曉，此穴最貴。

요씨(廖氏)가 이르길 '무릇 개각혈(開脚穴)은 영광을 내부에 근접하여 감추고[潛藏] 여기(餘氣)는 본신에 붙어서 호위(護衛)를 하여 좌우가 혹 조화를 이룰 수 없으나[不齊;부제] 위아래는 처음부터 오직 하나만 필요하니 소위 혈이 된다'는 것이다. 요지[大要]는 정상(頂上)이 바르고 둥글고[端圓:단원] 겸혈 중에 감추어 모으고[藏聚] 궁각(弓脚)이 반드시 역수(逆水)하여 한다. 단고(單股)는 직장(直長)한 것을 절대로 꺼린다. 가장 두려워하는 것은 정상을 뚫어[貫頂:관정] 누조(漏槽)하여 계수(界水)가 임두(淋頭)하는 것이며, 원진수[元辰]가 경사져 명당에 물[堂水]이 권렴수(捲簾水)로 흐르는 것이다.

《의룡경(疑龍經)》「하편」에 이르길 '겸혈(鉗穴)은 비녀가 낭떠러지 벽에 걸린 것 같이[掛] 있을 때 오로지 혈 뒤 정상(頂上)에 물이 흘러내리는 것을 싫어한다. 겸두(釵頭)가 둥글지 않고 대부분 파쇄(破碎)되고 기울어 물이 혈안으로 스며들면 반드시 재앙이 생긴다'고 하였다. 오공(吳公)의 《비결(秘訣)》에 이르길 '겸혈(鉗穴)은 원진수[元辰水]를 대부분 거두지 못하여 직사(直瀉)하여 전답과 가축이 줄어 망한다[退敗:퇴패]'고 이르지 말라[莫教:막교]. 명당은 (기운이) 모이고[融聚] 재사(財砂)가 두르고 있으며 반드시 영광스런 이름이 구주(九州)에 널리 퍼진다'는 것이다. 또 또한 요도(橈棹) 사이와 지엽(枝葉)의 내, 계수(界水) 중에 직겸(直鉗)이 많이 있는데 이를 가겸(假鉗), 허겸(虛鉗)이라고 하고, 반드시[務須] 자세히 분별해야 한다.

가령 오인하여 하장하면 주로 자산과 재물이 줄어 망하고[退敗] 질병이 많이 생기고, 어린 고아와 늙은 과부가 생겨 절멸[絕滅]을 수반하므로[隨以] 신중하지 않을 수 없다. 만약 후룡이 진적(真的)하고 입수가 분명하면 성신(星辰)이 합격이고, 결혈 증거가 분명하면 이 혈은 매우 귀하다.

鉗形[95]八格：直鉗、曲鉗、短鉗、長鉗、雙鉗，以上五者正格也；邊曲邊直鉗、邊長邊短鉗、邊單邊雙鉗，以上三者，變格也。

---

94) 真的(진적) : 참으로. 진짜 (물건). 정말로. 진실로。鉗穴(겸혈) : 겸유낙조사(鉗有落棗砂)

겸혈의 8격은 직겸(直鉗)、곡겸(曲鉗)、단겸(短鉗)、장겸(長鉗)、쌍겸(雙鉗) 이상 5가지는 정격(正格)이다. 한 변이 굽고 다른 한 변이 곧은 겸혈, 한 변이 길고 다른 한 변이 짧은 겸혈, 한 변이 하나이고 다른 한 변이 쌍인 겸혈 등 이상 3가지는 변격이다.

直鉗圖(직겸도) 曲鉗圖(곡겸도) 長鉗圖(장겸도) 短鉗圖(단겸도)

<그림 1- 18 > 직겸,곡겸,장겸,단겸도

直鉗圖(직겸도)

凡直鉗者，左右兩脚皆直也。兩脚既直，切忌長硬，須是婉媚短小為佳。若近前[96]有案横攔為美。大要頂上端圓，鉗中藏聚，方為合格。若兩脚直長，拖拽太重，而上不周正，下複陡瀉，內氣既傾，外無闌截，則非融結，不可下也。凡直鉗、長鉗，皆緊夾貼身，入穴抱掬有情。不似龍虎推車，長直無情之比，方為真格。

무릇 직겸(直鉗)이란 것은 좌우 양다리[左右兩脚]가 모두 곧은 것이다. 절대로 꺼리는 것은 양다리가 곧으면서 길고 단단한 것이다[長硬]. 반드시[須수] 짧고[短小] 부드럽고 아름다워야[婉媚;완미] 좋다. 만약 가까이 횡으로 안산이 막으면 아름답다. 중요한 것은 정상이 둥글고 단정한[端圓] 겸 중에 (기가) 모여 감추어져야 비로소 합격이다. 만약 양다리[兩脚]가 곧고 길며[直長] 너무 크게 끌려[拖拽;타예] 위는 바르지 않고, 아래는 다시 혈(穴) 앞의 명당

< 표 -1 > 혈의 유형별 판별 기준 <출처> 김상태 『박사논문』

구분	결혈 구비 조건	혈처의 조건 및 음양
窩穴	현릉사(弦稜砂) 유무와 형상	미유 미돌처(微乳微突處)[陽中陰]
鉗穴	낙조사(落棗砂) 유무와 형상	미유 미돌처(微乳微突處)[陽中陰]
乳穴	선익사(蟬翼砂) 유무와 형상	미와처(微窩處)[陰中陽]
突穴	현침사(縣針砂) 유무와 형상	미와처(微窩處)[陰中陽]
共通	입수도두와 분맥의 형상	입수용과 혈장의 음양 관계
	전순의 유무와 형상	용수의 배합과 結地 관계
	안산 및 사신사의 유무와 형상	혈장 주변의 포괄적 음양 관계

96) **近前(근안)** : 부근. 곁. 가까이 (다가) 가다. ☞ 周正(주정) : 단정하다.

이 가팔라 물이 기울어 쏟아져(傾瀉:경사)[陡瀉;두사] 내기가 기울고[傾] 바깥에서 막아주는 것이 없으면 융결이 되지 않아 하장할 수 없다. 무릇 직겸과 장겸(長鉗)은 모두 용신에 긴밀하게[緊夾;긴협] 붙어야 하고[貼身;첩신], 입혈(入穴)에 포국(抱掬)이 되어 유정(有情)하며 용호가 추거(推車:추차)와 같지 않거나 곧고 길으나[長直] 비교하여 무정하지(無情) 않아야 비로소 진격(眞格)이다.

曲鉗圖(곡겸도)

凡曲鉗者，左右兩腳彎曲抱內也。兩腳既曲，最要彎如牛角，弓抱穴場，左右交牙猶妙。大要頂上端圓，鉗中藏聚，方為合格。若兩腳雖曲，頂不端圓，界水淋頭，則非真結，不可下也。

무릇 곡겸이란 것은 좌우 양다리가 굽어 혈장 안을 감싼 것이다. 양다리가 굽었으니 가장 중요한 것은 우각(牛角;開帳;小分)이나 활[弓:궁]처럼 굽어 혈장을 감싸고, 좌우가 교아(交牙)하면 오히려 묘한 것이다[猶妙:유묘].
중요한 것은 정상이 단정하고 둥글고 겸 가운데[鉗中]에 (기가) 모여 감추어져 있으면[藏聚:장취] 합격이다. 양다리가 비록 굽었더라도 정상이 단원(端圓)하지 못하거나 경계 짓는 물[界水]이 임두(淋頭)하면 진결이 아니라 하장할 수 없다.

長鉗圖(장겸도)

凡長鉗者，左右兩腳皆長也。兩腳既長，切忌直硬，亦不可太長，太長則元辰直瀉，牽動土牛[97]。須是長得其宜，而婉媚為佳。惟近有低案橫抱，則不忌長。大要頂上周圓，鉗中藏聚，方為合格。若兩腳長硬，元辰傾瀉，內氣不收，外複曠野，則無融結，不可下也。

무릇 장겸이란 좌우 양다리가 모두 길다. 양다리가 길면 절대 꺼리는 것은 곧고 단단한 것[直硬:직경]이며 또 너무 길면[太長] 하장할 수 없다. 태장(太長)하면 원진수[元辰水]가 곧장 쏟아져[直瀉;직사] 혈 앞으로 물이 빠져 흘러간다[牽動土牛;견동토우]. 반드시 적당하게 길어야 부드럽고 아름다워[婉媚;완미] 좋다[佳:가]. **다만 가까이에 낮은 안(案)이 횡으로 감싸면 긴 것을 꺼리지 않는다**. 중요한 것은 정상이 두루 둥글고 겸 중(鉗中)에 기가 모여 감추어 있으면[藏聚:장취] 비로소 합격이다. 만약 양다리가 길고 굳어[長硬;장경] 원진수[元辰水]가 기울어 쏟아져 내기(內氣)가 거두어들이지 못하고 바깥에 다시 넓으면 융결이 되지 않아 하장할 수 없다.

短鉗圖(단겸도)	凡短鉗者，左右兩脚皆短也。不宜太短，太短則護穴不過，開脚不真。須是短得其中，或外有抱衛，方為合格。若短不護穴，至於漏胎[98]。若外無包裹，穴必孤寒。兼以星頭峻急，或不周圓，皆非真結。況短鉗之穴，最忌粗大。惟嫩巧婉媚，頭面光彩，四應有情為美。若反此則無融結，不可下也。

무릇 단겸(短鉗)은 좌우 양 다리가 모두 짧은 것이다. 마땅히 지나치게 짧으면 마땅하지 않고, 지나치게 짧으면 혈을 보호하는데 이르지 못하여[不過] 벌린 다리[開脚;개각]가 참이 아니다. 반드시 짧은 것은 그 중앙을 얻어야 하며 혹은 바깥에서 호위하여 감싸면[抱衛;포위] 비로소 합격이다.
만약 개각이 짧아 혈을 보호하지 못하면 혈에 기가 누설되고[漏胎;누태] 만약 바깥에서 속을 감싸지 못하면 혈은 반드시 외롭고 차다.
겸(兼)이 성두(星頭)가 준급(峻急)하거나 혹 둘레가 둥글지 못하면[周圓;주원] 모두 진혈을 맺지 못한다. 하물며 단겸의 혈은 거칠고 큰 것을 가장 꺼린다. 오직 부드럽고 예뻐야[嫩巧婉媚;눈교완미] 하고 두면이 광채가 나고 사방에서 응하여[四應] 유정하면 아름답다. 만약 이와 반대이면 곧 융결(融結)

97) 土牛(토우) : 혈
98) 漏胎(누태) : 혈에 기(氣)가 누설(漏泄;漏洩)이 된다.cｆ) **노태(露胎) : 혈장이 드러나다.**
☞ 漏(누) : 새다. 빠뜨리다. 유실하다(遺失). 비밀이 드러나다.

하지 못하여 하장할 수 없다.

<그림 1- 19 > 쌍겸도(雙鉗圖)

雙鉗圖一	雙鉗圖二	雙鉗圖三
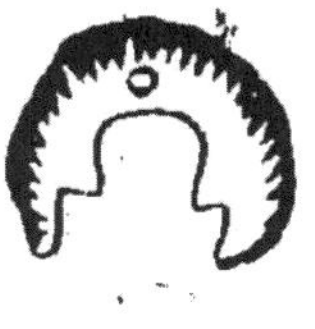		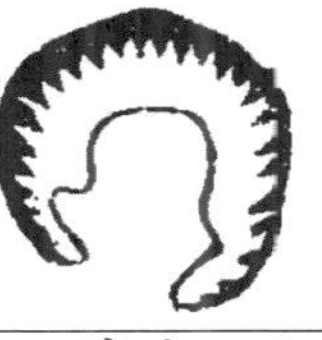
此兩邊齊對，一長一短不相鬪競，乃為吉	此兩宮弓抱，一前一後，交牙護穴，不相尖射，乃為吉。	此內兩臂甚短小，名曰夾勢，忌其尖射，名曰夾刃，凶也。
이것은 양변이 일장일단(一長一短)으로 가지런하여[齊;제] 서로 만나[對:대] 싸우지 않아 길하다.	이것은 양궁이 활처럼 감싸 하나는 앞에 하나는 뒤에서 교아(交牙)하여 혈을 보호하여 첨사(尖射)하지 않아야 길하다.	이것은 양변 팔이 심히 짧아 협세(夾勢)라고 하며 첨사하는 것을 꺼려 협인(夾刃)이라고 하고 흉하다.

凡雙鉗者，兩脚左右皆生雙枝者也。或三或四以上皆同。但鉗多必須[99]交牙為美，否則元辰太長，真氣不聚。凡雙鉗之格，有三體。有左右皆雙到者，要彎曲有情，不成相鬪。有左右一前一後到者，要交牙弓抱，不相尖射。有內兩臂短小者，廖氏謂之夾勢。不可尖射，尖射則為夾刃。夾勢貴，夾刃凶。宜用工[100]鋤去尖利，作馬蹄形則吉。大抵雙鉗，宜左右相護交牙，方為合格。若兩宮對射，或閣曠不交，皆非吉穴，不可謂其合雙鉗而用之也。

무릇 쌍겸(雙鉗)이란 것은 좌우 양다리[兩脚左右]에 모두 쌍으로 가지[雙枝:쌍지]가 생긴 것이다. 혹 3, 4개 이상도 모두 같다. 단지 겸(鉗)은 대부분 반드시 교아 되어야 아름답고 그렇지 않으면 원진수[元辰水]가 지나치게 길어

99) 須(수) : 반드시~하여야 한다. 마땅히 ~해야 한다.
100) 用工(용공) : 노동력을 사용하다. 품을 들이다.

진기(眞氣)가 모이지 않는다. 무릇 쌍겸의 격은 3가지 모양[體]이 있다. (그림1.)에 좌우가 모두 쌍으로 도달한 것으로 **만곡(彎曲)**하여야 유정하고 서로 다투지 않아야 한다. (그림2.)에 좌우가 하나는 앞, 하나는 뒤에 도달한 것으로 교아(交牙)하여 활처럼 감싸야[弓抱] 하고 서로 **첨사(尖射)**하지 않아야 한다. (그림3.)에 안의 양팔이 짧은 것이 있는데 요씨(廖氏)는 '이것을 협세(夾勢)'라 하였다. 첨사(尖射)해서는 안된다. 첨사(尖射)하면 협인(夾刃)이 되며, **협세(夾勢)는 귀하고, 협인(夾刃)은 흉하다**. 마땅히 호미를 사용하여 날카로운 것[尖利]을 제거하여 말발굽과 같은 모양[馬蹄形:마제형]으로 만들면 좋다. **대체로 쌍겸(雙鉗)은 마땅히 좌우가 서로 교아(交牙)하여 호종(護從)하면 비로소 합격이다**. 만약 양궁이 서로 쏘거나 혹 넓어 교아(交牙)하지 않으면 모두 길혈이 아니라 (하장)을 할 수 없고, 그것이 쌍겸에 적합하면 사용한다.

<그림 1-20 > 邊曲邊直圖(변곡변직도)	

우선궁(右仙官)	좌선궁(左仙宮

鉗形變格(겸형변격) : 선궁/궁각 ➔ 한 변은 굽고, 한 변은 곧은 것

此右曲左直，名曰右仙官，亦曰右官腳。 이것은 우는 굽고 좌는 곧은 것이며 우선궁(右仙官) 또는 우관각(右官腳)이라고 말한다.	此左曲右直，名曰左仙宮，亦曰左官腳 이것은 좌는 굽고 우는 곧은 것이며 좌선궁(左仙宮) 또는 좌관각(左官腳)이라고 말한다.

此鉗之左右不均，邊曲邊直者。廖氏名曰弓腳，乃左右之腳，或左曲右直，或右曲左直。亦名仙宮。必須曲股逆水，乃為合格。若曲股順水，加以[101)]尖利走竄，最為不吉。卜氏云：「東宮竄過西宮 長房敗絶。 右臂尖射左臂 小子貧窮。」極

驗，不可下也。
이 겸혈은 좌우가 고르지 않아 한 변은 곡(曲)하고, 한 변은 곧은 것[直:직]이다. 요씨(廖氏)가 이름을 붙여 궁각(弓腳)이라 말하고 좌우에 각이 혹 좌는 굽고 우가 곧거나 혹 우는 굽고 좌가 곧어도 역시 선궁(仙宮)이라 한다. **반드시 굽은 다리가 역수을** 하여야 곧 합격이다. 만약 굽은 다리가 순수하고 게다가 뾰족하여 달아나면 가장 좋지 않다. 복씨가 『설심부』에서 이르길 '**동궁이 서궁을 지나 달아나면 장방이 패절하고, 백호가 청룡을 뾰족하게 찌르면 작은 아들이 빈궁하다** .' 하였으니 확실히 증명된 것으로 하장할 수 없다.

<table>
<tr><td colspan="2"><그림 1-21 > 邊長邊短圖(변장변단도)</td></tr>
<tr><td></td><td></td></tr>
<tr><td>此右長左短，名曰右單提102)
이것은 우는 길고, 좌는 짧은 것이며 우단제(右單提)라 한다.</td><td>此左長右短，名曰左單提
이것은 좌는 길고, 우는 짧은 것이며 좌단제(左單提)라 한다.</td></tr>
<tr><td colspan="2">此鉗之左右不均，邊長邊短者。廖氏名曰單股，乃左右之腳，或左長右短，或左短右長。亦謂之單提。必須長股逆水，方為合格。若長股順水，則非吉穴。
이 겸은 좌우가 고르지 않고 한쪽은 길고 한쪽이 짧은 것이다. 요씨가 이름을 붙여 단고(單股)라고 일렀고, 좌우의 다리가 혹 좌가 길고 우가 짧거나 혹 좌가 짧고 우가 길다. 역시 단제(單提)라고 부른다. 반드시 긴 다리가 역수해야 합격이다. 만약 긴 다리가 순수하면 혈이 좋지 않다.
☞ 단고(單股)=단제(單提)</td></tr>
</table>

101) 加以(가이) : ~을 가하다. 게다가.~하다.~한데다가
102) 提(제) : (손에) 들다. 걸다. (아래에서 위로) 끌어 올리다.
☞ 단제(單提 : 두 다리 중 하나는 길고 또 하나는 짧은 모양으로 좌단제와 우단제로 구분함), 쌍비(雙臂), 단고(單股), 궁각(弓脚), 첩지(疊指)

<그림 1-22 > 邊單邊雙(변단변쌍)	
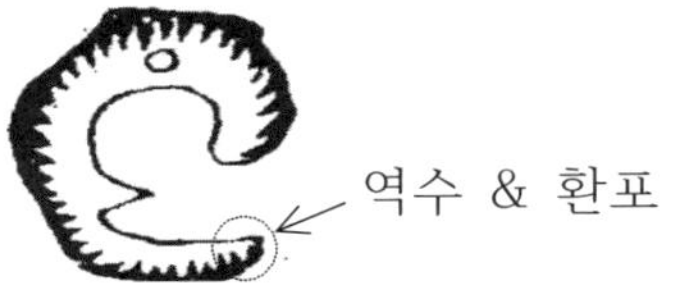	
此右雙左單鉗穴名曰右疊指。 이것은 우는 쌍(雙)이고 좌는 하나[單]인 겸혈(鉗穴)을 이름을 붙여 우첩지(右疊指)라 말한다.	此左雙右單鉗穴, 名曰左疊指 이것은 좌는 둘[雙]이고 우는 하나[單]인 겸혈(鉗穴)을 이름을 붙여 좌첩지(左疊指)라 말한다.

此鉗之左右不均, 邊單邊雙者。廖氏名曰疊指, 乃左右之脚, 或左單右雙, 或右單左雙是也.雖其左右單雙不均, 卻要穴上見其均匀為佳。又須雙邊逆水, 外股長曲弓抱, 方為合格。若長枝順水, 有飛走之勢, 不可下也。此穴形類疊指, 主人戲樂無度, 愛賭博。然龍真穴的, 決不破家。直至[103]龍盡氣止, 福力已竭, 亦以賭錢而敗。主生六指之人.

이 겸은 좌우가 고르지 못하여 한 변은 (다리가)하나이고 한 변은 (다리가) 둘인 것이다. 요씨가 이름을 붙여 첩지(疊指)라 이르고 좌의 다리가 혹 좌측은 하나이고 우측은 쌍이 거나 혹 우측이 하나이고, 좌측이 둘인 것이다. 비록 좌우가 하나 또는 쌍으로 고르지 않으나 오히려 혈상에서 고르게 보여야[均匀] 아름답다. 또 다리가 둘[雙]인 쪽[邊]에 역수(逆水)해야 하고 바깥쪽 다리가 활과 같이 길게 굽어 환포(環抱)해야 비로소 합격이다. 만약 긴 가지가 순수(順水)하여 비주(飛走)하는 세(勢)가 있으면 하장을 할 수 없다. 이 혈의 형태가 첩지(疊指)와 유사(類似)하면 주된 역할은 한도 끝도 없이[無度: 무도] 놀며 즐기고[戲樂:희락] 도박(賭博)을 좋아한다. 그러나 용진(龍真) 혈이 확실하면[穴的] 결코 집안이 파산[破家:파가]되지 않는다. 용의 기운이 다하여 멈추어 복력이 고갈되면 역시 도박(賭錢:도전)을 하여 파산한다. 여섯 손가락 사람이 태어나기도 한다.

103) 直至(직지) : ~에 이르다.

凡鉗穴，各有二體。一是鉗中微有乳，一是鉗中惟有窩。其鉗之曲直長短等格，又各有左右轉金、轉火、轉水、轉木、轉土，及一脚轉金，一脚轉木，一脚轉水，一脚轉火，一脚轉土，凡二十五格，及帶曜穴格，各與前窩穴相類。圖繁不載，學者例推之可也。鉗穴名地諸圖附後

무릇 겸혈(鉗穴)은 각각 두 가지 모양[二體]이 있다. 하나는 겸중(鉗中)에 작은[微] 유(乳)가 있고, 하나는 겸중(鉗中) 오직 와(窩)만 있다. 그 겸(鉗)은 곡(曲), 직(直), 장(長), 단(短) 등 격(格)이 있고 또 각각 좌우(左右)에 전금(轉金), 전화(轉火), 전수(轉水), 전목(轉木), 전토(轉土)가 있고 또 일각(一脚)은 전금(轉金), 일각(一脚)은 전목(轉木), 일각(一脚)은 전수(轉水), 일각(一脚)은 전화(轉火), 일각(一脚)은 전토(轉土)한 것이 있고 무릇 25격과 대요(帶曜)의 혈격은 각각 앞의 와혈(窩穴)과 서로 비슷하다. 그림이 많아[圖繁; 도번] 게재하지 않았으나 공부하는 사람들은 예(例)로 헤아릴 수 있다. 겸혈에 이름난 땅[名地]의 여러 그림은 뒤에 첨부하였다.

右地在京山縣南二十里，土名歐家衝。其龍來遠，不詳述。入局起御屛土星，正脈中落，逶迤數節，到頭複束氣，起金星，開鉗結穴。鉗脚擁抱，彎曲有情。下吐餘氈平坦，明堂田源之水特朝。前沙天馬、貴人、旗鼓、排衙羅列，水口交固，而兌峰卓立特秀，乃催貴之地。王氏葬御史虹塘公，宗茂公女配太史李公維楨，以茂齡膺誥封[104]，是其應也。今福祉方隆。

<그림 1-21 >의 자리는 경산현(京山縣) 남(南)으로 20리(里)에 있으며, 토명(土名)은 구가충(歐家衝)이다. 그 용(龍)은 오는 용이 멀어[來遠] 상세하게 기술할 수 없다. 입국(入局)할 즈음에 어병토성(御屛土星)을 일으켜 정맥(正脈)가운데 떨어져[落] 수절(數節)을 구불구불[逶迤:위이]하다가 도두에 이르러[到頭] 다시 속기(束氣)하여 금성(金星)을 일으켜 겸을 열어[開鉗] 혈을 맺었다. 겸각(鉗脚)이 옹포[감싸](擁抱)하여 활처럼 굽어져 완만한 곡선을 이루어[彎曲] 유정(有情)하고, 아래[下]에 여기(餘氣)를 드러내어[吐;토] 전순이 평탄(平坦)하다. 명당(明堂)에 전원수(田源水)가 특조(特朝)하고 전사(前沙)에

104) 고봉(誥封) : 오품 이상의 문무관이 토지나 직위를 받을 때 본인이 받는 것을 고수(誥授), 생존 중인 증조부모, 조부모, 부모, 아내에게 하사하는 것을 고봉(誥封), 죽은 사람에게 주는 것을 고증(誥贈)이라 한다.

천마귀인(天馬貴人)[馬上貴人],기고(旗鼓),배아(排衙)가 나열(羅列)하였고 수구(水口)를 확실하게 만나[交固] 태봉(兌峰)이 특별히 빼어나 높이 우뚝 서[卓立:탁립] 벼슬을 빠르게 하는 땅[催貴之地]이다.

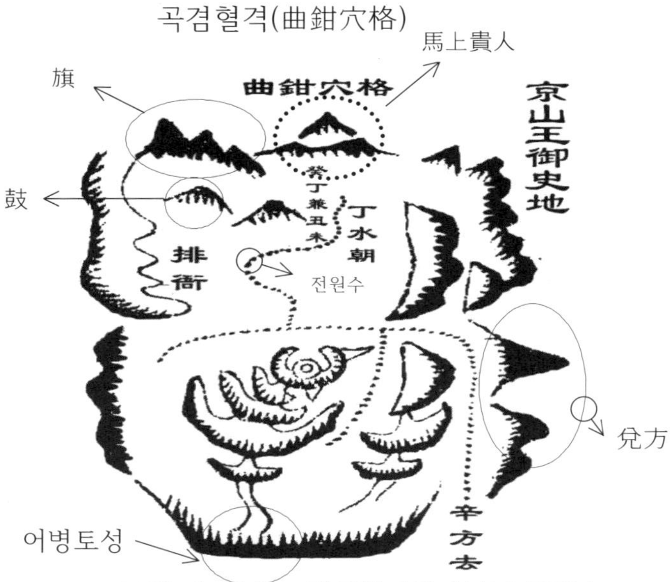

<그림 1-21 > 경산왕어사지(京山王御史

왕씨가 장사[葬]하였는데 어사(御史) 홍당공(虹塘公) 종무(宗茂)의 묘이다. 공의 여식[公女]은 태사太史) 이공 유정(維楨)의 배우자[配] 무령(茂齡)이 고봉(誥封)의 직위를 받은 것이 그 응함이다. 지금도 복지가 융성하다. 무릇 **손(巽),리(離),태(兌)의 3위치의 봉우리가 특별히 수려한 것은 주로 여자가 벼슬을 한다.** 이 자리는 태봉이 홀로 수려하고 여러 산에서 으뜸이므로 여자가 귀(貴)로 발응한다.

左地在承天府北四十里，地名老人倉。龍遠不述。入局平崗開帳過峽，牽連如浪湧，擺折活動。入首成太陰金星，開兩鉗結穴。頂圓而鉗脚直夾[105)]，細嫩嫵媚。

105) 折(절) : 굽다. 휘어짐.◦夾(협) : 끼다, 끼워 넣다. 좁다. 가깝다, 가까이 하다.
☞ 贈(증) : 죽은 후에 조정(朝廷)에서 내린 벼슬

穴下平坦如掌心，四勢和平。葬後第四代出端愍公，大節登進士，官至兵部左侍郎，贈尚書。今世宦未艾。

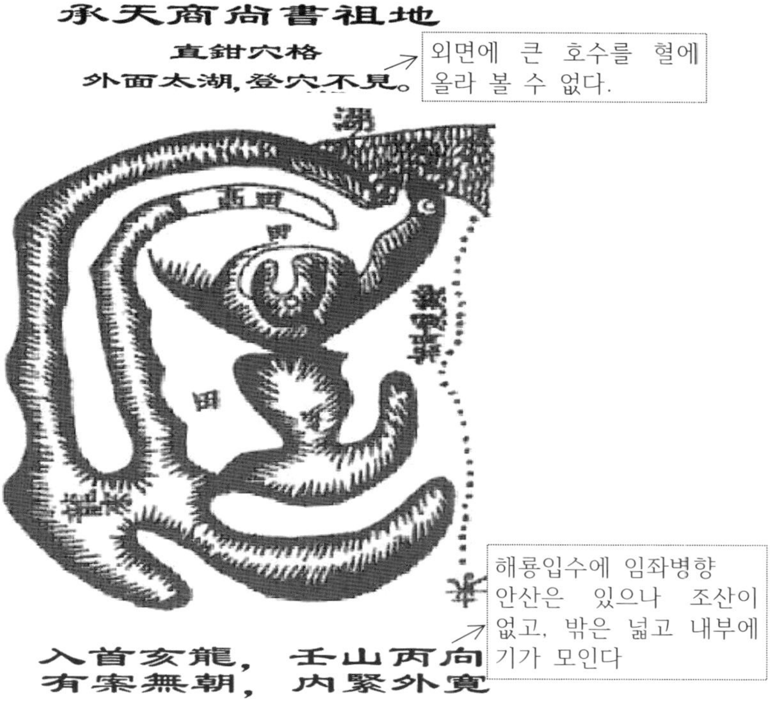

<그림 1-22 > 승천상상서조지(承天商尚書祖地)

<그림 1-22>의 자리는 승천부(天府) 북쪽 40리(里)에 있으며 지명은 노인창(老人倉)이다. 용맥이 멀어 기술할 수 없다. 입국할 즈음은 낮은 언덕[平崗:평강]이 개장하여 과협이 계속 이어져(연결되어)[牽連;견련] 파도[浪湧]가 요동치면서[擺;파] 휘어져[折:절] 움직이는 것 같다. 입수는 태음금성(太陰金星)을 이루고 2개 겸을 열어 결혈하였다. 정수리가 둥글고 겸각이 똑바르게 가까이 하고[直夾;직협] 흙이 부드러워[細嫩:세눈] 어여쁘다[嫵媚;무미]. 혈 아래가 장심(掌心)과 같이 평탄하고 사세(四勢)가 화평하다. 장후에 제4대에 단민공(端愍公) 대절(大節)이 나와 진사에 오르고 벼슬[官]이 병부좌시랑(兵部左侍郎)에 이르고 상서를 증(贈)되었다. 지금도[今世:금세] 벼슬이 끊이지 않는다.

左地在莆田城北一里。其龍分府幹旺氣，奔騰磊落。入首起金星，開鉗結穴。後坐九華，前對壺山，穴甚尊貴。但兩鉗既長，前鋪餘土，壅塞內堂。葬後三代，偶去穴前之土，二泉公澄源即登會魁，官至方伯。今人文濟濟，福祉未艾。
按：是地龍旺穴秀，撞脈安棺，極善。去其餘土，亦天啟[106] 天啟其衷耳。造化福善，豈偶然哉！

장겸혈격(長鉗穴格)

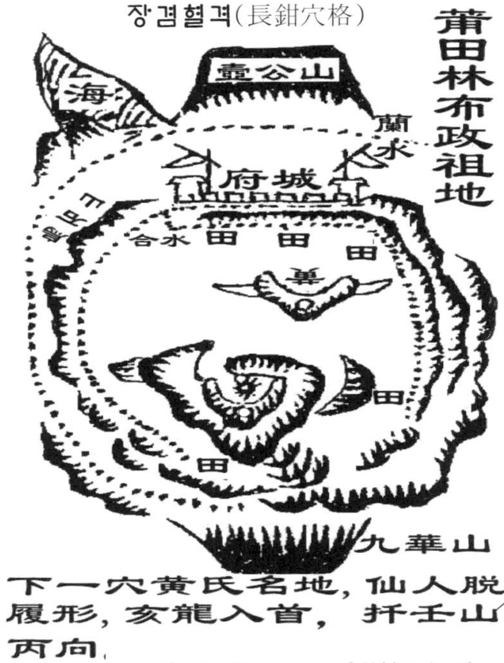

하나의 혈에 황씨를 하장한 땅을 선인탈복형이라 한다. 해룡입수에 임좌병향으로 천장함

<그림 1-23 > 포전((蒲田) 임포정조지(林布政祖地)

<그림 1-23>의 자리는 포전성(莆田城) 북쪽 1리(里)에 있으며, 그 용맥은 부간(府幹)에서 나누어 왕성한 기운[旺氣]이 활달(豁達)하게[磊落:뇌락] 갑자기 솟아[奔騰:분등] 입수(入首)에서 금성(金星)을 일으켜, 겸을 열어[開鉗] 혈을 맺었다. 뒤에는 구화산[九華山]이 자리를 차지하고 있고[坐] 앞에 호공산(壺公山)이 마주대하여 혈이 매우 존귀(尊貴)하다. 다만 양겸(兩鉗)이 길고 앞에 넉넉한 흙[土]이 펼쳐 있으나 내당이 좁아[壅塞] 장사 후[葬後] 삼대에

106) 天启(天啟;천계) : 천계. 하늘의 인도[계시].

우연히 **혈 앞의 흙[土]을 제거하였더니** 이천공(二泉公) 징원(澄源)이 곧 회시에 장원[會魁;회괴]하여 벼슬이 방백(方伯)에 이르렀다. 지금도 인문이 번성하여[濟濟;제제] 복지가 끊임이 없다[未艾;미애].
조사하여 보니[按] 이 땅은 용맥이 왕성하고 혈이 수려하며 **산줄기가 직룡으로 당배입수(撞背入首)하여 관을 편안하게 안치하는 것이 최고로 좋다**. 그 남은 흙을 제거한 것도 역시 하늘이 정성스러운 마음[衷;충]에 알려준 것이다. 착한 사람에게 복이 오는[福善] 행운[造化:조화]이 어찌 우연이겠는가!

右地在興化府治南三里。其龍分府龍之旺，磅礴[107]綿亙，氣勢雄偉。比[108]入首，大斷穿田，變為平岡。枝脚均匀合格，結倒地木星[109]節泡之穴。開鉗明白，兩掬微茫高尺許，彎抱有情。穴上吐出氈唇，証佐分曉。明堂融聚，水口一墩，關鎖交固，誠美地也。葬後，出梅峰公珩，登進士，官方伯。子曰士賓，登會魁，官正郎。孫荊坡公九金，以少年登嘉靖戊辰[110]進士，累任僉憲。人才迭出，富貴方隆。
<그림 1-24>의 자리는 흥화부(興化府) 치남(治南) 3리(里)에 있으며, 그 용은 부룡(府龍)이 왕성한 데서[旺] 나누어져 돌이 크고 단단한 모양[磅礴;방박]이 이어져 기세(氣勢)가 우람하다[雄偉:웅위]. 입수(入首)할 즈음에 크게 끊어질 듯하나 이어져 밭을 지나[穿田:천전] 박환[變;변]하여 **평평한 언덕[平岡]**이 되었다. **지각(枝脚)이 균일하고[均匀] 도지목성(倒地木星)의 절포(節泡;마디)에서 혈을 맺어 합격이다**. 겸을 개장한 것[開鉗]이 분명하고 양국(兩掬)

107) 磅礴(방박) : 돌이 크고 단단한 모양. 기세가 등등함 ☞ 磅(방) : 물 떨어지는 소리. ◦礴(박) : 뒤섞이다. ☞ 綿亘(면긍) : (산맥 따위가) 연달아 있다. 끊임없이 뻗쳐 있다.
108) 比(비) : 至(지) : 미치다. 어느 지경에 이름.
109) 도지목성(倒地木星) ; 일자문성(一字文星) : 산이 땅에 쓰러져 직선처럼 평평한 능선이 긴 목형의 산이다.
☞ 목성(木星)에는 안(眼)에 장(葬)하고, 절(節)에 장(葬)하며, 아(芽)에 장(葬)하는데 안(眼)은 수(水)가 된다. 진실로 그것은 정법(正法)이다. 횡목(橫木)에서 요(腰)에 혈(穴)을 하장하면 참맥살(斬脈煞)을 범하게 된다. 반드시 돌(突), 와(窩), 겸(鉗), 구(口)로써 증거를 삼아 절(節) 포(泡)를 찾아 당혈(撞穴)을 세운다. **횡(橫)은 중간의 포절(苞節)이 왕성함[旺]을 요한다**. <출처> 『지리담자록』
110) (명)융경(隆慶, 1567년~1572년) 시대이다. 무진(戊辰;1568년)은 가정(嘉靖,1522~1566년)이 아니고 **융경 1568년**이다. <출처> 『역사문화수첩』, 역민사

이 희미하여[微茫;미망] 한자 가량 높은 곳도 (혈이)가능하다[許:허]. 만포(彎抱)하여 유정(有情)하고 혈상(穴上)에 전욕(氈唇;氈褥)을 드러내어[吐出] 증좌가 분명하다. 명당(明堂)에 물이 모이고[融聚], 수구(水口)에 하나의 언덕[墩:돈]이 확실하게 만나[交固:교고] 관쇄(關鎖)하여 진실로 좋은 땅이다.

단겸혈격(短鉗穴格)

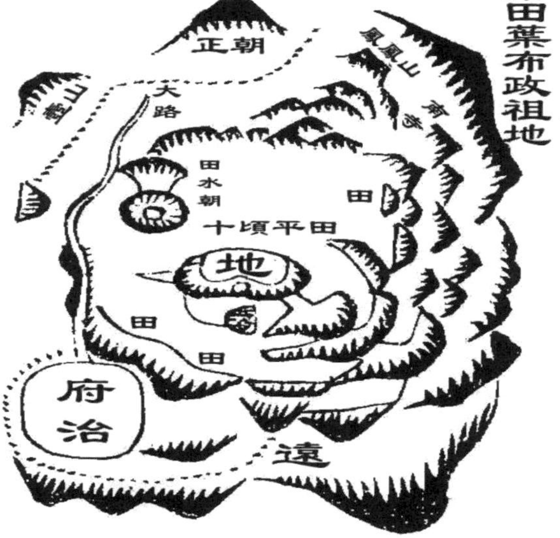

< 그림 1-24 > 포전엽포정조지(蒲田葉布政祖地)

장사(葬事)지낸 후 매봉공(梅峰公) 형(珩)이 태어나 진사에 오르고 벼슬은 방백에 이르렀다. 아들 사빈(士賓)은 회괴에 올라 벼슬은 정랑(正郎)이 되었다. 손자 평파공(荊坡公) 구금(九金)은 소년(少年)으로 가정(嘉靖) 무진년(戊辰年)에 진사에 오르고 첨헌(僉憲)에 여러 번 임명[累任:누임]되었다. 인재가 번갈아 나오고[迭出;질출] 부귀가 사방으로 융성하였다.

右地在臨海縣西南五里。其龍發自望海峰左枝，頓起大帳。中有衡天木星，番身轉換，抽出水木，連行數節。兩畔送從齊來。中脈跌斷[111]過峽，有扛

111) 跌斷(질단) : 끊어질 듯 이어지다.(斷而復續;끊어진 것 같으나[而] 이어지고) 즉 행룡 과정에서 큰 과협처나 기복의 과정이 있는 내룡(來龍)의 형세에 대한 시각적(視覺的)표현으

夾[112]。再起大帳，落脈做[113]穴，開鉗分明，坐辰向戌，乘乾氣入首。前案如屏如凡，逆水有情。大江橫繞，隔江幘山挺然[114]，臨江雙塔秀異。明堂平坦，又有小水交鎖。登穴觀之，諸峰逞[115]異，雖俗眼亦知其吉地。蓋陽龍陽向，結成陽局，形勢雄勇，力量必大，此其証也,孰謂辰戌可棄諸？但要避其金氣為妙耳。四金[116]者，辰戌丑未是也。辰有亢金，戌有婁金，醜有牛金，未有鬼金。乘氣分金，必避此亢、婁、牛、鬼之度。然天度五行，又有微妙。

로 용이 뻗어 나가는 과정에서 한번 끊기고 또 끊기기를 거듭하여 ~내려오다가 ~

√**과협처(過峽處)-용이 탈살(脫殺)하는 곳**

- 과협처는 용이 탈살하는 곳으로 용이 과협을 하지 않으면 곧 사(砂)가 된다. **사는 협이 없기 때문이다.**[過峽處乃龍脫殺之所 龍不過峽卽爲砂也 所以砂無峽]
- 용이 만약 과협이 탈사한 곳이면 결인이라 한다. 목구멍은 사람의 생명이다. 협은 용신의 생사에 관계된다.[龍若過峽脫卸處 名曰結咽 咽是人之生命 峽關龍身生死]
- 과협은 마당히 가까워야 하고 ,멀 면 마땅하지 않고 마땅히 좁아야 하고 넓으면 좋지 않다.[過峽宜近 不宜遠 宜窄 不宜寬]

<출처>『입지안전서』「협변(峽辨)」

112) 扛夾(강협) : 무릇 용맥(脈)이 가운데 과협을 따라 양방에 객산(客山)이나 혹 본산(本山)이 특이하게 높이 솟아 상응(相應)하는 것을 강(扛)이라 하고, 외산이 물로 막혔으나 멀리서 와서 과협을 보호하며[護峽] 과협을 따라서[相:從] 가리는 것[夾暎]을 협(夾 ; 좌우에 배치된 것)이라 한다. 무릇 **강(扛)은** 과협의 산에 태음(太陰). 태양(太陽). 금상(金箱). 옥인(玉印). 구사(龜蛇). 기고(旗鼓)와 같은 종류의 모양을 이루어진 것[成形]이 가장 좋다. ~ 扛夾 凡脈從中過，兩旁客山或本山特起，高卓相應者謂之扛。外山隔水遠來護峽而相夾映者，謂之夾。凡扛、夾之山，最喜成形，如前所謂太陰、太陽、金箱、玉印、龜蛇、旗鼓之類，左右俱有極吉。若左右兩峰高聳峙立，又名曰天弧、天角，《經》 云 「天弧天角龍欲渡」 <출처>『인자수지』「과협론」cｆ) 영사(迎砂)/ 송사(送砂) ?

☞ 暎(영) : 반사하다(反射--).비추다. 덮다, 덮어 가리다.

113) 做(주) : 짓다. 만듦

114) 挺然(정연) : 꼿꼿하다. 두드러지게 뛰어나다.

115) 逞(령) : 굳세다. 굳세게 하다. 통하다. 빠르다.

116) 이십팔수(二十八宿) : 별자리로 황도와 적도 주변의 28개 별자리 군이다.

☞ 이십팔수, 칠요(七曜)와 방위와의 관계

구분	목	금	토	일	월	화	수
동	각(角) 巽	항(亢) 辰	저(氐) 乙	방(房) 卯	심(心) 卯	미(尾) 甲	기(箕) 寅
북	두(斗) 艮	우(牛) 丑	여(女) 癸	허(虛) 子	위(危) 子	실(室) 壬	벽(壁) 亥
서	규(圭) 乾	루(婁) 戌	위(胃) 辛	묘(昴) 酉	필(畢) 酉	자(觜) 庚	삼(參) 申
남	정(井) 坤	귀(鬼) 未	류(柳) 丁	성(星) 午	장(張) 午	익(翌) 丙	진(軫) 巳

四金宿間，複有屬土屬水者，尤為吉度，不可一概[117]謂金氣也。故丑未勝於辰戌。辰戌亦有大吉之度，必真傳者能知之，能用之耳。此台州王車溪公墓，出五代連登進士。石梁公官太守。曰王宗，會魁、進士，官知府。曰文，進士，官參政。曰晃，鄉魁[118]。曰願，刑部員外。曰璘，進士。曰度，進士、知府。曰胤東、曰亮，進士。福祉未艾。

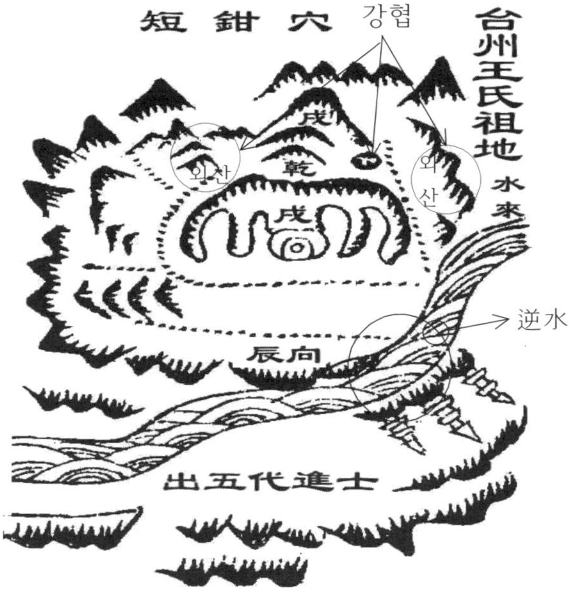

<그림 1-25 > 태주왕씨조지(台州王氏祖地)

<그림 1-25>의 자리는 임해현(臨海縣) 서남(西南) 5리에 있으며 그 용맥은 망해봉 왼쪽 지각[左枝]에서 출발하여 솟아 머물러[頓起:돈기] 크게 장막을 열어 몸을 돌려 변환하여 가운데 충천목성(衝天木星)이 생겨[有] 수성과 목성을 추출(抽出)하고 수절(數節)을 이어서 나아간다. 양쪽으로 뒤를 따르는 사[送從;호송사]가 단정하게 오고 가운데 용맥이 질단하며 과협(過峽)에 강협(扛夾;과협에 강(扛)과 물이 보호)이 있다. 다시 크게 개장하여 솟아 낙맥하여 분명하게 개겸(開鉗)을 펼쳐 혈을 만들었다. 술(戌)좌 진(辰)향으로 건

117) 一概(일개) : (예외 없이) 전부. 일절. 모조리. 전혀
118) 鄉魁(향괴) : 향시에 수석을 하였다. 지방의 우두머리

(乾)맥의 기를 타고 입수(入首)를 하여 혈을 만드니 겸혈의 안산은 평범한 병풍과 같고 역수하여 유정하다. 대강(大江)이 횡으로 감싸고[繞抱:요포] 강을 건너[막혀;隔] 산의 꼭대기[幘山;책산]이 정연(挺然)하게 강(江)에 임하고 쌍탑이 빼어나다. 명당이 평탄하고 또 작은 물이 교쇄하여 혈에 올라 그곳을 보면 여러 봉우리가 굳세고 뛰어나고 비록 속안이 보아도 역시 길지인 것을 알 수 있다. 대개 **양룡**(陽龍;乾)**에 양향**(陽向;戌)**이고**[淨陰淨陽] **양국**(陽局)**을 이루어 혈을 맺었다**. 형세(形勢)가 빼어나게 용맹하고[雄勇:웅용] 역량이 반드시 큰 것으로 이것이 그 증거이다. 누가[孰:숙] 진술(辰戌)을 버릴 수 있다고 말하겠는가? 다만 금기하여 피해야 묘함이 되는 것이다. 4금(四金)은 진술축미(辰戌丑未)이다. 진(辰)은 항금(亢金)에 있고, 술(戌)은 루금(婁金)에 있고, 축(丑) 우금(牛金)에 있고, 미(未)는 귀금(鬼金)에 있다. **분금**(分金)**을 하여 기**(氣)**를 타려면 반드시 이에 항**(亢)**.루**(婁)**.우**(牛)**.귀**(鬼)**의 법도**(法度)**를 피하여야 한다**. 그러나 천도 오행(天度五行)에는 또한 미묘(微妙)함이 있다. 사금수(四金宿) 간(間)에는 다시 토(土)에 속하고 수(水를)에 속하는 것이 있으므로 더욱 좋은 법도(吉度)이다. 전부 금기[一概謂金氣]라고 할 수 없다.

그러므로 축미(丑未)가 진술(辰戌)보다 좋다고 하나 진술(辰戌) 역시 크게 좋은 법도가 있다. 반드시 진실되게 전수한 자[傳者]가 그것을 알 수 있고 사용할 수 있을 뿐이다. 이곳은 태주(台州)의 왕차계공(王車溪公)의 묘(墓)로서 오대(五代)가 연속으로 진사(進士)에 올랐다. 석량공(石梁公)은 벼슬이 태수를 하였다. 이르길 '왕종(王宗)은 회시장원[會魁]으로 진사(進士)에 올라 벼슬이 지부'를 하였고, 이르길 ' 문(文)은 진사(進士)로 벼슬은 참정(參政)' 이라고 하였다. 이르길 '면(冕)은 지방의 우두머리[鄉魁:향괴]이며, 원(願)은 형부원외(刑部員外)' 이라고 한다. 이르길 ' 린(璘)은 진사(進士)이며 도(度)는 진사(進士)로 지부(知府)를' 하였다고 한다. 이르길 ' 윤동(胤東)과 량(亮)도 진사(進士)를 하였다' 고 한다. 복지가 끊이지 않았다.

右地在龍泉縣東北三里。其龍分縣龍旺氣，開帳過峽，連起三節金星，即結二穴，皆吉。而右為正穴，乃御史父地。左穴其祖也，曜氣發揚，不利初年。葬後稍不吉，三十年後出貴，大旺，主顯貴巨富，今福祉方亨。按：是地也，龍分縣脈旺氣, 開帳過峽, 數節結穴, 穴情明白, 曜氣發揚, 誠吉地也。左穴力差[119]輕。右為正穴, 其葬未久, 福祉猶未發越。御史公名啟元, 號文峰。

<그림 1-26>의 자리는 용천현(龍泉縣) 동북(東北) 3리(三里)에 있으면 그 용이 현에서 나누어 왕성한 기운으로 개장과 과협을 하여 연이어 **3절의 금성**(三節金星)을 일으켜 곧 **2혈**을 맺어 모두 좋다. 그러나 오른쪽 정혈이고 어사(御史)의 아버지 자리이다. 왼쪽 혈은 그 조부 자리이다. **요기(曜氣)가 드러나 초년에 불리하다**. 장사한 후 점점 불길하다가 30년 후에 크게 왕성하여 귀인이 나오고, 지금도 벼슬과 거부가 나와 복지가 사방에 이른다.

< 그림1-26 > 용천장시어조부지(龍泉張侍御祖父

조사해보니[按]

이 자리는 용이 현에서 나누어 맥의 기운이 왕성하고 개장과 과협을 하고 수절 후 결혈하여 혈정(穴情)이 분명하고 요기(曜氣)가 드러나[發揚;발양] 진실로 길지(吉地)이다. 좌측 혈의 역량은 다소 약하나[差輕] 우측은 정혈이다. 그 장사 후 얼마 안 되어서는 복지가 아직 이르지[發越:발월]

119) 差(차) : 차이. 다소. 부족하다. 모자라다.

않았다. 어사공(御史公)의 이름은 계원(啟元)이고 호는 문필봉(文筆峰)이다.

3) 유형의 혈(論乳形之穴[120])

불유회도 (不紐會圖)	左右兩臂弓抱，不紐會。	유회도 (紐會圖)	左右兩臂弓抱而紐會。
	좌우양비가 활처럼 감쌌으나[弓抱] 모여 감싸지 않았다.(不紐會).		좌우 양비가 활처럼 굽어 모여 감싼 것이다.

< 그림1-27 > 불유회(不紐會)도 및 유회(紐會)도

乳穴即廖氏懸乳穴也。一名垂乳，一名乳頭，乃穴星開兩臂，中間生乳者是也。平地高山皆有之。除星體另論外見穴星卷，而乳之為形，凡六格：曰長乳，曰短乳，曰大乳，曰小乳。此四者為正格。曰雙垂乳，曰三垂乳。此兩者為變格。六格各有二體，一是左右兩臂弓抱紐會，一是左右兩臂弓抱不紐會。蓋乳穴最忌缺[121]露凹折，故必有兩臂衛區，方為真結作耳。六格之形，又各有俯仰不同。身俯[122]則須脫煞就粘，面仰又宜湊球接脈，不可不審。若後龍真的，入首明白，星辰合格，証作分曉，此穴極貴。

유혈(乳穴)은 즉 요씨(廖氏)의 현유혈(懸乳穴)이다. 일명 수유혈[垂乳], 일명 유두혈[乳頭]이라고 한다. 또한 혈성에 양비(용호)가 개장(開帳)한 가운데 유

120) 혈의 사상(四象)
▷와혈(窩) : 와유현릉(窩有弦稜) ▷유혈(乳) : 유유선익(乳有蟬翼) ▷돌혈(突) : 돌유현침(突有縣針) ▷겸혈(鉗) : 겸유낙조사(鉗有落棗)
<출처>『원본청오경(元本青烏經)』

121) 缺(결) : 한쪽이 망그러지다. ◦凹(요) : 가운데가 쑥 들어가다. 오목하다 ◦折(절) : 끊다. ◦區(구) : 숨기는 곳

122) 돌혈(突穴)에 보면 '몸이 구부렸으면 혈은 마땅히 첨(簷)에 모이고 구(毬)를 피하며, 면앙(面仰)이면 혈은 구(毬)에 모이고 첨(簷)을 피함이 마땅하다.(~身俯則穴宜湊簷避毬面仰則穴宜湊毬避簷~)'고 하였다.

혈이 생긴 것이다[生乳者是]. 평지나 고산에 모두 유혈이 있다.

성체를 제외하고 외견[外見]으로 혈성권(穴星巻)과 유혈의 모양이 무릇 6격(六格)이 있다. 장유(長乳), 단유(短乳), 대유(大乳), 소유(小乳) 이 4가지는 정격이다. 쌍수유(雙垂乳), 3수유(三垂乳)는 이 2가지는 변격이다.

6격은 각각 2체가 있고, 하나는 좌우 양비(兩臂)가 활처럼 감싼 것이고, 하나는 좌우 양비가 활처럼 감싸지 않은 것이다. 대개 유혈(乳穴)은 한쪽이 망가져 바람에 노출되는 것[缺露:결로]과 끊어져 오목함 것[凹折]을 가장 꺼리므로 필히 양비[兩臂;선익(蟬翼)]가 혈장(區)을 호위해야 비로소 진정한 혈을 맺는다. 유혈에는 6격의 형태는 또 각각 부형(俯形)과 앙형(仰形)이 같지 않다. 신부형(身俯形;몸을 구부려 곳)에서는 반드시 탈살한 곳에 붙여[粘法] 취하고, 면앙형(面仰形;얼굴을 쳐들고 바라보는 모양) 또 (혈은) 마땅히 구에 모여[湊球;주구] 맥(脈)에 붙어야[接脈] 하니 세심하게 살펴야 한다.

만약 후룡이 진짜이고 입수가 분명하며 성신이 합격이며 결혈의 증거가 분명하여 이 혈은 극히 귀하다.

廖氏云「凡懸乳之穴，生氣凝聚[123]而下垂，靈光發露而外見，兩宮具到，一乳正中，所以謂之吉穴」是也。大要圈中舒暢，乳上光圓。最忌兩臂無情，左空右缺，折陷凹虧[124]，水穿風射。《經》云「乳頭之穴怕風缺[125]，風缺入來人滅絕」是也。又有垂乳而斜曲者，謂之假乳。《經》云「凡是乳穴曲即非，曲是包裹非正穴」是也。蓋正中是垂乳，斜曲是山脚，故爾。及有垂乳而粗頑、臃腫、峻急、崚嶒、突露、硬惡，皆謂凶乳。《經》云「乳頭之穴怕風缺，風缺入來人滅絕」是也。又有垂乳而斜曲者，謂之假乳。《經》云「凡是乳穴曲即非，曲是包裹非正穴」是也。蓋正中是垂乳，斜曲是山脚，故爾。及有垂乳而粗頑[126]、臃腫、峻急、崚嶒、突露、硬惡，皆謂凶乳。廖氏云：「飽肚粗[127]如覆箕樣，醜惡

123) 凝聚 (응취) : 응집하다. 맺히다.
124) 凹(요) : 오목하다. 가운데가 쑥 들어가다. ◦虧(휴) : 깎임. 무너지다. 줄다.
125) 缺(결) : 이지러지다(한쪽 귀퉁이가 떨어져 없어지다). 없다, 없어지다.
◦爾(이) : 그. 이. 이와 같이
126) 粗頑(조완) : 혈처에 거칠고 추한 돌이 널려 있는 것. ◦臃腫(옹종) : 흉하게 울퉁불퉁 튀어나온 모양. 종기 같은 모양. ◦峻急(준급) : 혈 앞이 가파르고 급하여
◦崚嶒(능준) : 산이 높고 험하다. 울퉁불퉁하고 가팔라 산세가 험하다.

那堪相。」吳公云「粗雄臃腫及峻急，關煞衝刑大不宜」是也。凡此之類，務須詳辨。如誤下之，主軍賊少亡，孤寒絕嗣，不可不慎。

요씨가 이르길 '무릇 현유혈은 생기가 응집하여[凝聚:응취] 아래로 드리우면 영광[혈]이 발로하여 바깥으로 나타나고 양궁을 구비하여 하나의 유[一乳]가 한 가운데 도달하면 소위 길혈'이 이것이다. 대략[大要] 둘러싸인 가운데가 완만하게 펼쳐져[舒暢;서창] 유혈이 빛나고 둥글어야 한다.

가장 꺼리는 것은 양팔이 무정하고 좌우가 없어 텅 비고[左空右缺;좌공우결], 끊어져 함몰되고[折陷;절함], 깎여 오목하여[凹虧;요휴] 물이 통과하거나 바람을 받는 것이다. 《경(經)》 이르길 '유두혈(乳頭之穴)은 바람으로 이지러진 것[風缺:풍결]을 두려워하고, 결함 생긴 곳에 바람이 들어오면[風缺入來] 사람이 아주 없어진다[滅絕:멸절]'는 것이 이것이다. 또한 수유(垂乳)가 있으나 굽은 것[斜曲者]을 가유(假乳)라 한다. 《경(經)》 이르길 '무릇 유혈(乳穴)이 굽은 것은 곧 혈이 아니고, 굽은 것은 다른 것을 감싸[包裹;포과] 정혈이 아니다.'고 하였다. 대개 정중앙[正中]은 수유(垂乳)가 되고, 기울어 굽은 것[斜曲]은 산각(산 기슭)이기 때문이다[故爾]. 또한 수유(垂乳)가 조완(粗頑), 옹종(臃腫), 준급(峻急), 능증(崚嶒), 드러나[突露:돌로] 딱딱하고 추한 것[硬惡:경악]은 모두 흉유(凶乳)라 한다. 요씨(廖氏)가 이르길 '맥이 거칠고 배가 불러[飽肚粗:포두조] 키를 엎어 놓은 모양과 같아 형상이 추악(醜惡)한 것을 보고 어찌 감당하겠는가[那堪;나감」' 하였다. 오공(吳公)이 이르길 '용이 거칠고 웅장하고[粗雄:조웅], 울퉁불퉁[臃腫;옹종]하며 준급(峻急)하면 관살(關煞)에 충형(衝刑)으로 크게 마땅치 않다. 대개 이런 유형[此之類]은 반드시 상세히 변별하여야 한다. 잘못 하장하면 주로 군적(軍賊)이 되거나 젊어서 죽고, 빈한(貧寒)하고[孤寒;고한] 자손이 끊기니 신중하여야 한다.

乳形六格：

長乳、短乳、大乳、小乳。此四者正格也。雙垂乳、三垂乳。此二者變格也。

---

127) 飽肚(포두) : 맥이 거칠고 가운데가 가득하여[飽肚脉粗而中滿] 키를 엎어 놓은 모양.
◦ 飽(포) : 배부르다. ◦肚(두) : 배 ◦상(相) : 자태(姿態). 모습. 직접보다.

유형(乳形)의 6격(六格)

장유(長乳),단유(短乳),대유(大乳),소유(小乳)의 이 4격은 정격(正格)이고, 쌍수유(雙垂乳). 삼수유(三垂乳) 등 이격은 변격(變格)이다.

< 그림1-28 > 장유도(長乳圖)	此長乳者，兩掬中間垂乳長也。不宜太長，太長則脈不活。前輩多以長乳分三停立穴，謂之天、地、人三才之穴，必須要有宛然[128]平坦處，審前後左右四勢情意扦點。不可於峻急、直硬強勉鑿穴。大要兩弓掬抱，一乳正中，不欹不側，不峻不粗，方為合格。若長而硬，粗而峻，如飽肚腫腳，如竹篙，如擲槍之類，則非真結，不可下也。

여기서 장유(長乳)는 양다리가 감싼 중간에 드리운 유[垂乳;수유]가 긴 것인데, 너무 길면 마땅하지 못하다. 너무 긴 것[太長]은 곧 맥이 살아있지 않은 것이다. 선배들은 대부분 장유(長乳)를 삼정(三停)으로 나누어 입혈하였다. 천, 지, 인(天地人) 삼재(三才)의 혈이라고 하였다. 반드시 분명하게[宛然;완연] 평탄한 곳[平坦處]이라야 하며, 전후좌우(前後左右) 사세의 정의(情意;有情한지 與否)를 조사하여[點] 천장(扦葬)해야 한다. 준급(峻急;가파르고 급한 것)한 곳, 직경(直硬;곧도 딱딱한 것) 곳에 억지로[強勉;면강] 구멍을 뚫어[鑿穴;착혈] 하장해서는 안된다.

중요한 것[大要]은 양쪽에 활같이 감싸[兩掬:양국] 하나 유(乳)가 정중앙에 있고, 한쪽으로 기울거나[欹側:의측] 높고 거칠지[粗惡;조악] 않아야 비로소 합격이다. 만약 길고 단단하고[長而硬:장이경] 거칠며 가파르고[峻急;준급], 마치 맥이 거칠고 배가 부른 것 같고[飽肚;포두] 다리에 종기 같고[腫腳;종각] 대나무로 만든 대상앗대(竹篙 죽고;배 움직일 때 긴 막대) 같거나 창[擲槍;척창]과 같은 유와 같으면 곧 진결이 아니라 하장을 해서는 안된다.

128) 宛然(완연) : 아주 뚜렷하다. 흠이 없이 완전하다.

此短乳者，兩掬中間垂乳短也。不可太短，太短則力微氣弱。須是短得其宜，界水明白為佳。大要左環右抱，一乳正中，不粗不峻，方為合格。若太短而急硬粗峻，界水不明，或如覆箕，或如頓鐘之類，則非真結，不可下也。

< 그림1-29 > 단유도(短乳圖)

이것은 단유(短乳)로 양쪽에 감싼[兩掬] 중간(中間)에 드리운 유(乳)가 짧다. 유(乳)가 너무 짧으면 사용할 수 없다. 너무 짧으면 역량이 미미(微微)하여 기(氣)가 약하다. 반드시 단유(短乳)가 마땅한 것을 획득하여 계수가 분명해야 아름답다. 요지[大要]는 한가운데[正中] 하나의 유[一乳]을 좌우 환포(環抱)하여 거칠지[粗硬:조경]도 급하지[峻急:준급]도 않아야 비로소 합격이다. 만약 너무 짧고 급하거나[峻急] 거칠고 단단하며[粗硬] 계수가 분명하지 않아 혹은 엎어놓은 키[覆箕;복기]와 같거나 혹 가지런하지 못한 종과 같은 유(類)는 곧 진결이 아니라 하장할 수 없다.

< 그림1-30 > 대유도(大乳圖)

此大乳者，兩掬中間垂乳大也。大近於粗。不可太大，太大則必粗頑臃腫。須是大得其中，不粗不飽為佳。大要左右彎環，抱衛有情，一乳正中，不欹不峻，方為合格。若大而粗，硬而急，肚飽臃腫，闊大懶坦，則無融結，不可下也。

이것 대유(大乳)은 양쪽에 감싼[兩掬:양국] 가운데[中間] 드리운 유(乳)가 큰 것으로 크면[大] 조악에 가까워 너무 크면[太大] 사용할 수 없다. 너무 크면 반드시 울퉁불퉁하여[臃腫;옹종] 거칠고 무디다[粗頑:조완]. 반드시 대유(大乳)를 그 중앙에 얻어 조악(粗惡)하거나 배부르지[飽肚:포두] 않아야 아름답다. 대략 좌우가 만환(彎環)하여 (혈을) 호위(護衛)하여 감싸면 유정하고 하나의 유[一乳]가 정중앙에 있으면서 기울어지거나 가파르지 않아야 합격이다. 만약 크지만 조경(粗硬)하거나 준급(峻急)하여 맥이 거칠고 배가 부른 것 같고[飽肚;포두] 다리에 종기 같거나[腫脚:종각] 넓고 커[闊大;활대] **변화가 없으면[懶坦;나탄] 융결이 없어 하장할 수 없다.** 이 소유(小乳)는 양쪽으로 감싼[兩掬] 중간에 작은 유[微乳]가 있는 것으로 너무 작으면 하장(下葬)할 수 없다. 너무 작으면 곧 역량이 작아[力微] 약하다. 또 두려운 것은 좌우 양쪽으로 감싼 것[兩掬]이 (혈을) 눌러[壓倒:압도][雄壓;웅압] 혈(穴)을 기만(欺瞞)하는 것이다. 반드시 소유(小乳)가 가운데를 얻고 유(乳)가 둥글고 빛이 나고[光圓] 좌우가 서로 균형을 이루면 아름답다.

<table>
<tr><td colspan="2">< 그림1-31 > 소유도(小乳圖)</td></tr>
<tr><td></td><td>此小乳者，兩掬中間有微乳也。不可太小，太小則力微氣弱。又恐左右兩掬雄壓[129]欺穴。須是小得其中，乳頭光圓，左右相稱[130]為美。大要兩宮環抱，一乳正中，小而不弱，界水分明，不欹不峻，乃為合格。若太小而甚微，瘦弱[131]尖細，左右欺穴，旁山高壓，則非真穴，不可下也。</td></tr>
</table>

대략 양궁(兩宮;龍虎)이 환포하고 하나의 유(乳)가 정중앙[正中]에 있고 작으나 약하지 않고[小而不弱:소이불약] 계수(界水)가 분명하고 기울거나 준급하지 않아야 합격이다. 만약 너무 작고 심히 미약하고 수척하고 약하며[瘦弱:수약], 날카로우며 좌우에 혈을 기만하고[欺穴:기혈] 옆 산이 고압하면[高壓] 진혈이 아니라 하장(下葬)을 할 수 없다.

此乳形變格之雙垂乳者，兩掬中間垂下二乳也。要大小、長短均匀。可下雙穴，福力相等。須星辰尊重[132]，雙乳齊垂，左右抱衛有情，方為合格。若一長一短，

129) 壓倒(압도) : 월등한 힘이나 세력, 재주 따위로 꼼짝 못 하게 누르다.
130) 相稱(상칭) : 서로 대응하여 균형을 유지함 ◦尖細(첨세) : (소리가) 날카롭다. 가늘고 높다.
131) 瘦弱(수약) : 여위고 허약하다. ◦相等(상등) : (수량·분량·정도 등이) 같다. 대등하다.
132) 尊重(존중) : 존중하다. 엄숙하고 무게가 있다. 중시하다. ☞ 尊(존) : 높다. 우르러

一大一小，一瘦一肥，一斜一正則非。宜審其特異者下之。若更不周正，勢非自然，必無融結，不可下也。

< 그림1-32 > 쌍수유도(雙垂乳圖)

이것 유형(乳形)은 변격(變格)의 쌍수유(雙垂乳)는 양쪽으로 감싼[兩掬] 중간(中間)에 2개의 유(乳)를 아래로 드리운 것이다.

대소(大小)와 장단(長短)이 균등[均勻]해야 쌍혈에 하장할 수 있고, 복력(福力)이 혈의 등급과 같다[相等]. 반드시 매우 높은[尊重:존중] 봉우리[星辰:성신]에 쌍유(雙乳)가 가지런히 드리우고[齊垂;제수] 좌우 용호가 혈을 감싸듯이 지켜주어[抱衛:포위] 유정하면 비로소 합격이다. 만약 하나가 길고 하나가 짧거나[一長一短] 하나가 크고 하나가 작거나[一大一小] 하나가 마르고 하나가 살찌면[一瘦一肥:일수일비],하나가 기울고 하나가 똑바르면[一斜一正] 하장을 할 수 없으니 마땅히 그 특이한 곳[特異者:특이자]을 자세히 살펴 하장 해야 한다. 만약 또 주위가 바르지 않고 형세(形勢)가 자연(自然)적이지 않으면 반드시 융결(融結)하지 않아 하장할 수 없다.

< 그림1-33 > 3 수유도(三垂乳圖)	
	此乳形變格之三垂者，兩掬中間垂下三乳也。要大小、長短、肥瘦相等。可下三台穴。須是後龍旺盛，氣勢弘大，方結此穴。必要三乳同垂，左右回環，方為合格。若是三乳不均，偏正美惡有異，宜審中乳合格者下之。如中乳又不足觀，則非融結，不可下也。

보다.
◦ 重(중) : 높다. 크다. ☞ 齊(제) : 가지런하다. cƒ)齋(재) : 재계

이 유혈이 3개 드리운[三垂] 변격(變格)의 모양은 양쪽으로 감싼[兩掬] 가운데 아래로 3유(三乳)을 드리운 것이다. **대소(大小)와 장단(長短), 비수(肥瘦)가 서로 대등해야 삼태의 혈(三台穴)을 하장할 수 있다.**

반드시 후룡이 왕성(旺盛)하고 기세가 넓고 크면[弘大:홍대] 비로소 이러한 혈을 맺을 수 있다. 반드시 3유(三乳)가 동일하게 드리우고 좌우가 회환(回環)하여야 합격이다. 만약 삼유(三乳)가 균형을 이루지 못하면 치우침과 바름[偏正]과 미악(美惡)이 다르면 당연히 가운데 유(乳)가 적합한지를 살펴 하장(下葬)해야 한다. 가운데 유[中乳]가 또 부족하게 보이면 융결이 되지 않아 하장 할 수 없다.

右乳穴, 其乳下又各有出金、出木、出水、出火、出土五格, 具下:

오른쪽 유혈(乳穴)은 그 유(乳) 아래에 또 각각 금,목,수,화,토가 생겨 오격(五格)은 아래에 구비(具備)하였다.

< 그림1-34 > 5수유격(五垂乳格)

수금(垂 金)	생수(生 水)

圓者為垂金, 當乘金向墜處立穴, 方為合法 둥근 것은 수금(垂金)이니 마땅히 금을 타고 떨어진 곳을 향하여[墜處:추처] 입혈하면 합법이다.	曲者為生水, 當乘水動下平處立穴, 方為合法。 굽은 것은 생수(生水)이니 당연히 수(水)가 움직이는 곳을 타고 아래에 평탄한 곳[平處]에 입혈해야 합법이다.

내목(夾 木)	대화(帶 火)	천토(穿 土)
		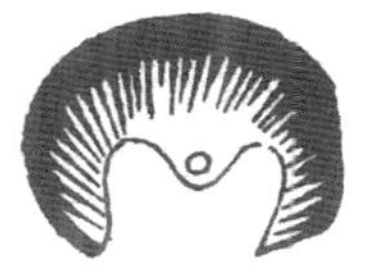
直者為來木，當分三停立穴，方為合法。	尖者為帶火，當壓殺剪火立穴，方為合法。	方者為穿土，當乘圓就方，量中心立穴。垂乳之下平齊卽穿土。
곧은 것은 내목(來木)이니 마땅히 삼정(三停)으로 나누어 입혈하면 비로소 합법이다.	뾰족한 것은 화를 띤 것[帶火]이니 마땅히 뾰족한 화(火)를 짤라[剪火:전화] 살(殺)을 제압한 후[壓殺:압살] 후에 입혈하면 비로소 합법이다.	유(乳)의 끝부분이 각진 것은 천토이다. 마땅히 둥근 것을 타고 각진 것을 취하며 중심을 헤아려[量] 입혈한다. 수유(垂乳) 아래 평탄하여 조화로운 곳[齊:제]이 즉 천토(穿土)이다.

☞齊(제) : 가지런하다. 조화하다.

凡乳穴者，皆有此五等，及帶曜八格。圖繁，不及詳具。後穴星皆仿此。乳穴名地諸圖附下

무릇 유혈(乳穴)은 모두 이 5등급과 요(曜)의 8격[帶曜八格]이 있다. 그림이 번거로워 상세한 언급하지 않았다. 뒤에 혈성은 모두 이것을 도방한 것이다. 유혈(乳穴)의 명지(名地)의 여러 그림은 아래와 같이 첨부하였다.

右地在銀邑治南五里，土名桐木塢。其龍來遠不述。比[133]入局，開大帳，帳頂起[134]三台，落脈磊落，如群羊出棧奔躍，數峰可愛。入首複大斷過脈，轉身頓起星辰結穴。中垂長乳，旁開兩肩，穴安乳頭，不急不飽。前吐餘氈，右拖曜氣。近案一山，緊關內氣，逆收大河。前朝馬上貴人，端拱有情。內堂緊夾，外洋開暢。賴布衣記曰：「桐木塢中扦甲向，三代郡侯家富旺。」餘氏葬後，果出三郡

133) 比(비) : 가깝다. 인접하다.
134) 起(기) : 발생하다. 생기다. 일으키다. ◦棧(잔) : 가축우리. 창고

守，曰述先者，其一也。皆守磁州，富盛未艾。

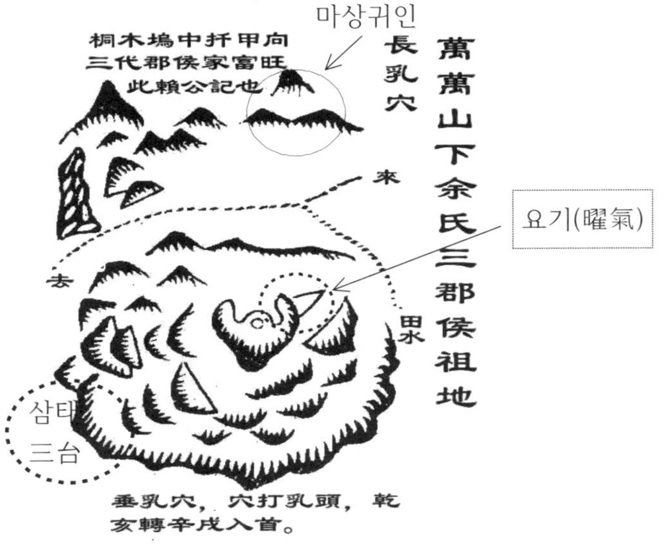

< 그림1-35 > 만만산하(萬萬山下) 여씨(余氏)
삼군후(三郡侯) 조지(祖地) , 장유격(長乳格)

< 그림1-35 >는 은읍(銀邑) 치남(治南) 5리(五里)에 있으며, 토명(土名)은 동목오(桐木塢)이다. 그 용은 멀리서 뻗어와 자세하게 기술할 수 없다. 입국(入局)할 즈음에 크게 개장(開帳)하여 장막[帳]의 정상(頂上)에 삼태(三台)가 생겼고, 낙맥(落脈)을 많이[磊落:뇌락]하여 양의 무리[群羊;군양]가 가축우리[棧;잔]에서 나오는 것 같이 수많은 봉우리가 달리고 솟아[奔躍:분약] 사랑스럽다. 입수(入首)에서 다시 크게 끊어진 맥을 지나[大斷過脈] 용신을 돌려 엎드렸다가 봉우리[星辰]가 솟아 머물러[頓起:돈기] 혈을 맺었다.

양어깨를 벌려 가운데 장유(長乳)을 드리워 유두(乳頭)에 혈은 안정이 되었다. 급하지 배부르지도 않고 앞에 남은 여기로 전(氈)을 드러내고 우측에 요기(曜氣)를 늘어뜨렸고[拖;타] 가까이 하나의 안산이 내기(內氣)를 긴밀하게 가두어[緊關] 대하(大河)를 거슬러 거두어주며, 앞 조산에 마상귀인(馬上貴人)이 단정(端正)하게 공읍(拱揖)하여 유정하다. 내당(內堂)이 좁고[緊夾:긴협], 외양(外洋)이 넓게 펼쳐져[開暢:개창] 있다. 뇌포의(賴布衣)의 기록에 이르면 '동목오(桐木塢) 가운데 갑향(甲向)으로 하장하였고 삼대(三代) 군후(郡

侯)에 가부왕(家富旺)' 이라 하였다. 여씨(餘氏)는 장사(葬事) 후에 과연 삼군수(三郡守)가 나왔으니 이르길 앞에서 말한 것이 일치한다. 모두 자주(磁州)에서 부의 왕성함을 지키고 있으며 아직 끝나지 않았다.

左地在吾邑水車宅背。塢龍入局，連立數峰，奔騰磊落[135]。將入首，大斷度脈，轉身垂短乳結穴。前吐餘氈，後拖鬼星。下臂逆掬有力，大溪環繞。前峰馬上貴人朝拱。葬後出念庭公鰲，登進士，官御史，今福祉未艾。

<그림 1-36 > 서어사 조지(舒御史祖地)

<그림1-36>은 오읍(吾邑) 수거택(水車宅)을 있으며, 배오(背塢)에 용(龍)이 입국(入局)할 때 많은[磊落:뇌락] 봉우리[數峰]가 연달아 뒤를 따라 달려가[奔騰;분등] 솟아[立:입] 입수할 즈음[將入首]에 크게 끊어 맥을 지나[度脈:도맥] 용신을 돌려 단유(短乳)을 드리워 혈을 맺었다. 혈 앞에 여기로 전(氈)을 드러내고, 뒤에 귀성(鬼星)을 드리워 아래 백호[下臂]가 거슬러 감싸[逆掬;역국] 역량이 있다. 대계(大溪)가 완전히 감싸고[環繞;환요] 앞 봉우리가

135) 磊落 (뢰락) : 많다. 용모가 준수하다. 복잡하다. ◦ 度(도) : 건너다. 지남. 헤아리다.

마상귀인(馬上貴人)으로 (혈을) 향하여 공읍(拱揖)[朝拱]하고 있다. 장후(葬後)에 염정공(念庭公) 오(鰲)가 태어나 진사(進士)에 올랐고 벼슬[官]은 어사(御史)를 하였다. 현재 복지(福祉)가 끊어지지 않았다.

下地在台州府治東南七十里，地名水家洋。其龍來自蒼山，歷黃岩，迢遞[136]數百里。中間轉換[137]，不及詳述。至將結數里之外，如雲從霧擁，頓起星峰，橫開大帳，重重過峽，湧起御屏。屏中抽出一脈，石骨清奇[138]，尖秀特異，如玉筍[139]，呼為牛角尖。尖下串珠走馬[140]，又過峽，頓起太陽金星。中垂大乳，兩肩開翅，亦如唐帽之勢。取仙人坦腹形，仙童案。其前朝之山，乃自數十里共祖分枝，繞轉二十里，逆水上奔至穴當前，以為正應。又收明堂之水。

<그림1-37>은 태주부(台州府) 동남(治東) 칠십리(七十里)에 있으며 지명은 수가양(水家洋)이다. 그 용은 창산(蒼山)의 무황암(歷黃岩)에서 매우 멀리[迢遞;초체] 수백 리를 와 중간에서 돌아 방향 바꾸어[轉換;전환] 뒤쫓아 따라가[及;급] 상술할 수 없다. 머지않아 결혈할 즈음[將結:장결] 수리 밖에 이르러[至] 구름이 안개를 옹호하고[霧擁;무옹] 따르듯이[從] 성봉이 일어나 머물러[頓起;돈기] 횡으로 크게 개장하여 거듭 과협을 지나 어병(御屏)을 일으켜[湧起;용기] 장막 가운데 일맥(一脈)이 빠져나와[抽出;추출] 석골이 유달리 아름답고 특이하게[特異] 빼어나[尖秀:첨수] 마치 옥순(玉筍)과 같아 우각첨(牛角尖)이라 한다. 뾰족한 아래 구슬을 꿴 것 같고[串珠:관주], 말이 달리는 것[走馬] 같고 또 과협을 지나 태양금성(太陽金星)이 솟아 그 가운데 대유(大乳)을 드리워 양어깨[兩肩;양견]를 날개를 펼치듯이 역시 당모(唐帽)의 세와 같다. '선인탄복형(仙人坦腹形)' 에 안산이 선동(仙童)이다. 그 앞쪽 조산[前朝]은 수십 리의 공조산(共祖山)으로부터 간룡에서 갈라져 나온 지각[分枝]이 감싸고돌아[繞轉;요전] 이십 리를 위에서 달려와 역수(逆水)하여 혈 앞에 이르러 마주대하여 한가운데 응하고 또 명당수(明堂之水)를 거두었다.

136) 迢递(초체) : 번체 迢遞(초체) : 매우 멀다.
137) 轉換(전환) : 다른 방향이나 다른 상태로 바꿈
138) 清奇(청기) : (속됨이 없이) 유다르게 아름답다. 아주 훌륭하다.
139) 玉笋(옥순) : 인재가 많은 것. 수려한 뭇 산봉우리. 죽순(竹筍)의 미칭(美稱)
140) 串珠(관주) : 구슬꿰미. 한 줄에 꿴 것. ◦串(관) : (한 줄로 쭉 꿴 듯한) 줄. 끈으로[실로] 꿰다. ◦走馬(주마) : 말을 타고 달림

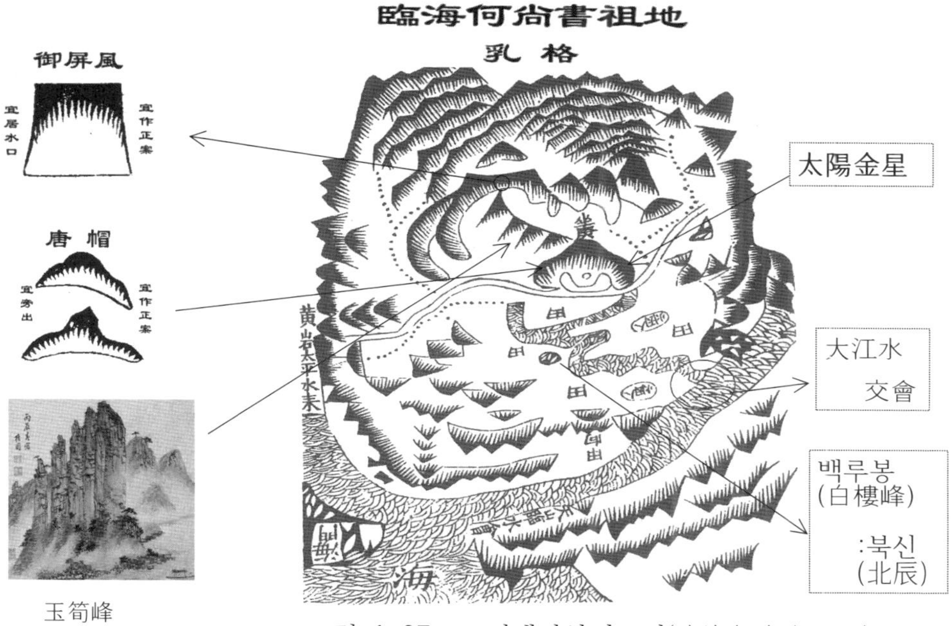

<그림 1-37 > 임해하상서조지(臨海何尚書祖地)

其左山亦在十里前共祖分枝，星峰秀異，繞迭[141]至穴上手而止。頓起高岩白樓峰，是為北辰，鎮塞內水，挺然可怪[142]，穴中不見。其水即左右兩源，皆自十里外夾送至穴前小明堂交紐[143]。海潮一來，九曲而入。其大江水大交會，一邊天台、仙居、臨海三縣水會，一邊太平、黃岩二縣水會。大海門二山，皆在千里之外，至此交會，以作門戶。此門即台郡大水口，此地卻近門戶，所謂「大地多居水口間」者是也。葬後，出太守公龐，登癸丑進士。尚書公寬，登庚戌進士。儒官麟橋。坐庚向甲，貴應庚甲。尚書公甲戌生，太守公庚午生。但庚、酉、辛、甲、癸生人皆貴。且穴星端嚴，昌、曲應位，宜有理學名臣、忠孝廉節之應。穴形乳頭大，而複開口平坦，做穴奇怪。初葬下級，複遷上級而得真穴

그 좌측 산 역시 십 리 앞의 공조(共祖)에서 지각을 나누어[分枝] 성봉이

141) 迭(질) : 갈마들다. 지나치다. 달아나다. 이르다. ◦送(송) : 뒤를 좇다.
142) 可怪(가괴) : 이상하다. 괴상하다
143) 紐[뉴(유)] : 맺다, 연결하다(連結). 총합하다(總合: 모두를 합하다).◦做(주) : 짓다. 만듦

빼어나 감싸며 지나[繞迭;요질] 혈에 이르러 상수사(上手砂)가 멈추었다. 높은 바위 백루봉(白樓峰)을 일으켜 북신이 되었으며 내수를 훌륭하게[挺然;정연] 막아[鎮塞;전색] 괴이하나 혈 가운데서는 보이지 않는다. 그 물은 곧 좌우 양쪽 수원(水源)[兩源]이 모두 십 리 밖[十里外]에서 (진룡을) 협송(夾送)하여 혈 앞[穴前] 소명당(小明堂)에 이르러, 하나의 조수[一海潮]가 구곡으로 흘러들어와 양원(兩源)이 만나 합하고[交紐] 그 대강수(大江水)에서 크게 교회하여 한 변[一邊]은 천태(天台),선거(仙居),임해(臨海)의 삼현(三縣)의 물이 모이고, 또 한 변[一邊]은 태평(太平), 황암(黃岩)의 2현(二縣)의 물이 모인다. 대해문(大海門)의 2산은 모두 천 리 밖에 있으며 이러한 물이 만나 문호(門戶)를 만들었다. 이 문호는 곧 태군(台郡)의 대수구(大水口)이며 이 자리는 가까운 문호가 된다. 이른바 '대지는 대부분 수구 안[間]에 있다'는 것이다. 장사 후[葬後]에 태수공(太守公) 총(寵)이 태어나 계축(癸丑)년에 진사(進士)에 올랐다. 상서공(尚書公) 관(寬)이 경술년(庚戌年)년 진사(進士)에 유교를 가리키는 벼슬아치[儒官] 인교(麟橋)에 올랐다.

경좌갑향[坐庚向甲]은 벼슬이 경과 갑[庚甲]에 응하므로 상서공(尚書公)이 갑술생(甲戌生)이고, 태수공(太守公)이 경오생(庚午生)이다. 다만 경(庚),유(酉),신(辛),갑(甲),계(癸)의 생의 사람[生人]은 모두 벼슬을 하였다. 또 혈성(穴星)이 단정(端正)하고 엄숙(嚴肅)하고[端嚴:단엄], 아름답게 굽은 것[昌曲:창곡]이 응위(應位)하여 마땅히 이학(理學), 명신(名臣),충효(忠孝), 염(廉), 절(節)의 응함(應)있다. 혈형은 유두(乳頭)가 크고 다시 개구하여 평탄(平坦)하여 혈이 형성된 것이 기괴(奇怪)하여 초장은 하급이나 다시 상급으로 옮겨 진혈을 얻었다.

右地在台州府治南三里，土名紫紗嶴。其龍發自望海峰，辭樓下殿，大頓小伏，委蛇奔行，有剝有換。比至144)結穴，作巨門土星。中落一脈，成帶福金星，微微開口，卻吐出唇氈，平坦百丈。後枕巨門如屏。屏後望海峰插入雲中。兩畔聳起尖峰，天乙、太乙、四神、八將，三吉145)皆相拱照。

144) 比至(비지) : (~에) 이르다, 도달하다. ◦比(비) : ~때에 이르다 .따르다. 가깝다. 인접하다. ◦八將(팔장) : 艮丙巽辛兌丁震庚

145) 삼길육수(三吉六秀)는 진(震). 경(庚). 해(亥) 방위의 삼길방(三吉方)과 간(艮) · 병(丙) ·

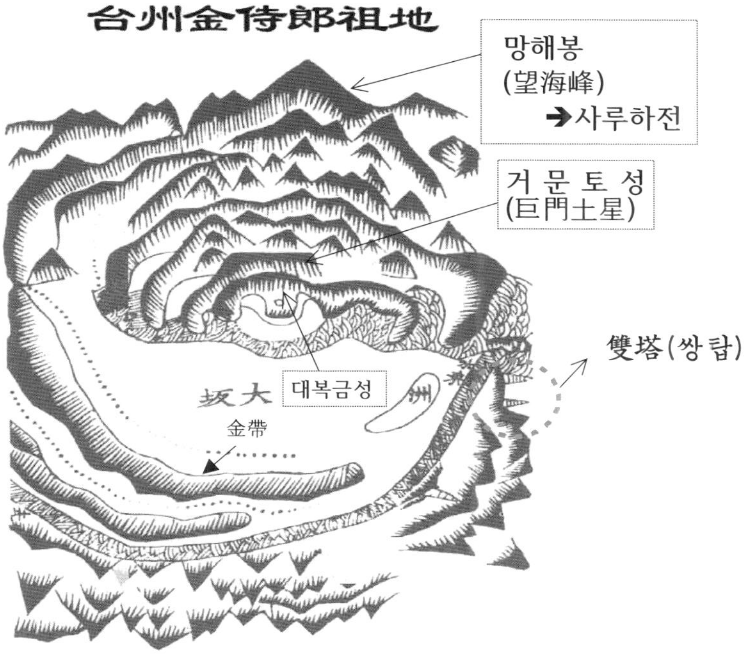

< 그림 1-38 > 태주김시랑조지(台州金侍郎祖地)

< 그림 1-38 >는 태주부(台州府)가 치남(治南) 3리(三里)에 있으며 토명은 자사오(紫紗嶴)이다. 그 용은 **망해봉**(望海峰)의 **사루하전(**辭樓下殿)에서 출발하여 크게 멈추어[大起] 작게 엎드리고[大頓小伏], 구불구불하게[委蛇] 달아나[奔行:분행] 박환(剝換)하여 혈을 맺으려고 이르러[比至]에 **거문토성(**巨門土星)을 만들어 가운데 하나의 맥이 낙맥하여[落] **대복금성(**帶福金星)을 이루어 작게[微微] 개구(開口)하고 문득 순전(唇氈)을 드러내어[吐出:토출] 평탄(平坦)한 것이 백장(百丈)이다. 뒤에 병풍과 같은[如屛:여병] 거문(巨門)을 베개로 하고[枕] 병풍 뒤에 망해봉(望海峰)이 구름 가운데 들어가 꽂혔고[插入雲中:삽입운중]. 양측에는 뾰족한 봉우리[尖峰:첨봉]가 우뚝 솟아[聳起:용기] 천을(天乙),태을(太乙),사신팔장(四神八將: 四維八干 방위의 沙),삼길(三吉)이 모두 서로 공조(拱照)한다.

손(巽) · 신(辛) · 태(兌) · 정(丁) 방위의 육수방(六秀方)에 득수처나 지호수가 있으면 부귀왕정(富貴旺丁)하여 후손들에게 부와 권력을 가져다준다.

靑龍本身一臂包外，雙塔挺然，應山遠在雲霄。下關逆水繞上，又有陰砂彎抱，小水纏於足下，交固周密，眞吉地也。其左畔一穴尤妙，蓋自帶福金星前分落，又複曲行數節，轉身做[146]穴。界合明白，而內堂之水至此聚注。前有逆水下關之山以為[147]正案，近身陰砂彎如金帶。乃其始祖葬後，科甲蟬聯[148]，乃立愛、立微二公祖也。

청룡은 본신(本身)에 일비(一臂)가 (혈의)바깥을 감싸고[包外] 두 개 탑[雙塔;쌍탑]이 빼어나고[挺然:정연] 응하는 산[應山]이 멀리 하늘[雲霄:운소] 높이 있다. 일비(一臂)가 아래를 막아[下關] 물을 거슬러 감싸고[逆水繞上:역수요상] 또 음사(陰砂)가 만포(彎抱)하여 작은 물[小水]을 지각이 아래를 감싸[纏] 확실히 교쇄하여[交固] 주밀(周密)하여 참으로 길지(吉地)이다.

그 좌측[左畔]의 일혈(一穴)은 더욱 묘(妙)하다. 대개(蓋) 대복금성(帶福金星) 앞에서 나누어 낙맥[分落]하고 또 다시 수절(數節)을 꼬불꼬불 돌아가[曲行] 용신을 돌려서[轉身] 혈을 만들었다[做穴;주혈]. 물의 상분하합(上分下合)[界合;계합]이 분명하고[明白] 내당수(內堂水)가 여기에 이르러 모인다[聚注]. 앞에는 아래를 관쇄하여[下關] 역수(逆水)하는 산[소류안(泝水案)]을 정안(正案)으로 간주한다. 용신 가까이 음사(陰砂)가 금대(金帶)와 같이 만포[彎]한다. 그 시조(始祖)가 장사 후[葬後]에 과거합격[科甲]에 이어지고[蟬聯] 입애(立愛), 입경(立敬) 2공(公)의 조지(祖也)이다.

右地在南康府治北，土名五里牌。其龍起廬山五老峰，廉貞[149]火星作祖，開大帳，正脈中出，逶迤大斷過峽，起少祖山，又開帳連節，星峰頓跌棲閃，穿田度峽，起金水星，展翅飛蛾入首結穴。開鉗中垂小乳，伶俐圓淨。穴前平坦，氈唇左右彎環掬抱有情。其府治龍，自少祖山分左脈，逆水奔上，纏過穴前，包裹有力。當穴前塌落平田，以獻外秀。塌後複起高山，橫繞右畔，關鎖緊密，以收內

146) 做(주) : 제조하다.(글을) 짓다. 하다. 행하다.
147) 以爲(이위) : 생각하다. 여기다. 알다. 인정하다.
148) 蟬聯(선련) : (매미의 울음소리같이) 길게 이어지다. 연임하다. 연속하다. 재임하다.
149) 구성은 탐랑(貪狼:木星의 變體), 거문(巨門:土星의 變體), 녹존(祿存:土星의 變體), 문곡(文曲:水星의 變體), 염정(廉貞:火星의 變體), 무곡(武曲:金星의 變體), 파군(破軍:金星의 變體), 좌보(左輔:金星의 變體), 우필(右弼:金星의 變體) 등 오성의 정체(正體)에서 변형된 것으로 아홉 가지가 있다. ➔ 度(도) : 건너다. 지남.

氣。前小明堂低田僅十數丈　　外陽洋瀾[150]，左蠡大湖數十里暗朝。前面馬上貴人，隔湖端拱。其下白沙山，如褰旗，如横枷，如叩首[151]，如囚奴，伏列於下，真美地也。葬後，出劍峰公陶尚德，登嘉靖丙戌進士，官至刑部尚書。祖母百歲重封，人丁大旺。

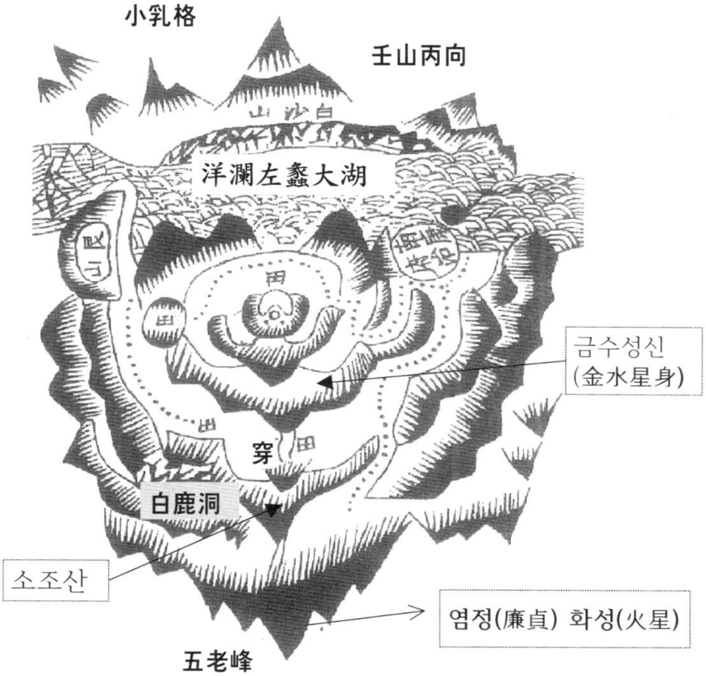

<그림1-39 >남강도상서모지(南康陶尚書母地)

<그림 1-39 > 남강부치(南康府治) 북(北)에 있으며, 토명(土名)은 오리패(五里牌)이다. 그 용(其龍)은 여산(盧山)의 5노봉(五老峰)에 염정(廉貞) 화성(火星)을 일으켜 조산(祖山)을 만들어, 크게 개장(開帳)하여 정맥(正脈)이 가운데를 나와 위이(逶迤)하여 대단 과협(大斷過峽)을 하여 소조산(少祖山)을

150) 瀾(란) : 물결. 파도。左蠡(좌려) : 호수 이름.。横(횡) : 사납다. 난폭하다.。枷(가) : 칼(형구(刑具)의 하나)

151) 叩首(고수) 。叩(고) : 머리를 땅에 대고 절하다. 。重(중) : 귀중하다. 소중하다. 봉제사(奉祭祀 : 조상의 제사를 받들어 모심) 。封(봉) : 흙을 쌓다. 매장하다. 。가정(嘉靖) : 중국 명나라의 제11대 황제 가정제(嘉靖帝) 때의 연호(1522~1566년).

일으키고 또 연달아[連節:연절] 성봉(星峰)에서 개장하고 달려가 머물러[頓跌] 문득 나타났다가[棲閃;서섬] 밭과 과협을 지나[穿田度峽:천전도협] **금수성신**(金水星身)을 일으켰다. 나방이 날아 날개를 펴듯이[展翅飛蛾:전시비아] 입수(入首)하여 혈을 맺었다. 겸(鉗)을 개구(開口)하여 가운데 소유(小乳)을 드리워 혈처(穴處)가 원정(圓淨)하여 분명(伶俐;영리)하고 혈 앞이 전순(氈唇)이 평탄(平坦)하고 좌우 둥글게 감싸[掬抱彎環;국포만환] 유정(有情)하다. 그 부치(府治)의 용(龍)은 소조산(少祖山)에서 좌측에서 분맥하여[分左脈] 위로 달아나 역수(逆水)하여 혈 앞을 지나 휘둘러 감싸[纏包裹;전포과] 힘이 있다. 의당 혈 앞 평전(平田)에 떨어지고[塌;탑], 떨어진 후에 다시 고산을 일으켜 밖에서(혈을) 맞이하고[以獻:이헌] 우측[右畔] 횡으로 감싸고[橫繞:횡요] 긴밀(緊密)하게 관쇄(關鎖)하여 내기(內氣)를 거두었고 앞에 **소명당**(小明堂)이 낮은 밭으로 겨우[僅:근] 십 수장(十數丈)이다.

외양(外陽)에 큰 물결[洋瀾;양란]이 일고[揚:양] 좌려[左蠡]의 큰 호수가 수십 리(數十里) 전면에 암조(暗朝)하고, **마상귀인**(馬上貴人)은 호수를 사이에 두고[隔湖] 단정(端正)하게 공읍[拱揖]하고 그 아래에 **백사산**(白沙山)이 깃발을 높이 올리는 것 같고[如褰旗;여건기], 사나운 **형구**(刑具)[橫枷]와 같고, 머리를 조아리고 절하는 것[叩首:고수] 같고, 노예를 가두는 것[囚奴:수노] 같이 아래에 엎드려 배열된 것은 참으로 좋은 땅이다. 장사 후에 도상덕(陶尚德)이 태어나 가정(嘉靖) 병술(丙戌)[1,526년]년에 진사가 되었고, 벼슬은 형부상서(刑部尚書)에 이르렀으며, 조모는 백세(百歲)에 소중하게 봉제사(奉祭祀: 조상의 제사를 받들어 모심)[重封:중봉]를 모시고, 인정이 크게 왕성하였다.

4) 돌형(突形)의 혈(穴)

<그림 1-40 > 돌혈도(突穴图)

	山谷之穴要藏風。故山谷之突穴[152)]，須左回右抱，切忌孤露受風。卜氏云「山谷且要藏風」是也。 산곡(山谷)의 혈은 장풍(藏風)을 요함으로 산곡(山谷)의 돌혈

	(突穴)은 반드시 좌우를 회포(回抱)해야 하고, 외롭게 노출되어 바람을 받는 것을 극히 꺼린다. 복씨가 이르길 ' 산곡(山谷)은 또 마땅히 장풍(藏風)이 되어야 한다' 는 것이 이것이다.

	平洋之穴要得水。故平洋之突，四畔[153]坦夷，亦不為害。但要界水分明，水勢注[154]聚，或繞抱為佳。卜氏云「平洋先須得水」 평지[平洋]의 혈은 득수(得水)를 해야 하므로 평지[平洋]의 돌혈은 사방의 주위[四畔]가 평탄하면[坦夷;탄이] 역시 해가 되지 않는다. 다만 계수(界水)가 분명해야하고, 수세(水勢)는 모여야 하고[注聚:주취] 혹 감싸야[繞抱:요포] 아름답다. 복씨가 이르길 '평지[平洋]는 먼저 득수(得水)를 해야 한다' 고 하였다.

突穴即泡穴也。《葬書》云「形如覆釜，其巔可富」是矣。凡曰雞心、魚泡、鵝卵、龍珠，及夫[155]紫微旺龍等形，皆突穴之異名耳。乃穴星平中起突者也。廖氏云如旋[156]螺，如覆杓；卜氏云「平中一突為奇」；郭參軍曰「地有吉氣，土隨而起」者；皆突穴之謂也。平地高山皆有之，而平地為多。高山之突，必須左右環抱，兩臂周遮，方為真。切忌孤露受風，生氣飄散。平洋之地，忽然起突，惟要界水明白，來脈分曉，左右雖皆平坦，亦不為害。高山求窟，平洋求突，故平洋多。俗謂蜘蛛結網、沒泥龜蛇等形[157]。蓋平地風從地面而過，故不畏風.

돌혈(突穴)은 곧 거품같이 부풀은 혈[泡穴;포혈]이다. 《장서(葬書)》에 이르길 ' 모양이 엎어놓은 솥과 같으면 그 정상에 장사(葬事)하면 부자가 될 수 있다' 고 한 것이다. 무릇 이르길 '계심(雞心),어포(魚泡),아란(鵝卵;거위 알),주룡(珠龍)과 무릇 자미(紫微), 왕룡(旺龍) 등의 형상은 모두 돌혈(突穴)의 다른

152) 突有縣針(돌유현침) : 돌혈은 현침사가 있다.
153) 畔(반) : (강·호수·도로 등의) 가. 가장자리. 주위. 부근. 옆.
154) 注(주) : 물이 흐르다. 모으다. 모임.
155) 及夫(급부) 접속사 화제를 전환하며, '~에 이르러'라고 해석한다.
156) 旋(선) : 돌다. 돌아가다. 나선(螺旋;소라의 껍데기처럼 빙빙 비틀려 있는 모양)
☞ 突(돌) : 불룩하게 나오다. ☞結網 (결망) : 그물을 뜨다 . (거미 따위가) 줄을 치다.
157) 金龜沒泥形(금구몰니형) : 금빛 거북이가 진흙 속에 묻힌 형상.

명칭[異名]이다. 그[乃] 혈성(穴星)은 평평한 가운데[平中]에 솟아 불룩하게 나온 것[突] 이다. 요씨(廖氏)가 이르길 '선라(漩螺)와 같고, 국자[杓;작]를 엎어 놓은 것 같다.' 고 하였다. 복씨(卜氏)가 이르길 ' 평평한 가운데[平中]에 솟아 불룩하게 나와[突] 기이하다' 고 하였다. 곽삼군(郭參軍)이 이르길 '땅에 좋은 기운[吉氣]이 있어 흙을 따라서[隨土:수토] (기)가 일어난 것이다' 고 한 것은 모두 돌혈(突穴)을 말한 것이다. 평지(平地)나 고산(高山)에 모두 있고, 평지(平地)에 더 많다. 고산(高山)의 돌혈은 반드시 좌우(左右)로 환포(環抱)해야 하고 주위를 양비(兩臂)가 막아야[周遮:주차] 비로소 참이다.

절대꺼리는 것[切忌:절기]은 외롭게 노출되어[孤露:고로] 바람을 받으면 생기(生氣)가 바람에 흩어진다[飄散;표산]. 평지의 땅에 홀연(忽然)히 솟아 불룩하게 나온 것[起突:기돌]이면 다만 계수(界水)가 분명하고 내맥(來脈)이 뚜렷해야 하며[分曉;분효], 좌우(左右)가 비록 모두 평탄(平坦)할지라도 해(害)가 되지 않는다. 고산(高山)에서 굴[窟]한 곳을 구하고 , 평지[平洋]는 불룩하게 솟은 곳을 구하므로 평지[平洋]가 더 많다. 민간에서 속설로 떠도는 [俗] '거미[蜘蛛(지주)]가 줄을 친[結網:결망] 형국이나 구사(龜蛇)가 진흙에 빠지[沒泥:몰니] 등의 형국' 을 말한다. 대개 평지(平地)에서는 바람이 지면을 따라서[從地面] 지나가므로 바람을 두려워하지 않는다. 양공(楊公)이 이르길 '평지[平洋]는 사방[팔방]에서 바람이 부는 것[八風吹:팔풍취]을 두려워하지 않는다.' 고 한 것이다.

除星體另論外見穴星卷，而突穴之為形，凡四格：曰大突，曰小突，二者為正格；曰雙突，曰三突，二者為變格。四格之形，又各有俯仰不同。身俯則穴宜湊簷避毬，面仰則穴宜湊球避簷，不可不審。若後龍真的，入首明白，星辰合格，証佐分曉，此穴最貴。蓋起突之穴，靈光凝聚於中，餘氣彌漫[158]於外，所以謂之吉穴。

성체를 제외[除]하고 따로[另;령] 혈성편[穴星卷:혈성권]에서 논하기로 하고, 겸혈이 되는 형상은 무릇 사격(四格)으로 대돌(大突), 소돌(小突)이라 부르는 둘은 정격(正格)이고, 쌍돌(雙突), 3돌(三突)이라 부르는 둘은 변격(變

158) 彌漫(미만) : (물이) 가득 차다. 널리 퍼지다.

格)이다. 또 각각 부앙(俯仰)이 같지 않다. 몸을 구부렸으면 혈은 마땅히 첩(簷)에 모이고[湊簷:주첩] 구(毬)를 피하고, 면앙(面仰)이면 혈은 구(毬)에 모이고[湊毬] 첩(簷)을 피하는 것이 마땅하다. 상세하게 살펴야 한다.

만약 후룡이 참되고 입수(入首)가 분명[明白]하면 성신(星辰)이 합격(合格)이고, 증좌(証佐)가 뚜렷하면[分曉:분효] 이 혈은 가장 소증하다. 대개 돌혈이 생기면[起] 영광(靈光;혈)은 가운데 모이고[凝聚;응취] 여기(餘氣)는 밖으로 가득 차기[彌漫;미만] 때문에[所以] 길혈(吉穴)이라 한다.

大要突面光[159]圓，形體穎異。高山切忌風吹，平洋必須得水，乃為至要[160]。又有行龍引脈，水口羅星、關峽墩埠、山腳漏[161]落、神龍倉庫及印墩之類，皆有[162]突象，謂之假突虛突，務須詳辨。如誤下之，主貧窮孤苦，飄蕩[163]伶仃，不可不慎。

요지[大要]는 돌혈의 면이 둥글고 밝고[光圓] 형체(形體)가 빼어나야 한다[穎異;영이]. 고산(高山)에서는 바람을 받는 것[風吹:풍취]을 절대로 꺼리고, 평지[平洋]에서는 반드시 득수(得水)을 해야 하는 것이 곧 가장 중요하다.

또 행룡(行龍)에서 인도(引導)하는 맥(脈), 수구(水口)에서 나성(羅星), 관협(關峽)에 돈부(墩埠), 용신[神龍]에서 낙맥한[漏落:누락] 산각(山脚)에 창고(倉庫)와 인돈(印墩)의 유(類)는 모두 돌혈의 모양[突象]인 가짜 돌혈[假突虛突]이라 한다. 힘써 상세하게 살펴야 한다. 이런 곳에 만약 하장(下葬)을 잘못하면 빈궁(貧窮)하여 외롭고 고달프고[孤苦;고고], 정처 없이 떠돌아다니며 살며[飄蕩;표탕] 고독하니[伶仃;령정] 삼가하여 조심해야 한다.

159) 光(광) : 드러내다. 매끄럽다. 빛내다. 밝다. ◦ 穎異(영이) : 남달리 총명하다. 기발하고 기이하다. ☞ 穎(영) : 뾰족한 끝. 빼어나다.

160) 至要 (지요) : 가장 중요하다. 반드시 ~해 주십시오

161) 漏(누) : 사물(事物)을 따라 마음에 생기는 번뇌(煩惱). 눈, 귀 따위의 육근(六根)으로부터 새어 나와 그치지 않는 것이라는 뜻이다.

162) 有(유) : 생기다. 나타나다.

163) 孤苦(고고) : 외롭고 가난하다. ☞飄蕩(표탕;漂蕩) : 떠돌다. 유랑하다. 정처 없이 떠돌다.☞伶仃(령정) : 고독하다. 여위고 허약하다. 의지할 곳이 없다. 伶(령) : 영리하다. 홀로

突形四格

大突、小突，此二者為正格。雙突、三突，此二者為變格。圖具下：

돌형의 4격(突形四格)

대돌(大突), 소돌(小突)이 2가지는 정격(正格)이다. 쌍돌(雙突), 3돌(三突) 이 2가지는 변격(變格)이다. 그림은 아래와 같이 갖추고 있다.

<그림 1-41 > 대돌도(大突圖)

大突圖	此大突者，其突高大也。平地高山皆不宜太高大。若太高大則近粗頑，不成突格。須是大而相停，不至粗腫頑懶為佳。切[164]要突面光圓，形體穎異，乃為合格。大突多為水口羅星，及龍身漏落倉庫、金箱玉印之屬，務宜詳辨，不可誤也。
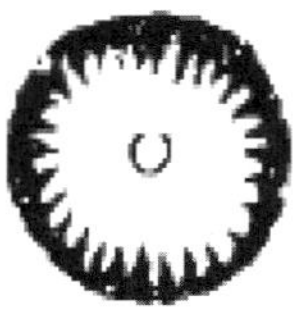	

이 대돌(大突)은 돌(突)이 높고 크다. 평지(平地)나 고산(高山)이 모두 너무 높고 큰 것은 마땅하지 않다. 만약 지나치게 높고 크면[太高大]은 거칠고 완고한 것[粗頑]에 가까워 돌혈의 격식이 아니다. 반드시 커도 함께 머물러[相停] 조경(粗硬),옹종(臃腫),조완(粗頑), 나탄(懶坦)에 이르지 않아야 아름답다. 돌면(突面)이 둥글고 밝으며 형체가 매우 빼어나야[穎異;영이] 곧 합격이다. 대돌(大突)은 수구(水口)에서 나성(羅星)이다. 용신(龍身)에서 빠져나와 떨어진 창고(倉庫), 금상(金箱), 옥인(玉印))의 무리[屬;속]는 힘써 상세하게 분별하여 잘못 하장(下葬)을 해서는 안된다.

<그림 1-42 > 소돌도(小突圖)

小突圖	此小突者，微起小突也。平地高山皆不宜太小。若太小，則起突不真。須是小而合格，不至微弱無依[165]為佳。切要突面光肥[166]，形體穎異，乃為合格。如或微小，高低不明，界水曠闊，或水割[167]四畔，微弱無

164) 切 (절,체) : 끊다(절). 모두(체). 매우

	依，皆非真穴。凡小突多為引脈氣泡，或關峽幾珠，或印墩之屬，務須詳辨，不可誤也。

소돌(小突)은 작게 솟은 것[微起]이 소돌(小突)이다. 평지(平地)나 고산(高山)에서 모두 너무 작으면 마땅하지 않다. 만약 너무 작으면[太小] 솟은 돌[起突]은 참이 아니다. 반드시 이 작은 것이 격에 어울리고 미약(微弱)하지 않아 의지 할 수 있어야[無依] 아름답다. 돌면(突面)이 살찌고 빛나며[光肥: 광비] 형체(形體)가 빼어나면 곧 합격이다.

가령 혹 아주 작아[微小] 고저(高低)가 분명하지 않고 계수(界水)가 없이 넓고[曠闊:광활] 혹 사방[四畔]에 수겁(水劫)[水割:물의 재해)을 당하여 미약(微弱)하여 의지할 수 없으면[無依] 모두 진혈(真穴)이 아니다.

무릇 소돌(小突)은 대부분 맥을 인도하는[引脈] 기포(氣泡)가 되고 혹 관협(關峽)에 구슬 같거나[璣珠;기주] 혹 인돈(印墩)의 무리[屬:속]를 힘써 꼭[반드시][務須:무수] 상세히 분별해야 한다. 하장(下葬)을 잘못해서는 안된다.

<그림 1-43 > 쌍돌도(雙突圖)

<table>
<tr><td colspan="2">雙突圖</td><td rowspan="2">此雙突者，穴星並起雙突也。昔人謂之雙星，亦有兩畔生聊[168]牙歧者，昔人謂之麒麟，皆可下兩穴。切要大小、高低、肥瘦均匀，突面周正，形體穎異，方為合格。若大小不等，肥瘦不匀，高下參差，務須詳辨，擇特異者下之。若彼此似可[169]而不正，狐疑難辨，美惡不分，皆非真結，不可下也。</td></tr>
<tr><td>
雙 星</td><td>
麒 麟</td></tr>
</table>

165) 無依 (무의) : 의지(依支)하지 아니함. ☞ 依 (의) : 우거지다.
166) 肥(비) : (옷의 품·신발의 크기 등이) 크다. 살지다.
167) 割(할) : 해치다. 손상함. 재앙. 불행
168) 聊[료;요)] : 힘입다, 의지하다(依支--: 다른 것에 마음을 기대어 도움을 받다).

이 쌍돌(雙突)은 혈성(穴星)이 나란히[並:병] 쌍돌(雙突)이 생긴 것이다. 옛 사람들은 그것을 일러 쌍성(雙星)이라 한 것도 양측[兩畔]에 어금니처럼 갈라져[牙岐;아기] 생긴 것을 옛 사람들은 '기린(麒麟)이라 일렀고 두 혈에 모두 하장할 수 있다' 고 하였다. 중요한 것은 양혈의 대소(大小), 고저(高低), 살찌거나 마름[肥瘦:비수]이 고르고[均勻:균균] 돌면(突面)의 주위가 바르고[周正] 형체(形體)가 빼어나야[穎異;영이] 비로소 합격이다. 만약 대소(大小)가 고르지 않고[不等] 비수(肥瘦)가 고르지 않아[不勻:불균] 고하(高下)가 차이가나 가지런하지 않으면[參差;참차] 힘써 반드시 상세하게 분별하여 특이한 곳을 택하여 하장할 수 있다. 만약 그것과 이것[彼此] 들이 비슷하나[似可而] 바르지 않으면 의심하여[狐疑;호의] 분별하기 어렵거나 미악(美惡)을 분간(分揀)하지 못하면[不分] 모두 진결(眞結)이 아니라 하장(下葬)할 수 없다.

<그림 1-44 > 3돌도(三突圖)

三突圖	
	此三突者，穴星並起三突也。昔人謂之三台，可下三穴。切要大小相等，突面光肥，形體穎異，方為合格。若大小不均，又當審其特異者下之。如彼此疑惑，美惡不辨，則非真結，不可下也。

3돌(三突)은 혈성(穴星)에 3돌(三突)이 나란히 솟은 것[並起]이다. 옛 사람들은 삼태(三台)라 하였는데 3혈(三穴)은 모두 하장할 수 있다.

모두[切:절] 대소(大小)가 같고[相等] 돌면(突面)이 빛나고 후부하여[光肥:광비] 형체(形體)가 빼어나야[穎異:영이] 비로소 합격(合格)이다.

만약 대소(大小)가 고르지 않으면 또 마땅히 특이한 곳을 살펴서 하장할 수

☞ 岐(기) : 갈라지다. 자라나는 모양. 다르다. 岐·歧와 同字 ◦牙(아) : 동물의 입 밖에까지 나온 이. 어금니처럼 생긴 물건. 바퀴테.

169) 似可(사가) : 닮다, 비슷하다. 실제와 달리 ~하다.☞ 狐疑(호의) ; '여우가 의심(疑心)이 많다.'는 뜻으로, 매사(每事)에 지나치게 의심(疑心)함을 이르는 말.

있다. 가령 피차(彼此) 모두 의혹(疑惑)이 있고, 미악(美惡)을 분변할 수 없으며[不辨] 진결(眞結)이 아니라 하장(下葬)할 수 없다.

凡突形有突而圓者⊙，突而方者 ，突而棱者 ，突而直者 ，突而橫者 ，突而曲者 ，固不能悉述。又有出金、出木、出水、出火、出土五格。

무릇 돌형(突形)은 돌(突)이 둥근 것[突而圓]이다(⊙). 돌(突)이 모난 것[突而方]은 돌(突)이 모서리[棱:릉]가 있는 것이다. 돌(突)이 곧은 것[突而直]은 돌(突)이 가로지른 것[突而橫]이며 돌(突)이 굽은 것[突而曲]이 있으나 확실히 모두[悉;실] 기술할 수 없다. 또 출금(出金), 출목(出木),출수(出水),출화(出火),출토(出土) 5격(五格)이 있다.

<그림 1-45> 출금(出金)  	<그림1-46>출목(出木)  	<그림 1-47> 출수(出水) 
출금(出金)	출목(出木)	출수(出水)
圓者為出金，當乘金向墜[170]處立穴	直者為出木，當剪木安穴。	曲者為出水，當乘動處安穴。
둥근 것은 출금(出金)으로 마땅히 금(金)을 타고 아래로 늘어진 곳을 향하여 입혈을 한다.	곧은 것은 출목(출모)으로 마땅히 목(木)을 잘라내고 혈을 안장한다.	굽은 것은 출수(出水)로 마땅히 동처(動處)를 타고 혈을 안장한다.

170) 墜(추) ; 떨어지다. (무거운 것이) 매달리다. (무거워) 아래로 늘어지다. 수중에 가라 앉(히)다.

<그림 1-47 > 출화(出火)	<그림 1-49 > 출토(出土)

尖者為出火，當剪火立穴。	方者為出土，當乘圓就方立穴。
뾰족한 것은 출화(出火)로 마땅히 화(火)를 잘라 입혈한다.	모난 것은 출토(出土)로 마땅히 둥근 것을 타고 모난 곳을 취하여 입혈한다.

上突穴皆有此五者，及帶曜八格，圖繁，不及詳載。後穴星各突穴皆仿此。突穴諸仙跡具下：

이상 돌혈은 모두 이런 5격이고 대요팔격(帶曜八格)은 번거러워[圖繁;도번] 상세하게 실을 수 없다. 혈 뒤에 봉우리가 각각 돌혈(突穴)은 모두 이와 비슷하다[仿此]. 돌혈(突穴)의 여러 선사의 자취[仙跡;선적]을 아래 구비하였다.

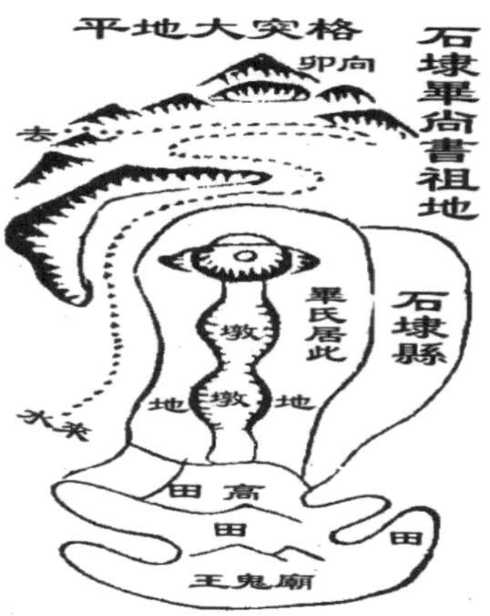

右地在石埭城縣後，龍與縣共，不述。入首，平地連起三珠，盡[171]突結穴，突面圓平，破突扦穴。後頂來脈，前據唇氈，左右交會，大溪橫繞，明堂、朝對、水口皆吉。葬後松坡公鏘登會魁[172]，累官戶部尚書，今福祉未艾。

< 그림 1-50 >석보필상서조지(石埭畢尚書祖地)

171) 珠(주) : (구슬 같이) 둥근 것.◦盡(진) : 끝. 다하다. 다 없어지다. ☞ 突(돌) : 불쑥 솟아 있다. 높다. 볼록하게 나오다. ☞破(파) : 다하다. 깨뜨리다.
172) 會元(회원) : **會魁(회괴)** : 명청(明淸) 시대에, 과거 시험 '會試(회시)'의 장원 급제자

< 그림 1-50 > 는 석보성현(石埭城縣)에 있으며 후룡은 현과 함께[共] 기술할 수 없다. 평지에 입수(入首)하여 연달아 구슬같이 둥근 3개 봉우리[三珠]을 일으켜 마지막 볼록하게 나온 돌[盡突:진돌]에 혈을 맺었다. 돌면(突面)은 둥글고 평평하여[圓平] 마지막 돌(突)에 혈을 매장한다[扦穴:천혈]. 뒤 정상에서 뻗어온 맥은 앞에 전순(唇氈)을 근거로 삼고[據;거] 좌우에 만나[交會] 대계(大溪)가 횡으로 감싸[橫繞], 명당에서 조산(朝山)을 마주 대하고 수구(水口)가 모두 좋다. 장사 후에 송파공(松坡公) 장(鏘)이 회괴(會魁)에 올라 벼슬을 거듭하여[累官:누관] 호부상서(戶部尚書)에 이르렀고 현재까지 복지(福祉)가 끝나지 않았다[未艾:미애].

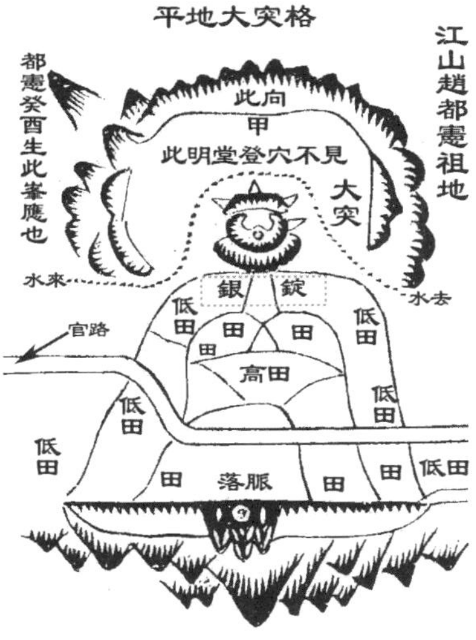

左地在江山縣南六十里，土名石門龜山。其龍發自江郎山，落脈下平田，過闊阪一里許，複束聚結咽，成蘆鞭格，作銀錠束脈，頓起大突，成太陰金星，連氣[173]結突穴。突上微開鉗口，俗呼龜形，系巽、巳、丙龍入首，扦亥向兼壬。葬後出方泉公鏜，登嘉靖丁未進士，入翰林，官至都御史。至今人才迭出，福祉未艾。

<그림 1-51 > 강산(江山) 조도현(趙都憲) 조지(祖地)

<그림1-51 >는 강산현(江山縣) 남(南) 60리(里)에 있으며, 토명(土名)은 석문구산(石門龜山)이다. 그 용(龍)은 강랑산(江郎山)에서 출발하여 아래 평전(平田)에 낙맥하여 활판(闊阪)에서 1리가량[許:허]을 지나 다시 맥이 결인(結咽)하여 (기를) 모아 묶어[束聚] 노편격(蘆鞭格)을 이루어 속기(束氣)하여 은정맥(銀錠脈)을 만들고 대돌(大突)을 일으켜[頓起] 태음금성(太陰金星)을 만들어 잇달아[連氣:연기] 돌혈(突穴)을 맺었다.

173) 連氣(연기) : 단숨에. 연거푸. 계속하여. 잇달아. 숨을 멈추지 않다.

볼록하게 나온 위[突上]에 작은 겸구(鉗口)을 열어 세상에서는 **구형**(龜形)이라 한다. 손(巽)、사(巳)、병(丙)용(龍)으로 이어 입수(入首)을 하여 사(巳)좌 해(亥)향으로 천장(扦葬)을 하였으며 아울러[兼]병(丙)좌 임(壬)향 하였다. 장사 후에 방천공(方泉公) 당(鏜)이 가정(嘉靖) 정미(丁未;1547년) 사(進士)가 되어 한림(翰林)에 들어 벼슬은 도어사(都御史)에 이르렀고 지금까지(至今)도 인재가 번갈아 태어나고[迭出] 복지가 끝나지 않고 있다.

右地在豐城縣東南八十里，土名龍門。其龍來自羅山。將入首，橫列大帳，周圍圈[174]幢。正脈從中頓起飛蛾，一氣九星。到頭起土星御屏，屏下太陽金星，垂脈清奇[175]，而結突穴，小巧[176]圓淨可愛。穴下雖峻，而貼身龍虎彎抱交固。左右御屏夾耳，外重龍虎疊交，水繞之玄，獅象龜蛇鎮塞水口，取作將軍大座形，陰囊穴。登山萬仞之高，亦天巧穴也。近有貴人秀案，遠有挂榜列朝。葬後出朏公，登進士，官大參。曰翰，登進士，官太守。又有一父九子，人文鼎盛，富貴雙全，福祉未艾。

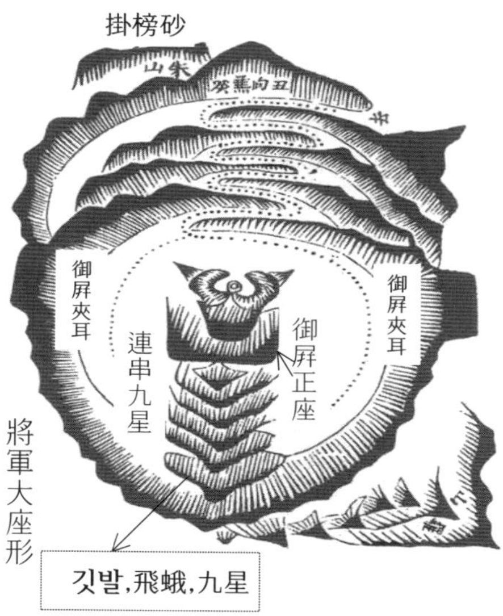

<그림 1- 52 > 풍성황대조지
(豐城黃大參祖地)

174) 圈(권) : 우리(짐승을 가두어 기르는 곳). 술잔(-盞), 바리때(승려의 밥그릇).동그라미
175) 淸奇(청기) : (속됨이 없이) 유다르게 아름답다. 아주 훌륭하다.
176) 小巧(소교) : 작고 정교하다. 작고 깜찍하다. 영리하다. 약삭빠르다. 약다. 약빠르다.

<그림 1-52>의 자리는 풍성현(豐城縣) 동남(東南) 80리(里)에 있으며, 토명(土名)은 용문(龍門)이다. 그 용(龍)이 나산(羅山)에서 뻗어와 입수(入首)을 할 즈음에 횡(橫)으로 크게 장막(帳幕)을 열어 나열하여[列:렬] 주위(周圍)가 집승의 우리[圈;권]와 같고 깃발[幢;당]과 같이 정맥(正脈)이 중출맥을 따라[從中] 비아(飛蛾)처럼 솟아 구성(九星)의 모든 기운[一氣]이 꼭대기[頭]에 이르러 어병토성[土星御屏]을 일으키고 장막[屏] 아래에 태양금성(太陽金星)에서 아름다운[清奇] 맥을 드리워[垂] 돌혈을 맺었다.

작고 정교하며[小巧] 둥글고 밝아[圓淨:원정] 사랑스럽다. 혈 아래가 비록 준급(峻急)하나 용신에 용호(龍虎)가 붙어 교쇄하여 만포(彎抱)하고 좌우(左右)가 어병(御屏)으로 협이사(夾耳砂)로 용호가 밖에 중첩하여 만나[重疊交], 물이 지현(之玄)으로 감싸 사자 모양[獅象:사상]과 거북이 뱀[龜蛇:구사] 등 형상이 수구를 막아 진압하여 장군대좌형(將軍大座形)을 취하여 음낭혈(陰囊穴)을 만들었다. 산에 만 길의 높이[萬仞之高]에 오르면 역시 천교혈(天巧穴)이다. 가까이는 빼어나 안(案)에 귀인(貴人))이 있고, 멀리에 괘방사(挂榜砂)가 조산으로 나열되어 있다[列朝]. 장사 후에[葬後] 귤공(朏公)이 태어나 진사(進士)가 되었고, 벼슬은 대참(大參)에 이르렀고, 한(翰)은 진사(進士)에 오르고, 벼슬은 태수(太守)가 되었고 또 한 아버지[一父]에 9명의 아들[九子]이 낳아 인문(人文)이 흥성하고[鼎盛;정성] 부귀(富貴)가 쌍전(雙全)하고 복지(福祉)가 아직 끝나지 않았다[未艾:미애].

<그림 1-53 >의 자리는 황안현(黃安縣) 서남(西南) 20 리(里)에 있으며, 그 용(龍)은 칠개산(七個山)에서 뻗어와 우측에 지각[右枝]을 나누어 나와[分出] 10여리(餘里)를 복잡하게 달려가[磊落奔騰:뇌락분등] 입국(入局)할 즈음에 용신을 거슬러 방향을 바꾸어[逆轉] 뒤집어[翻:번] 개장(開帳)하여 꺾은 삼태(折三台)를 중간에 추출하여[中抽:중추] 평강(平岡)에 내려가고[下] 또 기봉(起峰)을 하여 수절(數節)을 달려가 멈추어[頓跌] 맥을 뽑아내어 산록(山麓)에 낙맥하여 밭에 다다라[臨田:임전] 물에 담그듯이[蘸水;잠수] 하나의 작은 돌[一小突]이 솟아 혈을 맺었다. 돌면(突面)이 둥글고 평평[平圓]한 아래에 겸구(鉗口)열었다.

마지막 돌(突)에 개구(開口)하여 혈을 천장하였다. 내당(內堂)에 산수가 모여[融聚:융취] 아래에 관쇄하여[下關] 힘이 있고 좌측에는 순전(順纏)이 있어 가까이 감싸고[近繞:근요] 낮게 엎드려 혈을 지나[過穴] 다시 돈부(墩埠)을 일으켜 내기(內氣)를 막고[以關:이관], 수구를 막아[以塞;이색] 외명당의 전원수[田源之水]가 십 여리를 특조(特朝)하고 장풍득수[得水藏風]한 진실로 미지(美地)이다. 다만 앞에 석모귀사(席帽貴沙)가 혈을 향하여 직접 대하지[登對;등대] 않고[失] 기를 타는 데 약간의 어긋남[稍乖;초괴]이 있어 장법이 좋지 않아 지위(地位)가 높은 인물이 태어나지 않고, 다만 거부(巨富)가 나고 인정이 왕성하였다[旺人].

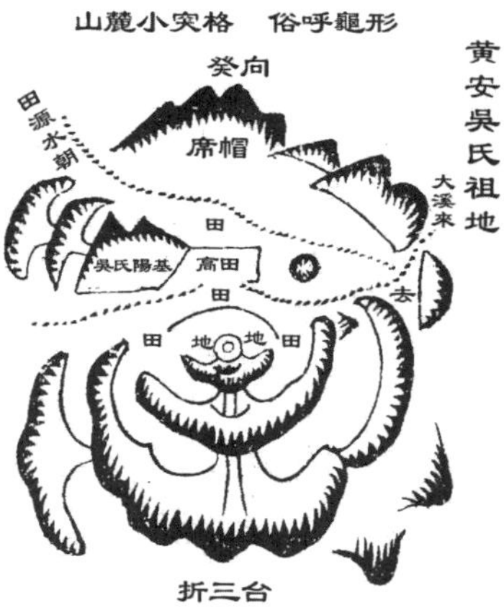

<그림 1-53 > 황안오씨조지
(黃安吳氏祖地)

右地在黃安縣西南二十里。其龍來自七個山，分出右枝，磊落奔騰[177]十餘里。比入局，翻身逆轉開帳，為折三台中抽下平岡，又頓跌數節，抽[178]脈落山麓，臨田蘸水，起一小突結穴。突面平圓，下開鉗口。破穴對口扦穴，內堂融聚，下關有力。左有順纏近繞，低伏過穴。複起墩埠，以關內氣，以塞水口。而外堂田源之水十餘里特朝，得水藏風，誠美地也。但其前朝席帽貴沙失於[179]登對，乘氣稍乖，葬法未善，未出顯貴，惟巨富旺人，以歲薦[180]及應例登仕版[181]者十餘人耳。然吾友少虞君心學，以理學鳴時，為邑儒宗，亦是地之鍾秀也

세천(歲薦)과 관례[例]에 따라서 벼슬아치 명부[仕版:사판]에 오른 자가 10

177) 磊落(뇌락) : 많다. 용모가 준수하다. 복잡하다. ◦ 奔騰(奔騰)[분등] : 용솟음치다. 물결이 솟구치는 모양. 기운차게 달리다.
◦比(비) : 미치다. 어느 지경에 이름. 이르다(어떤 정도나 범위에 미치다)
178) **抽(추)** : (일부를) 추출하다[뽑아내다]. ☞ 對(대) : 이루다. 성하게 됨. 마주하다.
179) 朝(조) : (임금을) 뵙다. 참배(參拜)하다.~으로 향하다. ☞ 失於(실어) : 실수하다. 실패하다. 잃다. ☞ 失(실) : 달아나다. 벗어남.
180) 歲薦一祭(세천일제) : 일 년에 한번 돌아오는 제사
181) 仕版(사판) : 벼슬아치 명부 ☞ 鳴(명) : 명성을 드날리다.

여인(餘人) 이었다. 그러나 나의 친구[吾友] 소우군(少虞君)이 심학(心學)과 이학(理學)으로 당시 이름을 날려[鳴時;명시] 읍(邑)에서 유학(儒學)의 대가(大家)[儒宗;유종]로 또 이 땅은 빼어난 기가 모여 응(應)하는 곳이다.

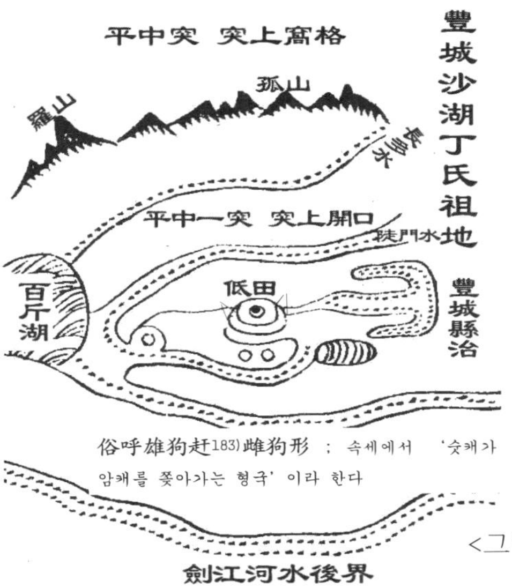

左地在豐城縣東半里，土名白沙墩。其龍結縣後，餘氣崩洪過脈，複起[182]平田，鋪氈展席，馬跡蛛絲。忽起平中一突，平面太陰開口，成天然之窩。但後龍穿鑿，失其本體，不易詧認。丁氏葬後，科甲迭登。曰維城，官御史。維南，官寺丞。維陽，官主政。曰俊、曰仕、曰璣、曰璨、曰侃，俱貴。曰璐，官大參。曰鍊，官少鄉，富貴未艾

<그림1-54>풍성사호정씨조지(豐城沙湖丁氏祖地)

<그림1-54 >의 자리는 풍성현(豐城縣) 동(東)으로 반리(半里)에 있으며, 토명(土名)은 백사돈(白沙墩)이다. 그 용(龍)이 현을 맺은 후에 여기(餘氣)가 봉홍(崩洪)의 맥을 지나 다시 평전을 만들어[起] 양탄자를 자리에 펼쳐 깐 것 같고[鋪氈展席:포전전석] 거미가 줄을 뽑아내고, 말이 발자국을 남기듯이[馬跡蛛絲:마적주사] 홀연히 평중에 하나의 돌(突)이 생겨 평면태음(平面太陰; 평평한 혈)을 개구(開口)하여 천연적인 와혈[窩]을 만들었다.

다만 후룡(後龍)이 뚫어지고 패여[穿鑿;천착] 그 본바탕[本體;본래 모양]을 잃었어 쉽게 살펴서[詧;찰] 알 수 없다[不認:불인]. 정씨(丁氏)가 장사 후에 과거[科甲]에 번갈아 급제하여[迭登;질등], 유성(維城)의 벼슬이 어사(御史)라 하고, 유남(維南)의 벼슬은 사승(寺丞)이고, 유양(維陽)의 벼슬은 주정(主

182) 起(기) : (건물을)세우다. 짓다. ☞ 詧(찰) : 察(찰) : 살피다.
183) 赶(간) : 뒤쫓다. 서두르다. (소·마차·소달구지 등을) 몰다.

政)이며, 준(俊)과 사(仕)、기(璣)、찬(瓚)、간(侃) 등은 모두 벼슬을 하였으며, 로(璐)는 벼슬이 대참(大參)이고, 연(錬)은 벼슬이 소향(少鄉)하였다. 부귀(富貴)가 아직 끝나지 않았다.

右地在袁坊，其龍遠不述。比入局開平地帳，坦夷無際。入首水中一埠，突出[184]圓淨。突下[吐[185]唇，四面巨浸[186]，左右湖岸繞抱有情。遠峰一點來朝。離脈，扦癸向。葬後科甲連登[187]。曰潤，進士。芳，進士，參議。光儒，知州。光翰、城,應、旗,實、游、國、寧，俱進士。光度、均、咸、伯嵩、伯睿、伯鑰、伯雅、奎，俱鄉薦[188]，世宦未艾

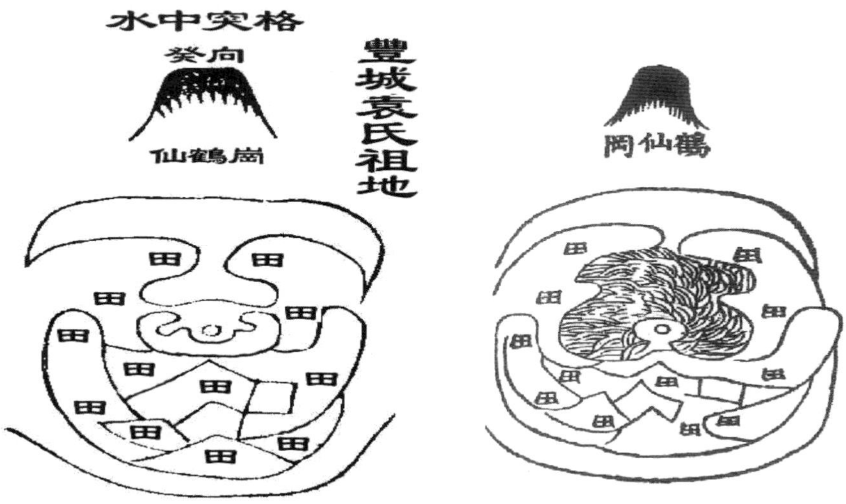

俗呼[189]浪潑蝦蟆形(속호낭발하마형) <그림 1-55 > 풍성표씨조지(豐城表氏祖地)

184) 突出 (돌출) : 돌출하다. 뚜렷하다. 두드러지게 하다. 툭 튀어나오다.
185) 吐(토) : 길게 내뿜다[드러내다]. 나오다.
186) 巨浸(거침) : 큰 물. 큰 오미나 큰 못. cf) 위신수(衛身水)
187) 連登(연등) : 잇달아 합격하다. 연속 게재(揭載)되다.
188) 鄉荐(향천) : 향리(鄉吏)가 추천하다. 향시(鄉試)에 합격하다.
☞艾(애) : 그치다. 다하다. 끝나다.
189) 俗呼(속호) : 일반적으로 ~라고 하다 ☞浪(랑) : 물결. 파도 ◦潑(발) : 난폭하다. 물이 새다. 물이 솟다. ☞ 虾蟆(하마) 의 번체는 蝦蟆(하마) : 蛤蟆(개구리와 두꺼비의 통칭 ; 청개구리)

<그림1-55>는 원방(袁坊)에 있으며, 그 용(龍)은 멀어 기술할 수 없다. 입국(入局)할 즈음에 평지에 개장(開帳)하여 평탄[坦夷:탄이]하여 끝이 없다[無際:무제]. 입수(入首)하여 수중에 하나의 돈부(墩埠)가 원정(圓淨)하게 돌출(突出)하였고, 돌(突) 아래에 전순을 드러내고[吐唇:토순] 사면(四面)에 큰 못[巨浸:거침]으로 좌우(左右) 호안(湖岸;호숫가)이 요포(繞抱)하여 유정(有情)하고, 먼 봉우리에서 맥이 갈라져[離脈] 뻗어오는 한 점을 향하여[一點來朝] 정좌계향[丁坐癸向]으로 장사를 한 후 과거[科甲]에 연달아 합격하여 윤(潤)이 진사(進士)에 방(芳)이 진사(進士) 겸 참의(參議)를 하였고, 광유(光儒)가 지주(知州)를 하고, 광한(光翰),성응(城應),기실(旗實),유국녕(游國寧)이 모두 진사(進士)를 하였고, 광도(光度),균함(均咸),백숭(伯嵩), 백예(伯睿),백약(伯鑰),백아(伯雅),규(奎)는 모두 향시에 합격하여[鄕薦] 대대로 벼슬하여[世宦;세환] 아직 끝나지 않았다[未艾;미애]

己上窩、鉗、乳、突，穴形妙用，無逾[190]於此。但造化之機，隱顯不一。顯則易明，隱則難辨。立諸形格，乃其顯體，按圖索理，人猶可知。至於[191]正體之外，複有異形，曰邊窩、並窩，曰分鉗、合鉗，曰閃乳、側乳，曰鶻突、並突，及有窩鉗而不葬窩鉗，有突乳而不葬突乳數者，又其怪體，隱微難辨。苟非明師傳示，歷[192]審古格，驟而見之，必駭而疑。正所謂「饒君聰慧過顏閔[193]，不遇真師莫強猜[194]」者也。此等異穴，形體雖有不同，力量本無二致。但至貴之龍，方有此穴。必得真師傳授，始識此格。如或[195]未契肯綮，自任聰明，妄指平坡死塊為邊並之窩，攲斜山腳為閃側之乳，界水漏槽為分合

190) 逾(유) : 넘다. 초과하다. 지나다. ☞ **猶(유)** : 같다. 마찬가지임. 마치~과 같다.
191) 至于(지우) : ~의 정도에 이르다. ~으로 말하면
192) 歷(력;역) : 지나다, 경과하다(經過--) .겪다, 거치다.
193) **顏閔(안민)** : 안자와 閔子騫(민자건) : 중국 노나라 때의 현인
194) 《悟真》云 : 饒君聰慧過顏閔, 不遇真師莫強猜 <출처> 修眞九要(수진구요)
◦過(과) : 초월하다. 낫다. (역량이) 우월하다. ◦強(강) : 억지로. 억지로 하다. 고집하다. ◦猜(시) : 추측하다. ☞ 此等(차등) : 이들. 이런 것들 ◦得(득) : 보다. 마주치다.
195) 如或 :뒤에 나오는 말이 사실일지도 모른다는 의혹을 나타낼 때 쓰여 앞뒤 문장을 이어 주는 말 ☞肯綮(긍경) : 뼈와 살이 접한 곳. 요점. 핵심. 급소 ☞ 死(사) : 필사적으로

之鉗，闊蕩[196]頑硬為鶻並之突，籍口怪異，胡[197]作亂為，是猶學步邯鄲[198]，而為害愈甚矣。慎之慎之！謹將異體怪形諸格口訣[199]述後。

이상 와(窩),겸(鉗),유(乳),돌(突) 혈형(穴形)의 신묘한 작용[妙用]은 이것 보다 나을 수 없다[無逾於此:무유어차]. 다만 조화(造化)의 단서(실마리)[機]가 보일락 말락하여[隱顯:은현] 하나같지 않다.

현(顯)은 쉽게 밝힐 수 있으나 은(隱)은 분별하기가 어렵다[難辨:난변]. 여러 모양[諸形]의 격들은 곧 드러난 모양[顯體:현체]으로 나타낸 것이다. 그림을 살펴[按圖] 이치를 찾는다면[索理:색리] 사람들은 알 수 있을 것이다[猶:유].

정체 외(正體外)로 말하면 다시 이형(異形)은 변와(邊窩)와 병와(並窩)이라 하고, 분겸(分鉗),합겸(合鉗)이라 하고, 섬유(閃乳),측유(側乳)이라 하고, 골돌(鶻突),병돌(並突)이라 하고, 와겸(窩鉗)이 있으나 와겸(窩鉗)에 매장할 수 없다. 돌유(突乳)가 있으나 돌유(突乳)에 자주 매장할 수 없다. 또 그 괴이한 형체[怪體]가 은미(隱微)하여 분별하기 어렵다. 진실로 밝은 명사가 전하여 알리지 않았으나 경험한 옛 격식[古格]을 빠르게[驟;취] 깨달아 보이니 반드시 놀라서 의심하였다[駭而疑;해이의]. 《오진(悟真)》 편에 정(正)에 이르길 '그대의 총명과 지혜[聰慧:총혜]가 두터워[饒;요]안자[顏子; 안회(顏回)]와 민자건(閔子騫)을 뛰어넘을지라도[過;과] 참스승을 만나지 못했다면 억지로 마음대로 추측하지 말라[莫強猜;막강시]' 고 하였다. 이들 이형(異穴) 형체(形體)가 비록 다를지라도 역량(力量)의 근본(本)은 같다[無二致].

다만 지극히 귀한 용[至貴之龍]이면 비로소 이러한 혈이 있으니 반드시 참스승을 만나[得] 전수(傳授)을 받으면 비로소 이격을 알 수 있다. 만일 혹시[如或:여혹] 핵심[肯綮;긍경]을 마무리하지 않고[未契;미계], 망령되게 자신의 총명함을 믿고[自任] 필사적으로[死] 흙덩이[塊:괴]를 평평한 언덕[平坡]

---

196) 闊(활) : 넓다. 멀다. ◦ 蕩(탕) : 넓은 모양. 쓸어 없애다. 움직이다.

197) 胡(호) : 마음대로. 엉터리로. 제멋대로. 마구. 되는대로.

198) 邯鄲學步 (한단학보) : 함부로 자기 본분을 버리고 남의 행위를 따라 하면 두 가지 모두 잃는다는 것을 이르는 말 ➔ 立穴(입혈) ; 혈을 건립하다.
◦立(입) : 수립하다. 세우다. 건립[설립]하다.

199) 口訣(구결) : 한문 문장의 이해를 돕고, 읽기 편하게 하기 위하여 한문 구절 아래에 달아 읽는 토

이라고 가리켜 변와(邊窩), 병와(並窩)라 하고, 기울고 경사진[欹斜:의사] 산의 지각[山脚:산각]을 가리켜 섬유(閃乳)와 측유(側乳)라 하고, 계수(界水)가 누조(漏槽)됨을 가리켜 분겸(分鉗), 합겸(合鉗), 넓고[闊蕩;활탕] 무디고 단단한 곳을 가리켜 골돌(鶻突), 아울러 돌(突)이라 하는 등이 그것이다. 괴이(怪異)한 구실(핑계)[籍口;자구]로 제멋대로 어지럽게 하여[胡作亂為] 이는 남을 본받으려다가 실패하는 것[邯鄲學步;한단학보]과 같고 해(害)을 더욱 심하다[愈甚;유심]. 삼가하고 신중(愼重)하라[愼之愼之!] 곧 괴형(怪形)의 이체(異體) 여러 격의 구결(口訣)은 뒤에 기술한다. 와(窩)의 이체[體二]는 변와(邊窩)、병와(並窩)이고, 겸(鉗)의 이체(體二)는 분겸(分鉗)、합겸(合鉗)이고, 유(乳)의 이체(體二)는 섬유(閃乳)、측유(側乳)이고,돌(突)의 이체(體二)는 골돌(鶻突)、병돌(並突)이다.

5) 변와격(邊窩之格)

論邊窩之格

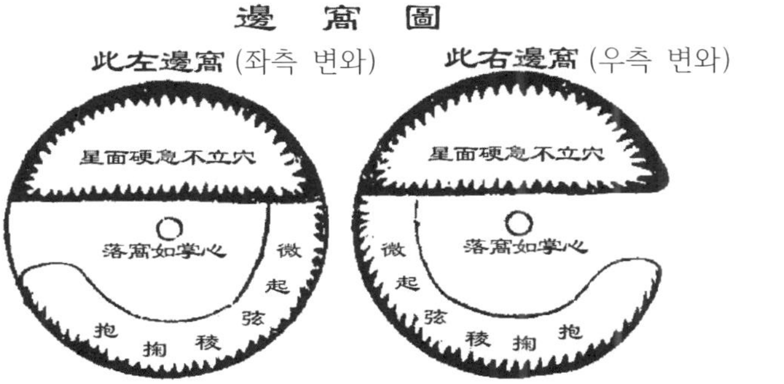

<그림1-56 > 변와도(邊窩圖)

邊窩者，窩之弦棱欠缺一邊，故曰邊窩，乃窩體之變格。蓋星辰已止，而面峻闊露，不能融穴，卻於其下吐出平坡，如鋪氈吐唇，而一邊微起彎抱，是為邊窩。窩中最宜淺狹平坦，弦棱明白，藏聚有情，四方拱夾，方為合格。切忌窩中太闊，口內坑陷。太闊則生氣不聚，坑陷則造化[200]不融，皆不可下，尤

200) 造化(조화) ; 만물(萬物)을 창조(創造)하고 기르는 대자연(大自然)의 이치(理致). 또는 그

宜愼之。此穴多在高山，作仰高之體，平地鮮有。惟吾邑宋國師伯通先生自葬父地合此格，卻在山麓，切近[201]**平地。圖具後。**

변와(邊窩)는 와(窩)의 현릉사[弦棱]에 한 변이 흠결(欠缺)이므로 **변와(邊窩)**이라 하고, 이는 **와체(窩體)의 변격(變格)**이다. 대개 (변와는) 성신(星辰)이 이미 멈추고 면이 가파르고[峻急:준급] 넓게 드러나면 혈을 융결할 수 없으나 그 아래에 평평한 언덕을 드러내어[吐出] 양탄자 따위를 깐 것 같이[如鋪氈] 전순을 드러내어 한쪽 변[一邊]이 약간 솟아[微起] 굽어 감쌌으면[彎抱] 이는 변와(邊窩)이다. 와 가운데[窩中]가 좁고 얕으며[淺狹] 평탄(平坦)하고, 현릉사[弦棱砂]가 분명(明白)하고 유정(有情)하여 기를 모아 간직하면[藏聚;장취] 가장 좋고, 사방(四方)이 뒤따라 공읍[拱夾:공협]하면 비로소 합격이다. 와 가운데[窩中] 너무 넓고 구내(口內)가 땅이 꺼져서 구덩이가 생겨난 것[坑陷:갱함]을 꺼린다. 태활(太闊)하면 생기(生氣)가 모이지 않는다. 땅이 꺼져 구덩이가 생기면[坑陷] 자연의 이치[造化]로 융결(融結)하지 않아 모두 하장할 수 없다. 더욱 마땅히 조심해야 한다. 이 혈은 앙고(仰高)의 체(體)을 만들어 고산(高山)에 많이 있고, 평지(平地)에는 드물게 있다[鮮有:선유]. 다만 오읍(吾邑) 송국사(宋國師) 백통(伯通) 선생(先生)이 스스로 부모를 매장한 자리는 이 격식에 합당하나 평지 가까이[切近] 산록(山麓)에 있다. 도면은 뒤에 구비하였다.

< 그림 1-57 > 덕흥전학사조지는 오읍(吾邑) 104도(十四都)에 있으며, 지명은 전가촌(傳家村)이다. 그 산이 대룡(大龍)에서 나누어 내려와 뚜렷하게[磊磊落落:뇌뇌락락] 개장(開帳)과 출맥(出脈)을 하여 수절(數節)을 달려[走馬] **문성**(文星)을 일으켜 날개[翅;시]를 편 것[開展] 같다.

입수(入首)에 금성(金星)이 빼어나고[特起:특기] 정면(正面)이 가파르고[峻急;준급] 아래에 평평한 언덕을 펼쳤으며 **좌측 5,6촌 정도의 약간 높고**[微高:미고] 혈을 감싸[掬抱:국포] **변와격**(邊窩格)에 합격이다. 밖에서 온[外來] 석산(石山)이 높이 솟아[高聳:고용] 그 세(勢)가 억누르는 것[凌壓;능압] 같아

런 이치(理致)에 따라 만들어진 우주(宇宙) 만물(萬物).
201) 切近(절근) : (아주) 가깝다. 비슷하다. (진실·실제에) 가깝다

속안(俗眼)으로 보면 다만 혈(穴)이 성체(星體)를 떠나 맥이 연결되지 않는 것[接脈不著:접맥부저]같이 보이고 아래에 감싼 것이 짧고[短縮:단축], 우측[右畔]이 높이 쳐들어 버리지 않을 수 없다[莫不棄之:막불기지].

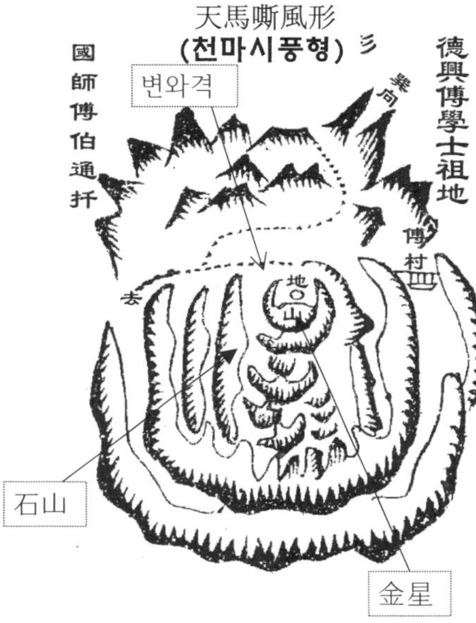

<그림1-57 >덕흥전학사조지
(德興傳學士祖地)

左地在吾邑十四都，地名傳家村。其山自大龍分下，開帳出脈，磊磊落落[202]。數節走馬文星，開展翅。入首特起金星，正面峻急，鋪下平坡。左畔微高五七寸，彎掬抱穴，合邊窩格。外來石山高聳，其勢如凌壓。俗眼觀之，但見穴離星體，接脈不著。且下抱短縮，右畔高昂，莫不棄之。殊不知木星峻急，氣聚平坡。下沙雖縮，而貼穴一掬，仿佛[203]高低，依稀繞抱。右山雖高，以本窩缺右，宜其補襯護穴。故取天馬嘶風之格。兼以前朝秀麗，水口關欄，下後伯通奉高宗詔，拜異人，持節卜相臨安[204]有《臨安行在表》其孫文懿公又號初庵，官至集賢大學士。學士子岩卿，官至集賢直學士，人丁大旺不替。

목성(木星)이 준급(峻急;높아 가파르다)하여 언덕[平坡]에 기가 모이는 것을 알 수 없다[殊不知:수부지]. 하사(下沙)가 비록 짧으나 혈에 붙은[貼穴:첩혈] 일국(一掬)이 고저(高低)가 비슷하며[仿佛:방불] 희미하게[依稀;의희] 감쌌다[繞抱;요포]. 우산(右山)이 비록 높을지라도 본래 우측의 와혈에 흠결(欠缺)이 있어 마땅히 혈을 가까이 하여[襯:친] 호위하여 보완(補完)하여야 마땅하므로 천마시풍(天馬嘶風)의 격을 취하였다.

202) 磊磊落落(뇌뢰낙락) : 뚜렷하다. 도량이 넓다. 명백하다.
◦ 凌压(능압) : 압박하다. 위압하다.
203) 仿佛(방불) : 마치 ~인 듯하다. 유사하다. 비슷하다.
◦ 依稀(의희) : 모호하다. 희미하다. 어렴풋하다.☞襯(친) : 속옷. 가까이 하다. 드러내다.
204) 臨安(임안) : 중국 남송(南宋; 1127~1279)의 서울. 지금의 절강성(浙江省) 항주(杭州).

아울러 전조(前朝)가 수려(秀麗)하고 수구(水口)가 관란(關攔)하여 하장 후에 백통(伯通) 고종(高宗)의 조서를 받들고 비범한 사람[異人]으로 사절로서 외국에 파견되어[持節:지절] 벼슬에 임명되어[拜職;배직] 절강성(浙江省) 항주(杭州)[臨安]에서 후보를 천거한 것[卜相]이 《임안행재표(臨安行在表)》에 있다. 그 손(孫) 문의공(文懿公)은 또 호(號)는 초암(初庵)이고, 벼슬이 집현대학(集賢大學士)에 이르렀고, 태학사(太學士)의 아들 암경(岩卿)은 관직[官]이 집현직 학사(集賢直學士)에 이르렀고 인정(人丁)이 대왕(大旺)하여 쇠퇴하지 않았다[不替;불체].

未葬時 常見白牛在穴處 登山不見

아직 장사하지 않았을 때는 항상 백우산에 혈처가 있는 것을 예측하여[見] 산에 올라가 보지도 않았다.

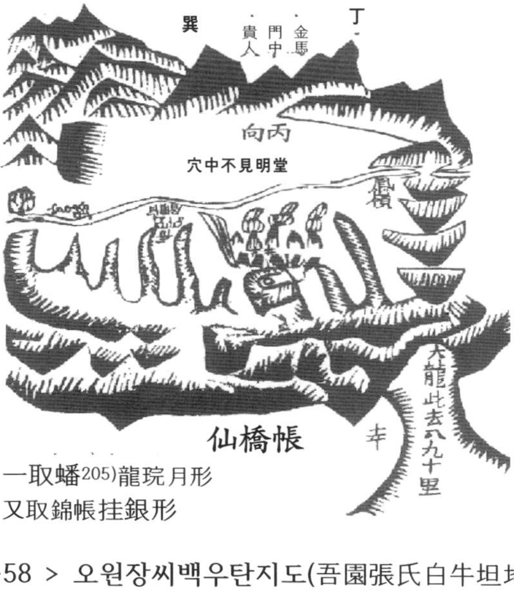

<그림 1-58 > 오원장씨백우탄지도(吾園張氏白牛坦地圖)

又 廖金精為吾邑張氏下白牛坦地，乃合此格。其地大龍前去，中腰一枝開帳。帳中落脈數節，山半忽然平坦，左畔微茫掬轉，成邊窩之格。其左掬亦僅高數寸，

205) 蟠(반) : 서리다(둥그렇게 포개어 감다).두르다, 빙 감다. ☞ 挂(괘) ; 번체 掛:이체 掛

墳頭尚露，惟可護棺而已。此外則山勢低下，一望青天，甚為空曠。面前一重案山，近而且高。穴在源頭高曠之所，俗眼見之，莫不[206]驚駭而訾其非也。殊不知回龍之穴，翻身顧祖，自然水源不遠，案雖近高，乃本祖，如子孫之見祖父，不為壓穴。後龍雖去，而本枝轉身結成大帳，帳中出脈結穴，其去山乃餘氣耳。

또[又] <그림 1-58 >의 땅은 요금정(廖金精)이 오읍(吾邑)의 장씨(張氏)을 위하여 백우산[白牛]에 평탄한 자리[坦地:탄지]에 하장하니 곧 변와격에 어울렸다. 그 땅의 대룡이 앞으로 나가 허리 중간 한 지각을 개장하여 장막[帳] 가운데 수절(數節)을 낙맥(落脈)하고 산의 중간[山半]에 홀연히 평탄(平坦)하여 **좌측[左畔]에 미망(微茫)하게 돌아 감싸[掬轉;국전] 변와(邊窩)의 격**을 이루었다. 변와의 좌측에 국포(掬抱)한 것이 역시 겨우 높이가 몇 치[數寸]로 봉분(封墳)[墳頭;분두]의 높이[尚]가 드러나[露] 다만 관곽(棺槨)을 보호할 뿐이다[可護棺而已]. 이곳(변와) 밖에는 곧 산세(山勢)가 아래로 낮아 한 눈[一望]에 푸른 하늘[青天]이 아주 넓디넓다[空曠:공광]. 면전(面前)에 한 겹[一重]의 안산(案山)은 가깝고 또 높다. 혈의 발상지[源頭;원두]가 고광처(高曠之所)에 있어 속안(俗眼)이 보면 모두 몹시 놀라 괴이하게 여기고[驚駭;경해] 그 자리가 진(眞)이 아닌 것으로 트집을 잡는다[訾;자]. 회룡의 혈(回龍之穴)은 용신을 뒤집어[翻身:번신] 조(祖)를 돌아보면[顧;고][回龍顧祖形(회룡고조형)] 자연히 수원(水源)은 멀지 않아 안산이 비록 가깝고 높을지라도 이에 본신은 할아버지의 뒤를 이어[系] 자손(子孫;혈)이 조부(祖父)을 바라보면 **혈[자손]을 압박(壓迫)하지 않는 것을 모른다[殊不知:수부지]**. 뒤에 용은 비록 떠나갔으나, 본신룡의 지각[本枝]이 용신을 돌려[轉身] 큰 장막을 이루어[結成] 장막 가운데[帳中]에 출맥(出脈)하여 혈을 맺었다. 그 떠나간 것[후룡]은 곧 여기(餘氣)일 뿐이다.

雖高峻，本身一臂掬轉，前面陡峻[207]，皆蔽而不見。登穴平坦，不覺其為萬仞山巔也。左邊雖曠，而青龍兜轉，依稀繞抱，穴不受風。此乃地理之至妙，而金精巧於作用者也。其山結穴之下，山脚四五飄然[208]去，故俗喚錦帳挂銀鉤之格。葬

---

206) 莫不(막불) : ~하지 않는 자가 없다. 모두 ~하다.

207) 陡峻(두준) : (지세가) 높고 가파르다. 험준하다 ◦陡(두) : 가파르다. 깎아지르다. 갑자기. 높이 솟음 ☞ 山巔(산전) : 산꼭대기

後張氏出一文一武一神仙，富貴綿遠，至今不替。雖不盡系之此，而廖金精為張氏作地，惟此最先，則此又張氏富貴之藪也，其圖於下。

이곳이 비록 높고 험준할 지라도[雖高峻:수고준] 본신(本身)의 일비(一臂)가 용신을 돌려 감싸[掬抱;국포] 전면이 높고 가팔라[陡峻;두준]도 모두 가려 막아[蔽;폐] 보이지 않는다. 혈에 올라가 보면 평탄(平坦)하여 그곳이 매우 높은 산꼭대기[萬仞山巔;만인산전] 이라는 것을 알지 못한다[不覺:불각]. 좌측은 비록 넓으나 청룡이 둥글게 돌아 감싸[兜轉;두전] 희미하게 요포(繞抱)하여 혈은 바람을 받지 않는다. 이는 곧 지리(地理)의 절묘한 것[至妙:지묘]으로 요금정[金精]은 정교하여 (혈에)영향을 미친다는 것이다. 그 산이 혈을 맺은 아래에 4~5가지의 산각(山脚)이 바람에 가볍게 나부끼며 떠나가는 것 같으므로[飄然去:표연거] 풍속[俗]에서는 금장에 은 갈고리를 걸어놓은 격(錦帳挂銀鉤之格;금장괘은구지격)이라 부른다.

장사 후에 장씨(張氏) 집안에 문무의 달인[一文一武]과 한 신선[一神仙][仙橋帳(선교장)의 발복]이 태어나고, 부귀(富貴)가 면연(綿遠)하고 지금까지 쇠퇴함이 없다. 발복이 비록 이것에 이어져 끝나지 않았는데[不盡] 요금정(廖金精)은 장씨(張氏)를 위하여 묘지를 조성하였다. 다만 이것이 최선이면 묘지는 또 장씨(張氏)의 부귀(富貴)를 많이 모이게 한 곳이다. 그것은 아래 그림에 있다.

按：金精為張氏所下地，諸課總為一帖，題曰《鍾秀圖》。考其年月，此最先也。廖金精下吳園張氏白牛坦地圖。

조사해보니[按] 요금정은 장씨(張氏)를 위하여 하장할 여러 곳을 심사하여[諸課] 모두 1권의 그림 책[一帖;1첩]을 만들었다. 제(題)에 이르길 '《종수도(鍾秀圖)》 이다' 하였다. 그 연월을 상고하여 보니 이것이 최선이었다.

課曰：其山遠，自乾亥高聳結頂，轉艮如蛇行如播。入丁、酉、兌，又轉艮，屈曲入亥，作丙向，發元辰丙水，五步歸丁，轉卯轉巽長流，蟠龍玩月形。面前旗

208) 飄然(표연) : 바람에 가볍게 팔랑 나부끼는 모양(模樣). 훌쩍 나타나거나 떠나가는 모양(模樣).

鼓文筆排列，天馬門中貴人朝拱。擇己酉七月十四日戊寅申時，開土深五尺。記曰：騰雲紫氣[209]欲侵天，左左陰陽近穴前。山水並朝廉貞現，為官清正四方傳。木金高聳兩相看，一土陰陽並一段。殺氣入雲攢[210]簇簇，鳳書來聘去為官。仙橋帳下勢盤桓[211]，登穴分明在半天。南極聳奇辛巽應，有文有武有神仙。熙寧二年八月廖禹記。

과(課)에 이르길 '그 산이 멀고 건해(乾亥) 방에서 높이 솟아[高聳] 꼭대기에 혈을 맺어, 간(艮) 방으로 돌아 깃발이 휘날리는 것 같아[如旛;여번] 뱀이 움직이는 것처럼 정유태(丁、酉、兌)로 입수하고 또 간(艮)으로 돌아 굴곡(屈曲)하여 해(亥)로 입수하여 병향(丙向)을 하였다[作].

원진수[元辰水]는 병(丙)방에서 물을 발원하여 5보(五步) 정도에서 정(丁)으로 돌아와 묘(卯)와 손(巽)으로 길게 돌아 흘러 '반룡완월형(蟠龍玩月形)'이 되었다. 면전(面前)에 기고(旗鼓)와 문필(文筆)이 배열되었다. 천마문중(天馬門中) 귀인(貴人)이 혈을 향하여 공읍한다[朝拱]. 기유(己酉)년 7월 14일 무인일(戊寅) 신시(申時)를 택하여 깊이 5척(五尺)으로 땅을 팠다[장사를 하였다]. 기록[記]에 따르면 '구름 위로 자기목성(紫氣木星)이 구름 위로 올라가 하늘을 찌를 듯하며[欲侵天] 좌우(左左)에 음양(陰陽)이 혈 앞에 가깝다.

산수(山水)가 나란히 혈을 향하여 염정(廉貞)이 나타나[現] 청정(清正)하여 벼슬이 사방에 전하여질 것이다. 목금(木金)이 높이 솟아 두 모양을 보면 하나의 토[一土]에 음양(陰陽)이 나란히 일단(一段)을 작하니 살기(殺氣)가 빽빽하게 모여 구름에 들어가 봉황(鳳)이 방문하여[來聘;래빙] 서찰[書]을 보내는[去] 것 같으면 벼슬을 한다. 선교장하(仙橋帳下;仙橋下貴人)에 귀인이 머뭇거리는[盤桓:반환] 세(勢)이면 혈에 올라가 보면 분명하게 중천(공중)[半天]에 있고 남(南)방에 매우 뛰어나게 솟아[聳奇:용기] 신손(辛巽)에 응(應)하므로 문무를 모두 갖추어[有文有武] 신선(神仙)이 된다. 희녕(熙寧) 2년 8월 요우(廖禹)가 기록하였다.

209) 紫氣(자기) : 상서로운 기운. 서기(瑞氣) ☞ 자기목성(紫氣木星) 。 欲(욕) : 하고자 하다.~ 것 같다.

210) 攢(찬):모이다. 여기저기 모여 있는 모양.◦簇簇(족족) : 빽빽하게 많이 모인 모양 ◦簇(족) : 모이다.

211) 盤桓(반환) : 머뭇거리며 그 자리를 멀리 떠나지 못하고 서성이는 일

按：是地登穴高三里，又平坦畝[212]餘如掌心。穴下餘氣山去甚長，鑿井截其氣，且以大龍帳中落脈結穴，穴在萬仞山巔。其妙惟在峻處有平，登穴不知其高，是為天巧之穴，非常[213]見所識。世俗尋龍，但知大盡處求地。此等穴則在所棄。噫！非廖師之神目，主人之明見，孰能作[214]之？其後果出忠定公燾，為參知政事；甲公，封忠烈侯；仙君範[215]——紫瓊真人，卒如金精之言云紫瓊真人詳見列仙傳。

조사해보니[按]

이 자리는 혈에 올라보면 높이가 3리(里)이고 또 1묘 남짓[畝餘;묘여]하여 손바닥 한가운데[掌心;장심]와 같이 평탄하고 혈 아래에 여기(餘氣)가 산에서 흘러가 심히 길어 샘을 파서[鑿井:착정] 그 기(氣)를 끊었다[截:절].[開金取水(개금취수)] 또 대룡이 장막 가운데 낙맥하여 혈을 맺었다.

혈은 매우 높은[萬仞:만인] 산꼭대기[山巔;산전]에 있다. 그 묘함(妙)은 오직 준급한 곳[峻急處]에 평평한 곳에 있다. 혈에 올라보면 그 높이를 알 수 없는 것이 천교혈(天巧之穴)이다. 세상을 바로 아는 사람들은 용을 찾는데 다만 대진처를 변별하여 땅을 구하려하기 때문에[欲:욕] 이러한 종류[此等:차등]의 혈은 버려진 곳에 있으므로 아아![噫(애)!] 요금정 선사[廖師]의 평범하지 않는[非常:비상] 불가사의한 눈이 아니면 알 수 있겠는가 ?

주인이 밝게 살펴보고[明見:명견] 누가 작혈 할 수 있는가? 장사 후에 예언[果:과]대로 충정공(忠定公) 도(燾)가 태어나 참지정사(參知政事)를 하였고, 갑공(甲公)이 태어나 충열후(忠烈侯)에 봉하여졌고, 선군범(仙君範)-(호가) 자경(紫瓊)진인(真人)이 태어나 마침내[卒] 요금정[金精]의 말과 같은 곳이다. 이르길 '자경(紫瓊) 진인(真人)은 열선전(列仙傳)에 상세하게 기록되어

---

212) **畝(묘)** : 이랑. 논밭·집터 따위의 면적 단위. 이랑의 도랑은 甽, 두둑은 畝. 중국 상고 시대에는 사방 6척을 1보(步), 100보를 1묘(畝)라 하고, 진(秦) 이후는 240보를 1묘로 함

213) 非常[(비상) : 예사롭지 않은. 대단히. 비상한 ◦俗(속): 속인(俗人).세인(世人).
cƒ) 欲(욕) : 하고자하다. 하려한다.

214) 作(작) : 짓다, 만들다. 행하다(行--), 행동하다(行動--)
☞ 卒(졸) : 마침내, 드디어, 기어이

215) 장모(張模)는 자가 군범(君範), 호는 자경진인(紫瓊真人)이다.

있다[見].

6) 병와격(論並窩之格)

<그림 1-59 > 병와도(並窩圖)			
	此二窩之並結者，要二穴俱下即發。 두와[二窩]가 나란히 혈을 맺은 것으로 두 혈[二穴]을 같이 하장하면 곧 발복한다.		此三窩之並結者，宜並下三穴。 3개 와혈(窩穴)이 나란히 맺힌 것으로 마땅히 3혈(三穴)을 나란히 하장해야 좋다.

此並窩者，一星而有數窩也。有兩窩可下兩穴，有三窩可下三穴，皆有富貴。三窩中穴力量差勝[216)]，來龍甚貴者方結此等形穴。要窩中圓淨，弦棱明白，大小相等，方為合法。浙江餘姚周氏
祖地合此格。

위와 같은 병와(並窩)는 하나의 봉우리[星]에 여러 개의 와혈[窩]이 있는 것이다. 2개의 와혈[兩窩]이 있으면 두 혈[兩穴]에 하장할 수 있고, 3개의 와혈[三窩]이 있으면 3혈(三穴)에 하장할 수 있다. 모두 부귀(富貴)하다. 3개 와혈[三窩]의 가운데 혈은 역량(力量)이 조금 낫다. 내룡이 심히 귀한 것은 두루 결작하는 것이다. 이런 종류의 혈의 모양은 와(窩) 가운데가 원정(圓淨)하고 현릉(弦棱)이 분명(明白)하고 대소(大小)가 균등(相等)해야 비로소 합법이다. 절강(浙江)의 여요(餘姚) 주씨(周氏) 조지(祖地)가 이 격에 어울린다.

左地在浙江餘姚縣，地名聞家堰。其龍甚美，將入首，起華蓋三台，撒[217)]落平地。穿湖，湖中頓起太陰金星，而結並窩之格。四面皆湖水，汪洋[218)]巨浸。穴左突出石印浮水，甚為奇特。諸峰羅列，拱揖齊整[219)]。宋時姓文者葬右穴，出狀

216) 差勝(차승) : 조금 나음.
217) 撒(살) : 엎지르다. 흘리다. 떨어뜨리다. 펴다.
218) 汪洋(왕양) : 바다가 넓고 큰 모양. 은택(恩澤)이 넓고 큰 모양 ◦巨浸(거침) : 큰 호수. 비가 많이 와서 강이나 개천에 갑자기 크게 불어난 물
219) 齊整(제정) : 가지런하다. (생김생김이) 단정하다. 반듯하다.

元、進士十數人，發越[220]已過。今周氏葬左窩，葬後五十年，出科第十餘人，至今富貴未艾。其地系泛水文星。若葬法深淺、分金合矩，則周氏宜出一甲[221]之貴。衆星伴月形，亥龍入首。聞氏扦丙向，周氏扦巽向。中穴數家皆敗。

<그림1-60>의 땅은 절강(浙江) 여요현(餘姚縣)이 있으며, 지명은 문가언(聞家堰)이다. 그 용은 심히 아름답고, 입수(入首)할 즈음에 화개삼태(華蓋三台)가 솟아나고 평지(平地)에 떨어져[撒落] 호수를 지나 호수 가운데 태음금성(太陰金星)이 머물러 일어나[頓起] 병와격(並窩之格)으로 혈을 맺었다. 사면(四面)이 모두 호수(湖水)로 넓고 큰 호수이다[汪洋巨浸;왕양거침].

혈의 좌우(穴左)에 툭 튀어나온[突出] 석인(石印)이 물에 떠있으니[浮水] 심히 매우 특이하다[奇特;기특].

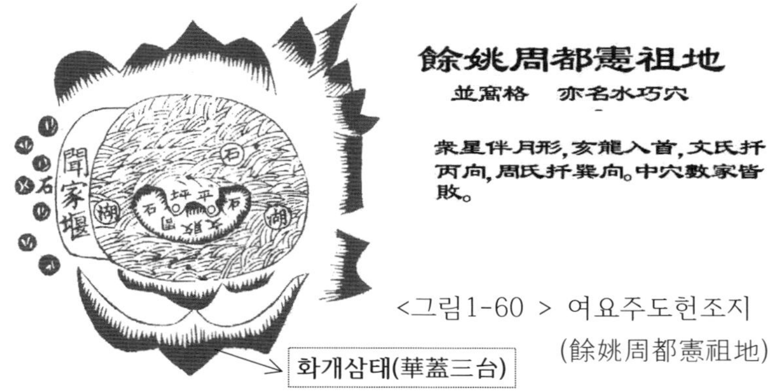

<그림1-60 > 여요주도헌조지
(餘姚周都憲祖地)

여러 봉우리가 나열하여 공읍(拱揖)하여 단정하다[齊整:제정]. 송(宋)나라 때 성(姓)이 문(文)씨는 우측 혈에 장사하고 장원(狀元)을 한 진사(進士) 수십 명이 나왔으나 발복이 이미 지나 끝났다[發越已過:발월이과].

지금은 주씨(周氏)는 좌측에 와(窩)에 매장하였고, 장사 후에 50년 동안 과거급제자[科第]가 나와 10여 명이 지금까지 부귀가 아직 끝나지 않았다. 그 곳의 자리는 물에 뜬 문성에 이어[系泛水文星:계범수문성] 장법(葬法)이 심천(深淺)과 분금(分金)이 기준[矩]에 부합하여[合] 주씨(周氏)가 마땅히 제일

220) 越(월) : 지나다, 경과하다(經過――). 달아나다.

221) 一甲; **第一甲(제일갑)** : 과거 시험의 최종 시험인 전시(殿試)에서 1등·2등·3등으로 합격한 세 사람

으뜸[一甲]으로 귀(貴)가 나온다. 중성반월형(衆星伴月形)으로 해룡입수(亥龍入首)하여 문씨(文氏)는 병향(丙向)으로 천장하였다. 주씨(周氏) 손향(巽向)으로 천장하였다. 가운데 혈은 여러 집안이 모두 망하였다.

7) 분겸격(論分鉗之格)

論分鉗之格

此分鉗者，即鉗體中直鉗之變格也。乃星辰開口結穴，而兩鉗分向左右，故曰分鉗。要鉗中藏聚，弦棱明白，登穴不見兩邊分飛之勢。下有氈唇平坦，外護包裹，真氣融結，方為合格。最忌穴中見其左右分飛，下無氈唇，外護不抱，穴下落槽[222)]，界水淋頭[223)]，即非真結，不可下也。此格大要前鋪餘氈為吉。如吾邑孫氏下洋地，其格也。

< 그림1-6 1> 분겸도(分鉗圖)

<그림1-61>에 분겸(分鉗)은 곧 겸체(鉗體) 가운데 직겸(直鉗)의 변격(變格)이다. 또 성진(星辰)이 개구(開口)하여 혈을 맺었고 겸(鉗)의 양쪽 좌우로 향하여 나누었으므로 **분겸**(分鉗)이라 한다. 가운데 겸(鉗)에 기가 모이고[藏聚;장취] **현릉사**[弦棱;**현릉**]이 분명(明白)하며 혈에 올라도 양변으로 나뉘어 휘날리는[分飛] 세가 보이지 않아야 한다. 아래에는 **전순**(氈唇)이 평탄(平坦)하고 밖에 호종(護從)하여 속을 감싸면[包裹;포리], 진기(真氣)가 융합하면[融

222) 落槽(낙조) : 물살이 약해지다. 가세(家勢)가 기울다. ◦落(낙) : 낙하(落下)하다.
223) 淋頭水(임두수)

> 📖 맥(脈)이 없으면→임두수(淋頭水)가 생겨 천심(혈)에 흘러들어→유골을 젖셔 → 그 결과 대(代)가 끊어진다.

<출처>『 설심부 변와 정해』, 김상태 역주

結;융결] 비로소 합격이다. 가장 꺼리는 것은 혈 가운데 좌우로 나누어 휘날리는 것[分飛]이 보이고 아래에 전순(氈脣)이 없으며 밖에서 호종하여 감싸지 않는 것이다. 혈 아래가 기울고[落槽:낙조] 물(水)을 경계(界)삼는데, 혈 뒤에 용맥이 없어 **계수**(界水, 分水)를 못하고 골이 패어서 물이 **묘두**(墓頭)로 흘러 유골을 적시면[淋頭:임두] 곧 진결이 아니라 하장해서는 안된다. 이 격은 대략 앞에 여기(餘氣)가 전순에 펼쳐져 좋다. 가령 오읍(吾邑)의 손씨(孫氏) 하양지(下洋地)가 그 격이다.

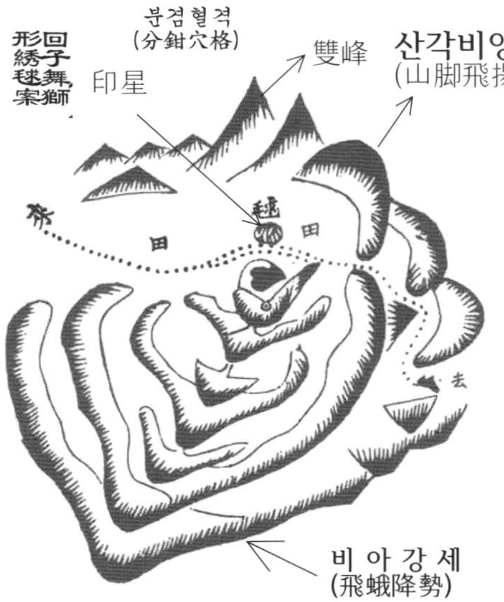

左地在吾邑五都，土名下洋。其龍來遠不詳述。比入局，連聳數峰，磊磊落落[224)]。又頓然[225)]四座貪狼，飛蛾降勢，垂脈下平坡。複起金星開口，成分鉗之格結穴。穴下平鋪氈脣。鉗中頂口分明，前有印星証應，流神環繞融注，明堂團聚，水口交固，龍旺穴暖，誠美地也。朝山雙峰卓秀，以山脚飛揚之勢，取作回子舞獅形。葬後出西溪公，官雅、鄭、泰三州州守。春公富壽康寧，宗武、宗道俱歲薦[226)]，登郎[227)]官，至今人財兩盛，福祉方

<그림1-62 > 손지주조지 (孫知注祖地)

<그림1-62 >의 땅은 오읍(吾邑)의 오도(五都)에 있으며, 토명(土名)은 하양(下洋)이다. 그 용은 멀리서 와 상세하게 기술할 수 없다. 입국할 즈음에 여러 봉우리가 뚜렷하게 연달아 솟았고[連聳:연용] 또 갑자기[頓然] 4산[四座]이 **탐랑**(貪狼)을 일으켜 나방이 날아[飛蛾:**비아**] 위에서 아래로 내려가는 세

224) 磊磊落落(뇌뇌락락) : 뚜렷하다. 도량이 넓다. 명백하다.
225) 頓然(돈연) : 돌연 . 갑자기. 별안간 ☞卓(탁) : 높다. 뛰어나다.
226) 歲薦(세천) : 일 년에 한 번씩 조상에게 지내는 제사(묘제)
227) 郎官(낭관) : 한대(漢代)의 시랑(侍郎)·낭중(郎中 郞(낭): 옛날의 벼슬 이름

[降勢:강세]로 아래 언덕[平坡:평파]에 맥을 드리워 다시 금성(金星)이 솟아 개구(開口)하여 분겸(分鉗)의 격(格)에 혈을 맺었다.

혈 아래 평평한 전순(氈唇)을 펼쳐 겸(鉗) 가운데 꼭대기에 개구(開口;입을 벌림)가 분명하고, 앞에 인성(印星)이 응하여 혈증이 있고, 흐르는 물[流神;유신] 환요(環繞)하여 명당에 모이고[團聚;단취] 물이 고여 흘러[融注] 수구(水口)가 확실히 교쇄하여 용이 왕성하고 혈이 따뜻하여 진실로 미지(美地)이다. 조산(朝山)은 쌍봉으로 빼어나고[卓秀:탁수] 산각(山脚)이 비양(飛揚)하는 세(勢)를 하여 '회자무사형(回子舞獅形)'을 나타낸 것을 취하여 장사 후에 서계공(西溪公)이 태어나 벼슬은 아(雅)、정(鄭)、태(泰) 삼주(三州)의 주수(州守)를 하였고, 춘공(春公)이 부(富)와 장수(長壽), 강녕(康寧)을 하였고, 종무(宗武)와 종도(宗道)는 모두 세천(歲薦)에 시랑의 벼슬[郎官]을 하였고, 지금도 인물과 재물이 왕성하고 복지가 사방에 융성하다.

☕舞獅(무사);사자가 춤추다

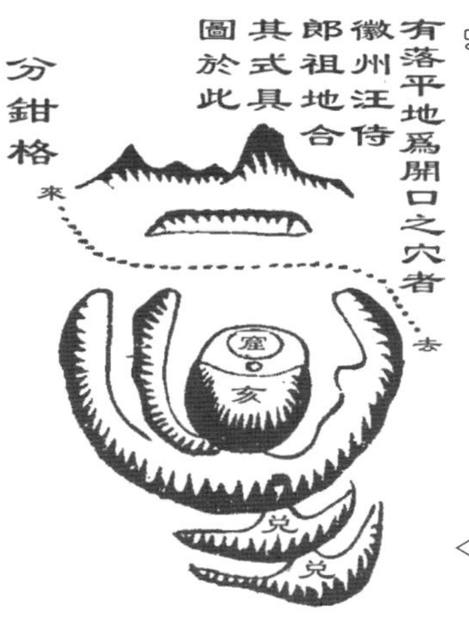

평지에 떨어져 개구한 혈이 휘주의 왕시랑의 조지가 그 격에 합당하다. 이곳 그림으로 구비하였다.
(有落平地爲開口之穴者徽州汪侍郎祖地合其式具圖於此)

右地在徽州府黟縣，地名黃阪垣。兌山發龍，轉亥，脫落平洋，成分鉗之穴，粘突就窩放[228]棺，外沙包裹，前朝秀麗。葬後出侍郎，又文州縣官[229]不替。土人呼為汪婆墓。

< 그림1-63 > 휘주왕시랑조지(徽州汪侍郎祖地)

< 그림1-63 >이 땅은 휘주부(徽州府) 이현(黟縣)에 있고, 지명(地名)은 황

228) 放(방) : 내버려두다. ; 下棺(하관) ☞ 夾(협) : 끼우다. 집다.
cf) 鉗(겸) : 집다. 또는, 집게.
229) 縣官(현관) : 옛날, 현관. 한대(漢代), 천자의 다른 이름. 현지사. 현령(縣令)

판원(黃阪垣)이다. 태산(兌山)에서 발원한 용은 해(亥)로 용신이 돌아[轉亥] 평양(平洋)에 떨어져[脫落:탈락] **분겸**(分鉗)**의 혈**(穴)을 이루었다.

돌(突)에 달아 붙은 와(窩)를 취하여 하관하여[放棺;방관] 외사(外沙)가 속[혈]을 감싸고 앞에 조산[前朝]:전조이 수려(秀麗)하여 장사 후에 시랑(侍郎)이 태어나고 또 문주(文州)의 현관(縣官)을 하여 쇠퇴하지 않았다. 토인(土人)들은 '왕파묘(汪婆墓)'라 불렀다.

8) 합겸격[論合鉗之格]

論合鉗之格

左合鉗者，即鉗格之變體也。氣從兩鉗而合，故曰合鉗。乃龍脈已盡，星辰已止，而總會處峻硬無穴，鉗中又無微乳微窩，氣融在下，兩鉗收處，中間合聚成穴，微有突泡，如鉗之鉗物，俗亦呼作雙箸夾饅頭之形。要氈唇圓整，曜氣証應，星辰仰面[230]**，方為合格。最忌槽中太深，鉗口**[231]**不收，唇氈不明，曜星不照，有一於此，則非真結，不可下也。吳國師為吳園張氏下一地合此格，俗呼玉筯夾饅頭形。圖具於下。**

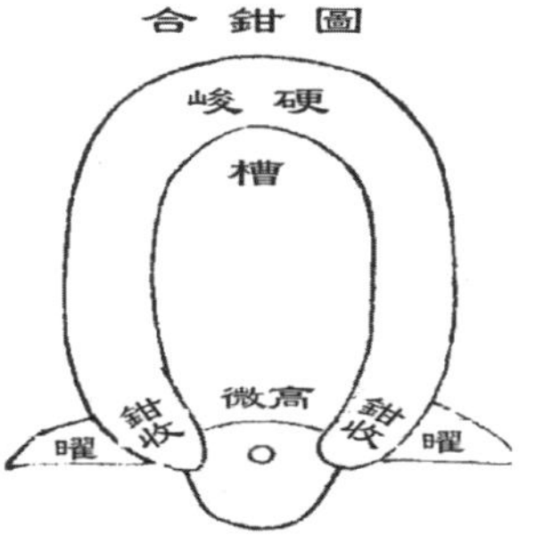

< 그림1-64 >합겸도
(合鉗圖)

< 그림1-64>의 합겸(合鉗)은 겸격(鉗格)의 변체(變體)이다. 기(氣)가 양쪽의 겸[兩鉗]을 따라 끝에 합쳐진 것이므로 합겸(合鉗)이라 한다. 이는 용맥(龍脈)이 다하여 끝나 성진(星辰)이 이미 멈추었으나 모두 모인 곳이 단단하

230) 仰面(앙면) : 얼굴을 젖혀 위로 향하다. 고개를 뒤로 젖히다. ◦槽(조) : 구유[가축의 먹이를 담아 주는 그릇]. 홈통. 도랑
231) **鉗口(겸구) : 겸구는 기가 융결된 곳이다.**(鉗口者氣之所融結也)

고 가파르면[峻硬;준경] 혈이 없다. 겸(鉗) 가운데 또 미유(微乳)나 미돌(微窩)이 없으면 기의 융결(氣融)은 아래에 있고 양겸(兩鉗)이 거두는 곳[收處]의 중간(中間) 모여 합하여 미미(微微)한 돌포(突泡)가 있으면 혈을 이룬다.
겸(鉗)의 집개 종류[鉗物]와 같아 속인[俗]들도 '두 개의 젓가락[雙箸;쌍저]으로 만두(饅頭)를 집는[夾:협] 모양'이라 했다. 전순(氈唇)이 원정(圓整)하고 요기(曜氣)가 응(應)하여 증명하고[証] 성신(星辰)이 앙면(仰面)하면 비로소 합격이다. 가장 꺼리는 것은 혈 뒤에 구유[골짜기]의 가운데가 너무 깊거나 겸구(鉗口)를 거두지 못하거나[不收:불수] 전순(唇氈)이 분명하지 않거나 요성(曜星)이 요기(曜氣)의 근거[照]가 없고, 이 가운데 하나라도 있으면[有一於此] 진결(真結)이 아니라 하장해서는 안된다. 오국사(吳國師)는 오원(吳園)장씨(張氏)를 하장한 첫째 자리가 이격에 합당하며, 속칭[俗呼] '옥저협만두형(玉箸夾饅頭形)'이라 한다. 그림을 구비하였다.

< 그림1-65 > 장한림조지(張翰林祖地)

右地在吾邑，地名金山，土窖穴上有槽，俗呼金見銀槽，亦曰玉箸夾饅頭。癸山丁向，吳景鸞先生為其婿[232]張須公葬祖。下後，須公官虔州倅。張根、張樸俱入翰林。廣永豐縣亦有一穴，與此同。俗云亦玉筯夾饅頭形。友人鉛山任思梅為予

232) 婿(서) : 壻와 同字; 사위

言之。予未見，不具圖。

< 그림1-65 >의 자리는 오읍(吾邑)에 있으며, 지명(地名)은 금산토교(金山土窖)이다. 혈 뒤에 골짜기[槽;조]가 있어, 속칭[俗呼:속호] '금견은조(金見銀槽) 또는 옥저협만두(玉箸夾饅頭)'이라 한다. 계좌정향[癸山丁向]으로 오경란(吳景鸞) 선생이 그 사위[婿;서] 장수공(張須公)의 조상을 장사하였다.

장사 후에 수공(須公)은 벼슬이 건주쉬(虔州倅)를 하였고, 장근(張根)과 장박(張樸)이 같이 한림(翰林)에 들어갔다. 광영풍현(廣永豐縣)도 하나의 혈이 있는데 이와 같다. 속에 이르길 ' 역시 옥저협만두형(玉箸夾饅頭形)'이라 하였다. 친구[友人]가 말하길 '연산(鉛山)의 임사매(任思梅)가 나를 위하여[為予:위여]서술하였다고 하나, 나는 보지 못했다. 그림을 구비 하지는 않았다.

9) 섬유격(論閃乳之格)

論閃乳之格

<그림1-66>
섬유도(閃乳圖)

右閃乳者，乳從偏[233]落，閃在一旁[234]，故為之閃。如小兒閃躲[235]之義，即乳體之變格也。龍勢到此起頂，偏下作穴，而中出之乳粗硬斜曲，無穴可下，正氣閃在一邊，乃以中乳為龍虎護衛之沙，此穴極為難認。龍從左來，閃乳在右；龍從右來，閃乳在左。亦有龍脈中起均匀，兩穴皆可下者。最宜乳頭光彩，兩掬有情，不粗不峻，方為合格。若粗飽峻急，瘦弱微小，則非真結，不可下也。董德彰為婺源倪氏下一地合此格。圖具下。

<그림1-66 >의 섬유(閃乳)이란 것은 유(乳)가 측면을 따라[從偏:종편] 떨어

233) 閃(섬):번쩍이다. 몸을 비키다. 언뜻 보이다. ☞ **偏(편) : 치우치다. 측면의 .한쪽 면의**
234) **一旁(일방) : 옆. 곁. 근처**
235) 躲(타) : (몸을)감추다. (몸을)피하다(避--)◦**瘦(수)** : 메마르다. 약하다(弱), 희미하다(稀微)

져 옆[一旁]에 있으므로 이를 섬(閃)이라 한다. 가령 소아(小兒)가 옆에 피하는 [閃躱:섬타]뜻과 같다. 즉 유체(乳體)의 변격(變格)이다. 용세(龍勢)가 이곳에 이르면 꼭대기를 일으켜 옆으로 내려가 혈을 맺었으나[偏下作穴], 가운데 생긴 유(乳)는 단단하며 거칠고[粗硬:조경], 기울어 굽어[斜曲:사곡] 혈이 없어 하장할 수 없다. 정기(正氣)가 한 변[一邊] 옆[閃]에 있어 가운데 유[中乳]가 용호(龍虎)가 되어 호위(護衛)하는 사(沙)로 삼는다. 이 혈은 극히 알기 어렵다. 용이 좌측을 따라오면 섬유(閃乳)는 우측에 있고, 용이 우측을 따라오면 섬유(閃乳)는 좌측에 있고 또 용맥(龍脈)이 고르게 중앙에 솟아야 양혈은 모두 하장할 수 있다. 가장 마땅한 것은 유두(乳頭)가 광채(光彩)가 나고, 양국(兩掬)이 유정(有情)하고 조준(粗峻)하지 아니하면 비로소 합격이다.

만약 거칠고 배부르고[粗飽:조포] 험하고 급하며 메마르고 작아 약하여[瘦弱微小] 진결이 아니라 하장할 수 없다. 동덕창(董德彰)이 무원예씨(婺源倪氏)를 하장한 자리는 이격에 합당하다. 아래에 그림을 구비하였다.

실례)婺源倪氏御史祖地

倪氏地正穴，以左山包裹，面前盡遮，外洋山水，一切不見。局又逼窄，明堂朝山俱無。只是藏風聚氣，穴場甚暖。所以葬下當代即出御史，驟發富貴。與廖金精下明溪許學士祖地當代出貴相同，皆是穴間緊固，一切不見。噫！此等地，非哲師明主，則棄物耳。

<그림1-67>의 무원예어사조지(婺源倪御史祖地)는 예씨(倪氏)의 자리가 정혈(正穴)로 좌측산이 속을 감싸 면전을 모두 막아[盡遮] 외양(外洋)에 산수(山水)가 일체(一切) 보이지 않는다. 국(局)이 또 좁고[窄:착], 명당(明堂)과 조산(朝山) 모두 구비하지 않았으나 다만 장풍(藏風)이 되어 기가 모여 혈장(穴場)이 매우 따뜻하기 때문에 하장을 하여 당대 어사(御史)가 나왔으며, 빠르게[驟;취] 부귀(富貴) 하였다[發]. 요금정(廖金精)이 하장한 명계(明溪) 허학사(許學士)의 조지(祖地)와 당대 벼슬을 한 것은 서로 같으나 모두 혈과 (조산) 사이[穴間:혈간]가 확실히 가까워[緊固:긴고] 일체 보이지 않았다. 오호라![噫(애)] 이들 자리는 철사(哲師)의 밝은 주인이 아니면 버렸을 물건이다.

右地在婺源縣太白巡司東一里，其龍迢迢[236]而來，磊落奇特。將入首，穿峽開帳，星辰尊重。結穴藏聚，兩畔護從重重。下關一山逆河纏繞，關收內堂，蔽障外曠。而隨龍田水平坦，四勢團集，融結固住。而穴甚奇怪，董德彰初下中乳天穴，以貪外秀。不利，複扦低穴就堂，又不利。倪氏欲遷別所。董師乃自訟曰：真龍毋虛生之理。有龍如此，豈可舍乎？必我悞也。乃私往其山，周帀詳審，因知結穴閃乳，前所下者皆非。

< 그림1-67 > 무원(婺源) 예어사(倪御史) 조지(祖地)

< 그림1-67 >의 자리는 무원현(婺源縣) 태백순사(太白巡司)의 동(東) 1리(里)에 있으며, 그 용은 매우 멀리서 와[迢迢而來] 우뚝 솟아[磊落:뇌락] 특출하다[奇特:기특]. 입수할 즈음 과협을 지나 개장하여 매우 높은[尊重:존중] 봉우리에 기가 모여 갈무리하여 혈을 맺었다. 양측에서 거듭 보호하며 따라가

236) 迢迢(초초) : 매우 멀다. ☞ 帀(잡) : 두르다. 두루 ☞ 磊落(뇌락) : 겹겹이 쌓여 있는 모양. 우뚝하다. 장대하다. ☞奇特(기특) : 기묘하다. 특출하다. 기괴하다.

[護從:호종] 하관하여[下關], 한 산이 하천을 역(逆)으로 막아[關] 감싸고[纏繞;전요] 내당(內堂)을 가로막아[蔽障;폐장] (기를)거두나 밖은 넓어[外曠] 평탄한 용과 논의 물을 따라 사세(四勢)가 모이고[團集;단집] 확실히 기가 모여[融結] 아름다우나 혈은 심히 괴이(怪異)하다.
동덕창(董德彰)은 처음에 외수(外秀)를 탐내어 중유(中乳)을 천혈(天穴)에 하장하여 불리하였고, 다시 명당이 아름다워[就;취] 낮은 혈[地穴]에 천장하여 또 불리하였다. 예씨(倪氏)는 다른 곳[別所]에 이장하고자[欲遷:속천]하나 동덕창 선생님[董師]은 스스로 주장하여[訟;송] 이르길 ‘진룡이 헛되이 생기는 이치가 없는데 이와 같은 용이 있는데[有龍如此] 어찌 버릴 수 있는가? 틀림없이 내 잘못[悞;誤;오]이니 홀로[私:사] 그 산에 가서 주위[周帀;주잡]를 상세하게 살펴[詳審:상심] 섬유혈(閃乳穴)이 맺힌 것을 알았다. 앞에 하장한 곳은 모두 혈이 아니었다.

蓋中乳上既直硬，而下複彎曲顧內，故正脈鍾於閃乳，而中乳乃其護砂。但閃乳之穴甚醜怪，而一臂左砂又盡障外秀，不見明堂朝對，如坐井面牆，非俗眼所知，直指必不我信。欲立名[237]以歆之，未得其當。豁然[238]有悟。遂喚美女擲梭之形，穴扦動乳。複報倪氏，果信之，遂扦葬焉。系亥、艮行龍，轉折[239]酉、辛，戌、乾入首，扦辛山乙向。頂急乳小，用離杖下之。下後倪氏出進賢，登進士，官御史。曰以孚，曰鼎，登鄉試。一時驟發。但御史為人，亦不甚正，亦閃斜之召耳。대개 중유(中乳) 위는 직경(直硬)하고 아래는 다시 만곡(彎曲)하여 안을 돌아봄으로 정맥(正脈)이 섬유(閃乳)에 모이기[鍾:종] 때문에 중유(中乳)는 곧 그 섬유의 호사(護砂)이다. 다만 섬유혈(閃乳穴)은 심히 추하고 괴이하여[醜怪:추괴] 일비(一臂) 좌사(左砂)가 또 바깥 수려함[外秀]을 모두 막아[盡障;진장] 보이지 않고 명당(明堂)을 마주 대하는 것[朝對]이 우물에 앉아 앞에 담장을 대하는 것 같아[面牆:면장] 속안(俗眼)으로 알 수 없는 곳이다.

---

237) 立名(입명) : 명예를 세우다. 평판을 좋게 하다 ☞ 歆(흠) : 기뻐하다. 대접하다. 움직이다. 부러워하다.
238) 豁然(활연) : (마음이) 활짝 트인 모양. 확 뚫린 모양 ◦ 擲梭(척사) : 베를 짜면서 북을 좌우로 움직이는 것
239) 折[(절) : (몸 따위를) 뒤집다. 구르다. ☞轉(전) : (중간에서) 전하다. 돌아가다.

직접 가르쳐주어도[直指;직지] 반드시 나를 믿지 못하여 명예를 세워 마음을 동하게 하고자 했으나 마땅한 것을 얻지 못하였다. 마을[村莊;촌장]에 따라 들어가[隨入;수입] 우연히 베를 짜는 것[機織:기직]을 보고 의문을 막힘없이 깨달아 드디어[遂] '미녀척사형(美女擲梭之形)'이라 불렀고, **혈을 유(乳)로 옮겨 천장할** 것을 다시 알려주니 예씨(倪氏)가 과연 그것을 믿고 따라[遂;수] 천장(扦葬)하였다. 간해룡을 이어[系亥艮] 용이 진행하여 유(酉)、신(辛), 술(戌)、건(乾)으로 용신을 뒤집어 돌아가[轉折:전절] 입수를 하여 신좌 을향[辛山乙向]으로 천장하였다. **정상에는 급하고 유(乳)가 작아[小] 이장법(離杖法)을 사용**하여 하관을 하였다. 하장 후에 예씨(倪氏)는 진현(進賢)에 나가 진사(進士)에 올랐고 벼슬은 어사(御史)를 하였다. 이부(以孚)와 정(鼎)이 향시(鄉試)로 높은 지위에 올랐다. 일시(一時)에 빠르게 발복하였다[驟發;취발]. 다만 아사(御史) 사람 됨됨이[為人]가 또 심히 바르지 않았다. 또한 섬유혈(閃斜穴)이 응하여 초래한 것[召昭應] 뿐이다.

補義按

是地也，先葬中乳總會，又葬中乳盡頭。要知皆緣貪砂水、明堂、龍虎為悞。複扦閃乳之上，始得其真。籲[240]！以董公之明，尚至三扦而得正穴，況其它乎？可見砂水之誘引[241]，雖明師所不免。有志者尚當參酌其可否，毋徒見一不利而即有所棄也。

뜻을 보충하여 살펴보니[補義按]

먼저 매장한 것[先葬]은 중유(中乳)에 기가 모두 모인[總會] 자리이다. 또 중유(中乳)의 끝[盡頭]에 장사한 것은 모두 사수(砂水)、명당(明堂)、용호(龍虎)을 탐하였던 까닭으로 잘못되었다는 것을 알아야 한다. 다시 **섬유의 위**(閃乳之上)에 천장하여 비로소 그 진(真)을 얻었다. 탄식하여[籲약]! 동공(董公)의 식견[눈썰미][明眼]으로도 오히려[尚] 3번이나 천장하고 정혈(正穴)을 얻었다. 하물며 그 밖에 있겠는가?[其它乎;기타호]? 사수(砂水)가 사람을 꾀

240) 籲(약) : 부르다, 구하다(求--). 부르짖다. 한숨 쉬다. 탄식하다.[문어] 허! 아! 아니!
241) 誘人(유인) : 사람을 꾀다. 매력적이다. ☞ 유인(誘引) : 주의나 흥미를 유발하여 꾀어 이끎 ☞ **盡頭(진두)** : 막바지. 말단. 끝

여 이끌어[誘引:유인] 비록 명사(明師)일지라도 유인을 면할 수 없으나 뜻이 있는 사람은 오히려 마땅히 참작(參酌)하여 가부(可否)를 나타낼 수 있다. 하나의 불리함을 보고 버리는 것[所棄:소기]이 없어야 한다.

10) 측유격[論側乳之格]

論側乳之格

側乳圖

此側乳者，乳從側落，偏於一畔而不正之謂也。邊有邊無，多作金釵、蟠龍及挂樹蛇[242]等形。要外山湊集，方為合格。貴溪夏閣老父地合此式。

<그림1-68 > 측유도(側乳圖)

<그림1-68 >의 측유(側乳)는 유(乳)가 한쪽으로 치우쳐 옆으로 떨어져 나아가[從側落:종측락] 바르지 않음을 말한다. 한 변이 있고 한 변은 없어 대부분 금채(金釵),반룡(蟠龍)과 괘수사(挂樹蛇) 등 형(形)이다. 외산(外山)이 모여야[湊集;주집] 비로소 합격이다. 귀계하각(貴溪夏閣) 노부(老父)의 자리가 이 격식에 합당하다.

右為夏文愍公言父地。穴前一掬緊固，藏風聚氣。但逼窄無明堂，不見外洋。當代出貴，與倪氏地同。該地在貴溪縣，土名流口，蟠龍形，乃側乳穴也。其龍穴皆貴，但堂氣逼窄。前山既近且高，不見外朝。桂翁晚年無子，自疑地理家有「一重案外見青天，後代少人煙」之說，乃徙遷[243]之。開壙時，其下棺木如新，茜藤交結，氣起如蒸。未幾，公即遭禍。但此地葬時，公已貴矣。其禍福未必盡系[244]於此。嘗觀其一祖墳，在上清宮，土名桂樹洲者，甚美。拜相[245]乃在於彼。是時亦大興[246]造築，傷殘龍脈，填塞界水。又新塋一地，在上饒鄭坊，穴前正[247]

242) 樹蛇(수사) : 전설 속, 나무만한 크기의 거대한 뱀이 똬리를 틀고 앉아있다.
243) 徙遷(사천) : 옮겨 천장하다.◦ 未幾(미기) : 머지않아. 많지 않다. 얼마 안 되어
244) 系(계) : 맺다. 관련되다. 연결하다. 연계시키다. 뒤를 이음. 잇다.
245) 拜相(배상) : 재상(宰相)에 임명되다. ☞拜(배) : 벼슬을 내리다. 받다.
246) 大興(대흥) : 크게 일으키다. 가짜 ◦ 傷殘(상잔) : 물체가 손상을 입어 생긴 흠. 해치다. 상해하다. ☞ 鄭(정) : 겹치다. ☞ 坊(방) : 막다. 작업장

見石人山，儼然一斷頭[248]之像，皆能召禍。雖然，公端人也，以身殉國，乃其素志[249]。隨讒被戮，未必盡系於地。但揆[250]之術家，禍福之驗，似亦不誣[251]。並録於此，似為輕擧者之戒云。

< 그림1-69 >의 자리는 하문민(夏文愍) 공(公)이 말하길 '부지(父地)는 혈 앞에 일국(一掬)이 확실히 가까워[緊:긴] 장풍(藏風)이 되면 기가 모인다.

다만 좁아[逼窄:핍착] 명당이 없고 외양(外洋)이 보이지 않으므로 당대(當代)에 벼슬을 한 것[出貴]은 예씨(倪氏)의 땅<그림1-67 >과 같다. 해당 부지는 귀계현(貴溪縣)에 있으며, 토명(土名)은 유구(流口)이며, 반룡형(蟠龍形)이다. 바로 측유혈(側乳穴)이다. 그 용혈(龍穴)은 모두 귀(貴)하나 다만 명당에 기운[堂氣]을 앞산이 가까워 좁고[逼窄:핍착] 또 외조(外朝)가 높아 보이지 않아 계옹(桂翁)이 만년(晩年)에 자식이 없어 스스로 지리가를 의심하였다. '한 겹의 안산이 있어 밖에 하늘[靑天]만 보이면 후대(後代)에 인가[人煙;인연]가 적다' 는 말이 있어 옮겨 천장[徙遷:사천]하려고 광중(壙中)을 열었을 때 그 관[棺] 아래 나무가 새로이[新] 천등(茜藤)과 같이 얽혀있고, 수증기[蒸]와 같은 기운(氣)이 생겼다가 얼마 안 되어 사라졌다. 그 후 공은 곧 화(禍)를 당하였다고 한다. 다만 이 곳에 매장[葬事] 할 때도 공(公)은 이미 벼슬을 하였다. 그 화복(禍福)은 반드시 모두 이와 관련이 있는 것[系於此]은 아니다. 내[嘗:상]가 보기에는 그 한 조상의 무덤[祖墳:조분]은 상청궁(上清宮)에 있었으며 토명 계수주(桂樹洲)라 하는 것은 심히 아름답다.

재상에 임명되어[拜相:배상] 바로 그것에 살고 있었는데 이때[是時:시시]도 용맥을 손상[傷殘:상잔]하여 크게[大] 축조[造築]하고 계수(界水)를 메워 막았고[填塞], 또 새로운 묘지[新塋:신장] 자리는 위에 (묘지를) 많이[饒:요] 겹치게 막아[鄭坊:정방], 혈 앞에 똑바로 보면 석인산(石人山)이 분명히 목이

247) 正(정) : 똑바르다. 앞면(의). 정면(의). ☞儼然(엄연) : 분명하다. 분명히. 뚜렷하다.

248) 斷頭(단두) : 앞에 사가 인형과 같고 아래에서 작은 언덕[인형과 같은 머리]이 끊어져 이어지지 않는 것을 단두(斷頭;목이 잘린 형상)라 한다. 혹 빗겨 떨어져 있으면 포두(抛頭)라 한다. [前砂如人形 下有小阜斷而不屬 謂之斷頭. 或斜見抛離 謂之 抛頭]
<출처>『地理啖蔗錄』五卷

249) 素志(소지) : 소망. 평소 염원(念願)。讒(참) : 참소하다. 해치다.

250) 揆(규) : 헤아리다, 가늠하다. 관장하다(管掌--), 관리하다(管理--)

251) 誣陷(무함) : 없는 사실을 꾸며 죄에 빠뜨리다.

짤린 모양[斷頭之像]과 같아[一] 모두 화를 초래[召禍]할 수 있다.

貴溪夏閣老父地

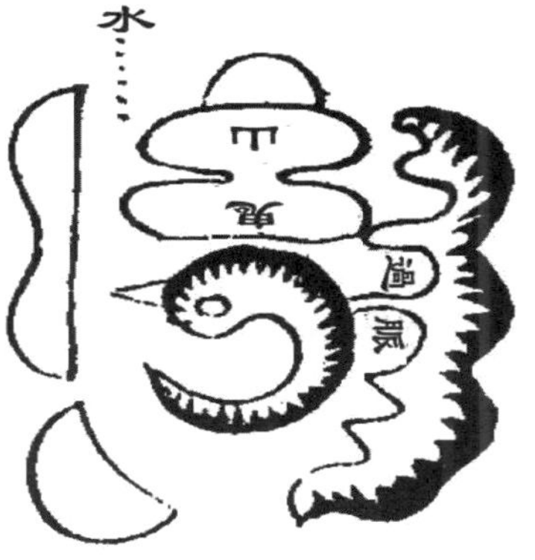

< 그림1-69 > 귀계하각노부지(貴溪夏閣老父地

그러나 비록[雖然] 공(公)이 단정한 사람일지라도 자신[身]이 나라를 위해 목숨을 바치는 것[殉國]이 곧 그이 염원[素志;소지]이었으니 참소(讒訴)와 관계없이[隨] 죽음을 당한 것[被戮;피륙]은 꼭 이 자리와 모두 관련이 있는 것은 아니나, 다만 술가(術家)가 화복(禍福)의 응험[驗]을 가늠한 것[揆;규]은 또 없는 것을 꾸민[誣陷;무함] 것이 아닌 것 같아 경거망동(輕擧妄動)하는 것 같아 이것을 기록하여 경계하여 이른 것이다.

< 그림1-70 > 단두(斷頭)

< 그림1-71 > 포수(抛首)

11) 골돌의 격(鶻突之格)

論鶻[252]突之格

此鶻突者，模糊不明之謂也。穴星闊大，微有界水，粗看[253]則無，細察則有，亦太極暈之類也，最為貴穴。吳公下浮梁盧氏九癭夫人祖地，及豐城楊尚書祖地合此。圖具下。論

< 그림1-72 > 골돌격(鶻突之格)

< 그림1-72 > 의 골돌격(鶻突格)은 모호(模糊)하여 분명하지 않는 것을 말한다. 혈성(穴星)이 넓고 커 미미하게 물의 경계가 있다. 대충 보면[粗看:조간] 없고, 세밀하게 보면[細察:세찰] 있다. 역시 태극훈(太極暈)의 유(類)이다. 가장[最為] 귀한 혈이다. 오공(吳公)이 하장한 부량(浮梁) 노씨(盧氏)의 구영부인(九癭夫人) 조지(祖地)와 풍성(豐城) 양상서(楊尚書) 조지(祖地)가 이 격에 합당하다. 아래에 구체적인 그림이 있다.

左地在浮梁縣東鄉，吳國師景鸞下也。國師與李德鴻善。凡其鄉之山水，亦多指示。獨此地為盧氏下。既下，謂李曰：「昨為盧氏下一國后地。」李曰：「何不指我？」國師曰：「子美地已多，何其貪耶？」李曰：「公侯將相，何能敵國后之尊乎？」國師曰：「是不難，吾為子圖之。」曰：「令起[254]而鬻之乎？」曰：「不然，令彼貴氣歸子家耳。但勿洩。」於是，國師詔盧 曰：「前所下地將軍仗劍形，劍上宜堆九墩[星]，則其應神速。」盧果堆之。國師囑李曰：「予宜戒[255]爾子孫，盧氏有女選妃，臨行而發癭，乃貴女也，宜娶之。他日產子，必貴。」李氏如其言以戒子孫，有「娶婦須娶盧氏女」之訓。其後，盧氏果生一女，應朝

252) 鶻(골) : 송골매, 산비둘기 ☞ 鶻突(골돌) : 얼떨떨하다. 흐리멍덩하다. 어리벙벙하다.
253) 粗看(조간) : 대충 보다. 휙 둘러보다. ☞善(선) : 사이좋다. 친하다. 화목하다.
254) 起(기) : (값이)오르다 ◦鬻(육) : 팔다. ◦ 장군장검형(將軍仗劍形)
cf 안검귀인(按劍貴人)
255) 戒(계) : 설득하다. 알리다. ☞貴顯(귀현) : 벼슬이나 신분, 명성이 높아 유명함

選，至期忽發九瘦，不入選。李氏子孫如公所戒，果娶此女。其後生九子，皆貴顯，俱腰金。至今浮梁相傳為九瘦夫人墓云。

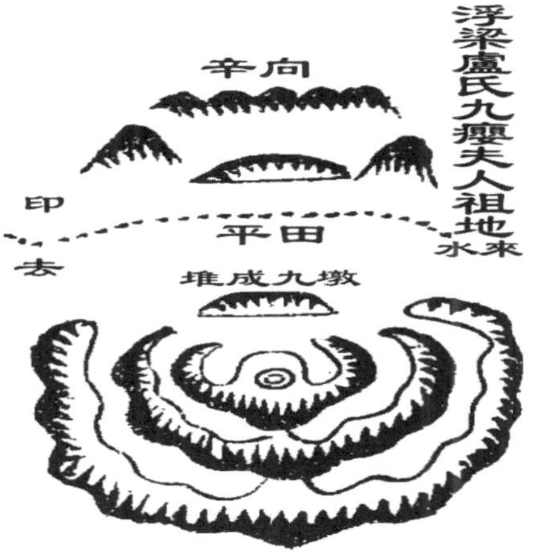

< 그림1-73 > 노씨(盧氏) 구영부인(九瘦夫人)

< 그림1-73 >의 자리는 부량현(浮梁縣) 동향(東鄉)에 있고, 오국사(吳國師) 경란(景鸞)이 하장을 하였다. 국사(國師)와 이덕홍(李德鴻)은 사이가 좋았다. 무릇 부량현의 동향[其鄉]의 산수도 많이 보여주고 가리켰으나, 다만 자리는 노씨(盧氏)를 하관하여 이미 하장을 하고 이씨에게 말하여 이르길 ‘ 앞서[昨; 작] 노씨(盧氏)를 하장한 곳은 일국(一國)의 왕후가 되는 자리이고, 이씨가 이르길 ‘어찌 나에게 알려주지 않았느냐?’ 고 하니, 국사(國師)가 이르길 ‘ 당신은 이미 미지를 이미 많이 있는데 어찌 미지를 탐내는 가 ? 하고, 이씨가 이르길 ‘ 공후장상(公侯將相)이 어찌 나라의 왕후의 존귀함에 대적하겠는가?’ 하였다. 적국(敵國)에서 장래에 존경받을 수 있는가?’ 하고, 국사(國師)가 이르길 ‘ 이는 어렵지 않으니 내가 그대가 도모하는 방법을 알려 주겠다’ 고 하였다. 이씨가 이르길 ‘ 값을 올려 팔도록 하겠는 가?’ 고 하였고, 이르길 ‘그렇지 않으나 그 귀기(貴氣)가 그대 집에 돌아오도록 할 뿐이다. 다만 말하지 마라 ’ 고 하였고, 이에 오국사(吳國師)는 노씨(盧氏)를 찾아 이르길 ‘ 미리 하장한 자리는 장군장검형(將軍仗劍形)인 바 검(劍) 위에 마땅히 구돈(九墩[星])이 쌓으면 그 응함이 신속(神速)하다.’ 고 하였다.

노씨(盧氏)는 과연 구돈(九墩)을 쌓았다. 오국사(吳國師)는 이씨(李氏)에게 부탁하여[囑;촉] 이르길 '마땅히 노씨(盧氏)집에 여식이 왕비에 선발되어[選妃] 출발할 때가 되어[臨行] 목덜미에 혹이 생겼으나[發瘻;발영] 그녀가 귀인(貴人)이니[乃] 너의 자손[爾子孫]을 설득하여[戒:계] 마땅히 그녀를 처로 맞이하면 훗날[他日] 아들을 낳아 반드시 귀하게 된다.' 고 하였다.
이씨(李氏)는 그의 말처럼 자손을 설득하여[以戒이계] '장가갈[娶婦] 자손이 있으면 반드시 노씨의 딸[盧氏女]을 맞이하라' 고 훈계(訓戒)하였다.
그 후에 노씨(盧氏)는 과연 한 명의 여식이 자라서 후비 선발[選]에 응할 무렵[至期:지조] 홀연히 아홉 개[九]의 혹[瘻]이 발생하여 선발에 참여하지[入] 못하였다. 이씨(李氏)의 자손(子孫)은 오공(公)이 훈계한 바와 같이 그녀에 장가들어 과연 그 후에 9자를 낳아 모두 벼슬을 하여 신분이 높아[貴顯:귀현] 모두 허리에 금대(金帶를 찼다. 지금까지도 '부량현(浮梁縣)에서 대대로 이어 전하여[相傳] 구영부인묘(九瘻夫人墓)' 라 고 전한다.

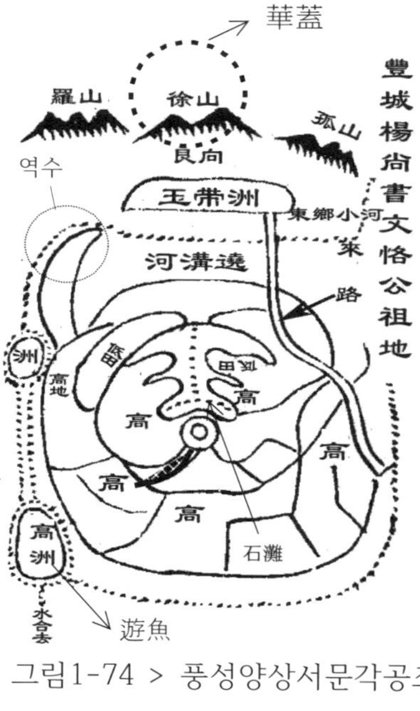

右地在豐城縣東南二十里，土名石灘，俗呼[256]笑天龍形。其龍起自聳峰山作祖，撒落平洋，順流逶迤而來。二十餘里，隱隱隆隆，鋪氈展席。將及結穴，翻身逆水張朝，大展平面飛蛾。角上出脈，穴臨水際。登穴視之，似於散亂無情。細察其穴，略起微泡，左右依稀[257]繞抱。當面石灘高田橫攔，以為近案。案外徐山華蓋遠朝。面前東鄉之水朝穴。下手銅釘口外有游魚鎮塞水口。山水大會，真貴地也。楊氏塟後，出月湖公廉，官至尚書，為明朝理學名臣，迄今子孫鼎盛未艾。

< 그림1-74 > 풍성양상서문각공조지 (豐城揚尙書文恪[258]公祖地)

256) **俗呼(속호)** : 일반적으로 ~라고 하다.

<그림1-74 >의 자리는 풍성현(豐城縣) 동남(東南)방 20리(里)에 있고, 토명(土名)은 석탄(石灘)이며, 일반적으로 소천룡형(笑天龍形)이라 한다. 그 용은 용봉산에서 일어나 조산을 만들고 평양에 떨어져 흩어져 물을 따라[順流] 위이(逶迤)하여 20여리(餘里)를 내려와 은은륭륭(隱隱隆隆)하게 전순을 펼쳐[鋪氈] 자리를 만들고[展席;전석], 결혈할 즈음에 이르러[將及:장급] 용신을 뒤집어 역수(逆水)을 하여 흘러오는 물이 넓게[張朝水] 크게 펼쳐[大展] 평면이 되었고, 모서리 위에서 출맥하여 불나방[飛蛾;비아]처럼 날아와 혈이 물이 임할 때 즈음에 혈에 올라보면 산란(散亂)하여 무정한 것 같으나 그 혈을 자세히 보면 미포(微泡)가 약간 솟고 좌우가 희미하게[依稀:의희] 감싸면[繞抱] 혈을 마주하여[當面] 석탄(石灘)이 높은 밭을 횡으로 막아 근안으로 삼았다.

가까운 안산(近案) 밖에 서산(徐山)이 화개(華蓋)로 멀리서 향하고 면전에 동향지수(東鄉之水)가 혈을 하고 하수(下手)에 동정구(銅釘口) 외 유어(游魚)가 수구를 막고[鎭塞;진색] 산수가 크게 모여 참으로 귀지이다. 유씨(楊氏)를 장사 후[葬後]에 월호공(月湖公) 염(廉)이 태어나 벼슬은 상서(尙書)에 이르렀고, 명조(明朝)에 유명한 이학자[理學者] 명신(名臣)이며, 지금에 이르기까지[迄今:흘금] 자손이 한창 흥성하여[鼎盛:정성] 아직 끝이 없다[未艾].

12) 병돌격(幷突格)

<그림1-75>병돌도 (並突圖)

此並突者，兩突相粘聯起也，法當扦交界259)之間。蓋以兩突合氣，融聚在中，故曰並。此穴極貴，惟大龍旺盛者方有此穴，至難體認，務須細辨，不可忽略260)。吳國師仲祥下吾邑董氏一地，兩虎爭肉形，合此式，圖具

<그림1-75 >의 병돌(並突)은 양돌(兩突)이 서로 붙어 연결되어 솟은 것이다.

257) 依稀(의희) : 희미하다. 어렴풋하다. ☞ 以爲(이위) : 생각하다. 여기다. 인정하다.
258) 恪(각) : 삼가다. 표준. 공경함 ☞ 迄今[(흘금) : 지금에 이르기까지
259) 交界(교계) : 경계선이 맞닿다. 접경(接境). 인접하다. 두 지역의 경계가 서로 맞닿음 ☞界(계) : 범위
260) 忽略(홀략) : 소홀히 하다. 등한히 하다. ☞忽(홀) : 문득. 소홀히 하다. 다하다.

장법은 마땅히 경계선이 맞닿는[交界]의 구역(공간)에 천장한다. 대개 두 돌의 중간에 기가 합쳐져 (지기가) 모이므로 병(並)이라 하였다. 이 혈은 매우 귀하다. 다만 왕성(旺盛)한 큰 용이 바야흐로 이러한 혈이 있더라도 알아보기 대단히 어렵다[至難;지난]. 힘써 반드시 상세하게 분별하여 소홀히[忽略;홀략] 할 수 없다. 오국사(吳國師) 중상(仲祥)이 하장한 오읍(吾邑)의 동씨(董氏)의 한 자리가 양호쟁육형(兩虎爭肉形)으로 이 격식에 합당한 그림은 아래에 구비하였다.

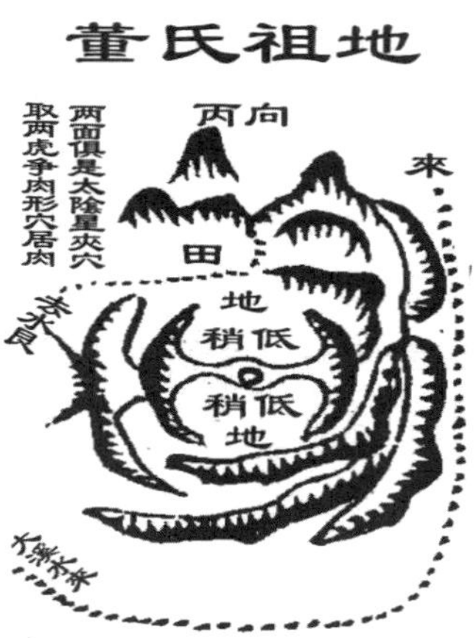

右地在吾邑八都，土名海口南五里。其龍甚旺，將入首，起太陰，落為平坡，複起太陰，兩星相照，穴立平坡之中二突相並處。前朝貴人立馬案。葬後出進士數十人，翰林、理學數人。盤澗先生鐵、深山先生鼎，皆朱子門人，此地之鍾應也。兩面俱是太陰星夾穴，取兩虎爭肉形，穴居肉。

< 그림1-76 > 양호쟁육형 (兩虎爭肉形)

< 그림1-76 >의 자리는 오읍(吾邑)의 8도(八都)에 있으며, 토명은 해구(海口)의 남(南)으로 5리(五里)이다. 그 용은 심히 왕성하며 입수할 즈음[將入首]에 태음(太陰) 문성을 일으키고 낙맥하여[落] 평지(平坡)가 되었고, 다시 태음(太陰)을 일으켜 두 봉우리가 서로 혈을 향하여[相照穴] 평지의 언덕[平坡] 가운데 두 개의 돌이 서로 합하는 곳[相並處] 앞에서 마상귀인[貴人立馬]을 안산으로 하였다[立]. 장사 후에 진사(進士)가 수십인(數十人)이 나왔고, 한림(翰林)에 이학(理學)이 수인(數人)이며, 반간(盤澗) 선생(先生) 철(鐵)과 심산(深山) 선생 정(鼎)은 모두 주자(朱子)의 문인(門人)이다. 이 자리[此地]는 기가 모여 응한 것이다. 양면에 같이 태음(太陰)의 봉우리가 혈을 끼고 있어, 두 호랑이가 고기를 놓고 다투는 형국으로 혈은 고기에 있다[穴居肉].

13) 와(窩)라도 와(窩)에 장(葬)하지 못하는 와격(窩格)

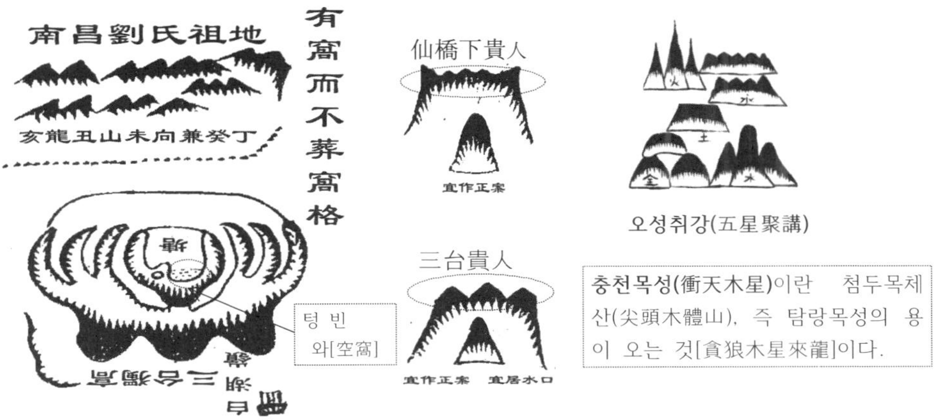

<그림 1-77 > 남창(南昌) 유씨(劉氏) 조지(祖地)

左地在南昌白湖嶺南。其龍分省龍之旺氣，透漏[261]而結穴者也。伯鶴仙岡開金水帳，帳中抽出。至東城門渡峽，複到帳幕嶺五星聚講[262]，橫開仙橋大帳，中抽出。至西城門，又大斷，起白湖衝天木星，清秀可愛。正脈渡江去結省城[263]。此龍發自白湖側面，成正體三台。中峰一線小脈抽下，複起太陽金星，老龍抽出[264]嫩枝結穴。但正面夷坦，似窩非窩，乃是空窩，無氣。穴閃一邊，且落低平，結成下聚。昧者或病其龍短。不知此乃大幹旺處，寸寸是玉。矧三台一節結穴，為至貴之格。只是穴星有窩而不葬，極為難認。蓋真氣閃於左畔，略成微突，如老蚌吐珠，穎異非常。左右彎抱有情，面前河水纏繞，奇峰朝揖，真美地也。宣德九年劉氏葬後，人財大旺，科甲蟬聯[265]。何野雲鉗記録於後。

261) 透漏(투루) : 새다. 알려지다. 누설하다. 드러나다.
262) 오성(五星)이 함께 있는 오성취강(五星聚講)은 생극(生剋)을 불문(不問)한다. 취강격(五星聚講格)은 현인 명사가 한자리에 모여 도덕을 의론하듯 금·목·수·화·토형의 산이 한곳에 모여 있는 곳을 말한다 .☕ 취강(聚講)은 오성(五星)의 성채(星體)가 다르게 나타나는 것이고 ☕ 귀원(歸垣)은 오성의 방위(方位)가 정(正) 위치에 바르게 나타난 것이다.
263) 省城(성성) : 성 소재지. 성도 ☞ 抽(추) : (싹 따위가) 돋다. (이삭 따위가) 패다[나오다]. ☞ 矧(신) : 하물며. 더군다나 ☞老蚌(노방) : 씹조개. 노인
264) 抽(추): 싹이 나오다. ☞出(출)생겨) 나다. 발생하다. (싹·잎사귀 따위를) 내다[나(오)다].
265) 蟬聯(선련) : (매미의 울음소리같이) 길게 이어지다. 연임하다. 연속하다. 재임하다. ☞蟬(선) : 잇다. 이어지다.

<그림 1-77>의 자리는 남창(南昌) 백호령(白湖嶺) 남(南)에 있으며, 그 용은 성룡(省龍)의 왕기(旺氣)를 나누어 드러내어[透漏;투루] 혈을 맺은 것이다. 백학선강(伯鶴仙岡)이 금수의 장막[金水帳]을 열어 장막 가운데에서 생겨서 나와[抽出] 용이 동성문(東城門)에 이르러 협을 건너고[渡峽:도협] 다시 장막령(帳幕嶺)에 이르러 5성 취강(聚講)격이고, 횡으로 선교(仙橋)의 큰 장막을 열어 가운데 빠져나와 서성문(西城門)에 이르렀고 또 크게 끊어 과협을 하여 백호령(白湖衡)에 목성(木星)이 하늘에 솟아 빼어나[清秀;청수] 예쁘다.

정맥이 강을 건너가 성도[省城]를 맺었다. 이 용은 백호령 측면에서 출발하여 정체(正體)의 삼태(三台)를 이루었다. 중봉(中峰)에서 일선(一線)이 작은 맥이 아래로 빠져 나와[抽下] 다시 태양금성(太陽金星)을 일으켜 노룡(老龍)에 부드러운 지각[嫩枝:눈지]이 생겨 나와[抽出;추출] 혈을 맺었다.

다만 정면(正面)이 평탄하여[夷坦:이탄] 와혈[窩穴] 같으나 와혈이 아니다. 이는 텅빈 와(窩)로 기가 없다. 혈은 용신을 피하여[閃:섬] 한 변이 또 낮고 평평한 아래로 떨어져 아래에 기가 모여 혈을 맺는 데 사리에 밝지 못한 사람은[昧者] 혹 짧은 용을 병으로 여기고 이 용(龍)이 곧 대간룡이 왕성한 곳으로 마디마디[寸寸]가 옥의 땅인 것을 모른다.

하물며[矧;신] 삼태(三台) 일절(一節)에 혈을 맺으면 매우 귀한 격이다.

다만 혈성(穴星)이 와(窩)이나 매장하지 않는 것은 지극히 알기 어렵기 때문이다. 대개 진기(真氣)는 용신을 피하여 좌측에 노방토주형(老蚌吐珠形)과 같이 약간[略] 미돌(微突)을 이루어 빼어나[穎異] 예사롭지 않다[非常]. 좌우가 만포(彎抱)하여 유정(有情)하다. 면전(面前)에 하수(河水)가 둘러싸[纏繞전요] 기이한 봉우리가 조읍(朝揖)하여 진실로 아름다운 자리이다.

선덕(宣德) 戊寅 9년(九年:1434년)에 유씨(劉氏)를 장사 후에 인재(人財)가 대왕(大旺)하여 과갑자[科甲者]가 계속 이어졌다[蟬聯]. 하야운(何野雲) 겸기록(鉗記録)을 뒤에 이어 부쳤다.

宣德十年，歲在乙卯，予道經南昌之梓溪，因訪劉氏季直，相見如故[266]，朝夕不怠。與論陰陽地理之說曰：「『卜其宅兆而安厝[267]之』，此人子大事。矧自古以

266) 如故(여고) : 전과 같다. 오래 사귄 것 같다. 원래와 같다. 구면 같다.

來，有國有家者，莫不[268]擇乎山川形勢，以定陰陽二宅，為子孫久遠之計。」季直唯唯[269]。又旬餘，告予曰：「某舊冬葬先室於白湖嶺，願師一鑒之。」予諾之。遂往觀之。見其地誠為千載[270]松楸之所也.

선덕(宣德) 10년 해[歲]는 을묘(乙卯)년[1435년]에 내가 남창의 재계(南昌之梓溪)를 지나가다가[道經] 유씨(劉氏)의 계직(季直;후한 말과 삼국시대 위나라의 인물)을 오래 사귄 친구와 같이[如故;여고] 조석으로 게을리 하지 않고[不怠;불태] 서로 만나[相見] 음양지리설(陰陽地理之說)을 논할 때 이르길 '묘지[宅兆;택조]의 길흉화복을 판단하여[卜;복] 관을 안치(安置)하는 것이 인자(人子)로서 대사(大事)이고 하물며[矧;신] 오래전부터 내려오면서[自古以來] 나라가 있고 집이 있는 사람은 산천의 형세(山川形勢)을 선택하여[擇] 음양이택(陰陽二宅)을 정하여 자손을 위하여 영원하고 무궁한 계획을 하지 않는 사람이 없다' 고 하였다. 계직(季直)이 순종하여[唯唯;유유] 대답하고 또 십여 일 남짓[旬餘;순여] 후에 내게 이르길[告予曰] ' 옛날 어느[某;모] 겨울에 전처[先室]를 백호령(白湖嶺)에 매장을 하고 선생께서 한 번 감정(鑒定)을 원하여' 내가 승낙(承諾)하고, 마침내 가서 보니 그 땅은 진실로 꼭 조상의 분묘를 받들어 모실[千載松楸;천재송추]의 땅이었다.

因留鉗為後驗云。鉗曰：湖峰美地穴難扦
겸(鉗)이 머문 이유는? 나중에 응험을 위한 것이거늘 겸(鉗)이 이르길 ' 백호봉(白湖峰)에 아름다운 자리에 혈을 천장하기 어렵네,

左畔仙宮汝占先
좌측[左畔]의 선궁(仙宮)을 너[汝;여]가 먼저 차지하였네[占先]

二十四神皆揖拱，三十八將盡朝元[271]

---

267) **安厝(안착)** : 영구(靈柩;棺;관)를 일시 안치(安置)하다.
268) 莫不(막불) : ~하지 않는 자가 없다. 모두~하다. 예외 없이 모두
269) 唯唯(유유) : 시키는 대로 순종(順從)함. 주로 문어(文語)에서, 시키는 대로 하겠다고 공손(恭遜)히 대답(對答)하는 소리.☞ 唯(유) : 오직. 대답하다. 「예」하고 공손히 대답하는 말 ☞某(모): 어느 ☞ 先室(선실) : 전처(前妻). 죽은 아내. 선처(先妻)
270) 千載(천재) ; 좋은 기회 ◦千(천) ; 반드시. 꼭. ◦載(재) ; 받들어 모심. 두다. 놓아 둠. ☞ 松楸(송추) : 묘자리 근처에 심는 나무 . 묘. 조상의 분묘

24신(神)이 모두 공읍[揖拱]하고, 38(三十八)의 장상이 모두 근원에서 모이니

搗藥杵聲猶未息, 此龍枕住老龍眠。
공이로 약을 찧는 소리가 오히려 멈추지 않고 이 용이 베개를 베고 머무니 노룡은 잠들었네.

丑山未向坤申水, 子息金階玉殿宣。
축좌미향[丑山未向]에 곤신(坤申)파(破)는 자식(子息)들에게 금으로 만든 섬돌과 옥으로 지은 전각[金階玉殿]을 베풀어 주 것이다

先出文林並奉議,
먼저 문인들의 모임에 나가고[文林] 봉의랑[奉議郞] 벼슬을 하고
남쪽 마을과 북쪽 마을의 밭을 두게 되었다.

南鄕北隣置[272]莊田。
남쪽 고향과 북쪽 가까운 전답[경작지][莊田;장전]을 구입하고

稅錢三萬七千貫, 金玉盈箱不計年。
세전은 3만 7천관이며 금옥의 상자에 그득하여 그 해에 헤아릴 수 없네.

二代神童如及第[273], 生成鐵樹也生煙。
2대에 신동(神童)이 급제를 하고. 쇠로 만드는데 나무에 또 연기가 피어오르네.

---

271) ◦原(원) : 언덕. 근원. 찾다. 고지식하다.
☞사마(四馬)가 조원(朝元)은 역마의 자리인 인신사해(寅申巳亥)가 년에서 록을 보는 것으로 좋은 작용을 하면 영화롭고 귀하지만, 나쁜 관계가 되면 파가(破家)하거나 직업을 잃고 승도가 되거나 유랑한다. ☞ 杵(저) : 공이. 절굿공이. ◦搗(도) : 찧다. 침. 다듬이질함
272) 置(치) : 사(놓)다. 장만하다. 마련하다. 구입하다.
273) 如(여) : 가다. 이르다. 미치다. ◦及第(급제) : 급제하다. 과거에 합격하다.
◦添(첨) : 아이를 낳다. 첨가하다.

若問人丁多少數？芝麻一石[274]數當添。兄弟四房俱發福，燒些錢帋玉爐邊。
만약 자손이 숫자가 어느 정도인가[많고 적음]를 물으면? 참깨[芝麻;지마] 한 섬[가마니][一石] 수에 해당하는 아이를 낳는다[當添;당첨].

兄弟四方俱發福，燒紫錢紙玉爐邊。
형제들이 사방에 같이 발복하며 자색 지전(紙錢;종이 돈)을 옥로변(玉爐邊)에 태우는 것이다.

14) 겸(鉗)이라도 겸에 장사하지(葬) 못하는 겸격(鉗格)

右地在華容縣東八十里，土名七峰山。其龍來脈甚遠，不詳述。比入局，開大帳，頓跌數峰，磊磊落落，龍勢雄昂，氣甚旺盛。卻入首一節，抽出平緩，為蘆鞭貴格結穴。穴開鉗口，鉗中陡峻，不能融結。乃就脈棄鉗而點蓋穴，沙水亦皆應副。此緩來急受，故不葬鉗而挈高取穴，亦以避其鉗中之峻耳。與鉛山費狀元烏石山祖地頗相似，乃江右雷氏所卜。嘉靖己丑年葬，癸巳年生喬桂公，登戊辰進士，官翰林吉土，今福祉未艾。

<그림 1-78 > 유겸이부장겸격(有鉗而不葬鉗格)

<그림 1-78 > 의 자리는 화용현(華容縣) 동쪽 80 리(里)에 있으며 토명(土名) 칠봉산(七峰山)이다. 그 용은 내맥(來脈)이 너무 멀어 상세하게 기술할 수 없다. 입국(入局)할 즈음에 크게 개장하고 뚜렷하게[磊磊落落] 여러 봉우리가 솟았다가 달려가 머무러[頓跌:돈질] 용세(龍勢)가 웅장하고 높아[雄昂:웅앙] 기운이 너무 왕성하다. 오히려 입수(入首) 일절(一節)이 평탄하게 생겨나와[抽出] 노편(蘆鞭)의 귀한 격은 혈은 겸구를 열어 혈을 맺었다. 겸(鉗)

274) 石(석):부피의 단위. 섬. 녹봉(祿俸)의 단위. ☞平緩(평완) : (땅이) 평탄하다. 완만하다.

가운데가 높고 험준하여[陡峻;두준] (혈을) 융결(融結)할 수 없다. 곧 겸(鉗)을 꺼리어 멀리하고[棄;기] 맥을 가까이하여[就] 대개 점혈(點穴)을 한다. 사수(沙水)도 모두 응하여 보좌하여(시중들어)[副] 이곳이 완만하게 내려와 급하게 받는다. 그러므로 겸(鉗)에 장사하지 않고 높게 이루어진 곳[挈;설]에 혈을 취하고 또 겸(鉗) 가운데 준급(峻急)한 데를 피한다. 연산(鉛山) 비장원(費狀元)의 오석산(烏石山) 조지(祖地)와 혈이 자뭇[頗; 파] 서로 비슷하다. 강(江)의 오른쪽에 뇌씨(雷氏)가 미리 판단한 곳[卜占:所卜]이다. 가정(嘉靖) 기축년(己丑年:1,529년)에 장사한 후 계사년(癸巳年:1,533년)에 교계공(喬桂公)을 낳았고 무진(戊辰)년[1,568년]에 진사(進士)에 오르고, 벼슬은 한림(翰林)에 오르니 좋은 땅이다. 현재에도 복지가 끝나지 않았다.

15) 유(乳)가 있으나 유(乳)에 장사하지[葬] 못하는 유격(乳格)

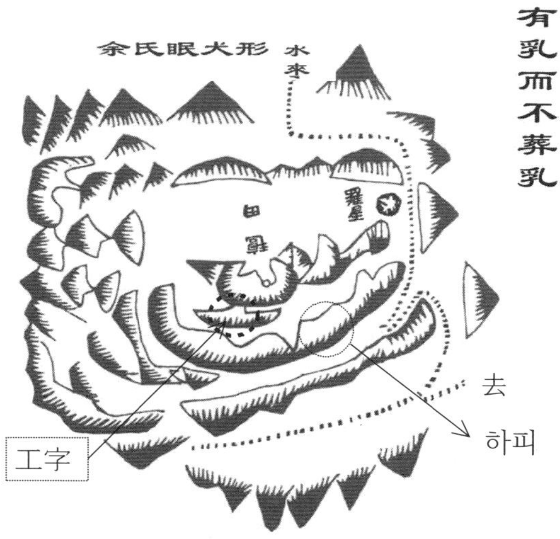

<그림 1-79 > 여씨(余氏) 면견형(面犬形)

右地在吾邑治南五里，土名長塘。其龍來遠不述其龍法背面下。入首工字龍格，霞帔[275]渡脈。起土星挂角穴，乃脈從左來，穴以右受，有垂珠倒氣[276]，成太陽頭

275) 霞帔(하피) : 옛날, 귀족 부인의 예복으로 목에서 앞가슴까지 덮는 어깨 덧옷.
276) 垂珠(수주) : 상하(上下) 사방(四旁)이 둥글고 미미하게 관주맥(串珠脉)이 있다.
☞ 貫珠形(관주형) : **혈이 구슬을 연속[連珠]으로 꿰어 놓은 것처럼 생긴 형상로 산이 이어**

腦，開口腦下，合土星角穴正格。故不取乳，以中乳直硬不受穴，挂角聚氣藏風，後有鬼星，前有氈褥，左右夾照，弦棱明白，証得穴真。俗呼[277]眠犬形，懷中氣動穴。葬後出肯山公鍧，登嘉靖丙戌進士，官衢州府太守，人丁大旺，巨富，稅銀千石，應例登仕籍衣冠數十人，福祉方隆。

<그림 1-79 >의 자리는 오읍치(吾邑治) 남(南) 5리(里)에 있고 토명(土名)은 장당(長塘)이다. 그 용은 내룡(來遠)이 멀어 기술할 수 없다. 그 용의 형상[法] 배면의 아래에 입수(入首)가 공자(工字) 모양의 용격(龍格)으로 하피(霞帔)모양에서 건너온 맥이 토성을 일으켜 토성 모서리에 이어 혈[挂角穴;괘각혈]을 맺었다. 맥은 좌측을 따라와서 혈은 우측으로 받았고 수주(垂珠)와 도기(倒氣)있어 태양[太陽]두뇌(頭腦)을 형성하여 두뇌 아래에 개구하여 토성의 모서리가 합당하면 혈은 정격이다. 그러므로 유(乳)을 취할 수 없는 까닭은 유 가운데[中乳]는 곧고 굳어[直硬:직경] 혈을 받아들일 수 없다.

(혈이) 모서리에 연결되어 장풍이 되어 기가 모이고 뒤에는 귀성(鬼星)이 있고 앞에는 전순(氈褥)이 있고 좌우(左右)의 용호가 혈을 향하여[照] 끼고 조응하고[夾照;협희] 현릉(弦棱)이 분명한 혈증을 득하여 혈이 진짜이다.

일반적으로[俗呼:속호] 면견형(眠犬形)이라고 하여 가슴속[懷中;회중]에 기가 활발하게 움직이는 혈이다. 장사 후[葬後] 긍산공(肯山公) 굉(鍧)이 태어나 가정(嘉靖) 병술(丙戌)년[1,466년]에 진사(進士)에 오르고 벼슬은 구주부(衢州府)의 태수(太守)에 이르렀고 인정(人丁)이 크게 왕성하고 거부(巨富)로 조세량[稅糧]이 천석(千石)이고 응험한 예로 사적(仕籍)에 오른 관료[衣冠]가 수십 인이며 복지가 사방에서 융성하다.

16) 돌(突)이 있으나 돌(突)에 장사하지[葬] 못하는 돌격(突格)

左地在永康縣西五里。其龍與邑龍數十里外分脈，逆溪水上奔。複盤轉入局，逆田源朝北結穴。穴形奇怪有突。有突而不葬於突，不串龍勢，不對[278]明

져 있는 모양으로 주주룡(走珠龍)이 띠[帶;대]를 이룬 것이다. 혈(穴)은 주상(珠上)에 있고[居] 미인(美人)으로써 안산[案]이 된다.

☞ 倒氣(도기) : 위로부터 아래로 치우쳐 평탄한 복부 같고 수성(水星)중에 둥근 것이다.

277) 俗呼(속호) : 일반적으로~이라 한다. ◦俗(속) : 풍속. 세상 ◦呼(호): 부르다. 부르짖다

堂、龍虎，俗眼即為死氣之處。左砂硬[279]奔，攔在面前，明堂傾斜。殊不知十里田源暗朝，繞過明堂而纏玄武，大溪水交會，真龍盡氣鐘之吉也。先一家葬，退敗遷去。明師劉永太複為徐氏指葬舊所。徐氏曰：「彼既不吉，何為葬舊穴？」劉曰：「淺深不同，乘氣有異。且此地本主先凶後吉。今彼既已退敗一代，而君葬則凶氣已去，吉氣將來。」徐如其言，葬之，果出侍郎。又科第數人，富貴未艾。今太守公師夔、師臯諸貴，皆出此地。劉永太課云：一代伶倌二代貧，三代頗有讀書生，四代為官常近帝，五代六代榜聯登。巳山亥向

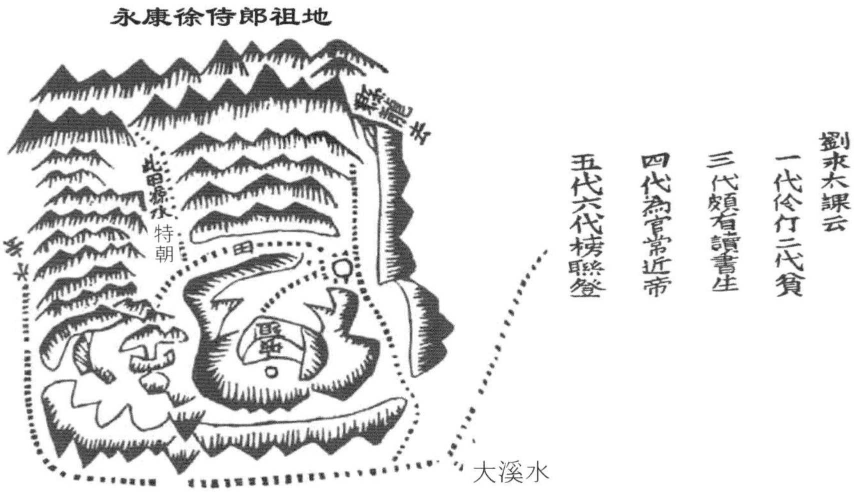

<그림 1-80 > 영강서시랑조지(永康徐侍郎祖地)

<그림 1-80 >의 자리는 영강현(永康縣) 서(西)쪽 5리(里)에 있으며, 그 용은 읍룡(邑龍)과 수십 리(數十里) 밖에서 분맥(分脈)하여 시내를 따라 흐르는 물[溪水:계수]을 역으로 거슬러 위로 곧장 흘러가다가[上奔:상분] 다시 구불구불하게 돌아 입국(入局)을 하여 전원수[田原]를 거슬러 북쪽에서 마주하여 혈을 맺었다. 혈형(穴形)이 괴이한[奇怪:기괴] 돌이다. 돌이 있으나 돌(突)에 매장할 수 없다. 용세에 이어지지[貫:관] 않고, 명당에 용호가 없어[對] 속안

278) 對(대) : 만나다. 이루다. 성하게 됨. ◦ 死(사) : 생기가 없다. 그치다. 사라지다.
279) 硬(경) : 무리하게 ,굳다. 완강하다. 가로막다. ☞既已(이이) : 이미. 기왕에. 이미 끝나다.

(俗眼)으로 곧 기가 사라진[死氣] 곳이고 좌사가 곧장 나아가[奔:분] 가로막아[硬:경] 전면을 막고 있다. 명당은 경사져[傾斜] 10리(里)의 전원수(田源)가 암조(暗朝)하여 명당(明堂)을 감싸 지나고, 혈 뒤에 현무(玄武)을 감싸[水纏玄武(수전현무):물이 혈후(穴後)로 감싸고 돌아감] 대계수(大溪水)가 만나 모여[交會] 진룡처에 기가 모여 좋은 것을 모른다.

서씨가 이르길 불길한데 어찌 구혈(舊穴)에 매장을 하는가? 유씨 이르길 '천심(淺深)이 같지 않아 타는 기(氣)가 서로 달라 또 이 자리는 본래 먼저 흉하고 후에 좋다. 현재 그가 이미[既已:기이] 일대가 퇴패(退敗)하여 군(君)이 장사를 지내면 흉한 기가 이미 없어져 좋은 기가 곧 오게 온다.' 고 하였고, 서씨가 그이 말과 같이 장사를 하여 과연 시랑(侍郎)의 벼슬이 나고, 또 과거급제자[科第]가 여러 사람이 나왔으며 부귀가 아직 끝나지 않았다. 지금도 태수공(太守公) 사기(師夔)와 사고(師皋) 등 여러 벼슬이 모두 이 자리에서 나왔다. 유영태(劉永太)가 과(課)에 이르길 ' 일대(一代) 하인 벼슬[伶倌;영관]을 하고, 2대(二代)는 빈(貧)하고, 3대(三代)는 자뭇 독서생(讀書生)을 하고, 4대(四代)는 벼슬로 항상 임금을 가까이 하고 5대(五代) 6대(六代)는 연달아 과거를 하여 방에 붙는다[榜;방]. 좌향은 사좌해향(巳山亥向)이다.

제3절 혈성론(穴星論)

穴星[280]論

---

280) 혈성(穴星) : 입수(入首)하는 내룡(來龍)이 혈장(穴場)을 일으키는 것 즉 혈을 맺는 산
<출처> 『지리정종』

1.혈을 맺는 산줄기에는 반드시 잘 생긴 모양의 봉우리가 있기 마련인데 이를 혈성(穴星)이라 한다. 혈성을 보고 혈을 판단한다.

2.혈성을 본다고 할 때는 산줄기를 보는 것이 아니라 산을 낱개의 덩어리로 파악하는 것이다.

3.이 때 산봉우리 즉 산의 머리 부분을 중점적으로 보는 것이지만 머리[봉우리]와 아랫부분의 각(脚)을 함께 보기도 한다.

4.오행 중 한 가지로 분류가 애매한 상태로 기운이 섞여있는 경우
☞금두목각(金頭木脚) 금두화각(金頭火脚) <출처> 조인철『우리시대의 풍수』, p179

此一卷專論穴星。凡點穴，須審入首之山成某星體。星體明白，方是真氣融結。若入首之山不成星體，即是真氣不融。楊公云：「觀星裁穴始為真，不論星辰是虛誑。」但諸家星體，立法殊途[281]，故美惡吉凶，紛紜[282]不一。議者或為五星為正，九星為變。殊不知五星即五行也。五行之變，不可勝形。朱子謂「五行之變，至於[283]不可窮盡。」然則九星又安[284]能盡其變哉！惟其融結成穴，雖有正變不同，而其形體未嘗[285]離於五星。是五星誠守約[286]賅博，一定不易之理。又何泥夫諸家巧立異名之謬哉！謹以子微五星，參酌廖氏模範，定為 穴星三格。端正者曰正體，偏斜者曰側腦，倒地者曰平面。而各貫以窩、鉗、乳、突四象，庶幾星形明白，免於眩惑，而易簡之理得矣。

1) 머리말

이 한권(一卷)은 혈성(穴星)만 논하고자 한다. 무릇 점혈(點穴)은 입수한 산(入首之山)이 어느 성체(星體)를 이루었는지를 반드시 살펴야 한다. 성체(星體)가 명백(明白)하면 비로소 진기(真氣)가 모인다[融結]. 만약 입수한 산이 성체를 이루지 못하면 진기(真氣)가 융결하지 못한다.

양공(楊公)이 이르길 '**봉우리를 보고 재혈(裁穴)하는 것이 비로소 참이다.** 성신(星辰)을 논하지 않는 것은 기만하는 것[虛誑;허광]이다.' 고 하였다. 다만 여러 학파[諸家]에서 성체(星體)를 다른 노선[殊途;수도]을 법으로 나타내어 미악길흉(美惡吉凶)을 분분하여[紛紜;분운] 하나같지 않다[不一]. 주장하는 자[議者;의자]들은 혹 오성(五星)을 바른 것이라 하고[為正], 구성(九星)을 오성이 변한 것이라 하나[為變], **오성(五星)이 곧**

281) 殊途(수도) : (유달리) 촉망받는[특별한] 앞날[장래, 전도] ☞ 途(도) : 길, 노선
282) 紜(운) : 어지럽다. 사물이 많아 어지러움
283) 至于(지우) : ~의 정도에 이르다. ~으로 말하면. ~때에 이르러. ~한 결과에 달하다.
◦窮盡(궁진) : 무엇이 다하여 없어 ◦ 不可窮盡(불가궁진) : 다할 수가 없고
284) 安(안) ~ : 왜~. 어째서~. 焉과 쓰임이 같음
285) 未嘗(미상) : 일찍이 ~한 적이 없다. ~이라고 말할 수 없다. 지금까지 ~못하다. 결코 ~(이)지 않다.
286) 守約(수약) : 약속을 지키다. 요소(要所)를 지키다. 약정(約定)을 준수하다.

오행(五行)인 것을 알지 못하고, 오성의 변화가 형상보다 낫다고 해서는 안된다[모두 나타내지 못한다]. 주자(朱子)가 이르길 '오행의 변화는 다하여 끝났다고 할 수 없다'고 하였다. 그러면 구성(九星)은 또 어째서[安] 오행이 모두 변했다고 할 수 있는가! 다만 그것이 융결하여 혈을 이루어 비록 바른 것과 변한 것이 같지 않을지라도 그 모양[形體]이 오성(五星)에 분리된 것[離]이라 할 수 없다[未嘗;미상] [오성에 벗어났다고 할 수 없다]. 이 오성은 진실로 해박함을 준수하여 한 번 정해져 바뀌지 않는 이치[一定不易之理]이다. 또 어찌 무릇 제 학파[諸家]들이 교묘하게 다른 명칭을 붙이는[巧立異名:교입이명] 오류에 빠지겠는가! 삼가[謹;근] 장자미[子微]가 오성(五星)을 고려[参酌;참작] 하였고, 요씨(廖氏)는 본보기[模範;모범]로 혈성 3격(穴星三格)을 정하였다.

단정(端正)한 것을 정체(正體)라 하고, 옆으로 기울어진 것[側斜]을 측뇌(側 한다. 넘어져 둘러싼 것[倒抱;도포]을 평면(平面)이라 하고 사례로 각각 와(窩),겸(鉗),유(乳),돌(突)을 사상(四象)으로 삼아 간절히 바라길[庶幾:서기] 봉우리 모양이 분명하고 현혹(眩惑)됨이 없으면[免] 이치를 쉽게 분별하여[易簡;이간] 안다[得].

2) 혈성(穴星)의 삼대격(三大格)

穴星[287]三大格

一曰正體。夫所謂正體者，以其星辰頭面端正，而規模尊重也。凡正體穴星，鍾五行之正氣，融星象之正形，故其結作，若星體清秀，龍合上格，主極品之貴。星體麄濁，龍非正格，亦主小貴巨富。二曰側腦。夫所謂側腦者，以其星辰頭腦偏斜，而形體欹側也。凡側腦穴星，頭顱雖有不同，融結本無異別。但其閃巧奇藏，故必以樂托為准。若星體清秀，龍合上格，主貴，有威權。若星

287) 혈성에 따른 발복은 현무(주산)의 형상을 기준으로 오행으로 나눈다. 혈성은 혈이 맺혀 있는 자체 봉우리 . ☞ 주성(主星) → 입수룡(入首龍) → 과협→결인속기(結咽束氣) → 화생뇌(化生腦) [頭腦;입수도두] → 혈장(穴場;穴坂혈판)

體麁濁，龍無正格，主慳吝、詭詐、殷富。三曰平面。夫所謂平面者，以其星辰倒地，而形體平夷也。凡平面穴星，高低雖有不同，力量本無二致。若星體清秀，龍合上格，主富貴綿延。若星體麁濁，龍格不明，亦主富厚。

(1) 정체(正體)혈성은

무릇 이른바 정체(正體)는 그 성진(星辰)의 두면(頭面)이 단정(端正)하고 규모(規模)가 엄숙하고 무게가 있다[尊重]. 무릇 정체(正體)의 혈성(穴星)은 오행(五行)의 정기(正氣)가 모여 융결된 것이다. 성상(星象)이 바른 형체이므로 융결하여[其結作] 성체(星體)가 청수(清秀)하고 용(龍)이 상격에 합당하여 가장 좋은 벼슬[極品之貴]을 하고, 성체가 산만하여 어지러우면[麁濁;방탁] 용은 정격이 아니고 또 소귀거부(小貴巨富) 한다.

(2) 측뇌(側腦)혈성은

무릇 이른바 측뇌(側腦)는 그 성진(星辰)의 두뇌(頭腦)가 편사(偏斜)하고 형체(形體)가 옆으로 기울어진 것[欹側;의측]이다. 무릇 측뇌혈성(側腦穴星)은 머리[頭顱;두로]가 (옆으로 기울어) 비록 같지 않으나 융결(融結)은 본래 차이가 없다[無異別]. 다만 교묘하게 몸을 비켜[閃巧;섬교] 기이하게 숨기므로[奇藏:기장] 반드시 낙탁(樂托)을 기준[准]으로 삼는다. 성체(星體)가 청수(清秀)하면 용은 상격에 합당한다. 벼슬[貴]은 위권(威權;위엄과 권세)이 있고, 만약 성체가 어지러우면[麁濁;방탁] 용은 정격이 아니다. 인색하고[慳吝;간린]、간사하고[詭詐;궤사]、돈밖에 모르는 부자[殷富;은부]가 태어난다[主].

(3) 평면(平面)혈성은

이른바 평면(平面) 혈성은 그 성진이 땅에 넘어져[倒地] 형체(形體)가 평탄한 것[平夷:평이]이다. 무릇 평면(平面)형성(穴星)은 고저(高低)가 비록 같지 않으나 역량(力量)은 본래 둘이 일치(一致)하지는 않는다[致]. 만약 성체(星

體)가 맑고 빼어나면[淸秀] 용은 상격에 합당하면 부귀(富貴)가 면연(綿延)하고, 만약 성체가 어지러우면[龐濁;방탁] 용의 격은 분명하지 않고 또 부가 풍성하다[厚重].

3) 혈성(穴星) 삼격(三格)의 변(辨)

穴星三格辨

或問[288]：諸家穴法，莫詳於《洩天機》。其例以九星各九變，曰正體、開口、懸乳、弓脚、雙臂、單股、側腦、沒骨、平面，皆可以[289]下穴。今何止取正體、側腦、平面三者，而稱穴星三大格？又不即以為穴，且去其六格者，不與同列[290]，何也？答曰：《洩天機》穴法固極精美。但拘於九變，而穴星與穴形二者混立穴星者，太陽、太陰、金水、天財、紫氣、燥火、掃蕩、孤曜、天罡九星也。穴形者，窩、鉗、乳、突之形也。曰正體，乃穴星之端正者也。曰側腦，乃穴星之偏側者也沒骨即側腦之變。曰平面，乃穴星之倒於平地者也。茲[291]三者，乃穴之星辰有此三格，而未可便以為穴。必須於此穴星之間，又各有窩、鉗、乳、突之形，方是有穴。若無此形，而遽於正體、側腦、平面之上扦葬，則彌漫[292]無下手處。惟金星一格，有頑金開窩之法，亦須微有窩坦則可。若渾頑飽面強鑿之，凶禍立至，豈可直以正體、側腦、平面為穴哉！其曰開口，即窩形之穴；曰懸乳，即乳形之穴；曰弓脚、雙臂、單股，即鉗形之窩。茲五者乃穴形之格，而不可與穴星之格並列者也。若一例立之，則穴形之格混於穴星矣。今故特以正體、側腦、平面三者，列為穴星三大格，而各貫以窩、鉗、乳、突之形，則廖氏之九變，固以包括於其內，而有星無穴之弊，庶幾[293]可免也夫。

---

288) 或問(혹문) : 문장 형식의 하나. 가상으로 설정한 어떤 사람의 질문에 대답하는 형식으로 자기의 의견을 말하는 것
289) 可以 (가이) : ~할 수 있다. 좋다. 괜찮다.~해도 좋다. ☞且(차) : 잠시. 다시금. 또(한)
290) 同列(동렬): 동배. 같은 지위에 있는 사람. 같은 위치나 수준
291) 玆(자) : 이. 지금. 더욱 더. 무성하다. 늘다. 여기 ☞ 未可(미가) : ~할 수 없다.
292) 彌漫(미만) : (연기나 안개가) 자욱하다. (물이) 가득 차다. 널리 퍼지다[蔓延함]
☞ 彌(미) : (물이 널리 가득찬 모양) 물이 흐르는 모양. ☞ 漫(만) : (물이) 넘치다.

혹 묻기에[或問] 여러 학파[諸家:제가]의 혈법(穴法) 가운데 《설천기(洩天機)》 보다 더 상세한 것이 없다[莫詳:막상]. 그 예로 구성(九星)이 각각 구변(九變)하여 정체(正體), 개구(開口), 현유(懸乳), 궁각(弓脚), 쌍비(雙臂), 단고(單股),측유(側腦),몰골(沒骨),평면(平面)은 모두 하장할 수 있는 혈이다.

지금 어찌하여 정체(正體),측뇌(側腦),평면(平面) 셋[三者]은 취하여 혈성의 삼대격(穴星三大格)이라 칭하는데 그쳤고? 또 바로 혈이 되지 않는다고 하고 또 실례에서[以] 6격 가지는 버리고 같은 위치[同列;동렬]를 함께하지 연고인가? 답하여 이르길 '《설천기(洩天機)》의 혈법이 진실로 지극히 정미(精美)하다. 다만 구변(九變)에 얽매여 **혈성(穴星)과 혈형(穴形)의 둘이 뒤섞여 이루어진 혈성(穴星)**은 태양(太陽),태음(太陰),금수(金水),천재(天財),자기(紫氣),조화(燥火),소탕(掃蕩),고요(孤曜),천강(天罡)이 구성(九星)이다.

혈형(穴形)은 와(窩)·겸(鉗)·유(乳)·돌(突)의 형상[形]이다. 가령 정체(正體)은 곧 혈성(穴星)이 단정(端正)한 것을 말하고, 측뇌(側腦)는 곧 혈성(穴星)이 편측(偏側)한 것이다. 또[也] 몰골(沒骨)은 측뇌(側腦)의 변격이다. 평면(平面)은 혈성(穴星)이 평지에 넘어진 것이다. 이 셋은 곧 혈의 성진(星辰)이 삼격이고 곧 혈이 된다고 할 수 없다[未可].

반드시 이 혈성의 공간[間]에 또 각각 와(窩)·겸(鉗)·유(乳)·돌(突)의 형상이 있어야 비로소 이것이 혈이다. 만약 이러한 형상이 없으면 정체(正體)·측뇌(側腦)·평면(平面)의 위에 천장(扦葬)하면 두려워하는 것[遽;거]은 (물이) 널리 가득 차[彌漫;미만] 하수처(下手處)가 없는 것이다. 오직 금성(金星)의 일격(一格)은 완금(頑金)이 와를 개구하는 법[開窩之法]이 있어도 반드시 미미(微微)한 와(窩)이 있어 평탄하면 가능하다.

만약 불룩한 면[頑飽面:완포면]이 분간이 되지 않으나[渾;혼] 억지로 굴착하여[鑿之:착지] (천장하면) 흉화(凶禍)가 곧 나타난다. 어찌 정체(正體)、측뇌(側腦)、평면(平面)이 곧[直] 혈이 된다고 할 수 있는 가! 그것이 개구(開口)라 하는 것은 즉 와형(窩形)의 혈이고, 현유(懸乳)라 하는 것은 즉 유형(乳形)의 혈이고 궁각(弓脚)、쌍비(雙臂)、단고(單股)라 하는 것은 즉 겸형(鉗形)의 와(窩)이다. 이[玆:자] 다섯 가지는 곧 혈형(穴形)의 격이고 혈성(穴星)

293) 庶幾(서기) : 바람, 바라건대, 거의. cf 몰골(沒骨) ? : 몰골는 머리가 없다.

의 격과 더불어 나열해서는 안되는 것이다. 만약 한 예를 들어보면[一例立之] 혈형의 격이 혈성에 뒤섞인 것이다. 이제 예로부터 특별나게 정체(正體)、측뇌(側腦)、평면(平面) 등 세 가지를 열거하여 혈성(穴星)의 삼대격이라 하고 각각 와(窩)、겸(鉗)、유(乳)、돌(突)의 혈형을 이어 요씨(廖氏)의 구성(九變)에 확실히 그 속에 포괄(包括)하여 봉우리가 있으면 혈이 없는 폐단[弊]은 어느 정도 면할 수 있다.

제4절 혈성(穴星)의 여러 형상[諸形]

穴星諸形

金星形圓，有二體：上下俱圓者曰太陽金，上圓帶方者曰太陰金，俱有正體、側腦、平面三格。

正體金星，形圓而端正者也，穴結於中；
側腦金星，形圓而身側者也，穴結於旁；
平面金星，面仰而身圓者也，穴結於頂。

木星形直

正體木星，頭圓身聳而端正者是也，穴結於中；
側腦木星，頭圓身聳而欹側者是也，穴結於旁；
平面木星，面仰而身平長硬者是也，穴結節苞。

水星形曲

正體水星，頭圓身曲而端正者是也，穴結於中；
側腦水星，頭圓身曲而欹斜者是也，穴結於旁；
平面水星，面仰身曲而倒地者是也，穴結於頂。

火星形尖，故不結穴。

土星形方

正體土星，頭方身平而端正者是也，穴結於中；
側腦土星，頭方身平而欹側者是也，穴結於旁；
凹腦土星，頭方而中凹身平者是也，穴結凹下；
平面土星，面仰而身方倒地者是也，穴結於頂。

1) 금성형(金星形)➤와(窩)에 장사(葬事)한다.

금성형은 둥글고 2체(二體)가 있다. 상하(上下) 모두가 둥근 것은 태양금(太陽金)이라 하고, 상(上)은 둥글고 아래는 각을 띠면 태음금(太陰金)이라 하며 모두 정체(正體)、측뇌(側腦)、평면(平面) 3격(三格)으로

① 정체금성(正體金星)은 형(形)이 둥글고 단정하며[端正] 혈은 가운데 혈을 맺는다.

② 측뇌금성(側腦金星)은 형(形)이 둥글고 용신은 한쪽으로 치우친 것이며 혈은 옆에 혈을 맺는다.

③ 평면금성(平面金星)은 면(面)이 머리를 쳐들고[仰:앙] 용신이 둥근 것으로 혈은 정수리에 맺는다.(一字文星:일자문성)

2) 목성(木星) 모양[形]이 곧은 것[直]이니➤절(節)에 장사(葬事)한다.

① 정체목성(正體木星)은 머리 둥글고[頭圓:두원] 용신이 솟아 단정(端正)하고, 혈은 가운데 맺는다.

② 측뇌목성(側腦木星)은 머리는 둥글고[頭圓] 용신이 솟아 한쪽으로 기운 것[欹側:의측]이다. 혈은 옆에 맺는다.

③ 평면목성(平面木星)은 면(面)이 앙(仰)하고 용신이 길고 평평하고 단단한 것이다[강직하다].

3) 수성(水星) 모양[形]은 굽은 것[曲]이니➤ 포(泡)에 장사(葬事)한다.

① 정체수성(正體水星)은 두(頭)가 둥글고 용신은 굽으나 단정하여 혈은 (둥근) 가운데 맺는다.

② 측뇌수성(側腦水星)은 머리가 둥글고 용신이 굽으나 한쪽으로 굽은 것이다. 혈은 옆에 맺는다.

③ 평면수성(平面水星)은 면이 고개를 쳐들고 용신은 굽으나 땅에 넘어진 것이다[倒地]. 혈은 정수리[頂]에 맺는다.

📖 水星穴場穴存於泡又穴存於滿也 : 수성혈장은 혈이 물거품에 있고 또 혈은 뚜렷하고 크게 둥근 모양이 된다. ☞滿(만) : 뚜렷하고 크게 둥근 모양이 되다. 가득차다.

4) 화성(火星) 모양[形]이 뾰족하므로 혈을 맺지 못한다.

혈장(穴場[294])모양

<그림 1-81 > 혈장의 모양

 木體	 土體	 金體	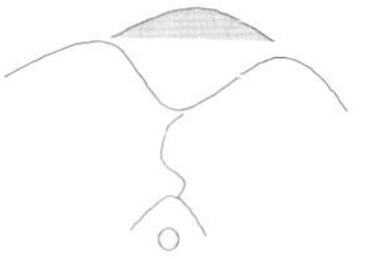 橫龍
 火體	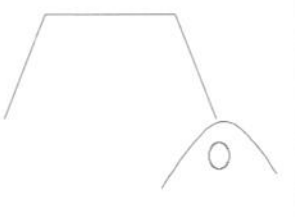 金體 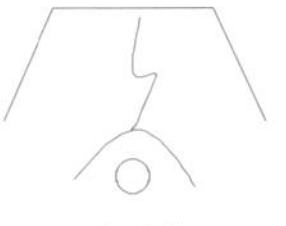 金體	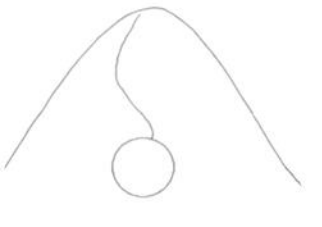	낙산(樂山)이나고산(靠山)에 기대어 요(凹)를 베고 수와(水窩)를 형성한 곳에 장사가 가능하다.
화체는 혈장으로 불가능	토체(土體)에서 금체(金體)로 변하여 와혈(窩穴)이 된 곳에 가능	-와혈은 가능 -돌혈은 불가능	요뇌혈(凹腦穴)은 양쪽 볼록한 면에 장사를 지내면 패절한다.
음양 불배합	土生金→金生水 여기서 水는 窩穴	金生水	

5) 토성(土星) 모양[形]은 네모지다.➤각(角;모서리)에 장사(葬事)한다.

① 정체토성(正體土星)은 두(頭)가 방형(方)이고 용신 평평하고 단정(端正)한 것이다. 혈은 네모진 가운데 있다.

---

294) 혈장이 존재하는 곳은 개구(開口)하고 개수(開手)한 곳이다.
<출처> 지학 ,허찬구역, p208

② 측뇌토성(側腦土星)은 두(頭)가 네모지고[方] 용신은 평평하나 한쪽으로 기운 것이다. 혈은 옆에 맺는다.
③ 요뇌토성(凹腦土星)은 두(頭)는 네모지고 가운데가 오목하고[凹] 용신은 평평한 것이다. 혈은 오목한 아래에 맺는다.
④ 평면토성(平面土星)은 면(面)에서 고개를 쳐들고[仰] 용신은 네모지고 용신이 땅에 넘어진 것이다. 혈은 꼭대기에 맺는다.

6) 화성(火星) 불결혈(不結穴)의 변(辨)

火星不結穴辨

或問：五星皆有生物之理，而火星獨不結穴，何也？曰：火星至燥，金入之而鎔，木入之而焚，水入之而涸，土入之而焦。故火星不能結穴，惟作穴之曜氣，及龍祖、前沙則美。郭氏《葬經》云：「乘金相水，穴土[295]印木。」而不及火。吳草廬、蔡牧堂、洪天與諸公釋之，皆謂火不結穴，故不言火也。然火既為穴

295) 혈토(穴土)란

√광중을 팔 때 혈토(穴土)가 한 가지 색상으로 되어 있으면 장사(葬事;매장) 후 광중에 물이 생길 염려가 없다. 그러나 천광 하는데 부서진 석맥 층[節理;절리]이 있으면 그게 바로 수맥(水脈)이다.
√오색토는 홍황색을 으뜸으로 삼고, 청백색이 그 다음이다. 무늬[紋理:문리]가 긴밀하고 안색이 선명한 토가 귀한 것이다. 토질의 성질[體質]이 무디고 단단한 것은 모래나 돌로 거칠고 흩어져서 흙이 천한 것이다. 석혈은 연하고 예쁘며 돌과 같으나 돌이 아니고 토혈은 곱고 단단하여 토와 같으나 토가 아니다.[五色之土 紅黃爲上 青白次之 紋理緊密 顏色鮮明 土之貴也 體質頑硬 鬆散 土之賤也 石穴脆嫩 似石非石 土穴精强 似土非土]
√무릇 토색은 각처 토의 색이 같지 않다. 모두 지기로 생긴 것이다. 물 또한 지기를 따라 변한다. 토가 지기를 얻어 혈을 이룬다.[夫土色各有各處之土 其色不同 皆由地氣所生 水亦從地氣而變 故土得地氣而成穴] ◦鬆散(송산): 거칠고 흩어지다.◦脆嫩(취눈) :연약하다.사각 사각 부드럽다. <출처>『입지안전서』「혈법」
√혈토는 견고하고 유연하며 돌과 흙의 중간 성분을 갖고 있는 '비석비토(非石非土)'로 윤기가 나는[調潤:조윤] 순수생토를 말하며, 혈토는 돌덩이처럼 단단하지만 ,손으로 비벼보면 밀가루처럼 미세한 분말로 으깨진다. 이와 같은 혈토는 생기를 보전하고 습도가 알맞고 과학적으로 약알칼리 또는 중성[pH5.7～pH7]에 가깝고 뼈에는 해로운 광물질이 없는 혈토를 말한다. 혈토의 지반은 매우 치밀해[투수계수k = $1x10^{-4}$～$1x10^{-6}$cm/sec]외부에서 물이 스며들지 못하고, 나무뿌리나 벌레, 바람 등을 침투하지 못하게 하면서 신비한 기운을 모으고 있다.
<출처>『이언적의 선대음택과 양택에 대한 풍수지리적 연구』 영남대 석사 , 김상태

曜、龍祖及前沙，固已見生物之妙，又何拘於結穴而始謂之生物哉！且予兄弟歷觀四方名墓，金、土二穴最多，木次之，水又次之，而火星之穴，未見其一。惟浮梁縣景德鎮陽基是落地火星，入首、落脈，穿田發五枝，為五火落地，而四面皆水。水以濟火[296]，故亦有融結。然其為陶冶[297]之場，數十里間，煙焰燭天，晝夜不息，此固火星之應矣。而人多剛燥，俗尚[298]繁華，易於興替，且不免回祿時發之災。此又火星之病也。夫以火得水濟，其結作且不能全美如此，況純火之穴豈可用乎？或曰：火星至燥而不結穴，已聞命矣。水星至柔，而能結穴，何也？曰：純水亦不能融結，須兼於金，金水相溶，方有結作。故廖氏以金水名之。曰：廖氏既以金水名矣，而今止曰水星穴者，何也？曰：金星已有定穴，此特水星兼金，蓋以水為主，故專名也。或又問曰：廖氏九星之中，有金水，今專以水星名穴，固所以破九星之謬矣。而金星穴中，複以太陽、太陰名之，何也？曰：金星有高低二體，而太陽、太陰各稱其形。且五星七政[299]，理之切寔，非若巨、武、破、廉、天罡、孤曜諸說之不經[300]，能眩惑於人者，從之可也。玆蓋惟理是適[301]，初非有意立異[302]，而故訾九星云耳。

혹 물으면[或問] 오성(五星)은 모두 생명이 있는 모든 존재[生物]의 이치[理]가 있어 화성(火星)만[獨:독] 혈을 맺지 못하는 것은 무엇인가[何也;하여]? 말하길 ‘ 화성(火星)은 매우 조열(燥熱)하여 금(金)이 들어가면 녹고 목이 들어가면 타고[焚:분] 물이 들어가면 말려 버리고[涸:학] 흙이 들어가면

296) **수화기제(水火旣濟:䷾)** : 아래로 흐르려는 수(水)가 위에서, 위로 향하려는 화(火)가 아래에서 조화를 이룬 모양으로 기제(旣濟)라 한다.☞**생기는 음양이 서로 만나서[陰陽交媾:化氣] 상호작용하는[水火旣濟] 중에서 나오는 것이다(生氣者 從陰陽交媾 水火旣濟 中出者也).**

297) 陶冶(도야) : 질그릇을 굽거나 쇠붙이를 불리다. (인격·품성 따위의) 연마(를 하다)
 ◦ 剛(강):성하다. ◦ 燭(촉) : 빛나다. 비추다.

298) 俗尚(속상) : 시속에서 숭상하여 좋아하는 것 ◦易于(이우) : ~하기 쉽다. 쉽게 ~할 수 있다. ☞ **溶(용) : (우연히) 만나다. 녹이다.**

299) 五星(오성) : 금성·목성·수성·화성·토성. ☞七政(칠정) : 태양, 달, 수성, 금성, 화성, 목성, 토성

300) 不經(불경) : 이치에 맞지 않다. 상규를 지키지 않다. 근거 없다.

301) 是適(시적) : 때에 맞다, 적합하다, 알맞다.

302) 有意 (유의) : 일부러 . (~할) 생각이 있다. 고의적으로. ~하고 싶다.
 ◦ 立異(입이) : 이론(異論)을 세우다. 다른 것을 표방하다. 상이한 태도를 견지하다
 ◦ 訾(자) : 헐뜯다. 나쁘다. 훼손(毁損)함

바삭바삭 볶아 버리므로[焦;초] 화성(火星)은 혈을 맺을 수 없다.
다만 (화성이) **혈(穴)의 요기(曜氣)가 되고[作] 용(龍)의 조산(祖山)이 되거나 전사(前沙)가 되면 아름답다**. 곽씨(郭氏)의 《장경(葬經)》에 이르길 '승금(乘金),상수(相水), 혈토(穴土), 인목(印木)'이라 하고 화성(火星)을 언급하지 않았다. 오초로(吳草盧),채목당(蔡牧堂),홍천(洪天)과 여러분[諸公]은 해석[釋之]은 모두 화성(火)은 혈을 맺을 수 없다고 말하므로 화성(火)을 말하지 않았다. 그러나 화성이 혈의 요(曜)[曜氣;요기]가 되었거나 용의 조산이나 전사(前沙)가 되었으면 진실로 생물(生物)의 묘(妙)함을 나타낸 것이고 또 어찌 결혈이 생물에서 비롯되었다고 고집하겠는 가! 형제(兄弟)가 사방에 세월을 보내며[歷;력] 명묘(名墓)을 보니, 금성(金)·토성(土) 두 혈이 가장 많고, 목성(木)의 혈이 그 다음이다. 수성(水星)(의 혈이) 또 그 다음이고 **화성(火星)의 혈은 아직 한 기도 보지 못했다.** 다만 부량현(浮梁縣) 경덕진(景德鎮) 의 양기(陽基)가 **낙지화성(落地火星)**이다. 낙맥(落脈)하여 입수(入首)에서 밭을 지나[穿田;천전] 오지(五枝)가 생겨 5화낙지(五火落地)가 되어 사면이 모두 물이다. 물은 화(火)로 조화를 이룬 상태이므로[水以濟火;수이제화] 역시 융결(融結)한 것이다. 그러나 도야(陶冶)의 장소[場]가 수 십리 사이로 연기와 불꽃[煙焰;연염]이 주야로 쉬지 않고 하늘에 빛나고[燭天:독천] 이는 확실히 화성(火星)의 응함이다. 사람들은 대부분 성질이 매우 급하고[燥急;조급], 시속에서 번창(繁昌)하고 화려(華麗)함[繁華;번화]을 좋아하고 쉽게 성쇠(盛衰[興替;흥체]를 한다. 또 화재[回祿;회록]가 발생할 때의 재앙을 면할 수 없다. 이는 또 화성(火星)의 병폐이다. 무릇 불[火]은 물의 도움을 받아[以火得水濟] 혈을 결작하기 때문에 또 이와 같이 아름답지 못한데[全美] 하물며 순수한 화(火)의 혈을 어찌 사용하는 가? 어떤 사람이 말하길[或曰:혹왈] '화성(火星)은 매우 급하여 혈을 맺을 수 없다'는 가르침을 들었다[聞命:이명]. **수성**(水星)은 지극히 부드러운데 혈을 맺을 수 있는 것은 무엇인가? 이르길 ' 순수한 물도 역시 융결을 할 수 없으니 반드시 **금을 겸하여 금수**(金水)**가 서로 만나야**[溶:용] **비로소 결실을 맺게 되므로**[金生水] 요씨(廖氏)가 **금수**(金水)**이라 명명하였다.** 이르길 '요씨(廖氏)가 이미 금수(金水)라 명명하는 것을 지금 [금수(金水)라]하지 않고 '수성(水星)의 혈이라 하는가? 이르길 '금성

(金星)은 이미 혈이 정해졌다. 이것은 특별히 수성(水星)이 금(金)과 겸하여 대개 물을 위주(爲主)로 함으로 고유한 이름[專名]이다. 혹 또 질문하길 '요씨(廖氏)의 구성(九星) 가운데 금수(金水)가 있다. 지금 오로지 수성(水星)을 명혈(名穴)이라 하는 것은 확실히 구성의 오류를 파기하기 때문이고, 금성(金星)의 혈 가운데 다시 태양(太陽)·태음(太陰) 부르는 것은 무엇인가? 이르길 ' 금성(金星)이 고저(高低) 이체(二體)가 있고 그 모양을 각각 태양(太陽)·태음(太陰)이라 한다. 또 오성(五星) 칠정(七政)의 이치가 진실하여 모두[切寔; 절시], 거문(巨)·무곡(武)·파군(破)·염정(廉)·천강(天罡)·고요(孤曜)의 제설(諸說)이 이치에 맞으면 능히 사람을 현혹(眩惑)할 수 있어 그것을 따를 수 있다. 이때[玆;자] 대개 오직 이치를 따른다[是適]. 처음에는 고의적으로[有意] 상이한 태도를 견지하는 것은 아니나[立異] 옛 사람들은 구성을 나쁘다고 말할 뿐이다.

1. 금성혈(金星穴)

金星穴

金體必圓。其上下皆圓而身高者，曰太陽金。上圓帶方而身低者，曰太陰金，各有正體、側腦、平面三格。三格又各有窩、鉗、乳、突之形，方為真結。其有頑金打[303]開水窩裁者，亦必開面，微有窩坦。若是頑硬粗飽，即是生氣不融，不可勉強鐫鑿，以亂下凶惡之地。《洩天機》穴法，諸正體穴正坐此弊，不可悞用，學者審之。

금체(金體)는 반드시 둥글고 그 위·아래가 모두 둥글고 용신이 높은 것을 태양금(太陽金)이라 하고, 위는 둥글고 아래는 각[方]을 띠고 용신이 낮은 것을 태음금(太陰金)이라 하고, 각각 정체(正體)·측뇌(側腦)·평면(平面) 등 삼격(三格)이 있고, 삼격(三格)은 또 각각 와(窩)·겸(鉗)·유(乳)·돌(突)의 혈(形)이 있으면 비로소 진짜로 맺힌 것[真結]이다. 그것에 완금(頑金)에서[打] 수와(水窩 즉 와혈)를 열어 재혈(裁穴)하는 것도 반드시 면이 미미(微微)하게 열리고 와(窩)가 평탄해야 한다. 만약 완경(頑硬)하여 거칠고 배가 부르면[粗飽:조

303) 打(타) : 때리다.~로부터. ~에서

포] 즉 생기(生氣)가 모이지[融聚;융취] 않아 억지로 글착하여[鐫鑿;전착] 흉악한 땅에 어렵게 하관해서는 안된다. 《설천기(洩天機)》의 혈법에 모든 정체(正體)에 혈이 바른 자리에 이러한 폐단[弊:폐]을 잘못 사용해서는 안된다. 학자들은 자세하게 살펴야 한다.

1) 정체금성혈격(正體金星穴格)

上正體金星穴，各有坐、眠、立三勢，大小、高低、肥瘦六格，俯仰二體，及窩穴有深、淺、闊、狹，鉗穴有長短、雙單、曲直，乳穴有大小、長短，突穴有大小、雙三等格。其乳、突二穴之下，又有出金、出木、出水、出火、出土各五格。而窩、鉗二穴之左右兩臂，又有轉金、轉木、轉水、轉火、轉土，及一腳轉金，一腳轉水、木、火、土者；一腳轉水，一腳轉金、木、火、土者；一腳轉木，一腳轉金、水、火、土者；一腳轉火，一腳轉金、木、水、土者；一腳轉土，一腳轉金、木、水、火者。各二十體，為變格也。諸體又各有帶曜者，圖繁，俱不詳載。以下側腦、平面穴格皆仿此論，不複重述。夫正體金星之穴，星辰尊重，造化[304]完全，故為最貴。但窩穴要窩中圓淨，弦棱明白。鉗穴要鉗中藏聚，凹間彎環。乳穴要圈中舒暢，乳上光圓。突穴要突面光圓，形體穎異，此為穴形八相。又須証佐明白，流神[305]合法，方為真結。必須仔細檢點，不可忽也。

<그림1-82>의 정체금성혈(正體金星穴)은 각각 좌세(坐)、면세(眠)、입세(立)의 삼세(三勢)가 있고 대소(大小)、고저(高低)、비수(肥瘦)의 6격(六格)과 부앙(俯仰) 2체(二體)와 와혈(窩穴)에는 심(深)、천(淺)、활(闊)、협(狹)이 있고, 겸혈(鉗穴)에는 장단(長短)、쌍단(雙單)、곡직(曲直)이 있고, 유혈(乳穴)에는 대소(大小)、장단(長短)이 있고, 돌혈(突穴)에는 대소(大小)、쌍삼(雙三) 등의 격이 있고, 그것들은 유(乳)、돌(突) 두 혈의 아래는 또 출금(出金), 출목(出木)、출수(出水)、출화(出火)、출토(出土) 등 각각 오격이 있고, 와(窩),겸(鉗) 2혈의 좌우(左右) 양비(兩臂)에는 또 전금(轉金),전목(轉木),전수

304) 造化(조화) : 창조(하다). 대자연

305) 流神(유신) : 유신(流神)은 곧[卽] 물이 흘러가는 것이다[去水也]<출처>『설심부 변와 정해』

(轉水),전화(轉火),전토(轉土)와 일각(一脚)에는 전금(轉金)이고,

<그림1-82> 정체금성혈격(正體金星穴格)

類 別 (유별)	窩穴(와혈)	鉗穴(겸혈)	乳穴(유혈)	突穴(돌혈)
太陽金 (태양금)				
太陰金 (태음금)				

일각(一脚)에는 전수(轉水),전목(轉木),전화(轉火),전토(轉土)이고, 일각(一脚)은 전수(轉水)이고, 일각(一脚)은 전금(轉金),전목(轉木),전화(轉火),전토(轉土)이고 일각(一脚)은 전목(轉木), 일각(一脚)은 전금(轉金),전수(轉水),전화(轉火),전토(轉土)이고 일각(一脚)은 전화(轉火)이고, 일각(一脚)에는 전금(轉金)、전목(轉木)、전수(轉水)、전토(轉土)이고 일각(一脚)에는 전토(轉土), 일각(一脚)에는 전금(轉金)、전목(轉木)、전수(轉水)、전화(轉火) 등은 각각 20체는 변격(變格)이다. 여러 체는 또 각각 요(曜)를 띤 것이다.

많은 도면[圖繁:도번]은 모두 상세하게 게재(揭載)하지 않았다. 이하(以下) 측뇌(側腦)、평면(平面)의 혈격은 모두 이 논리와 비슷하다[仿;방]. 다시 반복 기술하지 않는다. 무릇 정체(正體) 금성(金星)의 혈과 성신(星辰)이 매우 높아[尊重] 대자연[造化]이 완전하므로 가장 귀중하다.

다만 와혈(窩穴)은 와혈 가운데[窩中]가 원정(圓淨)하고 현릉(弦棱)이 분명해야 한다. 겸혈(鉗穴)은 겸혈 가운데에 요함한 곳[凹間]을 둘러싸[彎環] 기를 모아 간직해야 하고[藏聚], 유혈(穴)은 혈의 범위[圈] 가운데가 서창(舒暢)하여야 하고 유상(乳上)이 둥글고 밝아야 한다. 돌혈(突穴)은 돌면(突面)이 둥글고 밝아야[光圓] 하고, 형체(形體)가 빼어나야[穎異;영이] 한다. 이는 혈형(穴形)의 팔상(八相)이다. 또 반드시 증좌[証佐]가 분

명해야 한다. 흐르는 물[流神]이 합법(合法)이어야 비로소 진혈을 맺는다. 반드시 자세(仔細)하게 점검(檢點)을 하고 소홀히 해서는 안된다.

2) 측뇌금성혈격(側腦金星穴格)

<그림1-83> 측뇌금성혈격(側腦金星穴格)

유별(類別)306)	窩穴	鉗穴	乳穴	突穴
태양금 太陽金				
태음금 太陰金				

上為側腦金星穴諸格，左右圖同，不必重載。又有雙側腦者，見下：
위는 측뇌금성혈의 여러 격이며, 좌우 같은 그림으로 중복 게재할 필요 없고 또 쌍측뇌(雙側腦)는 아래에 나타내 보였다.

頭高頭低而中凹結穴者曰扳鞍307)穴。雙腦同高而中凹結穴者，曰擔凹穴。凹

306) 類別(유별) : 종류에 따라 나누어 구별 ☞ 見(견,현) : 나타내다. 밝히다. 나타내 보이다
307) 반안(攀鞍) : 말안장. ☞ 반(攀) : 무엇을 붙잡고 오름. 달라붙음 ☞扳(반) : 움직이다, 되찾다. '攀'과통용 ☞圈(권) : 범위. 둘러싸다. **요뇌토성**(凹腦土星) ;**몰골**(沒骨):中低旁高

< 참 고 >

1.낙산(樂山)의 형상(形象)에는 구애(拘礙)를 받지 않으나 다만 단정하게[端然] 탁립(卓立)하고 빈 공간[空缺;공결]이 크게 넓지 않도록 막아 주면 좋다.

2.뒤가 오목한 담요혈과 반안혈은 낙산이 필요하다 [擔凹攀鞍要樂山].

3.낙산이 솟아 적절하게[切] 혈장 배후에 가까이 달라붙어서 혈장에 응하여야 한다 [**樂起**切須貼背應穴場].

間彎者曰雙金扛水，平者曰雙金扛土，各有窩、鉗、乳、突四格，圖繁不載。
한쪽은 머리는 높고 한쪽은 머리가 낮으나 가운데 요한[凹] 곳에서 혈을 맺은 것을 '**반안혈**(扳鞍穴)이라' 하고, 양쪽 쌍뇌(雙腦)의 높이가 같으나 중간에 요한[凹] 곳에 결혈(結穴)한 것을 '**담요혈**(擔凹穴)이라' 한다. 요함한 사이[凹間]가 굽은 것[彎]을 **쌍금강수**(雙金扛水)라 하고, 평평한 것을 **쌍금강토**(雙金扛土)라 하는데 각각 와(窩)、겸(鉗)、유(乳)、돌(突)의 사격(四格)이 있는데 번거로워[繁;번] 그림을 게재(揭載)하지 않았다.

쌍측뇌(雙側腦)·요뇌천재혈(凹腦天財穴)

雙側腦攀鞍穴

雙側腦擔凹穴

< 그림 1-84 > 반안혈(攀鞍穴) & **담요혈**(擔凹穴) [**몰골**(沒骨)]

夫側腦金星之穴，星體偏斜，勢趍一畔，穴不枕腦，借樂安扦乳、突二穴，無樂亦可。形體雖偏，力量無異。但窩穴[308]要窩中圓淨，弦棱分明。鉗穴要鉗中藏聚，兩掬彎環。乳穴要乳上光圓，圈中舒暢。突穴要突面光圓，形體穎異，此為穴形入相。又須証佐分明，流神合法，方為真結。必須仔細檢點，不可忽也。
대개 **측뇌금성혈**(側腦金星之穴)은 성체(星體)가 기울어[偏斜:편사] 세(勢)가 한쪽으로 달아나[趍;추] 혈(穴)이 뇌를 베지 못하여[不枕腦:불침뇌] 낙산을 빌려[借樂:차락] 안장한다[安扦:안천]. **유(乳),돌(突) 두 혈은 낙산이 없이 (안장이) 가능하다**. 형체(形體)가 비록 치우치나[偏] 역량(力量)에는 차이가 없다. 다만 와혈(窩穴)은 가운데[中]가 둥글고 깨끗해야 하고[圓淨:원정], 현릉사[弦棱砂]가 분명(分明)하여야 한다. 겸혈은 겸중(鉗中)에 (기가)모이고

308) 와혈(窩穴) : 또 반드시 와내는 미유나 미돌이 있어야 한다[又須窩內有微乳微突]

간직하여[藏聚] 양국(兩掬)이 만환(彎環)하여야 한다. 유혈(乳穴)은 유상(乳上)이 둥글고 밝으며[光圓], 둘러싸여 가운데[圈中:권중]가 완만하게 펼쳐져야 한다[舒暢:서창]. 돌혈(突穴)은 돌면(突面)이 둥글고 밝아[光圓] 형체(形體)가 분명해야 한다[穎異;영이]. 이것이 혈형의 팔상(八相)이다. 또 증좌가 분명해야 하고 흐르는 물[流神]이 합법(合法)이면 비로소 진결이다. 필히 자세하게 점검해야 한다. 소홀히 해서는 안된다.

3) 평면금성혈격(平面金星穴格)

平面金星穴格

夫平面金星之穴，或出高山，或出平地，而平地為多，至難辨認。蓋高山有似龍格，平地有似羅星。但龍格未住，羅星孤寒，此為異耳。平地高山，各有四格，窩、鉗、乳、突是也。但窩穴要窩內圓淨，弦棱明白，穴宜揭[309]高就脈。鉗穴要鉗中藏聚，兩畔均匀[310]，穴宜湊球避簷。乳穴要乳上光圓，左右曲抱，穴宜蘸球就脈[311]。突穴要突面光圓，形體穎異，穴宜當突就脈。廖氏云：「凡平面星辰，靈光自出於頂中，生氣聚浮於面上。」故此穴最吉，力量極大，必須龍脈真奇，証佐分曉，流神合法，方為真穴。務宜仔細檢點，不可忽也。

< 그림 1-85> 평면금성혈격(平面金星穴格)

類別	窩穴	鉗穴	乳穴	突穴
太陽金				

309) 揭(게) : 우뚝 솟은 모양. 높이 쳐들다. 높다.

310) 均匀(균균) : 균등하다. 고르다. 균일하다. ☞ 湊(주) : 모이다. 합수(合水)하는 곳.

311) 蘸球就脈(잠구취맥) : 유혈은 진처(盡處)에 유두(乳頭)에서 기가 모이나[聚氣], 맥(脈)이 급(急할) 경우 맥(脈)을 떠나 평지에서 낮게 결작(結作)하므로 안산(案山)이 없어 바람을 받기 쉬우므로 태극(太極) 원훈(圓暈)의 하단에 낮은 곳에 방관(放棺)하고 실맥(失脈)하지 않도록 주의해야 한다. ☞蘸(잠) : (액체·가루·풀 따위에) 찍다. 담그다.

類別	窩穴	鉗穴	乳穴	突穴
太陰金				

무릇 평면금성혈(平面金星之穴)은 혹 고산(高山)이나 평지(平地)에 생기나 평지(平地)에 많다. 변별하여 알기가 매우 어렵다. 대개 고산(高山)에서는 용격과 비슷하고[有似:유사], 평지에서는 나성(羅星)과 비슷하다. 다만 용격은 머무르지 않고 나성(羅星)은 외롭고 차갑다[孤寒:고한]. 이러한 것이 다를 뿐이다. 평지와 고산은 각각 사격(四格)이 있고, 와(窩)、겸(鉗)、유(乳)、돌(突)이다. 다만 와혈(窩穴)은 와내(窩內)는 둥글고 밝아야[圓淨] 하고 현릉(弦棱)이 분명해야 한다. 혈은 마땅히 높은 모양[揭:게]의 맥을 취하여야 한다.
겸혈(鉗穴)은 겸중(鉗中)에 (기가) 장취(藏聚)되어야 하고 양측[兩畔]이 균등[均匀]해야 하고, 혈은 마땅히 구에 접근하고[湊球:주구] 첨을 피해야 한다[避簷]. 유혈(乳穴)은 유상(乳上)이 둥글고 빛나고[光圓] 좌우가 굽어 감싸야[掬抱]하고, 혈은 마땅히 맥을 따라 구(球:到頭)의 하단 낮은 곳에 묻어야 한다. 돌혈(突穴)은 돌면(突面)이 광원(光圓)하고, 형체(形體)가 빼어나야 한다[穎異;영이]. 혈(穴)은 마땅히 돌(突)에 맥을 취하여야 한다.
요씨(廖氏)가 이르길 '무릇 평면에 성신(星辰)은 영광(靈光)이 정수리[頂]의 가운데서부터 나와 생기(生氣)가 면상(面上)에 떠서 모이다' 고 하였으므로 이 혈이 가장 좋으며 역량이 아주 크다[極大]. 반드시 용맥(龍脈)이 진기(真奇)하고, 증좌(証佐)가 분명하고[分曉;분효], 흐르는 물[流神]이 합법이면 비로소 진혈이다. 마땅히 힘써 자세하게 점검하여 소홀히 해서는 안된다.

已上金星諸穴，坐向得申、庚、酉、辛、乾、坤、艮，皆為得地，氣旺形應。安扦合法，主生人相貌潔白，心性明達[312]。庚、申、辛、酉金水生[313]人受蔭，

312) 明達(명달) : 지혜롭고 사물의 이치나 일의 도리에 밝음.◦ 達(달):통달하다(通達--: 사물의 이치나 지식, 기술 따위를 훤히 알거나 아주 능란하게 하다).막힘이 없이 트이다.

313) 金水生 ☞ 삼합오행이란 3가지 지지가 모여 오행의 기운을 생성하는 것으로 원숭이띠(신:申), 쥐띠(자:子), 용띠(진:辰)가 모여 수(水)의 기운을, 돼지띠(해:亥), 토끼띠(묘:卯), 양띠(미:未)가 모여 목(木)의 기운을, 뱀띠(사:巳), 닭띠(유:酉), 소띠(축:丑)가 모여 금(金)의

巳、酉、丑年福應。若星辰淸秀，龍合上格者，主翰苑[314]淸貴，位極人臣[315]。合中格者，主職兼文武，出典[316]大藩。合下格者，貴為牧守。全無貴格，亦主聰明才辯之士，名譽遠揚。若星體龐濁，則主武貴，及巨富豪爽，武霸鄉曲，剛直果斷，人咸畏服。及淸高之士，自重[317]自尊，不於寵榮，高尙其志。初生肥白聲朗之人，氣至而盛。至生喑啞之人，則氣盡而衰矣。

이상과 같이 금성(金星)의 제혈(諸穴)은 좌향이 신(申)、경(庚)、유(酉)、신(辛)、건(乾)、곤(坤)、간(艮)이 적당하면 모두 땅에 힘을 얻어[得地;득지] 왕성한 기는 형상에서 응한다. 법에 맞게 편안하게 천장하면[安扦] 태어나는 사람의 모양[相貌:상모]이 아무 허물이 없고[潔白;결백] 심성(心性)이 사물의 이치에 밝다[明達]. 경신(庚·申),신유(辛·酉)의 좌향은 금수생(金水生)의 사람이 음덕[蔭]을 받는다. 사유축(巳·酉·丑)년 복이 응한다.

만약 성신(星辰)이 청수하고 용이 적합하여 상격이면 한림원[翰苑]에서 청빈한 벼슬을 하고, 벼슬의 최고 자리에 오른다. 중격에 적합하면 문무(文武)의 직을 겸직[職兼]하여 제후[大藩:대번]의 벼슬을 맡는다[出典].하격에 적합하면 벼슬은 지방장관[牧守;목수]이고 전부 귀격이 아니라도 총명(聰明) 하고 언변이 뛰어난[才辯:재변] 선비로 좋은 평판[名譽]이 멀리 칭송을 받는다[遠揚:원양]. 성체(星體)가 살찌고 탁하면龐濁;농탁] 무관[武貴:무귀]이 나오고 대부호[巨富]로 호쾌하고 시원시원하다[豪爽;호상].

시골구석[鄕曲:향곡]에서 무(武)로 우두머리[霸:패]이고 성격이 강직(剛直)하고 과단성[果斷]이 있어 사람들은 모두[人咸:인함] 두려워 복종(服從)하며[畏服:외복] 청렴한[淸高] 선비이다. 자중자존(自重自尊)하여 마음을 고상(高尙)하게 가져[高尙其志] 영광스러움[寵榮;총영]이 없다. 처음에는 소리가 낭낭하고 피부가 하얗고 살이 찐 사람[肥白:비백]이 태어나 기(氣)가 지극히 왕성하고, 벙어리[喑啞;음아]가 태어나게 되면 기가 다하여 쇠퇴한 것이다.

기운을, 호랑이띠(인:寅), 말띠(오:午), 개띠(술:戌)가 모여 화(火)의 기운을 띤다.

314) 翰苑(한원) : 예전에, '한림원'이나 '예문관'을 예스럽게 이르던 말

315) 位極人臣(위극인신) : 벼슬의 최고 자리에 오름

316) 典(전) : 벼슬, 관직(官職). 맡다, 관장하다(管掌--: 일을 맡아서 주관하다)

317) 自重(자중) : 말이나 행동, 몸가짐 따위를 신중하게 하다. 자기를 소중히 하다. 자중하다.☞ 自尊(자존) : 스스로 자기(自己)를 높임. 자기(自己)의 품위(品位)를 높임.

2. 목성혈(木星穴)

木星穴

木體必直，其末必圓。凡穴星上尖而圓，身直而聳者是也。端正者曰正體，欹側者曰側腦，倒地者曰平面。各有窩、鉗、乳、突之形，方為真結。

목체(木體)는 반드시 곧고 그 끝이 반드시 둥글다. 무릇 혈성(穴星)의 위는 뾰족하고 둥그나 용신이 곧고 높이 솟은 것이다. 단정(端正)한 것을 정체(正體)라 하고, 한 쪽으로 기운 것을 측뇌(側腦)라 하고, 도지(倒地)한 것을 평면이라 하고 각각 와(窩)、겸(鉗)、유(乳)、돌(突)의 형상이면 비로소 진결이다.

1) 정체목성혈격(正體木星穴格)

<그림 1-86> 정체목성혈격(正體木星穴格)

窩穴	鉗穴	乳穴	突穴

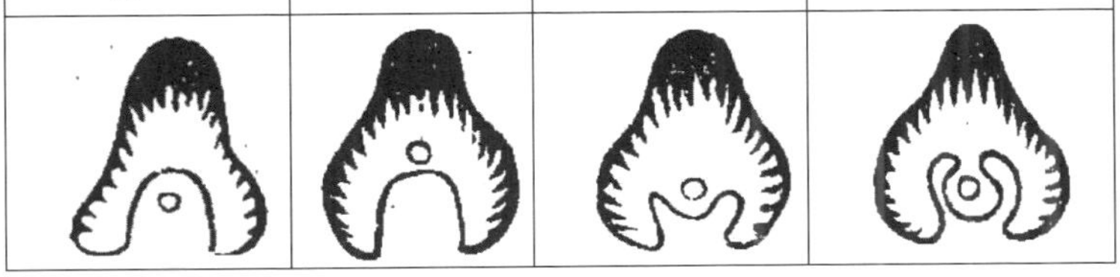

上正體木星穴諸格，各有坐、眠、立三勢，大小、高低、肥瘦六格，俯仰二體，及窩穴有深、淺、闊、狹，鉗穴有長短、雙單、曲直，乳穴有大小、長短，突穴有大小、雙三等格。其乳、突二穴之下，又有出金、出木、出水、出火、出土各五格。而窩、鉗二穴之左右兩臂，又有轉金、轉木、轉水、轉火、轉土，及一腳轉金，一腳轉水、木、火、土者；一腳轉水，一腳轉金、木、火、土者；一腳轉

木，一脚轉金、水、火、土者；一脚轉火，一脚轉金、木、水、土者；一脚轉土，一脚轉金、木、水、火者。各二十體，為變格也。

<그림1-86>의 정체목성혈(正體木星穴)의 제격諸格)은 각각 좌세(坐),면세(眠)、입세(立) 등 3세(三勢)가 있고，대소(大小)、고저(高低)、비수(肥瘦)의 6격이 있으며 부앙(俯仰) 2체와 와혈(窩穴)은 심와(深窩)、천와(淺窩)、활와(闊窩)、협와(狹窩)가 있고，겸혈(鉗穴)은 장겸(長鉗)、단겸(短鉗)，단겸(單鉗)，쌍겸(雙鉗)、곡겸(曲鉗),직겸(直鉗)이 있고，유혈(乳穴)은 대유(大乳)，소유(小乳)、장유(長乳)，단유(短乳)가 있고，돌혈(突穴)은 대돌(大突)，소돌(小突)、쌍돌(雙突) 등 3종류 격이 있고。그것들 유(乳)、돌(突) 2혈 아래에는 또 출금(出金)、출목(出木)、출수(出水)、출화(出火)、출토(出土)등 각각 5격이 있고 와(窩)、겸(鉗) 2혈의 좌우양비(左右兩臂)에 또 전금(轉金)、전목(轉木)、전수(轉水)、전화(轉火)、전토(轉土) 등 5격이 있고 일각(一脚)은 전금(轉金)이고，다른 일각(一脚)은 변화하여[轉] 수(水)、목(木)、화(火)、토(土)이고 일각(一脚)은 전수(轉水)이고 일각(一脚)은 전(轉) 금(金)、목(木)、화(火)、토(土)인 것이고 일각(一脚)은 전목(轉木)，일각(一脚) 轉(전) 금수화토(金、水、火、土)인 것이고；일각(一脚)은 전화(轉火)，일각(一脚)은 전(轉) 금목수토(金、木、水、土)이고 일각(一脚)은 전토(轉土)，일각(一脚)은 전(轉) 금목수화(金、木、水、火)로 각각 20체(體)가 변격이다.

諸體又各有帶曜者，圖繁，俱不詳載。以下側腦、平面穴格皆仿此論，不複重述。夫正體木星之穴，星辰尊重，造化完全，故為最貴。但窩穴要窩中圓淨，弦棱明白。鉗穴要鉗中藏聚，兩掬彎環。乳穴要圈中舒暢，乳上光圓。突穴要突面光圓，形體穎異。此為穴形八相。又須証佐明白，流神合法，方為真結。必須仔細檢點，不可忽也。

여러 모양은 또 각각 요(曜)를 띤 것이 있다. 그림이 복잡하여 모두 상세히 게재할 수 없다. 아래에 측뇌(側腦)와 평면(平面)의 혈격은 모두 이 논리와 비슷하여 다시 중복으로 기술하지 않는다. 무릇 정체 목성의 혈은 성신(星辰)이 무릇 정체 목성의 혈은 성신(星辰)이 매우 높아[尊重] 대자연이 완전하므로 가장 귀하게 여긴다. 다만 **와혈**(窩穴)은 와중(窩中)이 원정(圓淨)하고 현릉(弦棱)이 분명해야 한다. 겸혈(鉗穴)은 겸중(鉗中)에 기가 모이고[藏聚] 양극(兩掬)이 만환(彎環)하여야 한다. 유혈(乳穴)은 영역[圈] 가운데가 서창(舒暢)하고 유상(乳上)이 광원(光圓)해야 한다. 돌혈(突穴)은 돌면(突面)이 광원(光圓)하고 형체(形體)가 빼어나야 한다[穎異]. 이는 혈형(穴形)의 팔상(八相)이고 또 반드시 증좌(証佐)가 명백(明白)하고 흐르는 물이 합법이면 비로소 진결(真結)이 된다. 반드시 자세(仔細)히 점검(檢點)하여 소홀히 해서는 안된다.

2) 측뇌목성혈격(側腦木星穴格)

<그림 1-87> 측뇌목성혈격 (側腦木星穴格)

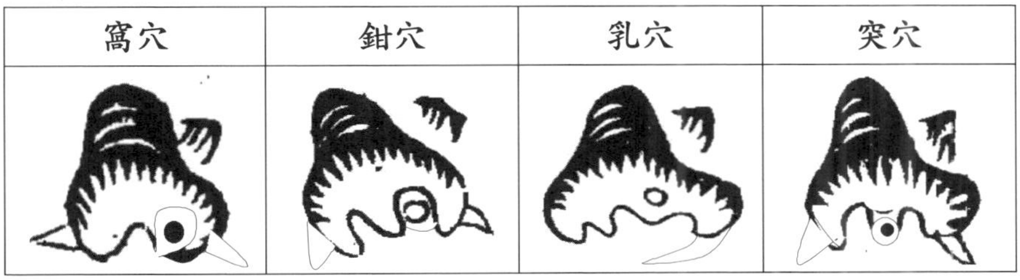

側腦木星穴格

夫側腦木星之穴，星體偏斜，勢趍一畔，穴不枕腦，借樂安扦乳、突二穴，毋樂亦可。形體雖偏，力量極大。但窩穴要窩中圓淨，弦棱分明。鉗穴要鉗中藏聚，兩掬彎環。乳穴要乳上光圓，圈中舒暢。突穴要突面光圓，形體穎異。此為穴形入相。又須証佐分明，流神合法，方為真結。必須仔細檢點，不可忽也。

무릇 측뇌목성혈은 성체(星體)가 기울어[偏斜;편사] 세(勢)가 한쪽으로 달아나[趍;추] 혈이 침뇌(枕腦)하지 못하여 낙산을 빌려[借樂] 편안하게 천장하는 것이다[安扦]. 유돌(乳,突) 두 혈에는 낙산이 없어도 (천장이) 가능하다. (측뇌는) 형체가 비록 편사(偏斜)하나 역량이 매우 크다. 다만 와혈(窩穴)은 와 가운데가 원정(圓淨)하고 현릉사[弦棱砂]가 분명해야 한다. 겸혈(鉗穴)은 겸 가운데(鉗中)에 장취(藏聚)하고 양극(兩掬)이 만환(彎環)해야 한다. 유혈(乳

穴)은 유상(乳上)이 광원(光圓)해야 한. 권역[圈域;범위] 가운데가 서창(舒暢)해야 하고, 돌혈(突穴)은 돌면(突面)이 광원(光圓)해야 한다. 형체(形體)가 빼어나야[穎異:영이] 한다. 이것이 혈형의 팔상(八相)이고 또 반드시 증좌(証佐)가 분명하고 흐르는 물이 합법이면 비로소 진결(真結)이다. 반드시 자세(仔細)하게 점검(檢點)하여 소홀히 해서는 안된다.

此星身長而直，面平而低，故名曰平面木星 有三體。其脈直來，有如卜字者，有如下字者，凡直體皆是也。不可當頭下穴，為犯鬪脈煞[318]。吳公《口訣》云：「木星忌下當頭穴，鬥煞人丁絕。或粘或倚穴為奇，閃脫要君知。」故凡直木，須尋粘穴以脫煞，或倚穴以閃煞。粘有唇氈，倚有節苞。此要訣也。其脈橫來，有如工字者，王字、上字者，凡橫體皆是也。不可當腰下穴，為犯斬脈煞。吳公《口訣》云：「倒地木星長百丈，不論橫直皆可塟。直尋粘倚莫當頭，橫要中間苞節旺。」蓋橫木猶難下穴，要突、窩、鉗口為憑，此要訣也。直木、橫木二者為正格。又有其脈曲來如曲尺者，如之玄字者，於曲動處尋穴，此乃變格也。曰直、曰橫、曰曲三格，皆須要立穴處有窩、鉗乳、突，萌蘖[319]節苞，方為真的[320]。

3) 평면목성혈격(平面木星穴格)

<그림1-88>평면목성혈격(平面木星穴格)

類別	直木	橫木	曲木
鉗穴			

318) 혈은 직래직충(直來直沖)하여 기충뇌산[氣沖腦散;鬪脈煞(투맥살);直衝殺(직충살)]하는 것을 피하여야 한다.
예) 충남 예산군 신양면 신양리에 포저(浦渚) 조익(趙翼)선생의 묘
319) 蘖(폐) : (그루터기에서 돋아나는) 움. 곁가지. 미나리과의 여러해살이 풀
320) 真的 : 참으로 . 진짜 (물건). 정말로. 진실로

類別	直木	橫木	曲木
乳穴			
突穴			
窩穴			

<그림 1-88> 의 **평면목성혈격**(平面木星穴格)의 **용신은 길고 곧고, 면**(面)**은 평평하고 낮은 것이므로 평면목성**(平面木星)이라 한다. 평면 목성에는 삼체(三體)가 있고 그 맥이 곧게 와 복자(卜字)같은 것, 하자(下字)와 같은 것이다. 무릇 직체(直體)는 모두 이것이다[是也]. **용두**(龍頭)**에 마주대하여 혈을 하장하여**[當頭下穴] 투맥살[鬪脈煞;直衝殺(직충살);氣沖腦殺(기충뇌살)]을 범해서는 안된다. 오공(吳公)의 《구결(口訣)》에 이르길 '목성(木星)은 용두(龍頭)에 마주하여 혈을 하장하는 것을 꺼리는 것은 **투살**[鬥煞;鬪脈煞(**투맥살**)]을 범하면 인정(人丁)이 끊어지니 용두(龍頭)를 비켜 벗어나[閃脫:섬탈] 혹 **점법**[粘]**이나 의법**[倚]**의 혈이 되면**[爲] 기이함을 그대는 알아야 한다' 고 하였다. 그러므로 무릇 **직목**(直木)은 반드시 살을 벗어나[以脫煞] 점혈할 곳을 찾고[尋粘] 혹 의혈(倚穴)하여 살을 피하고[閃煞;섬살], 점혈(粘穴)은 순전(脣氈)이 있어야 하고, **의혈**은 마디[節苞:절포]가 있는 것이 중요한 비결이다.

그 맥이 횡으로 와 공자(工字),왕자(王字),상자(上字)와 같은 것이다. 무릇 횡체(橫體)는 모두 바로 이것이다. 허리[當腰]에 혈을 하장하여 **참맥살**(斬脈煞)을 범해서는 안된다. 오공(吳公)의 《구결(口訣)》에 이르길 '**도지목성**(倒地木

星)의 길이가 백장(百丈)이면 횡(橫)과 직(直)을 논하지 않고 모두 장(葬)할 수 있다 ' 고 하였다. 직목[直]은 점(粘)과 의(倚)를 찾고 당두(當頭)는 찾지 마라. 횡목[橫:횡]은 중간의 포절(苞節;마디)이 왕성[旺]해야 한다. '고 하였다. 대개 횡목(橫木)은 여전히 혈에 하장하는 것이 어렵다.

중요한 것은 돌(突), 와(窩), 겸구(鉗口)는 의지[憑;빙] 하는 것이 비결[要訣;요결]이다. 직목(直木)과 횡목(橫木)의 둘은 정격(正格)이고 또 그 맥이 구부구불하게 와[曲來] 곡척(曲尺)과 같고, 지현자(之玄字)와 같거나 곡동처(曲動處)에 혈을 찾는 것은 곧 변격(變格)이다. 직목(直)、횡목(橫)、곡목(曲) 삼격(三格)은 모두 입혈처(立穴處)는 반드시 나뭇가지에 움트는 새순[萌蘖;맹폐]이나 마디[節苞;절포]에 와(窩), 겸(鉗), 유(乳), 돌(突)이 있어야 비로소 진짜이다.

直脈宜審後龍來處，分左右尋萌蘖，立倚穴。粗大則可尋粘穴321)粘穴要有氈唇。橫脈宜審龍來，左右中節，尋萌蘖322)，立撞穴。體亦難拘323)，但橫直不亂者便是324)。皆要脊上平正，兩弦起棱一邊起棱亦可。亦須稍闊大，不可狹小如帶，亦不可懶坦無休。懶坦則真氣不聚，狹小亦真氣已絕，皆不可不察。夫平面木星之穴，惟平處有之。真龍起伏多者，方結此穴，力量極大。廖氏云：「凡平面星辰，靈光凝聚於坦夷，生氣流行於低下，精神收斂，造化325)完全，此所謂之吉穴是也。必須龍脈真奇，証佐分曉，流神合法，方為真結。務宜仔細檢點，不可忽

직맥[直脈]은 마땅히 후룡이 오는 곳을 살펴서 좌우로 나누어 새순[萌蘖:맹폐]을 찾아 의지하여[倚] 혈을 입혈해야 한다. 거칠고 크면 하정(下停)에 맺히는 혈(穴)을 찾을 수 있으나 점혈(粘穴)은 전순(氈脣)이 있어야 한다. 횡맥

321) 精氣(정기)가 맺히는 位置(위치)에 따라 蓋粘依撞穴(개점의당혈)이 되는 것은 蓋穴(개혈)은 精氣(정기)가 龍脈(용맥)의 上停(상정)에 모인 穴(혈)로 天(천)에 해당되며, 粘穴(점혈)은 精氣(정기)가 龍脈(용맥)의 下停(하정)에 맺히는 穴(혈)로서 地穴(지혈)에 해당되며, 依穴(의혈)은 精氣(정기)가 龍脈(용맥)의 中央線(중앙선)을 비켜서 옆으로 나가서 맺히는 穴(혈)을 말하며, 撞穴(당혈)은 精氣(정기)가 龍脈(용맥)의 中頂(중정)에 모인 穴(혈)이니 人穴(인혈)에 해당된다 할 것이다.

322) 萌蘖(맹폐) : 움돋이. 자른 나뭇가지에서 움트는 새 순

323) 拘(구) : 국한하다. 구속하다. 제한하다. 속박하다. 얽매다.

324) **便是(변시)** : 다른 것이 아니라 이것이 곧

325) 化育(화육) : 하늘과 땅의 자연(自然)스런 이치(理致)로 모든 물건(物件)을 만들어 기름.

[橫脈]은 마땅히 내룡을 살펴 좌우(左右)의 가운데 마디[節]에 새순[萌蘖;맹폐]을 찾아 당혈(撞穴)로 입혈해야 좋다. 체(體)는 역시 제한하기 어렵다. 다만 횡목과 직목은 난잡하지 않는 이것이 곧[便是;변시] 모두 척상(脊上)이 평정(平正)하고 양쪽 반달모양[兩弦]으로 모서리[棱;릉]가 솟거나 일변(一邊)에 모서리가 솟아도 가능하다. 또한 반드시 약간 넓고 커야하고[稍闊大:초활대] 협소(狹小)하여 띠와 같아도 안되고 또한 변화가 없어[懶坦;나탄] 멈춤이 없어도 안되고, 나탄(懶坦)하면 진기(真氣)가 모이지 않고 협소(狹小)해도 진기(真氣)가 이미 없어져 모두 자세히 살펴야 한다[不可不察].
무릇 평면목성(平面木星)의 혈(穴)은 오직 평평한 곳에 있다. 진룡(真龍)은 기복(起伏)을 많이 하였을 때 비로소 이곳에 혈을 맺어 역량이 매우 크다. 요씨(廖氏)가 이르길 ' 무릇 평면(平面)의 성신(星辰)에 영광(靈光;혈)은 평탄(平坦)한데[坦夷(탄이)] 맺힌다[凝聚;응취]. 생기(生氣)는 낮은 데로 내려가[低下] 유행(流行)하여 정신(精神)을 수렴(收斂)하고 완전하게 화육[造化]하여 소위(所謂) 길혈이 이것이다[是也]. 틀림없이 용맥이 진기(真奇)하고 증좌(証佐)가 분명(分曉)하며 흐르는 물[流神]이 합법이면 비로소 진결(真結)이다. 마땅히 힘써 자세히 점검(檢點)하여 소홀히 해서는 안된다.

已上木星諸穴，坐向得寅、甲、卯、乙、巽，皆為氣旺而形應。若安扦合法，主生人相貌清秀，心性坦夷[326)]，行事遠大。甲、乙、寅、卯、丙、丁、巳、午木火生人受蔭，亥卯未年發達。若穴星清秀，龍合上格，主狀元及第，官至極品；合中格，應登第，官地方長；合下格者，官至宰邑；全無貴格，亦主明經[327)]秀士，大有文名。若星辰龐濁，龍無正格，亦主富而好禮[328)]，身膺五福，子孫蕃衍。初生清秀身長之人，則氣至而盛；至生黃瘦[329)]矮小之人，則氣盡而衰矣。

326) 坦夷(탄이) : 아무런 시름이 없이 마음이 진정되어 평탄함
◦發達(발달) : 이루다, 성취하다, 완성하다.
327) **明經(명경)** : 조선 시대, 경서에 정통한 사람을 뽑는 과거에서, 시험관이 지정해 주는 경서의 몇 구절을 욈 ☞ 秀士(수사) : 덕행이 훌륭한 사람 ☞ 龐(방) : 크다. 충실함. 어지럽다.
328) 富而好禮(부이호례) : 부유하면서도 예를 좋아한다는 뜻으로, 부유하나 자기 분수를 지키며 예를 실천하는 사람은 존경 받는다는 듯이다.
329) **黃瘦(황수)** : (얼굴이) 여위고 누렇다. ◦**矮小(왜소)** ; (키나 체구가) 보통(普通)의 경우(境

이상(已上) **목성**(木星)**의 여러 혈**은 좌향(坐向)이 인·갑·묘·을·손(寅、甲、卯、乙、巽)이 되면 모두 왕성한 기가 형(形)에 생긴다[發應].
만약 법에 맞게 편안하게 천장하면 태어나는 사람[生人]의 용모[相貌]가 청수(淸秀)하고 심성(心性)이 평탄하며[坦夷;탄이], 행위[行事]가 원대(遠大)하고, 갑·을·인·묘·병·정·사·오(甲乙寅卯丙丁巳午)의 목(木), 화(火)에서 태어나는 사람[生人]이 음덕을 받으면 해묘미(亥卯未) 년(年)에 발복한다(應).
만약에 혈성이 청수(淸秀)하고 용이 상격에 합당하면[상격이면] 장원급제(狀元及第)하여 벼슬은 최고의 품계(品階)에 이르다. 용이 중격에 합당하면 과거에 응시하여[應擧;응거] 과거 시험에 합격하여[登第] 벼슬은 지방장(地方長)이 되며, 용이 하격에 적합하면 벼슬은 읍장[宰邑;재읍]에 이르고, 용이 귀한 격이 전혀 없어도 명경수사(明經秀士)로 크게 학문으로 문성이 있고[文名] 만약 성신(星辰)이 어지럽고 산만하여[龐濁;방탁] 용이 정격이 없어도 부자[富]이나 예절을 잘 지키고[好禮:호례], 자신[身]은 오복을 가까이 하고[膺;응] 자손(子孫)이 많이 번창한다[蕃衍;번연]. 처음 태어나는 사람의 몸의 모양[身長]이 빼어나고 맑으면[淸秀] 기운이 매우 왕성하고 (얼굴이) 여위고 누렇고[黃瘦] 체구가 왜소(矮小)한 사람이 태어나면 기가 끝나 쇠약해진 것[衰:쇠]이다.

3. 수성혈(水星穴): 금생수(金生水)

水星穴

水性本動，其質柔弱，賴金以成。必兼[330]金方能結穴。金圓水曲，凡穴星頭圓而身曲者是也。有三大格：端正者曰正體，欹斜者曰側腦，倒地者曰平面。各有窩、鉗、乳、突之形，方為真結。

수성(水星)은 원래 동(動)하나 그 성질은 유약(柔弱)하며 **금의 도움을 받아**[賴金;뢰금] 이룰 수 있다[以成]. **반드시 금(金)을 갖추어야** 비로소 **혈을 맺을 수 있다**.[金生水] **금(金)은 둥글고 수(水)는 굽은 것이다**. 무릇 혈성(穴星)의

遇)보다 작음.➔賴(뢰) : 힘입다. 의지하다.
330) 兼(겸) : 具备(구비) 번체 具備 : 갖추다. 구비하다. 양쪽을 다 갖추다.

두(頭)는 둥글고 용신[身]은 굽은 것이다. 3대격(三大格)은 단정(端正)한 것은 정체(正體), 한쪽은 기운 것은 측뇌(側腦), 도지(倒地)한 것은 평면(平面)이라 한다. 각각 와(窩)、겸(鉗)、유(乳)、돌(突)의 형상[形]이면, 비로소 진결(真結)이다.

1) 정체수성혈격(正體水星穴格)

<그림 1-89> 正體水星穴格

窩穴	鉗穴	乳穴	突穴

上正體水星諸穴格，各有坐、眠、立三勢，大小、高低、肥瘦六格，俯仰二體，及窩穴有深、淺、闊、狹，鉗穴有長短、雙單、曲直，乳穴有大小、長短，突穴有大小、雙三等格。其乳、突二穴之下，又有出金、出木、出水、出火、出土各五格。而窩、鉗二穴之左右兩臂，又有轉金、轉木、轉水、轉火、轉土，及一腳轉金，一腳轉水、木、火、土者；一腳轉木，一腳轉金、水、火、土者；一腳轉水，一腳轉金、木、火、土者。一腳轉火，一腳轉金、木、水、土者；一腳轉土，一腳轉金、木、水、火者，各二十體，為變格也。諸體又各有帶曜者，圖繁，俱不詳載。以下諸穴格皆仿此論，不複重述。夫正體水星之穴，星辰尊重，造化完全，故為最貴。但窩穴要窩中圓淨，弦棱明白；鉗穴要鉗中藏聚，兩掬彎環；乳穴要圈中舒暢，乳上光圓；突穴要突面光圓，形體穎異。此為穴形八相。又須証佐明白，流神合法，方為真結。必須仔細檢點，不可忽也。

<그림 1-89>은 정체 수성의 여러 혈격은 각각 좌(坐)、면(眠)、입(立) 3세(三勢)와 대소(大小)、고저(高低)、비수(肥瘦) 6격(六格)과 부앙(俯仰) 2체(二體)가 있고 와혈(窩穴)에는 심와(深窩)、천와(淺窩)、활와(闊窩)、협와(狹窩)가 있고, 겸혈(鉗穴)은 장겸(長鉗),단겸(短鉗)、쌍겸(雙鉗),단겸(單鉗),곡겸(曲鉗),직겸(直鉗)이 있으며、유혈(乳穴)에는 대유(大乳),소유(小乳)、장유(長乳),

단유(短乳)가 있고, 돌혈(突穴)에는 대돌(大突), 소돌(小突)、쌍돌(雙突) 3가지 등 격(格)이 있다. 그 유(乳)、돌(突) 2혈의 아래에 또 출금(出金)、출토(出木)、출수(出水)、출화(出火)、출토(出土) 등 각각 5격(五格)이 있고 와(窩)、겸(鉗) 2혈의 좌우 양비[兩臂]는 또 전금(轉金)、전목(轉木)、전수(轉水)、전화(轉火)、전토(轉土)와 일각(一脚)이 금으로 변화하고[轉金], 다른 한쪽[一脚]은 변하여[轉] 수목화토(水、木、火、土)로 된 것이 있고, 일각(一脚)이 변화하여 토[轉木]가 되고, 다른 일각(一脚)은 변화하여[轉] 금수화토(金、水、火、土)로 된 것이 있고, 일각(一脚)은 변화하여 수가 된 것[轉水]이고, 다른 일각(一脚)은 변화하여[轉] 금목화토(金、木、火、土)로 된 것이 있고 일각(一脚)이 변화하여 화가 된 것[轉火]이 있고, 다른 일각(一脚)이 변화하여[轉] 금목수토(金、木、水、土)된 것이 있고 일각(一脚)이 토로 변하고[轉土] 다른 일각(一脚)은 변하여[轉] 금목수화(金、木、水、火)가 된 것이 있으며 각각 20체(體)는 변격(變格)이 된다. 여러 체[諸體]는 또 각각 요를 띤 것은 그림이 복잡하여[圖繁:도번] 모두 상세하게 게재하지 않는다[不詳載:불상재]. 이하 여러 혈격은 모두 이 논리와 비슷하여 다시 중복 기술하지 않는다. 무릇 정체(正體)의 수성(水星) 혈은 성신(星辰)이 매우 높고[尊重] 변화하여 이루어진 것[造化]이 완전하므로 가장 좋다[最貴]. 다만 와혈(窩穴)은 와 가운데가 원정(圓淨)하고 현릉(弦棱)이 분명해야 한다.

겸혈(鉗穴)은 양국(兩掬)이 만환(彎環)하여 겸 가운데 기가 모여야[藏聚] 한다. 유혈(乳穴)은 혈 가운데를 둘러싸[圈中] 넓고[舒暢:서창] 유상(乳上)이 광원(光圓)해야 한다. 돌혈(突穴)은 돌면(突面)이 둥글고 밝고 모양[形體]이 빼어나야 한다[穎異;영이]. 이는 혈형(穴形)은 팔상(八相)이고 또 반드시 증좌(証佐)가 분명하고 흐르는 물[流神]이 합법이어야 비로소 진결(真結)이다. 반드시 자세하게 점검해야 하고 소홀히 해서는 안된다.

2) 측뇌수성혈격(側腦水星穴格)

<그림 1-90> 側腦水星穴格

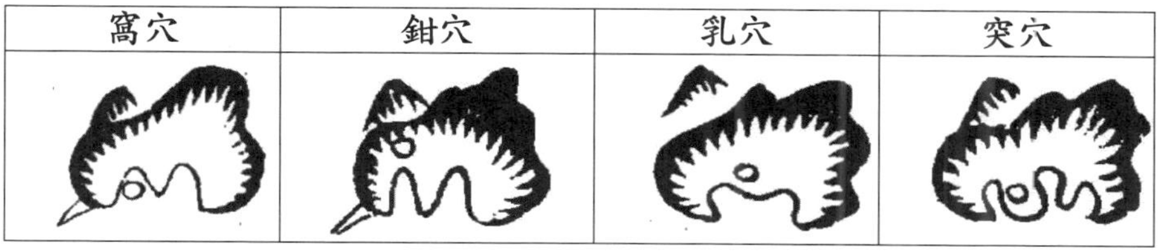

上側腦水星穴諸格，左右同，圖繁不載。夫側腦水星之穴，星體偏斜，勢趍[331]一畔，穴不枕腦，借樂安扦乳、突二穴無樂亦可。形體雖偏，力量無異。但窩穴要窩中圓淨，弦棱分明；鉗穴要鉗中藏聚，兩掬彎環；乳穴要乳上光圓，圈[332]中舒暢；突穴要突面光圓，形體穎異。此為穴形八相。又須証佐分明，流神合法，方為真結。必須仔細檢點，不可忽也。

<그림 1-90 >의 측뇌수성혈(側腦水星)의 여러 격은 좌우가 같고 그림은 복잡하여 게재하지 않았다. 무릇 측뇌수성혈은 성체(星體)가 기울어[偏斜;편사] 세(勢)가 한쪽으로 쏠려[趍;추] 혈이 침뇌(枕腦)하지 않아 낙산에 빌려[의지하여][借樂] 혈을 편안하게 천장하는 것이나[安扦], 유돌(乳·突) 2혈은 낙산이 없어도(천장이) 가능하다. 형체(形體)가 비록 편사할지라도[偏] 역량에는 차이가 없다. 다만 와혈(窩穴)은 와 가운데[窩中]가 원정(圓淨) 현릉(弦棱)이 분명해야 하고, 겸혈(鉗穴)은 겸 가운데[鉗中] 양국(兩掬)이 만포(彎環)하여 기가 모여야 한다[藏聚]. 유혈(乳穴)은 유상(乳上)이 밝고[光圓] 둘러싼 가운데가 넓어야 한다[圈中舒暢:권중서평]. 돌혈(突穴)은 돌면(突面)이 밝고 둥글고, 형체 빼어나야 한다. 이것은 혈형(穴形)이 팔상(八相)이고 또 반드시 증좌(証佐)가 분명해야 한다. 흐르는 물[流神]이 합법이어야 비로소 진결(真結)이다. 반드시 자세히 점검해야 하고 소홀히 해서는 안된다.

3) 평면수성혈격(平面水星穴格)

<그림 1-91 > 平面水星穴格

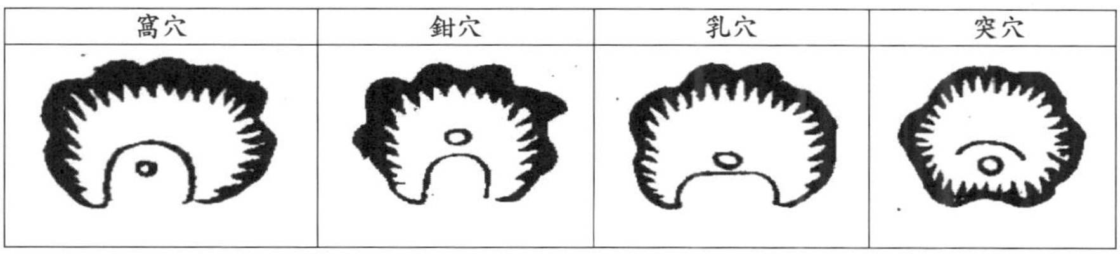

331) 趋(추): 번체 趨. 이체 趍(추) : 어떤 방향으로 향해 가다. 쏠리다. 향하다.
332) 圈(권) : 우리. 짐승을 가두어 두는 곳. 구역. 범위. 둘러싸다. 테를 두르다.

此星腦圓而曲，面平而低，故名曰平面水星，即廖氏平面金水穴格也。其體不一，或如荷葉，如荷花，如葵花，如梅花者，為正格。如條環，如梭子，如龜，如魚者，變格也。但要圓曲分明，初無定體。高山少見，多在平洋，有似羅星，務宜細辨。羅星孤虛[333]無龍，此體左右必有應、從[334]、照、樂、纏護、拱揖，自是不同。或結穴於中，或結穴於側，須尋開口，為窩，為鉗，為乳、為突，四象立穴，不可有悮[335]。若毋四象，便是無穴假埠、水口。《羅星賦》云：「水星多在平地，妙處難言。」誠以水曰潤下，故平地多有水星平面之穴，亦天造地設，自然之理也。

이 성신(此星)<그림 1-91 >에 뇌(腦)는 둥그나 용신은 굽고[圓而曲] 면은 평평하나 낮으므로 **평면수성(平面水星)**이라 한다. 즉 요씨(廖氏)는 평면금수혈격(平面金水穴格)이라 한다. 그 모양이 하나같지 않아 혹 연잎[荷葉;하엽] 같거나 연꽃[荷花;하화] 같거나 해바라기[葵花;규화] 같거나 매화(梅花) 같은 것을 **정격(正格)**이라 한다. 실꾸리[條環;조환] 같거나 베 짜는 북[梭子;사자] 같거나 거북이[龜:구] 같거나 물고기 같으면 변격이다. **다만 둥글고 굽은 것이 분명해야 한다.** 처음에는 변하지 않는 모양은 없다. 고산에서는 보기가 드물고 대부분 평양(平洋)에 있고 나성(羅星)과 비슷하다. 마땅히 힘써 자세하게 분별해야 한다. 나성(羅星)은 용이 없어 의지할 데가 없다[孤虛;고허]. 이 모양은 좌우에서 반드시 낙산이 조응(照應), 전호(纏護)、공읍(拱揖)하여 따르고 응하는 것이[應從:응종] 당연히[自是:자시] 같지 않다.

혹 가운데 결혈하거나 혹 측에 결혈하는데 반드시 개구한 데를 찾아 와겸유돌(窩，鉗，乳、突)의 사상(四象)에 입혈(立穴)을 하여 잘못되게 해서는 안된

333) 孤虛(고허) : 천간과 지지의 숫자가 2개 차이 나는 것에서 나오는 불일치에 따라 발생하는 간극을 말한다. 즉 일간이 의지할 데가 없어 외롭고 허전함[孤虛] ☞孤虛(고허) : 공망(空亡)의 충. 술해가 공망이면 진사가 고허가 된다.
-공망을 고허(孤虛)라고 한다. 고허(孤虛)도 2가지로 구분하는데 "상대가 비었다, 내가 비었다"로 생각해서 고허(孤虛)로 구분 ☞ 梭(사) : 북
☞ **나경 패철 사용법에서** 나경9층의 분금 법은 장사(葬事)에서의 마지막 작업에 사용되는 층이다. 하관시 흉한 고허살요공망맥(孤虛煞曜空亡脈)을 피하여 길한 왕생분금(旺生分金)만을 취하여 영혼의 명복과 자손들의 부귀왕정을 도모하기 위함이다. 즉 맥이 갑자순(甲子旬)과 임자순(壬子旬)은 고허맥(孤虛脈)으로 소길다흉(小吉多凶)한 용맥이다.

334) 應從(응종) : 명령이나 요구 따위에 응하여 그대로 따름

335) 悮(오) : 그릇되다. 착오(錯誤)로 어떤 일을 저지르다. 속이다.

다. 만약 사상(四象)이 없으면 곧 혈이 없어 가짜 부두가 있는 큰 도시[假埠]의 수구(水口)이다. 《나성부(羅星賦)》에 이르길 '수성(水星) 대부분 평지(平地)에 있으며, 묘(妙)한 곳[處]은 말로 하기가 어렵다.'고 하였다. 진실로 물[水]은 윤하(潤下)라 하므로 평지는 대부분 수성평면의 혈은 또한 천조지설(天造地設)은 자연(自然)의 이치이다.

夫平面水星之穴，惟平處有之。真龍起伏多者，方結此穴，力量極大。廖氏云：「凡平面星辰，靈光出自頂中，生氣聚浮面上，精神收斂，造化完全，所以謂之吉穴是也。」但要形勢、來脈分明，水法、堂局周美，賓主有情，左右無缺，穴形八相[336)]，証佐分明，方是真結。切忌胎息孤寒，流神反背。孤寒則人丁衰替[337)]，反背則家業消亡。務須仔細檢點，不可忽也。

무릇 평면수성(平面水星)의 혈은 다만 평평한 곳[平處]에 혈이 있다. 진룡은 기복(起伏)을 많이 하여야 비로소 이곳에 혈을 맺어 역량이 매우 크다. 요씨(廖氏)가 이르길 '무릇 평면(平面)의 성신(星辰)의 영광(靈光)이 꼭대기 가운데서부터 생겨 생기(生氣)는 면상(面上)의 표면에 떠 모이고[聚浮] 정신(精神)이 수렴(收斂)되어 대자연[造化]은 완전하다. 이른바[所以] 길혈(吉穴)이 된다는 것이다'고 하였다. 다만 형세(形勢)의 내맥(來脈)이 분명하고 수법(水法)과 당국(堂局)이 두루 아름답고, 빈주(賓主)가 유정(有情)하고 좌우(左右)가 흠결이 없고 혈형이 팔상으로 증좌가 분명하며 유신이 합법하면 바야흐로 진결이 된다. 혈형(穴形)이 팔상(八相)이면 증좌(証佐)가 분명하여야 비로소 진결(真結)이다. 절대로 꺼리는 것은 태식(胎息)이 주위[과혈부분]에 호위하는 산이 없어 차가운 것[孤寒]과 흐르는 물[流神]이 반배(反背)한 것이다. 고한(孤寒)은 인정(人丁)이 쇠미하고[衰替;쇠체], 반배(反背)하면 가업(家業)이 망하여 없어진다[消亡]. 반드시 힘써 자세히 점검(檢點)을 하고 소홀히 해서는 안 된다.

---

336) 但窩穴要窩中圓淨(다만 와혈은 와중이 원정하고) 弦棱分明(현릉이 분명해야 한다) 鉗穴要中藏聚(겸혈은 겸중이 장취하고) 兩掬彎環(양국이 만환해야 한다) 乳穴要圈中舒暢(유혈은 둘러싼 가운데 완만하게 펼쳐지고) 界水分明(계수가 분명해야 한다) 突穴要突面光圓(돌혈은 돌면이 광원하고)形體穎異(형체가 기발하고 기이해야한다). 此爲穴形八相(이것이 혈형의 팔상이다).

337) 衰替(쇠체) : 쇠패하다. 쇠약해지다. 쇠미해지다 ☞消亡(소망) : 없어지다. 소멸하다. 멸망하다.

已上水星諸穴，坐向得亥、壬、子、癸，皆謂得地，氣旺形應。若安扦合法，主生人相貌清潔，心性疏通，行事活潑。亥、子、壬、癸金水命人受蔭。申子辰年發達。若穴星清俊[338)]，龍合上格者，主狀元、宰相、尙書、九卿；合中格者，地方重臣；合下格者，州郡之職；全無貴格，亦主因女得貴。若穴星麁濁，主中富多浮財。初生清俊之人，氣至而旺。至出游蕩[339)]之人，則氣盡而衰矣。

이상과 같이 수성(水星)의 여러 혈은 좌향(坐向)이 해임자계(亥、壬、子、癸)가 되면 모두 득지(得地)하여 기가 왕성한 모양이 반응하여[氣旺形應] 만약 법에 합당하게 안장하면 생인(生人)의 모양[相貌;상모]은 청결(清潔)하고 심성(心性)이 소통[疏通]하여 하는 일[行事]이 활기차고[活潑;활발] 해자임계(亥、子、壬、癸)등 금수년[金水]에 인명[命人]은 음덕을 받아[受蔭:수음] 신자진(申子辰) 년에 발복에 이른다[發達;발달].
만약 혈성(穴星)이 뛰어나게 아름다우면[清俊:청준] 용이 상격에 합당하여 장원(狀元)、재상(宰相)、상서(尙書)、구경(九卿)을 관장하다. 용이 중격(中格)에 합당하면 비로소 지방 중신(地方重臣)의 벼슬을 한다. 하격에 합당하면 주군(州郡)의 직(職)을 담당한다. 전부 귀한 격이 없어도 여자 쪽에서 벼슬을 한다[得] 만약 혈성(穴星) 산만하면[麁濁;방탁] 중간 정도 부자로 동산(動產)[浮財;부재]이 많을 것이다. 처음 태어나는 사람은 용모가 맑고 빼어난 사람이고 기가 왕성하고 ,빈둥거리는[游蕩:유탕] 사람이 태어나면 기가 다하여 쇠퇴한 것이다.

4. 토성혈(土星穴)

土星穴

土星厚重，其形端方。凡穴星頭方正而身平者是也。有四大格。其端正者曰正體，偏斜者曰側腦，頭方而中凹者曰凹腦，倒地者曰平面。各有窩、鉗、乳、突之形，方為真結，詳具下文。

338) 清俊(=清秀) : 용모가 맑고 빼어나다. 뛰어나게 아름답다. (=清俊;청준, 清妍;청연)
339) 游蕩(유탕) : 빈둥거리다.

토성(土星)은 매우 두껍고[厚重:후중] 그 모양이 단정하다[端方;단방] 무릇 혈성(穴星) 두(頭)는 정면이 네모지고[方正] 용신은 평평한 것이다. 토성은 4대격이 있다. 토성이 단정(端正)한 것을 정체(正體)라 하고 기운 것[偏斜:편사]을 측뇌(側腦)라 하고, 두(頭)가 방정[方]하고 가운데가 우묵한[中凹]것을 요뇌(凹腦)라 한다. 도지(倒地)한 것을 평면(平面)이라 하고 각각 와겸유돌(窩、鉗、乳、突)의 모양이 있으면 비로소 진결(真結)이다. 아래 문장에서 구체적으로 상술하였다.

1) 정체토성혈격(正體土星穴格)

<그림 1-92> 正體土星穴格

類別	窩穴	鉗穴	乳穴	突穴
中穴				
角穴				

上正體土星穴諸格，各有坐、眠、立三勢，大小、高低、肥瘦六格，俯、仰二體，及窩穴有深、淺、闊、狹，鉗穴有長短、雙單、曲直，乳穴有大小、長短，突穴有大小、雙三等格。其乳、突二穴之下，又有出金、出木、出水、出火、出土各五格。而窩、鉗二穴之左右兩臂，又有轉金、轉木、轉水、轉火、轉土，及一脚轉金，一脚轉水、木、火、土者；一脚轉木，一脚轉金、水、火、土者；一脚轉水，一脚轉金、木、火、土者；一脚轉火，一脚轉金、木、水、土者；一脚轉土，一脚轉金、木、水、火者，各二十體，為變格也。諸體又各有帶曜者，圖

繁不載。以下諸格仿此。

<그림 1-92>의 정체토성혈의 여러 격은 각각 좌세(坐勢)、면세(眠勢)、입세(立勢) 등 삼세(三勢)와 대소(大小)、고저(高低)、비수(肥瘦) 등 6격(六格) 부(俯)、앙(仰) 등 2체(二體)가 있고 와혈(窩穴)은 심와(深窩)、천와(淺窩)、활와(闊窩)、협와(狹窩)가 있고, 겸혈(鉗穴)은 장겸(長鉗), 단겸(短鉗)、쌍겸(雙鉗), 단겸(單鉗)、곡겸(曲鉗), 직겸(直鉗)이 있고, 유혈(乳穴)은 대유(大乳), 소유(小乳)、장유(長乳), 단유(短乳)가 있고, 돌혈(突穴)은 대돌(大突), 소돌(小突)、쌍돌(雙突) 등 3종류의 격[三等格]이 있다. 정체 토성혈격의 유돌(乳突)의 2혈의 아래에 또 출금(出金)、출토(出木)、출수(出水)、출화(出火)、출토(出土) 등 5격(五格)과 와겸(窩、鉗) 2혈의 좌우양비(左右兩臂)은 또 전금(轉金)、전목(轉木)、전수(轉水)、전화(轉火)、전토(轉土)와 일각(一脚)은 전금(轉金)이고 다른 일각(一脚)은 변화하여[轉] 수목화토(水、木、火、土)로 된 것이 있고, 각(一脚)은 변화하여 목[轉木]이고 일각(一脚)은 변화하여[轉] 금수화토(金、水、火、土)가 된 것이 있고 일각(一脚)은 전수(轉水)이고 일각(一脚)은 변화하여[轉] 금 · 목 · 화 · 토(金、木、火、土)로 된 것이 있고 일각(一脚)은 전화(轉火)이고 다른 일각(一脚)은 전(轉) 금목수토(金、木、水、土)로 된 것이 있고, 일각(一脚)은 전토(轉土)이고 다른 일각(一脚)은 전(轉) 금·목·수·화(金、木、水、火)로 된 것이고 각각 20체는 변격이라 한다. 여러 모양은 또 각각 요(曜)를 띤 것이 있다. 그림이 복잡하여 게재(揭載)하지 않는다. 이하 여러 격은 이것과 비슷하다.

夫正體土星之穴，星辰尊重，造化完全，故為最貴。但窩穴要窩中圓淨，弦棱明白；鉗穴要鉗中藏聚，兩掬彎環；乳穴要圈中舒暢，乳上光圓；突穴要突面光圓，形體穎異。此為穴形八相。又須証佐明白，流神合法，方為真結。必須仔細檢點，不可忽也。

무릇 정체 토성혈은 성신이 매우 높고 대자연이 완전하므로 가장 소중하다. 다만 와혈(窩穴)은 와 가운데[窩中]가 원정(圓淨)하고 현릉(弦棱)이 분명해야 한다. 겸혈(鉗穴)은 양국(兩掬)이 만환(彎環)하여 겸 가운데[鉗中]에 기가 모여야 한다. 유돌(乳穴)은 영역[범위][圈:권] 가운데가 넓고 유상(乳上)

이 둥글고 밝아야 한다. 돌혈(突穴)은 돌면(突面)은 둥글고 밝고 모양[形體]이 빼어나야 한다. 이것들은 혈형의 팔상(八相)이고 또 증좌(証佐)가 분명해야 하고 유신(流神)이 합법이면 비로소 진결(真結)이다. 반드시 자세하게 점검해야 하고 소홀히 해서는 안된다.

2) 측뇌토성혈격(側腦土星穴格)

<그림 1-93> 側腦土星穴格

窩穴	鉗穴	乳穴	突穴

上側腦土星，左右皆同，圖繁不載。
夫側腦土星之穴，星體偏斜，勢趍一畔，穴不枕腦，借樂安扦乳、突二穴無樂亦可。形體雖偏，力量無異。但窩穴要窩中圓淨，弦棱分明；鉗穴要鉗中藏聚，兩掬彎環；乳穴要乳上光圓，圈中舒暢；突穴要突面光圓，形體穎異。此為穴形八相。又須証佐分明，流神合法，方為真結。必須仔細檢點，不可忽也。

<그림 1-93>의 측뇌토성(側腦土星)은 좌우 모두 같고 그림은 복잡하여 게재하지 않는다. 무릇 측뇌토성혈(側腦土星之穴)은 성체가 기울어[偏斜] 세가 한쪽으로 쏠려[趍;추] 혈은 침뇌(枕腦)하지 못하여 낙산을 빌려[의지하여][借樂:차락] 안장을 해야하나 유돌(乳、突)의 두 혈(二穴)은 낙산이 없어도 가능하다. 형체[形體]가 비록 편사할지라도 역량에는 차이가 없다. 다만 와혈(窩穴)은 와 가운데[窩中]가 원정(圓淨)하고 현릉(弦棱)이 분명해야 한다. 양국(兩掬)이 만환(彎環)하여 겸 가운데 기가 모여야 한다. 유돌(乳穴)은 유상(乳

上)이 둥글고 밝고 영역[圈] 가운데가 넓어야 한다. 돌혈(突穴)은 돌면(突面)이 둥글고 밝아 형태가 빼어나야 한다. 이러한 것은 혈형의 팔상이다. 또 증좌(証佐)가 분명해야 하고 유신(流神)이 합법이면 비로소 진결(真結)이다. 반드시 자세하게 점검(檢點)하고 소홀히 해서는 안된다.

3) 요뇌토성혈격(凹腦土星穴格) [=몰골(沒骨)=천재요뇌(天財凹腦)]

☞ **중저방고(中低旁高)/횡룡입수(橫龍入首)/ 낙산[後樂] /효순귀(孝順鬼)**

<그림1-94> 凹腦土星穴格

此星腦凹，身方面平，故名曰凹腦土星。有樂為真，最忌腰長。腰長則為土星見水，主出黃腫[340]。此穴多是橫龍入首，故必要後樂。如無樂星，要有孝順鬼及包裹重疊亦可。乳、突之穴，亦不拘樂。窩、鉗二穴，穴多搭脊，亦謂之沒骨，必要有樂為真。亦有撞背結穴者，無樂亦可。橫脈結穴，氣蹙於前，宜後宮仰瓦[341]。若仰瓦內又出一乳，則非真結。或仰瓦而後宮無樂星，又無包裹，亦非真

340) 黃腫[鉤蟲症;구충증] : 구충이 몸 안에 기생하여 생기는 병

341) 대개 요뇌천재성체(凹腦天財星體)는 또 대부분 혈 후가 앙와의 모양이다. 다만 혈 뒤에 유(乳)가 있으면 진(眞)이 되고 뒷면에 낙산이 붙어있는 것이 기준이 된다. 만약 유(乳)가 길게 드리워지면 기(氣)는 앞의 유(乳)에 있으므로[蹙;축] 뒤에 낙산이 없을지라도 무방하다. 다만 배후를 주밀하게 감싸야 하며 절대로 텅 비어서는[空曠] 안된다. 혹 효순귀(孝順鬼)가 있으면 더욱 묘하다. <출처>『설심부변와정해』 김상태역주, 맑은 샘

結，皆不可下。此穴結作若真，力量極大。

<그림 1-94>의 성신은 뇌(腦)가 오목하고[凹] 용신[身]이 네모지고 평평하므로 요뇌토성(凹腦土星)이라 한다. 낙산이 있으면 진(眞)이다. 가장 꺼리는 것은 허리가 긴 것이다. 허리가 길면 토성(土星)에 물이 나타나는 것이다. 구충증(鉤蟲症) [黃腫;황종]이 생긴다. 요뇌토성혈(凹腦土星穴)은 대부분 횡룡입수(橫龍入首)를 하므로 반드시 뒤에 낙산[後樂]이 있어야 한다. 만약에 후낙이 없으면 효순귀(孝順鬼)가 있어야 하고 거듭 혈을 감싸도 가능하다. 유돌(乳、突)의 혈은 역시 낙산이 (없어도 되므로) 구애받지 않는다. 와겸(窩、鉗) 두 혈은 혈이 대부분 등성마루[脊;척]에 연결되어[搭脊;탑척]도 몰골(沒骨)이라 하고 반드시 낙산이 있어야 진혈(真穴)이다. 또 당배결혈(撞背結穴)하면 낙산이 없어도 가능하다. 횡맥(橫脈) 결혈(結穴)은 기(氣)가 혈 앞에서 차면[蹙;축] 뒤에 에워싸인 곳[宮]이 앙와(仰瓦)라도 마땅하다. 만약 앙와(仰瓦)속에 또 하나의 유(乳)가 생기면 진결(真結)이 아니고 혹 앙와(仰瓦)이고 후궁(後宮)에 낙산이 없으면 또 혈속을 감쌀 수 없어 역시 진결(真結)이 아니라 모두 하장해서는 안된다. 이러한 혈이 맺혀 진혈이면 역량이 매우 크다.

夫凹腦土星之穴，中低旁高，坐下凹軟，故又謂之沒骨[342]星辰。有凹為準，形體怪奇，頗難察識。多有花假，不可不辨。若融結真寔，最為極貴。廖氏謂之「天財凹腦，最旺蠶絲、禾穀、金銀，大利商賈。」蓋指謂富星矣。若星體濁者，其言固當。如或[343]穴星清秀，龍格奇特，又主王侯極品之貴。予兄弟游[344]覽名墓，凡出爵位之高者，莫不[345]皆是土星結穴。但窩穴要窩中圓淨，弦棱明白；鉗穴要鉗中藏聚，兩掬彎環；乳穴要圈中舒暢，乳上光圓；突穴要突面光圓，形體穎異。此為穴形八相。又須証佐明白，流神合法，方為真結。務須仔細檢點，不可忽也。

342) 沒骨 : 沒骨無頂也. 凡凹腦、側腦 、沒骨諸穴。必以樂山為憑。樂者。喜好也.
☞ 頂(정) : 정수리 <출처>『지리담자록』

343) 如或(여혹) : 뒤에 나오는 말이 사실일지도 모른다는 의혹을 나타낼 때 쓰여 앞뒤 문장을 이어 주는 말. 있을지도 모르는 뜻밖의 경우(境遇).

344) 遊覽(유람) : 유람(하다) ☞ 遊(유) : 이동하다. 자유롭게 움직이다. 이리저리 다니다.

345) 莫不(막불) : ~하지 않는 자가 없다. 모두~하다.

무릇 요뇌토성(凹腦土星)의 혈은 가운데는 낮고 옆이 높아 하장한 자리[坐下]에 용신이 약하여 오목하므로[凹軟:요연] 또 몰골(沒骨)이라 하고, 성신(星辰)에 요(凹)가 있는 것을 기준으로 삼는다. 형체(形體)가 치우쳐[頗;파] 기괴[怪奇]하여 알아보기 어렵고 대부분 가화(花假)로 자세하게 분별해야 한다.

만약 융결(融結)이 참이면 이것[寔:식]은 최고로 매우 귀하다. 요씨(廖氏)는 이를 일러 '천재요뇌(天財凹腦)는 가장 왕하여 누애실[蠶絲;잠사],화곡(禾穀), 금은(金銀)으로 장사[商賈:상고]로 가장 큰 이익(大利)을 본다.' 고 하였다. 대개 부성(富星)이라 가리킨다. 만약 성체(星體)가 탁(濁)하면 그 말이 진실로 합당하다. 뜻밖에 혈성(穴星)이 청수하면 용격(龍格)은 기이하고 특이하면 또 왕후(王侯)의 극품의 벼슬을 한다. 나의[予;여] 형제는 이리저리 다니면서 명묘(名墓)를 보았는데[游覽:유람] 모두[凡] 높은 작위(爵位)가 나온 곳은 토성(土星)에서 결혈(結穴)하지 않는 데 없다. 다만 와혈(窩穴)은 와중(窩中)이 원정(圓淨)하고 현릉(弦棱)이 분명해야 하고, 겸혈(鉗穴)은 양국(兩掬)이 만환(彎環)하여 겸중(鉗中)에 기가 모여야 하며[藏聚], 유혈(乳穴)은 영역[圈]가운데가 넓고[舒暢:서창] 유상(乳上)이 둥글고 밝아야 하고, 돌혈(突穴)은 돌면(突面)이 둥글고 밝아 형체(形體)가 빼어나야 한다[穎異;영이]. 이것들이 혈형의 팔상(八相)이다. 또 증좌(証佐)가 분명해야 하고 유신(流神)이 합법이어야 비로소 진결(真結)이다. 반드시 힘써 자세(仔細)히 점검(檢點)하여 소홀히 해서는 안된다.

4) 평면토성 혈격(平面土星穴格) 예)경주 교동 최부자 家(方形 와혈)

<그림 1-95 > 평면토성혈격(平面土星穴格)

類別	窩穴	鉗穴	乳穴	突穴
方形 (방형)				

類別	窩穴	鉗穴	乳穴	突穴
棱形 (릉형)				

此星方平，出於平地，故名曰平面土星。廖氏謂之平面天財。凡曰棋盤、土方、勝土、柿蒂、土玉、繭土、鋪裀土、玉琴土，皆其略名也。夫平面土星之穴，惟平處有之。真龍起伏多者，方結此穴，力量極大。廖氏云「凡平面星辰，靈光凝聚於坦夷，生氣流行於低下，精神收斂，造化完全，故此為吉」是也。但窩穴要窩中圓淨，弦棱分明；鉗穴要鉗中藏聚，兩掬彎環；乳穴要圈中舒暢，界水分明；突穴要突面光圓，形體穎異。此為穴形八相。又須龍脈真奇，証佐分曉，流神合法，方為真結。務須仔細檢點，不可忽也。

<그림 1-95 > 의 **평면토성**의 봉우리[此星]는 **네모지고 평평한 것이 평지에서 생겼으므로 평면토성**(平面土星)이라 한다. 요씨(廖氏)가 **평면천재**(平面天財)라 하였다. 무릇 기반토(棋盤土), 방승토(方勝土),시체토(柿蒂土), 옥견토(玉繭土),포인토(鋪裀土),옥금토(玉琴土)는 모두 그들의 일부를 생략한 명칭이다. 무릇 **평면토성**(平面土星)**의 혈**(穴)은 오직 **평처**(平處)**에 혈이 있으니** 진룡(眞龍)이 기복(起伏)을 많이 한 것이면 비로소 평면토성혈을 맺어 역량이 매우 크다. 요씨(廖氏)가 이르길 ' 무릇 **평면성신**(平面星辰)은 **영광**(靈光;기)은 **평탄한 곳**[坦夷]**에 모이고**[凝聚] **생기**(生氣)**는 낮은 아래로 흐르고**[流行] 정신(精神;용신)이 수렴(收斂)하여 조화[造化]를 이루어 완전하므로 이는 좋다' 고 한 것이다. 다만 와혈(窩穴)은 와중(窩中)에 원정(圓淨)하고 현릉사[弦棱砂]가 분명해야 한다. 겸혈(鉗穴)은 양국(兩掬)이 만환(彎環)하여 겸중(鉗中)에 기(氣)가 모여야 한다[藏聚]. 유혈(乳穴)은 영역[圈]가운데 넓고[舒暢] 계수가 분명해야 한다[界水分明]. 돌혈(突穴)은 돌면(突面)이 둥글고 밝고 형체(形體)가 빼어나야 한다. 이는 혈형의 팔상이고 또 반드시 용맥(龍脈)은 진기(眞奇)하고 증좌(証佐)가 분명하고 유신(流神)이 합법(合法)이면 비로소 진결(眞結)이다. 반드시 힘써 자세(仔細)하게 점검(檢點)하고 소홀히 해서는 안된다.

已以土星諸穴，坐向得丑、艮、未、坤、巳、午，皆為氣旺形應。若安[346]扦合法，生人相貌肥厚[347]，度量寬洪，行事樸[348]寔。戊、己、辰、戌、丑、未土命人[349]受蔭，申子辰年發達。若穴星清秀，後龍合上格者，官至王侯、宰輔[350]，裂土分茅[351]；合中格者，官至司農[352]，方面巨萬之富；合下格者，官至鹽運、工、戶司財之職；全無貴格，亦主納粟奏名[353]，及倉庫雜職之官。若穴星龐厚，主巨萬之富，冠於州邑，厚[354]福高壽。初生肥矮胖大之人，氣至而盛；至生黃腫之人，則氣盡而衰矣。

이상(已以) **토성(土星)의 여러 혈[諸穴]이 좌향(坐向)을 축·간·미·곤·사·오(丑,艮,未,坤,巳,午)를 득하면 모두 형(形)에 왕성한 기가 응한다**. 만약 알맞은 위치에 천장[安扦]하여 법에 알맞으면 태어나는 사람의 용모[相貌]가 살이 쪄 두텁고[肥厚:비후], 행위[行事]가 순박하고 도량(度量)이 넓고[寬洪:관홍] 이는 무·기·진·술·축·미(戊、己、辰、戌、丑、未) 등 토명인(土命人;생일이 납음오행으로 토)이 음덕(蔭德)을 받고 신자진(申子辰)년에 발달한다. 만약 **혈성(穴星)이 청수(清秀)하면 후룡이 상격이 되면 벼슬은 왕후(王侯),재보(宰輔), 제후[裂土分茅:열토분모]에 이른다**. 용이 중격이면 벼슬은 사농(司農)에 이르고 방면에 엄청난 부자[巨萬之富]이다. 용이 하격이면 벼슬은 소금운반[鹽運;염운],공조(工),호조(戶)의 재물을 담당하는 직[司財之職:사재지직]을 한다.

---

346) 安(안) : 알맞은 위치에 자리잡게 하다. 설치하다.

347) 肥厚(비후) : 살이 쪄서 두텁다. (땅이) 비옥하고 두텁다. 많다 ☞ 厚(후) : 후하다. 너그럽다. 친절하다. 관대하다. ☞ 寬洪(관홍) : (목청이) 우렁차다. (도량이) 넓다.

348) 樸(박) : 바탕, 근본(根本). 순박하다(淳朴、淳樸、醇朴--).

349) 인간을 수명인(水命人) 화명인(火命人) 목명인(木命人) 금명인(金命人) 토명인(土命人)으로 분류

350) 宰輔(재보) : 임금을 돕고 모든 관원(官員)을 지휘(指揮)하고 감독(監督)하는 일을 맡아보던 이품(二品) 이상(以上)의 벼슬. 또는 그 벼슬에 있던 벼슬아치

351) 分茅裂土(**분모열토**) : 옛날 천자가 땅을 나누어 주며 제후를 봉할 때 거행하던 의식의 일종. 백모(白茅)로 흙을 싸서 분봉된 자에게 주어 땅을 얻은 제후임을 표시했다. 천자가 제후를 봉할 때 그 방면의 흙을 띠풀에 싸주는 것

352) 司農(사농) : 중국 한나라 때, 구경 가운데 농사에 관한 일을 맡아보던 벼슬

353) 納粟奏名(납속주명) : 재물을 주고 벼슬을 산다.

354) 厚(후) : 후하다. (수량·이윤·가치가)크다.

용이 귀격이 없어도 재물을 주고 벼슬을 사[納粟奏名(납속주명)] 창고잡직(倉庫雜職)의 벼슬을 한다. 만약 혈성이 매우 크면[龐厚;방후] 주읍(州邑)에서 엄청난 부[巨萬之富]와 벼슬을 한다. 복이 많고[厚福;후복] 장수한다[高壽]. 장사 후에 처음 태어나는 사람은 살찌고 키가 작고[矮小;왜소] 뚱뚱한[胖大;반대] 사람이 나고 기가 왕성하기까지 하고 지금 태어나는 사람이 구충증[黃腫;黃腫]인 사람이면 기가 다하여 쇠잔한 것이다.

上金、木、水、土諸星結穴，必須皆有窩、鉗、乳、突之形，方是有穴，真氣融結。若徒有星像，而無窩、鉗、乳、突之形，即是無穴，真氣不結。蓋穴法推其極致，星亦為輕。何也？山固有周正彩[355]，成好星辰而不結地者。予兄弟歷覽四方名墓，凡怪穴地，多是穴形合法，只醜不成星，而人遂以為恠[356]。此可見星之輕耳。然舍星則又不可，故必以形與星合為準焉。且《葬書》凡形字，多是指穴。如曰「千尺為勢」，言龍來之遠也。「百尺為形[357]」，言穴止之近也。又云「形與勢順，是謂全氣[358]」言龍、穴皆吉也。「形與勢逆，是謂乖氣」言龍、穴互有吉凶也。「勢吉形吉，是謂重吉」龍、穴皆吉則全氣也。「勢凶形凶，是謂重凶」龍、穴皆凶，故曰重凶。「勢凶形吉，百福希一」言龍凶穴吉，百福猶能希一。「勢吉形凶，禍不旋日」言龍吉穴凶，凶禍立至。此形、勢二字，即龍、穴二字也。審此數語，可知地理之法雖重於龍，尤重於穴。穴若有差，龍吉何益？故曰「望勢尋龍易，登山點穴[359]難。若還差一指，如隔萬重山。」甚哉有味乎，其言之也！

이상 금·목·수·토(金、木、水、土)의 여러 봉우리의 결혈은 필수적으로 모두

---

355) 周正(주정) : 단정하다. ☞光彩(광채) : 광채. 영광스럽다. 영예

356) 恠(괴) : 괴이하다(怪異--). 기이하다(奇異--)

357) 百尺為形(백척위세) : 千尺為勢，百尺為形。千尺言其遠，指一枝山之來勢也。百尺言其近，指一穴地之成形也 ☞百尺為形에서 為(위)는 ~으로 변[변화]하다. ~이 되다. 만들다.

358) 全氣之地若踞而侯也 : 기가 온전한 땅은 마치 웅크리고 앉아 기다리는 듯하다.
註 如人之踞然 不動 而有所待然 주) 마치 사람이 웅크린 채로 움직이지 않고 기다리고 있는 것 같다. ☞踞(거) : 웅크리다. (사람이 장소를) 차지하여 자리를 잡다.
☞侯(후) : 기다리다. 아름답다. ☞猶能(유능) ; 여전히 할 수 있음

359) 點穴(점혈);立穴**(입혈)** cf) 立穴(입혈) ; 혈을 건립하다. ◦立: 확정하다. 세우다. 건립[설립]하다. cf) 扦葬(천장) ☞ **恠(괴)** =怪(괴)

와·겸·유·돌(窩、鉗、乳、突)의 모양이 있어야 비로소 진기(真氣)가 융결(融結)하여 혈이 있는 것이다. 만약 다만 성상(星像)만 있고 와·겸·유·돌(窩、鉗、乳、突)의 혈형이 없으면 진기(真氣)가 맺히지 않아 곧 혈이 없다.

대개 혈법(穴法)은 지극한 그 경지를 추구하는데[推其極致:추기극치] 봉우리를 역시 가볍게 여기는 것은 어찌하여 그런가? 산이 진실로 단정한 광채가 있어 좋은 성신을 이루나 결지하지 못한 것은 우리 형제가 여러 곳[四方]의 명묘(名墓)를 두루 다니며 보았다[歷覽]. 무릇 괴혈지(怪穴地)는 대부분 혈형(穴形)이 합법(合法)이지만 다만 추하여[醜:추] 봉우리를 이루지 못한 것을 사람들은 마침내[遂] 괴혈이라 하였다[以為恠(이위괴)]. 이는 성신을 보았을 뿐이다. 그러나 성신을 버리면 또 사용할 수 없으므로 반드시 혈형이 성신과 어울리는 것을 기준으로 삼아야 한다[為準]. 또 《장서(葬書)》에서 이르길 '형(形) 자(字)는 대부분 혈을 가리킨다. 가령 이르길 '천척(千尺)은 세(勢)'를 말한 것이고 용이 멀리서 온다는 말이다. 백척(百尺)이란 형(形)을 만든 것'을 말한 것으로 혈이 가까이서 멈춘 것이다. 또 이르길 '

-형(形)이 세(勢)와 순응하면 기가 온전하다(全氣)' 고 한 것은 용혈(龍、穴)은 모두 좋다[言龍、穴皆吉也]는 말이다.

-형(形)이 세(勢)와 역(逆)하며 이는 기가 어그러졌다[乖氣:괴기]' 고 하여 용혈(龍穴)에 길흉이 있다는 말이다[言龍穴有吉凶也].

-세(勢)와 형(形)이 길하면 이는 거듭 좋다[重吉] ' 고 말하고, 용혈(龍、穴)이 모두 좋으면 기가 온전하다[全氣][穴皆吉則全氣也].

- 세(勢)와 형(形)이 흉하면 이는 거듭 흉하다[重凶]' 고 말하여, 용혈(龍、穴)이 모두 흉(凶)하므로 거듭 흉하고 말한다.[龍、穴皆凶, 故曰重凶].

-세(勢)가 흉하고 형(形)이 좋으면 이는 모든 복 중에서 하나의 복을 원해 얻을 수 있다[勢凶形吉, 百福希一]' 고 하였다. 용이 흉하고 혈이 좋은 것은 많은 복 가운데 여전히[猶;유] 하나의 복을 원해[希] 얻을 수 있다는 말이다.[言龍凶穴吉, 百福猶能希一]

- 세(勢)가 길하고 형(形)이 흉(凶)하면 화(禍)는 하루가 지나지 않고[不旋日;불선일] 빨리 온다.' 고 하였다. 용(龍)이 길하고 혈(穴)이 흉(凶)하면 흉한 화(禍)는 즉시 온다[立至;입지].[言龍吉穴凶, 凶禍立至]. 이는 형(形)과 세

(勢) 두 자(字)는 즉 혈(穴)과 용(龍) 두자(字)이다. 이 몇 마디[此數語]를 살펴보면 지리의 법에 비록 용이 중요하나 혈이 더욱 중요한 것을 알 수 있다. 혈에 어긋남이 있으면 용이 좋다고 무슨 이익이 되겠나[何益:하익]? 그러므로 이르길 ‘세(勢)를 보고 용을 찾는 것은 쉬우나 산에 올라 점혈(點穴)하는 것은 어렵다[難]. 만약[若還:약환] 한 치의 차이는[差一指:차일지] 여러 겹의 산[萬重山]의 차이[隔:격]가 나는 것 같다. 참으로[甚哉:심재] 의미 있는[有味乎:유미호] 말이다[其言之也:기언지지]!’고 하였다.

제2장 혈증(穴證)

제1절 머리말 ☞ 표준: 혈 앞/ 혈 후/혈의 좌우/혈의 아래/계수

此一卷專論穴証。蓋真龍結穴，必有証佐。証佐明白，穴斯的矣。所謂証佐者，求之於前則朝案美，明堂正，水勢聚；求之於後則樂山峙，鬼星撐；求之於左右，則龍虎有情，纏護拱夾[360]；求之穴下，則唇氈正；求之四方，則十道全；求之界水，則分合明白。此數者，穴之証佐也。故點穴之法，必以此數者為標準。於此而精察之，寧有不得其要領者乎？

여기서 일권(一卷)은 오로지 혈의 증좌를 논하고자 한다. 대개 진룡(真龍)에 혈을 맺는 것은 반드시 증좌(証佐)가 있어 증좌(証佐)가 분명(明白)하면 혈은 곧 분명하다[的矣(적의)]. 소위 **증좌(証佐)는 혈 앞에서 찾는 것**은 조안(朝案)이 아름답고 명당이 바르고 수세(水勢)가 모이는 것이고, **혈 후에서 찾는 것**은 낙산이 높이 솟고[樂山峙:낙산치], 귀성(鬼星)이 받쳐주는 것이다[撐;탱]. **혈의 좌우에서 찾는 것**은 용호(龍虎)가 유정(有情)하고 전호(纏護)가 공협(拱夾)하는 것이며, **혈 아래에서 찾는 것**은 순전(唇氈)이 바른 것이며, 사방(四方)에 바라는 것은 천심십도[十道]가 온전한 것이며, **계수(界水)에서 찾는 것**은 분합(分合)이 분명한 것이며 이러한 여러 가지는 혈의 증좌 이다. 그러므로 점혈법(點穴之法)은 반드시 이러한 여러 가지를 표준(標準)으로 삼는다. 이러한 것을 정밀하게 살피면 어찌[寧] 요령(要領)을 얻지 못하랴?

제2절 조산증혈(論朝山[361]証穴)

360) 혈법에 뒤에는 개산(盖山)이 있고 앞에는 조산(照山)이 있으며 좌우양쪽에는 협이(夾耳)산이 있으면 그것을 일러 사응등대(四應登對), 개조공협(蓋照拱夾)이라 한다.

361) 朝山 : 朝在面前爲近案. 朝對하는 朝山 ☞ 朝對 : 앞에 대하는. 마주 대하는
1.생기가 미치지 못했다는 것은 마주 대하는 안산과 조산이 없는 말이다.
[不及者는 言山之無 朝山也요]
2.생기가 쌓이지 않는 것은 감싸지 않아 장풍이 되지 않는다.[不蓄者 言山之無包藏也]
생기가 모이지 않는 혈은 뼈가 썩는다.[不蓄之穴 是謂腐骨]

《撼龍經》云：「眞龍藏幸穴難尋，惟有朝山識幸心。朝若高時高處下，朝若低時低處針。」《指南》云：「古人一語值[362]千金，高欲齊眉低應心。」《圓機歌》云：「秀應在左穴居左，秀應在右用右奇。」是皆朝山定穴之法也。故朝山高，穴宜高；朝山低，穴宜低。朝山近，恐凌壓[363]，穴必上聚，宜尋天穴；朝山遠，則氣易散，穴必融結於低處，或就堂氣，或就下砂，宜尋地穴。秀應之沙在左，則穴宜向左；秀應之山在右，則穴宜向右。此其梗概[364]也。然又有遠近不同。其外陽遠朝之山雖秀麗，只要[365]面前有，不必拘於登對。登對合法，固是全美。或徒貪外陽遠秀，而失坐下穴場氣脈，則尤不可。故朝山証穴之法，必以近案有情為主，其外陽遠應之峰，雖不甚[366]登對，亦不為礙。大抵天造地設，必是近案有情。所謂有情者，求之水城必美，求之向家必利，求之後樂必對，求之四圍必無缺陷。若徒貪外陽，則近身必有不合不利之處。

《의룡경(疑龍經)》에 이르길 '진룡이 다행히 혈을 (감추어) 드러내지 않아 혈을 찾는 데 어렵고 다만 조산(朝山)이 있으면 다행히 심중(心中)으로 식별할 수 있어 조산이 높으면 높은 곳에 하장하고, 조산이 낮으면 낮은 곳에 자리를 잡아[針:침] 하장한다.' 고 하였다. 《지남(指南)》에 이르길 '고인의 한마디 말은 천금(千金)의 가치가 있다. 높이는 눈높이와 가지런히[齊眉:제미] 해야 하고 낮으면 가슴위치에 대응하라.' 고 하였다. 《원기가(圓機歌)》에 이르길 '빼어난 산이 좌에서 응하고 있으면[秀應在左] 혈도 좌에 있고, 빼어난 산이 오른쪽에서 응하고 있으면 우측이 빼어나 사용한다[用右奇].' 고 하였다. 이는 모두 조산정혈법(朝山定穴之法)이므로 조산(朝山)이 높으면 혈은 마땅히 높고, 조산(朝山)이 낮으면 혈은 마땅히 낮다. 조산(朝山)이 가까우면 두려운 것은 능압(凌壓)이다. 혈은 반드시 상취(上聚)하므로 마땅히 천혈(天穴)을 찾아야 하고, 조산(朝山)이 멀면 기(氣)는 쉽게 흩어진다.

혈은 반드시 낮은 곳에서 융결(融結)이 된다. 혹 명당의 기운[堂氣]을 취하거

3.생기가 배반하여 막혔다는 것은 그늘지고 음습한 것은 그것이 바로 두려운 일들이다. 어찌 조심하지 않을 수 있으랴[~ 背因者 言其幽陰 其爲可畏라 可不愼乎]

362) 值(치) : 가치. (물건이) ~한 가치에 상당하다.~할 의의(意義) 또는 가치가 있다.

363) 凌压(능압) : 압박하다. 위압하다.

364) 梗概(경개) : (이야기의) 대략적인 내용. 경개 梗(경) : 대개. 대강.곧다. 정직함.

365) 只要 (지요) : ~하기만 하면. 만약 ~라면

366) 不甚(불심) : 그다지 ~하지 않다. 대단하지 않다. 심하지 않다.

나 혹 하사(下砂)를 취하면 마땅히 지혈(地穴)을 찾는다. 빼어나 응하는 사(沙)가 좌(左)에 있으면 혈은 마땅히 좌(左)로 향하고, 빼어나 응하는 사(沙)가 우측[右]에 있으면 혈은 마땅히 우측[右]으로 향한다. 이는 대략적인 내용[梗概;경개]이다. 그러나 또 원근(遠近)이 같지 않다. 그 바깥쪽의 외명당(外明堂)[外陽]에 먼 조산(朝山)이 비록 빼날지라도 면전(面前)에 있기만 하면[다만 면전에 있어야 하니] (먼 곳에서) 대하는 것[照應; 登對]에 구애받을 필요가 없다. 마주대하는 것[登對:등대]이 합법이면 확실히 전미(全美)하다.
혹 다만 멀리 외양(外陽)이 빼어나 탐내어 혈장(穴場) 뒷부분[下]의 기맥(氣脈)을 혈자리[坐]에서 놓치면 더욱 사용할 수 없으므로 조산(朝山)증혈법(証穴之法)은 반드시 근안(近案)이 유정(有情)한 것을 위주(為主)로 하고, 그 외양(外陽)이 멀리서 응하는 봉우리가 비록 등대(登對;照應)하지 않아도[不甚] 꺼리지[礙;애] 않는다. 대체로 보아서[大抵] 천조지설(天造地設)은 반드시 근안(近案)이 유정(有情)한 것이다. 소위(所謂) (근안이) 유정(情者)한 것은 수성(水城)이 반드시 아름다운 곳을 구해야 하고 향은 집에 반드시 이로움을 구해야 하고, 후낙(後樂)이 반드시 등대(登對)하는데 구해야 하고, 사위(四圍)도 반드시 결함(缺陷)이 없는 곳을 구해야 한다. 만약 외양(外陽)을 탐내면 근신(近身)에서 반드시 불리하고[不利之] 맞지 않는 곳이 나타난다[有不合].

蔡氏云：「秀峰當面，固是嘉美。必不得已[367]，當以近案為據，不可取外陽而棄近案也。」卜氏云：「外聳千重，不若就[368]身一案。」又云：「欲求真的，遠朝不如近朝。」又云：「多是貪遠尖而嫌近小，誰知就近是而貪遠非。」《龍髓經》云：「譬如尊貴之人，必據案區取事宜。設或有貴人朝謁[369]，曹屬稟承，必不敢當面相敵[370]。」謂尊不敢對，此亦一說耳。然不必泥，必是遠近相符為善。

---

367) 必不得已: 도저히 어찌할 수 없다. 하는 수 없다. 부득이하다. ☞不得已(부득이) 마지못해 어쩔 수 없이 ◦ 設或(설혹) : 비록 ~일지라도. 설령 ~일지라도
368) 就(취) : 다가붙다. 가까이하다.
참고) 손을 뻗어 안산에 다다라 만질 수 있으면 세전(稅錢)이 천만(千萬)꾸러미라는 것은 안산이 가까운 것을 말한다 (伸手摸着案稅錢千萬貫言案之近也. 밖에 솟은 천 겹의 산이 활처럼 굽은[眠弓;면궁] 하나의 안산만 못하다 (外聳千重不若眠弓一案).
369) 朝謁(조알) : 조정에 들어가 천자를 배알함 ☞ 稟承(품승) : 윗사람의 명령을 받다.
370) 敵(적) : 원수. 상대. 대등하다. 맞서다.

偶有不符者，又當活法裁處。大抵明堂案對，亦門戶外事，當內以穴中葬法、乘氣[371]為主，外立門向，以納堂案之秀。所謂「內藏黃金斗，外掩時師口。四勢任君談，五行當自守。」如浮梁李八公壽域，是其証也。

채씨(蔡氏)가 이르길 ' 빼어난 봉우리를 당면(當面)하면 진실로 아름답다[嘉美;가미]. 마땅히[當] 근안(近案)을 근거[據:거]로 삼아야 하고 도저히 어쩔 수 없이[必不得已:필부득이] 외양(外陽)을 취하여 근안(近案)을 버려서는 안된다.' 고 하였다. 복씨가 이르길 ' 밖에 솟은 천 겹의 산[外聳千重]이라도 혈 가까이[就] 있는 하나의 안산만 못하다[不若:불약]' 고 하였다. 또 이르길 '참되고 확실한[真的] 혈을 구하고자 하면 멀리 있는 조산[遠朝]이 가까운 조산만 못하다.' 고 하였다. 또 이르길 ' 대부분 멀리 뾰족한 것을 탐내고 가까이 작은 것을 싫어하는데, 누가[誰:수] 가까운 것을 취하는 것이 옳고 먼 곳을 탐내는 것이 틀린다는 것을 알겠는가?' 하고 말하였다.

《용수경(龍髓經)》에 이르길 ' 존귀한 귀인에 비유하면[譬如:비여] 반드시 영역의 안산에 의지하여 일을 취하는 것이 마땅하고 설령 귀인(貴人)이 천자를 알현할 때[朝謁:조알], 나라[曹:조]에 예속되어[屬] 윗사람의 명령을 받아[稟承:품승] 반드시 감히 당면하여 서로 맞서지 못한다.' 고 하였다. 존귀(尊貴)하여 감히 대면하지 못한다. 이것은 또 일설일 뿐이다. 그러나 구애받을 필요는 없다. 반드시 원근(遠近)이 서로 부합되면[相符:상부] 좋다. 우연히[偶;우] 부합되 않으면 마땅히 또 활법(活法)으로 재혈하는 곳[裁處:재처]은 대저 명당(明堂)에서 안산을 마주하여[案對]도 문호(門戶) 밖에 일이다. 마땅히 내부는 혈 가운데 장법을 써서[以] 기를 타는 것[乘氣:승기]를 위주(為主)로 하여 밖의 문에 향을 세우는 것[外立門向]은 명당(堂)의 빼어난 안산의 기운을 받아들인다. 소위 안으로는 몇 말의 황금을 감추고[內藏黃金斗:내장황금두], 밖으로는 모든 사람들이 모르게 하고[外掩;외엄] 시사(時人)가 이르길 ' 사세는 군자의 말에 맡기고, 오행(五行)을 당연히 스스로 지켜야 한다.' 고 하였다. 가령 부량현(浮梁)의 이팔공(李八公)의 수역(壽域)이 그 증거이다.

371) 乘氣(승기) : 시사들이 갑자(甲子) 병자(丙子) 운운(云云)하는 투지(透地)가 아니라 ,진기(眞氣)가 땅속에 가득 차 있다가 지면으로 튀어나오는 것 <출처> 지학 ,허찬구 역, p.69

附元餘宗益氏述李八公事寔

浮梁界田李八公德鴻，與樂平洪士良、舒南二長老同受業於吾邑國師吳公仲祥。八公擇地葬親，及營壽域，皆所自卜[372]。予於癸未歲至其里，宿其裔平甫家，歷觀其壽藏[373]，在東鄉地名，真武仗劍形，劍壩穴。亥山一脈直垂而下。扦二穴，相隔[374]五尺，同向丙。一穴偏左，而案與明堂皆不正；一穴居中，而朝案明堂皆端正。水居庚兌。田心二墩，一方一圓，為金箱玉印。詢其所由，系覓里中人地。里人阻之。公曰：「山有兩穴，吾出貲營造，任爾揀一穴，吾取一穴為壽域。」里人擇明堂案山端正者。是不明受脈乘氣為急務，而徒以堂局案對所眩耳。咫尺之間，倏虜有間。李氏享數百年富貴，里人泯沒無聞。穴法乘氣之妙，神乎！神乎！至人奪神功，改天命[375]，其機在此矣。至正壬辰，鄞邑餘宗益謹述。

덧붙여[附] 원대(元)의 여종익(餘宗益)씨가 기술한 이팔공(李八公)의 일은 진실이다. 부량(浮梁)의 계전(界田) 이팔공(李八公) 덕홍(德鴻)이 낙평(樂平)의 홍사량(洪士良)과 서남(舒南) 이장노(二長老)와 함께 오읍국사오공(吾邑國師吳公) 중상(仲祥)에게 수업을 할 때 팔공(八公)이 부모님을 장사할 자리를 선택하고, 오래 살 수 있는 즐거운 경지(境地)[壽域]을 짓는 것[營繕:영선]을 모두 스스로 선택한 곳이다. 우리 형제가 함께[予;여] 계미[癸未]년에 새해[歲;세] 그 마을에 도착하여 그 후손[裔:예] 평보(平甫)의 집에 유숙하면서 동향(東鄉)에 있는 묫자리[壽藏:수장]를 두루 살폈다[歷觀;역관]. 지명(地名)은 진무장검형(真武仗劍形)에 검패혈(劍壩穴)이었다. 해산(亥山)의 일맥(一脈)이 곧게 수그려 내려와 서로 오척(五尺)이 떨어진 거리[相隔五尺:상격오척]에 2혈을 같은 병향[向丙]으로 천장하였다. 한 혈은 좌측으로 편재[偏左]하였고 안산과 명당은 모두 바르지 않고, 한 혈은 가운데 있어 조안(朝案)과 명당(明堂)은 모두 단정(端正)하였다. 수구는 경태(庚兌;庚酉) 방에 있고 밭 가운데 2개 언덕(二墩)은 하나는 모가 나고, 다른 하나는 둥글어 금상(金箱)과 옥인

372) 卜(복) : 점(치다). 예상하다. (살 곳 따위를) 선택하다. 예측하다.
373) 壽藏(수장) : 살아 있을 때 미리 만들어 놓은 무덤
374) 相隔(상격) : (시간·거리가) 서로 멀리 떨어지다. 서로 떨어진 거리
375) 奪神功(탈신공), 改天命(개천명) : 신의 능력을 빼앗아 자연을 인위적으로 변경시켜 인간에게 복(福)을 가져오게 할 수 있다는 것이다.

(玉印)이다. 그 유래한 바[所由;소유]를 조회하여 관련된 사람을 찾았으나 마을 가운데 땅의 주인은 마을 사람을 막아[阻之;조지], 공(公)이 이르길 '산에는 두 혈이 있고 내가 조영(營造)하는 값[貲;자]은 지출하겠으니 임이(任爾)로 한 혈을 택하면[揀:간] 나는 다른 한 혈을 취하여 신후지지(身後之地)[壽域]로 삼겠다.' 고 하였다. 마을 사람은 명당(明堂)과 안산(案山)이 단정(端正)한 것을 택하였다.' 하였다. 이는 **맥(脈)에 기를 타[乘氣] 받는 것이 급선무[急務]라는 것인데 분명하지 않고,** 다만 당국(堂局)과 안대(案對)에 현혹될 뿐이다. 지척(咫尺) 간(間)에 (화복의 차이는) 공후와 종[候虜(후로)]의 차이가 있다. 이씨(李氏) 수백 년(數百年)동안 부귀(富貴)를 누리고 있다. 마을 사람은 소문이 없이 사라졌다[泯沒(민몰)]. 혈법(穴法)은 기를 타는 것[乘氣]이 신묘[妙]하고 신묘하도다! 사람은 탈신공(奪神功) 개천명(改天命)하는 그 계기[機]가 여기에 있다. 정월 임진년에 은읍(銀邑) 여종익(餘宗益)은 삼가 기술한다[謹述(근술)].

해룡(亥龍)에 **임좌병향(**壬坐丙向)?

연결된 **해룡이** 우맥(右脈)으로 입수(入首)하여 **병향**(丙向)으로 천장하였고, **신해(**辛亥**)의 정기[**分金**]**는 좌(左)에 있으므로 혈은 마땅히 좌(左)에 가까이 하여야 한다. 우측 혈은 건기(乾氣)를 받아 불길하다.

1. 9층 나경에서 丙·庚·丁·辛은 왕상맥(旺相脈)으로 취할 있는 분금이다.
2. 해룡(亥龍)에 병향의 분금(分金)
: 辛亥 /丁亥

<그림 1-96 > 부양이팔공자소수장
(浮梁李八公自小壽藏)

右地在浮梁東鄉，其龍來遠不詳述。入局開帳過峽[376]，頓跌數節，起高金。複斷，再起金水星，落平坡結穴。穴前吐出長舌，剪木鍬皮[377]取倚穴，呼作真武仗劍形，劍欛穴。明堂、前案、下關俱有情，水口金箱玉印交固。亥龍入首，扦丙向。葬後李氏出四神童、三學士、侯二、侍郎五、開國食邑者一，科第數十人，封蔭應例登仕版者百餘人。自宋迄今，世宦未艾。

<그림 1-96 >의 자리는 부량(浮梁) 동향(東鄉)에 있으며, 그 용은 멀리서 와 상세히 기술할 수 없다. 입국(入局)하여 개장(開帳)하고 협을 지나[過峽] 수절(數節)을 달려가 머물러[頓跌] 금성으로 높이 솟았다[起高] 다시 질단(跌斷)한 후에 다시 **금수성**(金水星)을 일으켜 평평한 언덕[平坡]에 떨어져 혈을 맺었다. 혈 앞에 장설(長舌)을 드러내어[吐出;토출] 전목(剪木)의 **삽모양의 표면**[鍬皮:**추피**]에 혈을 의지하여[倚穴:의혈] 취하여 **진무장검형**(真武仗劍形)**에 검패혈**(劍欛穴)이라 부른다[呼作;호작]. 명당(明堂)과 전안(前案)의 아래에 관쇄되어[下關] 모두 유정(有情)하고, 수구(水口)에 **금상**(金箱)**과 옥인**(玉印)이 확실히 만나[交固] **해룡**(亥龍)**으로 입수**(入首)**하여 병향**(丙向)으로 천장하였다. 장상 후[葬後]에 이씨가 4신동(四神童)을 낳아 삼학사(三學士), 제후 2명[侯二]、시랑(侍郎) 5명(五名)、개국식읍자(開國食邑者) 1명[一], 과제자[科第] 수 십인(數十人), 봉음응례(封蔭應例)와 사판(仕版)에 등록된 자가 백여 명이 나왔다. 송(宋)나라부터 지금까지[迄今] 대대로 벼슬[宦;환]이 끊이지 않았다[未艾].

又廖金精為樂邑劉坊劉氏卜軍山王字龍格，將軍大坐形，劉氏貪朝山，失葬法，變吉為凶。圖具下。

또 요금정(廖金精)은 낙읍의 유방(劉坊) 유씨(劉氏)[劉漢四]를 위하여 선택한

---

376) 峽: **峽乃跌斷處也 (과)협은 질단처이다.** 반드시 질단처[過峽]에 진맥을 찾아야 하고 진맥을 찾았으면 입수할 즈음에 반드시 질단한[束氣] 후에 혈성이 솟는다.
[跌斷尋眞脈尋 得眞脈及 將入首必跌斷然後起穴星] <출처>『지학』, p137.
cf) 과협(過峽)와 속기(束氣) 의 차이점?

📖 跌斷處(질단처;과협) : 진행하던 산이 목이 졸린 것처럼 좁아지고 낮아져 잘룩해진 곳으로 흔히 사람들이 넘어 다니는 재[고개] 이다.

377) 鍬(초): 삽.가래 ☞ 皮(피) : 피부. 질기다. 표면

군산(軍山)의 왕자용격(王字龍格)에 장군대좌형(將軍大坐形)이다. 유씨(劉氏) [劉漢四의 후손]는 조산(朝山)을 탐하여 장법(葬法)을 놓쳐 길(吉)이 변하여 흉이 되었다[變吉為凶]. 그림은 아래에 구비 하였다.

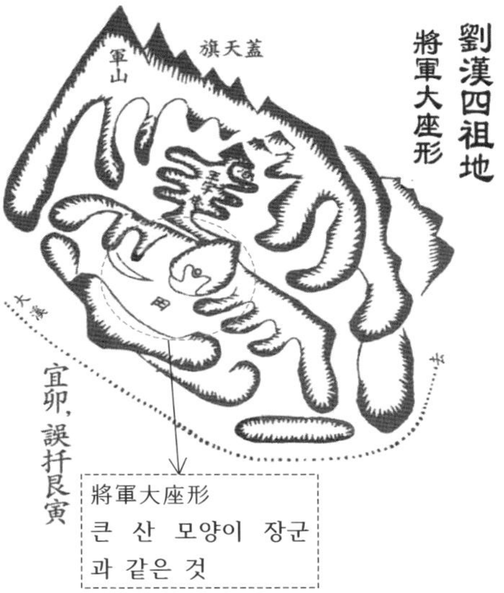

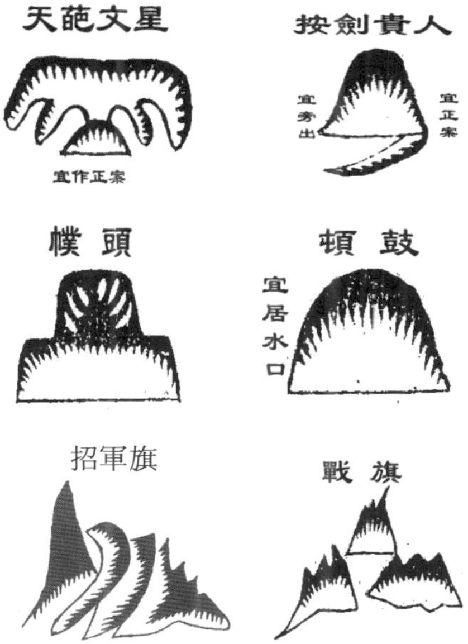

<그림 1-97 > 유한사조지(劉漢四祖地)

右地在樂平縣，土名軍山。其龍來脈甚遠，入局自平田曠野中崛起，高山綿亙，雄冠一方。橫展大帳數十里，正脈穿心，自帳中抽出。複頓跌踊躍數節，變為平岡。擺折又數里，成王字龍格。入首頓起高金結穴，穴星尊重。中垂一乳，旁開兩肩，為將軍大座形。龍虎有情，明堂融聚。前案端肅如幞頭，外洋羅列，旗鼓、劍印[378]咸備。庚脈入首，作卯向，本武貴吉地。初是廖金精所卜。既定穴，劉氏遂自葬之，不合深淺、饒減、乘氣出煞、消納控制之宜。

<그림 1-97 >의 자리는 낙평현(樂平縣)에 있으며 토명은 군산(軍山)이다. 그 용(龍)이 오는 맥이 너무 멀어 내력은 생략한다. 입국(入局)할 즈음에 평평한 밭과 넓은 들[平田曠野] 가운데[中]에서 봉우리가 우뚝 솟아[崛起;굴기] 높은 산이 길게 뻗어 이어져[綿亘(亙):면긍] 가장 웅장하고 [雄冠:웅관] 한편

378) 旗鼓刀槍(기고도창;깃발, 북, 칼, 창)은 본래 무귀(武貴)를 주관하지만 내룡(來龍)이 천박하면 오히려 도적(盜賊)이 나온다. 그 형용이 탁필(卓筆)같이 보이면 문귀(文貴)를 주관하고, 퇴갑둔군(堆甲屯軍)한 형상은 무귀(武貴)를 하게 된다.

[一方]횡으로 수십 리(數十里)를 크게 장막을 펼쳐[展大帳] 정맥(正脈)이 장막의 가운데를 통과하여 가운데[帳中]로부터 빠져나와[抽出:추출] 다시 수절(數節)을 뛰어 올라[踊躍;용약](봉우리를 기봉(起峯)하고) 달려가 머물러[頓跌;돈질] 변화하여 평강(平岡)이 되었다. 용신을 뒤집어[꺾어] 개장하여[擺折;파절] 또 수리(數里)를 나아가 왕자용격(王字龍格)을 이루어 입수(入首)하여 갑자기 높은 금성의 봉우리[頓]가 솟아 혈을 맺었다. 혈성(穴星)이 매우 높은[尊重:존중] 가운데 하나의 유혈을 드리운[垂一乳] 옆으로 양어깨를 벌려 장군대좌형(將軍大座形)을 이루어 용호(龍虎)가 유정(有情)하고 명당(明堂)에 물이 모이고[融聚] 전안(前案)이 방정[端肅;단숙]하여 복두(襆頭;幞頭)와 같다. 외양(外洋)에 기고(旗鼓)와 검인(劍印)을 모두 구비하고 나열(羅列)하여 경맥(庚脈)으로 입수(入首)하여 묘향(卯向)을 나타내어 본시부터 무귀(武貴)의 길지(吉地)이다. 처음에 요금정(廖金精)이 터를 잡아[所卜;所占] 이미 혈을 정하여 유씨(劉氏)가 마침내 스스로 하장하여 천심(深淺)이 불합리하면 요감법[饒減]을 사용하여 나쁜 살을 피하여[出煞;출살] 기를 타고[乘氣] 억제하여[控制;공제] (기를) 받아들이는 것[消納;소납] 마땅하다.

金精嘆曰：「合法出王侯，不合法出賊頭。」因題於吳園曰：「軍山帳中王字脈，武公大座勢尊雄。我做[379]定產王侯扶聖主，他做草寇強梁不善終[380]。」後果出漢四兄弟八人，雄霸一方，事偽漢[381]陳友諒，授偽萬戶侯職，而不克[382]令終矣。今劉氏之盛者，非此派也

당나라[唐] 대 요금정[金精]이 탄식하면서 이르길 ‘법에 맞게 하장하면[合法] 왕후(王侯)가 나오고, 그렇지 않으면[不合法] 적의 우두머리[賊頭:적두]가 나온다.’고 하였다. 이로 인해 오원(吳園)에 표제(表題)에 이르길 ‘군산

379) 做(주) : ~하다. ☞定産(정산) : 생산량을 결정하다. ☞ 定 : 반드시
380) 善終(선종) : 유종(有終)의 미를 거둠. 천수(天壽)를 다함. 죽음을 두려워하지 않고 이를 초월(超越)함.
381) 漢(한) : 사나이를 기리어 이르는 말. ☞진우량 (陳友諒)은 중국 원나라 말기 군웅(群雄)의 한 사람(1316~1363). 서수휘(徐壽輝)의 휘하에서 차츰 세력을 키우다가, 1360년에 서수휘를 죽이고 강서(江西)·호광(湖廣) 일대에 위세를 떨쳤다. 1363년에 포양호(鄱陽湖) 싸움에서 주원장에게 패하여 전사하였다.
382) 克(극) :해내다, 이루다. ☞令終(영종) : 고종명하다. 끝을 마무리하다

(軍山)의 장막 가운데[帳中] 왕자맥(王字脈)은 무공대좌의 세(武公大座勢)가 웅장하여 우러러보아[尊雄:존웅], 나는 왕후(王侯)로 탄생하여 임금[聖主:성주]을 보좌할 것이고, 다른 사람은 비적[草寇:초구]으로 태어나 천성이 횡포하여[強梁] 유종의 미[善終:선종]를 거두지 못하였다.' 고 하였다. 후에 과연 사나이 4형제가 태어나 8인의 우두머리[雄霸;웅패]로 일방적으로 가짜 한왕[僞漢:위한] 진우량(陳友諒)을 섬겨[事] 가짜[僞:위] 만호후직(萬戶侯職)을 주었으나 유종의 미(美)를 거두지[令終:령종] 못하였다. 현재 유씨(劉氏)가 왕성한 것은 이 종파(宗派)가 아니다.

按：是地也，龍真穴真，而塟乖於法，變吉為凶，，可不慎哉！《葬經》云：「穴吉葬凶，與棄尸同。」楊公謂「地吉葬凶禍先發，名曰棄尸福不來。」卜氏謂：「地雖吉而葬多凶，終無一[383]發。」諸公之言，信不我欺矣！鄉傳金精為劉氏卜[384]將軍大座形，襆頭案。庚脈扦卯向，襆頭山不正。劉氏愛其端正，遂扦辰向兼乙，不用金精言，並其淺深、分控、葬法胥失。金精嘆曰：「我做出將軍，他做出賊頭。」後果如其言。又有特拜之朝，開面秀媚，真作証應看。如樂平戴家秦廣一公地，其格也。

조사하니[按] 이 자리는 용진혈진(龍真穴真)하나 매장하는 것[塟;장]이 법에 어그려져[乖:괴] 길(吉)이 변하여 흉(凶)이 되어 (이리하여 공후와 종[侯虜:후로]의 차이가 생기니) 신중(愼重)하지 않을 수 있겠는 가! 《장경(葬經)》에 이르길 '혈(穴)은 좋으나 장사가 흉하면[葬凶][葬日時(장일시)] 시신(屍身)을 버리는 것과 같다.' 고 하였다. 양공(楊公)이 이르길 '땅(혈)이 좋으나 장사가 흉하면 화(禍)가 먼저 발생하니 이름하여 시신을 버리면[棄尸:기시] 복이 오지 않는다[福不來:복불래].' 고 하였다. 복씨(卜氏)가 이르길 '땅이 비록 길(吉)할지라도 장사(葬事)에 흉함이 많으면 마침내 약간[一]의 발복도 없다' 고 하였다. 여러 공(公)들의 말은 믿음이 나를 속이지 아니하구나! 시골에서 전

383) 一(일) : 약간. 잠시. 한번. ◦尙(상) : 여전히. ◦搜尋(수심) : 여기저기 (돌아다니며) 찾다. 물으며 찾다. ◦按圖索驥(안도색기) : 그림에만 의존하여 준마(駿馬)를 찾는다는 뜻으로 즉 실제로 천리마(驥)가 무엇인지 모르면서 그림으로 인해 천리마를 찾았다는 뜻이다. ☞ 按(안) : 살피다. ◦驥(기) : 천리마. ◦至(지) : 몹시. 매우. 지극히.

384) 所卜(소점) ; 點穴(점혈) ;立穴(입혈) cf) 扦葬(천장) : 埋葬(매장)

하길[鄕傳] 요금정(金精)은 유씨(劉氏)를 위하여 장군대좌형(將軍大座形)에 소점[所卜]하여 복두[襆頭]를 안산[案]을 하였으며 경맥(庚脈;투지60룡 乙酉)에 유좌 묘향(卯向)이다. 그러나 복두산(襆頭山)이 바르지 않아 유씨(劉氏)는 안산이 단정(端正)한 것을 좋아하여 마침내 요금정(金精)의 말씀이 소용없다면 진향(辰向)과 을(乙)향의 쌍산(雙山;同宮)으로 장사하여 **천심(淺深)과 분금(分金)이 장법(葬法)에 어긋났다**. 요금정(金精)이 탄식하여 이르길 '내가 하는 대로는 장군(將軍)이 나오나 다른 사람이 하는 대로는 도적의 두목[賊頭:적두]이 나온다.' 고 하였다. 후에 과연 그 말과 같이 되었다고 전한다. 또 특배(特拜)한 조산이 있어 개면(開面)하여 성신이 아름답고[秀媚:수미] 참된 증안(証應)이 보였다. 가령 낙평대가(樂平戴家) 광일공(廣一公)의 묘지가 그 격이다.

右地在樂平十六都，土名汪坑口。其龍來脈甚遠。入局為平崗。忽磊落數節，龍勢大旺。轉身逆盤結穴。後托低遠。只是當面兩水夾送一山，頓起圓整，開面秀媚，拜伏尊重，有情可愛，証得穴真。穴下平坦，明堂融聚，水口交固，亦自相應。初，魏克政樂邑名師為廣一公卜以塋子。既葬，課云：「三朝小凶，一七大凶。凶過而發福攸遠，富至萬石。」果三朝而虎傷一馬，一七而公病。公遂命起其子而另葬，以此地為己塋。未幾，公卒，遂葬之。葬後人丁大旺，巨富冠鄉，積穀數萬石。舊有偈云：「獺趕鯉魚[385]走，走到[386]汪坑口。有人葬得著，量金須用斗。」

<그림1-98 > 대광일공지(戴廣一公地)

<그림1-98>의 자리는 낙평(樂平) 16도(都)에 있으며, 토명(土名)은 왕갱구(汪坑口)이다. 그 용(龍)과 내맥(來脈)은 너무 멀어 기술하는 것을 생략한다. 입국(入局)은 평강(平崗)에서 하여 홀연히[忽] 수절(數節)을 활달(豁達)한 모

385) 獺(달) : 수달 ◦趕(간): 달리다. 쫓다. 달려감. 뒤를 쫓음 ◦ 鯉魚(이어) : 잉어
386) 走到(주도) : 걸어서 가다. ☞ 得着(著)(득저) : 얻어 내다. 손에 넣다.

양[磊落]을 하여 용세(龍勢)가 크게 왕성하여 용신을 돌려[轉身] 역(逆)으로 돌아[盤:반] 혈을 결혈을 하였다. 뒤에 탁(托)이 낮고 멀다. 다만 이곳은 당면(當面)하여 양수(兩水)가 하나의 산을 협송(夾送)하여 오고, 산은 둥글고 단정하게[圓整:원정] 봉우리가 솟아[頓起:돈기] 개면(開面)하여 높은 데서[尊重:존중] 엎드려 절하는 모습 같아[拜伏:배복] 아름다워[秀媚:수미] 유정하여 사랑스러운 증좌를 얻어 혈이 참이다. 혈 아래가 평탄(平坦)하고 명당(明堂)에 물이 모이고[融聚] 수구 확실히 교쇄하여 또한 자연적으로 상응(相應)하는 것이다. 처음에는 위극정(魏克政)은 낙읍(樂邑)의 명사(名師)로 광일공(廣一公)을 위하여 소점하여[卜] 아들이 장사를 하였다[以葬]. 장사한 과(課)에 이르길 '신혼 후 셋째 날[三朝]에는 작은 흉이 있고 초이렛날[一七]은 큰 흉이 있다[大凶]. 흉(凶)이 지나간 후에 발복(發福)이 유원(攸遠)하여 부(富)가 만석(萬石)에 이른다.' 고 하였다. 과연 삼조(三朝:정월 초하루)에 호랑이가 말 한 필을 상(傷)하였고 17일에는 공(公)이 병들어 공(公)이 마침내 수명을 다하자[遂命;수명] 그 아들이 좋은 자리를 선택하여[起用:기용] 별도로 장사를 하였다. 이 자리를 선영(묘지)[塋:영]으로 삼았다. 얼마 안되어[未幾:미기] 공(公)이 죽어 장사를 하였고 장사 후에 인정(人丁)이 크게 왕성하고, 그 마을에서 가장 큰 부자[巨富冠鄕:거부관향]로 수만석(數萬石)의 곡식을 쌓았다. 옛날 갈(偈)에 이르길 '수달[獺:달] 잉어[鯉魚:이어]를 쫓아 달리다가 왕갱구(汪坑口) 에 도착하는 형이니 장사지내는 사람은 반드시 금을 말을 사용하여 세어 손에 넣을 것이다.' 고 하였다.

제3절 명당증혈(論明堂証穴)

楊公云「立穴欲得明堂正」。又云「真氣聚處看明堂」。又云「凡看疑穴觀堂局，堂局真處抱身曲。」《琢玉集》云：「斜側偏正脈真的，更向[387]明堂覓。明堂不背水城弓，扦著[388]產英雄。」《明堂經》云：「斜巧正拙，難可優劣。有情

387) 向(향) : 근접하다. 다가가다.~을. ~로부터. ~을 따라

388) 著(저) : 분명하다. 나타내다. 짓다. 저술(著述)함.

於我，是為真穴。」是皆明堂証穴之說也。蓋尋龍之法，先求氣脈。點穴之法，先定明堂。故曰「穴証明堂堂証案」。若明堂不正不聚，而傾瀉倒[389]側，則是真氣不融，縱有美穴，亦須棄置。吳公《口訣》云：「明堂傾倒，休誇穴好。」故真穴必有真堂。然亦有三說：曰小明堂，曰中明堂，曰大明堂。小、大明堂，又謂之內、外明堂。小明堂在圓暈下，最為立穴緊要。

<그림1-99 > 명당증혈(明堂證穴)

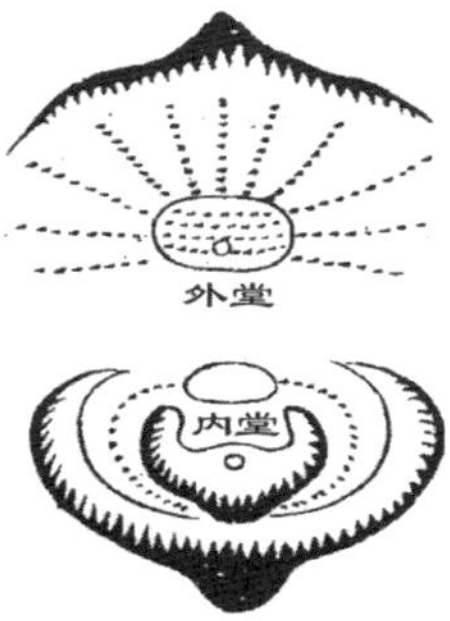

見此小明堂平正，可容[390]人側臥，則穴居此，不可左右上下。如悞扦，則為失穴。中明堂是龍虎裏，立穴要使相交會，否則失消納。大明堂在案山內，立穴要向融聚處為真，否則非惟失穴，恐結作皆偽。故明堂定穴之法，不可忽也。

양공(楊公)이 이르길 '입혈(立穴)에는 명당(明堂)이 바른 것을 얻어야 한다.' 고 하였고 또 이르길 ' 진기(真氣)가 모인 곳[聚處]이면 명당(明堂)을 보라' 고 하였고 또 이르길 '무릇 혈에 의심이 나면[疑穴:의혈] 명당의 국[堂局]을 보고, 당국(堂局)이 참된 곳이면 용신이 굽어 혈을 안아준다[抱身曲:포신곡].' 고 하였다.《탁옥집(琢玉集)》에 이르길 ' 용(龍)이 옆으로 비스듬하거나[斜側] 치우쳐도 정맥(正脈)이 진짜[真的]이면 다시[更;갱] 명당(明堂)가까이 가[向] 찾아 명당을 수성(水城)이 등지지 않고 활모양으로 안아주는데[弓] 천장하면[扦] 영웅(英雄)을 낳는 것이 분명하다[著]' 고 하였다.《명당경(明堂經)》에 이르길 ' 교묘(巧妙)하게 기울거나 바름이 보잘 것 없어[正

389) 倒(도) : 따르다. 붓다. 쏟다. 넘어지다 거꾸로 되다. cf) 瀉倒(사도)
390) 容(용) : 받아들이다. 허락하다. ☞悞(오) : 그릇되다

拙] 우렬(優劣)을 가리기가 어려우나 나에게 유정(有情)하면 진혈(真穴)이다.' 고 하였다. 이들은 모두 명당증혈(明堂証穴)의 설명이다. 대개 용(龍)을 찾는 법은 먼저 기맥(氣脈)을 찾고, 점혈(點穴)하는 법은 먼저 명당(明堂)을 선정한다. 그러므로 이르길 ' 명당혈증[穴証明堂]은 명당에서 안산이 증좌이다[堂正案].' 고 하였다. 만약 명당(明堂)이 바르지 않아 기가 모이지 않고[不聚] 옆으로 경사져 쏟아지면[傾瀉倒側:경사도측] 이는 진기(真氣)가 모일 수 없다[不融]. **비록 혈이 좋아도 반드시 그냥 내버린다**[棄置:기치]. 오공(吳公)은 《구결(口訣)》에서 이르길 '**명당**(明堂)**이 기울어 쏟아지면**[傾倒:**경도**] **혈이 좋다고 자랑하지 말라**[休誇穴好:**휴과혈호**].' 고 하였다. 그러므로 진혈(真穴)은 반드시 참된 명당이 있다. 그러나 또 명당에 삼설(三說)은 소명당(小明堂), 중명당(中明堂), 대명당(大明堂)이 있고, 소·대명당(小、大明堂)을 또 내외명당(內外明堂)이라 한다. **소명당**(小明堂)**은 원훈**(圓暈) **아래를 말하며**, **입혈**(立穴)**하는 데 가장 꼭 필요**(必要)**하다**[緊要:긴요]. 이를 보면 **소명당은 평정**(平正)**하고 사람이 옆으로 누울 수 있으면 혈이 이곳에 있다**. 좌우상하에 (치우쳐) 잘못 천장하여 실혈(失穴)을 해서는 안된다. **중명당**(中明堂)은 용호의 안쪽[裏:리]이니 입혈(立穴)은 (용호가) 서로 모여야 한다[交會]. 그렇지 않으면 (혈을) 받아들이는 것을 실패한다. **대명당**(大明堂)은 안산(案山) 안[內]에 있어 입혈(立穴)은 (물이) 모이는 곳으로 향하면 참이다. 그렇지 않으면 (혈이) 아니리 다만 실혈(失穴)이다. 아마[恐;공] 혈을 맺은 것[結作]은 모두 거짓이다. 그러므로 명당정혈(明堂定穴) 법은 소홀히 해서는 안된다.

제4절 수세증혈(論水勢証穴)

《葬經》云「得水為上」。楊公云「未看山，先看水。」又云「凡有真龍與真穴，必有潮源水合聚。」又云「山隨水曲抱彎彎，有穴分明在此間。」廖氏云「真龍落處眾水聚。」又云 「穴若正時水便聚，不正迢迢去。」又云「穴居隱怪卻難扦，細把水來辨。」皆謂真穴必然諸水會聚，或繞抱，或潮入。有此水勢，穴必在焉。故曰「不知水，不足以言穴。知水之所趍，則知穴之所止。」是以[391]

登山點穴，須看水勢。如水勢聚於左堂，或水城弓抱左邊，則知穴居左。若水勢聚歸右堂，或水城弓抱右邊，則知穴居右。若正中水潮，或正中溶注，或正中水城圓抱有情，則知穴居中。若潮源遠，則明堂寬，穴宜高；或元辰長，局勢順，則穴宜低。此皆水勢定穴之大法也。

그림<1-100 > 수세증혈(水勢證穴)

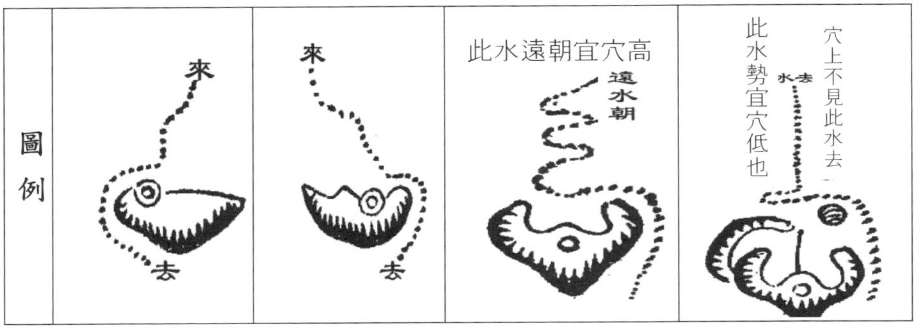

《(장경(葬經)》에 이르길 '물을 얻는 것이 으뜸이다[得水為上].' 고 하였다. 양공(楊公)이 이르길 '산을 보기 전에 먼저 물을 보라'고 하였고[未看山，先看水], 또 이르길 '무릇 진룡(真龍)에 진혈(真穴)이 있으면 반드시 물이 끊이지 않고 흘러들어 물[潮源水;조원수]이 한 곳에 모인다[合聚]' 고 하였다. 또 이르길 '산 따라 물이 활처럼 굽어[彎彎:만만] 감싸며 혈은 분명하게 그 사이에 있다.' 고 하였다. 요씨(廖氏)가 이르길 '진룡(真龍)이 머무는 곳[落處;낙처]는 여러 물이 모인다.' 고 하였고 또 이르길 '혈(穴)이 만약 확실하면[正時] 물은 곧 모이고 바르지 못하면 멀리멀리 흘러간다.' 고 하였고 또 이르길 '혈이 숨어있으면 괴이하여 오히려 천장하기 어렵고 물이 흘러오는 것을 자세히 파악하여 분별하여야 한다.' 고 하였다. 모두 진혈(眞穴)은 반드시[必然] 여러 물[諸水]이 모이고[會聚] 혹 요포(繞抱)하거나 혹 흘러드는[潮入] 이러한 수세(水勢)가 있으면 반드시 혈이 존재한다. 그러므로 이르길 '물을 모르고[不知水] 혈을 말하는 것은 충분하지 않고, 물이 가는 곳[所趍;소추]을 알면

391) 是以(시이) : 이 때문에. 그래서. 그러므로 ☞ 點(점) : 점찍다. 단정하다. 예측하다

혈이 멈추는 곳[穴之所止]도 안다.' 고 하였다. 그러므로[是以] 산에 올라 혈을 결정할 때[點穴;점혈] 반드시 수세(水勢)을 살펴야 한다. 가령 수세(水勢)가 좌당(左堂)에 모이고 혹 수성(水城)이 활[弓]과 같이 좌변에 감싸면 혈이 좌에 있는 것을 알고 만약 수세(水勢)가 돌아와 모여[聚歸] 혹 수성(水城:물길)이 활[眠弓]과 같이 우변에서 감싸면 혈이 오른쪽에 있는 것을 안다. 만약 한가운데로 물이 흘러오고[水潮] 혹 한가운데로 모여 넘쳐흐르고[溶注;용주] 혹 한가운데[正中]로 수성(水城)이 둥글게 감싸[圓抱:원포] 유정하면 혈이 가운데 있는 것을 안다. 만약 수원[源]이 멀리서 흘러들면[潮遠] 명당(明堂)은 넓고 혈(穴)은 마땅히 높다. 혹 원진수[元辰]가 길고 국세(局勢)가 순수(順水)하면 혈은 마땅히 낮다. 이는 모두 수세정혈(水勢定穴)의 심오한 법[大法]이다.

제5절 낙산증혈(論樂山証穴)

夫樂山者，穴後應樂之山也。不拘本身山、客山、護從翼蔽之山，或起峰巒，或不起峰巒，或尖或圓，或方或長，或高或大，或暗或顯，惟要有此。穴上見者為上，明堂中見者次之。凡橫龍結穴者，必要枕樂。如沒骨、凹腦、側腦諸穴尤緊，無樂則穴不真。故枕樂証穴之法，樂山在左則穴居左，樂山在右則穴居右，樂山居中則穴居中。左右俱枕樂山，則必結雙穴，或結一穴居中。樂山近則依近，短則取長，少則枕多。以樂而推，一定不易。樂在此，斷穴在此住，過則風搖。若撞背特來為樂者，力尤大，橫來貼穴成星體者亦美。其或如屏如帳，如華蓋、三台、玉枕、簾幕、覆鐘、頓鼓等形者，又樂山之至貴者也。雖其樂穴，又不可太高雄聳峙，有凌轢欺壓之勢，嵯峨可畏之狀。如有此，則不可以其為樂而依之，當回避立穴。

대개 낙산(樂山)이란 혈 후에 응대하는 산[應樂之山]이다. 본신산(本身山)이나 객산(客山)에 구애받지 않고 호종(護從)하여 새가 날개로 새끼를 품듯이 감싸는 [翼蔽;익폐] 산으로 혹 봉우리[峰巒:봉만]가 솟아나거나 봉우리가 솟아나지 않거나 혹 뾰족하거나 혹 둥글거나 혹 각지거나 길거나 혹 높고 혹 크거나 혹 분명하지 않거나[暗] 혹 드러난 것[顯:현]은 **오직 중요한 것은 이것이 혈상(穴上)에서 보이는 것이 으뜸이다**. 명당(明堂) 가운데 보이는 것은 다음과 같다. 무릇 **횡룡결혈은 반드시 침낙(枕樂)이 있어야 한다**.

가령 몰골(沒骨)、요뇌(凹腦)、측뇌(側腦) 등 여러 혈[諸穴]이 더욱 긴요한 것은 **낙산이 없으면** 혈이 참되지 않다. 그러므로 **낙산증혈법(枕樂証穴之法)**은 낙산(樂山)이 좌에 있으면 혈은 좌에 있고, 낙산(樂山)이 우에 있으면 혈은 오른쪽에 있고, 낙산(樂山)이 가운데 있으면 혈은 가운데 있다. **좌우(左右)에 함께 낙산을 베면[枕樂山:침낙산] 반드시 쌍혈을 맺고 혹 하나의 혈을 가운데 맺는다**. 낙산(樂山)이 가까우면 가까운 곳을 의지하고[依近], 낙산이 짧으면[短] 긴 것을 취하고, 낙산이 적으면 많은 것을 베개 삼아 벤다.

<그림 1-101 > 낙산증혈(樂山證穴)

樂穴圖					
說明	이곳 낙산은 왼쪽에 있고 혈도 왼쪽에 있다.	同左圖 좌의 그림과 같다.	此樂在右穴居右 이곳 낙산은 오른쪽에 있고 혈도 오른쪽에 있다.	同左圖 왼쪽 그림과 같다.	此樂在中 穴居中 이곳 낙산은 가운데 있고 혈도 가운데 있다.

낙산으로 (혈을) 추정하는 것은 바뀔 수 없다[一定不易:일정불역]. **낙산이 이곳에 있으면 혈이 이곳에 머물러 있다고 판단하고, 낙산을 지나치면 바람이 요동친다**[過則風搖]. 특별히 내룡이 뻗어와[特來] 당배(撞背)하면 역량이 더욱 크다. 횡으로 와 혈이 붙어있는 성체(星體)를 이루어도 좋다. 그것이 혹 병풍[屛],장막[帳], 화개(華蓋),삼태(三台)、옥침(玉枕)、염막(簾幕)、복종(覆鐘)、돈고(頓鼓) 등과 같은 모형은 또 낙산(樂山)의 매우 귀한 것들이다. 비

록 그 낙산이 혈에 귀할지라도 너무 높고 힘이 있게 솟아[雄聳峙:웅용치] (혈을) 깔보고 무시하여[凌轢;능력] 억누르는 [欺壓;기압] 산세(勢)로 높고 험하여[嵯峨;차아] 두려워할 형상[狀]이면 안된다. 이와 같으면 그것이 낙산이 되어 의지해서는 안되고 마땅히 (낙산을) 회피(回避)하여 혈을 잡아[立穴]야 한다.

<그림 1-101-1 > 낙산증혈(樂山證穴)

樂穴圖	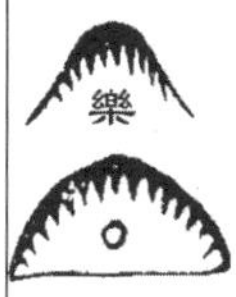				
說明	同右上 위에 오른쪽과 같다.	此樂在兩邊 穴居中 이곳 낙산은 양쪽에 있고 혈은 가운데 있다.	樂在四應 穴居中 낙산이 사방에서 응대[應]하면 혈은 가운데 있다.	此以長者為樂 이곳은 긴 것을 낙산으로 간주한다.	此以多者為樂 이곳은 감싸는 것이 많은 것을 낙산으로 간주한다.

如左山壓392)穴，則穴居右；右山壓穴，則穴居左；前山壓穴，穴歸後；後山壓穴，穴居前。四圍山皆均平，穴居中心，切不可取雄強可畏者為樂，犯此必凶敗。然既謂之樂山，則自不欺壓，欺壓決非真穴。《俯察》詩云：「左高龍氣須歸右，右聳穴居左畔藏。莫把樂山同概論，壓山凶禍寔難當。」
가령 우산(右山)이 혈을 억누르면 혈은 좌측에 있고, 앞산이 (높아) 혈을 억누르면 혈은 뒤에 돌아가 있다. 뒤에 산이 혈을 억누르면 혈은 앞으로 나가 있다. 사방의 주위에 산[四圍山]이 모두 균등하면[均平;균평] 혈은 중심(中

392) 壓(압) : 억누르다. 압도하다. 접근하다. 다가오다.

心)에 있고, 꺼리는 것은 낙산이 웅장하고 두려운 것은 취할 수 없고, 낙산증혈에 어긋나면 반드시 흉하여 실패한다[凶敗:흉패]. 그러나 **낙산(樂山)이라 하면 자연적으로 억누르지 않아야 한다.** 억누르면[欺壓;기압] 진혈(真穴)이 아님을 결정한다. 《부찰(俯察)》의 시(詩)에 이르길 '좌(左)가 높으면 용기(龍氣)는 반드시 돌아와 우측에 있고[左高龍氣須歸右], 우측이 높이 솟았으면[右聳] 혈은 좌측[左畔]에 간직한다[藏][右聳穴居左畔藏], 낙산(樂山)을 같은 개념으로 논하지 말고[莫把樂山同槪論], 억누르는 산[壓山]의 흉화(凶禍)는 실로 감당하기 어렵다[壓山凶禍寔難當:압산흉화식난당]. '고 하였다.

제6절 귀성증혈(鬼星[393])証穴)

鬼星証穴者，惟橫落偏斜[394]之穴，穴後必要有鬼星。其直來撞背結穴者，則不必論鬼。吳香山云：「穴有偏斜處，卻有借鬼為証者。」廖氏云：「橫龍出穴必要鬼。」蓋橫落偏斜之穴，後宮無鬼則空缺而氣不融聚。故以鬼証穴之法，鬼在此止，穴在此住，鬼在彼生，穴在彼處。鬼不抱身而散漫者，則不結穴。大要使穴場截[395]得鬼住，以收回鬼氣。若立穴稍偏，則鬼奪氣去，穴不能收，則為失穴，禍敗隨至。是故鬼高則穴高，鬼低則穴低。鬼出於左穴居左，鬼出於右穴居右。所謂對鬼坐[396]穴者，即鬼星証穴之法也。然鬼亦不可太長，太長則奪我本身真氣。又有橫龍天財穴，氣變於前，宜後宮 仰瓦者，則取其兩邊生來之孝順鬼矣。

귀성증혈(鬼星証穴)이란 오직 횡으로 내려와 기운[橫落偏斜] 혈이다. 혈 뒤에 반드시 귀성(鬼星)이 있어야 한다. 혈의 등을 곧게 밀고 내려와[直來撞] 혈을 맺은 것은 반드시 귀(鬼)를 논할 필요가 없다. 오향산(吳香山)이 이르길

鬼星(귀성) : ~횡으로 내려와 치우친 혈 뒤에 귀성이 없다면 공결하여 기가 모이지 않는다[橫落偏斜之穴後宮無鬼則空缺而氣不融聚]

394) 偏斜(편사) : 비뚤어지다. 기울다 ☞ 截(재) : 다스리다. 멈추게 하다.

395) 截(재) : 다스리다. 멈추게 하다.

396) 坐(좌) : (집 따위가) 위치하다. 어떤 방향을 뒤로 하다[등지다].

'혈이 기운[偏斜;편사] 곳이 있으면 오히려 귀(鬼)를 빌려[借;차] 증거로 삼는다.' 고 하였다. 요씨(廖氏)가 이르길 '횡룡(橫龍)에 혈이 생기며[出穴] 반드시 귀(鬼)가 필요하다.' 고 하였다.
대개 횡으로 내려와 치우친[偏斜:편사] 혈은 후궁(後宮)에 귀(鬼)가 없으면 비어 결함이 생겨[空缺] 기(氣)가 모이지 않는다. 그러므로 귀성(鬼)을 혈의 증거로 삼는 법[証穴之法]이다. 귀(鬼)가 이곳에 멈추어 있으면[鬼在此止] 혈도 이곳에 머물러 있고[穴在此住] 귀가 저기에 생겨 있으면[鬼在彼生] 혈도 저기[彼處]에 있다. 귀성이 용신을 감싸지 않고 산만(散漫)하면 혈을 맺지 못한다. 요지[大要]는 혈장(穴場)에 귀성이 머물러 멈추어 귀성의 기를 회수(收回)하여야 한다. 만약 약간 치우쳐[稍偏;초편] 입혈하면 귀성이 기를 빼앗아 혈에서는 기를 거둘 수 없으면 혈을 놓쳐 재난과 실패[禍敗:화패]가 따라 온다[隨至]. 그러므로[是故] 귀가 높으면 혈이 높고 귀가 낮으면 혈도 낮다. 귀(鬼)가 좌에서 생겼으면 혈도 좌에 있고, 귀(鬼)가 우(右)에서 생겼으면 혈도 우(右)에 있다. 소위(所謂) 귀(鬼)에 대응하여 혈을 등지는 것은 곧 귀성(鬼星) 증혈법이다. 그러나 귀성(鬼星)도 너무 길어서는 안된다. 너무 길면 나의 본신의 진기(眞氣)를 빼앗는다. 또 횡룡(橫龍)에 귀성이 있으면 천재혈(天財穴)이다. 기(氣)는 앞에서 오므라지고[蹙;척], 마땅히 후궁(後宮)이 앙와(仰瓦)이면 그 양변(兩邊)에 생래(生來)한 효순귀(孝順鬼)를 취하여야 한다.

<그림1-102 > 귀성증혈(鬼星証穴)

	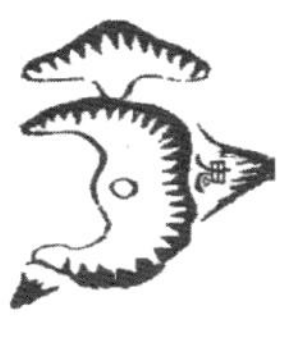				
此鬼星撑於穴後正中，故穴安中。	此以鬼撑在左，穴居左。	此以鬼撑在右，穴居右也。	此兩旁拱抱，名曰孝順鬼，吉。	此一邊逆抱托穴，吉。若順托，貼身彎抱有情，亦吉。	此對穴護托鬼，吉。

- 이것은 귀성이 혈 뒤에서 한가운데를 지탱하므로 혈은 가운데서 안장한다.
[此鬼星撑於穴後正中，故穴安中]。
- 이것은 귀성이 좌(左)에서 지탱하고 있어 혈은 좌(左)에 있다
[此以鬼撑在左，穴居左]
- 이것은 귀성이 우(右)에서 지탱하고 있어 혈은 우(右)에 있다
[以鬼撑在右，穴居右也]。
- 이것은 양 옆에서 감싼 것으로[拱抱;공포] 효순귀이라 하고 좋다.
[此兩旁拱抱，名曰孝順鬼，吉].
- 이것은 한 변이 거슬러[逆] 감싸며 혈이 의지하여 좋고, 만약 용신에 붙어 순수하게 의지하여 감싸면 유정하여 또 좋다
[此一邊逆抱托穴，吉。若順托，貼身彎抱有情，亦吉].
- 이것은 혈을 보호하는 귀에 의지하여 등대하면 좋다
[此對穴護托鬼，吉].

제7절 용호증혈(論龍虎証穴)

董德彰《秘訣》云：「觀龍虎住處，定穴之虛實；觀龍虎先後，定穴之左右。龍有力則倚左，虎有力則倚右。龍虎低則避風，就明堂扦地穴；龍虎高則避壓，舍明堂尋天穴。」範越鳳云：「龍強從龍，虎強從虎。」皆龍虎定穴之大法也。誠以龍虎為衛區親切[397)]，穴場取以為証，亦至當不易之理。是故龍山逆水則穴依龍，虎山逆水則穴依虎。左單提則穴挨左，右單提則穴挨右。龍虎山高則穴亦高，龍虎山低則穴亦低。龍山有情穴在左，虎有情穴在右。龍虎山皆有情，不高不低，則穴居中。此皆龍虎証穴之要訣也。複有龍山欺穴，宜避其龍而依虎，虎山壓塚，須避其虎而依龍。龍山先到則收龍，虎山先到則收虎，皆莫不以龍虎二山而取則焉。其有無龍虎者，則卜氏有云「無龍要水繞」。左宮無虎要水繞右畔，此不易之論也。穴依其有，不依其無。

397) 親(친) : 가까이 하다. 가깝다. ☞ 切(절) : 가까워지다. 가까이 닥침

동덕창(董德彰)은 《비결(秘訣)》에 이르길 '용호(龍虎)가 머무는 곳을 보고 혈의 허실[虛寔:허식]을 정하고 용호(龍虎)의 선후(先後)를 보고 혈의 좌우(左右)를 정한다. 힘이 용(龍)있으면 좌에 의지한다[倚;의]. 호(虎)가 힘이 있으면 우(右)에 의지한다. 용호(龍虎)가 낮으면 바람을 피하여[避風:피풍] 명당(明堂)을 취하여 지혈(地穴)에 천장한다. 용호(龍虎)가 높으면 억압을 피하여[避壓:피압], 명당(明堂)을 버리고 천혈(天穴)하라.' 고 하였다.

범월봉(範越鳳)이 이르길 '용(龍)이 강하면 용을 따르고[從龍:종룡], 호(虎)가 강하면 호(虎)를 따른다.' 고 하였다. 모두 용호(龍虎)는 혈을 정하는 큰 법이다. 진실로 용호(龍虎)로 혈장영역[區:구]을 가까이서 호위한다. 혈장(穴場)을 취하여 혈증으로 삼는 것 또 변하지 않는 지당(至當)한 이치이다. 그러므로[是故] 용산(龍山)이 물을 역수(逆水)하면 혈은 용(龍)에 의지 하고, 호산(虎山)이 역수(逆水)하면 혈은 호산(虎山)에 의지하며, 좌단제(左單提)는 혈은 좌(左)에 가까이 하고[挨:애], 우단제(右單提)는 혈은 우(右)에 가까이 한다. 용호산(龍虎山)이 높으면 혈도 높고, 용호산(龍虎山)이 낮으면 혈도 낮다.
용산(龍山)이 유정(有情)하면 혈은 좌(左)에 있고, 호(虎)가 유정(有情)하면 혈은 우(右)에 있다. 용호산(龍虎山)이 모두 유정하면 높지도 낮지도 않으면 혈은 가운데 있다. 이 모두는 용호(龍虎)의 증혈(証穴)의 중요한 비결이다.

다시 용산이 혈을 기만하면 마땅히 그 용산을 피하여 호산에 의지해야 하고 호산이 무덤을 억압하면[壓塚:압총] 모름지기 그 호산을 피하여 용산에 의지하여야 한다. 용산이 선도(先到)하면 용산에 (혈을) 거두고[收龍:수룡], 호산(虎山)이 선도(先到)하면 호산이 거두어 모두 용호 2산을 취하지 않을 수 있겠는가 용호가 있고 없는 것을 복씨(卜氏)가 말하기를[有云] '용이 없으면 물이 감싸야 한다' 고 하였다. 좌궁(左宮)에 호산이 없으면 우측[右畔]을 물이 감싸야 하고, 이것은 불변의 논리이다. 혈은 유(有)에 의지하나 없으면 의지할 수 없다.

제8절 전호증혈(論纏護証穴)

纏護者，譬若[398]貴人之有奴隷也。奴隷之侍衛，不敢遠離於貴人之側，亦不敢近逼於貴人之身。是故纏護証穴之法，護於此拱，穴於此立；纏於此繞，穴於此取。毋敢或離，毋敢或背，此纏護証穴之大法也。葛溪氏云「凡地有三塔兩塔者，當以送山定之。送短穴在內，送長穴在盡[399]，送偏穴亦偏，送盡穴即止」是也。

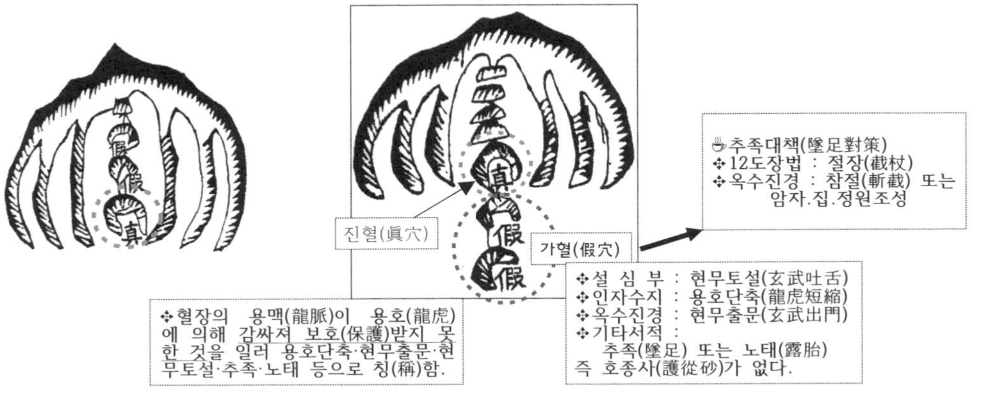

<그림1-103 > 龍虎短縮·玄武出門·墜足.

전호(纏護)는 가령[譬若:비약] 귀인(貴人)의 노복[奴隷;노예]과 같은 것이다.

노복[奴隷]이 호위[侍衛]하여 귀인의 곁에서 감히 멀리 떨어질 수 없고 또 귀인의 몸에서 감히 바싹 접근할 수도 없다. 그러므로 전호(纏護)증혈(証穴)법은 이곳에 호위하고 공읍하면[護於此拱] 이곳에 혈을 입혈한다[穴於此立]. 이곳을 전호(纏護)하여 감싸면 이곳을 취한 혈은 감히 혹 떠날 수 없고, 감히 혹 배신할 수 없다. 이는 전호증혈(纏護証穴)의 큰 법이다. 갈계씨(葛溪氏)가 이르길 ' 무릇 땅에는 삼탑양탑(三塔兩塔)이 있으니 마땅히 송산(送山)으로부터 정해야 한다. 송사(送砂)[送]가 짧으면 혈은 안에 있고, 송사(送砂)가

398) 譬若(비약) : 예를 들면. 예컨대. 가령 ☞近逼(근핍) : 바싹 접근하다. 매우 가까이 닥침
399) 盡(진) : 끝나다. 그치다다. 없어지다.

길면 혈은 송사가 끝나는 곳에 있다. 송사(送砂)가 치우치면[送偏] 혈도 치우친다. 송사(送砂)가 끝나면[送盡] 혈은 곧 멈춘다.' 는 것이다.

제9절 순전증혈(論唇氈[400])証穴)

唇氈者，穴下餘氣之發露也。大者曰氈，小者曰唇。氈如氈褥之氈，唇謂嘴唇之唇。凡真龍結穴，必有餘氣吐露而為唇氈。故氈在此鋪，穴在此住；唇於此吐，穴於此扦。天造地設，自然之應。無此即非真結作耳。橫龍之穴，尤須認此，不可忽也。楊公《龍經》云：「貴龍落處有氈唇，氈褥之穴富貴局。問君氈褥如何認？穴下有坪如鱉裙[401]。譬如貴人有拜席，又如僧道氈具伸。真龍到穴有裀褥，便是枝龍也富足。」

전순(唇氈)은 혈 아래 여기(餘氣)가 드러난 것[發露:발로]이다. 큰 것은 전(氈)이라 하고, 작은 것은 순(唇)이라 한다.

전(氈)은 전욕(氈褥)의 전(氈)과 같고, 순(唇)은 입술[嘴唇;취순]의 순(唇)이라 한다. 무릇 진룡(真龍)의 결혈(結穴)은 반드시 여기(餘氣)가 드러나[吐露;토로] 전순(唇氈)이 된 것이다. 그러므로 전(氈)은 여기가 펼쳐져 있는 것이고 혈(穴)은 여기가 머무는데 있다. 순(唇)은 여기(餘氣)가 드러난 곳[吐露;토로]에 있다. 혈은 이러한 곳[於此]에 천장한다. 천조지설(天造地設)은 자연(自然)의 발응[應]으로 이곳에[於此] 순전이 없으면 곧 참된 혈을 맺지 못할

400) 唇氈(순전;전순) 등 ?
1.결혈 혹은 진혈여부 판단 2.전순의 끝 중심점이 좌향의 기준점이 된다.
3.전순이 없으면 과맥으로 비혈 : 절손/후손이 재앙을 당함.
최창조 『한국의 풍수』에서
1.선익은 혈처의 정기증발차단 - 용호역할도 함(용호가 없을 때)
2.전순은 혈처의 정기 누설차단. 순전이 너무 크거나 높거나 길면 흉격(凶格)
3.욕(褥) : 누울 때 방바닥에 까는 요
4.전(氈) : 융단, 담요. 양탄자

401) 전순(氈脣)은 혈(穴) 아래에 평평하고 넓은 것을 별군(鱉裙;자라)이라 하고, 배후의 형세가 평평하고 점점 아래로 넓어지는 것을 별군절(鱉裙絶)이라 한다(平而簿者曰鱉裙背勢平而漸下漸薄謂之鱉裙絶). <출처>『지리담자록』

뿐이다(無此卽非眞結). 횡룡(橫龍)의 혈(橫龍之穴)은 더욱 그것[전순]을 소홀히 해서는 안된는 것을 알아야 한다.(尤須認此不可忽也).

<그림1-104 > 순전증혈(唇氈証穴)

	此橫結穴，直者仿此。	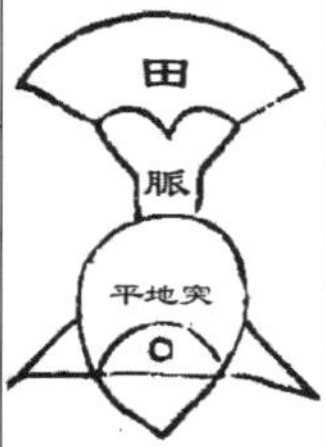	凡穴下鋪氈，宜平坦圓正。大者曰氈褥，小者曰吐唇。有此則穴真。
	이곳은 횡룡이 결혈을 하고 곧은 것도 이와 비슷하다.		무릇 혈 아래에 포전(鋪氈)이 마땅히 평탄(平坦)하고 원정(圓正)하여야 한다. 포전이 큰 것은 전욕(氈褥)이라 하고, 작은 것은 토순(吐唇)이라 한다. 이러한 것은 진혈(穴真)의 증거이다.

양공(楊公)의 《의룡경(疑龍經)》에 이르길 '귀한 용(龍)이 머무는 곳에는 전순이 있고, 전욕(氈褥;이불을 포개어 놓은 모양)이 있는 혈(穴)은 부귀(富貴)의 국[局]이다. 그대에게 물으니 전욕(氈褥)을 어떻게 아는가[如何認]? 혈 아래에 자라 등의 연한 살[鱉裙;별군]과 같이 평평한 곳이 있다. 비유 하건데 귀인(貴人)이 앉는 자리[拜席]가 있는 것 같고, 또 마치 승도(僧道)가 전(氈)을 구비하여 펼친 것 같다. 진룡(眞龍)이 혈(穴)에 도달하여 인욕(裀褥)이 있으면 곧 그 지룡(枝龍)이라도 부(富)가 충분하다.' 고 하였다.

左地在南昌，地名中洲高田。其龍自教本寺北渡溪，至後城觀而起，挨痕溪而下。一起一伏，曲折寬衍[402]。穿帳將入局，橫開平面水星，自帳中抽一脈，隱隱隆隆，微起平坡，散中有聚。穴甚奇巧，吐出一小唇以為穴証。收斂似小檢點。大勢觀之，前面痕溪彎抱有情，不見浩蕩。溪中低田橫列，狀如玉帶拜伏，以為正案，外陽遠山暗朝。若以形勢而論，全無旗鼓、屯兵、疊甲等沙，當不自武功中貴。

402)曲折(곡절) : 꼬불꼬불하다. ☞ 衍(연) : 넓다. (널리)퍼지다. 질펀하다.

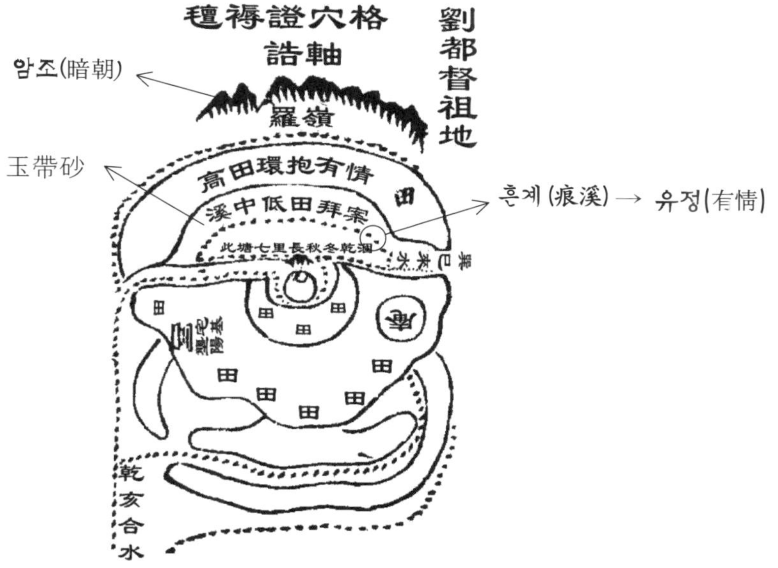

<그림 1-105 > 유도독조지(劉都督祖地)

<그림1-105 >의 자리는 남창(南昌)에 있으며, 지명(地名)은 중주(中洲)고전(高田)이다. 그 용(龍)은 교본사(教本寺)로부터 북(北)으로 개울을 건너[渡溪:도계] 후성관(後城觀)에 이르러 솟아 흔계(痕溪)에 접근하여[挨;애] 흘러내려오면서 일기일복(一起一伏)하면서 꼬불꼬불하고[曲折:곡절] 넓게 퍼져[寬衍;관연] 개장하여[穿帳:천장] 입국(入局)할 즈음에 횡으로 **평면수성**(平面水星)을 개장하여 자연적으로 장막 가운데 하나의 맥을 뽑아내어[抽:추] 은은륭륭(隱隱隆隆;미미하게)하여 **작은 언덕**[平坡]**을 일으켜** 흩어진 가운데[散中] 모여

혈은 아주 교묘하고[奇巧:기교], 하나의 작은 전순을 드러내어 혈증이 되어[以為] 수렴(收斂)이 적은 것 같으나 **대세**(大勢)**를 점검하여 보면** 앞면에 흔계(痕溪)가 만포(彎抱)하여 유정(有情)하고 아주 넓어 끝[浩蕩:호탕]이 보이지 않는다. 흔계(痕溪) 가운데 낮은 밭이 횡으로 나열하여 모양[狀]이 **옥대**(玉帶)**를** 차고 배복(拜伏)하는 같이 **정안**(正案)이 되었고, 외명당[外陽]의 먼산이 **암조**(暗朝)하여 형세로 말하면[論] 기고(旗鼓), 병(屯兵),첩갑(疊甲) 등 사(沙)가 전혀 없으므로 당연히 달리[自]**무공**(武功)**에 맞는 벼슬이 없을 것 같다.**

只是庚、辛、酉來龍受氣，入首是平面太陽金星結穴。金為武星，旺於西兌。吳國師云：「庚兌千步威聲顯，面取震東居將營。」其形狀龜，亦甲胄之屬，此所以有武貴也。此所以有武貴也。大抵中洲之龍，仙橋作祖，多出異人。其下三段，過脈亦巧，故出萬祺[403]，以祿命術受知遇[404]英廟，位至尚書。段真人朝佐，以方士受知世廟，榮寵[405]殊渥。宜乎草堂公亦以編氓[406]驟立奇勛，秉元戎，位都閫[407]矣

다만 경유신(庚·辛·酉)으로 내려오는 용(龍)이 기를 받아 입수(入首)에서 평면태양금성(平面太陽金星)으로 혈을 맺었다. 금(金)은 무성(武星)이 되고 서쪽 태방[西兌]에서 왕성한 것이다. 오국사(吳國師)가 이르길 ‘경태(庚兌)방 천보(千步)에 위엄과 명성[威聲:위성]이 표면[面]에 나타나면[顯] 진(震)의 동(東)쪽 방향을 취하여 장영(將營)의 벼슬에 머문다.’고 하였다.
형상이 거북이나 또한 갑옷과 투구의 무리에 속하는 이유로 굳센 무인(武)의 벼슬[貴]을 한다. 대저(大抵) 중주(中洲)의 용(龍)은 선교사(仙橋砂)로 조산(祖山)을 만들어[作] 많은 이인(異人)이 태어났다. 그 아래에 삼단(三段)의 과맥(過脈) 역시 교묘하므로 만기(萬祺)가 태어나 녹명술(祿命術)로 종묘에 모신

영조[英廟]의 대접을 받고[受知遇;수지우] 벼슬은 상서(尙書)에 이르렀다. 진인(真人)을 뵙고 도와[朝佐:조좌] 방사(方士)로 역대왕조를 모신[世廟:조묘] 대우를 받아 임금으로부터 받는 은총[榮寵:영총]을 받았다[殊渥;수악]. 의당(宜當;마땅히) 초당공(草堂公) 또한 새로 편입한 백성[編氓:편맹]으로 갑자기 뛰어난 공훈[奇勛:기훈]을 세우고, 최고 사령관[元戎:원융]의 자리를 장악한[秉] 장군[都閫;도곤]이었다.

403) 신봉통고(神峯通考)에 실려 있는 명(明)나라 사람 만기(萬祺, 未詳)
404) 知遇(지우) : 남이 자기의 학식·인격·재능을 알고 대접하다.
405) 榮寵(영총) : 임금으로부터 받는 은총 ☞ 殊渥(수악) : 특수하게 많은 은애(恩愛)를 천자로부터 받음 ◦殊(수) : 특별하다. 죽다. 다르다. ◦渥(악) : 두텁다. 적시다. 은혜
406) 編氓(편맹) : 새로 편입한 백성이란 뜻이다. ◦氓(맹) : 백성 ◦奇勛(기훈) : 뛰어난 공훈
407) 都閫(도곤): 군대를 통솔하는[統兵] 밖에 있는[在外]하는 장사(將帥)

按：草堂名顯，先龔姓，南昌人。贅[408]於四川劉揮使，冒劉姓，以武功官至都督至。又嘗見江山王上舍兼濟祖地，臨穴平坦，無一可據。只吐出氈褥穎異，証得穴真，是此格也，圖如右。

살펴보니[按] 초당(草堂)의 이름[名]은 현(顯)이며, 선조[先祖]는 공성(龔姓)이며 남창(南昌) 사람이다. 사천(四川) 유휘(劉揮)에 데릴사위로 가[使:사] 유씨[劉]의 성(姓)씨를 따르게 되었고, 무공(武功)으로 벼슬[官]이 도독(都督)에 이른다. 또 일찍이 강산(江山)의 왕상사(王上舍) 겸제(兼濟)의 조지(祖地)를 보았는데 혈에 이르러[臨:림] 평탄(平坦)하여 하나의 근거를 삼을 수 없으나 다만 드러난[吐出] 전욕(氈褥)만 빼어나[穎異] 진혈이라 혈증을 얻어 바로 이 격이다. 오른쪽 그림과 같다.

< 그림 1-106 >의 자리는 강산현(江山縣) 성외(城外) 서남(西南)의 반리(半里)에 있다. 현룡(縣龍)에서 분맥하여 왕성한 기[旺氣:왕기]가 뭉쳐[融結:융결], 입수(入首)에서 장막을 열어 평평한 언덕에 낙맥(落脈)하여 내려가[下] 맥(脈)이 너무 모호(模糊)하며 거석(巨石)이 험하게[磷磷;인린] 흩어져 있고 결혈처에 이르러 오로지 평평하게[平夷:평이) 드러나 좌우가 모두 낮고 평평하고 넓어[寬闊:관활] 계수(界水)가 미망(微茫)하여 속안(俗眼)으로 어떤 것도 마음에 들 수 없다. 다만 혈 앞에 드러난 전욕(氈褥)이 매우[十分:십분] 뛰어나[穎異:영이] 사랑스러워[可愛;가애] 혈(穴)의 증거임에 틀림없어[得] 참이다. 왕씨는 처음부터 땅을 선택하여 취한 것은 아니다. 역병(疫病) 때문에 영구(靈柩)를 안치(安置)하고[停柩;정구] 그 위에 벽돌로 무덤을 만들고

[磚封;전봉] 수년(數年)이 지나 집안이 날로 창성(昌盛)하여 다른 데로 이장[另葬;령장]하고자 의논하였는데 그곳 지리를 아는 장인[外父]이 보고 놀라서[驚;경] 이르길 '이곳은 좋은 자리인데 어찌 이장하려 하는가?

408) 贅(췌) : 데릴사위

右地在江山縣城外西南半里，分縣龍旺氣融結。入首開帳落脈下平坡。脈甚模糊，雜以巨石磷磷。至結穴處，一坦[409]平夷。左右皆低平寬闊，界水微茫，無一可入俗眼[410]。只是穴前吐出氈褥，十分穎異可愛，証得穴真。王氏初非擇而取之。因疫病，停柩[411]其上，以磚封之。數年，家日昌盛。議欲另葬。其外父知地理，見而驚曰：「此美地也，何可另葬？加封土於上為善。」婿不之信，開磚視之，果見茜藤交結於棺，暖氣蒸騰如霧。逐加封土成墳焉。今王氏富盛冠其邑，應例登仕版者十餘人。

< 그림 1-106 > 강산(江山) 왕상사(王上舍) 조지

무덤 위에 흙을 쌓아 올리는 것이 좋다.' 고 하였다. 사위[婿;서]가 그것을 믿지 않고 벽돌을 열어[開磚;개박] 보니 과연 천등(茜藤)이 관에 서로 얽혀있고 난기(暖氣)가 안개[霧;무]처럼 김이 무럭무럭 나서[蒸騰;증등] 빠르게[逐;축] 추가로 흙을 쌓아올려[封土:봉토] 무덤을 만들었다. 지금도 왕씨(王氏)는 부(富)가 그 읍에 가장 왕성하다. 발응한 예로 사판(仕版;인명록)에 오른 자가 십 여인이나 된다.

按：地前有文星近拜，外有遠秀特朝，龍開大帳，穴枕祿儲[412]，不但富而已矣。貴不知合葬法矩度否？

409) 一(일) : 첫째, 첫 번째.오로지. ◦坦(탄) : 뚜렷하다. 드러내다. 평탄하다(平坦--)
410) 無一可取 : 가지도 취할 만한 것이 없음 ◦無一文: 무일푼 ◦俗眼(속안) : 속인(俗人)의 (평범한) 견해
411) 停柩(정구) : 영구(靈柩)를 안치(安置)하다. ☞ 茜(천) : 무성하다. 藤(등) :등나무 덩굴
412) 祿儲(녹저) : 혈(穴)을 향하면 배산(拜山)이라 하여 귀히 여긴다. [개산(蓋山)] 혈(穴) 뒤의 좌산(坐山)을 개산(蓋山)이라 하는데 높은 것은 천주봉(天柱峰)이라 하고 또 복저봉(福儲峯)이라 한다. 천주봉이 높으면 자손이 장수한다. ◦복씨가 이르길'천주(天柱)가 높으면 팽조(彭祖)와 같이 장수를 한다'고 하고 또 이를 복저봉(福儲峰)한다.
cf) 祿儲水(록저수) : 혈 주위에 있는 호수. 연못. 저수지 등의 길수를 말한다.

조사해보니[按] 이 자리 앞에 가까이 문성(文星)이 배알하고, 밖으로는 멀리 빼어난 조산이 특별히 있고 용(龍)은 크게 장막을 열었으며, 혈은 녹저봉(祿儲峰)를 베고 있어 부(富)뿐만 아니라[不但:부단] 귀도 큰 자리인데 장법(葬法)의 규범[矩度 ;구도]에 맞지 않았던 것을 몰랐지 않았는지 ?

제10절 천심십도증혈(論天心十道証穴)

天心十道者，前後左右四應之山也。穴法得後有蓋山，前有照山，左右兩畔有夾耳之山，謂之四應登對，蓋照拱夾。故以此証穴，不可有一位空缺。凡真穴必有之。點穴之際，須宜詳審，勿使偏脫。纔有偏脫，即為失穴，吉地變為凶地。故左右夾耳之山，不可脫前，不可脫後。前後蓋照之山，不可偏左，不可偏右，如十字登對為美。《琢玉集》云：「發露天機真脈處，十字峰為據。」

천심십도(天心十道)는 (혈을 중심으로) 전후좌우(前後左右) 사방에서 응(應)하는 산(山)이 있고, 혈법에서 뒤에는 개산(蓋山)이 있고, 앞에는 조산(照山)이 있고, 좌우(左右) 양측[兩畔]에는 협이산(夾耳之山)이 있는 것을 일러 사응등대(四應登對), 개조공협(蓋照拱夾)라 한다. 대개 혈을 끼고 에워 감싸고[拱夾:공협] 조응하므로 이는 증혈이다. 하나의 위치도 공결(空缺)해서는 안된다. 무릇 진혈은 반드시 그것[四應登對]이 있다. 점혈할 때[際:제]는 반드시 의당 상세하게 살펴야한다. 천심십도를 이탈하지 않도록 하라. 조금[纔;재]이라도 치우쳐 이탈하면 곧 실혈이 되어 좋은 자리가 변하여 흉지(凶地)가 된다. 그러므로 좌우(左右)의 협이산(夾耳之山)을 앞이나 뒤에 이탈해서는 안된다. 앞뒤에 대개 조응하는 산이 좌우로 치우쳐서는 안된다. 가령 십자(十字)가 등대(登對)하는 것이 좋다. 《탁옥집(琢玉集)》에 이르길 ‘천기진맥처(天機真脈處)가 발로는 십자(十字) 봉우리[峰]가 증거가 된다.’고 하였다.

< 그림 1-106 > 천심십도증혈(天心十道証穴)

<table>
<tr>
<td>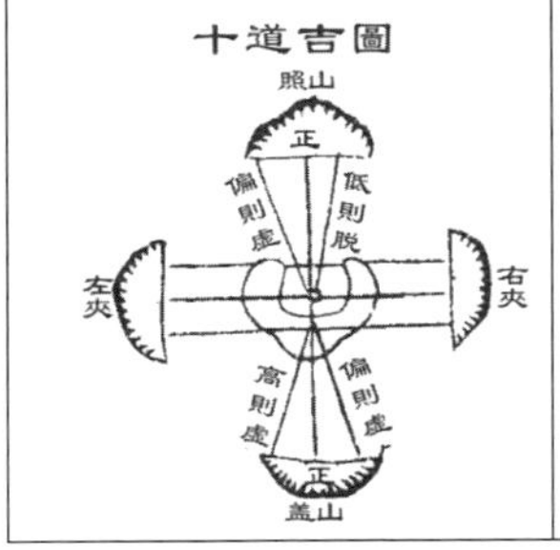
</td>
<td>此天心十道全，只要立穴立向勿偏勿脫則吉。
여기 천심십도이며 온전하다. 다만 입혈 입향(立向)에서 치우치지 말고 이탈하지 말아야 좋다.</td>
<td>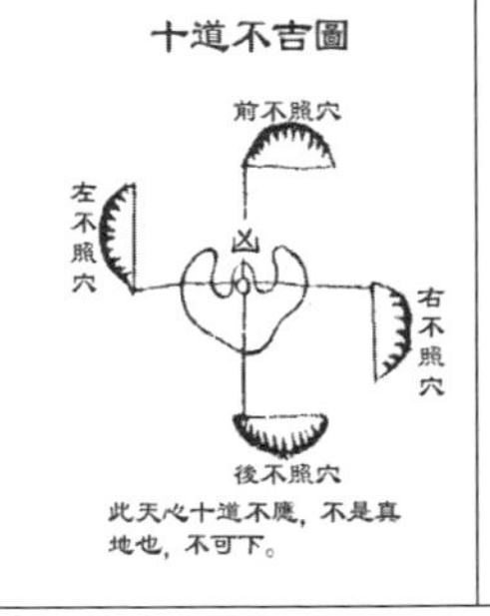
</td>
<td>此天心十道不應，不是真地也，不可下。
여기 천심십도는 대응하지 않아 이는 참된 자리가 아니라 하장해서는 안된다.</td>
</tr>
</table>

右地在順昌縣，土名沙口下，金盤形，珠上穴，乃郭子雲下也。其龍開帳，自帳中抽出，大頓小伏，左棲右閃。將及結穴，撤落413)平田。田中複起一突，前後左右四金相照，有合天心十道，穴甚清巧可愛，真美地也。葬後出廖元，官副憲；廖忠，為縣令。科第數人，迄今榮盛不替。

< 그림 1-107 > 십도증혈격(十道證穴格)

< 그림 1-107 >의 자리는 순창현(順昌縣)에 있으며, 토명은 사구하(沙口下)의 금반형(金盤形)에 주상혈(珠上穴)로 곧 곽자운(郭子雲)이 하장한 곳이다. 그 용이 개장(開帳)하여 장막 가운데로부터[自:자] 출맥[抽出:추출]하여 크게 솟았다가[大頓:대돈] 작게 낮아져[小伏] 좌우에 잠간 머무르고[棲閃;서섬] 장차 결혈할 즈음에 이르러[及] 평지[平田]에 떨어져[撤落:살락] 밭 가운데 다시 하나의 돌(突)을 일으켜 **전후좌우**(前後左右)**에 사금성**(四金星)이 서로 조응하여[相照] 천심십도(天心十道)에 어울린다.

혈은 심히 청교(清巧)하여 사랑스럽다[可愛:가애]. 참으로 좋은 자리이다. 장사 후에 요원(廖元)이 태어나 벼슬이 부헌(副憲)에 이르고, 요충(廖忠)은 현령(縣令)을 하였고 과제자가 여러 명[數人]이 나왔으며, 지금에 이르기까지[迄今;흘금] 영화[榮] 번성하고 쇠퇴하지 않았다.

---

413) 撤(살) : 떨어지다. 떨어뜨리다. ☞交到 (교도) cf) 交度(교도)

제11장 분합증혈(論分合証穴)

《家寶經》云：「大凡點穴，先看大八字下有小八字』，兩邊有蝦鬚水送氣脈下來，交到三叉盡處，必開口。然如是，又要辯認上分下合分曉，方知真假。若上面有分，下面有合，陰陽交度，乃為真穴。或上面有分，下而無合，則是陰陽不交度，乃為假穴。分合有三：其一乃毬簷[414]水分來下合，為第一合；其二乃小八字水分來下合，為第二合；其三乃大八字水分來下合，為第三合。《神寶經》曰：「三合三分，見穴土[415]乘金之理；兩片兩翼，察相水印木之情。」按：此皆穴中之至秘也。有合無分，則其來不真，內無生氣可接。有分無合，則其止不明，外無界脈之可証，皆非真結作也。故分合証穴，最為的切，不可不察。但分合之說，須明師口傳可也。不然，則多有悞。蓋窩鉗之穴，無傳度口功，鮮能知之，故爾。

《가보경(家寶經)》에 이르길 ' 대개[大凡] 점혈(點穴)은 먼저 **대팔자**(大八字) **아래 소팔자**(小八字)**가 있는지를 본다.**' 고 하였다. 양변(兩邊)에 하수수(蝦鬚水)가 있어 기맥(氣脈)을 보내어 아래로 내려와 세 갈래 물[三叉:삼차]이 진처(盡處)에 이르러 만나 반드시 **개구**(開口)하여야 한다. 그러나 이와 같이[如是;여시] 또 **상분하합**(上分下合)**을 분명하게 분별해야 비로소 진가**(真假) **알 수 있다**. 만약 위[上面]에서 분(分)이 있으면 아래[下面]에서는 합(合)하여야 음양(陰陽)이 교도(交度)하여 이에 진혈(真穴)이 된다. 혹 위[上面]에 분(分)이 있고 아래[下]는 합이 없으면 음양(陰陽)이 교도(交度) 되지 않아 이에 가혈(假穴)이 된다.

---

414) 구첨(毬簷) : 옛말에 '구첨지간(毬簷之間)에 필거혈토(必居穴土)'라고 했으니 구와 첨은 혈의 위 아래에 없어서는 안될 진혈의 증거이다.

415) 穴土(혈토) : 一名 나문(羅紋)이라 하고, 一名 토숙(土宿)이라고도 하며, 一名 구진등사(句陳騰蛇)라 고도 한다, 훈(暈)은 운(暈)의 둥그런 테두리(輪影;윤영)가 점차 중심으로 수렴하면 드디어 여기가 다 거둬들여지고 말기 때문에 이를 나문(羅紋)이라 한 것이다.

<출처> 『지학』,허찬구역, p291

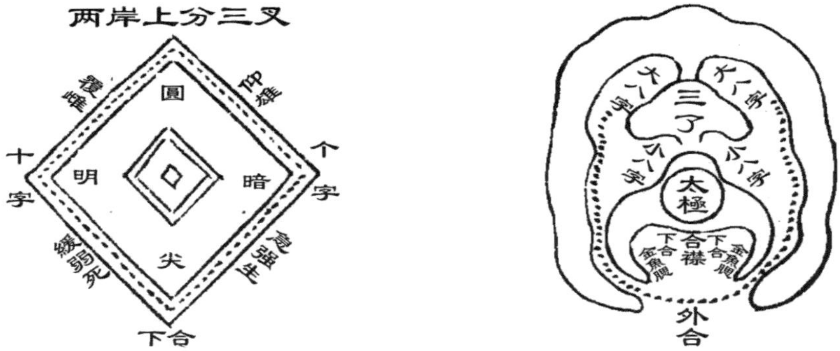

< 그림 1-108 > 분합증혈(論分合証穴)

분합(分合)은 세 가지가 있는데 그 첫째는 곧 구첨수(毬簷水)에서 나누어 흘러가 아래에서 합하는 것이 제1 분합이고 그 두 번째는 곧 소팔자수(小八字水)가 분래(分來)하여 아래에서 합하는 것으로 제2 분합이다. 그 세 번째는 대팔자수가 분래(分來)하여 아래에서 합하는 것이 제3 분합이다. 《신보경(神寶經)》에 이르길 '삼분삼합(三合三分)은 혈토(穴土)와 승금(乘金)의 이치를 나타낸 것이고 양편(兩片) 양익(兩翼)은 상수(相水)와 인목(印木)의 정(情)을 살펴야 한다.' 고 하였다.

조사해보니[按]

분합은 모두 혈 가운데 지극한 비밀이다. 합이 있고 분이 없으면[有合無分] 그 내려오는 것이 참이 아니고 안으로 생기(生氣)를 접할 수 없다. 분(分)이 있고 합(合)이 없으면 그침이 분명하지 않아 밖에 맥을 경계를 짓는 증거가 없어 모두 참된 결작이 될 수 없다. 그러므로 분합(分合)의 혈증[証穴]이 가장 적절한지[的切;적절]를 살펴야 한다. 다만 분합(分合)의 설(說)은 반드시 명사(明師)의 구전(口傳) 받을 것이 가능하다. 그렇지 않으면 대부분 그르친다. 대개 와겸(窩鉗)의 혈은 입으로 공력을 자랑하여 전도하지 않으므로[故爾:고이] 능히 아는 사람이 적다.

己上証穴諸論，姑就其常理而言之。又當活潑[416)]，不可拘執。蓋地固有無朝應、明堂、鬼樂、龍虎、纏護、夾照而有結作者，豈可盡泥於此乎？噫！非圓機之土，其孰能之？

이상과 같이 여러 가지 증혈을 말하는 것은 보통이론을 취하여 말하고 또 마땅히 매우 무모하게 고집해서는 안된다. 대개 자리는 확실히 조응(朝應),명당(明堂),귀낙(鬼樂),용호(龍虎),전호(纏護),협조(夾照)가 없이 결작(結作)하는 것이 없다. 어찌 이것에 다 고집할 수 있겠는가? 탄식하여[噫;애]! 원만하게 우주 만물을 생성해 내는[圓機] 것이 흙이 아니면 그 누가 할 수 있겠는가[其孰能之:기숙능지]?

416) 活(활) : 정말로. 마치. 매우. ◦ 潑(발) : 활발하다. 활기차다, 야만스럽고 무모하다.
◦ 拘執(구집) : 구속받다. 고집하다.

제3장 혈(穴)의 소기(所忌)[417]

제1절 머리말

此冊專論穴之所忌。夫穴之所忌，亦於形而察之耳。蓋葬者乘生氣也。而氣囿[418]於形，因形察氣。故山粗惡者其氣暴，山單寒者其氣微，散漫則氣亦散漫，虛耗則氣亦虛耗。及夫巉岩、陡瀉、臃腫、凹缺、幽冷、峻急、頑硬等類，皆莫不以形而見其氣之吉凶。是穴之所當忌避而不可忽者，輯之。

이 책은 오로지 혈의 소기(所忌)를 말하였고 무릇 혈의 소기(所忌)는 역시 형상에서 살필 뿐이다. 대개 장사란 생기(生氣)를 타는 것이고 기(氣)는 모양따라[於] 기가 모이는 것[囿;유]이므로 모양에 따라[因形:인형] 기를 살피는 것[察氣]이다. 조악(粗惡)한 산은 그 기운이 사납고, 주위에 산이 없어 외로운[單寒(단한):孤寒(고한)] 산은 기운이 미약하다.
산만(散漫)하면 기(氣) 역시 흩어져 있다[散漫].허모(虛耗)하면 기 역시 헛되이 소모하고[虛耗] 무릇 참암(巉岩)、두사(陡瀉)、옹종(臃腫)、요결(凹缺)、유냉(幽冷)、준급(峻急)、완경(頑硬)등의 유(類)는 모두 모양으로 그 기의 길흉(吉凶)을 본다. 혈은 마땅히 꺼리어 피하는 바는 소홀히 해서는 안되어 그것[참암, 두사 등]을 모았다[輯之].

제2절 조악(粗惡)

粗惡者，山勢粗雄醜惡[419]，或帶石蠻大，而不嫩媚細巧者也。凡結穴處，貴其

417) 소기(所忌) : 비혈지지(非穴之地)로 생기(生氣)가 없는 곳으로 장사를 지낼 수 없는 곳
418) 囿(유) : 모이다. 모여들다. 於(어) : ~에서 .의지하다. 따르다.
419) 惡(악) : 추(악)하다. 보기 흉하다. 조잡하다. ◦蠻(만) : 거칠다. 매우. 난폭하다. 아주

穴星嫩媚、光彩、細巧，忌其粗蠻、醜惡。蓋相[420]山亦似相人。人之粗惡醜陋者，其心亦必凶狠[421]不良，即所謂貌陋心險，如盧[422]藍面而奸險者是也。故山形清秀，則出人清秀；山形醜惡，則出人醜惡。不可不慎。不但立穴欲其清奇，忌其粗惡，凡至一縣一鄉，其山形醜惡、粗蠻，亦必其地多凶險之人，嗜殺好勇，民多爭鬪。此亦氣相召感之理耳。

조악(粗惡)이라는 것은 산세(山勢)가 웅장하고 거칠어[粗雄:조웅] 보기가 흉하고[醜惡;추악] 혹 돌이 거칠고 커서 정교하지[細巧;세교] 않아 아름답지[嫩媚;눈미]않는 것이다. 무릇 결혈처에 그 혈성(穴星)이 눈미(嫩媚),광채(光彩), 세교(細巧)하면 귀하다. 꺼리는 것은 혈성이 매우 거칠고[粗蠻;조만] 보기 흉한 것[醜惡:추악]이다. 대개 산을 모양을 보는 것[산의 형세를 보고 혈을 판단하는 것]은 사람의 관상을 보는 것[사람의 체격이나 인상으로 그 사람의 선악을 판단하는 것]과 같다. 사람이 거칠고 상스럽고[粗惡:조악] 용모가 추하고 보기 흉하면[醜陋:추루] 그 마음도 반드시 불량하여 사납고 거칠다[凶狠;흉랑].

즉 소위 용모가 추하면[貌陋;모추] 마음이 나쁘다[險:험]. 남면(藍面) 노기(盧杞)와 같이 간악(奸惡)하고 음험(陰險)한[奸險;간험] 자가 이것이다. 그러므로 산 모양이 수려하면[清秀:청수]태어나는 사람도 청수하고[清秀], 산 모양이 보기 흉하면[醜惡:추악] 태어나는 사람도 거칠고 추악하여[醜惡] 신중해야 한다. 게다가 입혈할 때 청수하고 기이한 것을 바라며, 그것이 조악(粗惡)한 것을 꺼린다. 무릇 모든[一] 현(縣)이나 모든 동네[鄉]에 이르러 그[현이나 동네] 산 모양이 추악(醜惡)하고 매우 거칠면[粗蠻:조만] 반드시 그 땅에는 흉험(凶險)한 사람이 많아 과감하게 살생하는 것을 좋아하여 즐기고 백성들 대부분 쟁투를 한다. 이 역시 모양의 기[氣相]가 감응[召感;소감]하는 이치이다.

제3절 준급(峻急)

420) 山(산) : 보다. 자세히 보다. 점치다. 관상을 보다. 형상. 얼굴
421) 凶狠(흉랑) : (성격·행동 따위가) 흉악하다. 사납고 거칠다. 악랄하다.
422) 盧(노) : 당 덕종 때 노기(盧杞)와 같은 간신 ☞ 嗜(기) : 즐기다. 좋아함

峻急者，山勢峻急而不能立步也。凡立穴處，貴其平坦柔緩[423]，忌其峻急直硬。蓋峻急本無容受，不融結。若於峻急處勉強鑿穴，謂之鬥煞，法主傷人及官訟、軍配，立見兵火，至凶，不可不慎。若峻急中忽有平坦，卻是貴穴，不以此論。或上峻急而下平坦，則穴就平坦中扦，用抛、離[424]等法下之，亦吉。惟是初葬亦不免有凶，凶應之後方發福也。如廖金精下樂平山下朱氏祖地，課云「半夜夫妻八百丁」。又董德彰為徽州歙縣景春程氏下一虎形地，課與朱氏同。又休寧縣山斗程氏一虎形地，亦合此格，相傳亦是董德彰下。三地皆峻急，點粘穴，以離杖下之而吉，是其格也。圖具下：穴星上峻急，不立穴。下鋪餘氈平坦，扦粘穴，用離杖下之。坤龍，寅水朝。

준급(峻急)한 것은 산세(山勢)가 급하고 험하여[峻急;준급] 사람이 서고 걸을 수 없다. 무릇 입혈처(立穴處)가 귀한 것은 그곳이 평탄(平坦)하고 부드럽고 완만한 것이다[柔緩:유완]. 꺼리는 것은 급하고 험하고[峻急] 곧고 단단한 것이다[直硬:직경]. 대개 준급(峻急)하면 본래 기(氣)를 받아들일 수 없어 산천(山川)의 정기(精氣)를 모아 융결될 수 없다[不融結]. 만약 준급처(峻急處)에 억지로[強:강] 혈을 굴착하면 이를 일러 투살(鬥煞)이라 한다.

형벌[法]은 사람을 다치게 하고 관아에 소송을 제기하고[官訟:관송]、군대에 징집되고[軍配:군배], 병화(兵火)가 즉시 생겨 흉함에 이르니 신중하지 않을 수 없다. 만약 준급(峻急)한 가운데 홀연히 평탄하면 오히려 귀한 혈이다. 투살법으로 논하지 않는다. 혹 위에서 준급(峻急)하나 아래에서 평탄하면 혈은 평탄(平坦)한 가운데를 취하여 천장한다. 포법(抛法),이법(離法) 등으로 하

423) 柔緩(유완) : 부드럽고 너그럽다. 부드럽고 느슨하다. ☞勉強(면강) : 억지로 시킴.

424) √다만 급(急)하면 점법(粘法)을 쓰고 혹 조금 멀면 철법(綴法)이고, 다시 급(急)하면 접법(接法)이며, 혹 다시 멀면 포법(抛)가 된다.[惟急斯粘。或稍遠而為綴。更急則接。或再遠而為抛] 대부분 산각(山脚), 산미(山尾), 수진(水盡), 수회(水會)의 자리에서 본다.[多見于山脚、山尾、水盡、水會之地]

又《발사경(撥砂經)》의 포법(抛法)의 설명은『포법(抛法)은 성체(星體)가 이미 이루고 또 다르게 형태를 갖추어 거친 기[老氣]가 끝나면 또 용신을 일으켜 물이 경계를 이루어[界限] (혈장이) 실제 크기와 규모로 구별되는 것[實分之規模也]을 말한다.

철(綴), 접(接), 포(抛)의 삼혈(三穴)은 모두 혈이 맺히면 혈성(穴星) 아래 인욕(裀褥)이 가운데 있다.』 (抛法。星體已成。而又另成具形。老氣盡而又起之。謂界限實分之規模也。按。綴、接、抛 三穴。皆穴結。穴星之下。裀褥之中)

장하면 역시 좋다. 오직 초장(初葬)은 역시 흉함을 면(免)할 수 없다. 흉함이 발응(發凶)한 후에 비로소 발복(發福)을 한다. 가령 요금정(廖金精)이 하장한 낙평산(樂平山) 아래에 주씨(朱氏) 조지(祖地)가 그러한 격이다.

과(課)에 이르길 '한밤중[半夜]에 맺은 부부[夫妻]의 인연으로 인정이 왕성한다[八百丁:팔백정].' 고 하였다. 또 동덕창(董德彰)이 휘주(徽州)의 흡현(歙縣) 경춘(景春) 정씨(程氏)를 하장[下]한 곳은 한 마리의 호랑이 형상의 땅[一虎形地:일호형지]으로 예언[課:과]에 주씨(朱氏)와 같았고 또 휴령현(休寧縣) 산두(山斗) 정씨(程氏)의 조지가 한 마리의 호랑이 형상의 땅[一虎形地]으로 역시 이격에 합당하다고 함께 전하고 또한 동덕창(董德彰)이 하장한 3개의 자리는 모두 준급(峻急)하여 혈(穴)을 이장법으로 붙여[粘] 점혈하여 하장하였으나 좋다. 바로 그 격이다. 이는 아래 그림은 아래 있다. 혈성 위가 준급(峻急)하므로 입혈할 수 없으나 아래에 여기가 펼쳐져 평탄한 곳에 이장법(離杖法)을 사용하여 혈을 붙여[粘穴] 천장하였다. 곤룡(坤龍)에 인수(寅水)가 흘러들고 있다.

左地在樂平，土名十八都前山下，系廖金精下。課云「半夜夫妻八百丁」，俗喚猛虎出林形。穴星峻急，下鋪平坡，系乾亥行龍，轉子、酉、辛，又轉坤脈入首，扦寅甲向，寅水朝入。葬後先凶，出寡母持家[425]，大富。二代後人丁大旺，果符其課云。

< 그림 1-109 >의 조지는 낙평(樂平)에 있으며, 토명은 18도[十八都] 앞산래에 이어 요금정(廖金精)이 하장하였다. 예언[課]에 이르길 '한 밤중[半夜:반야]에 맺은 부부[夫妻]의 인연으로 인정이 왕성하다(八百丁).' 고 하였다. 속인들이 부르길 '맹호출림형(猛虎出林形)이라' 고 하였다. 혈성(穴星)이 급하고 험준하나 아래에 언덕이 펼쳐져 뒤를 이어[系] 건해(乾亥)로 행룡(行龍)하여 자유신(子.酉.辛)으로 돌아 또 곤맥(坤脈)으로 돌아 입수(入首)하여 인갑(寅甲) 향으로 천장하고 인(寅)방에서 물이 흘러온다. 장사 후에 먼저 흉하여 홀어머니[寡母:과모]가 나와 집안일을 돌보고[持家:특가] 큰 부자이다. 2대 후에는 인정(人丁)이 크게 왕성하였다. 과연 그 예언[課]에 이른 것과 같이 부합하였다.

425) 持家(특가) : 살림하다. 집안 일을 돌보다.

< 그림 1-109 > 낙평주씨조지(樂平朱氏祖地)

傳疑

朱氏葬後半紀，有仁九者，只一子，名拱。年二十而新娶。娶之夕，睡之半夜，鄰家逐虎聲喧。拱睡酣驚覺，以火虎音悮，倉皇[426]披衣出戶，意謂救火。適遇其虎，被傷而卒。新婚僅半夜之合，婦即懷孕，後生男，名遺。遺生九子，一十六孫，人丁大旺。至今鄉人咸稱為虎咬山下朱云。

전의(傳疑)

주씨(朱氏)를 장사한 후 반기(半紀)에 인구(仁九)란 사람이 있었다. 다만 외아들의 이름은 공(拱)이었다. 20세가 되어 장가가 신혼[新娶;신취] 저녁에 잠자는 한밤중[睡之半夜:수지반야]에 이웃집에서 '호랑이를 몰아내자[逐虎;축호]' 고 시끄럽게 소리치자[聲喧;성훤] 한창 잠자든[睡酣;수감] 신랑 공(拱)이 놀라서 깨어[驚覺;경각] 불을 범으로 잘못 듣고 황급히[倉皇;창황] 옷을 걸치고 집을 나와[披衣出戶:피의출호] 의도는 불을 끄기[救火] 위함이었다. 원수[適;적]인 호랑이를 만나 상처를 입어 죽었다. 신혼(新婚)에 겨우 한 밤중에[半夜]에 합궁을 하여 부인은 곧 임신을 하여[懷孕;회잉] 후에 남자를

426) 倉皇(창황) : 황급하다. 매우 급하다 ◦救火(구화) : 불을 끄다.

낳았다. 이름은 유(遺)라 하였다. 유(遺)는 9자(九子)를 낳았다. 손자는 16명으로 인정이 크게 왕성하였다. 지금까지도 고향 사람들은 모두 부르길 '호교산(虎咬山) 아래 주씨라 부른다.

又董德彰為徽州景春程氏下一祖地，山之形勢與來龍方向，穴形水法，與此大同，課驗亦符，今不録。又董德彰為休寧山斗程氏下一虎形，在山斗官路側，亦與此同，圖具右：穴星上峻急不立穴。下鋪餘氈平坦，扦粘穴，用離杖下之。山向水法同前。該地在休寧縣，地名山斗，程氏祖壟也。課云「半夜夫妻八百丁[427]」，俗喚猛虎跳澗形[428]，又曰猛虎下山形。葬後先凶，出寡母持家。後大富，人丁蕃衍，果符其課云。傳疑[429]徽州程氏名千仁者，年五十，只一子，名奉。洪武七年，乾妻汪氏卒。董公為扦其地，課云「半夜夫妻八百丁」。

<그림 1-110 >의 자리는 동덕창(董德彰)이 휘주(徽州) 경춘(景春) 정씨(程氏)를 하장한 하나의 조지(祖地)는 산(山)의 형세(形勢)가 내룡(來龍)의 방향과 혈형(穴形), 수법(水法)이 앞의 그림과 같이 대체로 같다[大同].
과연 증험이 역시 부합하나 지금은 기록이 없다. 또 동덕창(董德彰)은 휴녕(休寧) 산두(山斗) 정씨(程氏)를 하장한 (조지에) 한 마리 호랑이 모양은 산두(山斗) 관로(官路) 옆에 있고, 역시 이것과 같다. 그림은 우측에 있다.
혈성(穴星)이 위는 준급(峻急)하여 입혈(立穴)할 수 없으나, 아래에 여기를 펼쳐 전순이 평탄(平坦)하여 혈(穴)을 다듬어[扦:천] 붙여[粘穴] **이장법[離杖]을 사용**하여 하장하여 산향(山向)과 수법(水法)이 앞에 와 같고 해당한 자

427) 산이 급하게 내려오다 산소 자리에 이르러서는 완만한 형세를 하여 '맹호출림(猛虎出林)'의 형상이며 맹호출림 형국을 '반야부처팔백정(半夜夫妻八百丁)'이라 했다. '한밤중에 맺은 부부의 인연으로 인정이 왕성한다'는 뜻이다.
428) 산 능선이 바위(석맥)로 이어져 급하게 내려오는 것을 용맹스러운 호랑이[猛虎]로 이미지화 하고, 무덤 앞 큰 바위는 호랑이 이빨로 본다. 그 앞에 골짝 물[澗]이 있다. 용맹스러운 호랑이가 개울을 뛰어넘는 형국을 맹호도간형(猛虎跳澗形)이라 하였고, 호랑이가 산을 내려오는 듯한 형국을 맹호하산형(猛虎下山形)이라 한다.
☞跳(도) : 뛰다.뛰어넘다. 달아나다.澗(간) :계곡(溪谷)의 시내☞跳澗(도간) :**계곡을 건너다.**
429) 傳疑(전의) : 학문상 의심스러운 것을 함부로 논단하지 않고 남겨두어 다른 사람이 해결하기를 기다리다.

리는 휴녕현(休寧縣)에 있고 지명은 산두(山斗)이고, 정씨(程氏) 조상의 무덤[壟;롱]이다.

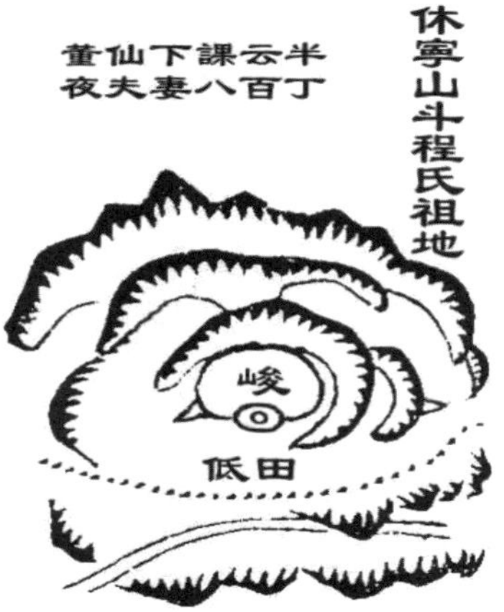

< 그림 1-110 > 휴녕산두정씨조지(休寧山斗程氏祖地)

과(課)에 이르길 '한 밤중[半夜] 부부가 맺은 인연으로 인정이 왕성한다.' 고 하였다. 속인들은 부르길 '맹호도간형(猛虎跳澗形) 또는 맹호하산형(猛虎下山形)' 이라고도 한다. 장사 후에 먼저 흉하고 홀어머니[寡母:과모] 되어 집안 일을 돌보고[持家:지가] 후에 큰 부자이고 인정(人丁)이 천하에 많이 번성하였다[蕃衍]. 과연 그 과와 같이 부합하였다.

전의(傳疑): 생략

按：已以三地，其課皆云「半夜夫妻八百丁」，似於怪誕[430]，然皆符驗。至今二鄉土俗傳說不誣，亦神矣哉[431]！誠以三地形勢、穴星、方位、水法皆同。穴上峻急帶煞，故先見凶禍。坤龍入首[432]，稟鬼金之氣，故出寡母。箕[433]度水入，故遭

430) 怪誕(괴탄) : 괴이하고 허황된 것 ☞跳澗(도간) :계곡을 건너다.
431) 矣哉(의재, 감탄, 반문): 事君果有命矣夫! (《呂氏春秋》〈執一〉) 임금을 섬기는 데 과연 운명이 있구나! 矣哉(의재) 어조사 '矣(의)'는 '이미 그러한' '장차 그러할'이란 의미이며, '哉(재)'는 감탄 혹은 반문을 나타낸다.

虎傷。穴下皆有餘氈，所以旺人。夫董氏之術，傳自廖氏，而善用之斯，亦可見其概也。地理家法眼之說，渠不信與[434)]！

살펴보니[按] 이상(已以) 3 자리는 과(課)에서 모두 이르길 '한밤중에 맺은 부부의 인연으로 인정이 왕성한다[半夜夫妻八百丁].' 고 하였다. 괴이하고 허망된 것[怪誕;괴탄] 같으나 모두 증험으로 맞았다[符驗:부험]. 지금까지도 두 지방[二鄉:이향]의 지방의 고유한 풍속[土俗]의 전설(傳說)에 거짓이 없다[不誣;불무]. 역시 신이 있구나[神矣哉:신의재]！진실로 세 자리는 형세(形勢),혈성(穴星),방위(方位),수법(水法)이 모두 같다. **혈 위에가 급하고 험하여[峻急] 살을 띠고[帶煞;대살]있으므로 먼저 재화(災禍)[凶禍;흉화]가 있고, 곤룡(坤龍)으로 입수(入首)하여 귀(鬼)가 금기[金之氣]를 품었으므로 과모[寡母]가 나왔고, 기도수(箕度水)가 들어왔으므로 호상(虎傷)을 당하였다**. 혈 아래에 모두 여전(餘氈)이 있으므로 인정이 왕성하였다[旺人]. 무릇 동씨(董氏)의 술(術)은 요씨(廖氏)로부터 전수하여 선용(善用)할 수 있어 또한 그 개요를 알 수 있다. 지리가(地理家) 법안(法眼)의 설명을 어찌[渠;거] 믿어 인정하지 못하는가![不信與]

제4절 단한(單寒) :

주변에 호종(護從)하는 사(砂)가 없어 혈장이 노출된 고한지(孤寒地)

單寒者，孤山獨壟[435)],四面無從，或臨穴孤露而不藏聚者也。楊公云：「龍怕孤單穴怕寒。」故立穴處貴其周密暖固，而忌其單露孤[436)]寒也。凡孤寒之穴，主貧窮

432) 사금이란 진술축미이다.(四金者，辰戌丑未是也). 진은 항금이 이고 술은 루금이 이며(辰有亢金，戌有婁金)，축은 우금이 이고 미는 귀금이 이다.(丑有牛金，未有鬼金) 곤룡(坤龍)= 미곤신(未坤申) 용(龍)에 묘향(卯向;兎向)을 ,임자계(壬子癸) 용(龍)에 진향(辰向)을, 갑묘을(甲卯乙) 용(龍)에 신(申) 향을, 진손사(辰巽巳) 용(龍)에 유향(酉向) 을, 술건해(戌乾亥) 용(龍)에 오향(午向)을, 경유신(庚酉辛)에 사향(巳向)을 하면 용상팔살(龍上八殺)이다.

433) 箕(기) : 키(곡식을 까부르는 데 쓰는 기구). 삼태기(흙을 담아 나르는 그릇)

434) 與(여) : 허락하다(許諾--), 인정하다. ☞渠(거) : 도랑. 어찌

435) 獨壟(독롱) : 밭두둑처럼 얕은 능선 줄기[壟]가 홀로 뻗어나간 둔덕

436) 孤(고) : 돌아보다◦薄(박) : 다그치다. 핍박(逼迫)함. 이르다. 도달함.

孤寡，漸以絕滅，不但門戶衰薄而已。此最為凶，不可不慎。其有大龍獨高，入首結穴，而穴間開窩鉗，自能衛穴，不受風吹，所謂登穴喂聚者，又不以此拘。

단한(單寒)이란 능선 줄기[壟:롱]가 홀로 뻗어 나가[獨壟:독롱] 외롭게 떨어져 있는 산[孤山]으로 사방에 호종사(護從砂)가 없는 것이다. 혹 혈에 이르러[臨穴:임혈] 외롭게 노출되어[孤露] 장풍이되 않아 기가 모이지 않는다. 양공(楊公)이 이르길 '용이 (보호사가 없어) 외로워[孤單] 혈이 찬 것[寒]을 꺼린다.' 고 하였다. 그러므로 입혈처(立穴處)는 주밀(周密)하고 확실히 따뜻한 것을 귀하게 여기고 꺼리는 것은 (호종사가 없어;멀다[孤]) 외롭게 노출되어[單露] 혈이 차가운 것[孤寒]이다. 무릇 호종사가 없어 차가운[孤寒] 혈이다. 가난하여 살기 어렵고[貧窮;빈궁] 고아와 과부[孤寡:고과]가 나고 점점[漸] 가문[門戶]이 쇠퇴할[衰薄;쇠박] 뿐[而已]만 아니라 소멸한다[絕滅;절멸]. 이는[單寒] 가장 흉하여 신중하지 않을 수 없다. 그것은 큰 용으로 홀로 높아 입수(入首)에서 혈은 사이에 두고[間:간] 와겸(窩鉗)을 열어 혈을 맺었다. 스스로 혈을 할 수 있어 바람을 받지 않아야 이른바 혈에 (기가)올라 모이는 것이다. 또 이것에 구애받지 않는 것이다.

제5절 옹종(臃腫)

臃腫者，星辰粗臃肥腫而不開鉗窩頭面也。凡穴，貴其星辰開面，如人眉目光彩。忌其臃腫粗飽，彌漫蠻醜[437]。若悞下之，主禍立至，不可不慎。

옹종(臃腫)이란 성신(星辰)이 거칠어 부스럼이나 종기[粗臃:조옹]가 비대한 것[肥腫:비종] 같아 두면(頭面)에 와겸(窩鉗)을 열지 못한 것이다. 무릇 혈은 성신(星辰)이 개면(開面)하면 귀하게 여긴다. 사람의 눈썹과 눈[眉目:미목]이 광채(光彩)가 나는 것과 같다. 거칠고 두터운[粗肥:조비] 종기가 난 것 같은 것[臃腫:옹종]이 가득차고[粗飽:조포] 널리 퍼진[彌漫;미만] 아주 추한 곳[蠻醜;만추]에 잘못 하장하면 화(禍)는 곧 이르러[立至] 신중하지 않을 수 없다.

437) 彌漫(미만) : (연기나 안개가) 자욱하다. (물이) 가득 차다. 널리 퍼지다. ◦蠻(만) : 거칠다. 매우. 난폭하다. 아주 ➔立(입) : 서다.곧

제6절 허모(虛耗) : 땅에 기가 없어[氣耗;기모] 허약하여[土虛;토허] 사용할 수 없다.

虛耗者，龍氣虛弱，而蛇、鼠因得[438]之以傷耗者也。蓋生氣融聚之處，其地堅寔，物固無能傷耗之矣。惟其虛浮，故螻蟻蛇虺狐鼠之屬，得以穿漏出入，發洩地脈，土虛氣耗而不可用也。蔡文節公曰：「諸家葬書，莫不[439]以蛇窩蟻穴為戒。而時俗輒以掘地得生氣之說飾其非，卒以取禍。」此確論也。亦有一等地脈溫暖，而有生氣物,如龜,如蛇,如禽,如獸者,自是[440]不同，不穿窩竇[441]而在數尺之下耳。亦只一二枚。如多則凶。其有穿為虛窟空竉者，則皆有凶無吉矣。

허모(虛耗)란 용기(龍氣)가 허약(虛弱)하여 뱀[蛇],쥐[鼠]가 다니기에 알맞기 때문에[因得之:인득지] (기의) 손실을 입은 땅[以傷耗:이상모]이다. 대개 생기(生氣)가 이어져[融:융] 모인 곳은 그 자리가 참으로 견실하여 사물에는 확실히 기의 손실이 없다. 다만 땅이 떠서 비었기[虛浮:허부] 때문에 개미[螻蟻;누의] 뱀이나 살무사[蛇虺;사훼] 여우나 쥐[狐鼠;호서]의 무리가 땅을 뚫어[以穿] 드나듦[出入]이 알맞아 기가 누설되어 지맥의 기를 발설(發洩)한다. 허약하여[虛:허] 땅에 기가 없어[氣耗] 사용할 수 없다. 채문절(蔡文節) 공(公)이 이르길 '여러 학파[諸家:제가]는 장서(葬書)에서 뱀의 둥지와 개미구멍을 모두 경계를 삼아야 한다.' 고 하였다. 풍속[時俗]에 바로[輒;첩] 땅을 파서[掘地;굴지] 생기(生氣)를 얻는 다는 말은 옳지 않는 것[其非;기비]을 꾸며대어[飾;식] 결국[卒:졸] 화(禍)를 가져온다.'고 하였다. 이것이 확실한 논리이다. 또한 최고[一等]의 지맥(地脈)은 온난(溫暖)하여 만물에 생기가 있다. 거북이[龜]、뱀[蛇]、새 유(類)[如禽:여금]와 집승 유[如獸:여수]와 같은 것은 마땅히 (생기가) 하나같지 않다. 사물에 구멍을 뚫지를 못하는 것이 수척(數尺)에 불과하고, 또한 다만 얇은 구멍이 한두 개이나 구멍이 많으면[如:여] 흉하다. 지맥[其]이 뚫려 빈 구멍[竉:롱] 빈 굴(窟)이면 모두 흉하고 좋은 것은 없다.

---

438) 得(득) : 얻다. 알맞다. 좋다. ◦傷耗(상모) : 소모(되다). 손실(을 보다)
◦融(융) : 이어지다. 녹다. ◦耗(모) : 비다. 아무것도 없음. 줄다.

439) 莫不(막불) : ~하지 않는 자가 없다. 모두 ~하다. ◦卒(졸) : 죽다. 갑자기, 마침내

440) 自是(자시) : 당연히. 자기가 옳다고 여기다. 이로부터. 제멋대로 하다.

441) 竇(두) : 구멍. 도랑. 구멍을 내다. ☞ 竉(롱) : 구멍

전의(傳疑)

天台方孝儒先生未生時，其父將葬其祖，已預擇某日矣。忽夜夢一朱衣人前跪曰：「聞執事要[442]尊翁之藏於某山之原。然吾九族居此已數百年，子孫蕃衍，不知其數。望執事再緩二月，吾當徙而避之。願以仁恕為心，俯從[443]所請。」言訖[444]辭去。明日起工，即得[445]一穴，闊六丈許，中有赤蛇千餘尾共一穴，其長數尺，蓋所[446]夢之赤衣也。先生之父素不信鬼神事，見蛇，不願亦不憶夢中之言，積薪縱火焚之。有煙一道，直指先生之家。是時母方孕數月，先生生焉，其狀甚異，舌前餂入鼻中。幼穎悟，長師宋景濂，為文滂沛，官至學士，盡忠於君，遭赤九族，蓋蛇氣之報云。

천태방(天台方)의 효유(孝儒) 선생을 아직 출생하지 않았을 때 그의 부친은 장차(將次) 그의 조부를 장사하고자 미리 모일을 택일하였다. 홀연히 전날 밤 꿈[夜夢:야몽]에 붉은 옷을 입은 한 사람이 무릎을 꿇고 앉아[跪;궤] 이르길 '듣건 데 아버님[尊翁;존옹]을 모산(某山)의 언덕[原]에 매장[藏]을 하려고[要] 일을 처리[執事:집사]하나 우리 구족(九族)이 그곳에 거주한 지 이미 수백 년(數百年)으로 자손이 번창하여 그 수를 알 수 없다[不知其數:부지기수]. 바라 건데 다시 한 번 2월에 일을 처리하여 주시면 나는 당연히 이사[徙;사]하여 피하고자 하니[避之:피지], 바라는 것은 인자(仁者)한[仁恕;인서] 마음으로[以仁恕為心] 허락하여 주기를 바랍니다.' 고 하였다. 말을 끝내고 작별인사를 하고 떠나고 다음 날 공사를 시작하면서[起工;기공] 곧 하나의 혈을 만났는데[得] 혈의 넓이[闊:활]가 육장(六丈) 가량[許:허]이고 가운데는 붉은 뱀[赤蛇:적사] 천여(千餘) 마리[尾;미]가 하나의 혈에 함께 살고 있고 그 길이가 수 척(數尺)이었다. 모두[蓋;개] 꿈에서 본 붉은 옷인 것이었다. 선생의 부친은 본시[素;소] 귀신(鬼神)을 믿고 섬기지[事] 않아 뱀을 보고 신중하지

442) 要(요) : ~ 할 것이다. ~하려고 한다. ~하고야 말 것이다. [염원이나 굳은 의지를 나타냄]
443) 俯從(부종) : 좇다. 기분 좋게 응하다. 순응하다. 다소곳이 따르다.
444) 言訖(언흘) : 말을 끝냄. ◦辭去(사거) : 작별(作別)하고 떠남. 인사(人事)를 하고 떠남.
445) 得(득): 만나다. 얻다. 적합하다. 알다.
446) 所~ : ~하는 것. ~인 것. ☞願(원) : 성실하고 신중하다. 삼가다.(몸가짐이나 언행을 조심하다) ☞ 餂(첨) : 꾀어내다. 핥다. ◦穎悟(영오) : 총명하다.

않아[不願:불원] 또 꿈속의 말을 잊고 땔나무를 많이 쌓아[積薪;적신] 불을 질러[縱火;종화] 태우니[焚之:분지] 한 줄기[一道] 연기[煙:연]가 바로 선생의 집에서 피어올랐다[指]. 이때[是時:시지] 어머니[母]가 마침 임신[孕:잉]하여 수개월이 되었고 선생은 태어났다. 그 모양이 매우 특이하고 혀끝으로 코 가운데에 떨어뜨려 핥을 수 있었고 어려서 총명하고[穎悟;영오] 장성하여서는[明나라 초기의] 송경렴(宋景濂)을 스승으로 섬겨[師事:사사] 문장으로 방패관(滂沛官)이 되어 학사에 이르렀고 군주에게 충성을 다하였으나[盡忠:진충] 적구족(赤九族;뱀)에게 당하였다. 대개 사기(蛇氣)의 나쁜 보복[惡報]이라고 이른다.

按《孤樹衰談》所記如此。雖其害物之報，寔亦山川毒氣所鍾，故孕育多蛇。從而[447]葬之，亦召奇毒之禍。録之，並以為鑒。凡開穴見有龜、蛇、蟲、魚之物，切勿妄有所害。況喪生[448]非仁者之德也，慎之。穴中証應之說，術家假此以自神，其於地之吉凶，本無所預[449]。偶或有物，不足為奇。況涉[450]怪誕，明者所鄙，安厝君子切不可泥。

조사해보니[按]

《호수쇠담(孤樹衰談)》에 이와 같이 기록된 바[所記]이다. 비록 유해물(害物:해물) 보복일지라도 실상은 또 많은 뱀을 낳아 기르는 데[孕育:잉육] 산천(山川)의 독기(毒氣)가 모인 것[所鍾:소종]이므로 다가가 매장을 하여 또 불운한 독의 화(禍)를 부른 것이다. 기록하여 아울러 거울[鑒;감]을 삼고자 한다.

447) 從而(종이) : 따라서. 그리하여.~함으로써 ☞**切勿(절물)** ; 切莫(절막) ; 결코~하지마라.
448) 喪生(상생) : 목숨을 잃다. 사망하다. 죽다.
449) 預(예) : 맡기다. 참여하다(參與). 관계하다(關係).
450) 跋涉(발섭) : 산을 넘고 물을 건너다. 여러 지방을 경험하다[遍歷;편력].
☞ **怪誕(고탄)** : 괴이하고 허황된 것 ☞安厝(안착) : 영구(靈柩)를 일시 안치(安置)하다. ◦厝(착) : 놓아두다. 관을 놓아두다.

무릇 혈을 파서 거북[龜] 뱀[蛇]、벌래[蟲]、어류[魚]의 무리가 나타나면 결코 망녕되게 (생물에게) 손해를 입히지 말아야 한다. 하물면 생명을 잃게 하는 것[喪生]은 인자(仁者)의 덕이 아니다. 신중해야 한다. 혈 가운데 증응(証應) 설(說)은 술가(術家)들은 이를 빙자하여[假此:가차] 땅의 길흉에 증응으로 신기를 사용하여 본래 참여한 바가 없다. 우연히 혹 사물이 있으면 기이한 것이 충분하지 않다. 하물면 여러 지방에서 괴이하고 허황된 것을 경험하여 밝은 자는 비루한 것을 수치로 여긴다[所鄙;소비]. 군자는 영구를 일시적으로 안치하는데 빠지지 말아야 한다.

제7절 요결(凹缺)

凹缺者，凹陷[451]低缺也。當立穴之處，貴其周密遮障，忌其左空右缺。若適當穴處凹缺折陷，賊風射穴，最為不吉，缺主人丁絕滅，左長右幼，受禍親切。《賦》云：「若居山谷，且要藏風。」蓋平洋之地[452]，四面無遮，則索性[453]不畏風吹。山谷之中，忽有凹斷，最為可畏。如人在廣邈，處處受風，雖隆冬極寒，不能致病[454]。若門隙窗罅，有賊風射入，或刺背吹頭，則其冷如箭，必中[455]其毒。此穴場所以忌凹缺也。亦有似凹缺而非凹缺者，本身龍虎或低或陷，而外山輳集[456]補障，則無所忌。蔡西山所謂「欠缺[457]不齊，天地之奇[458]。」以此藏匿[459]大地，使[460]人不識。如鉛山餘員外公祖地，及豐城湖茫李氏、吾邑祝黃門祖

451) 凹陷(요함) : 움푹하다. 움푹 들어가다. 오목하게 꺼져 들어감
452) 평지에 혈처는 주변에 호종하는 사격이 없어도 바람이 흩어져 들어와 바람을 두려워하지 않고, 산악지대는 골짜기 바람을 받아 혈처의 생기를 흩어지게 한다.
453) 索性(소성) : 차라리. 마음껏. 성격이 강직하다. 아예
454) 致病(치병) : 병에 걸리다. 병을 유발하다. 질병을 일으키다.
455) 中(중) : 좋다. 되다. 괜찮다. 병들다. 입음. 빠져듦
456) 輳集(주집) : 집중되다. ☞ 集(집) : 모이다. 모아 합치다(合--). 한데 모이다.
◦輳(주) : 몰려들다. 모이다. 다가가다.
457) 欠缺(흠결) : 부족(하다). 결핍(되다). 결점(이 있다). 결함(이 있다)
◦不齊(부제) : 가지런히 정돈(整頓)되지 못함.
458) 재단하여 이룰 수 있는 것[裁成]은 사람 공력[人功]의 기교[巧]로 (자연과) 조화(造化)를 이루는 것이다. <출처> 지리담자록』 제8권 잡설2

地是其格也。圖具下。

요결(凹缺)이란 오목하게 꺼져 들어가[凹陷;요함] 낮아 결함이 생긴 것[低缺]이다. 마땅히 입혈처를 주밀하게 막아 주는 것(장풍이 되는 것)[遮障;차장]을 귀하게 여기며, 좌우가 공결(空缺)한 것을 꺼린다. 만약 적당(適當)이 혈처(穴處)가 잘리고 무너져[折陷:절함] 좌우가 주밀하지 못하여[凹缺;요결] 혈을 상하게 하는 바람[賊風:적풍]이 혈에 내뿜으면[射:사] 가장 좋지 않다. 요결(凹缺)은 인정(人丁)이 소멸[絕滅;절멸]한다. 아주 가까이[親切:친절] 좌측[左]이 요결((凹缺)하면 장방(長房)이, 우측[右]이 (요결하면) 유방(幼房)이 화(禍)를 받는다. 《설심부(賦)》 에 이르길 '산곡에 (혈이)있으면 또 장풍(藏風)이 되어야 한다.' 고 하였다. 대개 평지[平洋]에 있으면 사면에 호종하는 것[막는 것]이 없어도 아예[索性:소성] 바람이 부는 것을 두려워하지 않는다.

산곡(山谷)의 가운데 형체가 없이[忽;홀] 끊어져 오목한 것[凹斷:요단]을 가장 두려워한다. 가령 사람이 넓고 아득한 데[廣邈;광막] 있으면 곳곳[處處]에 바람을 받아 비록 아주 추운[極寒:극한] 한겨울[隆冬;융동]일지라도 병에 걸리지 않는다. 만약 문틈[門隙;문극]이나 창틈[窗罅;창하]에 해로운 바람[賊風]이 내뿜어 들어와[射入] 혹 등을 치거나 머리에 바람을 받으면[風吹:풍취] 그 냉기[冷:냉]가 화살[箭;전]과 같이 예리(銳利)하여 반드시 나쁜 피해를 받는다[中其毒:중기독]. 이러한 혈장은 요결(凹缺)함을 꺼리는 이유[所以]이다. 또 요결(凹缺)한 것 같으나 요결(凹缺)한 것이 아니한 것은 본신 용호(龍虎)가 혹 낮거나 혹 함(陷)할 지라도 외산(外山)이 모여들어[輳集:주집] 가로막아 보완하여[補障;보장] 꺼리는 것이 없다. 채서산(蔡西山)이 이른바 '결함[欠缺:흠결]이 있으면 가지런하지 못하나[不齊;부제] 천지는 기이한 것이다.' 고 하였다. 이 때문에 대지를 숨겨[藏匿:장닉] 사람들이 알지 못하게[不識] 하였다. 가령 연산(鉛山)의 여(餘) 원외공의 조지(員外公祖地)와 풍성(豐城)의 호망(湖茫) 이씨(李氏)와 오읍(吾邑)의 축황문의 조지(祝黃門祖地)는 바로 그 격이다. 그림은 아래에 있다.

< 그림 1-111 >의 자리는 연산(鉛山)에 있으며 지명은 신풍(新豐)이다. 일반

459) 以此(이차) : 그래서. 그러므로. 이 때문에 ◦藏匿(장닉) : 숨기다. 은닉하다. 숨다.
460) 사동 [使~] : ~에게 ~시키다. ~을 ~하게 하다.

적으로 선인대좌형(仙人大坐形)이라 한다. 그 용이 통왕봉(統王峰)에서 출발하여 매우 멀리[迢迢:초초]를 달려가[行奔;행분] 올라[騰:등] 입국할 즈음에[將至:장지] 머리를 수그려[垂頭;頓] 부용(芙蓉) 모양을 일으켜[起] 크게 개장 후 하나의 맥을 떨어뜨려 운중(雲中)에 금성(金星)을 일으켜 나방[飛蛾:비아]이 하강하는 세[降勢]로 화개(華蓋)와 삼태(三台)를 큰 모양으로 용모가 준수하게[磊落:뇌락] 입수(入首)하여 태양금성(太陽金星)에 겸(鉗)을 열어 상취혈(上聚穴)을 맺었다. 혈 앞 수장(數丈)이 평탄(平坦)하다. 다만 하비(下臂)가 낮게 엎드리고[低伏;저복] 용산(龍山)이 높이 솟아 우측은 움푹 들어가고[凹陷:요함] 또한 혈이 거의 절반[小半:소반]이 요함하여 속안으로 알기 어렵다.

右地在鉛山，地名新豐，俗呼[461]仙人大坐形。其龍發自統王峰，迢迢奔騰[462]，行數十里。入局頓起芙蓉大帳，落一脈，起雲中金星，飛蛾降勢，成華蓋、三台，磊落[463]入首，結太陽開鉗上聚穴。穴前平坦數丈，但下臂低伏，龍山高起，右畔凹陷[464]。且穴在山半，俗眼難認。及登穴，夷坦如在平地。而當穴處不受凹缺之風，穴場甚暖。前有帳下貴人、牙刀、金印、天馬、報捷、仙詔、交床、旌節種種貴沙，重重排列。塟後二紀，先出一中官，日近天顏。員外公鋐，以鄉魁任京職。其父屢膺封誥，壽考康寧。諸孫濟濟．富貴未艾。

< 그림 1-111 > 여원외조지(余員外祖地)

그리고 혈에 올라보면 평지에 있는 것 같이 평탄[夷坦;이탄]하고, 의당

461) 俗呼(속호) : 일반적으로 ~라고 하다.
462) 迢迢(초초) : (길이) 매우 멀다. 아득히 높아서 까마득하다. ◦奔(분) : 달리다. 급(急)히 가다. 빠르다◦騰(등) : 달리다. 뛰어오르다. 지나가다. 솟아나다.
463) 磊落(뇌락) : 많다. 용모가 준수하다. 복잡하다. 마음이 활달(豁達)하여 작은 일에 거리낌 없음.맡다, ➔膺(응) : 담당하다(擔當--). 가슴
464) 凹陷[(요함) : 움푹하다. 움푹 들어가다. 내려앉다. ☞濟濟(제제) : 많고 성(盛)함. ☞紀(기) : 1세(世). 30년. 지금은 100년. 규칙. 법. 실마리를 잡다.

혈처는 요함하여 바람을 받지 않고 혈장(穴場)이 아주 온난해야 한다. 앞에는 장하귀인(帳下貴人)과 아도(牙刀)、금인(金印)、천마(天馬)、보첩(報捷)、선조(仙詔)、교상(交床)、정절(旌節) 등 여러 가지[種種:종종]의 귀사(貴沙)가 거듭[重重:중중] 배렬(排列)하여 장사 후 60년[二紀] 후에 먼저 일중관(一中官)이 나와 매일 임금의 얼굴을 가까이 하고[日近天顔: 일근천안], 원외공(員外公)으로 횡(鋐)이 향괴(鄉魁)로 경직(京職)에 임명되었으며, 그 부친이 누차 봉고(封誥)를 담당하였으며[膺:응], 편안하게[康寧:강녕] 오래 살았다[壽考:수고]. 여러 자손이 많이 번성하고[濟濟;제제] 부귀가 끝나지 않았다.

< 그림 1-112 > 축도간조지 (祝都諫祖地)

右地在縣南二里，地名長塘。系縣龍分結。分龍後，自蛟池山發脈，有五星聚講。乃橫開大帳成五腦，帳中脈磊落棲閃數節，大斷過峽。兩畔太陰、太陽夾[465]照龍脈。複起，連聳四節串珠金星，均匀合格，成太陰文星結穴。只是左右兩臂俱凹缺，似於受風。其寔穴場有太極圓暈奇巧，穴下左右龜蛇捧足，餘氣鋪氈。前有靈泉水，小如鏡，而四季不溢不涸，俗呼驪龍戲珠形，系亥龍，辛、戌入首，扦卯向。外堂卯水特朝，前向[466]秀峰羅列。系吾邑馬山舒文同下。

465) 夾(협) : 좌우에 배치함 ◦照(조) : 비치다. ~을 향하여

<그림 1-112>의 자리는 현남 3리(縣南三里)에 있으며 지명은 장당(長塘)이다. 현룡(縣龍)의 뒤를 이어 분룡(分龍) 후에 분결(分結)하고 교지산(蛟池山)에서 발맥(發脈)하여 오성취강(五星聚講)이 되었고[有] 곧 횡으로 크게 개장하여 오뇌(五腦)를 이루어 장막 가운데 큰 맥(脈)이 수절(數節)을 내려와[磊落] 머물러 언뜻 보이고[棲閃;서섬] 크게 끊겨 협을 지나[過峽] 양측에 태음(太陰),태양(太陽)이 용맥을 향하여[照:조] 좌우에 배치되어[夾:협] 다시 시작하여[複起:부기] 사절(四節)을 연달아 솟아[連聳] 금성(金星)을 한 줄에 꿴 것[串珠;관주] 같이 균등하여 격에 어울려 태음문성(太陰文星)을 이루어 혈을 맺었다. 다만 좌우(左右)의 양비(兩臂)가 모두 요결(凹缺)하여 바람을 받을 것 같으나 그것이 실은 혈장(穴場)에 태극원훈(太極圓暈)이 정교[奇巧;기교]하고, 혈아래 좌우(左右)에 구사(龜蛇)가 발을 떠들어 들고[捧足:봉족] 여기(餘氣)가 전순을 펼쳤다. 앞에 영천수(靈泉水)가 거울같이 작으나 사계절[四季] 넘치거나 마르지 않는다. 일반적으로 여룡희주형(驪龍戲珠形)이라 한다. 해룡(亥龍) 뒤를 이어 신술(辛戌)로 입수(入首)하여 묘향(卯向)으로 천장하여 외당(外堂)의 묘방의 물[卯水:묘수]이 (혈을) 향하여 달려오고[特朝:특조] 앞에 근접하여 빼어난 봉우리가 나열하였고 이어 오읍마산(吾邑馬山) 서문(舒文)과 같이 하장하였다.

課云：「一代伶仃，二代平平，三代四代頗有讀書生。五代六代科甲連登。七代八代田連阡陌，應倒奏[467]名。九代十代世沐榮沐。吾宗一女，亦配辰生，直言敢諫，朝野聞名。終當出一才子，俊偉聰明，能文能武，威鎮邊廷。」

과(課)에 이르길 ‘ 1대(一代)는 고독하고 외롭고[伶仃:영정], 2대(二代)는 평범하고[平平], 3대(三代) 4대(四代)는 자못[頗:파] 독서(讀書)하는 사람이 태어났고, 5,6대(代)는 연달아 과거급제를 하여[科甲連:과갑련] 오르고, 7,8대는 전지(田地)가 천백 두렁[田連阡陌:전련천백]이고 냇물이 꺼꾸로 흘러[應倒流:응도류] 명예를 얻었고[奏名:주명], 9,10대는 대대로 영광스런 은혜를 입었고[沐;목], 나는 일족[宗]에 일녀[一女]가 있어 또 진생(辰生)과 결혼하고

466) 向(향) : 근접하다. 다가가다. ~로. ~을 향하여.
☞ 沐(목) : 머리를 감다. 씻다. 은택을 입다.
467) 奏(주) : 발생하다. (효과 따위를) 얻다. 나타나다. 가져오다.

[作配:작배] 직언(直言)으로 과감히 간(諫)하여 조정(朝廷)과 재야(在野)[朝野]에서 이름을 들을 수 있으며, 마침내[終當:종당] 재능이 뛰어난 한 사람[才子] 이 태어나 총명하여 재능과 지식이 뛰어나[俊偉:준위] 문무에 능하여 조정의 변방[邊廷]을 위력으로 진압한다[威鎭:위진]. '고 하였다.

葬後果初代不利。五代生鎭公，發高科[468]。其孫約齋瀾，丙辰生，登進士，官都給事，諫武宗[469]被撻，直聲振天下，果符直言敢諫之說。其夫人舒氏，馬山先生從侄女，果符吾宗一女配辰生之應。而介軒、靜庵、廉同及太宇諸公，聯登科第，躋顯宦，人丁稅糧隆盛冠邑，果符科甲聯登及田連阡陌之應。今富貴未艾。此穴極怪。陳靈泉當日斜時往觀，見日影映出穴畔太極圓暈。予與少峰兄葉理峰、祝際沙亦日斜往觀，果見其妙，始知此穴之貴。

장사 후에 과연 초대는 불리하였고, 5대(五代)는 진공(鎭公)이 태어나 발복하여 과거시험에 합격하였다[高科]. 그 손(孫) 약제(約齋) 윤(瀾)은 병진생(丙辰生)으로 진사(進士)에 올라 벼슬[官]은 도급사(都給事) 였고 무종(武宗)을 간(諫)하다가 매질을 당하였다[被撻:피달]. 정직하고 공평무사한 말[直聲:직성]은 천하에 떨쳤다. 과연[果] 직언감간지설(直言敢諫之說)이 부합하였다[符]. 그 부인 서씨(舒氏)는 마산(馬山) 선생의 종질녀(從侄女)이다. 과연[果] 오종(吾宗)의 1녀(一女)가 발응하여 진생(辰生)과 결혼하였다.
개헌(介軒),정암(靜庵),강강(康岡) 및 태우(太宇),제공(諸公)이 연달아 과거 급제하여 높은 지위에 올라[聯登科第:연등과제] 제현환(躋顯宦)이 되었고 인정(人丁)과 세금의 량(稅糧)이 융성(隆盛)하여 읍에서 으뜸이다[冠邑:관읍]. 과연[果] 연달아 과거에 급제하여 벼슬에 오르고 전지(田地)가 천백 두렁[田連阡陌:전련천백]을 거두어 가졌다[應]. 지금까지도 부귀가 끝나지 않았다. 이 혈은 지극히 괴이하다. 진영천(陳靈泉)이당일(當日) 사시(斜時)에 가서 보고[往觀:왕관], 혈의 부근[穴畔:혈반] 태극원훈(太極圓暈)의 그림자가 희미하게 햇볕에 보이니[見日:견일] 나는 작은 봉우리(少峰)와 형엽리봉(兄葉理峰), 축제(祝際)사(沙)도 매일 사시(斜時)에 가서 보았데[往觀] 과연 그 묘함을 보고 비로소 그 혈의 귀함을 알았다.

---

468) 高科(고과) : 과거 시험에서 좋은 성적으로 급제한 사람
469) 武宗(무종) : 당(唐)의 15대 황제 ◦被撻(피달) : 두들겨 맞았다. ◦撻(달) : 매질하다. 때리다.➔被(피) : ~당하다.~에게 ~당하다.

左地在豐城縣東四十里，土名湖茫棲籠山。其龍起自招雲嶺，焰天火星作祖而來。行三十餘里，中間穿田渡峽，出帳入帳，不能悉述。將及結局，頓起星峰，踊躍奔騰，甚是雄偉。到頭直硬劍脊，穴上繃面[470]，微開窩靨。橫放其棺，名曰銜柴葬法。登穴促迫，不入俗眼。外面檢點，山水聚會。又且[471]結穴之後，白虎星辰頓跌奔去[472]，而結楊都憲祖地。枝脚雖去，卻有回顧。左畔近穴稍空，外邊青龍亦遠轉作正案。當面三台，席帽重疊。又有鶴仙崗、白湖嶺、帳幕山，如貴人、天馬、錦帳以作遠朝，局勢完固，山水盤桓 李氏葬後，幼房連登科甲。次發中房。惟長房不發，因近穴青龍之曠也。後遇明師，教之加土築小青龍，呼為折角蜈蚣形。諺曰：「折角蜈蚣添一角，此去湖茫大發作。」湖茫乃長房也。如此之後，子兄弟連登科甲。禮部尚書公璣、兵部尚書公遂，皆其長房也。

< 그림 1-113 >의 자리는 풍성현(豐城縣) 동(東) 40리에 있으며, 토명은 호망(湖茫) 서롱산(棲籠山)이다. 그 용은 초운령(招雲嶺)에서 솟아 염천화성(焰天火星)으로 조산을 만들어 뻗어와 30여 리 가다가[行度:행도] 중간에서 밭을 지나[穿田:천전] 협을 건너[渡峽:도협] 앞에는 장막을 나오고[出帳] 뒤에는 장막에 들어가기[入帳:입장]를 번갈아 하여 모두 기술할 수 없다. 결국(結局)에 이를 즈음[將及:장급]에 갑자기 봉우리를 일으켜 달려가[踊躍:용약] 갑자기 솟아[奔騰:분등] 심히 우람하다[雄偉:웅위]. 도두에 이르러 칼등[劍脊:검척]과 같이 생긴 용맥이 곧고 강직하고[直硬:직경] 혈상(穴上)이 붕면(繃面)으로 되었고 작은 와염(窩靨)을 열었으므로 횡으로 관을 놓아[放:방] 함시장법(銜柴葬法)이라 한다. 혈에 올라보면 아주 가까워[促迫;촉박] 속안으로 마음에 들지 않는다. 외면을 점검(檢點)하여 보면 산수(山水)가 모인다[聚會]. 또 이곳을 결혈한 후 백호에 성신(星辰)이 기봉(起峰)을 하고 달려[跌:질] 나아가[奔去:분거] 머물러[頓] 양도헌(楊都憲)의 조지(祖地)를 결작하였다. 지각(枝脚)이 비록 나아 좌측[左畔]에 혈 가까이서[近穴] 조산을 돌아보고[回龍顧祖] 있어 약간 공간이 있다[稍空:초공].

---

470) 繃面(붕면) : 횡(橫)으로 생긴 맥이 여러 가닥인 것 ☞繃(붕) : 감다.

471) 又且(우차) : 몇 가지 일이 동시에 존재하는 것을 나타내고, 접속사 '旣(기)' '非徒(비도)' 등과도 호응하며, '게다가' '또한'이라고 해석한다.

472) 奔去(분거) : 뛰어가다. 달려가다. (목적을 향해) 곧장 나아가다.☞奔(분) : (목적지를 향하여) 곧장 나아가다. 급히 달려가다.

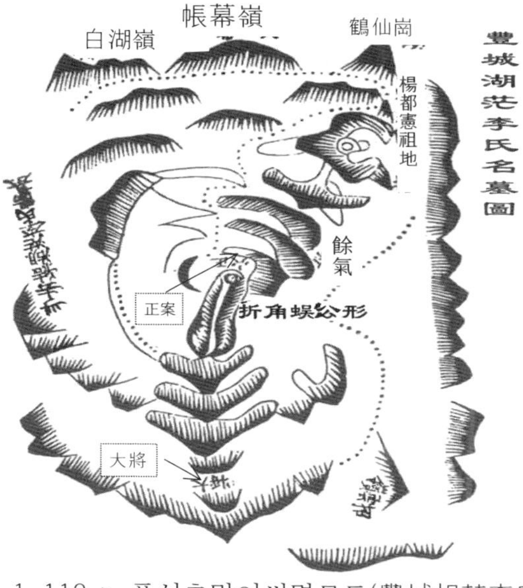

< 그림 1-113 > 풍성호망이씨명묘도(豐城胡茫李氏名墓圖)

바깥 변의 청룡은 또 멀리서 돌아서 방향을 바꾸어 **정안**(正案)을 만들었다. 마주하는 삼태(三台), 당모(席帽)가 중첩(重疊)하고 또 학선강(鶴仙崗),백호령(白湖嶺),장막산(帳幕山)이 귀인(貴人),천마(天馬),금장(錦帳)과 같고 멀리서 조산이 된다. 국세(局勢)가 확실히 완전하고 산수가 머뭇거려 떠나지 못한다[盤桓;반환]. (이곳에)이씨를 장사 후에 유방(幼房)에서 과거[科甲]을 잇달아 합격하였고 그 다음 중방에서 발복하였다. 오직 장방(長房)은 발복하지 않았다. 후 명사를 만나 '혈 가까이 청룡이 넓기 때문에 그 곳에 흙을 성토하여[加土(가토);盛土(성토)] 소청룡(小青龍)을 축조하라고' 가르쳐주어 그리하여 '**절각오공형**(折角蜈蚣形)' 이라 불렀다. 언(諺)에 이르길 '각이 부러진 오공(折角蜈蚣)에 각(角)하나를 첨가하면[添:첨] 이것이 호망(湖茫)으로 나아가 크게 발복하게 된다[大發作]' 고 하였다. 호망(湖茫)은 곧 장방(長房)이다. 이와 같이 각(角) 하나를 가토(加土;첨) 한 후(이와 같이 한 후)[如此之後]에 부모 형제는 과거에 잇달아 합격하였다[連登科甲]. 예부상서공(禮部尚書公) 기(璣)와 병부상서공(兵部尚書公) 수(遂)는 모두 그 장방(長房)들이다.

傳疑

異僧辜托者，南昌辜坊辜氏族人也。少出家，居豐城龍門寺。善堪輿，世家名墓多經品題。有遺[473]穴，留有讖語。時游湖茫龍安寺，為李氏卜棲籠山，勢直急，中有劍脊。當塟期，約曰：「俟我返龍安寺，鳴鐘方可下殔。」及行至半路，偶龍麟寺鳴鐘。李氏不知，應鐘而下。時偶有雷震巨聲，而失[474]僧所在。鄉人謂僧被雷所斃，理或然[475]也。廖氏云：「第一[476]莫下劍脊龍，殺師在其中。」托固知之，而卒不能避矣。業是術者，當知所懼。

전의(傳疑)

이승(異僧) 고탁(辜托)은 남창(南昌) 고방(辜坊) 고씨(辜氏)의 한집안[族人]이다. 젊어서[少] 출가하여 풍성(豐城) 용문사(龍門寺)에 살았고 감여서(堪輿書)를 좋아하여 명문집안[世家]에 명묘(名墓)를 경전의 내용으로 특징을 묘사하고 평가하여 품평[品題]을 하였다[經品題].
무릇 '**혈이 (기다려) 남아있다**[有遺穴:**유유혈**]' 고 예언을 하였다[讖語:참어]. 그 때[時] 호망(湖茫) 용안사(龍安寺)에서 놀다가 이씨(李氏)를 서롱산(棲籠山)에 점혈을 하였다. **용세(龍勢)가 곧어 급하고**[直急] **중간에 칼등**[劍脊:검척]**과 같으나 장사할 시기를 주관하여**[當] 약(約)에 이르길 ' 기다렸다가 내가 용안사(龍安寺)에 돌아가[返:반] 종을 쳐 종소리가 들리면[鳴鐘:명종] 비로소 하장하라[下殔(하이);下葬(하장)].' 고 하였다. 그리고 승(僧) 고탁이 반쯤 갔을 때[至] 용인사(龍麟寺)에서 우연히 종이 울려[鳴鐘:명종] 이씨(李氏)는 (어디서) 종소리가 감응하는 지[應鐘:응종]를 알지 못하고 하장을 하였다.
때를 맞추어 우연히 천둥이 울리고 벼락이 치는[雷震;뇌진] 큰 소리[巨聲:거성]가 났으며 승려가 있는 곳을 알 수 없었다고 한다. 시골 사람들이 이르길 ' 승(僧)이 천둥[雷]을 맞아 죽었다[所斃:소폐] ' 고 하였다. 이치로 보아

473) **遺(유)** : 죽은 사람이 남긴 것.[遺骨] ☞塟(장) : 葬의 俗字 ;장사(葬事)하다.
☞ **俟(사)** : 기다리다. ☞瘞(예) : 묻다. ☞ **半路(반로)** : 도중(途中)
474) 殔(이) : 묻다. ◦ **失(실)** : 못 찾다. 찾지 못하다. ☞ 斃(폐) : 넘어져 죽다. 넘어지다.
475) **或然(혹연)** : 아마. 개연(蓋然)하다. 혹시. 혹 그럴 수 있다.
476) 第一 : 제1. 가장 중요하다. 첫 (번)째 .제일이다.

(理) 그럴 수 있다(或然也:혹연사). 요씨가 이르길 '첫째 칼등[劍脊;검척]과 같은 용에서 하장 하지마라. 지사(地師)를 죽이는 것이 그 가운데 있다.' 고 하였다. 고탁은 확실히 알았으나 죽어도 피하지 않았다고 한다. 직업[業]으로 술(術)을 하는 사람은 마땅히 두려워하는 바[所懼;소구]를 알아야 한다.

夫已上二地，俱後龍甚美，只入[477]穴凹缺，祝氏地左右俱凹缺，李氏地左缺，餘氏地右缺。且穴場隱怪，似乎模糊[478]。而皆葬後榮盛，誠以真龍大地，乃靈氣所鍾，造化所秘，鬼神所司，非明師莫能扦，非厚德莫能得，非慶緣輻輳莫能信。嗟夫！蔡文節公云：「端正之穴，齊整之局，人所易識。惟奇怪之形，欠缺之局，為難扦而難信。」蓋天地閉藏造化，不以正形發見，卻示人以醜相，如頑石之中韞藏美玉，識者得之，則為連城之璧矣。

무릇 이상(已上) 두 자리는 모두 후룡이 심히 아름다우나 다만 입혈할 즈음[入穴]에 요결(凹缺)하였고, 축씨(祝氏)의 자리는 좌우(左右)가 모두 요결(凹缺)하였다. 이씨(李氏)의 자리도 요결하였고 여씨(餘氏)의 자리는 오른쪽이 요결하였고 또 혈장(穴場)이 숨어 형체가 기이하여[隱怪;은괴] 모호(模糊)한 것 같으나 장사 후에 부귀영달(富貴榮達)하여 융성하여 영화롭다[榮盛:영성]. 진실로 진룡(真龍) 대지는 곧 대자연[造化]의 영기(靈氣)가 모여 숨긴 곳[所秘:소비]으로 귀신(鬼神)이 관장하는 바[所司:소사] 명사(明師)아니면 천장할 수 없다. 덕이 많지[厚德:후덕] 않으면 얻을 수 없다. 선행의 인연[慶緣]으로 복이 모이지 않으면 능히 믿을 수 없다. 아아[嗟夫;차부]! 채문절(蔡文節) 공(公)이 이르길 ' 단정한 혈(端正之穴)과 가지런한 국[齊整之局:제정지국]은 사람들이 쉽게 알 수 있는 곳이나 오직 괴이한[奇怪] 모양과 흠결(欠缺)이 있는 국(局)은 천장하기가 어려워 믿기 어렵다.' 고 한다. 대개 천지(天地)에 감추어진[閉藏(폐장);秘藏(비장)] 대자연[造化]을 정형(正形)으로 발견할 수 없다. 오히려 사람에게 추상(醜相)으로 보여 무딘 돌[頑石:완석] 가운데 미옥(美玉)으로 감추어 숨겨져 있는 것[韞藏:온장]과 같다. 식자(識者)가 얻으면 보물[美玉(미옥):좋은 자리] [連城之璧:연성지벽]이 된다.

---

477) 入(입) : 어느 범위에 들다.➔경(慶) : 선행(善行)

478) 似乎(사호) : 마치 (~인 것 같다) ☞韞(온) : 감추다. ☞ 瘦削 (수삭) : 말라빠지다. 앙상하다.

제8절 수삭(瘦削)

瘦削者，當穴處山形不肥彩而弱瘦薄削也。廖氏云「弱是瘦崚嶒」，誠以龍氣微弱，如人氣血衰敗，而形貌萎瘦耳。此等山形，不須尋地。縱是入格之龍，亦只為神棲之地矣。

수삭(瘦削)이란 마땅히 혈처(穴處)의 산모양이 살찌지 못하고 쇠약하고 메마르며[弱薄:약박] 앙상한 것[瘦削;수삭]이다. 요씨(廖氏)가 이르길 '약하여 앙상하고[瘦:수] 높고 험준한 모양이면[崚嶒:준증]' 진실로 용기(龍氣)가 미약(微弱)하여 사람의 혈기[氣血]가 쇠약한 것[衰敗;쇠패] 같아 모양[形貌]이 마르고 여윈 것[萎瘦;위수]이다.' 고 하였다. 이와 같은 산 모양에는 혈을 찾을 필요가 없다. 비록 이곳이 용이 격에 들어도 다만 귀신이 사는[神棲:신서] 땅이 될 뿐이다.

제9절 돌로(突露): 성봉(星峰)이 장막 아래[帳下]에서 나와야 기이하다.

突露者，當穴處不藏聚而突露受風也。突露穴多是單寒龍。蓋龍孤則生氣不來，穴露則生氣不聚。庸師無傳，但見一峰獨秀，則以為美。殊不知[479]星峰不出帳下，雖秀非奇，以其孤寒也。《坤鑒歌》云：「隴脈低平只一峰，若無開賬號孤龍。此龍只合為僧寺，學道參禪一老翁。」吳公云：「龍無展帳只孤單[480]，秀入雲霄也是閒。若更去為孤露穴，參禪訪道坐寒山。」楊公云：「貴龍重重出入帳，賤龍無帳空雄強。」故好星峰必欲其在帳中，貴人不可孤露，所謂「必在簾幕內」也。諺云：「好地如閨中美女，不肯暴頭露[481]面。」天地造化，自然默合。孤寒之龍，前去不為神祠佛殿，必為孤露偽穴，必無下關。縱有下關，必低

479) 殊不知(수불지) : 전혀 모르다. 생각지도 않게. 뜻밖에. 의외로

480) 孤單(고단) : 외톨이이다. (힘이) 미약하다. 외롭다. ☞ 訪道(방도) : 도리를 배우다. 진리를 찾다. ➔閑(한): 이체 閒(한) : 관계가 없다. 쓸데없다.

481) 暴露(폭로) : 비바람에 노출하다. 드러내다. ☞不肯(불긍) : (기꺼이) ~하려고 하지 않다

小不能護穴，謂之假關，最能悞人。若為庸師所惑而下之，主孤寡少亡、僧道緇流而已，不可不慎。若龍成貴格，不幸而孤寒者，如有天然完美之穴，亦有大貴，但多僧道而已。廖氏云：「若還格好只孤寒，僧道做高官。」

돌로(突露)란 마땅히 혈처(穴處)가 (기를) 가두어 모이지 않고 돌로(突露)하여 바람을 받는 것이다. 돌로(突露)한 혈(穴)은 대부분 단한(單寒)한 용(龍)이다. 대개 용(龍)이 고한(孤寒;單寒)하면 생기가 모이지 않고, 혈(穴)이 노출되면 생기(生氣) 모이지 않는다. 용렬(庸劣)한 선생[庸師]은 전문지식이 없으므로 하나의 봉우리가 홀로 빼어난 것을 보면 좋다고 한다[以為美]. 성봉(星峰)이 장막 아래[帳下]에서 나오지 않으면 비록 빼어날지도 기이하지 않는 것을 전혀 모른다.《곤감가(坤鑒歌)》에 이르길 ‘발두득 맥[隴脈:롱맥]이 낮고 평평한 데[低平:저평] 다만 하나의 봉우리가 만약 개장(開帳)하지 않으면 고룡(孤龍)이라 하고 이러한 용은 승사(僧寺)나 학도(學道)에서 참선(參禪)하는 한 늙은이에게 합당하다.’고 하였다. 오공(吳公)이 이르길 ‘용이 장막을 펼치지[展帳;전장] 않으면 다만 힘이 미약하여 빼어나 구름 속[雲霄;운소]에 들어가도 쓸 때가 없다[是閒:시한]. 만약 다시 나아가도 고로(孤露)한 혈(穴)되어 앉아서 참선(參禪)하여 진리를 추구하는 천한 산[寒山]이다.’고 하였다.

양공(楊公)이 이르길 ‘귀룡은 장막을 거듭 출입하고, 천한 용은 장막 하나 없이 공연히 웅장하고 강한 모양이다.’고 하였다. 그러므로 좋은 봉우리[星峰]는 반드시 귀룡은 장막 가운데 있어야 하고 귀인(貴人)은 고로(孤露)해서는 안된다. 소위 반드시 염막내(簾幕內)에 있어야 한다는 것이다. 언(諺)에 이르길 ‘좋은 자리는 집안에서 부녀자가 거처하는 곳(閨中:규중)에 미녀와 같고, 두면을 드러내지 않으려고 한다.’고 하였다. 천지(天地)의 대자연[造化]은 저절로 말없이 묵묵히 어울린다[然默合:연묵합]. 고한(孤寒)한 용은 앞으로 나아가 신사불전(神祠佛殿)이 되거나 반드시 고로(孤露)하여 가혈[偽穴]이 되어 반드시 하관을 하지 않는다. 비록 하관을 할지라도 반드시 낮고 좁아[低小] 혈을 보호할 수 없다. 이를 일러 가관(假關)이라 한다. 가장 사람을 그르칠 수 있다. 만약 용사(庸師)가 미혹하여 하장을 하면 주로 고독하여 젊어서 죽고, 승도(僧道)나 도사[緇流;치류]가 될 뿐이다. 신중하지 않을 수 없다. 만약 용이 귀격(貴格)을 이루었으나 행복하지 않으면 고한(孤寒)한 것이 자연 그대로 완미한 혈이 있는 것 같으면 또한 대귀(大貴)하고 다만 대부분 승도(僧道)이다. 요씨(廖氏)가 이르길 ' 만약[若還] 격국이 좋을 지라도[格好] 다만 고한(孤寒)하면 승도(僧道)나 고관(高官)을 맡는다[做:주].' 고 하였다.

如黄崗陶真人父地是此格也。其地在團風上三十里，土名方一渡。龍自文台山來，甚遠。左源痲城，右源黄安。兩邑兩河夾送，合於大江。二百餘里，巍峨[482]大壟。入局變為平岡，蔓衍數十里，落湖濱，又為平坡數里，如生蛇奔江之勢。複大斷踊起高坡，走馬三台，左閃一脈，平中有突。突上開口結穴。右砂順水纏過穴前，如眠弓彎抱，十分有情。貼身一水，隨沙纏繞，是為玉帶之沙、玉帶之水。此外複有江水特朝。遠峰羅列，誠亦美地。惜其龍格單獨，結穴孤寒。又系牛金入首受氣，而扦鬼金[483]之向。葬後數年，真人卻以方術受知[484]於肅皇帝，膺殊寵異典，累官至少師，兼少傅、少保、禮部尚書。大真人恭誠伯，謚榮康。

가령 황강도(黄崗陶) 진인(真人)의 아버지 자리가 바로 이격(此格)이다. 그 자리는 단풍(團風)의 위쪽 30 리(里)에 있으며 토명은 방일도(方一渡)이다.

용은 문대산(文台山)에서 와 심히 멀어 좌는 원마성(源痲城)이고 우는 원황안(源黄安)이다. 양읍(兩邑)과 양하(兩河)가 협송(夾送)하여 큰 강[大江]에서 합류한다. 2백여 리를 큰 언덕[大壟;대롱]이 우뚝 솟아[巍峨;외아] 입국(入局)하면서 변하여[박환하여] 평강(平岡)이 되었다.

수십 리를 뻗어[蔓衍;만연] 호빈(湖濱)에 떨어졌다. 또 수리의 언덕[平坡:평파]이 되었다. 가령 생사(生蛇) 강으로 달아나는 세(勢)로 다시 크게 끊어져[大斷] 높은 고개[高坡:고파]에 치솟아 올라[踊起:용기] 주마(走馬) 삼태(三台)를 되어, 좌측에 한 맥이 갑자기 나타나[閃:섬] 평평한 가운데 돌이 생겨[有] 불쑥 솟아 있는 위에[突上] 개구(開口)하여 혈을 맺었다.

우사(右砂)가 순수(順水)한 것 같으나 혈 앞을 지나 감싸[纏過:전과] 면궁(眠弓)이 만포(彎抱)한 것 같아 매우[十分:십분] 유정(有情)하며 용신에 붙은 한 줄기 물이 사(沙)를 따라 감싸[纏繞;전요] 이것이 옥대사(玉帶之沙)의 옥대수

482) 巍峨(외아) : 산·건물이 높고 큰 모양. 우뚝 솟은 모양.

483) 사금이란 진술축미이다.(四金者，辰戌丑未是也). 진은 항금이 이고 술은 루금이 이며(辰有亢金，戌有婁金)，축은 우금이 이고 미는 귀금이 이다.(丑有牛金，未有鬼金)

484) 受知(지우) : 남의 눈에 들다. 남의 중시를 받다. 남의 찬양을 받다

(玉帶之水)이다. 이것(옥대수) 바깥에 다시 강수(江水)가 특조(特朝)하고 멀리 봉우리가 나열(羅列)하여 진실로 또 아름답다. 애석하게도[惜;석] 그 용격(龍格)이 홀로[單獨]행룡하여 혈을 맺어 고한(孤寒)한 용이다. 또 우금(牛金;丑龍)의 뒤를 이어 입수(入首)하여 기를 받아[受氣] 미향(未向; 鬼金之向)에 천장을 하고 장사 후에 수년(數年)이 지나 진인(真人)이 나와 바로[卻:각] 방술(方術)로 황제에게 눈에 들어[受知:수지] 공경을 받았다[肅;숙]. 특별한 총애[殊寵異;수총이]를 받아[膺;응] 벼슬이 점점 올라[累官:누관] 소사(少師) 겸 소전(少傳)、소보(少保)、예부상서(禮部尚書)까지 하였고, 대진인(大真人) 공성백(恭誠伯)은 시호[謚;시]는 영강(榮康)이라 하였다.

傳疑

黃岡陶仲文為府椽，喪父覓地時，適團風有河伯所官，精堪輿，與之善。謂之曰：「濱江湖岸有大地，可當代腰玉。但此為漁人合旁，宜往圖之。陶如其言，買舍為易之。及葬，指穴開井曰：「我不識汝福何如，不敢擇時。爾自求兆下殔[485]。」陶睡穴中，挂麻衣於竹籬。陶夢大蟒蛇盤繞其衣，警醒曰：「是時矣！」遂葬，果爾。當代蟒袍玉帶之貴。

전의(傳疑)

황강도(黃岡陶) 중문(仲文)이 부연(府椽)이 되어 아버지의 복을 입어[喪父:상부]막상 자리를 찾았을 때[適:적] 단풍(團風)마을에 하백소(河伯所)라는 지관이 감여(堪輿)에 정통하였다. 선함을 베풀어 이르길 '빈강(濱江) 호안(湖岸)에 대지(大地)가 있는데 당대(當代)에 옥대[腰玉;요옥]를 맬 것이나 다만 이는 어부[漁人:어인]을 마땅히 가서 만나 가까이서 [合旁:합방] 도모하라?' 고 하였다. 도씨가 말과 같이 머물러 구입하여[買舍;매사] (혈로)바꾸었다. 혈의 광중을 파고[開井:개정] 가리켜 이르길 '내가 너의 복이 어떠한가를 알 수 없으므로 감히 시간을 선택할 수 없으니 네가 스스로 점을 쳐 선택하여[求] 하장한다[下殔:하이].' 고 하였다. 도씨는 혈 가운데 자면서 대나무 울타리[竹籬;죽리]에 마의(麻衣)를 걸었다. 도씨는 꿈속에 큰 구렁이[蟒蛇;망

485) 殔(이) : 묻다. ☞ 果爾(과이) : 果然(과연) : 과연 그러하다.
☞ 蟒袍(망포) : 예전에, 임금이 입는 정복

사]가 옷 위에 서려 휘감고 있어[盤繞;반요] 놀라서 경계하면서[警醒;경성] 이르길 ' 이때다!' 하고 마침 장사를 하였다. 과연 당대(當代)에 망포(蟒袍)에 옥대를 찬[玉帶] 벼슬을 하였다.

제10절 파면(破面)

파면이란 혈성(穴星)의 두면을 굴착(掘鑿)하거나 토석을 채취하여 성신의 두면이 파쇄된 것이며, 혈장이 파손되면 혈에 생기가 누설되거나 흩어진다.

破面者，乃[486]當穴處穴星頭面之間掘鑿以取土石，使星辰頭面破碎也。立穴處欲其完固無傷，忌其破碎。蓋破碎氣脈發洩，葬之則有禍無福。凡此者不問龍脈貴賤,真假,皆不取。縱使龍脈貴秀，朝應情來，明堂水城俱美，不幸而庸夫野人不知所以，徒以土石之便，日夕鑿掘，或深入數尺，或長至丈餘，而正當穴脈，發洩龍氣，則不可用矣。《明堂經》云：「鑿石取土，撼山警[487]神，斷脈洩氣，傷寒損真，法不可葬，損人致貧。」若小可[488]掘傷，不當穴脈，未至已甚，亦可取用，又不如此論也。《發揮》謂「當依醫地法[489]救之。譬如人稍有傷害皮膚，不致腹心之憂，則猶可醫療而愈。若或傷鑿已甚，則不複[490]可為矣。」晉王佑祖墓，相者謂有天子氣。佑鑿之，相者複曰：「猶出折臂三公。」俄而佑墜馬折臂，蓋其鑿處不當脈而在臂，故應折臂耳。

파면(破面)이라는 것은 바로 당면하는 혈처(穴處)에 혈성(穴星)의 두면 사이를 굴착(掘鑿)하여 토석을 채취하여 성신(星辰)의 두면(頭面)이 파쇄(破碎)된 것이다. 입혈처(立穴處)는 그것이 완전하여[其完] 확실히 손상이 없어야 하고, 파쇄된 것을 꺼린다. 대개 파쇄(破碎)가 되면 기(氣)가 맥(脈)에서 빠져 나가[發

486) 乃(내) : ~이다. 바로 ~이다. 정말로 ~이다. ☞ 欲(욕) : ~해야 한다. 바라다.
487) 撼(감) : 흔들리다. ☞ 警(경) : 경계하다. 놀라다. 두려워하다
488) **小可(소가) : 사소하다**. 그런대로 괜찮다.
489) 도선국사는 나라의 산천에 침을 놓고 뜸을 뜨는 **의지법(醫地法) 또는 비보 풍수**는 침술에서 기(氣)가 지나친 곳은 (기를) 빼내주고[瀉(사), 약한 곳[虛]은 (기를)보충(補充)해 주는 원리인 소위 '補瀉(보사)의 원리'와 비슷하다.
490) 不複(불복) : 더는 ~않는다. 다시 ~않다. ☞ **複(복) : 돌아오다. 회복(回復)하다. 거듭하다**

洩:발설] 이런 곳에 장사[葬(葬)之:장지]하면 화가 생기고[有禍:유화] 복(福)이 없다. 무릇 이와 같은 곳은 귀천(貴賤),진가(眞假)를 묻지 않고 모두 취하지 않는다. 설령[縱使;종사] 용맥(龍脈)이 귀하고 수려하고 조응(朝應)하여 정(情)이 생기고[來] 명당(明堂)에 수성(水城:물길)이 모두 아름다우나 불행히[不幸] 평범한[庸夫:용부] 야인(野人)은 까닭을 모른다[不知所以:부지소이]. 무리[徒:도]들은 토석(土石)의 채취가 편리하여[以便], 주야[日夕]로 굴착(鑿掘)하고 혹 깊이가 수척(數尺)이나 파고들거나 혹 길이가 열자가 넘게[丈餘:장여] 뻗어 들어가 혈맥(穴脈)이 정말로 마땅하면 용기(龍氣)가 새어나가[發洩:발설] 사용할 수 없다. 《명당경(明堂經)》 이르길 '토석을 파서 채취하면[鑿石取土:굴석취토] 산이 흔들려[撼山:감산] 신이 놀라게 되고[警神:경신] 맥을 끊어 기가 새면[洩氣:설기] 손상되어 진실로 천하다[傷寒損真:상한손진]. 그리하여 법에 맞추어 장사를 지낼 수 없는데 (장사를 지내면) 사람을 손상하고 사람을 빈곤하게 한다[損人致貧:손인치빈]' 고 하였다.

만약 굴착하여 손상이 작으면[小可:소가] 당연히 혈맥(穴脈)의 손상이 없고[不當穴脈] (손상이) 너무 심하지[已甚:이심] 않아 역시 취하여 사용할 수 있다. 또 이와 같은 논리를 알지 못한다. 《발휘(發揮)》에 이르길 '마땅히 의지법(醫地法)에 의지하여 구하는 것은 가령[譬如:비여] 사람이 피부(皮膚)에 작은 상처로 해를 입으면[傷害:상해] 오히려[猶] 의술[醫療;의료]로 더욱 치료 할 수 있으나 만약 속마음[腹心:복심]의 걱정[憂:우]은 의술로 더욱 치료할 수 없다[不致:불치]. 혹 너무 심하게 굴착하여 손상을 입으면[傷鑿;상굴] 더는 회복할 수 없게 된다[不複可為矣:부복가위의]'고 하였다. 진왕우(晉王佑)의 조상의 묘지[祖墓]를 지관[相者:상자]은 '천자(天子)의 기(氣)가 있다' 고 일렀다. 우(佑)가 굴착(鑿之)한 곳이라 하니 지관[相者]은 다시 이르길 오히려[猶] 절비[折臂: 용호가 끊어져] 삼공(三公)이 난다 '고 하였다.

아이 우(俄而佑)가 말에서 떨어져[墜馬;추마) 팔이 부러졌다[折臂:절비]. 대개 굴처(鑿處)는 마땅히 맥이 없으나 팔이 있으므로 절비(折臂)로 응(應)한다.

又有曾經國代鑿毁龍脈，或掘損穴場，既深且闊，乃已傷敗，不可複下。又有水源發洪[491]，崩頹溜路，皆凶不可葬者。既多掘鑿傷敗，生氣耗散[492]者，亦不可塟。凡遇此等，必是龍形虎勢，頗入俗眼，而非正龍真的之穴。徒以前朝砂水秀麗而亂下之，故塟者子孫皆以衰替，墳墓無主，任人[493]鑿犯，必非佳境。亦有龍脈穴場皆吉，而亂下傷穴，鑿掘已多，失卻[494]本來面目，不複可為。亦有一種好龍，其穴詭怪，人皆知為好地，而不能定穴。塟者禍敗，從而改徙，出以與人，甲者既非，乙者又未得穴。前轍[495]既覆，後車不戒，遞遞相承，愈塟愈失，愈傷愈敗。術者汲[496]於謀利，乃謂向來[497]雖有埋塟，正穴皆未下著。今若得之，深鑿金井，則旺氣皆傾以蔭我。殊不知穴既傷敗，地脈已散，

일찍이[曾;증] 나라를 다스리는 대신이 용맥을 굴착하고 훼손하여 혹 혈장을 깊게 또 넓게 굴착하여 상하게 하여 이미 부서지고 이지러져[傷敗:상패] 다시 하장할 수 없다. 또 수원(水源)이 붕괴되어 홍수가 발생하여[發洪:발홍] 도로에 물이 흐르고[溜:류] 무너지면[崩頹:붕퇴] 모두 흉하여 장사(葬事)를 할 수 없다. 이미 대부분 굴착(掘鑿)하여 부서지고 이지러져[傷敗] 생기(生氣)가 점차로 흩어진 곳[耗散:모산]은 역시 하장할 수 없다. 무릇 이러한 곳을 만나면 반드시 용호의 형세[龍形虎勢]가 자뭇 속안(俗眼)의 마음에 들지라도 용이 바르고 혈이 참되고 확실하지 않으면 다만 앞에 조사(朝砂)에 물이 수려(秀麗)하여 하장하면 난잡함으로 매장하는 자의 자손은 이미 모두 쇠퇴하였다. 임자가 없는 분묘(墳墓)를 장법을 어겨 마음대로[任人:임인] 굴착하면[犯鑿:범굴] 반드시 좋지 않다. 또한 용맥(龍脈)과 혈장(穴場)이 모두 좋을지라도 이미 많이 굴착하여 난잡하고 파손 된 혈에 하장하면 본래의 면목을 잃어[失卻:실각] 다시 복원할 수 없다. 또 한 종류의 좋은 용이 있어 그 혈이 보통과

491) 發洪(발홍) : 큰물이 지다. 홍수가 나다 ☞ 崩頹(붕퇴) : 무너지다 ☞溜(류) : 흐르다. 방울져 떨어짐

492) 耗散(모산) : 점차 흩어지다. 소실되다. 소모하다.

493) 任人(임인) : 남의 자유에 맡기다. 마음대로 하게 하다 ◦鑿(착) : 뚫다.

494) 失卻(실각) : 잃다. 소실하다.

495) 앞 수레가 이미 전복되었는데도, 다음 수레가 그것을 경계삼지 않으니 위험천만한 일이다. (前車旣顚覆而後車不戒)

496) 汲汲(급급) : 골똘하게 한 가지 일에만 정신(精神)을 쏟음. 또는 한 가지 일에만 정신(精神)을 쏟아 골똘함.

497) 向來(향래) : 본래부터 .종래. 여태까지. 줄곧

달리 뛰어나[異常][詭怪;궤괴] 사람들은 다 좋은 자리인 것을 알고 있으나 혈을 결정할 능력이 없어 (감각으로) 장사를 지낸 자가 재난과 실패[禍敗:화패]가 따랐는데, 다시[改] 사람에게 주어[以與人:이여인] 이장을 하면[徙;사] 이미 잡은 혈이 아니었는데 을이 또 혈을 얻지 못하고 이미 잘못되었는데 경계를 삼지 않고 거듭 이어서[遞遞相承;체체상승] 장사하면 더욱더 실패하여 이지러져 패한다. 술가[術者]란 자가 이익을 꾀하여[謀利:모리] 급급하여(汲汲) 본래부터 정혈에 매장하였다고 할지라도 '아직 모두 참되게 하장하지 않아, 이제 혈을 얻어 깊게 금정을 굴착하면 왕기(旺氣)가 기울어 나에게 음덕이 발응[以蔭]한다' 고 한다. 이는 이미 상패(傷敗)되어 지맥(地脈)이 흩어져 지기가 고갈되었음을 알지 못한다.

譬如人之頭面，穿鑿刈臠，殆無全處。其人生乎？其人死乎？故子微乃以掘鑿亂埋者，謂之死玄武，不可複用。誠以一乳頭鑿數十墳，或存或沒，破碎如此，雖果是真龍正穴，奈何[498]傷敗之餘，不可複用。切不可信時師深葬之說，以為[499]可以聚眾穴之氣，傾眾穴之脈，而悞下深穴，以取敗絕也。況穴法之深淺，自有一定不易之理。當淺而深，氣從上過，豈有過於深龍奪眾穴之氣者乎？斷斷焉無此理也。慎之！又有當穴處曾經鑿基，欲作住場、神祠、書舍。凡此皆已傷敗，發洩生氣，不可遷葬。蓋其鑿必深，其墳必高。欲低下穴，則脈已斷，欲高下穴，則脈已急。假饒[500]不斷不峻急，亦傷破星辰頭面，鋤[501]壞唇口鉗窩。廖金精云：「若還[502]打破太極暈，水蟻便侵棺。」張落魄云：「若將唇口都鋤破，任是神仙也有疑。」況傷敗如此，縱是龍真穴美，識者見之，不過嘆其可惜[503]而已。若複亂下，必主家道亦如山之斷絕損折，業退絕嗣矣。

비유하면 사람의 두면을 자르고[刈:예] 파고 뚫어 여윈 것[臠;련]같으면 거의[殆;태] 온전한 곳이 없다. 그[其] 사람은 살았는가? 죽었는가? 그러므로

498) 奈何(내하) : 어떻게 하다. 어찌. ~를 어찌하겠는가. (누구를) 어떻게 하다.
499) 以爲 : 생각하다. 여기다. 알다. 인정하다.
500) 假饒(가요) : 설사 ~라 하더라도. 만약. 만일. 가령.
501) 鋤(서) : 호미. 어긋나다 ☞唇口(순구) : 입술 즉 전순.☞唇(진) : 놀라다. ◦唇(순) : 입술
502) 若還 : 만약 ☞ 打破(타파) : 타파하다. 때려 부수다.
☞ 任是(임시) : 설령(비록) ~일지라도
503) 可惜 (가석) : 섭섭하다. 아깝게도. 아쉬워하다. 아쉽다.

장자미(張子微)가 이에 굴착(掘鑿)하여 함부로 매장하는 것[亂埋;난매]을 일러 사현무(死玄武)라 하여 다시 사용할 수 없다.

진실로 한 개의 유두(乳頭)에 수십 개 무덤[數十墳:수십분]을 파 실제 존재하거나 존재하지 않거나[或存或沒:혹존혹몰] 이와 같이 파쇄하면[破碎] 비록 과연[果] 진룡(真龍) 정혈(正穴)이라도 어찌[奈何;내하] 상패(傷敗)한 이후[餘] 다시 사용할 수 있는가? 시사(時師)들의 심장설(深葬之說)을 절대로 믿어서는 안된다. 여러 혈의 기[眾穴之氣:중혈지기]가 모이고, 여러 혈의 맥(眾穴之脈)이 모였다[傾:경]고 하여[以爲] 혈을 취하여 깊게[深穴] 잘못 하장하면 패절(敗絕)할 수 있다. 하물며 혈법의 심천(深淺)은 자연적으로 고정불변의 이치이다. 마땅히 천장(淺葬)할 곳에 심장(深葬)하면 기가 위를 따라 지나가는 데, 어찌 심룡에서 지나간 여러 혈의 기를 빼앗는가? 오롯이 한결같이[斷斷焉:단단언] 이러한 이치는 없다. 조심하고 신중하라[愼之:신지]! 또 마땅히 혈처(穴處)에 일찍이[曾:증] 헤아려[經:경] 터를 굴착하여 주거지[住場;주장],신사(神祠),서당(書舍) 만들고자 하나[欲作:욕작] 무릇 이러한 곳은 모두 이미 이지러지고 부서져[傷敗] 생기(生氣)가 누설되어[發洩:발설] 천장(扦葬)할 수 없다. 대개 혈처의 굴착[其鑿]을 반드시 깊게 하면 봉분은 반드시 높고, 낮게 혈을 하장하고자 하면 맥이 (깊게 굴착하여) 이미 끊었고, 높게 혈을 하장 하고자 하면 맥이 급하다. 만일 단절되지 않고 준급(峻急)하지도 않아도 성신(星辰)의 두면(頭面)이 파손되어[傷破;상파] 겸와(鉗窩)의 전순을 호미로도 무너진다[壞;괴]. 요금정(廖金精)이 이르길 '만약[若還] 태극훈(太極暈)을 쳐서 깨뜨리면 물개미가 곧 관을 침범한다.' 고 하였다.

장낙백(張落魄)이 이르길 '만약 곧[將] 전순[唇口:순구]을 호미[鋤:서]로 크게[都;도] 파손하면 설령[任是:임시] 신선이라고 또 의심할 것이다.' 고 하였다. 하물면 이와 같이 상패(傷敗)가 되면 비록 용이 참되고 혈이 좋다고 하여도 식자가 보면 그런데[不過] 그것을 아깝게도 탄식할 뿐이다. 만약 다시 함부로[亂] 하장하면 반드시 집안형편[家道]도 맥이 끊어져[斷絕] 손해보고[損折] 가업이 쇠하여[業退] 절사(絕嗣)하게 된다.

제11절 흘두(疙頭)

잡석과 모래가 섞인 땅으로 얼굴에 부스럼이 난 것과 같다.

☞疙(흘) : 머리에 툭툭 불거지는 부스럼(종기)

疙頭者，乃黑白沙石相間[504]錯雜，不生木植。惟黃茅疏草而闊遠芋[505]刺，隨生隨死，如頭病疙瘡，短髮間出者也。在人則為氣血礙敗膚脈不活，故成此病。在地則為龍神枯悴，氣脈虛弱，故成此形。張子微云：「擺塟為墳氣不注[506]，子孫衰絕業難守。」《玉峰寶傳》云：「山有石骨，有沙骨。」石骨之山，氣脈完固[507]，不肯發洩，渾渾沌沌，不生草木者。非童也，根著不立故也。此龍若帶星辰，出為土穴，必脆巧清秀，出人必渾厚沈密，堅固禁耐，富則必盛，貴則必顯。子孫亦必綿遠。沙骨之山，本是氣脈枯竭，不能融結。堅不為石，疏不為土，故散為沙礫，或白或黑，如人無脈，如血無肉，所以草木不生，惟有黃茅，春生夏枯，秋黃冬死。間有麋沙碎石，鳥啄為子，暫生小木，不盈咫尺，終以干死。此龍定是不帶星辰，出為嵯峨麄[508]穴，沙礫滿前，泉溜[509]石濕，出人必庸醜愚頑難訓。富則必險，貴則必微。婦人難產，財物耗散。若枯涸[510]已甚，不能蔭注枯槁，必至絕嗣也。

흘두(疙頭)란 곧 흑백사석(黑白沙石)이 뒤섞여[相間錯雜:상간착잡] 초목[木草]이 살지 못하고 오직 억센 띠풀[黃茅疏草;황모소초]이 넓고 멀리 어지럽게 우거져[芋剌:우랄] 생사에 따라[隨生隨死] 마치 머리에 병이 생겨 부스럼[疙瘡;흘창]이 짧은 머리[短髮(髮):단발] 사이에 생긴 것 같다.

사람에 있어서는 기혈(氣血)이 방해를 받아 원활하지 않아[礙敗:애패] 부맥

504) 相間(상간) : (물건과 물건이) 서로 뒤섞이다. 번갈다. ◦錯雜(착잡) : 뒤섞이다. 복잡하다. 착잡하다

505) 芋(우): 토란. 우거지다. ◦剌(랄) : 어지럽다. ➔礙(애) : 거리끼다. 방해함. 가로막다.

506) 注(주) : (정신이나 힘 따위를) 한곳에 모으다. 집중하다. 주입하다. 흐르다.

507) 完固(완고) : 완전하고 견고하다. ◦不肯(불긍) : (기꺼이) ~하려고 하지 않다. ◦干死(간사) : 말라 죽다.

508) 嵯峨(차아) : 높고 험하다. ◦麄(추) : 거칠다. ☞ 粗 이체 犓(추), 麁(추):麤(추)의 俗字, 麄(추):麤의 俗字 麤(추) : 굵다. 크다. 대충. 조잡하다. 엉성하다. 거칠다.

509) 溜(류) : 급류(急流). (물방울이) 떨어지다. 흐르다, 흘러내리다.

510) 枯涸(고학) : 다 써버리다. 고갈하다. ◦枯(고) : (꽃·잎 따위가) 시들다. 생기가 없다☞ 蔭(음) : 우거지다. 번성함. ☞ 枯槁(고고) : 시들다. 말라비틀어지다.

(膚脈)이 살아나지 못하므로 이에 병이 생기는 것이다. 땅에서는 용신(龍神)이 시들시들하여[枯悴;고췌] 기맥(氣脈)이 허약(虛弱)하므로 이러한 모양이 된다.

장자미(張子微)가 이르길 '장사를 지내면[播塟:천장] 묘지에 기(氣)가 모이지 않아[不注:부주] 쇠약하여 절손(絶孫)하고[衰絕:쇠절] 가업을 지키기 어렵다.' 고 하였다. 《옥봉보저(玉峰寶傳)》에 이르길 '산에는 바위[石骨:석골]와 잡석, 모래가 섞인 땅(자갈)[沙骨:사골]이 있다.' 고 하였다.

바위산(石骨之山)은 기맥(氣脈)이 단단하고 견고하여[完固:완고] 기꺼이 기를 누설하지 않으려고 하나, 뒤섞여 있는 상태[渾渾沌沌;혼혼돈돈]로 초목이 살지 못하고 동산(童山)이 아니어도 뿌리를 내리고[根著:근저] 서지 못하기 때문이다. 이러한 용에 만약 성신(星辰)이 생겨 토혈(土穴)이 되면 반드시 연하고 사랑스럽고[脆巧;취교] 용의 모양이 맑고 빼어나[清秀] 태어나는 사람이 반드시 순박하고 성실하고[渾厚;혼후] 침착하여[沈密:침밀] 굳세고 단단하게 견뎌[禁耐:금내] 부(富)가 반드시 왕성하고 귀(貴)는 반드시 나타나 자손(子孫) 역시 반드시 면원(綿遠) 한다.

사골산(沙骨之山)은 본래[本是] 기맥(氣脈)이 고갈(枯竭)되어 융결(融結)할 수 없어 혈을 맺을 수 없다. 단단하여[堅:견]도 돌이 되지 않고 조각이 되어[疏;소]도 흙이 되지 못하기 때문에 흩어지면 사력(沙礫)이 되었는데, 혹 백색이 되거나 흑색이 되어, 사람이 맥이 없는 것과 같고 혈(血)에 살이 없는 것과 같아 그래서[所以:소이] 초목(草木)이 살지 못한다. 다만 누런 띠풀[黃茅:황모]이 봄에 살고 여름에 마르고[枯:고] 가을에 누렇고 겨울에 죽고 그 사이에 미사(麋沙)와 쇄석(碎石)있어 열매[為子:위자]를 까마귀가 부리로 쪼으면[鳥啄;조탁] 잠시 작은 나무[小木]가 지척(咫尺)에 살지만 충만하지 못하여 마침내 죽는다. 이 용(龍)은 본래[定是] 봉우리[星辰:성신]가 붙어있지 않으나 산세가 높고 험하여[嵯峨;차아] 거친 혈[麄穴:추혈]이 생겨서 이루어진다. 앞에 사력(沙礫)이 가득하고 샘이 흘러내려 돌이 습하고 태어나는 사람은 반드시 못생기고 어리석으며[庸醜;용추] 우매하고 완고하여[愚頑:우완] 가르치기도 어렵다. 재산[富:부]으로 반드시 몹시 힘들고 고생스럽고[必險:필험], 벼슬[貴]은 반드시 적으며[微:미] 부인(婦人)은 난산(難產)하고 재물(財物)이 점차 흩어지다[耗散;모산]. 고갈[枯涸;고학]이 심하면 물을 대어 무성하게[蔭

注;음주] 할 수 없어 초목이 바싹 시드는 것[枯槁;고고]과 같이[若:약] 반드시 후계자가 끊기는 것[絶嗣:절사]과 같다.

按：《寶傳》此論沙骨之地，其結穴必是穴星疙頭，主尸乾骨枯而不可塟。子微又有玄武憔悴，玄武涸燥之說。要之，皆沙石之地，草茅疏黃，無生意而涸枯耳。宋儒謂「擇其地之美者則神靈安。」何為地之美？亦以土肉深厚、草木之茂盛為驗而已矣[511]。

살펴보니[按]
《보전(寶傳)》에 여기서 사골(沙骨)의 자리를 논한 것은 결혈은 반드시 혈성(穴星)이 흘두(疙頭)로 주로 시신이 말라[屍乾:시건] 뼈는 생기가 없어[骨枯:골고] 하장할 수 없다. 장자미[張子微]는 또 '현무(玄武)가 까칠하다[憔悴;초췌]' 고 하였다. 현무학조(玄武涸燥)설은 한마디로 말하면[要之] 모두 사석(沙石)의 땅이다. 잡초와 띠[草茅:모초]는 유황(疏黃)으로 산다고 생각하지[生意] 않고 바싹 마른[涸枯;학고] 뿐이다. 송유(宋儒)가 이르길 ' 그 땅의 아름다운 곳을 택하면 신령(神靈)이 편안하다.' 고 하였다. 어찌 아름다운 것으로 삼았는 가 ? 또 토육(土肉)이 깊고 두터우면[深厚:심후] 초목(草木)이 무성(茂盛)한 증거가 될 뿐이다.

제12절 산만(散漫)[512]

☞ 물길이 사(砂)를 따라 배반하거나 각기 다른 방향으로 흩어져 생기를 모으지 못한다.

散漫者，懶坦闊蕩也。凡立穴，貴其收斂[513]束聚，忌其散漫。若穴場懶坦闊

511) 而已矣(이이의) : ~일 뿐이다.
512) <보충설명>
산만(散漫)은 혈 주변의 사격이 혈을 보호하지 않고 비주(飛走)하는 모양이고, 명당으로 모이는 물이 혈을 감싸지 못하고 사격을 따라 배반(背反)하거나 각기 다른 방향으로 흩어져 생기가 모이지 않는 흉지(凶地) 이다.

蕩，而無界水，又無突窩，則無融結。於此下之，主黃腫貧困，漸以絕人，不可不愼。

산만(散漫)이란 변화 없이 평탄하고[懶坦:나탄] 넓은 모양[闊蕩;활탕]이다. 무릇 혈을 정하는 것[立穴]은 수축하여 기를 묶어[束氣:속기] 모이는 것을 귀하게 여기고 혈장은 산만(散漫)한 것을 꺼린다.

만약 혈장(穴場)이 변화 없이 평탄하고 넓은 모양[懶坦闊蕩:나탄활탕]이면 물을 경계를 이루지 못하고 또 와(窩)나 돌(突)이 없으면 융결(融結)이 되지 않는다. 이러한 곳에 하장하면 주로 황종(黃腫;구충증)과 빈곤하여[貧困] 점차로[漸以] 사람이 끊어지니 신중하지 않을 수 없다.

제13절 유냉(幽冷)

幽冷者，陰幽寒冷之地也。主養尸[514]不壞，雖百年餘，開棺如生，而不改色，皮膚瑩嫩。露風之後，始變色也。大凡養尸之地，乃是龍無真脈，山無正穴，而荎處脫脈無氣，只是四山高障，不受風吹[515]，此乃陰寒淒冷，故能養尸。子微云「四向山高形穴壯，古木萬仞開高枝。龍虎交牙內深邃[516]，山無正穴勉強[517]為」是也。或難予曰：人子求地所以安親。今乃有地養尸，百年不壞，容顏如生，何吉如之？顧乃棄此而欲易腐易朽之穴，俾親體之速腐，冀富貴於生人，豈孝子之心哉！答曰：非此之謂也。萬物同歸於化，安有不化之理？彼養尸不化者，乃至陰極寒之地，如北人藏冰，乃苦寒之地，故水不化。南方無苦寒，則水易化而不能藏也。古人殯[518]妃，以水銀灌入尸中，亦久而不化。乃以水銀至冷養尸，故不

513) 收斂(수렴) : 돈을 추렴하여 모아 거둠. 방탕(放蕩)한 사람이 심신(心身)을 다잡음. 거두어 옴츠림. 수축(收縮)함.

514) 養尸(양시) : 혈지에 모래나 돌이 섞여 있고 나무나 풀이 나지 않으며 어둡침침하고 냉기가 감도는 곳 ☞ 壞(양) : 나쁘다. (성품·품질이) 나쁘다. 상하다.

515) 風吹(풍취) : 바람을 맞다(받다). ☞養(양) : 오래 살게 하다.
☞萬仞(만인) : 매우 높거나 대단함

516) 深邃(심수) : 깊다. 심오하다 ☞ 邃(수) : 깊다. 심오(深奧)하다. 멀다.

517) 勉强(면강) : 간신히. 마지못하다. 강요하다 ☞ 冀(기) : 바라다. 하고자 하다

518) 殯(빈) : 영구(靈柩)를 안치하다. 매장하다. ☞ 感召(감소) : 감화(를 받다).

化耳。今養尸之地，冷氣侵尸，尸雖不化，而魂骸不寧，豈人子安親之心哉！且感召生人，不生子嗣，或生而不育，漸至絕嗣，又豈人子孝親之心哉！《葬書》謂枯骸得氣者，乃地脈沖和[519]之生氣，非至陰之冷氣也。得生氣則暖，暖則腐肉易化，而骨骸久存，遺體亦因之以蔭，嗣續蕃昌，祭祀不替，大孝在是矣。

유냉(幽冷)이란 그늘지고[陰] 어둡고[幽] 몹시 차가운 땅[寒冷之地:한랭지지]으로 주로 어둠침침하고 냉기가 감도는 곳[養尸;양시]으로 시신이 썩지[壞;양] 않는다. 비록 백여 년 만에 관을 열었더라도[開棺:개관] 산사람 같아[如生] 피부(皮膚)색이 밝고 부드러워[瑩嫩;영눈] 변하지 않으나 바람에 노출 후에 비로소 색이 변한다. 대체로 보아[大凡:대범] 양시(養尸)의 땅은 곧 용(龍)에 진맥(真脈)이 없어 산(山)에 바른 혈[正穴]도 없고 매장한 터[葬處]는 맥을 벗어나 기가 없다. 다만 사산(四山)이 높이 막아[高障:고장] 바람을 받지[風吹;풍취] 않아 이는 곧 그늘지고 차가워[陰寒:음한] 써늘하므로[淒冷;처냉] 시신을 오랫동안 유지할 수 있다[養尸]. 장자미[張子微]가 이르길 '사방에서 향하는 산이 높고 혈형[形穴]이 웅장하고 고목(古木)이 매우 높아[萬仞:만인] 높은 지각[高枝]이 개구(開口)하니 용호(龍虎)가 교아(交牙)하여 내부가 깊어[深邃:심수] 산(山)에는 정혈이 없으나 억지로[勉強:면강] 혈로 삼는다.' 는 것이다. 혹 난여(難予)가 이르길 ' 사람의 아들이 찾는 땅은 소이(所以) 어버이를 편안하게 하거늘 현재 양시지[地養尸]는 백년(百年)이 지나도 썩지 않고[不壞:불양] 용안(容顏)이 살아있는 사람과 같다면 어찌 좋은가?

도리어[顧:고] 이러한 자리를 버리고 쉽게 부패하고 쉽게 썩기를 바라는 혈에 좇아[옮겨;俾(비)] 어버이의 시체가 빨리 부패하여 살아있는 사람에게 부귀를 바라는 것[冀;기]이 어찌 효자(孝子)의 마음인가! 하며

답(答)에 이르길 '이것을 말하는 것은 아니다. 만물이 변화하는 것[化]에 있어서는[於] 같은 목적지에 이른다[同歸:동귀]. 어찌 변화하지 않는[不化] 이치가 있겠는가? 그것 양시(養尸)의 땅에서는 변화하지 않는 것[冷屍:냉시]은 곧 그늘지고 지극히 추운[陰極寒:음극한] 땅이기 때문이다. 사람을 찬 곳에 버리는 것과 같이 곧 몹시 추운[苦寒:고한] 땅이므로 물로 변하지 않고 남방(南方)에서는 매우 춥지 않아 물은 쉽게 변하여 냉장(冷藏)할 수 없다. 옛 사람이 배우자(配偶者)[妃;

519) 沖和(충화) : 부드럽게 조화(調和)함.

비]를 매장할 때[殯;빈] 수은(水銀)을 시신 속[尸中]에 부어 넣어[灌入] 또한 오랫동안 썩지 않게 하는 것은 수은(水銀)으로 시신을
차갑게 하여 오랫동안 유지하므로[至冷養尸:지냉양시] 시신을 분해하지 못하여 썩지 않게 하는 것이다. 현재 시신을 오랫동안 유지하는 땅은 냉기(冷氣)가 시신을 침범하여[侵尸] 시신[尸:시]이 비록 변화하지 않아 (시신이) 썩지 못하면 유골의 넋[魂骸;혼해]이 편안하지 못한데 어찌 아들은 어버이를 편안하게 하는[安親:안친] 마음인가! 또 살아있는 사람이 감화를 받아 자손이 대를 잇지 못하거나 혹 아이를 낳을 지라도 키우지 못하고 점차로 절사(絶嗣)하고 또 어찌 사람의 아들로 어버이를 섬기고 공경하는[孝親:효친] 마음인가!

《장서(葬書)》에 이르길 '백골[枯骸;고해]이 기를 얻은 것[得氣者]은 곧 지맥(地脈)이 조화를 이루어[沖和:충화] 기(氣)가 생기고 응달에서 생긴 냉기(冷氣)가 아니라 생기(生氣)를 얻으면 따뜻하고, 따뜻하면 육신을 쉽게 썩게 하고 해골[骨骸]은 오랫동안 보존된다. 유체(遺體) 또한 유체로 인하여[因之:인지] 음덕을 받아[以蔭:이음] 이 음덕[蔭:음]으로 인하여 대를 이어[嗣續:사속] 번창(蕃昌)하여 제사(祭祀)도 끊기이지 않아 지극한 효도[大孝]가 바로 이것에 있다.

제14절 첨세(尖細)

尖細者，當穴處尖銳微細也。董氏云：「槍頭莫下，鼠尾休扦。「以其尖細微弱，生氣不鍾故耳。卻有大山撒落坪坡，氣聚尖頭者，要尖處起突，複有鉗口，有包裹方可。

첨세(尖細)이란 당혈처(當穴處) 끝이 날카롭고[尖銳:첨세] 가는 것[微細:미세]이다. 동씨(董氏)가 이르길 '창끝[槍頭;창두]에 하장하지 말고 서미(鼠尾)에 천장하지 마라' 고 하였다. 당혈처가 첨세(尖細; 가늘고 뾰족하다)하고 미약(微弱)하여 생기(生氣)가 모이지 않기 때문일 뿐이다. 그러나[卻;각] 대산(大山)에서 평파(坪坡)에 떨어지면[撒落:살락] 기(氣)가 첨두(尖頭)에 모이는데 반드시 뾰족한 곳[尖處]에 돌이 솟아[起突:기돌] 다시 겸(鉗)이 개구하여 속에 혈을 안아주면 비로소 하장할 수 있다.

제15절 탕연(蕩軟) cf)생기가 있는 땅은 단단하고 양명하다.

蕩軟者，當穴處塌闊蕩[520]曠，軟如牛皮懶坦者是也。立穴處宜束聚，束聚則有生氣。忌其蕩軟，蕩軟則是死[521]塊，不可扦穴。平地最忌，若悞下之，主水浸尸骨，家厄消耗，人丁乏絕[522]，至為[523]凶惡，不可不慎。若平中有突，或平中開鉗口[524]，又是散中有聚，不以此論。

탕연(蕩軟)이란 당혈처(當穴處)가 낮고[塌:탑] 변화가 없는 들판[曠 :광] 모양으로 (기를)거두지 못하고 부드러워[軟:연] 소가죽과 같이 변화가 없이 평탄한 것[懶坦;나탄]이다. 입혈처(立穴處)는 마땅히 기를 묶어 모여야 하고[束聚;束氣], 속기[束氣]하여 기가 모이면 생기(生氣)가 있다. 꺼리는 것은 혈처가 넓고 무른 것[蕩軟]이며, 탕연(蕩軟)하면 생기가 없는[死:사] 흙덩어리[塊:괴]로 혈을 천장할 수 없고, 평지에서 가장 꺼린다.

만약 잘못 하장하여 물이 유골을 침범하면[임두수(淋頭水)와 유사함] 집안에 액운[家厄:가액]이 기를 소모하여[消耗;소모] 매우 흉악(凶惡)하여 인정(人丁)이 끊어져[乏絕;핍절] 신중하지 않을 수 없다. 만약 평평한 가운데 돌(突)이 있어 혹 평평한 가운데 개구를 하였다면 또 이는 흩어진 가운데 모였으니 이것을 논할 수 없다.

제16절 완경(頑硬) : 直龍(직경)/死龍同(사용동)

☞硬(경) : 딱딱하다.단단하다.굳세다. 頑(완) : 단단하다. 무디다.

頑硬者，山形死直，不活動而粗頑急硬也。凡立穴處，貴其活動宛媚，忌其粗頑急硬。蓋此等頑硬，非峻直即多倒地直[525]急之山，本無融結，不可立穴。若不

520) 闊蕩無收並懶坦(활탕무수병나탄) : 활탕하면 변화가 없어 기를 거둘 수 없다.
521) 死(사) : 고정되다. 움직이지 않다. 생기가 없다. 유연성이 없다.
522) 乏絕(핍절) : 결핍해서 없어지다.➔ 乏(핍) : 모자라다. 絕(절) : 끊다. 끊어지다.
523) 至爲(지위) : 크게 ~하다.
524) 鉗口(겸구) : 입을 다물고 말하지 않다. 입을 틀어막다. 말을 감히 못하게 하다.
525) 直(직) : 향하다. 곧. 즉시. 똑바로. ☞ 避忌(피기) : 싫어서 피(避)함.

知[526], 而強於頑急處鑿穴, 凶禍立至。若果龍真, 宜尋其開鉗窩, 有節泡處, 或低平處, 有氈有唇, 則下倚粘[527]之穴, 以脫閃[528]煞氣方可。如無窩鉗節泡等形, 則非真結, 不可顧也。

완경(頑硬)이란 산 모양[山形](龍脈)이 죽은 것처럼 곧고[死直:사직] 변화가 없어 생기가 없고[불活動] 거칠고 무디고[粗頑:조완] 급하며 단단한 것이다[急硬:급경]. 무릇 입혈처(立穴處)는 변화하여 움직이고 온화하고 예쁜 것[宛媚:완미]을 귀하게 여기고, 꺼리는 것은 조완급경(粗頑急硬)한 것이다.
대개 이들[此等;차등]의 완경(頑硬)이란 가파르고 곧은 것[峻直:준직]이 아니고 대부분 도지(倒地)하여 급한 산[急之山]으로 본래 융결함[融結]이 없어 입혈(立穴)을 할 수 없다. 만약 꺼려서 피하는 것을 모르고[不知避忌:부지피기] 억지로[強] 완급처(頑急處) 혈을 굴착하여[鑿穴:굴혈] (하장하면) 흉화(凶禍) 곧[立] 온다. 만약[若果;약과] 진룡(龍真)이면 마땅히 볼록하게 솟은 곳[節泡:절포]에 있는 곳에 와겸(鉗窩)을 개구한 것을 찾아 혹 낮고 평평한 곳이 전(氈)이 있거나 순(唇)이 있으면 의·점(倚粘)의 법으로 혈을 하장하여 용신의 살기를 피하야[以脫閃:이탈섬] 비로소 하장할 수 있다. 절포(節泡) 등에 와겸(窩鉗)이 없으면 참된 맺힘이 없어 돌아볼 필요가 없다.

제17절 참암(巉岩)

巉岩者, 臨[529]穴處石出崢嶸[530], 而巉岩可畏也。《葬書》云:「氣以土聚, 而

526) 不知[부지] : 모르다 . 알지 못하다.
527) 와겸(窩鉗)의 법은 반드시 의점(倚粘)에 써야 한다 (葬窩鉗之法必用倚粘). /의(倚)란 측방(偏)으로 붙어서 붙여서 취한다는 뜻으로 혈성이 직맥으로 완강하거나 암석이 돌출하면 정맥에 천장하지 못하고 직맥의 옆에 작은 방맥(旁脈)이 있으면 측맥에 천장할 때 장법을 의법이라 한다. /점(粘)은 이어져 내린다는 뜻으로 맥이 웅장하고 급하여 각하(脚下)에 혈훈(穴暈)이 있으면 점법(粘法)을 사용한다. 낮은 곳에는 천광 즉. 깊이 파서 하관하게 되므로 물이 날것을 염려해야 한다.
528) 脫閃[(탈섬) : 몸을 옆으로 피하다. 몸을 비켜 피하다.
529) 臨(림) : 이르다. 오다. 그 장소에 나아가다.(어떤 장소에) 임하다. 면(面)하다. 향하다.조우(遭遇)하다.

石山不葬。」吳公云：「石為[531]山骨欲其藏，切忌粗雄與惡昂。」凡立穴處，宜皮面光彩，忌惡石巉岩。若不知避此而悞下之，主凶惡殺戮，軍賊[532]爭鬥之禍。亦有大龍氣盛，結穴星辰有石磷磷，卻穴間不見其巉岩可畏之形，而為石山土穴者，又是好地，不以此拘。如茅狀元地在杭州西湖者，進賢樊氏、莆田蕭氏諸地，是其格也。圖具下。

참암(巉岩)이란 혈처(穴處)에 이르러 돌이 있고 산세(山勢)가 높고 험준한 모양[崢嶸;쟁영]으로 참암(巉岩)하여 두려워할 만하다[可畏:가외].

《장서(葬書)》에 이르길 '기(氣)는 흙에 모여 석산에서는 매장할 수 없다.' 고 하였다. 오공(吳公)이 이르길 '바위는 산의 뼈[山骨:산골]로 감춰지길 바라고[欲其藏:욕기장], 거칠고 웅장하고 바르지 못하고 높아 꺼린다.' 고 하였다.[『地理啖蔗录』 卷八 雜設二] 무릇 입혈처(立穴處)는 마땅히 표면(表面)[皮面]이 광채(光彩)가 나야하고 , 거친 바위[惡石:악석]로 깎아지른 듯이 우뚝 선 바위[巉岩;참암]을 꺼린다. 만약 이를 피할 줄 모르고[不知避:부지피] 잘못 하장하면[悞下;오장] 흉악하여[凶惡;흉악] 살육(殺戮)을 하고, 패전병으로 싸우다 도망[軍賊]가는[軍賊:군적] 화(禍)가 있다. 또 큰 용은 기(氣)가 왕성(旺盛)하여 혈을 맺고, 성신(星辰)이 험한 모양[磷磷;린린] 바위는 오히려[卻;각] 혈의 공간[穴間]에서는 참암한 것[巉岩:참암]이 보이지 않으나 두려워할 만한 모양이고 석산(石山)에 토혈(土穴)이 있으면 또 좋은 자리로 이것에 구애받지 않는다[不以拘:불이구]. 가령 모(茅) 장원지(狀元地)가 항주서원(杭州西湖)에 있다. 진현(進賢) 번씨(樊氏)、포전(莆田) 소씨(蕭氏) 등 여러 자리가 바로 그것이다. 그림은 아래에 있다.

530) 崢嶸(쟁영) : 산세(山勢)가 높고 험준한 모양◦ 崢(쟁) : 가파르다. ◦ 嶸(영) : 가파르다.

531) 爲: (주로 '以~爲~'로 쓰여) ~로[라고] 생각하다[여기다]. ~으로 삼다. ~은[이]~이다. ~이 되다.

532) 軍賊(군적) : 전투에서 패해 도주하거나 투항한 자들을 군적(軍賊)이라 한다.
◦ 爭鬥(쟁투) : 다투다. 싸우다.

右地在進賢，地名斬嶺。其龍自前嶺作祖，辭樓下殿，踊躍[533]奔騰十餘里，頓起斬嶺，成御屏聳立。抽出結有數穴，皆共一局，俱逆水面河而用順纏關繞。其盡結者為樊氏祖地，俗呼獅形鈴下穴，太陽金星開口。穴星巨石巉岩，可警可畏，正當穴上，不入俗眼。此乃幹龍大盡，傍在大河，正要石曜發露，方為真結。故樊氏葬後，連發六科，富貴旺盛。其首結者，為齊氏祖地，托長老下，俗稱百子千孫地，自御屏中落，垂乳結穴，龍虎彎抱有情，穴前餘氣長，故人丁旺。出一大參，富貴雙全。其[534]徐氏、王氏、李氏，皆為吉地，悉發科第。蓋由幹龍力大，而依傍大河，龍盡氣鍾故爾[535]。

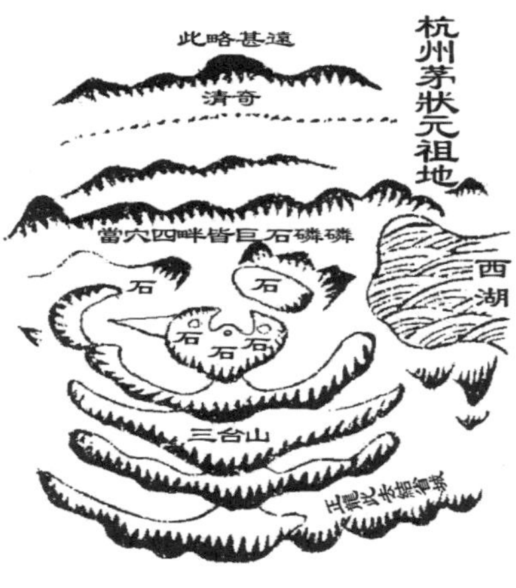

<그림 1-114 > 항주모장원조지
(杭州茅將元祖地)

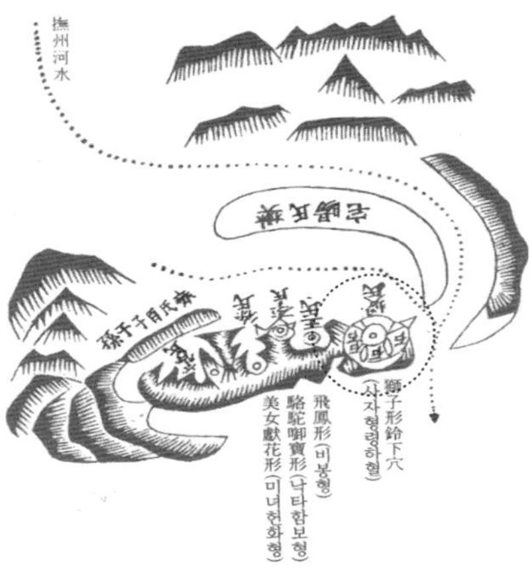

<그림 1-115 > 지현현반씨 조지
(進賢縣樊氏祖

<그림 1-115>의 자리는 진현(進賢)에 있으며, 지명(地名)은 참령(斬嶺)이다. 참령의 용은 전령(前嶺)에서 조산과 사루하전(辭樓下殿)을 만들고 십 여리를 뛰고 질주하여[踊躍奔騰:용약분등] 봉우리를 일으켜[頓起:돈기] 참령(斬嶺)에 솟아[聳立:용립] 어병(御屏)을 만들고 추출(抽出)하여 여러 혈을 결작[結有]하여 모두 함께 하나의 국(局)에 있다. 모두 역수(逆水)로 하천을 마주하여

533) 踊躍(용약) : 좋아서 뛰다. 껑충껑충 뛰다. 펄쩍 뛰어오르다. ☞奔騰(분등) : 용솟음치다. 뛰어오르다. ◦분(奔): 곧장 나아가다. ~을 향하여 ◦騰(등) : 지나가다. 달리다. 질주하다. 오르다. ☞ 俗呼(속호) : 일반적으로 ~라고 하다.

534) 其他 : 기타. ◦依傍(의방) : 의지하다. (예술·학문·문장을) 모방하다. 끼다.

535) 故爾(고이) : 그러므로. 때문이다.

이어받아 막아 에워싸 요포(繞包)한다. 용이 끝나 이루어진 곳[者]이 번씨(樊氏)의 조지(祖地)이다. 일반적으로 사형(獅形;사자형국)의 영하혈(鈴下穴;혈 아래에 가리는 휘장)이라 한다. 태양금성(太陽金星)이 개구(開口)하였으며, 혈성(穴星)이 큰 바위[巨石:거석]로 참암(巉岩)하여 가히 놀라고 두려워할 만하다[可畏:가외]. 마땅히 앞에 혈상(穴上)을 마주하면 속안(俗眼)에는 들지 않으나 이곳은 간룡(幹龍)이 크게 머무는 곳[大盡:대진]이며 옆에 대하(大河)가 있어 석요(石曜)가 드러나야[發露:발로] 비로소 진결(真結)된다.

그러므로 번씨(樊氏)를 장사 한 후[葬後]에 연속하여[連:련] 6과(六科)에 오르고[發] 부귀(富貴)가 왕성하였다. 그 외[其] 맨 먼저 혈을 맺은 것은 제씨(齊氏)의 조지(祖地)이다. 탁장노(托長老)가 하장 하였고, 속칭(俗稱) 백자천손(百子千孫)의 자리이라 한다. 어병(御屏)에서 중간에 낙맥하여[中落] 드리워 유혈을 맺었다. 용호(龍虎) 굽어 안아[彎抱:만포] 유정(有情)하다. 혈 앞에 여기(餘氣:石曜)가 길하므로 인정이 왕성하다. 대참(大参) 일인이 태어나고 부귀(富貴) 쌍전(雙全)하였다. 그 외에 여씨(徐氏)、왕씨(王氏)、이씨(李氏)의 묘는 모두 길지(吉地)이다. 모두[悉;실] 과거[科第]에 합격하였다. 대개 간룡(幹龍)이기 때문에 역량이 크나 대하(大河)에 의지하여 용진처[龍盡]에 기(氣가) 모이기 때문이다[故爾:고이].

地在莆山縣東南八十里。其龍來歷甚遠。至於海濱，盤旋踊躍，千形萬態，活變叵測[536)]。巨石岩岩[537)]，可警可愕。將入首，繞折側落，偷閃[538)]結穴。穴下開鉗明白，左右揜抱有情。近面石峰卓立為朝，挺然端拱。四勢周密，藏聚可愛。海濱之地，易於受風，最忌空曠。此穴如坐室中，斯所以為美也。蕭氏葬後，出燕山公奇勛，登嘉靖癸丑進士，官南京戶部員外，所至有聲。其弟曰奇熊，見任州守。曰奇烋，理學雋才。人文濟濟，富貴隆盛。一門百口，和義藹然，六世同居，今上旌表[539)]之。

536) 叵測(파측) : 헤아릴 수 없다. 추측할 수 없다. ◦叵(파) : 불가하다. 어렵다.
537) 岩岩(암암) : 암석을 높이 쌓아올린 모양. 산이 높은 모양. 험준하다. cf)巉巖(참암)
538) 偷(투) : 남몰래. 가만히. 살짝. 이체 媮(투) ➔ 閃(섬) : 갑자기 나타나다.
539) 旌表(정표) 옛날, 정문(旌門)을 세우거나 편액을 달아 선행·미덕이 있는 사람을 표창하다. 착한 행실을 세상에 널리 드러내어 알림.

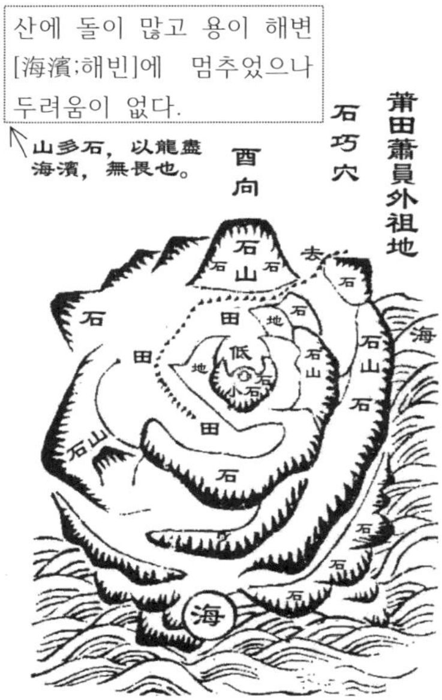

< 그림 1-116 >포전소원외조지
(蒲田蕭員外祖地)

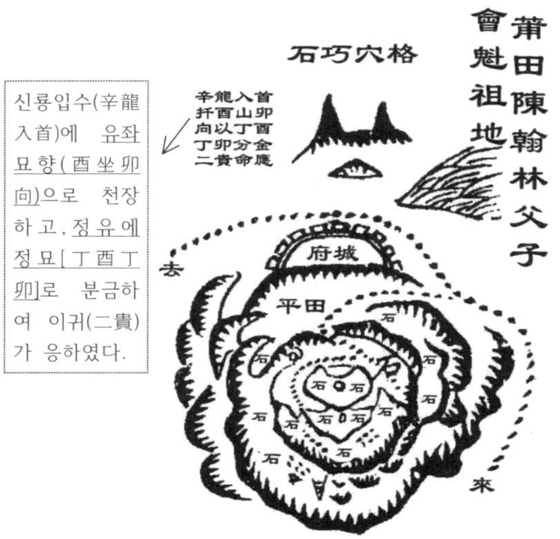

< 그림1-117 > 포전진한림부자회괴조지
(蒲田陳翰林父子會魁祖地)

<그림1-116>의 자리는 포전현(莆山縣) 동남(東南) 80리(里)에 있으며, 그 용의 내력(來歷)이 심히 멀어 다 기술할 수 없다. 해변(海濱)에 이르러 빙빙 돌아 구부러져[盤旋;반선] 달려가[踊躍;용약] 갖가지 형태[千形萬態:천형만태]로 활기차게 변화하여 추측할 수 없다[叵測:파측]. 큰 돌은 험하여[岩岩:암암] 두려워[警:경] 놀랄 수 있다[愕;악]. 입수할 즈음[將]에 측으로 낙하하여 꺾어 감싸[繞折:요절] 갑자기 나타나[偷閃;투섬] 혈을 맺었다.

혈 아래에 명백하게 겸(鉗)을 개구(開口)하여 좌우(左右)가 환포하여[掬抱;국포] 유정하다. 가까이서 향하는[面] 석봉(石峰)이 탁립(卓立)하여 조산(朝山)이 되었다. 빼어나고[挺然;정연] 단정하게 공읍하여[端拱;단공] 사세(四勢)가 주밀(周密)하여 생기를 가두어 모여[藏聚:장취] 사랑스럽다[可愛]. 해변[海濱]의 자리는 바람을 받기 쉬우므로 가장 꺼리는 것은 아주 넓은 것[空曠]이다. 이 혈은 방안에 앉아있는 것 같이 모두[斯:사] 좋기 때문이다. 소씨(蕭氏)를 장사한 후에 연산(燕山) 공(公) 기훈(奇勋)이 태어나 가정(嘉靖) 계

축(癸丑)년(1,533년)에 진사(進士)에 올라 벼슬[官]은 남경(南京) 호부원외(戶部員外)를 지냈으며 지극히 명성이 높았다. 그의 아우 기웅(奇熊)은 현재 주수(州守)에 임명되었고 기휴(奇烋)는 이학(理學)의 준재(儁才;재능이 있는 사람)로 인문(人文)이 위엄이 있는 모양[濟濟;제제]이고 부귀(富貴)가 융성(隆盛)하여 한집안[一門]에 많은 가족[百口:백구]이 화목[和義:화의]하고 온화하다[藹然;애연]. 6세[六世]가 동거하였으며 지금까지도 상기 내용을 알린다.

右地在莆田城西三里。其龍分府幹旺氣，來歷甚遠。自三紫磅礴[540]綿亘數百里，盤旋融會，氣勢雄偉，千形萬狀，不可殫述。將入局，開帳巍峨[541]，蓊[542]嵸層疊。正脈自帳中棲閃逶迤，莫可捉摸[543]。入首結垂頭紫氣[544]穴。穴前平坦，左右擁從。而府龍逆抱，以作下關，收盡諸山諸水，十分有力。前朝雙峰秀入雲霄，真美地也。但滿山巨石林立，不入俗眼。卻登穴不見，所以為美。系辛龍入首，扦酉山卯向。以丁酉、丁卯分金。葬後出石溪公言，丁卯生，登鄉會二魁，官郎中。子肅庵公經邦，丁酉生，登鄉會二魁，入翰林，見任太子賓客、禮部侍郎，福祉未艾。

< 그림1-117 >의 자리는 포전성(莆田城) 서(西) 3리(里)에 있으며 그 용이 부간(府幹)의 왕기(旺氣)를 나누어 온 내력(來歷)이 심히 멀어 상세하게 기술할 수 없다. 삼자(三紫)에서 울퉁불퉁한 돌산[磅礴;방박]이 수백 리를 길게 뻗쳐 이어져[綿亘:면긍] 빙빙 돌아 구부러져[盤旋;반선] 하나로 모여[融會] 기세(氣勢)가 우람하고[雄偉;웅위] 온갖 모양과 천의 형상[千形萬狀:천형만상]을 두루 기술할 수 없다. 입국할 즈음[將]에 개장(開帳)하여 우뚝 솟아[巍峨;외아] 산의 모양[蓊嵸;옹종]이 여러 층(層)으로 겹겹이 쌓여[層疊;층첩] 정맥

540) 磅礴(방박) : 울퉁불퉁한 돌산. (기세가)성대(盛大)한 모양 .가득하다. 크고 단단한 모양. 우뚝 솟다. 섞어서 하나로 만듦 .가득차서 막히고 가득히 널리 덮혀 있음.
☞ 殫(탄) : 다하다. 쓰러지다. 두루

541) 巍峨(외아) : 산·건물이 높고 큰 모양. 우뚝 솟은 모양

542) 蓊(옹) : 산(山)의 이름. 산(山)의 모양. 많은 봉우리가 솟아 있는 모양 ☞嵸(종) : 산(山)이 홀로 우뚝하다. 산봉우리가 우뚝 솟다.

543) 捉摸(착모) : 추측하다. 짐작하다. 헤아리다. [주로 부정문에 쓰임]
☞莫可(막가) : ~할 수가 없다.

544) 紫氣貪狼星 ☞ 貪狼:紫氣 ☞ 作(작) : (어떤 모양을) 나타내다.

(正脈)이 장막 가운데[帳中]에서 갑자기 나타나[棲閃:서섬] 위이(逶迤)하여 추측할[捉摸:착모] 수 없다[莫可;막가]. 입수(入首)하여 수두(垂頭)하여 자기목성[紫氣;貪狼(탐랑)]에 혈(穴)을 맺었다. 혈 앞이 평탄(平坦)하고 좌우(左右)에서 따라와 호위하여[擁從:호종]하고 부성(府城)의 용(龍)이 역포(逆抱)하고 하관(下關)하여 제산(諸山)제수(諸水)를 모두 거두어 매우[十分] 힘이 있다.

전조(前朝)에 쌍봉(雙峰)이 빼어나 하늘[雲霄;운소]에 들어가니 진실로 아름다운 자리이다. 다만 만산(滿山)에 거석(巨石)이 숲처럼 빽빽이 늘어서[林立;임입] 속안(俗眼)에는 들지 않는다. 그러나[卻;각] 혈에 올라가서는 보이지 않기 때문에 아름답다. 신룡(辛龍)의 뒤를 이어 입수를 하여 유좌묘향[酉山卯向]으로 천장하여 정유(丁酉)에 정묘(丁卯)로 분금을 하였다. 장사를 한 후에 석계공(石溪公)이 태어나 정묘생(丁卯生)으로 향회(鄕會)에서 이괴(二魁)에 올랐고, 벼슬[官]이 낭중(郎中) 이었다고 하였다. 아들 숙암공(肅庵公) 경방(經邦)은 정유생(丁酉生)으로 향회(鄕會)에서 이괴(二魁)에 올랐고, 한림(翰林)에 벼슬하였고 현재 태자빈객(太子賓客)으로 지냈고、예부시랑(禮部侍郎)이 되었다, 복지가 끝이 없다.

右地在杭州月波門外，西湖裏面。（將軍大座形）其龍即三天竺發出，頓起大帳，重重開肩展翅545)。中出骨脈清奇546)，星辰秀異，有剝有換。至入首作穴，成帶福金星。前對南高峰，到此又是五鳳樓台作正案。但就547)身右沙攛548)入明堂，而左沙系下手反輕，故其穴下數墓皆不吉，惟張氏祖地揭上作天穴，即四獸和平。石巧穴乃自飛來峰出脈，落平地一線，複起高墩做穴，頂龍順局。二水交於穴前，九曲出口，注于西湖。穴中不見湖水，但見南北二高峰列於左右。其後龍石骨巉岩數里，頓起一山，內皆空洞如石屋，四門明朗，入內可容百數十人設坐。四邊垂四柱，石紋與地不相聯屬549)，故號飛來峰。儁有鉗云：「天上飛來人

545) 展翅(전시) : 날개를 펼치다 ➜ 螺螄(나사) : 우렁이
546) 清奇(청기) : (속됨이 없이) 유다르게 아름답다. 아주 훌륭하다. cf) 대복문성(帶福文星)은 일자문성(一子文星)이라고도 하는데 산의 정상이 일자고 평평한 모양
547) 就(취) : 곧 .다가붙다. 다가가다. 가까이하다. 곁에 다가서다. 접근하다.
548) 攛(찬) : 일을 다그치다. 급히 서둘러서하다. 내던지다. 섞다.
549) 联属(연속) : 관련(이 있다). 체인처럼 연결되어 있다. 연쇄 관계(가 있다)

不識，良珠萬斛藏頑石。有人下得肉中穴，生者封侯死廟食。」張氏遇明師點土墩[550]穴，取螺螄吐肉形，以石洞山為螺殼，而土墩為螺肉，吐於外，故云「肉中穴」。葬後出元洲公澣，登進士，官至吏部尚書。兼，解元、進士，官至左僉都御史。曰應祺，進士。曰應佑，鄉魁，封兵部主政[551]。曰洽、曰洵、曰溥、曰洲、曰江、曰洙諸公，皆連登科第，人文濟濟，福祉方隆。

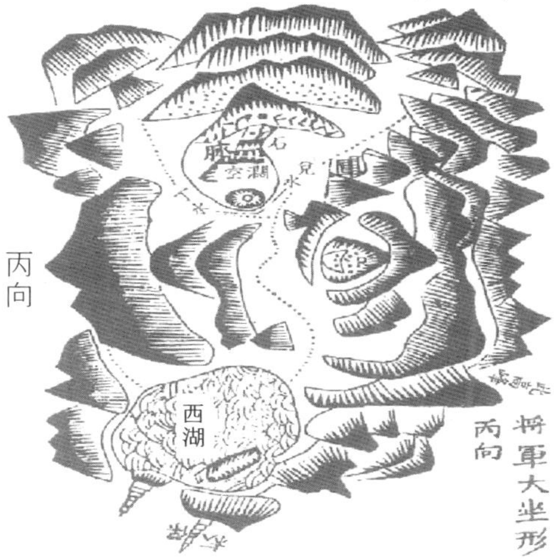

< 그림 1-118 > 항주장상서조지
(杭州張尙書祖地)

<그림1-118>의 자리[장상서의 조지]는 항주(杭州)의 월파문(月波門) 밖 서호이면(西湖裏面)에 있다. **장군대좌형(將軍大座形)**은 그 용이 삼천축(三天竺)에서 출발[發出]하여 솟아 큰 장막을 겹겹이 날개를 펼치듯이[展翅;전시] 어깨를 열어 가운데 생긴 골맥(骨脈)이 유달리 훌륭하다[淸奇:청기].

성신(星辰)이 박환(剝換)하여 특이하게 빼어나고 입수(入首)에 이르러 혈을 만들고 남(南)에 고봉(高峰)을 이루어 **대복금성(帶福金星)**을 앞에 마주하였다. 여기에 이르러[到此:도차] 또 **오봉루대(五鳳樓台)**가 정안(正案)이다. 다만 용

550) 墩(돈) : 돈대(墩臺 : 높게 두드러진 평평한 땅), 흙무더기
551) 主政(주정) : 정부 수뇌를 맡다. 정무를 주관하다.

신에 우사(右沙)를 가까이하여[就] 명당에 뛰어 들어와[攛入;찬입] 좌사(左沙)에 하수(下手)의 뒤를 이어 오히려 세력이 없으므로[輕:경] 그 혈 아래 여러 개 묘는 좋지 않다. 오직 장씨(張氏)의 조지[祖地]는 하늘 위에 높이든[揭上] 혈(穴)을 만들어 사수(四獸)가 화평(和平)한 석교혈(石巧穴)이다.

비래봉(飛來峰)에서 출맥(出脈)하여 평지에 낙맥하여 일선(一線)이 다시 높은 언덕[高墩;고돈]을 일으켜 혈을 만들었다[做;주]. 용의 정상[頂龍]에 순국(順局)를 이루어 두 물이[二水] 혈 앞에서 만나 구곡(九曲)으로 흘러나가[出口] 서호(西湖)에 물을 끌어들여 혈 가운데서는 호수의 물을 볼 수 없다.

다만 남북으로 두 개의 높은 봉우리가 보이는데 좌우에 나열되었다. 후룡(後龍)은 석골(石骨)로 수(數) 리(里)를 깎아지른 듯이 바위가 우뚝[巉岩;참암]솟아 하나의 산을 일으켰다. 내부는 모두 돌집과 같이 텅 빈 굴[空洞:공동]로 사문(四門)이 깨끗하고[明朗:명랑] 1백 수십 인(百數十人) 안에 들어가 수용(受容)할만하다. 사방의 주위[四邊]에 자리를 정하여[設坐:설좌] 가장자리[垂] 4 기둥[四柱:4주]에 석문(石紋)이 땅과 서로 연결되지 않았으므로 비래봉(飛來峰)이라 부른다. 준유겸(儁有鉗)에 이르길

'천상에 날아오니 사람이 알 수 없네[天上飛來人不識] 양주만곡(良珠萬斛)이 장완석(藏頑石)[良珠萬斛藏頑石]이라

사람이 땅[肉] 가운데 혈을 획득하여 하장하면[有人下得肉中穴]

살아있는 사람은 제후(諸侯)로 봉하여 지고[生者封侯],

죽어서는 죽은 뒤 종묘나 사당에서 제사를 받는다[廟食][死廟食].' 고

하였다. 장씨(張氏)가 명사(明師)를 만나 토돈(土墩)에다 점혈(點穴)하여 '나사토육형(螺螄吐肉形)' 이라 한다. 석동산(石洞山)을 소라의 껍질[螺殼;나각]로 삼고 토돈(土墩)을 소라의 살[螺肉;흙] 삼아 밖에 토출하였으므로 이르길 ' 육중혈(肉中穴)' 이라 하였다.

장사 후에 원주공(元洲公) 한(澣)이 태어나 진사(進士)에 올라 벼슬은 이부상서(吏部尚書)를 겸(兼)하였다. 해원(解元)은 진사(進士)가 되고 벼슬은[官] 좌첨도어사(左僉都御史)에 이르렀고, 응기(應祺)는 진사(進士)였고, 응우(應佑)는 향괴(鄉魁), 병부(兵部)에 봉하여져 정무를 주관하였다[主政]. 치(治)、순(洵)、부(溥)、주(洲)、강(江)、수(洙) 등 여러 공들이 모두 연등과제(連登科

第)하여 인물과 문물[人文]이 많이 성하고[濟濟;제제] 복지(福祉)가 사방에 융성하였다.

太極靜而生陰，故圓暈瘦陷者為陰，謂有窟之形狀，故為靜中之動，即泡中有窩、突中有窟之謂也。開塋宜深，不宜淺。 太極動而生陽，故圓暈肥起者為陽，謂有突之形狀，故為動中之靜，即窩中有泡、窟中有突之穴也。開塋宜淺，不宜深。

태극(太極)이 정(靜)하면 음(陰)이 생기므로 원훈(圓暈)이 수척하고 함한 것[瘦陷:수함]은 음이 된다[為陰]. 이를테면 굴(窟;窩)의 형상이므로 **정중에 동**(靜中之動)이 되어 즉 **포중(泡中)에 와(窩)가 있고, 돌중(突中)에 와(窩)의 혈**이라 한다. 이곳의 묏자리[塋;영]를 파서 마땅히 깊어야 하나 얕으면 마땅하지 않다. 태극(太極)이 동하면 양(陽)이 생기므로 원훈(圓暈)이 살이 쪄 솟은 것이 양(陽)이 된다. 이를테면[謂有:위유] 돌(突)의 형상(形狀)이므로 **동중(動中)의 정(靜)**이 있어 즉 **와중(窩中)에 포(泡)가 있고, 굴중(窟中)에 돌(突)의 혈(穴)**이 있다. 묏자리[塋;영]를 만들기 위하여 파서 마땅히 얕아야 하나 너무 깊으면 마땅치 않다.

제4장 정혈법(定穴法)

제1절 머리말

此冊專論定穴之要。夫定穴固在於[552]主山：陽來陰受，陰來陽受；斜來正下，正來斜下；直者穴曲，曲者穴直；急穴其緩，緩穴其急；硬來軟下，軟來硬下；山高昂則扦低平，山低平則扦高昂。此一定不易之法。而太極、兩儀、三勢、四煞與夫饒減、向背、近取諸[553]身、遠取諸物等訣，亦皆定穴之要，輯之以見其槩云。

이 장은 정혈(定穴)의 요점(要點)을 오로지 논(論)하고자 한다. 대개 정혈(定穴)은 확실히 주산(主山)에서 결정된다. 양(陽)이 오면 음(陰)이 받고[陽來陰受], 음(陰)이 오면 양(陽)이 받으며[陰來陽受], 사(斜)로 오면[來] 정(正)으로 하장하고[下], 정(正)으로 오면 사(斜)로 하장(下) 하며, 직한 곳[直者:직자]에서는 혈이 곡한 곳[穴曲]에서 하장하고, 곡한 곳은 혈이 곧은 곳[曲者穴直]에 하장하고, 급한 혈은 완만한데 하장하고, 완만한 곳은 급한데 하장하며, 경래(硬來)하면 연한데 하장하고[軟下:연하], 연래(軟來)하면 경한데 하장(硬下:경하)하며, 산이 높으면 저평(低平)한 곳에 천장(扦葬)하고, 산(山)이 저평(低平)하면 높이 천장(扦葬)하는 것이니 이는 고정불변[一定不易]의 법(法)인 것이다. 태극(太極), 양의(兩儀), 삼세(三勢), 사살(四殺)과 요감(饒減), 향배(向背)를 가까이는 몸[身]에서 찾고(取) 먼 것은 사물에서 찾아(取)라는 등 비결[訣]은 역시 모두 정혈법(定穴法)의 요점[要]인 것이다. 이런 것들을 모아 대강[槩;개]을 나타내어 말한 것이다.

제2절 태극정혈(以太極定穴)

552) 在於(재어) : ~에 있다.~에 달려 있다. ☞ 在(재) : ~에 있다. ~에 달려 있다.

553) 諸(제) : '之于'또는'之乎'의 합음(合音). 제(諸). 온갖. 많은. 모든. 여러.
☞근취저신(近取諸身), 원취저물(遠取諸物) : 가까이는 자신의 몸에서부터 찾고, 그 후에 멀리 있는 사물을 찾아라.

先儒曰：「太極者，陰陽之本體。」又曰「物物有一太極」。蓋理氣之原也。以太極定穴者，籍其隱微仿佛[554]之狀，以觀穴之的焉耳[555]。《萬萬山穴法口訣》云：「隱隱微微[556]，仿仿佛佛，粗看[557]有形，細看無物。」趙緣督《穴訣》曰：「遠看似有，近看則無，側看則露，正看模糊。」皆善狀[558]太極之微[559]也。故以太極定穴法，於穴場中回顧，見有圓暈在微茫[560]隱顯之間，是謂太極暈。上要水分，暈下要水合。水是稍低處，高一寸即為山，低一寸即為水也。水之合處曰小明堂，不必拘其寬闊，但能容人側臥便可[561]。有圓暈則生氣內聚，故為真穴。無此則非矣。見暈分明，便於暈心倒[562]杖。要坐正，或串來脈，或枕樂山，內乘生氣，外接堂氣[563]。前要對案山，下要就明堂，左右要分龍虎，十道無偏方可。卻於暈心立一標准，上下弦各立一標准。凡饒減進退，皆以此定分數[564]。若於暈頂再見一二半暈，如蛾眉月樣，名曰天輪。有三輪，乃大貴之地也。

선유(先儒)가 이르길 ‘태극(太極)이란 음양(陰陽)의 본체(本體)’라 하였고 또 이르길 ‘모든 사물[物物:물물]은 하나의 태극(一太極)이 있다.’고 하였다. 대개 이기(理氣)의 근원이다. 태극(太極)으로 혈(穴)을 정(定)하는 것[以太極定穴]은 은미(隱微)하여 비슷한[仿佛:방불] 모양을 빌려 혈의 적실함을 보는 것[以觀:이관]일 뿐이다[焉耳:언이]. 《만만산(萬萬山) 혈법(穴法)의 구결

554) 仿佛(방불) : 마치 ~인 듯하다. 유사하다. 비슷하다.

555) 焉耳(언이) : (語氣詞) ~할 뿐이다. /焉爾(언이) : (語氣詞) ~할 뿐이다./ 焉耳矣(언이의) : (語氣詞) ~했다.

556) 隱隱(은은) : 분명하지 않다. ◦微微(미미) : 보잘 것 없이 썩 자질구레함. 뚜렷하지 않고 매우 희미(稀微)함. 약간. 조금

557) 粗看(조간) : 대충 보다. 휙 둘러보다.☞ 細看(세간) : 상세히 보다. 면밀하게 고찰하다.

558) 善狀(선상) : 좋은 상태. 좋은 모양

559) 玄微(현미) : 헤아리기가 어려운 만큼 깊고 미묘함

560) 微茫 어슴푸레하다☞ 隱顯(은현) : 숨고 드러나다.

561) 能容(능용) : 수용하다. 받다, 들이다. ☞ 便可(편가) : 便了: ~면 된다.~뿐이다. (~하면) 곧 할 수 있다.

562) 倒(도) : (사람 또는 똑바로 서 있는 것이) (옆으로) 넘어지다. 바꾸다. 자빠지다. 변경시키다. ☞串(관) : 이쪽에서 저쪽으로 움직이다.

563) 堂氣(당기) : 당기이란 무엇인가? 소명당 안에 금어수와 하수수 두 물이 만나 기(氣)가 된다. 이곳에 두 물이 있으면 혈이 확실하다. 』[堂氣者何 小明堂內 得金魚蝦鬚 二水交合之氣也 有此二水則 穴的矣] <출처>『입지안전서』「혈법

☞交合(교합) : 교합하다. 사귀다 ◦合(교합) : 합쳐서 ~가 되다. 합하다. 만나다, 모이다.

564) 分數(분수) : 사물(事物)을 분별(分別)하는 슬기. 자기(자기)에게 알맞은 한도(限度).

(口訣)》에 이르길 '형세가 뚜렷하지 않고 매우 희미(稀微)하여[隱隱微微;은은미미], 비슷하고[仿仿佛佛], 언뜻보면[粗看:조간] 형이 있고, 자세히 보면[細看:세간] 사물이 없다.'고 하였다. 조연독(趙緣督)은 《혈결(穴訣)》에 이르길 ' 멀리서 보면[遠看:원간] 있는 것 같고[似有:사유] 가까이서 보면[近看] 없는 것 같고 옆에서 보면[側看:측간] 나타나고[露:로], 정면에서 보면[正看] 모호(模糊)하다.'고 하여 모두 태극(太極)의 현미함이 좋은 모양[善狀:선상]이다. 그러므로 태극(太極)으로 혈을 정하는 법[定穴法]은 혈장(穴場) 속을 뒤돌아보면[回顧:회고] 원훈(圓暈)이 어슴푸레하여[微茫;미망] 숨고 나타나는[隱顯:은현] 사이를 볼 수 있다. 이것이 태극훈(太極暈)으로 위로는 물을 나누어야 하고, 아래는 물을 합하여야 한다. 물은 조금 낮은 곳이고, 일촌(一寸)이 높으면 곧 산이 된다. 일촌(一寸)이 낮으면 물이 된다. 물이 합하여 모이는 곳을 소명당(小明堂)이라 반드시 그곳이 넓어야 하는 것[寬闊;관활]에 구애받을 필요는 없다. 다만 사람이 옆으로 누울 수 있으면[能容:능용] 된다[便可]. 원훈(圓暈)이 있으면 생기(生氣)가 안에 모이므로 진혈(真穴)이 된다. 원훈이 없으면 진혈이 아니다. 원훈이 분명하게 보이면 곧 훈심(暈心)에 지팡이를 바꾸어[倒杖:도장] 혹 내맥(來脈)에서 움직이거나[串:관] 혹 낙산(樂山)을 베개 삼아[枕:침] 좌를 바르게 하여, 밖에서 당기(堂氣)가 모이고[接:접] 안에서 생기를 타고 앞에는 안산(案山)을 마주하여야 한다.

혈 아래 명당(明堂)을 가까이[就] 해야 하고, 좌우(左右)에 용호가 분명해야 하고 십도(十道; 天心十道)로 한 방향으로 치우침[偏方]이 없어야 가능하다. 그러나 훈심(暈心)에 하나의 표준(標准)을 세워 상·하현(上下弦)에 각각 하나의 기준[標准:표준]을 세워놓고 무릇 요감(饒減)으로 진퇴(進退)하여 모두 이것으로 기준을 삼아[以此] 분별하여[分數:분수] 결정한다. 만약 훈(暈)이 꼭대기에 아미(蛾眉)나 미월(眉月)의 모양[樣] 다시 1.2개 반훈(半暈)이 나타나면 이름하여 천륜(天輪)이라하며 삼륜(三輪)이 있으면 곧 대귀(大貴)의 자리이다.

上太極定穴，最為親切[565]，尤宜細認，不可潦草[566]。廖公云：「若還鋤破太極圈，水蟻便侵棺。」又云：「蘭台只在圓暈中，鋤[567]出便傷龍。」《經》曰：「外氣橫形，內氣止生[568]。」生外氣者，拶[569]道也；內氣者，圓暈也。楊公以圓暈為金，圓金分轉，左者為陽，右者為陰，故曰龍分而片為「陰陽取」。拶道為血脈，從左右分為小明堂，故曰「水合三叉細認蹤」。所謂雌雄交度[570]者也，或謂之球簷、合襟、羅紋、土宿、一點靈光、仰覆梅花等，皆異名耳。《葬書》云「乘金相水，穴土印木」，亦不過一太極之暈而已。乘金者，乘其太極之圓暈突起處也；相水者，要兩邊夾輔圓暈之水分八字，來小明堂處合也；穴土者，居中不偏而淺深適宜也；印木者，要穴前有氈有唇，吐出尖圓之証也。不言火者，火則尖利帶殺，且火無穴耳。大凡點穴，務須伐木斬草淨盡[571]，上下左右立標，諦觀[572]詳審，察此太極圓暈。取穴不可過高過低，偏左偏右，則得穴法玄妙。

이상 태극정혈(太極定穴)은 친밀하게[親切:친절] 더욱 자세하게 아는 것이 마땅하며 허술해서[潦草;요초]는 안된다. 요공(廖公)이 이르길 ' 만약 태극권(太極圈)을 호미로 파서 깨뜨리면[鋤破:서파] 물 개미[水蟻:수의]가 곧 관(棺)을 침범한다.' 고 하였다. 또 이르길 '난대(蘭台)는 다만 원훈(圓暈) 가운데 있는 것으로 없애면[鋤;서] 곧 상룡(傷龍)이 된다.' 고 하였다. 《장경(葬經)》에 이르길 '외기가 가로질러 가[橫行:횡행] 형(形)을 만들고, 내기가 머물러 생기가 된다' 라고 했다. 외기(外氣)가 발생하는[生] 것은 가는 물을 억누르는 것[拶道;찰도]이고, 내기(內氣)가 발생(生)하는 것은 원훈(圓暈)이다. 양공(楊公)이 이르길 ' 원훈(圓暈)은 둥글고 단단한 것[金圓]이 되고, 분금(分金)은 좌

565) 親切(친절) : 친밀하다, 반드시, 꼭. 부드러운, 연한, 약한, 다정한
566) 潦草(요초): (글씨가) 조잡하다. (일을 하는 데) 허술하다. 거칠다. 성실하지 않다.
567) 鋤(서) : 호미(쇠로 만든 농기구). 없애다, 없애버리다
568) 외기(外氣) 때문에[所以] 내기를 모이게 한다. 지나가는 물 때문에 오는 용이 멈춘다 (外氣所以聚內氣 過水所以止來龍). <출처>『설심부 변와정해 』 김상태 역주 p.99
569) 拶(찰) : 손가락을 죄다. 핍박하다(逼迫하다), 들이닥치다. 짓누르다.
570) 雌雄交度(자웅교도) : 결혈처 양변에 고명고암(股明股暗)의 진수가 있어 위에서 나누고 아래에서 모이면 그것이 자웅교도(雌雄交度)이다.(結穴之處 兩邊有股明股暗之眞水 上分而下合 是爲雌雄交度矣) <출처>『설심부 변와정해』
571) 淨盡(정진) : 조금도 남지 않다.
572) 諦觀(체관): 사물(事物)의 본체(本體)를 충분(充分)히 꿰뚫어 봄. 또는 사물(事物)을 상세(詳細)히 살펴봄.

(轉左)하면 양(陽)이 되고, 우좌하면 음(陰)이 되므로 용(龍)을 양편으로 나누어 음양(陰陽)을 취한다[取]. 좌우를 따라 나누어 가는 물을 막아[拶道:찰도] 혈맥(血脈)으로 삼으면 소명당(小明堂)이 되므로 세 갈래[三叉:삼차]의 물[水]이 합(水合)하는 종적을 세밀하게 알아야 한다.' 고 하였다. 소위 자웅(雌雄)이 교도(交度)하는 것[음양교구]을 말한다. 혹 구첨(球簷)、합금(合襟)、나문(羅紋)、토숙(土宿), 일점영광(一點靈光)、앙복(仰覆), 매화(梅花) 등을 말한 것은 모두 (태극훈과 관련 되는) 이명(異名)이다. 《장서(葬書)》에 이르길 '승금(乘金),상수(相水), 혈토(穴土), 인목(印木)도 하나의 태극(太極)훈(暈)에 불과할 뿐이다.

승금(乘金)이란 태극원훈(太極之圓暈)을 타고 솟은 곳이다.

상수(相水)란 양변으로 원훈을 끼고 협보하는[邊夾輔圓暈] 물이 팔자(八字)로 나누었다가 소명당(小明堂) 위치[處]에 와서 모이는 것이다.

혈토(穴土)이란 가운데 있으면서 어느 쪽에 치우치지 않고 깊고 얕은 것[淺深]이 적당한 것이 마땅하다[適宜].

인목(印木)이란 혈 앞에 전순(氈脣)이 있고, 뾰족하거나 둥근 것이 토출한 것을 증거로 삼아야 한다. 화(火)를 말하지 않는 것은 화(火)이면 끝이 뾰족하고 날카로우면[尖利] 살(殺)을 띤다. 또 화(火)에는 혈이 될 수 없다. 대체(大體)로 보아 점혈(點穴)할 때는 반드시 벌목(伐木)을 하고 잡초를 베어[斬草:참초] 없애고[淨盡:정진], 상하좌우(上下左右)에 표를 세워[立標:입표] 사물을 상세히 살피고[諦觀;체관] ,여기 태극원훈(太極圓暈)을 자세히 살펴야 한다[詳審;상심]. 혈을 취할 때는 지나치게 높거나 지나치게 낮아서는 안되고, 좌(左)나 우(右)에 치우치면 혈을 얻는 법이 현묘(玄妙)하다.

切忌鋤破圓暈, 傷壞口鼻。吾鄉唐宋名墓, 原形具在, 窩、鉗、乳、突分明, 界水伶俐無損者, 固賴哲師吳、廖諸公口授[573], 不許妄有培闢, 亦以風俗嚴於侵葬[574]之禁, 是以[575] 經久猶[576]有本來面目之妙。他鄉罕及之。每見務[577]為觀美

573) 口授(구수) : (지식·기술 등을) 말로 전수(傳授)하다. 구술하여 받아쓰게 하다.
574) 조상 무덤 근처에 장사를 지내서는 안 된다(不可侵葬祖塚).

자질구레한 문장[瑣言;쇄언] 10가지[十條] <출처>『인자수지』

者，輒[578]加興作。而不知美也，切忌妄有培闢以壞真形，或傷破星辰頭面，或剪去餘氣唇氈，或壅塞[579]界脈之水，或戕傷太極之圈。此為毁瓦畫墁[580]，變吉為凶。況又有廣築垣牆，深開月池，多起堂宇，高豎牌坊，及為崇台望石，俾吉方之沙水障礙不見，吉位之贅疣[581]堆累近身，幾何而不自取[582]敗禍哉！《葬書》謂「工力之具」，卜氏謂：「山有餘，當闢則闢；土不足，當培則培。」蓋指沙水而言，非謂龍穴可以作為[583]也。智者審之。

☞瑣言(쇄언) : 사소한 말 . 하찮은 말 또는 문장◦瑣(쇄) : 잘게 구별함. 세분하다. 자질구레하다.

1. 불가부지지리(不可不知地理) : 地理를 알지 못하면 안된다.
2. 불가정추부장(不可停柩不葬) : 관을 놓아두고 장사지내지 않으면 안 된다.
   ☞ 停柩(정구) : 영구(靈柩)를 안치(安置)하다
3. 불가침장조총(不可侵葬祖塚) : 조상 묘 근처에 묘를 쓰지 말라. 즉 조상의 묘를 침범한다는 뜻
   ☞侵(침) : 침범하다. 차츰 가까워지다.
4. 불가도장구혈(不可圖葬舊穴) : 구혈(파구터)에 장례를 지내려 하지 말라.
   ☞图(도) : 계획하다. 꾀하다. 바라다.
5. 불가구니공위(不可拘泥公位) : 형제간 자리에 따른 길흉화복에 구애받지 말라.
   ☞拘泥(구니) : (일정(一定)한 일에) 얽매임.◦공위(公位):형제 자매간의 서열과 위치에 따른 길흉화복
6. 불가경이개장(不可輕易改葬) : 쉽게[함부로] 이장하지 말라.
   ☞輕易(경이) : 힘들지 않으며 가볍고 쉬움. 대수롭지 아니함.
7. 불가전의도대(不可專意圖大) : 오로지 큰 자리만 도모하려 하지 말라.
   ☞專意(전의) : 오로지 한 곳으로만 뜻을 기울임.
8. 불가불관고격(不可不觀古格) : 古格(옛날 자리의 격식)을 많이 보아야 한다.
9. 불가불택양사(不可不擇良師) : 훌륭한 스승을 만나야 한다.
10. 불가불수음덕(不可不修陰德) : 陰德을 쌓지 않으면[行] 안 된다. 적덕을 하라

☞不可(불가) : ~할 수가 없다. (~하지 않으면) 안 된다 .~해서는 안 된다.
☞修(수) : 닦다.연구하다(研究--).덕을 쌓다. 공덕을 베풀다. 수양하다.

575) 是以(시이) : 이 때문에. 그래서. 그러므로
576) 經(경) : 떳떳하다. 변하지 아니함. ☞ 猶(유) : 마치 ~과 같다. 아직. ~조차도
577) 務(무) : 힘쓰다. 업신여기다. 일
578) 輒(첩) : 문득, 쉽게, 번번이, 오로지, 늘. ☞ 興作(흥작) : 일을 시작하다. 건축하다. 시작하다.
579) 壅塞(옹색) : 막히다. 통하지 않다. 형편이 넉넉하지 못하여 생활에 필요한 것이 없거나 부족함. 또는 그런 형편 ☞ 戕(장) : 죽이다, 살해하다(殺害--). 상하다(傷--), 상(傷)하게 하다, 손상(損傷)을 입히다. 사납다.
580) 毁瓦畫墁(훼와획만) : 기와를 헐고 담벼락 장식을 발라 버리다. 백해무익한 일을 하다. 墁(만) : 흙손, 바르다, 칠하다.
581) 贅疣(췌우) : 혹. 쓸데없는 물건. 군더더기 ☞ 堆(퇴) : 쌓이다. 쌓다. 작은 산
582) 自取(자취) : 스스로 취하다. 자초하다.

원훈(圓暈)을 호미로 파서 깨뜨리는 것[鋤破;서파]은 얼굴 즉 혈상[口鼻;구비)를 손상[파괴]하는 것[傷壞;상괴]으로 지극히 꺼린다[切忌:절기]. 오향(吾鄕)의 당송(唐宋) 명묘(名墓) 원형(原形)은 모두 와(窩)、겸(鉗)、유(乳) 돌(突)이 분명(分明)하고 계수(界水)가 분명하고[伶俐;영리] 손상이 없는 것은 진실로[固] 밝은 선사[哲師]에 힘입은 것[賴;뢰]이다. 오(吳)、요(廖) 여러 공[諸公]의 말로 전수하였다[口授]. 망녕(妄佞)되게 돋우고 깎아내는 일(培闢;배벽)을 허락하지 않았으며, 또한 관습[風俗]으로 조상무덤의 근처에 장사를 하는 것[侵葬;침장]을 엄히 금(禁)하였다. 그래서[是以] 오랫동안 아직[久猶:구유] 본래의 면목의 묘함을 변하지 않고[經;경] 있어 타향(他鄕)에서 보기 드문 것[罕及之:한급지]이다. 볼 때 마다[每見;매견] 아름답게 볼 수 있도록 힘써 쉽게[輒;첩] 쌓아 공사를 하여[興作:흥작] 미지를 알 수 없게 했다. 망령되게 돋우고 깎아[培闢;배벽] 진형(眞形)을 파괴하는 것은 성신(星辰)의 두면(頭面)을 파괴하여 손상을 입거나[傷破:상파], 여기(餘氣)로 생긴 전순(唇氈)을 잘라 없애거나 혹 맥(脈)을 경계짓는 물을 막거나[壅塞;옹색] 혹 태극권(太極之圈)을 손상을 입히는 것[戕傷;장상]을 극히 꺼린다.

이는 백해무익한 일을 하여[毁瓦畫墁(훼와획만)] 길(吉)이 변하여 흉(凶)이 된다. 하물며 또 담장[垣牆;원장]을 널리 축조하고[廣築:광축], 연못[月池]을 깊게 파고, 당우(堂宇:규모가 큰집과 작은 집)을 많이 세우고, 패방(牌坊;문짝이 없는 대문)을 높이 세우면 숭대(崇台:높은 누대)와 망석(望石)이 되어 길방(吉方)의 사수(沙水)에 장애(障礙)에 되어[俾;비]볼 수 없다. 길한 방위[吉位]의 혹[贅疣;췌우]이 용신 가까이 거듭 쌓여 얼마[幾何:기하] 안되어[不] 화패(敗禍)를 스스로 취하게 된다! 《장서(葬書)》에서 이르길 '공력지구(工力之具)을 말 하였고, 복씨(卜氏)가 이르길 ' 흙이 남으면 마땅히 파서 없애야 하고[山有餘 , 當闢則闢] 산에 흙이 부족하면 마땅히 더하여 보충해야 한다[山不足 , 當培則培]' 고 하였다. 대개 사수(砂水)를 가리켜 말한 것이지 용혈(龍穴)로 삼을[作為] 수 없다. 지혜로운 사람은 그것을 잘 살펴야 한다.
태극이 정(靜)하면 음(陰)을 생하므로 원훈(圓暈)이 수척하고 꺼진 것[瘦陷:수함] 음(陰)이라 한다. 굴(窟)의 형상(形狀)을 말한다. 그러므로 정중(靜中)

583) 作爲(작위) : ~로 하다. 행위.~으로 삼다.

에 동(動)이 된다. 즉 포중(泡中)에 와(窩)가 있고, 돌(突) 가운데 굴(窟)이 혈을 이룬 것이다. 산소 자리를 파는 것[開塋:개영]은 마땅히 깊어야 하고[宜深] 얕으면 마땅하지 않다.

<table>
<tr><td>
</td><td>太极静而生阴, 故圓暈瘦陷者爲阴, 謂有窟之形狀, 故爲静中之動, 即泡中有窩、突中有窟之谓也。開塋宜深, 不宜浅。</td></tr>
</table>

<table>
<tr><td rowspan="2">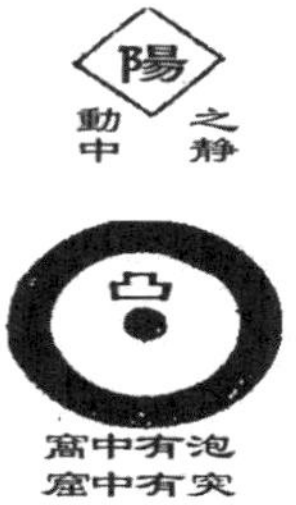
</td><td>太極動而生阳, 故圓暈肥起者爲阳, 謂有突之形狀, 故爲動中之静, 即窩中有泡、窟中有突之穴也。開塋宜浅, 不宜深</td></tr>
<tr><td>태극(太極)이 동(動)하면 양을 생하므로 원훈(圓暈)이 크게 솟은 것[肥起]이 양(阳)이 된다. 돌(突)의 형상(形狀)을 말한다. 그러므로 동중(動中)에 정(静)한 것이 있다. 즉 와(窩) 가운데 포(泡)가 있고, 굴(窟) 가운데 불룩하게 나온 것[突]이 혈(穴)이다. 산소 자리를 파는 것[開塋;개영]은 마땅히 얕아야 하고 깊으면 마땅하지 않다.</td></tr>
</table>

제3절 양의정혈(以兩儀定穴)

兩儀者, 陰陽也。萬物莫不有陰陽。天以日月為陰陽, 人以男女為陰陽, 物以牝牡為陰陽, 地以山水為陰陽。而陰陽之中又各有陰陽。故地理家龍有龍之陰陽, 穴有穴之陰陽。所謂穴之陰陽者, 其暈間肥起者為[584]陽, 瘦陷者為陰, 是為兩儀。凡就龍身作穴者, 乃為陰龍宜陽穴。若再起星者, 為陽龍, 宜陰穴。反此,

584) 爲(위) : 하다, 행하다(行--).위하다(爲--).되다, 이루어지다.
◦切莫(절막) : 결코 ~하지 마라.

縱龍穴真，初扦亦必有咎。《龍穴歌》云：「陽龍切莫下陽穴，路死生離別。若扦陰穴正相宜，子息居官位。陰龍若是下陰穴，女人公事[585)]發。若扦陽穴定為官，富貴足田莊。」或上截肥起，下截瘦陷；或下截肥起，上截瘦陷；或左邊肥起，右邊瘦陷；或右邊肥起，左邊瘦陷。皆為二氣交感，不問陰陽龍皆可用。凡陰陽穴，皆當饒減。若不饒減，則氣直來，正穴必偏枯。饒減法見後。惟此交感之穴，則取陰陽之中，不用饒減，最為貴格。但微茫高下，仿佛瘦肥，亦未易體認。必須芟除[586)]草木，使穴場光淨，然後可辨，庶不致悞。切勿[587)]草率苟且。

양의(兩儀)란 음양(陰陽)이다. 만물(萬物)은 음양(陰陽)을 가지고 있지 않는 것이 없다[莫不有]. 하늘에서는 일월(日月)이 음양(陰陽)이 되고, 사람은 남녀(男女)가 음양(陰陽)이 되고, 사물은 빈모(牝牡)가 음양(陰陽)이 되고, 땅에서는 산수(山水)가 음양이 되고, 음양(陰陽)의 가운데 또 각각 음양(陰陽)이 있다. 그러므로 지리가(地理家)에서 용(龍)은 용(龍)의 음양(陰陽)이 있고, 혈(穴)은 혈의 음양(陰陽)이 있다. 소위 혈(穴)의 음양(陰陽)이란 훈(暈)의 사이에 두텁게 솟은 것[肥起:비기]은 양(陽)이고, 수척하고 꺼진 것[瘦陷:수함]은 음(陰)이 된다. 이것이 양의(兩儀)가 된다.

무릇 용신(龍身)을 취하여 혈을 만든 것은 곧 음룡(陰龍)에 양혈(陽穴)이 마땅하다. 만약 다시 솟은 봉우리는 양룡(陽龍)으로 음혈(陰穴)이 마땅하다. 이와 반대로 비록 용혈(龍穴)이 진(眞)이라도 처음 천장[初扦]은 또한 반드시 허물[咎;구]이 있다. 《용혈가(龍穴歌)》에 이르길 ‘양룡(陽龍)은 절대로[切] 양혈(陽穴)에 하장하지 마라. 노사(路死)와 생이별(生離別)을 하고, 만약 음혈(陰穴)에 천장하면 바른 모양으로 마땅하고 자식(子息)은 관위(官位)에 거하게 된다. 음룡(陰龍)에 만약 이와 같이[若是:약시] 음혈(陰穴)을 하장하면 여인이 소송[公事]에 휘말린다[發]. 만약 양혈(陽穴)에 천장하면 반드시[定] 부귀(富貴)하여 벼슬을 하고 경작지[田莊:전장]가 풍족하다.’고 하였다.

혹 위에 구간[上截:상절]이 두텁게 솟고[肥起:비기] 아래에 구간[下截:하절]

585) 公事(공사) : 조선(朝鮮) 시대(時代)에, 소송(訴訟)을 속(俗)되게 이르던 말.
586) 芟除(삼제) : (풀·보리 따위를) 베다. 삭제하다. 없애다.
587) 切勿(절물) : 切莫(절막) ; 결코~하지마라. ◦草率(초솔) : 경솔하다. 아무렇게나 하다. 거칠다. ◦苟且(구차) : 소홀히 하다. 그럭저럭 되는대로 살아가다. 그럭저럭 되는대로 하다.

이 수척하고 꺼지거나[瘦陷:수함] 혹 아래 구간[下截] 두텁게 솟고[肥起] 위에 구간[上截]이 수척하고 꺼지거나[瘦陷:수함], 혹 좌변(左邊) 두텁게 솟고[肥起] 우변(右邊)이 수함(瘦陷)하거나 혹 우변(右邊)이 비기(肥起)하고 좌변(左邊)이 수함(瘦陷)한 것은 **모두 2기(二氣)의 교감(交感)하면 용의 음양룡(陰陽)에 관계없이 모두 천장할 수 있다**[皆可用]. **무릇 음양혈(陰陽穴)은 모두 요감법(饒減法)을 쓰는 것이 마땅하다**. 만약 요감(饒減)을 쓰지 않으면 기(氣)가 직래(直來)하여 정혈(正穴)이라도 반드시 불균형 하다[偏枯;편고]. 그래서 **요감법**(饒減法)은 뒤에 표현한다[見後]. 오직 이 교감(交感)의 혈(穴)은 음양(陰陽)의 가운데[中]를 취하고 요감(饒減)을 사용하지 않으면 최고의 귀격(貴格)이 된다. 다만 높고 낮음[高下] 분명하지 않고[微茫:미망] 비수(瘦肥)가 비슷하여[彷彿;방불] 또한 체인(體認)하기가 쉽지 않아 반드시 초목을 베어 없애고[芟除;삼제] 혈장(穴場)을 깨끗이 정리한 후에 변별할 수 있다. 거의 그릇되게 하지[致悞;치오]않는다. 절대로 아무렇게나[草率:초솔] 소홀히 하지 마라[苟且:구차].

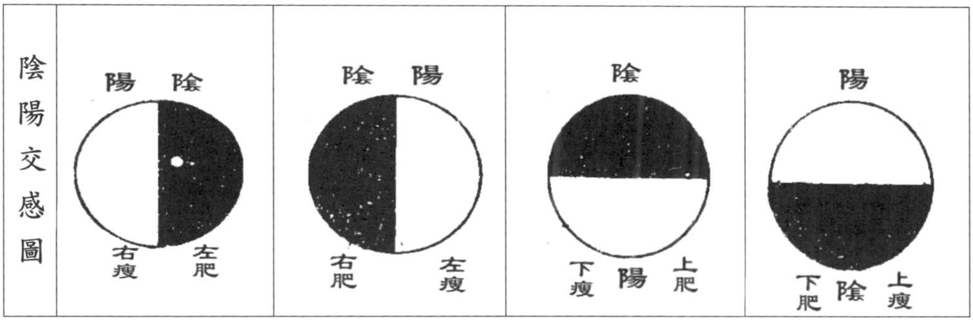

< 그림 1-119 >음양교감도(陰陽交感圖)

此圖以黑白分陰陽，以喻穴之肥起瘦陷者也。不論直脈、橫脈，穴星、後龍，只看立穴之處，或上截肥起，或下截肥起，或左肥，或右肥，以肥者[588]為陽，其瘦者即陰。放棺當於半肥半瘦處，為二氣交感也。補義《易》曰：「天地氤氳[589]，

588) 者(자) : 곳을 가리켜 이름. 사람을 가리켜 이름. 일을 가리켜 이름. 물건을 가리켜 이름.

589) 氤氳(인온) : 하늘의 기운과 땅의 기운이 서로 합하여 어림 . 만물의 원천을 이루는 기가 왕성한 것

萬物化醇；男女媾精，萬物化生。」男女即陰陽也。《太極圖說》曰：「二氣化生萬物。」故圓暈中以肥起者為陽，瘦陷者為陰。或上截肥起，下截[590]瘦陷；或下截肥起，上截瘦陷；或左邊肥起，右邊瘦陷；或右邊肥起，左邊瘦陷。皆為二氣交感，陰陽配合，不拘陰來陽來之龍，皆吉。而立穴居於半陰半陽、半肥半瘦之間[591]，乃陽氣下降，陰氣上升，地天交泰[592]、水火既濟、陰陽聚會之所，不須饒減。不論平地高山，要立穴處有形影[593]口角、窩突弦棱、化生腦、球簷、蝦須蟹眼、仰梅花、覆梅花，金魚界合，上陰下陽、上陽下陰、左陰右陽、右陽左陰、邊明邊暗、邊死邊生、邊硬邊軟、邊肥邊瘦，皆謂陰陽交媾之處，穴之吉也。

< 그림 1-119 >의 그림은 흑백(黑白)으로 음양(陰陽)을 나누어 혈(穴)이 약간 도톰하게 살이 찐 것[肥起;비기]과 수척하고 꺼진 것[瘦陷;수함] 비유한 것이다. **직맥(直脈),횡맥(橫脈), 혈성(穴星),후룡(後龍)을 논하지 않고, 다만 입혈처(立穴之處)가 혹 위에 구간[上截]**이 비기(肥起)하거나 혹 아래 구간[下截] 비기(肥起)하거나 혹 좌측이 비(肥)하거나 혹 우(右)가 비하였는지[肥]를 보아 **비기[肥]한 것을 양(陽)으로 하고, 그 곳[其]이 수척[瘦:수]한 곳은 곧 음(陰)이다. 방관(放棺;下棺)은 당연히 반비(半肥) 반수처(半瘦處)(인 중앙에) 2기(二氣)가 교감(交感)한다.**

혈법보의(補義)

《역(易)》에서 이르길 '천지의 기가 왕성하여[絪縕;인온] 만물(萬物)이 화

---

590) **截(절)** : 토막. 마디. 일부분. 구간.

591) 生氣者從陰陽交媾水火既濟 中出者也(생기는 **음양교구**[化氣;**화기**]와 음양이 조화를 이루어진 상태(水火既濟) 중에서 나오는 것이다.

√水火未濟(수화미제) ䷿

1.정해지지 않다. 2.물과 불이 서로 작용이 일어나지 않음을 뜻한다.

즉 사물이 서로 교섭하지 않고 변화가 일어나지 않음을 의미한다.

√水火旣濟(수화기제) ䷾

1. 정해지다.

2.물과 불이 서로 교섭하여 작용이 일어남을 의미함으로 서로 상호작용한다.

592) 交泰(교태) : 하늘과 땅이 사귀다. 天地가 만나 화합하다.

593) 形影(형영) : 형체와 그림자. 몸

순(化醇)하고 남녀(男女)가 화합[媾精;구정]하여 만물(萬物)이 화생(化生)한다.' 고 하였다. 남녀(男女) 즉 음양(陰陽)이다. 《태극도설(太極圖說)》에 이르길 '음양 2기(二氣)가 변화하여[化] 만물을 낳는다.' 고 하였다.

그러므로 원훈(圓暈) 가운데 비기(肥起)한 곳이 양(陽)이 되고 수함(瘦陷)한 곳이 음(陰)이 되어 혹 위에 구간[上截]이 비기(肥起)하고 아래 구간이 수함(瘦陷)하거나 혹 아래 구간이 비기(肥起)하고, 위에 구간이 수함(瘦陷)하고, 혹 좌변이 비기(肥起)하고 우변이 수함(瘦陷)하며 혹 우변(右邊)이 비기(肥起)하고 좌변이 수함(瘦陷)한 것은 모두 음양 2기(二氣)가 교감(交感)하여 음양(陰陽)이 배합(配合)하여 **음래(陰來)하거나 양래(陽來)하는 용(龍)에 구애받지 않고 모두 좋고** 입혈(立穴)에 **반음반양(半陰半陽)과 반비반수(半肥半瘦)의 중간에 있으면** 곧 양기(陽氣)가 내려오고 음기(陰氣)가 상승(上升)하여 천지(地天)가 교태(交泰)하고, 불과 물[水火] 서로 교섭하여 작용이 일어나(서로 조화를 하여)[既濟;기제] 음양의 기운[陰陽]이 모이는 장소[聚會之所]로 요감(饒減)할 필요가 없다[不須].

평지(平地)나 고산(高山)을 말하지 않고 입혈처(立穴處)는 형체와 그림자[形影],구각(口角)、와돌(窩突),현릉(弦棱)、화생뇌(化生腦)、구첨(毬簷)、하수(蝦鬚),해안(蟹眼)、앙매화(仰梅花)、복매화(覆梅花), 금어(金魚),계합(界合)하여, 상음하양(上陰下陽)、상양하음(上陽下陰)、좌음우양(左陰右陽)、우양좌음(右陽左陰)、변명변암(邊明邊暗)、변생변사(邊死邊生)、변경변연(邊硬邊軟)、변비변수(邊肥邊瘦) 등은 **모두 음양(陰陽)의 교구처(交媾之處)로 혈이 좋은 것을 말한다.**

제4절 삼세정혈(以三勢定穴)

三勢者，乃立勢、坐勢、眠勢也。即天、地、人三等穴法。廖公云：「一個星辰有三勢，坐眠立各異。立是身聳氣上浮，天穴此中求。坐是身屈氣中藏，人穴最相當。眠是身仰氣下墜，地穴斯為是。」此三勢之定格也。

天穴：仰高穴、騎刑穴、憑高穴。地穴：乳頭穴、脫殺穴、藏龜穴。人穴只有一等，名藏殺穴。天穴者，山勢如立，星頭如俯，出脈、結穴、生暈皆高，朝對、龍虎、四勢相等594)，明堂、水城件件應副595)，穴前又有平地，此皆山水結聚於上，移下則散。其體有三：在山頂上者，名仰高穴，在星頭下者，名憑高穴，皆用蓋法；在山脊間者，名騎刑穴，天財596)搭脊者皆是也，用撞法。他如597)巔穴、雄穴、坐殺穴，凡上聚之穴皆是也。穴雖高，而登穴臨598)局，如在平地，不覺其高方可。況天穴如乘風而下，脈來宜緩，若脈急則非也。

삼세(三勢)란 곧 입세(立勢)、좌세(坐勢)、면세(眠勢)이다. 즉 천(天),지(地), 인(人) 세 등급[三等]의 혈법(穴法)이다. 요공(廖公)이 이르길 '한 개 성신(星辰)에 삼세(三勢)가 있다. 좌 · 면 · 입(坐眠立)이 각각 다르다. 입세는 용신이 솟아[身聳:신용] 기(氣)가 위로 뜨고[上浮], 천혈(天穴)은 그 가운데서 구하고, 좌세(坐勢;앉아 있는 산)는 용신이 굽어[身屈:신굴] 기(氣)가 가운데 간직하고 있고[中藏:중장], 인혈(人穴)은 외관으로 가장 마땅하다. 면세[누워 있는 산]은 몸이 위를 보고 있어[身仰;신앙] 기운이 아래로 떨어진다[氣下墜:기하추]. 지혈(地穴)이[斯] 바로 이것이다[為是].' 이라고 하였다. 이 삼세는 정격(定格)이다.

천혈(天穴) : 앙고혈(仰高穴)、기형혈(騎刑穴)、빙고혈(憑高穴)

지혈(地穴) : 유두혈(乳頭穴)、탈살혈(脫殺穴)、장구혈(藏龜穴)

인혈(人穴) 다만 한 종류가 있는데 일명 장살혈(藏殺穴)이다.

천혈(天穴)이란 산세(山勢)가 서 있는 것 같고, 성두(星頭)는 구부린 것 같고[如俯:여부], 맥이 나와 혈을 맺었다. 훈(暈)이 생긴 것은 모두 높고, 조대(朝對;조산을 마주대하고)와 용호(龍虎) 등 사세(四勢)가 대등하고[相

594) 相等(상등) : (수량·분량·정도 등이) 같다. 대등하다.

595) 副(부) : 알맞다. 적합하다. 부합하다.

596) 요공의 구성은 태양(太陽), 태음(太陰), 금수(金水), 자기(紫氣), 천재(天財), 천강(天罡), 고요(孤曜), 조화(燥火), 소탕(掃蕩)으로 나눈다.

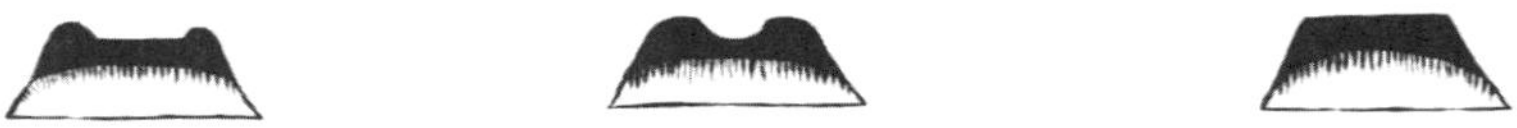

요뇌토성(凹腦土星) 요뇌토금성(凹腦土金星 천재평뇌토성(天財平腦土星)

< 그림 1-120 > 토성 및 금성

597) 他如(타여) : 다름이. 그 밖에 예를 들어

598) 臨(임) : 임하다(臨--: 어떤 사태나 일에 직면하다). 내려다보다

等], 명당(明堂)과 수성(水城) 등 건건이(件件:건건) 응하여 알맞고[應副:응부], 혈 앞에는 또 평지(平地)이고 이들은 모두 산수(山水)가 위에 모여 혈을 맺는다. 아래로 이동하면 흐트러진다. 그 모양 3가지가 있는데 산정상(山頂上)에 있으면 앙고혈(仰高穴)이라 하고, 성두하(星頭下)에 있으면 빙고혈(憑高穴)이라 하고 모두 개법(蓋法)을 사용하였다. 산척간(山脊間)에 있으면 기형혈(騎刑穴)이라 하고, 천재(天財)가 등척을 타는 것[搭脊;탑척] 모두 당법(撞法)을 사용하는 것이다. 그 밖에 예를 들어[他如] 전혈(巔穴)、웅혈(雄穴)、좌살혈(坐殺穴)이 있다. 무릇 상취혈(上聚之穴)은 모두 이것이다[是也]. 혈이 비록 높을지라도 혈(穴)에 올라 국(局)을 **내려다보면**[臨:**임**] 평지(平地)에 있는 것 같아 높은 것을 알지 못하여야 비로소 가능하다. 하물며 천혈(天穴)은 바람을 타고[乘風:승풍] 내려오는 것이므로 내맥{脈來]이 완만해야하고[宜緩:의완] 만약 맥이 급하면 혈이 아니다.

< 그림 1-121 > 빙고혈(憑高穴)·앙고혈(仰高穴)·기형혈(騎刑穴)

<table>
<tr><td rowspan="2">仰高穴
</td><td>穴在巔嶺仰面，故曰仰高。要立穴處有平坦為真。</td></tr>
<tr><td>이 혈은 산꼭대기가 앙면(仰面)하므로 앙고혈[仰高]이라 하고, 입혈처(立穴處)가 평탄해야 참이다.</td></tr>
</table>

<table>
<tr><td rowspan="2">凭高穴
</td><td>穴在星頭之下，故曰憑高。要立穴處有平坦為真。</td></tr>
<tr><td>이 혈은 성두(星頭)의 아래에 있으므로 빙고혈[憑高]이라 하고, 입혈처가 평탄해야 참이다. 凭(빙): 기대다.</td></tr>
</table>

<table>
<tr><td>騎刑穴
</td><td>穴在龍脊上，故曰騎刑，要立穴處平坦為真。亦曰玄武吐舌。《吳公穴法》云：「玄武嘴長高處點，高處尋平坦。」楊公謂之地劫。《經》云：「地劫穴下原有嘴，玄武扛尸正謂此。退田筆動土牛走，其寔玄武長而已。雖長山水若橫闌，地劫翻然增福祉。」與壓殺穴同。</td></tr>
</table>

기형혈은 용의 등성마루[龍脊] 위에 있으므로 기형혈(騎刑穴)이라 하고, 입혈처(立穴處)가 평탄해야 참이다. 또 현무토설(玄武吐舌)이라 한다. 《오공혈법(吳公穴法)》에 이르길 '현무에 부리가 길면[嘴長:취장] 고처(高處)에 소점(所點)하고 고처(高處)가 평탄한 곳을 찾아야 한다'고 하였다.

양공(楊公)은 이를 일러 '지겁(地劫)'이라 하였다. 《경(經)》에 이르길 '지겁(地劫)은 혈 아래에 본래 부리가 있는 것이다. 현무(玄武)에 시신을 바로 메는 것을 바로 이를 이른 것이다. 퇴전필(退田筆)은 혈[土牛:토우]이 움직여 달아나는 것이다. 참으로[其實] 현무(玄武)가 길 뿐[長而已]이다. 비록 산수가 길어 횡란(橫闌)하면 지겁(地劫)에 불현 듯이[翻然;번연] 복지가 불어난다[增].'고 하였다. 압살혈(壓殺穴)과 같다.

地穴者，山勢如臥，星頭如仰，出脈、結穴、生暈皆低，朝應、龍虎四勢相等，明堂、水城件件應副。此是山水結聚於下，移上則散。其體有三：在山麓者即懸乳穴，在星體之下者即脫殺穴。其在正體之下，忌交劍水，如月形藏龜，所謂「水邊花發水中紅」者也，宜用粘法[599]。在平地之上，田之中者，即藏龜穴，宜用撞法。地穴就水而下，脈來宜急也。此穴得水近堂，若明堂端正，水合法度，求富甚快。

지혈(地穴)이란 산세(山勢)가 누운 것 같고 성두(星頭)는 위를 보는 것 같고, 맥이 나와 혈을 맺고, 훈이 생긴 곳은 모두 낮고 조응(朝應),용호(龍虎) 등 사세(四勢)가 대등하고[相等] 명당(明堂),수성(水城) 등 건건이[件件] 응하여 알맞다[應副:응부]. 이들은 모두 산수(山水)가 아래에 모여 혈을 맺는다. 위로 이동하면 체는 흩어진다. 그것들의 체는 3가지가 있다. 산록[山麓;산기슭]에 있는 것은 즉 현유혈(懸乳穴)이고, 성체(星體)의 아래에 있는 것은 즉 탈살혈(脫殺穴)이다. 그것들은 정체(正體)의 아래에 있는 것은 교검수(交劍水)를 꺼린다. 가령 월형장구(月形藏龜; 달의 형상은 거북이를 감춘 모양)으로 소위 '수변(水邊)에 꽃이 피어 물 가운데가 붉다'는 것이다. 이는 마땅히

599) 粘法(점법) : 서로 이어진다[點綴;점철]는 뜻이며, 맥이 웅장하고 급하여 성진(星辰)의 각하(脚下)에서 혈훈(穴暈)을 맺으면 점법(點法)을 사용한다. 낮은 곳에 천광(穿壙)하여 하관(下棺)하게 되므로 물이 날 것을 항상 염려해야 한다.

점법(粘法)을 사용한다. 평지의 위 논의 가운데 있는 것은 즉 장구혈(藏龜穴)로 마땅히 당법(撞法)을 사용한다. 지혈(地穴)은 물이 내려오는 아래를 취하여 내맥이 마땅히 급하다. 이 혈은 명당 가까이 물을 얻고 명당이 단정하면 물도 법도(法度)에 부합하고 부(富)를 심히 빨리[甚快;심쾌] 구할 수 있다.

懸乳圖 	懸乳穴在垂乳頭，粘山麓處結穴，宜用粘法，以綴杖600)下之。	현유혈(懸乳穴)은 유두(乳頭)에 드리워[垂]있고, 산록처(山麓處)에 붙어 혈을 맺은 것이다. 마땅히 점법(粘法)을 사용한다. 철장(綴杖)으로 하장하는 것이다.
脫殺圖 	脫殺穴在星體之下，離山脈處結穴。宜用粘法，以離杖601)下之。	탈살혈(脫殺穴)은 성체(星體)의 아래에 있고 산맥처(山脈處)을 벗어나 혈을 맺는다. 점법(粘法)을 사용하는 것이 마땅하다. 이장법[離杖]으로 하장한다.
藏龜圖 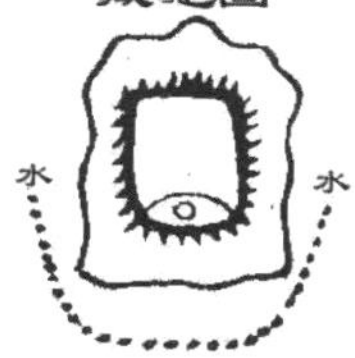	藏龜穴在平地，有微鉗微突處結穴，宜用撞法下之。	장구혈(藏龜穴)은 평지(平地)에 있고 미겸(微鉗)이나 미돌처(微突處)에 혈을 맺는다. 마땅히 당법(撞法)을 사용하여 하장한다.

< 그림 1-122 > 현유혈(懸乳穴)·탈살혈(脫殺穴)·장구혈(藏龜穴) 도(圖)

600) 철장(綴杖) : 식점법(寔粘法):후룡(後龍)은 곧고 강하며 도두(到頭)는 급(急)하여 살(煞)을 범하고 머무를 곳이 없으니 역장(逆杖)·개장(開杖)·천장(穿杖)의 법을 쓸 수 없다. 맥진처(脈盡處)에 내려가 육지(肉地:살찐 곳)가 있으면 맥에 붙여[粘脈] 방관(放棺)하여 객토(客土)를 하여 봉분을 만든다.(양균송의 12도장법 중 하나) ☞ 寔(식) : 두다.

601) 離杖(이장) : 이장은 맥(脈)을 벗어난 곳에서 혈처를 정하는 것이다. 내룡이 너무 급하여 멈추기 어렵다. 이러한 곳은 맥을 벗어나서 평탄한 곳에 혈처를 이루게 된다. 이러한 곳은 이장법을 사용해야 한다. 자칫 혈처를 안산으로 착각할 수 있다.

人穴者，山勢如坐，星頭不俯不仰，出脈、結穴、生暈皆不高不低，朝應、龍虎、四勢相等，明堂、水城件件[602]應副。此是山水結聚於中，移上移下皆散，唯一體，在山之腰，名藏殺穴，用撞法。若脈來急，用倚法[603]。人穴避風而下，來脈宜不緩不急。

인혈(人穴)이란 산세(山勢)가 앉아있는 것 같이 성두(星頭)는 구부리지도 쳐다보지도 않고 맥이 나와 혈을 맺었다. 생긴 훈(暈)이 모두 높지도 낮지도 않고, 조응(朝應),용호(龍虎),사세(四勢)가 대등하고[相等], 명당(明堂)과 수역(水城) 등이 응하여 알맞다. 이는 산수(山水)가 모여 결혈한 곳이 가운데 있다. 위아래로 이동하면 모두 흩어진다. 오직 하나의 혈[一體]이 산의 허리에 있어 장살혈(藏殺穴)이라 하여 당법(撞法)을 사용한다. 만약 내맥이 급하면 의법(倚法)을 사용한다. 인혈(人穴)은 바람을 피하여 하장하고 내맥은 마땅히 완만하지도 급하지도 않아야 한다.

<그림1- 123> 장살도(藏殺圖)

人穴唯此一格，在山之腰。脈來緩者，穴居其中，即撞法。脈來急者，穴居一邊，即倚法.穴不可太高，太高則為天罡穴，傷龍；不可太低，太低則為泥水穴，傷穴。天穴主貴，地穴主富，人穴有富有貴，此大概之言，不可信也。但貴地多高明，富地多沈[604]暗。高明多是天穴，沈暗多是地穴。蓋貴地其龍穴沙水自然清

602) 件件(건건) : 가지가지. 모두. 어느 것이나. 어떤 일이든지

603) 의법(倚法) : 섬살법(閃殺法)
맥의 세(勢)가 급(急)하고 직경(直硬)하면 직맥(直脈)의 옆에 작은 방맥(旁脈)이 있는 데 이에 기대고 앞은 마주 대하여(後靠朝對) 정맥 옆으로 붙여 하관[挨傍放棺]하는 장법이다.

604) 高明 : (학문·견해·기술·기능이) 빼어나다. 고명하다. 뛰어나다. ◦沈(침) : 가라앉다. 영락(零落)하여 드러나지 않다. 숨다.☞ 暗(암) : (눈에) 보이지 않다. 숨기다, 은폐하다.

秀，天穴山水擴，富地多臨田醮水，山不明，水不秀，而近於濁，亦自然之應也。凡高穴不可拘明堂，但要沙關攔[605]，穴上不見水出，或全不見水亦不妨。楊公云「高山不論水」。張紫瓊真人《穴法詩》云：「上停之穴家豪[606]強，賓主達特龍虎昂。高山不必問流水，時師休要泥明堂。」廖氏云「若是穴高明堂遠，只要有城轉。莫因此樣便疑心[607]，龍住乃為真」是也。

인혈(人穴)은 오직 이 일격일 뿐이다. 산의 허리에 있다. 내맥(脈來이 완만한 것은 혈이 완만한 가운데 있다. 곧 당법(撞法)으로 하장한다.
내맥이 급(急)한 것은 혈(穴)이 한쪽 변에 있다. 즉 의법(倚法)으로 하장한다. 혈이 태고해서는 안된다. 태고(太高)하면 천강혈(天罡穴)이 되어 용(龍)이 손상을 입는다. 태저(太低)해서는 안된다. 태저(太低)하면 니수혈(泥水穴)이 되어 혈이 손상을 입는다[傷穴:상혈]. 천혈(天穴)은 귀(貴)을 관장하고, 지혈(地穴)은 부(富)을 관장하고, 인혈(人穴)은 부(富)와 귀(貴)가 같이 있다. 이는 개략적[大概]인 말이다. 믿을 수 없다. 다만 벼슬을 하는 자리[貴地]는 높고 양명한 곳에 많고 부자의 자리는 숨어 드러나지 않는다[沈暗:침암].

높고 양명한 곳[高明]은 대부분 천혈(天穴)이고, 침암(沈暗)한 곳은 대부분 지혈(地穴)이다. 대개 귀지(貴地)는 용·혈·사·수(龍穴沙水)가 저절로 청수(淸秀)하고, 천혈(天穴)은 산수(山水)가 넓고[擴:확], 부지(富地)는 대부분 밭이 물에 잠기어 임(臨)하고 산(山)이 분명하지 않고 물은 빼어나지 않아 흐린 것에 가까워도 저절로 발응한다. 무릇 높은 곳의 혈[高穴]은 명당에 구애받지 않아야 하나 다만 사(沙)는 관란(關攔)을 해야 한다. 혈상(穴上)에서 물이 나가는 것이 보이지 않아야 한다. 혹 전부 물이 보이지 않아도 방해[妨;방]가 되지 않는다. 양공(楊公)이 이르길 '고산(高山)은 물을 논하지 않는다.' 고 하였다. 장자경(張紫瓊) 진인(真人)은 《혈법시(穴法詩)》에 이르길 '상정(上停)의 혈은 가문이 뛰어나 좋다[豪強:호강]. 빈주(賓主)가 특별히 갖추어지고[達特:달특] 용호(龍虎)가 높아 고산(高山)에는 흐르는 물을 물을[問流水] 필요가

605) 관란(關攔,관쇄(關鎖) : 수구(水口)을 산줄기나 산봉우리가 잠그듯이 막아 물이 흘러나가는 것이 보이지 않게 하고 외부도 보이지 않게 하며, 바람이 들어오는 것을 차단시키는 역할을 하는 것

606) 豪(호) : 우두머리. 빼어나다. 뛰어남. ☞ 强(강) : 우월하다. 좋다.

607) 疑心(의심) : 의심. 의심하다.~이 아닌가 하고 생각하다.

없다. 시사(時師)는 명당에 얽매지 말아야 한다[休要:휴요].' 고 하였다. 요공(廖氏)이 이르길 ' 만약 혈이 높고 명당이 멀면 다만 수성(水城)이 빙빙 돌아야 한다. 이러한 모양[樣:양] 때문에 곧 의심(疑心)하지 마라. 용이 머물면 곧 참이다.' 이라는 것이다.

제5절 삼정정혈(以三停定穴)

按《地理集解》云：「凡三停點穴之法，即天、地、人三才穴法也。當點穴之際，須仔細取諸山相稱，避凶殺，合法度，點裁[608]不可潦草[609]。若左右山低，應案又低，須就財祿而點地穴，不可貪遠山而點天穴與人穴，悞也。如點天穴、人穴，則左右山皆踏[610]倒在脚下。既踏落左右山、應案山在脚下，便是財山不上手[611]，定主資財耗散。況四山既低而穴獨高，必然孤露，便受風，主子息伶仃[612]孤寡。若左右山高大，應、案山亦高大，遮蔽前山，雖尋高處，見前山分明，合點天穴，不可怕穴高水跌。又玄武嵩長，反點人穴、地穴，俱為悞也。

살펴보니[按]

《지리집해(地理集解)》에 이르길 '무릇 삼정(三停)은 점혈법(點穴之法)으로 곧 천·인·지(天、地、人) 삼재혈법(三才穴法)이다. 당연히 점혈(點穴)을 할 때[際:제] 반드시 자세히(仔細) 제산(諸山)을 취하여 서로 균형을 유지하여[相

---

608) 截(절) : (긴 것을 일정한 길이로) 자르다. 끊다. 절단하다. ☞ 裁(재) : (옷을)마르다(치수에 맞게 자르다). 자르다. (옷을)짓다, 만들다.

609) 潦草(료초) : (글씨가) 조잡하다. (일을 하는 데) 허술하다.

610) 踏(답) : (발로) 밟다.나가다. (현장을) 답사(踏査)하다.

611) 하수사(下手砂) : 명당(明堂) 앞에서 흘러나가는 물을 거두어 주는 역할을 하고 있는 산이다. 즉 용호(龍虎)에서 국(局) 내부로 뻗어 나온 지각(枝脚)을 말한다. 위에 있는 지각을 상수사(上手砂)라 하고, 아래 있는 각(枝脚) 하수사(下手砂)라 한다. 결혈(結穴)은 대부분 상수사(上手砂)에서 만들어져 있다.

☞ 자리를 보는데 먼저 하수사(下手砂)를 보아라. (看地有 先觀下手砂) 또 하관이 기밀 한가? 아닌가? 를 보는 것이다(且看下關緊不緊). 대개 혈(穴)은 하수사와의 관계가 가장 밀접한(緊切) 것이니 하관이 있으면 결작(結作)을 한다. <출처> 『설심부 변와정해』 김상태 역주

612) 伶仃(영정) : 고독하다. 여위고 허약하다. 의지할 곳이 없다. ☞ 伶(영) : 영리하다(怜悧、伶俐--).외롭다. 하인 ◦仃(정) : 홀로 걷다. 힘없이 계속 걷다.

稱:상칭] 흉살(凶殺)을 피하여야 법도에 합당한다. 점혈(點穴)하고 재절(裁截 잘라 파서 마름질)하는 것을 허술하게[潦草;료초] 해서는 안된다.

만약 좌우에 산이 낮으면 응대(應對;상대하여 응함)하는 안산도 낮고 반드시 재록(財祿)을 취하여 지혈을 점혈해야 하나, 천혈(天穴)이나 먼 산을 탐내어[貪:탐] 인혈(人穴)로 점혈을 하면 잘못이다[悞:오]. 만약 천혈(天穴)이나 인혈(人穴)을 점혈(點穴) 좌우에 산이 모두 나아가 넘어져[踏倒:답도] 지각 아래에 있다. 좌우(左右)에 산이 나아가 낙맥하여[踏落] 안산에 대응한 지각이 아래에 있다. 곧[便:편] 재산(財山)이 위의 물을 거둘 수 없으면[不上手] (즉 상수사(上手砂)가 없어) 반드시 재산[資財]이 점점 흩어진다[耗散;모산].

하물며 사산(四山)이 이미 낮으나 혈은 홀로 높다만 반드시 외롭게 노출되어[孤露:고로] 곧[便;편] 바람을 받으면 자식(子息)은 과부와 고아가 나와[孤寡;고과] 의지할 곳이 없다[伶仃;영정].

만약 좌우 산이 크고 높으면, 응대하는 안산(應案山)도 크고 높아 앞산을 가리면[遮蔽;차폐] 비록 높은 곳을 찾아 앞산이 분명하게 보이는 천혈(天穴)에 점혈하는 것이 합당하면 혈이 높아 물이 떨어지는 것[水跌;수질] 두려워하지 않는다. 또 현무(玄武)의 부리[觜:자]가 길면 오히려 인혈(人穴)이나 지혈(地穴)에 점혈하는 것은 모두 그릇된 것이다.

如點人穴，則左右山，應、案山欺壓[613]過眼，主子孫頑鈍，福祿不旺。若點地穴，則左右山，應、案山壓倒穴場，主子孫衰絕，禍患頻並，久則人丁絕，財產敗盡。若左右山，應、案山不高不低，則當就財祿而點人穴為當，不可怕玄武長水跌而點地穴。其地穴雖是財祿不退，亦不能大興發，又且不耐久。況四山高壓，必不旺人。亦不可貪遠秀而悞點天穴。蓋天穴高而財祿低，主冷退財產，及離鄉敗絕。

예를 들어 인혈(人穴)에 점혈하면 좌우산(左右山)이 대응하는 안산(案山)은 얼핏 보아[過眼:과안] 억압하면[欺壓;기압] 자손(子孫)은 완고하고 우둔하고[頑鈍;완둔], 복록(福祿)이 왕성하지 않다. 만약 지혈(地穴)에 점혈하면 좌우

613) 欺壓(기압) : (권세를 믿고) 남을 압박하다. ◦**欺(기)** : 속이다. 업신여기다. ☞過眼((과안) : 잠깐 훑어보다. 잠깐 얘기하다. 얼핏 보다. 줄다. ☞ **冷(랭) : 쇠하다.** ◦**退(퇴) : 줄다.** 감퇴(減退)함.

산(左右山)이 대응하는 안산(案山)이 혈장(穴場)을 꼼짝 못하게 압도[壓倒]하면 자손(子孫)은 쇠하여 절손하고[衰絕;쇠절], 불행한 변고와 근심[禍患;화환]이 자주 따른다[頻並;빈병]. 오래되면 인정(人丁)이 끊기고 재산(財產)이 다 없어진다[敗盡;패진]. 만약 좌우산과 대응하는 안산(案山)이 높지도 낮지도 않으면 마땅히 재록(財祿)을 취하여 인혈(人穴)로 점혈하면 마땅하다. 현무(玄武)가 길지만 물이 건너면(물이 지나가 막으면)[跌:질] 지혈(地穴)에 점혈하는 것을 두려워하지 않아도 된다. 지혈(地穴)은 비록 재록(財祿)이 없어지지 않으나 역시 크게 재록을 일으킬[興發:흥발] 수 없고 또 오래가지 못한다[不耐久;불내구]. 하물며 **사산(四山)이 높아 억압하면[高壓] 반드시 인정이 왕성하지 않는다**. 또한 멀리 빼어남을 탐해서는 안되고, 천혈(天穴)에 점혈하는 것은 잘못이다. 대개 천혈(天穴)이 높으면 재록(財祿)이 적고 재산이 쇠하여 줄고[冷退;냉퇴] 고향을 떠나[離鄉:이향] 패절(敗絕)한다.

보의(補義;뜻을 보충)

右三停點穴之法，乃《地理集解》所著如此。愚按：穴法如銅人針灸，按穴而治，毫髮不差。有生成之龍，必有生成之穴，不可高一尺，不可低一尺，不可過於左，不可過於右。纔有過失，便乘氣不著，水蟻侵棺，傷龍傷穴，禍不可言。《集解》之說，似是而非。若無口訣[614]，必致有誤。三停取穴之法，專以左右山，朝、應山之高下而定之，不容不辨。《經》曰：「太高則露，太低則沈。」又曰：「高用[615]藏風，低莫失脈。」又曰：「高則傷龍，低則傷穴。」又曰：「高則犯罡，低則犯蕩[616]。犯罡則殺，犯蕩則絕。」是皆以[617]本山之有自然的定之所，穴當[618]高則高，穴當低則低，穴當中則中，不可移易。而左右之山與應案之山，自然相符，為盡善也。故曰「高低不用度前峰。」然亦不可拘泥天星，故

614) 口訣(구결) : 한문 문장의 이해를 돕고, 읽기 편하게 하기 위하여 한문 구절 아래에 달아 읽는 토

615) 用(용) : (~하는 것이) 필요하다. [주로 부정(否定)이나 반어(反語)에 많이 쓰임]

616) 蕩(탕) : 흐르게 하다. 물이 흐르게 함. ☞ 罡(강) : 언덕. 강하다(強--).꿋꿋하다.

617) 以(이) : 에 따라, ~에 의해서, ~대로

618) 當(당) : ~이라고) 간주하다. (~으로) 여기다. (~로) 삼다. ~라고 생각하다. 의당 ~여야 함

又曰「莫把羅經移上下，個中原自有高低。」豈可專泥左右與應對之山之高低定穴？故三停取穴，雖古人立法之精微，然尤不可按圖索驥[619]，但見一山垂乳而下，更不論其急峻頑硬，惟左右朝應之山高，則於高處扦穴，謬謂天穴；而左右朝應之山中平，便於山腰鑿穴，謬謂人穴；而四山低微，便於山腳鑿穴，而謬謂地穴以悞人也。

위에 삼정점혈법(三停點穴之法)은 곧 《지리집행(地理集解)》에서 이와 같이 나타낸 바이다. 우안(愚按)에서 혈법(穴法)은 동인(銅人)의 혈 자리에 침구(針灸)와 같이 혈의 맥을 집어 병을 다스리는 것과 같으므로 털끝만큼의 오차도 있으면 안된다. 생긴 용(龍)이 있으면 반드시 생성된(生成) 혈이 있으므로 일척(一尺)이 높아도 안되고, 일척(一尺)이 낮아도 안된다. 좌(左)에 지나쳐도 안되고, 우(右)로 지나쳐도 안된다. 조금이라도[纔;재] 과실(過失)이 있으면 곧 승기(乘氣)를 타지 못하고[不著:부저], 물 개미가 관을 침범한다. 용과 혈을 상하면 화(禍)는 말로 다 할 수 없다.

《집해(集解)》의 설(說)은 옳은 듯하나 그렇지 않다. 구결(口訣)이 없다면 반드시 그르침에 이른다. 삼정(三停) 취혈법(取穴之法)은 오로지 좌우산(左右山)과 조응(朝應)하는 산[안산]의 고하(高下)로 하여 비로소[而] 정하는 것이다. 허용하여 분별할 것이 없다. 《경(經)》에 이르길 ' 태고(太高)하면 (혈이) 노출되고 태저(太低)하면 비습[沈:침]한다.' 고 하였다. 또 이르길 ' 높으면 장풍(藏風)이 필요하고, 낮으면 맥(脈)을 잃지 마라.' 고 하였다. 또 이르길 ' 너무 높으면 (용을 침범하여) 용을 손상하고, 너무 낮으면 (맥이 연결되지 않아) 혈을 상한다[傷穴].' 고 하였다. 또 이르길 '높이 (굴착하면) 강한 곳을 침범하고[犯罡;범강], 낮으면 물이 흐르는 곳을 침범한다[犯蕩;범탕]. 강한 곳을 침범하면 맥을 죽이는 것[殺]이고, 흐르는 곳을 범하면[犯蕩] (맥이) 끊어진 것[絕]이다.' 고 하였다. 이는 모두 원래 산[本山]에 의해서[以] 자연적으로 정해진 바이다. 혈이 높으면 안산도 높아야 하고[高], 혈(穴)이 낮으면 안산도 낮고 혈이 가운데 있으면 안산도 가운데 있어야 하는 것을 바꿀[移易:이역] 수 없고 좌우(左右)의 산과 응대하는 안산[應案之山] 자연적으로 서로

619) 驥(기) : 천리마(千里馬) . 준마(駿馬: 빠르게 잘 달리는 말).뛰어난 인물(人物) 여기서는 진혈(眞穴) ☞ ~哉 : ~일 것인가. ~리오. 흔히.

부합되면[相符;상부] 가장 좋다[盡善]. 그러므로 이르길 '고저(高低)는 앞의 봉우리[前峰]를 헤아려 사용하지[用度] 않는다.' 고 하였으니 역시 천성이기[天星:천성(天星) 24위(位)]에 구애받을[拘泥;구니] 필요는 없다. 그러므로 또 이르길 ' 나경(羅經)을 잡고[把] 상하로 이동하지 말라[莫移上下].

이 가운데[個中] 원래 자연 고저(高低)가 있다 '고 하였다. 어찌 오로지 좌·우산과 응대(應對)하는 산의 고저에 얽매여 혈을 결정하는 가? 그러므로 삼정취혈법(三停取穴)은 비록 고인(古人)의 입법(立法)이 정미(精微)하나 더욱 산도에 의지하여[按圖:안도] 혈을 찾는 것[索驥;색기]은 다만 하나의 산에 유(乳)을 드리운 아래를 보고 급준(急峻) 한지 완경(頑硬)한지 다시 논할 필요가 없다는 것과 같다. 오직 좌우(左右)와 조응(朝應)하는 산이 높으면 높은 곳에 혈을 천장하고, 천혈(天穴)이라는 것은 잘못이고, 좌우(左右)와 조응(朝應)하는 산이 가운데 평탄하면 곧 산허리[山腰:산요]에 혈을 굴착(掘鑿)하여 천장하고 인혈(人穴)이라 하는 것은 잘못이고 사산(四山)이 낮으며[低微;저] 곧 산각(山腳)에 혈을 굴착하고[鑿穴] 지혈(地穴)이라고 하는 것은 잘못이고 사람을 속이는 것[以悞:이오]이다.

不知古人所謂三停者，其受穴處自然寬平容納，宛然窩、鉗、乳、突，無峻急危險之勢，特以四山而酌量其高下之準的爾，豈可於頑硬峻急之山以鑿壁立之穴哉！《地理集解》乃吳國師之裔吳晢所著，名曰《件目》，後人往往更改書名，一曰《直解》，一曰《指南》，一曰《快捷方式》，一曰《啟蒙掌心訣》，一曰《家傳口訣》。或作蘇氏著，或作張落魄著，或作鄧氏著，或作徐氏著，或作餘氏著，或作游氏著，皆非也。是皆愛之而擄為己有者也。吾邑方伯舒直庵公清嘗刻傳之。近鉛山餘員外公鉉又刻於蜀之長壽，傳於四遠。其書醇醨[620]相半，便於初學。今採其精者，插入諸論篇中。惟三停點穴之說甚悞，茲特辨正[621]云。前篇三勢定穴之法，乃以穴星為主，因穴星有坐、立三勢，則其氣之所聚亦因其勢而分天、地、人三等，此自然一定不易之理也。此篇三停取穴，乃以一山分三停，因四應之山高低，而隨其應之高低，以定穴之上下，必有自然窩鉗乳突坦，在心

620) 醇醨(순리) : 진한 술과 묽은 술. 인정(人情)이나 풍속(風俗)의 두터움과 옅음.
621) 辨正(변정) : 시비를 따져 바로잡다.

目之巧而審的之矣。

고인이 말하는 삼정이란 것[三停者]은 그것의 수혈처(受穴處)가 저절로[自然] 넓고 평평(平平)한 것[寬平:관평]을 받아들여 와·겸·유·돌(窩、鉗、乳、突)이 완연(完然)하고 준급(峻急)하여 위험(危險)한 세(勢)가 없어야하는 것을 모르고, 특히 사산(四山)으로 그 고하(高下)를 짐작하여 헤아리고 표준(標準)이나 목표(目標)[準的]로 삼을 뿐이다.

어찌 완경(頑硬)하고 준급(峻急)한 산에 벽같이 우뚝 서 있는[壁立:벽립] 혈을 굴착할 수 있을 가? 《지리집해(地理集解)》는 오국사(吳國師)의 후예(後裔)인 오석(吳晳)이 저술한 것[所著:소저]이며, 명(名)은 '《건목(件目)》이다. 후인(後人)들은 흔히[往往:왕왕] 다시 고쳐 서명(書名)으로 하나는 《직해(直解)》라고 하고, 또 하나는 《지남(指南)》이라 하고, 또 하나는 《쾌첩방식(快捷方式)》이라 하고, 또 하나는 《계몽장심결(啟蒙掌心訣)》이라 하고, 또 하나는 《가전구결(家傳口訣)》이라 하고 혹 소씨(蘇氏)의 저서라 하거나 혹 장낙백(張落魄)의 저서라 하거나 혹 등씨(鄧氏)의 저서라 하거나 혹 서씨(徐氏)의 저서라고 하거나 혹 여씨(餘氏)의 저서라 하거나 혹 유씨(游氏)의 저서라 하는 데 모두 그릇된 것이다. 이는 모두 글을 사랑하여 빼앗어[擄;노] 자기의 소유로 한 것이다. 오읍(吾邑)의 방백서(方伯舒) 직암공(直庵公) 청(淸)이 일찍이[嘗;상] 새겨 전하였다. 근래에 연산(鉛山) 여원외공(餘員外公) 횡(鋐)이 또 촉(蜀)의 장수(長壽)가 새겨 사원(四遠)에 전하였다. 그 책은 순리(醇醨)가 상반되나 곧 초학(初學)에서 이제 정수(精髓)한 것을 가려 여러 이야기를 '편중(篇中)'에 삽입(插入)하였으나 오직 삼정점혈(三停點穴)의 설은 너무 그릇되어[甚悞:심오] 곧[玆:자] 특별히 바로잡아[辨正:변정] 이르길 ' 전편(前篇)의 삼세정혈법(三勢定穴之法)은 곧 혈성(穴星)을 위주로 한다.

혈성(穴星)에서[因] 좌세(坐勢),면세(眠勢),입세(立勢)의 삼세(三勢)가 있으면 그 기(氣)가 모이는 곳도 혈성의 세에 따라 천지인(天、地、人) 3가지 등급[等]으로 나누어 이것은 자연(自然) 일정불변의 이치이다.

이 편[此篇:차편]에서 삼정(三停)에서 혈을 취하여 하나의 산에서 삼정(三停)을 나누어 사산(四山)이 응하는 고저(高低)에 따라 혈의 상하가 결정된다. 반드시 자연(自然)적으로 와겸유돌(窩鉗乳突)이 평탄한 것은 심목지교(心目之

巧)로서 확실히 살피는 데 있다.

<table>
<tr><td colspan="2"><그림1- 124> 삼정도(三停圖)</td></tr>
<tr><td>三停圖
</td><td>三停穴，要宛然窩坦，可藏車隱馬，乃是[622]真穴。若平坦在上，是上停穴；在山腰，是中停穴；在低處，是下停穴。正面天人地三穴：天穴登風而下，要有窩藏聚；人穴避風而下，要上不急，下不陡；地穴就水而下，要四山低，來勢猛。</td></tr>
<tr><td colspan="2">삼정혈(三停穴)은 와(窩)는 아주 뚜렷하게[宛然:완연] 평탄하여 차마(車馬)를 감출 수 있으면[藏車隱馬:장차은마] 곧 진혈[真穴]이다. 만약 평탄(平坦)한 곳이 위에 있으면 상정혈(上停穴)이고, 산허리에 있으면 중정혈(中停穴)이고, 낮은 곳에 있으면 하정혈(下停穴)이다.
정면(正面)에 천인지(天人地) 3혈(三穴)은
-천혈(天穴)은 바람을 받아서[登風:등풍] 하장을 하고 와(窩)에 (기가) 장취(藏聚)하여야 한다.
-인혈(人穴)은 바람을 피하여 하장하고 위가 급하지 않고, 아래는 깎아지르지 않아야 한다.
-지혈(地穴)은 물을 가까이하여[就:취] 하장하고 사산이 낮아야 하나, 내세는 강해야 한다[猛:맹].</td></tr>
</table>

<table>
<tr><td colspan="2"><그림1-125>측면삼재(側面三才)</td></tr>
<tr><td></td><td>側面三才，乃穴星側面處有窩坦。在高曰天穴，在中曰人穴，在低曰地穴。俱要立穴處不峻，有窩坦為真。側坡天人地三穴：側坡[623]亦有三格，與正面穴法相同，皆要生成窩泡方是，若免強鑿穴則非也。</td></tr>
</table>

측면삼재(側面三才)는 곧 혈성(穴星)의 측면(側面)인 곳에 와(窩)는 평탄하고

622) 乃是(내시) : 즉 ~이다. 곧 ~이다.
623) 坡(파) : 고개. 제방. 언덕. ➔免(면) : 허락하다. 용서함. 벗어나다.

높이 있는 것을 천혈(天穴)이라 하고, 중간에 있는 것을 인혈(人穴)이라 한다. 낮은 곳에 있는 것을 지혈(地穴)이라 한다. 모두 입혈처(立穴處)가 준급하지 않고 와(窩)가 평탄해야 진혈이 된다. 언덕의 측면[側坡:측파]에 천인지(天人地) 3혈(三穴)에 측파(側坡) 역시 삼격(三格)과 정면혈법(正面穴法)이 서로 같고 모두 와(窩)에 포(泡)를 이루어야 비로소 혈이 옳다고 한다[是]. 억지로 혈을 글착하면 (진짜 혈)이 아니다.

張子微《玉髓经》云：「勸君不必論三才，但要天然穴自在。」蔡西山《發揮》云：「三才論穴，此乃術人遷就以玩624) 俗人要求财物。其说以爲得625)若干則與扦天穴，若干則與扦人穴，倘償不到，则與扦地穴。世俗不惟昏愚626)者以爲然，高明者亦或然之。不知穴法乃天造地設，不可遷易。雖或有回避惡殺，或有貪見前面山水爲之高下者，亦是天然宜高宜下，非人力所能遷就也 但有一星而止結一穴者，有結二穴三穴俱可下者，如婺源王知縣祖地、麻城黄副憲祖地，可下三穴，然終歸重627)於一穴為正耳。二圖俱下。

장자미(張子微)는 《옥수경(玉髓經)》에 이르길 ‘여러분에 권하니 반드시 삼재(三才)를 논할 필요가 없다. **다만 자연 그대로[天然:천연] 혈이 저절로 있어야 한다.**’고 하였다. 채서산(蔡西山)은 《발휘(發揮)》에서 이르길 ‘혈에 삼재(三才)를 논하는 것은 이는[此乃] 음양가(陰陽家)[術人]들이 (혈을) 취하여 옮기고자 하는[遷就:천취] 속인에게 수단을 사용하여[以玩;이완] 재물을 요구(要求)한다.’고 하였다. 그 설(說)을 인정하여 약간 이루지면 천혈(天穴)에 천장하여 주고[與扦;여천], 또 약간 이루어지면 인혈(人穴)에 천장하여 주고, 만약[倘;당] 보답[償;상]이 이루어지지 않으면 지혈에 천장을 하여[與扦](보상에 따라서 결정) 세속에서 오직 우매한 사람만이 그렇게 생각하는[以爲然] 줄 알았는데 고명(高明) 사람도 역시 그러하다. 혈법(穴法)은 곧 천

624) 玩(완) : 업신여기다. 얕보다. 부당한 방법 또는 수단 등을 쓰다. ➜ 遷就(천취) : 옮겨가다. 끌려가다. ☞ 以爲(이위) : **생각하다**. 여기다. 알다. **인정하다**. ◦若干(약간) : 약간. 얼마간 ◦與(여) : **주다**, 허락하다(許諾),간여하다(干與), 간섭하다(干涉)
625) 得(득) : 얻다. 깨닫다. 만나다. 알맞다.
626) 昏愚(혼우) : 우매하다 ◦爲之(위지) : 그것 때문에. 그것으로 인해. 그것을 위하여.
627) 歸重(귀중) : 중요한 곳을 좇음. 한곳으로 모이다.◦於(어)~ : ~에. ~에게 있어서. ~에 있어서는. ~로부터

지조설(天造地設)로 알 수 없어 쉽게 옮길 수 없다. 비록 혹 악살(惡殺)을 피하여도 혹 전면에 보이는 산을 탐내는 것은 고하(高下) 때문이며[爲之] 또한 천연적(天然)으로 높고 낮은 것이 마땅하고[宜高宜下], 인력으로 (무원칙적으로) 절충(折衷;조절하여 알맞게 하다)할 수 있는 것은 아니다. 다만 한 봉우리[一星] 이나[而] 하나의 혈을 맺어 끝났을 수 있고, 2.3개 혈을 함께 맺어 하장할 수도 있다. 가령 무원(婺源)의 왕지현(王知縣) 조지(祖地)와 마성(麻城)의 황부헌(黃副憲) 조지(祖地)[<그림1- 127 >]는 3혈을 하장 할 수 있으나 마침내 하나의 혈에 역량이 크면 정혈이 될 뿐이다. 2개 그림은 아래 있다.

此地在新安，土名赤山，系蛇形。初葬下穴，出莆田主簿，敗。又一家葬中穴，出莆田縣丞，敗。王氏得之，葬上穴，出貴亦莆田知縣。天地人三穴皆官莆田，是分野之應也。三穴以王氏為正穴。

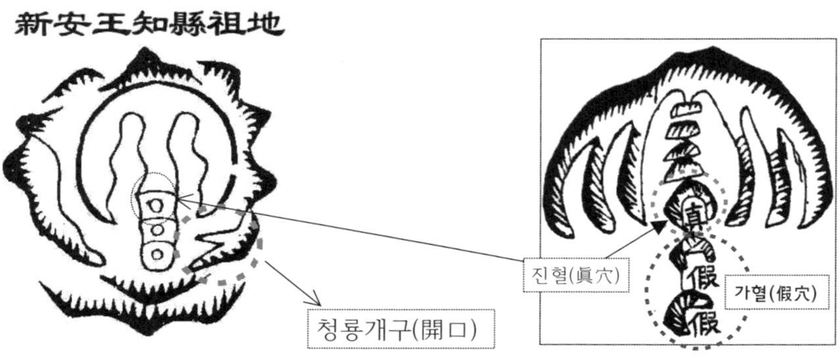

<그림1- 126 > 신안왕지현조지(新安王知縣祖地)628)

<그림1- 126 > 의 자리는 신안(新安)에 있고 토명(土名)은 적산(赤山)이며,

628) 청룡이 개구(開口)하여 백호를 무는 것을 꺼리고 백호가 개구하여 청룡을 무는 것을 꺼린다. 혹 청룡 머리가 특별히 솟아 혈(穴)을 뒤돌아보지 않고 개구(開口)하여 백호를 물고, 혹은 백호 머리가 특별히 솟아 혈을 뒤돌아보지 않고 개구하여 청룡을 물어, 물 것 같은 형세이면 크게 흉하다.(龍忌開口而噬虎。虎忌開口而啣龍。或龍頭自起不顧穴開口啣虎。或虎頭自起不顧穴開口啣龍。有欲噬之勢。大凶) <출처>『풍수보감』
☞ 欲(욕) : 하고자 하다. ~할 것 같다. ◦ 啣(함) : 입에 물다.

사형(蛇形)에 연계시켜[系] 처음에 아래의 혈에 하장[葬下穴]하고 포전(莆田)에 태어나 주부(主簿)가 되어 실패하였다. 또 한 가문[一家]에서는 가운데 혈에 장사하고 포전(莆田)에서 태어나 현승(縣丞)이 되어 망하였다. 왕씨(王氏)가 상혈을 득하여 하장하고 벼슬을 하는 사람이 태어나 역시 포전에 지현(知縣)을 하였다. 천인지(天地人) 삼혈(三穴)은 모두 벼슬이 포전이었고 분야의 발응이다. 삼혈(三穴)은 왕씨(王氏)를 정혈(正穴)으로 여긴다.

左地在縣西四十里萬人厓。入首水星，結天地人三穴，以中穴為正。九曲水朝，秀峰特立[629]。出副憲公卷及　公，官州守；解元公海宇。福祉方隆。以龍勢、水法、朝對論之，真合座氣象也。

<그림1- 127 > 신안왕지현조지(新安王知縣祖地)

<그림1- 127 > 의 자리는 현서(縣西) 40리에 있고 지명은 만인애(萬人厓)이다. 입수(入首)에 수성(水星)은 천지인(天地人)의 3혈을 맺었다.
가운데 혈이 정혈이다. 구곡수(九曲水)가 흘러들고[朝] 빼어난 봉우리[秀峰]가 특별히 뛰어나[特立]. 부헌공(副憲公) 권(卷)이 태어나 공(公)이 벼슬은 군수(州守)이었고, 해원공(解元公)은 해우(海宇)가 태어났다. 복지(福祉)가 사방에 융성하다. 용세(龍勢)、수법(水法)、조대(朝對)로 논하면 진실로 좌(座)에 기(氣)의 형상[象]이 모인다.

청룡개구 (青龍開口)	백호개구 (白虎開口)

629) **特立(특립)** : 여럿 가운데서 특별히 뛰어남. 홀로 우뚝 서다. 뛰어나다.

제6절 사살정혈(以四殺定穴)

四殺者，藏殺、壓殺、閃殺、脫殺也。廖公云：「點穴必先分四殺，留心莫亂挖。」所謂殺者，即尖利[630]與直硬之總名。故云「惡殺無過直與尖，真個得人嫌。」然亦有二說：一是來脈入首結穴處帶殺，一是穴星及左右龍虎山帶殺，皆當以此四殺法定穴。凡來脈悠揚[631]和緩，不直不急，不硬不峻，則下藏殺穴即撞法也；來脈直下吐出尖利急硬之形，不可回避，又難剪除[632]，則下壓殺穴即蓋法也；來脈直出頭尖，不可粘脫，四勢中聚，則下閃殺穴即倚法也；來脈急，山勢峻，應下聚，則下脫殺穴即粘法[633]也。此以來脈之四殺定穴也

사살(四殺)이란 장살(藏殺),압살(壓殺),섬살(閃殺),탈살(脫殺)이다. 요공(廖公)이 이르길 ' **점혈(點穴)**은 반드시 먼저 사살(四殺)을 구별해야[分] 하고, 조심하여[留心] **난잡하게 파내지**[亂挖;난알] **마라.**'고 하였다. 이른바 살(殺)이라는 것은 곧 **날카롭고**[尖利] **단단하고 곧은 것**[直硬]**의 총칭**[總名]이므로 이르길 ' 악살(惡殺)은 곧고 뾰족한 것에 불과(不過)하여 정말로[真個:진개] 사

630) 尖利(첨리) : 날카롭다. 몹시 영리하다. 예리하다 ◦真個(진개) : 정말로. 실로. 확실히
631) 悠揚(유양) : 멀고 아득하다. 소리가 높아졌다 낮아졌다 하다. 유연함
632) 剪除(전제) : (악인·나쁜 세력 따위를) 잘라내다. 제거하다 ◦脫(탈) : 거칠다. 소략함.제거하다.
633) **점법(粘法)/ 철법(綴法)/ 접법(接法)/ 포법(抛法)**

- 점법(粘法)은 기가 급하게 와서 낮은 곳의 맥을 이어 붙어 하관[就低粘綴放棺]하는 장법이다.
- 철법(綴法)은 본체가 이미 끝난 곳에 있고 기운이 경급(硬急)하여 벗어나서 탄다.
- 접법(接法)은 성체가 이미 이루어졌고 또 달리 작은 형상[微形]이 생겨 이미 기운이 다하고 또 온다.
- 포법(抛法)은 성체가 이미 이루어졌고 또 달리 갖추어 형태를 이룬다.

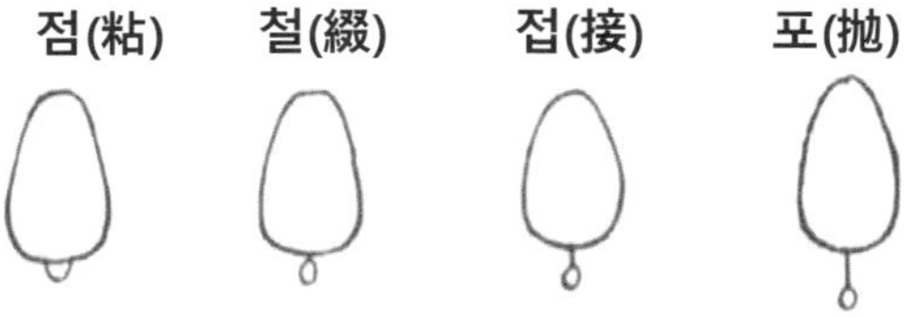

<그림 1-128 > 점(粘)·철(綴)·접(接)·포(抛). <출처>『地理啖蔗錄』

람이 알면[得] 싫어한다[嫌;혐].' 고 하였다. 그러나 또 2설(二說)이 있다. 하나는 내맥(來脈)이 입수(入首)하여 혈을 맺는 곳에 살을 띤 것[帶殺]이고, 하나는 혈성(穴星)과 좌우(左右)의 용호산(龍虎山)이 살을 띤 것[帶殺]으로 모두 마땅히 이것들은 사살법(四殺法)으로 혈을 정하는 것이다.

√ 장살법(藏殺法) : 살(殺)이 감추어진 보국(保局)의 중심에 점혈하는 법 무릇 내맥(來脈)이 부드럽고[和緩;화완] 유연하여[悠揚;유양] 곧지도 급하지도 않고[不直不急] 굳세고 험준하지 않으면[不硬不峻] 장살혈(藏殺穴)로 하장하는 것이 당법(撞法)이다.

√ 압살법(壓殺法) : 개법(蓋法)을 사용
내맥(來脈) 바로 아래[直下:직하]는 첨리(尖利)하고 급경(急硬)한 모양이 드러나[吐出:토출] 회피할 수 없고 또 제거하기 어려우면[剪除:전제] 살(殺)이 보이지 않는 위쪽에 혈을 정하는 법. 압살혈(壓殺穴)로 하장하는 것이 개법(蓋法)이다.

√ 섬살법(閃殺法) : 살(殺)이 없는 쪽으로 혈을 정하는 법[倚法]
내맥(來脈)이 곧게 나와 도두가 뾰족하면[直出頭尖:직출두첨] 거칠어 붙일[粘脫:점탈] 수 없고, 사세(四勢)가 모이는 가운데[中聚:중취] 섬살혈(閃殺穴)로 하장하는 것이 의법(倚法)이다.

√ 탈살법(脫殺法) : 점법(粘法)을 사용 즉 흉살을 피하여 내맥(來脈)에 붙이듯이 정혈한다. 내맥(來脈)이 급하고[急:급] 산세(山勢)가 험하면[峻:준] (혈을 맺을 수 없어) 내맥 아래에 사신사가 응하여[四應] (기가) 모이면 탈살혈(脫殺穴)로 하장하는 것이 점법(粘法)이다. 이들은 내맥(來脈)의 사살(四殺) 때문에[以] 혈을 정하는 것이다.

其穴星左右兩脚下, 及近穴兩邊龍虎山皆圓淨, 並無尖直, 謂之神殺藏伏, 穴宜居中，則下藏殺穴與撞法相似[634]，但此以形言，彼以脈言也。穴星左右或脚下尖直，及兩邊龍虎之山有尖直，謂之神殺出現，穴宜高處。董氏云：「高則群凶降伏」，宜下壓殺穴，謂之騎刑破殺與蓋法相似，但此以形言，彼以脈言也。穴星及龍虎山，或左或右有尖直，謂之神殺偏露，穴直挨圓淨一邊，謂之趨吉避凶，當下閃殺穴，閃惡脈以就吉氣，脫凶而葬與倚法相似，但此以形言，彼以脈言也。穴星形勢峻急，左右低下，謂之神殺奔竄，穴居低，當下脫殺穴。有四體，皆以應樂為証佐也。轃星脚為綴穴，下一位[635]為粘穴，並以後山為穴星。粘穴下一位為接穴，又下一位為抛穴，並以後山為龍格，

-혈성(穴星)의 좌우(左右) 양각(兩脚) 아래와 혈 가까이 양변(兩邊)이나 용호산(龍虎山)이 모두 원정(圓淨)하고 아울러 곧고 뾰족한 것이 없으면 이를 신살장복(神殺藏伏)이라 한다. 혈은 마땅히 가운데 있으면 장살혈(藏殺穴)로 하장하고 비슷하여 당법(撞法)을 사용한다. 다만 이것은 형세를 말한 것이고, 먼저는 내맥을 말한 것이다.

-혈성(穴星)의 좌우나 양각 아래가 곧고 뾰족하여[尖直:첨직] 양변용호(兩邊龍虎)의 산이 뾰족한 것은 신살(神殺)이 나타난 것이고 혈은 의당 높은 곳이 마땅하다. 동씨(董氏)가 이르길 '혈이 높으면 많은 흉살[群凶]은 항복(降伏)한다.' 고 하였다. 마땅히 압살혈(壓殺穴)로 하장하여 살(殺)을 무너뜨리는 것[破殺:파살]은 기형법(騎刑)과 개법(蓋法)과 비슷하다. 다만 이는 형세를 말한 것이고 먼저는 내맥을 말한 것이다.

-혈성(穴星)과 용호산(龍虎山)이 혹 좌나 우가 곧고 뾰족한 것을 신살편로(神殺偏露)라 하고 혈(穴)은 (혈성이나 용호가) 곧으면 원정(圓淨)한 한변(一邊)에 의지하는 것을 추길피흉(趨吉避凶)이라 한다. 마땅히 섭악맥(閃惡脈)은 섬살혈(閃殺穴)로 하장하여 길기(吉氣)를 취하여[以就] 흉살을 벗어나는 장법과 의법(倚法)은 비슷하다. 다만 이것은 형세를 만한 것이고 저것[彼]은 내맥을 말한 것이다.

- 혈성(穴星)의 형세(形勢)가 준급(峻急)하고 좌우(左右)가 낮은 것을 신살분찬(神殺奔竄)이라 하고 혈이 낮게 있으면 마땅히 탈살혈(脫殺穴)로 하장한

634) 相似 (상사) : 닮다. 비슷하다.
635) 位(위) : 무덤, 신위, 귀신, 위패 등을 세는 단위, 왕위, 학위, 단위(單位) 등 다양한 분야에서 사용됩니다.

다. 사방에 물체[四體]가 있으면 모두 응락(應樂)하여 증좌(証佐)가 된다. 봉우리의 지각에 (기가) 모이면[輳星腳:주성각] 철혈(綴穴)이라 하고, 그 아래 1위(一位)는 점혈(粘穴)이 되고 아울러 후산(後山)을 혈성(穴星)으로 한다. 점혈[粘穴] 아래 일위(一位)는 접혈(接穴)이 되고, 또 접혈 아래 일위(一位)는 포혈(抛穴)이 되고 아울러 후산(後山)을 용격(龍格)으로 삼는다.

平坡為穴星。而接拋二體，須是[636]有酥在盞之象者方可。不然，則易致脫脈，或泥水穴，及鱉裙絕[637]等穴也。又皆忌交劍水，用土培接，使流兩邊方可略與粘法相似，但此以形言，彼以脈與星言也。此穴星與龍虎帶殺，而以四殺法定穴也。圖具下：

평지 언덕이 혈성(穴星)이 되고 접혈(接穴)과 포혈(拋穴) 2체는 반드시 술[酥;소]과 잔(盞)이 있는 형상이 있어야 비로소 가능하고 그렇지 않으면 탈맥(脫脈)하기 쉬워 혹 니수혈(泥水穴)이 되거나 별군절(鱉裙絕) 등의 혈이 된다. 또 모두 교검수(交劍水)를 꺼려 엇갈리게[接] 배토(培土)를 하여 양변으로 흘러가게 하여야 비로소 간략하게 하는 것이다. 점법(粘法)은 비슷하다. 다만 이는 형(形)을 말로 한 것이고 저것은[彼] 내맥과 성신을 말한 것이다. 이 혈성(穴星)과 용호(龍虎)가 살(殺)을 띠면 사살법(四殺法)으로 혈을 결정한다. 그림은 아래에 있다.

廖公云：「兩邊圓淨名全吉，藏殺穴第一。無饒無減穴居中，妙用奪神功。」穴星左右兩腳下皆圓淨，並無尖直，來脈和緩，結穴自然，故曰藏殺。

요공(廖公)이 이르길 ‘양변(兩邊)이 원정(圓淨)하면 모두 좋아 장살혈(藏殺穴)이 제일(第一)이라 한다. 용호의 요감(饒減)이 없으면 혈은 가운데 있고, 신묘(神妙)한 작용(作用)[妙用]은 탈신공(奪神功)에 있다.’고 하였다.

---

636) 須是(수필시) : 반드시 ~해야 한다. 꼭 ~하지 않으면 안 된다. 아마[대개] ~일 것이다.

637) √ 평평하고 넓은 것을 별군(鱉裙)이라 하고, 배후의 형세가 평평하고 점점 아래로 넓어지는 것을 별군절(鱉裙絕)이라 한다(平而簿者曰鱉裙 背勢平而漸下漸薄 謂之鱉裙絕). <출처>『지리담자록』

√별군(鱉裙)은 산각(山脚)의 평평한 곳[坪;평]에 모양[形]이 별군(鱉裙)과 같은 것이다. 진기(眞氣)가 이르지 않아 잘못 알아 하장하면 사람을 죽인다[絶人]. <출처>『인자수지』

<그림1- 129 >장살혈(藏殺穴)

혈성(穴星)이 좌우(左右) 양각(兩脚) 아래가 모두 원정(圓淨)하고 아울러 곧고 뾰족하지 않고 내맥(來脈)이 부드러우면[和緩:화완] 자연적으로 혈을 맺으므로 **장살혈**(藏殺)이라 한다.

<그림1- 130 > 압살혈(壓殺穴)

廖公云：「穴下如生直尖腳，壓殺穴宜作。騎刑高下自無凶，挨金法一同。」穴星左右或腳下尖直，來脈結聚於上，以其穴在高處，故曰壓殺穴。

요공(廖公)이 이르길 ' 혈 아래가 곧고 뾰족한 것이 다리에 생겼으면[如] 마땅히 **압살혈**(壓殺穴)로 하장하고, 기형(騎刑)이 높으면 아래 자연 흉이 없어 **애금법**(挨金法)과 같다.' 고 하였다. 혈성(穴星)이 좌우(左右)나 혹 다리 아래에 곧고 뾰족하면[尖直] 내맥(來脈)의 위에 모여 혈을 맺는다. 그 혈이 높은 곳에 있으므로 압살혈(壓殺穴)이라 한다.

廖公云：'氣脈直來形勢急，脱殺穴宜立。須知粘穴落平夷[638]，休嫌穴水泥[639]。

638) 平夷(평이) : 평평한 것

639) 휴혐혈수니(休嫌穴水泥) 。嫌(혐) : 싫어하다. 역겨워하다. 꺼리다. ☞ 休(휴) : 그만두다, 말다, 금지하다(禁止--) . ☞ 泥(니) : 진흙, 진창(땅이 질어서 질퍽질퍽하게 된 곳).
√혈이 너무 낮아서는 안된다. 너무 낮으면 니수(泥水)라 한다[穴不可太低 太低謂之泥水] 낮은 혈에 장사를 하면 곧 혈을 상하게 되고 그 화는 더디다.[葬穴低則傷穴 其禍遲] 혈이 너무 높으면 천강이라 한다[太高謂天罡]. 높은 혈에 장사를 하면 용을 상하게 하여 그 화

' **穴星形勢峻急，左右低下，穴居低處，故曰脱殺穴。**

<그림 1- 131 > 탈살도(脫殺圖)

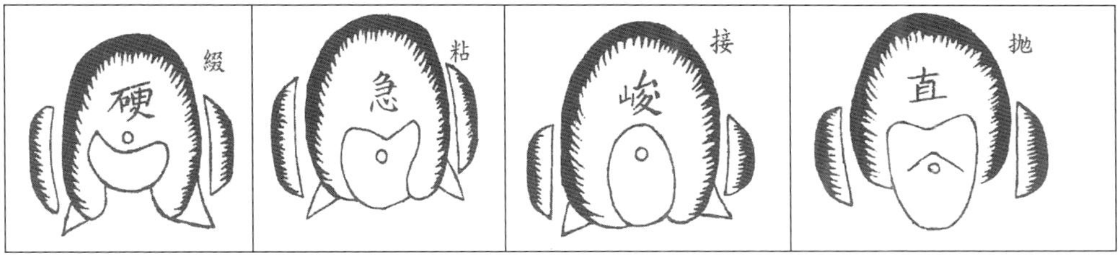

요공이 이르길 '기맥(氣脈)이 직래(直來)하고 형세(形勢)가 급하면 탈살혈(脫殺穴)로 입혈하는 것이 마땅하다. 반드시 낙맥하여 평평한 곳에 점혈을 해야 하는 것을 알아야 하고 **혈이 낮다**[水泥] ' 고 꺼리지 마라[休嫌:휴혐]. **혈성**(穴星)**은 형세**(形勢)**가 준급**(峻急)**하면** 좌우(左右)가 낮은 아래에 혈이 낮은 곳에 있으므로 **탈살혈**(脫殺穴)이라 한다.

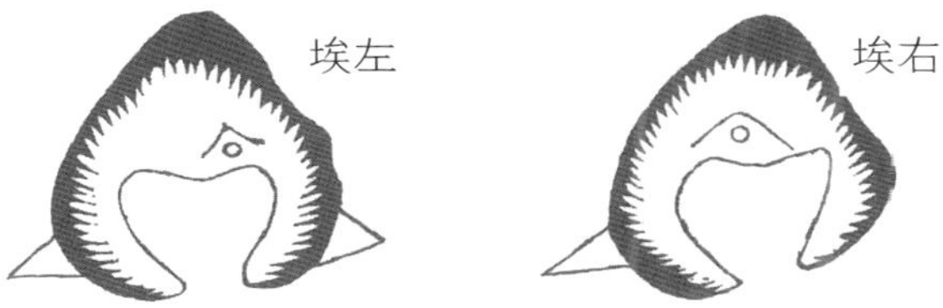

<그림 1- 132 > 섬살도(閃殺圖)

廖公云：'一邊尖直來相從[640]**，閃殺穴宜用。從來来倚脉亦如然，莫道穴居偏。' 穴星或左或右有尖直，穴挨圓凈，躲在一邊，故曰閃殺。**

는 빠르다[葬穴高則傷龍 其禍速]. <출처> 『地理啖蔗录』卷四

640) 相(상) : 따르다. 이끌다.◦從(종) : 따르다. 나아가다, 다가서다.

☞섬살혈(閃殺穴):살기를 피하여 예상하지 못한 곳에 숨어 맺힌 혈. cf) 의법(依法) : 맥의 세(勢)가 급 (急)하고 직경(直硬)하면 의법(倚法)을 써서 좌우(左右)에 치우쳐 의지해야 하고 살 맥(煞脈)에 손대면 안 된다. 섬살혈(閃煞穴)과 같다. <출처> 민중원 풍수학회

요공(廖公)이 이르길 '한 변이 뾰족한 것[尖:첨]이 곧게 따라오면[相從:상종] 섬살혈(閃殺穴)로 사용하는 것이 마땅하고, 따라온 맥을 의지하여도 이와 같으면[如然:여연] 혈이 치우쳐 있다고 말하지 마라[莫道:막도]' 고 하였다. 혈성(穴星)이 혹 좌(左)나 우(右)가 뾰족하고 곧으면[尖直;첨직] 혈(穴)은 (첨직을) 피하여[躲;타] 원정(圓淨)한 데 의지하여 한 변에 있으므로 섬살혈(閃殺穴)이라 한다.

제7절 자웅정혈(以雌雄641)定穴)

楊公云「雌雄十道與東西，料想642)時師總不知。下穴只圖盤局好，不知座下有高低不必度前峰，一氣衡和聚散中。識得毫厘無差謬，須知坐下有雌雄。」皆明雌雄穴法，只在聚散中定耳，上氣散則正氣必下聚結雌穴，下氣散則正氣必上聚結雄穴。所謂雌雄猶高低也。

양공(楊公)이 이르길 ' 자웅(雌雄)은 십도(十道)와 동서(東西)로 추측한다[料想:요상]. 시사(時師)는 전반적으로 혈에 하장하는 것을 모른다.

다만 그림[圖]의 반국(盤局)을 좋아하여 좌하(座下)에 고저(高低)가 있는 것을 모르고, 필요하지 않는 앞에 봉우리[前峰]에 일기(一氣)의 충화(衡和)를 헤아려 취산(聚散)한 가운데 오류[誤謬;差謬(차류)]가 지극히 적은 것[毫厘;호리]도 없음을 인식하여 알고 있다[識得:식득]. 반드시 좌하(坐下)에 자웅(雌雄)이 있는 것을 알아야 한다.'고 하여 모두 자웅혈법(雌雄穴法)을 밝힌 것이다. 다만 취산(聚散) 가운데 정할 뿐이다. 위에서 기가 흩어지면 바른 기는 반드시 아래에 모여 음혈[雌穴:자혈]을 맺는다. 아래에서 기가 흩어지면 바른 기는 반드시 위에서 모여 양혈[雄穴:웅혈]을 맺는다. 이른바 자웅(雌雄)은 고저(高低)가 비슷하다.

641) 雌雄(자웅) : 자웅은 배합을 말한다. 산과 물을 자웅에 비유하여 설명한다. 산(山)은 陰에 속하고, 水는 陽에 속한다. 그러므로 山水가 마주함에 자웅(雌雄)이 있는 것이다. 또 龍과 穴, 주산과 객산 등 다양한 자웅관계가 전제된다. 양룡(陽龍)은 음혈(陰穴)을 취하고, 음룡(陰龍)에는 양혈(陽穴)을 취한다. <출처> 『풍수학사전』, 김두규, p424

642) 料想(요상) : 예상하다. 추측하다. 짐작하다.

凡雄穴上聚者，多結穴高憑[643]。繞穴四山俱高，穴坦，星勢立，上聚下散，即天穴也。

<그림1- 133 > 상취혈(上聚穴)

무릇 양혈[雄穴;웅혈]은 위에 모인 것은 대부분 결혈(結穴)이 높은데 의탁한다[高憑(고빙)]. 혈을 감싸는[繞穴:요혈] 사산(四山)은 모두 높고[俱高:구고], 혈은 평탄(穴坦)하며 성신[星]은 입세[勢立]이므로 위에서 기가 모이고 아래에서는 흩어진다. 곧 **천혈**(天穴)이다.

<그림1- 134 > 하취혈(下聚穴)

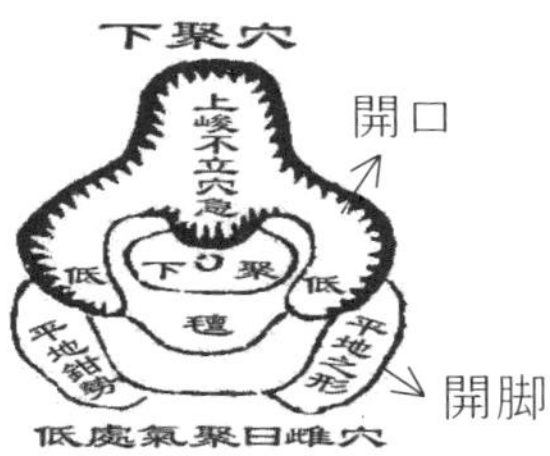

凡雌穴下聚者，多結粘穴、綴穴、脫殺穴。四山俱低，而穴多氈褥，上散下聚，穴星急，勢臥，即地穴也。

무릇 음혈[雌穴;자혈]은 아래에서 모이는 것으로 대부분 **점혈**(粘穴),**철혈**(綴穴),**탈살혈**(脫殺穴)로서 사산(四山)이 모두 낮고 혈은 대부분 전욕(氈褥)이 있다. 위에서는 기가 흩어지고 아래에서는 모인다. 혈성(穴星)은 급하고 와세[勢臥]이므로 곧 지혈(地穴)이다.

제8절 요감정혈(以饒減定穴)

요감(饒減)이란 보태고 감한다는 뜻으로 부족한 곳은 요(饒;보태고)하고 넉넉한 곳은 감(減:빼다)하여 혈을 정하는 것

饒減者，消長陰陽之義，收左右沙水顧穴也。大抵以先到[644]者為主，而以逆水

643) 憑(빙) : 의지하다. 의탁하다. 기대다.
644) 先到(선도) : 먼저 도착한 청룡이 크면 청룡이 선도한 것이고, 백호가 크면 백호가 선

下關爲是[645]，多在龍虎二山消息[646]之。故龍山先到則減龍而饒虎，其穴必居左；虎山先到則減虎而饒龍，其穴必居右。穴左則取左山為關，須右邊水過宮鎖斷；穴右則取右山為關，須左邊水過宮鎖斷。自上而下謂之饒，自下而上謂之減。又云多者為減，少者為饒。而饒減亦謂之順逆。古云「正受曰順，斜下曰逆。」在急緩脈上分別。當逆而順則生蟻，當順而逆則濕壞。脫氣則木根生入，傷龍則骨乾壞而微赤。若直下不折，則骨乾淨而生白鮮。

요감(饒減)이란 음양이 줄고 늘어남[消長陰陽(소장음양)]의 뜻으로 좌우의 사수(沙水)를 거두어 들여 혈을 돌아보는 것이다. 대강[大抵] 선도(先到)하는 용호를 위주로 하고, 하관(下關)을 역수(逆水)하는 것이 옳다고 여긴다[為是]. 대부분 용호(龍虎) 2산(二山)이 변화하는데[(消息:소식)] 있으므로 용산(龍山)이 선도(先到)하면 용(龍)을 감하고(減:감), 호(虎)를 넉넉하게[饒:요]하여 그 혈은 반드시 좌룡(左龍)에 있고, 호산(虎山)이 선도(先到)하면 호산(虎山)을 감하고 용산(龍山)을 넉넉하게 하여 그 혈은 반드시 오른쪽 백호에 있다. 혈이 좌룡(左龍)에 있으면 좌산(左山)을 취하여 물을 거두는 것[關:관]으로 한다. 반드시 오른쪽의 물[右邊水]이 본궁을 지나[過宮] 끊어 막아[鎖斷:쇄단] 혈이 백호에 있으면 우산(右山)을 취하여 물을 가두는 것으로 한다[關].

반드시 좌측의 물이 본궁을 지나서 끊어 막아[鎖斷:쇄단]야 한다. 위로부터 아래로 내려오는 것을 요(饒)라 하고, 아래로 부터 위로 올라가는 것[自下而上]을 감(減)이라 하고 또 이르길 ' 후부(厚富)한 것[多者:다자]은 감(減)이 되고, 모자라는 것[少者:소자]은 요(饒)가 된다. 요감(饒減)은 또 순역(順逆)이라 한다. 옛글에 이르길 ' 똑바로 받으면[正受] 순(順)이라 하고, 아래로 기운 것은 역(逆)이라 한다.' 고 하였다.

완급(急緩)은 맥상(脈上)에서 분별(分別)한다. 마땅히 거슬려야[逆] 하나 순(則)하면 개미[蟻:의]가 생기고, 마땅히 순(順)하여야 하나 역(逆)하면 습하여[濕] 패한다[壞;괴]. 기(氣)를 벗어나면 목근(木根)이 생겨 관에 들어와 침범한다[侵棺]. 용을 상하면[傷龍] 유골[屍骨;사골]이 마르고 썩어[乾壞:건괴] 약간

도한 것으로 본다.

645) 爲是(위시) : 옳다고 여기다.~인가 아니면 ~인가. ~하는 것이 옳다.

646) 消息(소식) : 멀리 떨어져 있는 사람의 사정(事情)을 알리는 말이나 글. 천지(天地)의 시운(時運)이 끊임없이 변화(變化)하고 순환(循環)하는 일.

붉다[微赤:미적]. 만약 곧게 내려와 꺾이지 않으면 유골[骨]이 깔끔하고[乾淨] 백선(白鮮;버즘)이 생긴다.

當上而下則上水淋頭，下水劫穴。不知避者，則生黑泥水之患。」又云：「饒減之法，逆受來脈」。若龍脈順，不曾647)饒減，謂之傷龍」，主枉死、少丁、公事；若穴無脈，坐虛立向，而饒減太過，接脈不著，謂之傷穴，主退敗絕人。一謂氣來而止，一謂脈直而急，故左山逆水轉則減龍，右山逆水轉則減虎，皆在本身脈上論順逆。此本諸《龍經》之說。然凡挨648)入，自二分至三分止。如過分數，則又非也。大抵倒仗既明，饒減在其中矣。饒減之法，諸書多誤。如《地理摘奇》·《地理會元》皆不曾認得649)明白。

마땅히 위로부터 아래로 내려오면[上而下] 위에 물은 임두(淋頭)이고, 아래에서 물은 혈을 위협한다[劫穴:겁혈]. 알아서 피하지 않으면 흑니수(黑泥水)의 우환이 생긴다.'고 하였다. 또 이르길 '**요감(饒減)의 법은 내맥(來脈)을 역으로 받는 것**'이라 하였다. 만약 용맥(龍脈)이 순수하면 요감(饒減)이 이미 없는 것을 상룡(傷龍)이라 한다. 작은 아들[少丁:소정]이 공무[公事]로 억울하게 죽고[枉死:왕사], 만약 혈에 맥이 없고 좌(坐)가 허하면 입향(立向)을

647) 不曾(불증) : ~한 적이 없다. 경험을 한 적이 없다. ☞ 枉死(왕사) : 억울하게 죽다.
648) 挨(애) : 순서를 따르다. 가까이 하다. 기대다. 접근하다.
649) 認得(인득) : (주로 사람·길·글자 따위를) 알다.

☕분금

나경의 9층에는 4층 지반정침의 24좌산(坐山) 위에 각각 **5분금씩 모두 120분금**이 등재되어 있다. 이 5분금중 3분금은 공란이고 2분금만 60갑자가 쓰여 있다. 또 등재되어 있는 글자(60갑자)는 천간자(天干字)가 모두 **병(丙), 정(丁), 경(庚), 신(辛)**으로만 되어 있는데 이는 **왕상분금(旺相分金)인 병,정,경,신(丙,丁,庚,辛) 천간자로 시작되는 분금만을 표시한 것이고, 고허살요공망분금(孤虛煞曜空亡分金)인 갑,을,무,기,임,계(甲,乙,戊,己,壬,癸)의 천간자로 시작되는 분금은 아예 기록하지 않고 공란으로 한 것이다.**

120분금 중

갑을맥(甲乙脈)은 고(孤)하고, 병정맥(丙丁脈)은 왕(旺)하며, 무기맥(戊己脈)은 살요(煞曜)이고, 경신맥(庚辛脈)은 상(相)이며, 임자맥(壬癸脈)은 허虛)하다.

따라서 4층 지반정침으로 좌(坐)를 정하고 그 좌에서 9층에 있는 2개의 분금을 사용할 수 있는데, 이때 두 개의 분금 중 납음오행(納音五行)이 망명(亡命, 죽은 사람)의 생년(生年) 납음오행(納音五行)을 극(剋)하면 흉하므로, 그 두개의 분금 중 극(剋)하지 않는 분금을 골라 사용한다. <출처> 분금법 '태공풍수지리'

하나 요감(饒減)이 태과(太過)하여 접맥(接脈)이 드러나지 않는 것을 상혈(傷穴)이라 한다. 쇠약하여 인정이 끊어져[絕人:절인] 망한다.
-하나는 기가 와서 멈춘 것을 말하고[一謂氣來而止],
-하나는 맥이 곧고 급한 것을 말한다[一謂脈直而急].
그러므로 좌산(左山)이 움직여[轉:전] 역수(逆水)하면 용을 감(減)하고, 우산(右山)이 움직여 역수(逆水)하면 백호를 감(減)하는 것은 모두 본신(本身)의 맥상(脈上)에서 순역(順逆)을 논하는 것이다. 이는 본래 제 《용경(龍經)》의 설(說)이다.
그러나 애입(挨入: 분금에서 입수의 각도)은 2분부터 3분까지 가까이 하여 멈추어 분수(分數)를 초과하면 또 비혈이다. 대체로 보아서[大抵] 도장(倒仗)에 이미 밝으면 요감(饒減)은 그 가운데 있다.
요감법(饒減之法)은 여러 서적에서 대부분 오류이다. 가령 《지리적기(地理摘奇)》와 《지리회원(地理會元)》은 모두 명백(明白)하게 알지 못하였다.

<그림1- 135 > 요룡감호(饒龍減虎)

右山先到虎抱龍，穴向右枕左，為饒龍減虎。要水自左來，從右去，右山逆水。

<그림1- 135 >에서 우산(右山)이 선도(先到)하면 백호가 청룡을 감싸고[虎抱龍] 혈은 좌측을 베고 향[向]은 오른쪽을 향하여 청룡을 넉넉하게 하고 백호를 감(減)한다. 물은 좌에서 와 오른쪽을 따라 흘러가고 오른쪽 산은 역수(逆水)를 해야 한다.

左山先到龍抱虎，穴向左枕右，為饒虎減龍。要水自右來，從左去，左山逆水。

<그림1- 136 > 요호감룡(饒龍減虎)

<그림1- 136>에서 좌산(左山)이 선도(先到)하면 청룡은 백호를 감싸고, 혈

은 오른쪽을 베고 향은 왼쪽을 향하여 백호를 넉넉하게 하고 청룡을 감(減)한다. 물은 오른쪽에서 흘러와 왼쪽을 따라 흘러가고 왼쪽 산은 역수(逆水)를 해야 한다.

제9절 취산정혈(以聚散定穴)

氣聚者吉，氣散者凶。故立穴之法，當察其氣之聚處扦之。然聚散有二：有大勢之聚散，有穴場之聚散。必先審其大勢之聚散，然後[650]審穴場之聚散。所謂大勢之聚散者，眾山團聚，眾水相匯，羅城[651]周密，風氣融結，補缺障空，不陷不跌[652]。有此大聚之勢，則當於此審受穴之山，觀其來脈止於何所。脈止之所，有宛然窩窟，或垂乳，或開口，或吐唇，或為鉗，或為泡，四山擁從，下手有力，此氣之聚處也。必有界水分明，上有分，下有合，前有應，後有樂，是為真氣融結。其明堂之水，自然來會，或湖潭，或池沼，或溪澗，或田源[653]。若非溶[654]注，定得特朝，是水亦從而聚矣。但真氣聚處，明堂決不寬曠。明堂曠，局勢大，又須穴前有內堂，或低田，或小水，或靈泉，或池湖注聚，方是真融聚。故曰：「明堂容萬馬，亦忌曠而野。」必須有陰洲橫關住內氣，而元辰之水聚於明堂，外水或遠潮，或橫帶，如此則明堂雖曠無妨也。又有穴星之散聚，尤宜細審。氣脈聚於上，則穴宜高；氣脈聚於下，則穴宜低；氣脈聚於中，則穴宜居中；氣脈聚於左，則穴宜歸左；氣脈聚於右，則穴亦挨右。此皆聚散定穴之妙也。

기(氣)가 모이는 것이 좋고, 기(氣)가 흩어지는 것은 흉(凶)하다. 그러므로 입혈법(立穴之法)은 마땅히 기(氣)가 모이는 곳을 살펴서 천장(扦葬)을 해야 한다. 그러나 취산(聚散)에는 2가지가 있다. 하나는 대세(大勢)가 취산(聚散)

---

650) 然后(연후): 번체 然後(연후) : 연후에. 그러한 후에. 그리고 나서 ☞ 相(상) : 따르다. 이끌다. ◦匯(회) : 모이다.

651) 羅城(나성) : 멀리 큰 산들이 성곽(城郭)처럼 둘러싼 것.

652) 장공보결(障空補缺)/불함불질(不陷不跌) <출처> 『발미론』 취산편(聚散篇)

653) 田源(전원) : 도랑(渠溝). 작은 강(狹河), 작은 항구(小港) cf) 倉板水(장판수)는 田源之水(전원지수)이다.
☞ 창판수(倉板水) 밭과 논 위쪽에서 물이 혈장 앞으로 모여드는 물이다.

654) 溶(용) : 질펀히 흐르다. 넘치다. 성(盛)한 모양. 느긋한 모양

하는 것이고 또 하나는 혈장(穴場)이 취산(聚散)하는 것은 **반드시 먼저 대세(大勢)가 취산(聚散)하는 것을 살핀 뒤에 혈장(穴場)의 취산(聚散)을 살펴야 한다**. 이른바 **대세(大勢)의 취산(聚散)이란** 중산(衆山)이 모이고[團聚] 중수(衆水)가 따라서 모이고[相匯;상회], 나성(羅城)이 주밀(周密)하고 풍기(風氣)가 융결(融結)하여 결함이 있는 곳을 보충하고 허함을 막아주어[補缺障空(보결장공)] 결함이 없어 잘못된 것이 없다[不陷不跌(불함불질)]. 이러한 대취(大聚)의 세(勢)이면 마땅히 이곳에 혈을 받는[受穴] 산을 살펴, 그 내맥(來脈)이 어느 곳에서 그치는지를 자세히 보면 맥이 그치는 곳은 아주 뚜렷하여[宛然;완연] 와(窩)굴[窟]이 있다. 혹 수유(垂乳)가 있거나 혹 개구(開口)하고 혹 토순(吐唇)이 있거나 혹 겸(鉗)을 만들거나 혹 포(泡)를 만들어 사산(四山)이 호종(擁從)하여 하수사가 힘이 있으면 이는 기(氣)가 모이는 곳이다. **반드시 계수(界水)가 분명(分明)해야 하고 위에는 나눔이 있고 아래는 합함이 있고 앞에는 응함[應]이 뒤에는 낙산[樂]이 있으면 진기(眞氣)가 융결(融結)한 것이다**. 그 명당(明堂)의 물이 자연히 흘러와 모여 혹 호수[湖潭:호담] 혹 못과 늪[池沼;지소] 혹 산골짜기에 흐르는 시냇물[溪澗;계간] 혹 전원수[田源水]가 된다. 만약 물이 흘러 모이지 않으면[溶注;용주] 반드시 특별히 물이 흘러들고, 물 또한 따라서 모인다. 다만 **진기(眞氣)가 모인 곳[聚處]은 명당(明堂)은 결단코 광활하지 않는다[不寬曠:불관광]**. 명당이 넓으면 국세(局勢)가 크고 또 반드시 혈 앞에는 내당(內堂)이 있고 혹 낮은 밭[低田]이 있거나 혹 작은 물 혹 영천(靈泉)이나 혹 지호(池湖)에 물이 흘러와 모이면[注聚;주취] 비로소 이는 진실로 생기가 모인다[融聚]. 그러므로 이르길 '**명당**은 만마(萬馬)를 받아들여도, 꺼리는 것은 넓은 들판이다[曠而野:광이야]'고 하였다. 반드시[必] 작은 섬[陰洲:음주]이 가로 막아[橫關:횡관] 내기(內氣)를 머물게 하여 원진수(元辰之水)가 명당(明堂)에 모이게 하고 외수(外水)는 혹 멀리서 흘러들어오거나[遠潮;원조] 혹 횡으로 둘러야[橫帶:횡대] 한다. 이와 같으면 **명당(明堂)이 비록 넓어도 무방(無妨)하다**. 또 혈성(穴星)에는 취산(散聚)이 있어야 하니 더욱 세심하게 살피는 것이 마땅하다. 기맥(氣脈) 위에서 모이면 혈은 마땅히 높고, 기맥(氣脈)이 아래에서 모이면 혈은 마땅히 낮고 기맥(氣脈)이 가운데 모이면 혈은 마땅히 가운데 있다. 기맥이 좌에 모이면 혈은 마땅히 좌측에 따른다[歸]. 기맥(氣脈)이 우측에 모이면 혈도 우측에 의지한다[挨右]. 이는 모두 취산정혈(聚散定穴)의 묘함[妙]이다.

제10절 향배정혈(以向背定穴) : 혈성에서 사방을 보아 양명하고 수려한 산을 향하여 혈을 정하는 법

蔡牧堂云：「向背[655]者，山川之情性也。」夫地理之與人事不遠。人之情性不一，而向背之道可見。其向我者，必有周旋[656]相與之意；其背我者，必有棄[657]厭不顧之狀。故審穴之法，凡賓主相對有情，龍虎抱衛，無他顧外往之態，水城抱身無斜走，堂氣歸聚無傾瀉，氈褥鋪展無陡峻，此皆氣之融結，而山水之情相向也。吳公《口訣》云：「但登正穴試一觀，呼吸四維無不至。」其不曾[658]下得真穴者，必細審無情。雖共山共水共明堂，共龍虎案對，只咫尺間，或高或下，或偏左，或偏右，便非正穴，自然山水不相照應。大勢似有情，而細審是乖戾。故云「共山共水共來岡，磊磊排來似種薑。只有一墳能發福，來山去水盡合情」。又云：「若還差一指，如隔[659]萬重山。」董公德彰云：「一個山頭下十墳，一墳富貴九墳貧，共山共向共流水，只看穴情真不真。」蓋正穴當高而扦低，則四山高壓，安得有情？正穴當低而扦高，則擁護夾照不過，安得有情？正穴當居中而扦於左右，則案山堂氣皆偏，而白虎青龍失位，或攛或急，或下明堂，或壓塚，安得有情？故不可有咫尺之悮，務使中正無偏，自然山水四向有情，而得其穴之的也。

---

655) 向背(향배) : 사(砂)와 수(水)가 (혈을) 향하고 있느냐 등을 돌리고 있느냐를 말한다. 즉 산천이 유정한 지[有情] 무정한 지[無情]를 말한다. 주산은 혈장과 명당을 내려 보듯이 향하고, 용호는 혈장을 감싸 다른 곳을 돌아보지 않으며, 조안(朝案)은 머리 숙여 혈장을 향하면 생기가 모여 혈이 맺힌다. 이때 주위에 사방에 산들이 한 곳으로 모일 때 그 곳에 혈을 정하면 된다. ☞ 不遠(불원) : 거리(距離)가 멀지 않음.

656) 周旋(주선) : 주위를 돌다. 몸을 돌리다. 접대하다. (적과) 상대하다.
☞ 相與(상여) : 사귀다. 사이가 좋다. 서로 ◦歸聚(귀취) : 집결하다. 한 데 모으다.

657) 棄(기) : 버리다. 그만두다. 돌보지 않다

658) 不曾(부증) ; 没有(몰유) : 가지고 있지 않다. 없다. ~만 못하다.~이 못 되다.

659) 隔(격) : 사이가 뜨다. 막다. 막힘. 저지하다.

채목당(蔡牧堂)이 이르길 '향배(向背)이란 산천(山川)의 성정(情性)이다.' 고 하였다. 대개 지리(地理)와 인사(人事)는 비슷하다[不遠:불원]. 사람의 성정[情性]이 한 가지 아니듯이[不一] 향배(向背)의 이치[道]로 볼 수 있다.
나(혈)를 향하는 것은 반드시 몸을 돌려 사이가 좋다는 뜻[周旋相與之意:주선상여지의]이다. 나를 등진 것은 반드시 싫어서 혈을 돌아보지 않는 형상이다. 그러므로 혈을 살피는 법은 무릇 빈주(賓主)의 상대(相對)가 유정(有情)하고 용호(龍虎)가 감싸 호위하여 다른 곳[他]을 뒤돌아보고 밖으로 나가려는[往:왕] 모양이 없으면 수성(水城:물길)이 용신을 감싸고[抱身:포신] 경사져 달아나지 않고[無斜走:무사주], 당기(堂氣)가 경사져 쏟아지지 않고 한 데 모이고[歸聚;귀취], 전욕(氈褥)이 펼쳐져[鋪展:포전] (지세가) 높고 가파르지[陡峻;두준] 않다. 이는 모두 기(氣)가 융결(融結)하여 산수(山水)의 정(情)이 서로 마주 한다[相向]. 오공(吳公)이 《구결(口訣)》에 이르길 '다만 정혈(正穴)에 올라 시험 삼아 짧은 시간(순식간)[呼吸;호흡]에 한 번 바라보면 사유(四維)에 이르지 않는 것이 없다.' 고 하였다. 진혈(眞穴)을 얻어 하장하지 못하는 사람은 반드시 무정한지를 세심하게 살펴야 한다. 비록 산 · 수 · 명당 · 용호가 안대를 마주하여[案對:안대] 공유할지라도 다만 아주 짧은 거리[咫尺間:지척간]에 혹 높고 낮거나, 좌 · 우에 치우치거나 하면 곧 정혈(正穴)이 아니다. 자연(自然)의 산수가 서로 조응(照應)하지 않고 대세(大勢)가 유정(有情)한 것 같으면 세심하게 살펴보면[細審:세심] 사리(事理)에 어그러져 온당(穩當)하지 않다[乖戾:괴려]. 이르길 '산수가 함께 뻗어와 언덕이 되어 돌이 겹겹이 쌓인 모양[磊磊:뇌뢰]이 뻗어와 배열된 것[排來:배래]이 생강을 심은 것[種薑;종강] 같다. 다만 한 개 무덤[一墳]만 있어도 발복(發福)할 수 있고 내산(來山)과 거수(去水)가 다 유정하면 합당한 것이다.' 고 하였다.
또 이르길 '만약 한 손가락의 차이이라도 만중산(萬重山)이 막혀 있는 것 같다.' 고 하였다. 동공(董公) 덕창(德彰)이 이르길 '1개의 산두(山頭)에 10개 묘를 하장하면 1개 묘[一墳]는 부귀(富貴)하고 9개 묘는 가난하다. 산과 향이 같고 흐르는 물이 같은데[共山共向共流水] 다만 혈정(穴情)의 진부(眞否)[真不真]를 판단한다[看].' 고 하였다. 대개 정혈(正穴)은 마땅히 높아야 하나 낮게 천장하면 사산(四山)이 고압(高壓)하는데 어찌 유정(有情) 하겠는가?

정혈(正穴)이 마땅히 낮은데 높이 천장하면 용호가 배치하여[夾:협] 보호하여 지키는[擁護:옹호] 것에 불과한데 어찌 유정(有情)한가? 정혈(正穴)은 마땅히 가운데 있어야 하나 좌우에 천장하면 안산(案山)과 명당의 기운[堂氣]이 모두 치우쳐[偏:편] 백호(白虎)와 청룡(青龍)의 위치가 벗어나[位] 혹 뛰어오르거나[攛;찬] 혹 급하거나 혹 명당(明堂)의 아래에 있거나 혹 무덤을 압박하는데[壓塚:압총], 어찌하여 유정(有情)한 가? 그러므로 아주 짧은 거리에도[咫尺之] (하장을) 잘못해서는 안된다. 정혈에 부합하게 하여[中正] 치우치지 않도록 힘쓰면[務;무] 자연히 산수는 4방향에서 유정하고 혈이 확실한 것을 얻을 것이다.

제11절 장산식수정혈(以張山食水定穴) : 점혈(點穴)법은 혈 앞에 좋은 산과 좋은 물이 있으면 자세하게 입혈(立穴)하여 기(氣)가 수습(收拾;거두어)되도록 하는 정혈법

《指南》云：「凡立穴，若見前面山水從左畔來，即於左畔立穴場；若山水從右畔來，即於右畔立穴場；山水若從當面正中來，即就中心立穴場。此為張山食水尋穴。反此，則容納山水不著，凶。」《琢玉集》云：「立穴要迎財接祿。」又云：「有財有祿[660]須迎接，迎接來歸穴。迎接不得[661]不相干，空有萬重山。或灣或曲窈蕩過，迎取歸向坐。」又云：「千山萬水明堂秀，穴裏教消受[662]。」丘公《指迷詩》云：「莫令收拾不來時，萬水千山皆不顧。」鄒國師仲容口訣曰：「就水就山取自扦，安得[663]百百餘年。」皆謂穴場要收拾得好山好水也。故點穴[664]之法，但看眼前有好山好水，須用意消詳，立穴去收拾消受之，使好山好水

660) 탐랑(貪狼) 목성(木星)은 재록(財祿: 재산)이며, 무곡(武曲) 금성(金星)은 관록(官祿)이다.

661) 不得(부득) : (~해서는) 안 된다. 할 수가 없다. ☞ 相干(상간) : 관계(하다). 상관(하다).

662) 裏(리) : 곳, 장소(場所). 다스려지다. 안에 받아들이다
◦ 消受(소수) : 누리다. 걸맞다. 상응하다. 받다. ◦ 교(教) : 전수받다.

663) 安得(안득) : 어디에서~을 얻으랴. (반문의 뜻으로) 어찌 ~일 수 있으랴. 어떻게 ~할 수 있으랴

664) 点穴(점혈) : (권법에서 손가락에 전신의 힘을 모아) 급소를 찌르다. 지관(地官)이 묏자리를 잡다.

迎接得入穴場，不可錯過[665]，使有消受不得。若雖有奇山秀水，而穴場受用[666]不著，便非真穴，必不發福。

《지남(指南)》에 이르길 ‘무릇 입혈(立穴)은 만약 전면(前面)에 산수(山水)가 좌측을 따라오는 것이 보이면 곧 좌측 혈장에 입혈하고, 만약 산수(山水)가 우측(右畔:우반)을 따라 오면 우측(右畔) 혈장(穴場)에 입혈(立穴)하고, 산수(山水)가 만약 (혈장)면에 정중앙을 따라오면[從當面正中來] 곧 중심(中心)을 취하여 혈장에 입혈한다. **이러한 것은 장산식수(張山食水)로 혈을 찾는 것이다.** 이와 반대로 **산수(山水)가 드러나지 않는 데** 혈을 받아들이면[容納:용납] 주로 흉하다.’고 하였다. 《탁옥집(琢玉集)》에 이르길 ‘입혈(立穴)은 재록(財祿)을 영접(迎接)해야 한다.’고 하였다. 또 이르길 ‘재록(財祿)이 있으면 반드시 맞이해야 하고[迎接] 영접(迎接)을 하면 (재록)이 혈로 돌아오게 해야 한다. 영접(迎接)할 수가 없으면[不得:부득] 상관[相干:상간]하지 않아 만중산(萬重山)이 있어도 부질 없다.’고 하였다. 혹 물굽이[灣;만] 혹 굽은 것[曲]이 깊고[窈;요] 크게 넓으면[蕩過:탕과] 좌향을 향하여 돌아가게 취하여 맞이해야 한다.‘고 하였다. 또 이르길 ‘수많은 산과 여러 갈래의 내[千山萬水]와 명당(明堂)이 빼어나면[秀] **혈이 있는 곳**[穴裏]은 걸맞게[消受:소수] 본받는다[教].’고 하였다. 구공(丘公)은 《지미시(指迷詩)》에 이르길 ‘**수많은 산과 여러 갈래의 시내**[萬水千山:**만수천산]가 모두 돌라보지 않아 뻗어오지 않을 때**는 (기룡) 거두려고 하지 마라.’고 하였다. 추국사(鄒國師)의 중용구결(仲容口訣)에 이르길 ‘산수가 아름다우면[取] 저절로 천혈을 취할 수 있다. 어디에서 백여 년을 얻으랴’고 하였다. 모두 혈장(穴場)에서 호산호수(好山好水)를 얻어야 하는 것을 말한 것이다. 그러므로 점혈(點穴)하는 법은 다만 눈앞[眼前]에 호산호산(好山好水)이 있는 것을 보고 반드시 자세히[消詳:소상] 뜻을 가다듬어[用意:용의] 입혈(立穴)하여 수습하고[收拾] 간직하여[去] 호산호수(好山好水)을 영접(迎接)하여 혈장(穴場)에 알맞게[得] 들어오게 하여[使] 향유한다[消受之:소수지]. 스치고 지나가 향유[消受:소수]할 수 없게

665) 錯過(착과) : (기회 등을) 놓치다. 스치고 지나가다. 잘못. 과실
666) 受用(수용) : 누리다. 이익을 얻다. 재화(財貨)를 받아 관청의 비용으로 쓰다. 쓰기에 편하다.

해서는 안된다. 비록 기이한 산과 빼어난 물[奇山秀水]이 있을지라도 혈장(穴場)에서 받아들이는 것[受用]이 드러나지 않으면[不著:부저] 곧 진혈(真穴)이 아니라 반드시 발복(發福)할 수 없다. 장산식수(張山食水)의 기능[其能]은 산수(山水)을 얻어 영접(迎接)을 하면 반드시 쉽게 발복(發福)을 한다.

其能張山食水，迎接得山水者，必易發福。此為迎清挹[667]秀之法，即迎官就祿[668]之意以定穴也。然此特一說耳。正穴真龍，自然默合，不待勉強。若本無穴，勉強貪著奇山秀水，以立空虛無氣之穴，則雖有好山好水，亦不應福。所謂「坐下無龍，朝對成空」。又謂「貪朝失穴，逐使文筆變為畫筆，牙刀化作殺刀」，亦何益哉！訣云：「坐下若無真氣脈，面前空有萬重山。」其審之哉！謝雙湖氏論得水之說最善，蓋食水者，亦得水之義也。

이는 주위의 빼어난 경치를 맞이하는 법[迎清挹秀之法]은 곧 영관취록(迎官就祿)의 의미로 혈을 정하는 것이다. 그러나 이는 특별한 일설(一說)일 뿐이다. 정혈(正穴)은 진룡(真龍)에 자연스레[自然] 묵묵히[默:묵] 부합하므로[合] 억지로 기대할 필요가 없다[不待;부대]. 만약 본래 혈이 없는데 억지로[勉強:면강] 기이(奇異)한 산 빼어난 물[奇山秀水]로 집착하여[貪著;탐착] 속이 텅텅 비어 기(氣)가 없는[空虛無氣] 혈에 입혈하면 비록 호산호산(好山好水)도 복이 응하지 않는다. 소위 '좌의 아래는 용(龍;즉 용맥)이 없고, 마주 대하는 조산(朝山)은 허공이라 ' 한다. 또 이르길 '조산을 탐내어 문필을 화필로 변화시키고, 아도(牙刀)를 살도(殺刀)로 변화시켜[化作:화작] 혈을 놓치면 또 무슨 이익이 있겠는가! 결(訣)에 이르길 ' 좌하(坐下)에 만약 진기맥(真氣脈)이 없으면 면전(面前)에 만중산(萬重山)이 있어도 부질없다.' 고 하였다. 그것을 살펴라! 사쌍호(謝雙湖)씨는 득수지설(得水之說)을 논하는 것이 가장 좋은 것이다. 대개 식수(食水)란 역시 물을 얻는다는 의미이다.

---

667) 挹秀(읍수) : 주위의 빼어난 경치를 이곳에 가져온다는 뜻. cf) 차경(借京)

668) 四局의 臨官方(88향에서)에 일치시키는 것.→영관(迎官)하고 임관방(臨官方)을 녹(祿)이라 하니 취록(取祿)이라 한다. 즉 영관취록(迎官取祿)은 정해진 혈(穴)에서 향(向)을 정하고 향(向)의 전면(前面)이나 좌·우측(左右側)에 귀사(貴砂), 지호(池湖)가 있을 때 이를 정확하게 임관방(臨官方) 일치시키는 것을 영관(迎官)이라 한다. 임관방(臨官方)을 녹(祿)이라 칭하니 취록(取祿)이라 하고 발복이 크고 귀(貴)하다고 하는 것이다. 이와 같은 결과를 맺기 위해서는 좌향(坐向)뿐 아니라 분금(分金)에까지 적용되는 것이다.

제12절 침룡이각정혈(枕龍耳角定穴)

枕龍耳角定穴之法，即坐後穿669)樂夾耳之意也。蓋角在耳後，為應樂，不相登對670)，是穴無樂而有風搖，不吉。取穴量度，與耳平稱，相登而已，不可妄移上下。耳與穴相停，角與穴相脫，故曰：「安龍頭，枕龍耳，不三年，生貴子；安龍頭，枕龍角，不三年，家消礫[銷鑠]。」所謂牝牡相應，以蔽地中之風者也。按：《地理大全》謂此是淺深之法，切不可妄移上下，要以聚散定穴，然後就酌穴之淺深。詩云：「龍脈多從耳角處，淺深穴裏定分毫671)。四平妙應藏珍處，不怕四風生怒號。」又云：「深淺時師那得知，龍頭安枕貴精推。本根獨怕風搖動，一672)插芙蓉莫亂為。」又「安龍頭兮枕龍耳，隱而不露真可取。兩邊樂山在耳旁，下後自然多富貴。安龍頭兮枕龍角，露而不隱穴應錯。左右樂山不照穴，扦之定主家消索673)。」又皆以耳、角、枕、樂定穴之高下。要之，深淺高下，皆當以此枕、樂不脫為貴也。附圖

침룡이각(枕龍耳角)의 정혈법(定穴之法)은 즉 좌의 뒤에 낙산이 혈을 양쪽에서 끼고 있는 귀처럼 생긴 협이산(夾耳山)을 의미한다. 대개 각(角)은 귀처럼 생긴 것이 (혈의) 뒤에 있으면서 응락(應樂)하여 서로 (혈을) 마주 대하지 않는다. 이는 혈에 낙산이 될 수 없어 바람에 흔들이면[風搖;풍요] 좋지 않다. 혈은 헤아려 귀와 서로 비슷하게[平稱:평칭] 서로 마주 대할 뿐이다.

망령되게 위·아래로 이동해서는 안된다. 귀[耳]와 혈(穴)은 함께 머무르고[相停;상정], 각(角)은 혈과 서로 떨어져 있다[相脫;상탈]. 그러므로 이르길 '용두(龍頭)에 안장하고 용이(龍耳) 베개로 삼으면[枕;침] 3년이 안되어 귀한 자식을 낳고, 용두(龍頭)에 안장하고 용각(龍角)을 베로 삼으면[枕:침] 3년이 안되어 가업이 몰락한다[消礫(소력);銷鑠(소삭)]'고 하였다. 음양[牝牡;빈모]

669) 穿(천) : 묘혈. 무덤의 구덩이 ☞ 耳(이) : 귀처럼 생긴 것.~ 뿐이다. 양쪽 끝에 있는 것을 가리킴.

670) 登對(등대) ; 마주 대함. 임금을 직접 대하다. ☞ 相(상) : 서로 .함께. 보조하다. 돕다. 거들다.

671) 分毫(분호) : 극히 적은 분량. 아주 미세하다. 아주 미세한 양 ☞호(毫) : 가는 털. 조금

672) 一(일) : ~하면, (언제나) ~하다. [앞 문장의 내용이 전제가 되면 거의 예외 없이 뒤의 문장의 내용이 행해짐] ☞ 插(삽) : 삽입하다. 찌르다. 꽂다.

673) 消索(소삭) : 쇠퇴하다. 흩어지다. 몰락하다. 없어지다.

이 상응한 것을 말한 것으로 지중에 바람을 막는 것이다.

조사하니[按]

《지리대전(地理大全)》에 이르길 '이것은 곧 천심(淺深)의 법을 말한 것으로 상하로 함부로 옮겨서는 안된다' 하였다.

중요한 것은 취산으로 정혈(定穴)을 한 후에 혈(穴)의 천심(淺深)으로 짐작(斟酌)하여 취한다. 시(詩)에 이르길 ' 용맥(龍脈)은 대부분 이각처(耳角處)에 따르고, 혈 속[穴裏]의 천심(淺深)은 미세하게[分毫] 결정한다.

사방이 평탄하면 진처(眞處)를 감추어 묘하게 응하고 사방에 바람이 몹씨 센 소리[怒號:노호]를 발생하는 것을 두려워하지 않는다. 또 이르길 '천심(深淺)을 시사(時師)가 어찌 알겠는 가 ? 용두(龍頭)를 베고 안장하면 귀(貴)를 정확하게 추정한다[精推:정추]. 본래[本根] 홀로 바람이 요동(搖動)치며 두려워하며, 연꽃[芙蓉;부용]을 심기만 하면 [혈에 천장하면] 산란(散亂)하지 말아야 한다' 고 하였다. 또 이르길 '용두(龍頭)에 안장하면 용이(龍耳)를 베게로 삼아 숨어서 드러나지 않아 진실로 취할 수 있다.

양변에 낙산이 귀로 가까이[傍:방]에 있는 것 같으면, 하장 후에 저절로 부귀(富貴)하고, 용두(龍頭)에 안장하여 용각(龍角)을 베개로 삼으면 노출되어 혈을 감추지 못하면 어긋난 응락[應錯;응착]이다. 좌우의 낙산이 혈을 조응하지 않으니 천장(扦葬)하면 반드시 가업이 몰락한다' 고 하였다. 또 모두 이(耳)、각(角)으로 낙산으로 베개로 삼아 혈의 고하를 정하는 것이다. 요지는 심천고하(深淺高下)는 모두 마땅히 이 침낙에 벗어나지 않는 것으로 구한 것으로 삼는다. 그림을 첨부한다.

安龍頭，枕龍耳，隱而不露。兩畔取耳樂照穴，或兩臂上下不拘，山峰肩翼厚處亦是。

용두에 안장하여 용의 귀를 베개로 삼으면 숨어 노출이 되지 않아, 양측에 귀[耳]를 낙산으로 취하여 혈을 비춘다. 혹 양쪽 위·아래에 구애받지 않으나 산봉우리의 견익(肩翼)이 후부한 곳이 좋다고 여긴다.

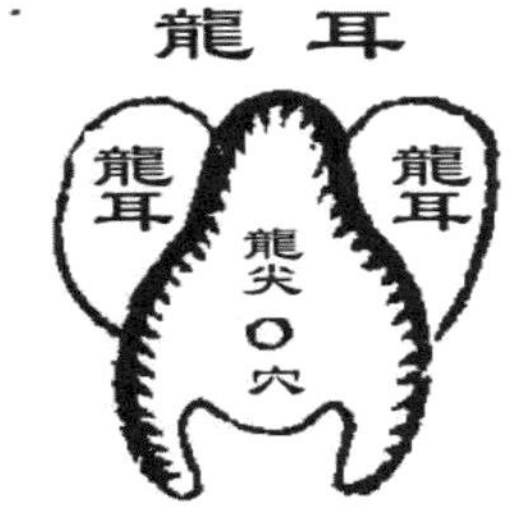

<그림 1-135 > 용이(龍耳)

安龍頭，枕龍角，露而不隱。兩畔脫角，樂不照穴，非的穴也。蓋角耳之下，百尺之山，十尺相稱，隨山大小而分。

용두에 안장하여 용의 각을 베개로 삼으면 노출이 되어 드러나 양측에 각은(혈을) 벗어나 양측에 각이 혈을 벗어나 낙산이 혈을 조응하지 않아 혈이 확실이 아니다. 대개 귀와 뿔[角耳:각이] 아래는 백 척의 산이라도 십 척과 상칭하는 것이니 산의 대소에 분별한다.

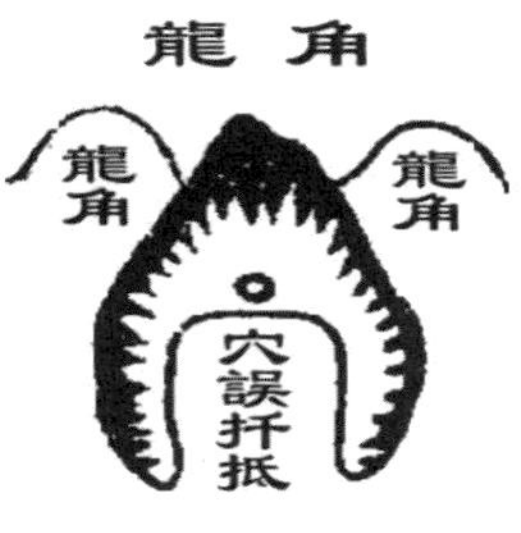

<그림1-137 > 용각(龍角)

제13절 추길피흉(以趨吉避凶) 장신복살정혈(藏神伏煞定穴)

《玉髓經》云：「凡面前尖曜，世俗每見此，望而畏之。雖有周孔之地不用，雖有曾楊之術不信矣。殊不知五星之秀，合兩儀之精，皆有曜氣，此最為奇，全在收拾如何，尖射奚害？所惡者直射、當面、橫射、過身，謂穴中所見者謂之刑殺，卻不可用耳。然果龍真穴正，猶當[674]以避就之法用之。避就不可，然後舍去。或堪施堆阜，植屏障[675]，亦可用也。此如醫師療病，消癭去瘤。夫豈無術，第須龍穴不可捨者，用此等法。若詳觀審擇，地無足取，棄之可也。卜氏云：「立向貴迎官就祿，作穴須趨吉避凶。」此藏神伏殺定穴訣也。《指南》云：「大凡穴前明堂內有破碎之山，凶惡之水，皆是神殺。立穴之時，或高或下，或左或右，或出或入，可避則避之，使眼界中淨潔為吉。蓋好山好水在前，未必[676]能為福；而凶山凶水當面，卻恐立招禍。《入式歌》云：「衆山合形一山破，直射明堂如仰臥。舊說名為吊破軍，福祿未來先受禍。」真龍融結，或有小節之疵，當於立穴定向處以回避之，謂之趨吉避凶。

《옥수경(玉髓經)》에 이르길 ‘무릇 면전(面前)에 첨요(尖曜)가 세속(世俗)에서 늘 이것이 드러나 바라보이면 두려워 비록 성인[周孔:주공(周公)과 공자(孔子)]의 자리가 있어도 사용할 수 없게 된다.’고 하였다. 비록 증양(曾楊)의 술(術)이 있을지라도 믿을 수 없다. 오성(五星)의 빼어남이 양의(兩儀:陰陽)의 기운[精]에 부합하여 모두 요기(曜氣)가 되는 것을 모른다.

요기[此:차]는 가장 기이하며 전부 수습(收拾) 여하(如何)에 달려있는데 첨사(尖射)가 어떤 장해가 되겠는가[奚害;해해]? 흉악한 것은 당면(當面)을 직사(直射)、옆으로 쏘고[橫射]、용신을 지나는 것[過身]이다. 혈 가운데 보이는 곳을 형살(刑殺)이라 하여 자못 사용할 수 없을 뿐이다. 그러나 참으로[果] 용진혈정(龍真穴正)하면 마땅히[猶當:유당] 피하는 법을 취하여 사용한다[以避就之法用之]. 피할 수 없을 때 취한 후에 제거한다[舍去]. 혹 언덕[堆阜:퇴부]을 만들고[堪施:감시] 나무를 심어[植] 가려서 막으면[屛障;병장] 역시 사용할 수 있다. 이는 의사가 병을 치료할 때 혹[癭;영]을 없어지게 하고 혹[瘤;류]을 제거하는 것과 같다. 무릇 어찌 술책이 없겠는 가? 다만[第] 모름지기 용혈(龍穴)을 버려서는 안되는 것은 이를 등급제도[等法:등법]를 사용하여 만약 자세히 살펴보고[詳觀:상관] 자리가 취하기에 충분하지 않아 버릴 것인

674) 猶當(유당) : 응당(應當). 마땅히.
675) 堪(감) : ~할 수 있다. ~할 만하다. ◦屏障(병장) : 병풍처럼 둘러쳐진 것. 가려서 막다. ☞ 屏(병) : 병풍. 가리다. ◦障(장): 막다. 가리다.
676) 未必(미필) : 반드시 ~한 것은 아니다. 꼭 그렇다고 할 수 없다. ☞切莫(절막) : 결코 ~하지 마라.

지 선택한다. 복씨가 이르길 '입향은 영관취록(迎官就祿)을 귀하게 여기고, 작혈은 모름지기 길함을 따르고 흉함을 피하여야 한다'고 하였다. 이것이 장신복살정혈(藏神伏殺定穴)의 비결이다. 《지남(指南)》에 이르길 '대체로[大凡] 혈 앞에 명당내(明堂內)에 파쇄(破碎)된 산이나 사납고 거친[凶惡:흉악] 물은 모두 신살(神殺)이 된다. 입혈(立穴)할 때 혹 높거나 낮거나 혹 좌나 우 혹 나가거나 들어가거나 피할 수 있으면 피(避)하여 만약[使] 시야[眼界:안계] 가운데 정결(淨潔)하면 좋다. 대개 호산호수(好山好水)가 앞에 있어도 반드시 발복할 수 없고 흉산흉수(凶山凶水)를 당면(當面)하면 화(禍)를 부를까 두렵다. 《입식가(入式歌)》에 이르길 ' 중산(衆山)이 하나가 된 형상[合形:합형]에 하나의 산이 무너져[破] 명당(明堂)을 직사(直射)하여 누워 있는 같으면 예전의 학설에 이르길 ' 파군(破軍)에 이른 것[吊;적]이고, 복록(福祿)이 오지 않고 먼저 화(禍)을 당한다[受:수]' 고 하였다. 진룡(真龍)이 융결(融結)하여도 혹 소절(小節)에 흠집[疵:자]이 있으면 마땅히 입혈(立穴)하여 향을 정할 곳[定向處]으로 회피(回避)하는 것을 추길피흉(趨吉避凶)이라 한다.

若可去者去之，可培[677]者培之。如人有贅疣，當去則去，不害其為吉。如不能去，又不能避者，則是劫。訣云：「劫山劫水[678]全無地，劫向穴前無躲避。時師切莫亂安墳，下後人家災禍至。」然真龍融結，水秀沙明，諸山諸水，皆有顧主不敢他往之態。如臣面君，如奴衛主，端敬恭[679]莊之不暇，安敢有走竄、飛動、斜傾、衝斗[680]、尖射、醜惡之狀哉！有此則非吉地，非真融結耳。但天地無全功，山川之所鍾，不能件件合法。純粹之氣不能無駁雜。既不能無駁雜，則妍媸醜好紛然前陳，亦其勢也。

만약 버릴 수 있는 것은 버리고 배토할 수 있는 것은 배토(培土)한다.
가령 사람에게 사마귀[贅疣;췌우]가 있다면 당연히 제거하여 곧 없애[去則

677) 培(배): 북돋우다, 북(식물의 뿌리를 싸고 있는 흙)을 돋우다(도드라지거나 높아지게 하다). ◦배토(培土) : 흙을 북돋아 올리는 작업

678) 故山開而不收 爲鬼劫山 :고로 산이 열려있고 거두어주지 않으면 귀겁산이 되고, 水開而不抱 爲鬼劫水 : 물이 열려있고 감싸 안지 않으면 귀겁수가 된다.
<출처>『명산론』

679) 恭(공) : 공손하다. 공경하다. 받들다. ☞是故(시고)~ : 이런 까닭으로. 그러므로

680) 衝斗 충두: '북두 칠성에 부딪친다.'는 뜻으로, 몹시 크고 거센 세력(勢力).

去] 그것에 해(害)가 없으면 길하다. 제거할 수 없고 또 피할 수 없는 것이면 [如] 이는 겁(劫)이다. 결(訣)에 이르길 '겁산겁수(劫山劫水)하면 일체 자리가 없다. 혈 앞을 향하여 겁(劫)하면 옮길 수 없다[躲避;타피]. 시사(時師)들은 깊이 생각하여[切:절] 난잡하게 안분(安墳) 하지 마라[莫:막].

하장한 후에 집안[人家]에 재앙[災禍:재화]이 닥친다.'고 하였다. 그러나 진룡(真龍)의 융결(融結)은 물이 빼어나고 사(砂)가 분명하여 제산제수(諸山諸水)가 모두 주인[主;혈]을 돌아보고 감히 다른 곳으로 가는 태도가 취하지 못한다. 가령 신하가 임금을 대하는 것 같고 노예가 주인을 호위하는 것 같아 바르게 공경하고[端敬;단경] 삼가 받들어[恭莊:공장] 매우 바빠서 여유가 없는데[暇;가], 어찌 감히[敢;감] 나는 듯 빠르게 움직여[飛動:비동] 달아나고[走攛;주찬]、한쪽으로 비스듬히 기울어지고[斜傾],부딪치고[衝斗;충두] 뾰족하게 쏘며[尖射] 추악(醜惡)한 형상인 것인가[哉;재]! 추악한 형상이 있으면 길지가 아니고 참된 융결이 아닐 뿐이다. 다만 천지는 온통 성과[功:공]가 없다. 산천(山川)이 모이는 곳[所鍾:소종]은 모두[件件] 합법(合法)될 수 없다. 순수(純粹)한 기(氣)도 박잡(駁雜)하지 않을 수 없다. 이미 박잡(駁雜)하지 않을 수 없으면 아름답고 추하거나[姸媸:연치] 추하고 아름다운 것[醜好;추호]이 뒤섞여서 어지럽게[紛然] 앞에 늘어선 것도 그 세(勢)이다.

是故山川之融結在天，而山水之裁成[681]在人。其始也，不過目力之巧，工力之

681) -재성裁成): 재량(裁量)으로 처리하여 일을 이루어냄
☞裁量(재량) : 자신의 생각과 판단에 따라 일을 처리함
-재절(裁截): 재료를 일정한 길이로 자르거나 쪼개는 행위.
즉 재절(裁截)[땅을 자르거나 파서]을 하여 재성(裁成)[헤아려 일을 처리함]을 한다.
-정체(定體) : 정해진 상태
☞定(정) : 평정하다(平定),안정되다,정해지다. ◦裁(재): 마름질하다[옷감이나 재목 따위를 치수에 맞게 재거나 자르는 일],헤아리다,자르다.재단하다,처리하다.

√그 다음으로 또 응당 재성(裁成)을 알아야 한다. 재성裁成)은 그 인사(人事)를 말한다. 만약 재절하지[裁截] 않으면 생성(生成)되어 안정된 상태[定体]가 드물다. 일에 정체(定体)가 없는데 어찌 재절(裁截)하지 않겠는가. 무릇 하늘은 사람이 의지하지 않는 바가 아니니 사람은 하늘이 아니면 스스로 이루지 못한다. 천하(天下)의 사물[物]이 자연적으로 그런 것은 생성(生成)이다. 인력(人力)으로 된 것은 재성(裁成)이다. 산천(山川)의 융결(融結)은 하늘에 있

具。其後也，奪神功，改天命，而人與天無間。故雖有凶山惡水，在人趨避何如。且大貴之地，本身龍氣重，未免[682]毋殺氣。而護從、朝應之
山水，如武夫悍卒，披堅執銳於側，未免無可畏之狀。然不知皆侍衛我者，為我所用，非侮我者也。故曰「沙如美女，貴賤從夫；水似精兵，退進由將。」在龍穴之貴賤，不在沙水之美惡。苟龍穴不真，雖牙刀化作殺刀，文筆化為畫筆，
그러므로[是故] 산천(山川)의 융결(融結)은 하늘에 있으나 산수(山水)의 재성

으며 산천(山川)의 재성(裁成)은 사람에 있다. 혹 지나치면 나는 그 지나침을 마름질하여 부합하게 적절하게 한다. 혹 부족하면 그 모자람에 더 하여 부합하게 적절하게 한다. 풍수(風水)의 재성(裁成)은 사람에 있다. 이 글에서 재전작용(裁剪作用)의 법은 온전히 목력지교(目力之巧)에 의거하여 능히 추전피결(趨全避缺)할 수 있다. 공력지구(工力之具)는 능히 증고익소(增高益少)할 수 있다. <출처> 『발미론(裁成篇)』

√ 작용(作用)이란 ?

무릇 용이 결혈을 하였으나 주위가 바르지 않는 것은 반드시 인력으로 공사를 하여 (흙을) 북돋아 더하여[培補:배보]야 하고 혹 포만(飽滿)하면 파서 그것을 없앤다. 예를 들어 포만하거나 아요(餓凹)할 것[과하거나 부족하면] 같으면 마름질[裁制;재제]하여 마땅히 형편이 좋아야 비로소 집집마다 고르게[均匀:균균] 부귀쌍전할 수 있다.[凡龍結穴而有不周正者 必須用工以培補 或飽滿開鋤去之 譬如飽突 餓凹二者 裁制得宜 方得房房均勻 而富貴雙全] <출처>
<출처> 『입지안전서』「혈법」 ☞補(보) : 고치다. 보수(補修)하다.더하다. 보탬

☕ 《주역》에서

-지천태괘(泰卦;☷☰) : 象(傳)曰 天地交泰 后以 財(裁)成天地之道 輔相天地之宜 以左右民. 재성보상(裁成輔相) : 재성(財成)은 천지의 도를 재단하여 이루며 보상(輔相)은 천지의 마땅함을 도와 이좌우민(以左右民)은 백성을 가르치고 인도하는 것을 의미한다. 즉 지나친 것을 억제하고 모자란 것을 보충해서 천지의 조화가 이루어지도록 돕는 것을 말한다.

- 지천태괘(泰卦;☷☰)

위의 지(地)괘와 아래의 천(天)괘가 서로 통한다는 지천태괘이다.
이유는 원래 하늘은 위에 있고 땅이 늘 아래에만 있으면 천지가 사귀지 못하고, 천지가 사귀지 못하면 만물이 나오지 않는다. 즉 태괘(泰卦)를 천지가 교류(交流)하여 만물이 활발히 생생(生生)하는 상태이면, 비괘(否泰)는 이런 교류나 교통(交通)이 막혀 버린 상태로 본다. 그런데 아래에 있는 땅 괘가 위로 올라가고 위에 있는 하늘 괘가 아래로 내려오니 하늘 기운이 아래로 내려오고 땅기운이 위로 올라가 사귀어 통하게 되니 태괘(泰卦)가 된 것이다.
즉 천지의 형(形)의 교류가 아니고 천지의 기(氣)가 교류하는 것을 말한다.

682) 未免(미만) ; 아무래도 ~이다. ~을 면할 수 없다. 좀 ~하다. 꼭 ~하다.
☞毋(무) : 없다. 아니다. ☞ 精兵(정병) : 정예병. 우수하고 강한 군사[병사]

(裁成)은 사람에게 있다. 그 시작하는 바는 다양(多樣)한 형상(形象)에 대하여 눈을 통한 식별능력(識別能力;관찰력)[目力之巧(목력지교)]과 인위적인 방법을 구비하는 것[工力之具(공력지구)]에 불과하다. 그 훗날[其後] 신의 솜씨를 빼앗아[奪神功(탈신공)] 하늘로부터 타고난 운명을 바꾸어[改天命(개천명)] 사람과 하늘의 사이를 좁힐 수 있으므로 비록 흉산악수(凶山惡水)가 있을지라도 사람은 어떻게[何如(여하)] 빨리 피하는가[趨避(추피)]에 달려있다.

또 대귀(大貴)의 자리는 본신(本身)의 용기(龍氣)가 소중하며 꼭 살기(殺氣)를 없을 수 없어[未免(미만)] 호종(護從)하고 조응(朝應)하는 산수는 사나운 장졸[悍卒;한졸]과 무부(武夫)가 갑옷을 입고[披堅(피견)] 창을 들고[執銳(집예)] 옆에서 호위하는 것 같고, 두려워할 만 형상이 없이 모두 나를 모시고 호위하는 것은 내가 이용하는 것이고 나를 업신여기는 것이 아닌 것을 모른다. 그러므로 이르길 '사(沙)는 미녀(美女)와 같아 귀천(貴賤)은 남편에게 달렸다. 물은 우수하고 강한 병사[精兵:정병]와 같아 진퇴(退進)는 장수에 달려있는 것 같다[由將(유장)].' 고 하였다. 용혈(龍穴)의 귀천(貴賤)에 달려있는 것이지 사수(沙水)의 미악(美惡)에 있는 것은 아니다. 진실로[苟:구] 용혈(龍穴)이 참되지 않으면 비록 아도(牙刀)가 살도(殺刀)로 변화하고[化作] 문필(文筆)이 화필(畫筆)로 변화하게 된다.

況凶惡可畏者乎？此所謂趨避者，乃龍真穴真，不過有凶殺照射耳。張子微云：「如龍真穴真，而有凶殺照射，惟在收拾。能收拾，則縱有凶殺，既為我用，不相刑指。譬如達官大官，黥[683]卒賊徒皆為我用。何者？權在我故也。又如嗜殺之人，竊發草莽，貪利等輩，奪壞閭里。一旦收拾，隨材任使，或可為大將，或可為謀主，小者亦可克[684]將校頭目，但不可使之[685]無所歸宿耳。此皆趨避裁成之意。

하물며 흉악(凶惡)하다고 두려워할만 한가[可畏者乎(가외자호)]? 이것은 빨리 피하는 것[趨避者(추피자)]을 이른 것이다. 곧 용진(龍真) 혈진(穴真)하면 흉살(凶殺)은 내려 쬐이는 것에 불과할 뿐이다. 장자미(張子微)가 이르길 '용진혈진(龍真穴真)한 곳에 흉살(凶殺)이 비치면[照射(조사)] 오직 수습(收

683) 照射(조사) : 비치다. 쪼이다 ◦ 黥(경) : 묵형(墨刑). 얼굴에 죄명을 자자(刺字)하던 형벌
684) 克(극) : ~할 수 있다. 능히 ~하다. 이기다.
685) 使之(사지) : ~으로 하여금 ~하게 하다. ~을 ~하도록 하다.
➜ 使(사) : 쓰다. 사용하다. 써 버리다.

拾)하는 데 달려있어 수습(收拾)할 수 있으면 설사 흉살(凶殺)이 있더라도 이미 나를 위하여 사용하면 모양[相:상]을 형살이라고 하지 않는다.

가령 큰 벼슬한 직위 높은 관리[達官:달관]는 비록 형벌을 당한 죄인[黥卒:경졸]이나 도적의 무리[賊徒(적도)]가 모두 나를 위하여 사용하는 것[何者]은 무엇인가? 유리한 형세(形勢)[權(권)]가 나에게 있기 때문이다.

또 가령 싸움하는 것[殺]을 즐기는 사람과 이익을 탐하여[貪利(탐리)] 평민[草莽;초망]에게 강도나 절도를 행하는[竊發(절발)] 비슷한 무리[等輩(등배)]들은 백성들이 모여 사는 곳[閭里(여리)]을 무너뜨려 약탈한다[奪壞;약괴].

우선(于先) 잠깐[一旦(일단)] 수습(收拾)하여 재주에 따라[隨材(수재)] 책임(責任)을 맡기면[任使] 혹 대장(大將)이 될 수 있거나 모주(謀主)가 되어

소자(小者)는 역시 장교(將校)를 이겨 두목(頭目)이 되고 다만 사용할 수 없으면 돌아가 머물 곳이 없을 뿐이다[無所歸宿]. 이는 모두 추길피흉[趨避;추피]하여 재성(裁成)하는 뜻이다.

郭景純云「趍全避缺，逐鬼迎神。」亦無非[686]躲閃凶神惡殺而已。故穴法趍避之訣，左山壓塚穴歸右，右山壓塚穴歸左。或左水衝射，或左沙凶惡，或左邊明堂傾倒，或青龍無情，或青龍帶殺，或左沙飛走，或左山醜惡，或左邊水雜陰陽，或左有空缺，或左邊朝山無情，或左山破碎之類。凡此則宜穴依於右，或向扦顧右，以避其凶而趍其有情吉美之山水。若右宮沙水有如此者，則穴宜扦依左，或向扦顧左，以就左邊山水有情美好者。此趍避之道耳。或高扦而群雄降伏，或低下而四獸和平，或退後數尺而不見沙飛，或進前數尺而不見水走，皆趍吉避凶之法也。

곽경순(郭景純)이 이르길 '온전함을 따르고 결함을 피하여[趨全避缺(추전피결)] 길신을 맞이하고[迎神(영신)] 귀신을 쫓아내고자 하는 것[逐鬼(축귀)]이다.' 고 하였다. 또 반드시 흉신악살(凶神惡殺)이라도 몸을 살짝 피할[躲閃(타섬) 뿐이다. 그러므로 혈법(穴法)에 추전피결(趨全避缺)은 좌산(左山)이 무덤을 압박하면[壓塚(압총)] 혈은 우산에 의탁하고[歸], 우산(右山)이 무덤을

686) 無非(무비) : 단지 ~에 지나지 않다. 반드시 ~이다. ~가 아닌 것이 없다. ☕ 躲閃(타섬) : 몸을 살짝 비키다☞ 躲(타) : 숨다. 피하다.◦ 歸(귀) : 몸을 의탁하다.따르다.

압박하면 혈은 좌산에 의탁하며[歸(귀)] 혹 좌수(左水)가 충사(衝射)하면 혹 좌사가 흉악(凶惡)하고 혹 좌변의 명당(明堂)이 기울었으면[傾倒(경도)] 혹 청룡(青龍)이 무정(無情)하거나 혹 청룡(青龍)이 살을 띠고[帶殺] 혹 좌사(左沙)가 비주(飛走)하고 혹 좌산(左山)이 추악(醜惡)하며 혹 좌변수(左邊水)에 음양이 박잡[駁雜]하고 혹 좌측에 공결(空缺)하고 혹 좌변(左邊)의 조산(朝山)이 무정(無情)하거나 혹 좌산(左山)이 파쇄(破碎)된 유(類)이다. 무릇 이는 마땅히 혈은 우측에 의지한다. 혹 우측을 돌아보도록 향하여 천장하여 흉을 피하고 좋고 아름다운 산수(山水)를 따르면[趨(추)] 유정(有情)하다. 만약 우궁(右宮)의 사수(沙水)가 이와 같다면 혈은 마땅히 좌측에 의지하여 천장한다. 혹 좌를 돌아보게 향하여 천장한다. 좌측산수를 취하여 유정(有情)하면 아름답고 좋다. 이는 **추피**(趨避)**의 이치**(理致)이다. 혹 높이 천장하면 추한 무리[群雄:군웅]이 항복(降伏)하게 하고 혹 낮게 천장하면 사수(四獸)가 화평(和平)하다. 혹 뒤로 수척(數尺)을 물러나 사(砂)가 달아나는 것을 보이지 않게 하고 혹 앞으로 수척(數尺)을 나아가 물이 달아나는 것을 보이지 않는 것은 모두 **추길피흉**(趨吉避凶)**의 법이다.**

蔡牧堂云：「山川之變態不一，咫尺之移轉頓殊。或低視而醜，高視而好；或左視而妍，右視而媸[687]；或秀氣聚下而高則否；或情意集右而左則虧；如此者不可不知所決擇。知所決擇，庶得趍避之道。」亦確論也。龍真穴的[688]，而偶有一沙之嫌，人莫敢信者，則思喝形以制之。蓋喝形亦可壓制諸沙。卜氏云「尖鎗本凶器，遇武士以為奇；浮尸固不祥，見群鴉而反吉」之類，亦有理致。故凡見砂有不淨者，則思喝形以控制之，亦一法耳。如旗山本忌當面，或作將軍大坐，或作真武作法等形，則在所用，不為忌也。此皆存乎[689]人之活潑，觸類而長矣。

채묵당(蔡牧堂)이 이르길 ‘산천(山川)의 모양이 변한 것[變態(변태)]은 하나같지 않아 아주 가까운 거리[咫尺:지척]에 옮겨[移轉:이전]도 완전히 다르다[頓殊(돈수):頓異(돈이)]. 혹 낮게 보면 추(醜)하고 높이 보이면 좋으며, 혹

687) 媸(치) : 추하다. ☞ 虧(휴) : 이지러지다. 무너지다

688) 龍真穴的(용진혈적) : 용이 참되고 혈이 확실함 ◦偶(우):뜻하지 않게 만남. 뜻하지 않게.짝 ☞不淨(부정) : 깨끗하지 못함. 또는 더러운 것.

689) 在乎(재호) : 마음에 두다. 개의하다. 문제 삼다.

좌측을 보면 예쁘고 우측을 보면 추하며[媸(치)] 혹 수기(秀氣)가 아래에 모이고 높으면 안되고 혹 유정함(情)[情意:정의]이 우측에 모이는데 좌로 하면 이지러진다[虧(휴)]. 이와 같은 것들은 택하여 결정하는 것을 알아야 한다. **결정하여 택하는 것을 알면 거의 추피(趨避)의 이치[道]를 아는 것이다.**'고 하였다. 또 확실히 말한 것[確論(확론)]이다. 용진혈적(龍真穴的)하나 우연히[偶(우)] 하나의 사[一沙]가 꺼리는 것[嫌:혐]이 있으면 사람들은 감히 믿지 못하여 갈형(喝形)을 생각하여 제압하는 것[以制之(이제지)]이다.

대개 갈형(喝形)으로도 제사(諸砂)를 제압[壓制]할 수 있다. 복씨(卜氏)가 이르길 '**뾰족한 창은 본래 흉한 도구이지만 무사를 만나면 기이한 것이 되고**, 물위로 떠있는 시체와 같이 보이면 진실로 상서롭지 못하나 까마귀 떼를 만나면 도리어 길한 유(類)가 된다.'고 하니 역시 이치(理致)가 있다. 그러므로 무릇 보이는 **사(砂)가 정갈하지 못하면[不淨(부정)] 갈형(喝形)을 생각하여 그것을 제압[控制]하는 것도 하나의 방법이다.**

가령 기산(旗山)을 앞에서 마주 대하는 것[當面]을 꺼리나 혹 **장군대좌**(將軍大坐)로 하거나 혹 진무작법(真武作法) 등의 모양을 하면 쓰이는 바가 있어[在所用(재소용)] 꺼리지 않는 것이다. 이는 모두 활발(活潑)한 사람이 마음에 있어 접촉하면[觸類;촉류] 배울 수 있다[長之].

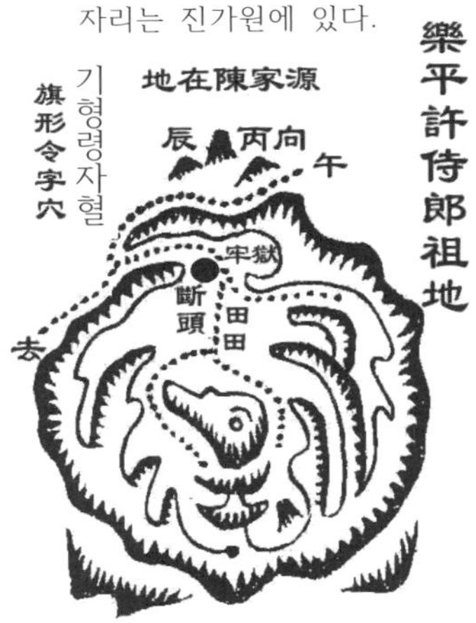

公課云：十里迢迢遠，龍來亥上盤。秀峰辰丁立，吉水澗中盤。若問前程事，為官鎮大藩。後來無識者，休說事多端。熙寧三年八月記

<그림1-138> 낙평허시랑조지(樂平許侍郎祖地)

요공(廖公)은 과에 이르길 '

매우 멀고 멀리 십리[十里迢迢遠]
용이 뻗어와 해상에 서리었네[龍來亥上盤]
빼어난 봉우리 진정방에 서있고[秀峰辰丁立]
길수(吉水)가 계곡 중간에서 굽어[吉水澗中盤]
만약 앞길의 일을 묻는다면[若問前程事]
관리가 되어 대번(大藩)을 진압하리라[為官鎮大藩]
나중에 알지 못하는 사람들은[後來無識者]
이 일에 다단하게 말하지 말라[休說事多端].
희녕 삼년 팔월에 기록하다[熙寧三年八月記]

如廖金精下明溪許氏祖地，在樂平縣陳家源者，其穴前之沙有斷頭山、牢獄山。廖知不為害[690]。既下，有蠻師者往觀之。蠻師曰：「斷頭山現。」金精曰：「我斬他人頭！」蠻師曰：「牢獄山現！」金精曰：「赦文水朝。」後許氏果出貴，掌藩臬，專殺伐，而有我斬他人之應。此喝形控制之善者矣。圖具上。

<그림1-138>의 자리는 가령 요금정(廖金精)이 하장한 명계(明溪) 허씨(許氏)의 조지(祖地)이며, 낙평현(樂平縣) 진가원자(陳家源者)에 있다.

혈 앞에는 단두산(斷頭山)과 뇌옥산(牢獄山)이 있으나 요씨(廖氏)는 해(害)가 되지 않음을 알고 이미 하장하였다. 만사자(蠻師者)가 가서 보고 만사(蠻師)가 이르길 ' 단두사(斷頭山)이 나타났다.' 고 하니 요금정(廖金精)이 이르길 ' 내가 타인의 머리를 베었다' 하였고! 만사(蠻師)가 이르길 ' 뇌옥사(牢獄山)가 나탔음이다!' 고 하니 금정(金精)이 이르길 '사문수(赦文水)가 들어온다[朝]' 고 하였다. 나중에 허씨(許氏)는 과연 벼슬에 나아가 번얼(藩臬)을 맡았다. 오로지 살벌(殺伐)함을 주관하여 내가 타인[斬他(참타)]을 베는 응함이다. 이곳은 갈형(喝形)으로 제압[控制]하는 좋은 것이다. 그림은 위에 있다.

제14절 근취제신(以近取諸身)정혈(定穴)

690) 爲害(위해) : 손해를 끼치다. 해가 되다.

近取諸身定穴者，即金精以人身骨節動處喻穴之法也。金精嘗著《赤人圖》，與人論穴云：「動處是穴。」論者頗悟。今以人身言之，有頂門百會穴、咽喉穴、肩井穴、心胸穴、乳穴、臍穴、丹田穴、膀胱穴、懷抱穴、曲池穴、搭膝穴、鼠肉穴、挽籃穴、搊搭穴、擺腳穴、垂頭穴、腰穴、獻花穴、腳跟穴、腳穴、指掌穴、叉手穴、左右仙官穴，格圖如下：

근취제신(近取諸身) 정혈(定穴)이란 즉 요금정(金精)이 인신(人身) 골절(骨節)의 동처(動處)에 혈을 정하는 법을 비유한 것이다. 요금정(金精) 저서 《적인도(赤人圖)》에서 사람과 혈을 논하여 이르길 '움직이는 곳이 혈이다' 고 하니 말하는 사람이 매우[頗;파] 깨달은 바가 있다. 이제 사람의 몸으로 혈을 말하면 정수리[頂門(정문)]의 백회혈(百會穴)과 인후혈(咽喉穴)、견정혈(肩井穴)、심흉혈(心胸穴)、유혈(乳穴)、제혈(臍穴)、단전혈(丹田穴)、방광혈(膀胱穴)、회포혈(懷抱穴)、곡지혈(曲池穴)、탑슬혈(搭膝穴)、서육혈(鼠肉穴)、만람혈(挽籃穴)、추탑혈(搊搭穴)、파각혈(擺腳穴)、수두혈(垂頭穴)、요혈(腰穴)、헌화혈(獻花穴)、각근혈(腳跟穴)、각정혈(腳睁穴)、지장혈(指掌穴)과 또 수혈(手穴)、좌우선궁혈(左右仙官穴) 격식의 그림이 아래와 같다.

<그림1-139> 내유혈(奶乳穴) 및 제윤혈(臍輪穴)

내유혈(奶乳穴)	제윤혈(臍輪穴)

詩曰：大龍雙乳穴同垂，兩穴同扦福力齊。單下一穴難見發，教君此理有玄微。 시에 이르길 ' 대룡에 쌍유혈(雙乳穴)을 같이 드리워 두 혈을 같이 천장하면 복력이 같고[齊;제] ,단지 하나의 혈을 하장하면 발복을 보기 어렵다. 제군에게 가르치니 이러한 이치는 미묘하다[玄微].' 고 하였다.	詩曰：降勢端圓氣脈雄，兩邊龍虎卻平胸。直須透取臍輪穴，高點低扦總是空。 시에 이르길 '내려가거나 떨어지는 기세[强勢]가 단원(端圓)하고 기맥(氣脈)이 웅장하면[雄] 양변이 용호(兩邊龍虎)는 오히려[卻] 내부가 평평하다[平胸]. 곧으면 반드시 명백하게 제륜혈을 취하라 .높게 점혈을 해야 되는데 낮게 점혈을 하면 모두 부질없다.' 고 하였다.

<그림1-140> 단전혈(丹田穴) 및 방광혈(膀胱穴)

단전혈(丹田穴)	방광혈(膀胱穴)

詩曰：龍虎盤旋開股肱，丹田之穴要分明。高犯天罡[691]低犯絕，股肱登對穴相停。 시(詩)에 이르길 ‘용호(龍虎)가 빙빙돌아 구부러져[盤旋(반선)] 팔다리를 벌리면[開股肱(개고굉)] 단전(丹田)의 혈(穴)이 분명해야 하고 높으면 천강(天罡)을 범하고 낮으면 절손(絶孫)을 범한다. 팔다리[股肱]가 마주대하면[登對;등대] 혈(穴)은 따라서 머문다[相停].’ 고 하였다.	詩曰：降勢雄高龍虎低，兩邊垂下又坑溪。只宜葬取膀胱穴，若高一穴便凶危。 시(詩)에 이르길 ‘강세(降勢)가 높고 웅장한[雄高] 용호(龍虎)가 낮고 양변(兩邊)이 아래로 드리우면[垂下(수하)] 또 물이 흐르는 계곡[坑溪]이니 다만 마땅히 방광혈(膀胱穴)을 취하여 매장한다. 만약 하나의 혈만 높으면 곧 험하여[危] 흉하다[凶危;흉위].’ 고 하였다.

<그림1-141> 회포혈(懷抱穴) 및 곡지혈(曲池穴)

회포혈(懷抱穴)	곡지혈(曲池穴)

詩曰：懷抱穴居懷抱中，若扦頂上便遭凶。為緣頂穴元辰陡，懷抱之間水聚溶。 시(詩)에 이르길 ‘회포혈(懷抱穴)은 가슴 안[懷抱中(회포중)]에 있다. 만약 정상(頂上)에 천장하면 곧 흉함을 당한다[遭凶]. 정상인 까닭에[緣頂;연정] 혈은 원진수(元辰)가 가파르다[陡;두].가슴사이[懷抱之間]의 물이 모여 질펀하게 흐른다.’ 고 하였다.	詩曰：水宿多應結曲池，兩邊作穴少人知。天星[692]突起方為的，或如草尾露珠垂。 시(詩)에 이르길 ‘물이 있어[水宿;수숙] 대부분 곡지혈(曲池穴)을 반응하여 맺는다[應結]. 양변(兩邊)에 혈이 생기는 것[作穴]을 아는 사람이 적다. 천성(天星)이 우뚝 솟으면[突起(돌기)] 비로소 혈이 확실하다[的]. 혹 풀 끝[草尾]에 이슬[露珠;노주]이 맺힌 것 같다.’ 고 하였다

691) 天罡(천강) :혈이 너무 높으면 천강이라 한다[太高謂天罡]. 높은 혈에 장사를 하면 용을 상하게 하여 그 화는 빠르다[葬穴高則傷龍 其禍速]. <출처> 『地理啖蔗录』卷四

<table>
<tr><th>회포혈(懷抱穴)</th><th>곡지혈(曲池穴)</th></tr>
<tr><td></td><td></td></tr>
<tr><td>詩曰：懷抱穴居懷抱中，若扦頂上便遭凶。為緣頂穴元辰陡，懷抱之間水聚溶。
시(詩)에 이르길 '회포혈(懷抱穴)은 가슴 안[懷抱中(회포중)]에 있다. 만약 정상(頂上)에 천장하면 곧 흉함을 당한다[遭凶]. 정상인 까닭에[緣頂;연정] 혈은 원진수(元辰)가 가파르다[陡;두].가슴사이[懷抱之間]의 물이 모여 질편하게 흐른다.' 고 하였다.</td><td>詩曰：水宿多應結曲池，兩邊作穴少人知。天星[693]突起方為的，或如草尾露珠垂。
시(詩)에 이르길 '물이 있어[水宿;수숙] 대부분 곡지혈(曲池穴)을 반응하여 맺는다[應結]. 양변(兩邊)에 혈이 생기는 것[作穴]을 아는 사람이 적다. 천성(天星)이 우뚝 솟으면[突起(돌기)] 비로소 혈이 확실하다[的]. 혹 풀 끝[草尾]에 이슬[露珠;노주]이 맺힌 것 같다.' 고 하였다</td></tr>
</table>

<그림1-142> 膝頭穴 및 鼠肉穴

<table>
<tr><th>슬두혈(膝頭穴)</th><th>서유혈(鼠肉穴)</th></tr>
<tr><td></td><td></td></tr>
<tr><td>詩曰：三星蓋穴認明堂，一山回抱一山長。大坐仙人翹足勢，膝頭安穴最為良。</td><td>詩曰：鼠肉穴居手臂間，穴雖偏處勢彎環。明堂平正為真的，切忌元辰傾瀉長。</td></tr>
</table>

692) 천성(天星·하늘의 별자리)과 지혈이 일치
693) 천성(天星·하늘의 별자리)과 지혈이 일치

슬두혈(膝頭穴)	서육혈(鼠肉穴)
시(詩)에 이르길 '삼성(三星)이 혈을 덮으면 명당(明堂)을 알고, 하나의 산이 회포하고(回抱) 하나의 산이 길면 선인(仙人)이 발을 들고[翹足;교족] 앉아 있는[大坐] 세(勢)이다. 무릎[膝頭]에 혈을 안치하는 것 가장 좋다.' 고 하였다.	시(詩)에 이르길 ' 서육혈(鼠肉穴)은 손과 팔뚝 사이[手臂間] 있고, 혈이 비록 치우친 곳이나 세(勢)는 만환(彎環)해야 하고, 명당(明堂)이 평정(平正)하면 진짜[真的]이다. 원진수(元辰)가 기울어 길게 쏟아지는 것을 꺼린다.' 고 하였다.

<그림1-143> 절요혈(節腰穴) 및 음낭혈(陰囊穴)

절요혈(節腰穴)	음낭혈(陰囊穴)

절요혈(節腰穴)

詩曰 : 得法[694]安墳葬節腰, 蜂腰鶴膝是龍苗。腰肢凹凸皆堪[695]葬, 須要山環及水朝

시(詩)에 이르길 '허리 마디[節腰(절요)]에 법에 맞게[得法] 무덤을 편안하게 매장[安墳葬(안분장)]하는 데 봉요(蜂腰) 학슬(鶴膝)은 바로 용(龍)의 단서[苗;묘]이다. 허리 부분[腰肢]의 요철(凹凸)에 모두 매장할 수 있다[堪葬(감장)]. 반드시 산은 환포하고 물은 흘러들어 와야 한다.' 고 하였다

694) 得法(득법) : 요령 있다. 일이 순조롭다. 득의하다. 알맞다.] ◦苗(묘) : (일·사건 따위의) 단서. 실마리.

695) 堪(감) : ~할 수 있다.~할 만하다. 감당하다.

음낭혈(陰囊穴)

詩曰：陰囊一穴最蹊蹺[696]，穴在低兮不用疑。最要前朝為秀麗，定生中貴[697]侍彤墀。

시(詩)에 이르길 '음낭(陰囊)에 일혈(一穴)이 가장 기괴하고[蹊蹺;혜교], 혈이 낮으면 의심하지 말고 쓰라. 가장 중요한 것은 앞의 조산(朝山)이 수려(秀麗)한 것이다. 반드시 총애를 받는 내관(內官)[中貴]이 태어나 대궐의 뜰[彤墀]에서 임금을 모신다.' 고 하였다

<그림1-144> 腳跟穴 및 腳睜穴

각근혈(腳跟穴)	각쟁혈(腳睜穴)

각근혈(腳跟穴)

詩曰：來勢重重氣脈舒，中間一穴卻成虛。真龍偏向腳跟穴，亦為明堂眾水趨。

시(詩)에 이르길 '산맥이 뻗어오는 기세가 거듭[重重(중중)] 기맥을 펼쳤으면 중간(中間)의 일혈(一穴)은 오히려 빈혈[虛]이 된다. 진룡(真龍)은 치우쳐[偏] 각근혈(腳跟穴)을 향하면 역시 명당(明堂)에 중수(眾水)가 향하여 간다[趨].' 고 하였다.

---

696) 陰囊(음낭) : 불알을 싸고 있는 주머니처럼 생긴 부분(部分) ☞ 蹊蹺(혜교) : 기괴(奇怪)함. 이상함. 수상쩍음 ☞ 蹊(혜) : 지름길. 기다리다. ☞ 蹺(교) : 다리를 들다. 손가락을 세우다. 발돋움하다.

697) 중귀인(中貴人) : 임금의 총애를 받는 환관(宦官)을 가리킨다.
☞ 展庭(전정) : 대궐의 뜰.

각쟁혈(腳䏶698) 穴)

詩曰：山水堂堂列面前，頭一穴自天然。雖然699)此地無龍虎，水繞山環氣脈全。

시(詩)에 이르길 ' 산수(山水)가 당당히(堂堂) 면전(面前)에 열립한 것으로 쟁두(䏶頭)에 하나의 혈이 저절로 천연적(天然)으로 된 것이다. 비록 이 자리에 용호가 없다고 할지라도 물이 감싸고 산이 환포하면 기맥(氣脈)이 온전하다.' 고 하였다.

<그림1-145> 挽籃穴 및 掬搭穴

만람혈(挽籃穴)	국탑혈(掬搭穴)

如牛角(여우각)

만람혈(挽籃穴)

詩曰：來龍起伏結扳鞍，此穴憑君正處安。有應挽籃為正穴，若無應樂墜 扦。

시(詩)에 이르길 '내룡이 기복(起伏)하여 반안혈(扳鞍穴)을 맺었다. 이 혈은 제군들은 바른 곳에 의지하여[憑(빙)] 안장하라. 만람(挽籃)이 응하면 정혈(正穴)이 된다. 응락(應樂)이 없으면 아래로 떨어져 천장한다.' 고 하였다.

---

698) 䏶(쟁) : 뒤꿈치 힘줄 。挽籃(만람) : 쪽박 모양의 산 또는 바구니를 끌어당기는 모양의 산 。籃(람) : 대바구니

699) 雖然(수연) : 비록 ~일지라도. 설령 ~일지라도

국탑혈(掬搭穴)

詩曰：掬搭之穴枕樂安，氣須斜插[700]要前寬。本身一臂如牛角，下後兒孫代有官。

시(詩)에 이르길 '국탑혈(掬搭之穴)은 낙을 베고 안장한다. 기(氣)가 반드시 비스듬히 비껴서 천장하여야 하고[斜插(사삽)] 앞은 넓어야 한다. 본신의 일비(一臂)가 우각(牛角)과 같아, 장사 후에 자손의 가계가 대대로 벼슬을 한다.' 고 하였다.

<그림1-146> 擺腳穴 및 垂頭穴

파각혈(擺腳穴)	수두혈(垂頭穴)

파각혈(擺腳穴)

詩曰：擺腳之穴動處扦，要尋宛宛[701]有天然。兩旁有護龍身貴，為官必定到簾前

시(詩)에 이르길 '파각혈(擺腳之穴)은 동처(動處)에 천장한다(???).

굽은 모양[宛宛(완완)]이 천연(天然)적인 곳이 있을 때 찾아야 한다. 양방(兩旁)에 용신을 보호하면 귀(貴)하다. 벼슬을 하면 반드시(꼭)[必定;필정] 임금 앞까지 이른다.' 고 하였다.

수두혈(垂頭穴)

詩曰：垂頭玄武有真龍，此穴天然不易逢。急來緩受[702]宜離杖，百口兒孫祿萬鍾

700) 斜矗(사촉); 斜插(사삽) : 비스듬히 꽂다. ☞ 矗 (촉): 높이 솟다. 우뚝솟다. 치솟다.
701) 宛宛(완완) : 굽은 모양. 부드러운 모양. 구불구불한 모양. 나긋나긋한 모양

시(詩)에 이르길 '현무(玄武)를 드리우면[垂頭;수두] 진룡이 있다. 이 혈은 천연적[天然]으로 만나기 쉽지 않다. 급히 오는 용은 평탄한 곳에 혈을 정하는 것[急來緩受:급래완수]으로 마땅히 이장(離杖)법이 마땅하다. 많은 가족[百口:백구]의 후손은 만록(祿萬)이 모인다.' 고 하였다.

<그림1-147> 頂門百會穴 및 咽喉穴

정문백회혈(頂門百會穴)	인후혈(咽喉穴)

정문백회혈(頂門百會穴)

詩曰：支[703]葬其巔[704]穴頂門，平中一凸最為真。若還開口鉗唇出，穴向鉗唇開口尋

시(詩)에 이르길 '평지룡의 장사는 산꼭대기가 솟은 곳[支葬其巔(지장기전)]에 혈은 정수리[頂門]에 있고, 평평한 가운데[平中] 하나의 볼록한 곳[一凸;일철]이 가장 참이다. 만약[若還:약환] 개구(開口)하여 겸순(鉗唇)이 나왔으며 혈은 개구(開口)한 겸순(鉗唇)에 다가가 찾아라.' 고 하였다.

702) 급래완수(急來緩受) 완래급수(緩來急受) : 급히 오는 용은 평탄한 곳에 혈을 정하고 완만하게 오는 용은 급한 곳에 정혈 한다. 또 정래사하(正來斜下) 사래정하(斜來正下) : 용이 바르게 오면 비켜서 점혈하고, 비켜서 오면 바른 곳에 정혈 한다.

703) √평지심퇴(平地尋堆) : 평지에서는 언덕에서 혈을 찾는다.
√농장기록(壟葬其麓) : 고산에서는 산기슭에 장사를 한다.
√고혈심굴(高穴尋窟) : 높이 있는 혈은 굴에서 찾는다.

704) 평양의 땅[平洋之地]은 형상이 손바닥을 뒤집은 것 같아 양기(陽氣)가 넓게 흩어져[[舒散] 필히 쑥 나와 거품같이[突泡;돌포] 높이 솟아[隆起;융기] 있으면 흩어진 가운데 기가 모인 곳에서 구한다[求聚]. 소위 평양룡은 그 산꼭대기[머리]에 장사하는 것[支葬其巔]은 항상 지켜야할 도리이다[常道]. <출처> 사고전서 본『장서(내편)』
☞ 지장기전(支葬其巔)이란 대개 평지룡으로 필히 미돌(微突)이 올라온 곳이다[支葬其巔은 蓋以平支龍必須起微突處] <출처>『인자수지』

인후혈(咽喉穴)

詩曰：來勢粗雄穴必高，四邊朝應插雲霄。叅[705]隨護送皆高仰，好向咽喉用意消
시(詩)에 이르길 '내세(來勢)가 거칠고 웅장하면[粗雄;조웅] 혈은 반드시 높고, 사변(四邊)이 서로 조응하여[朝應] 구름이 낀 하늘[雲霄:운소]에 꽂혔으면(솟았으면)[插:삽] 배알하여[參:참] 따라가며[叅隨;참수][交牙:교아] (혈을) 보호하며 보내 모두 고개를 들어 위를 보고[高仰:고앙] 인후혈[咽喉]을 향하여 뜻을 세워[用意] 행하면[消(소)] 좋다.' 고 하였다.

<그림1-148> 當心穴 및 肩井穴

당심혈(當心穴)	견정혈(肩井[706]穴)

詩曰：無饒無減穴當心，四勢端然不用尋。朝案有情堂炁聚，寅時下了卯除貧。 시(詩)에 이르길 ' 요감을 할 수 없으면[無饒無減] 혈은 한가운데[當心] 있고 사세(四勢)가 단정하면[端然;단연] 혈을 찾을 필요가 없다[不用尋]. 조안(朝案)이 유정하면 명당[堂]에 기운[炁;기]이 모여[聚] 인시(寅時)에 하장을 완료하면[下了] 묘(卯時)에 가난함을 없앤다' 고 하였다.	詩曰：山如人坐作人形，龍虎騰騰[707]作氣迎。肩井窠中鍾正氣，高低取應要分明。 시(詩)에 이르길 '사람이 앉은 갈아 산이 사람 모양[人形]을 닮은 것[作]이다. 용호가 (기세가) 피어오르는[騰騰:등등] 태도를 취하여[作] 기(氣)를 맞이한다. 견정혈(肩井)은 오목한 가운데[窠中;과중]에 정기가 모인다. 높고 낮은 곳을 취하여 응(應)함이 분명해야 한다.' 고 하였다.

705) 参(참) : (윗사람을) 나아가 뵈옵다. 참가하다. 배알하다.☞随(수) : (~의 뒤를) 따르다. (길·강 등을) 따라 가다. 순종하다.
706) 肩井(견정) : 팔을 펴면 오목해지는 어깨위의 가장 높은 곳

《指南》云「凡地起頂垂乳，又有兩臂作龍虎者，便以人形取之，下咽喉、肩井等穴。若無兩臂，但作小坡鉗之類，即以手訣取之，下大指根，及點塩指根，並虎口中等法，所謂「有臂盤環[708]只象人，無臂手中分」者是也。今將指掌定穴之訣細陳於下：

《지남(指南)》에 이르길 '무릇 땅은 꼭대기[頂]을 일으켜 유(乳)을 드리우고[垂:수] 또 양비(兩臂)가 있으면 용호(龍虎)로 여기고 곧 그것을 사람의 모양으로 아래로 인후(咽喉)、견정(肩井) 등으로 혈을 취한다.
만약 양비(兩臂)가 없으면 다만 완만한 언덕[小坡;소파]에 겸(鉗)을 만드는 유(類)이다. 즉 수결(手訣)을 취하여 아래로 대지근(大指根) 및 염지근(塩指穴)에 점혈할 수 있다. 호구중(虎口中) 등의 법[等法]을 병용할 수 있다. 소위 '팔뚝[臂]이 있어 굽으면[盤環(반환)] 다만 사람의 형상이나 팔이 없으면 손 가운데 나눈다.' 고 하는 것이다. 이제 곧[今將] 지장정혈(指掌定穴)의 비결을 자세하게 아래에 진술하겠다[陳].

제15절 지장정혈(以指掌定穴)

陶公《捉脈賦》云：「豈知掌穴爰分於左右，兩指則虎口為貴，中尊則倒處為奇。小指乃為富穴，無名枉費[709]心機。」卜應天《雪心賦》云：「左掌右臂，緩急若氷炭之殊；食指無名，咫尺有雲泥之異。」楊公云：「仰掌要在掌中裏，左右挨排[710]恐非是。」又云：「也曾見穴如側掌，卻與仰掌無兩樣。」又云：「有臂盤桓只象人，無臂手中分。第一點塩指根貴，大指根為最。」是皆以指掌定穴者也。洪悟齋複推演[711]十二字杖訣，亦以指掌申明之，無非欲人易知其妙，如指

707) 騰騰(등등) : (김 따위의 기체가) 자욱이 피어오르다. (기세가) 등등하다. 새가 날아오르는 모양.
708) 磐桓(반환) : 盤環(반환) : 머뭇거림. 머물다. ☞ 盤(반) : 굽다. 꾸불꾸불함. 돌다. 서리다. ◦磐(반) : 너럭바위. 도사리다. 머무르다. ◦桓(환) : 크다. 머뭇거리다.
709) **枉費(왕비) : 헛되이 낭비하다. 허비하다.**
710) 挨排(애배) : 차례대로. 순서대로 배열하다. ☞ 排(배) : 차례로 놓다. 배제하다 ◦挨(애) : 순서를 따르다. 가까이 가다. ☞非是(비시) : (~이) 아니다. 옳지 않다.
711) 推演(추연) : 추단 연역(推斷演繹)하다. 즉 어떤 사실이나 원리를 바탕으로 새로운 결론을 이끌어내는 것

諸掌耳。今以諸圖開示於後。凡不起兩臂，只作小坡鉗者，宜下虎口穴。頂得來脈者，不可太低，犯軟肉穴者，主絕。看龍勢從大指邊來，則下大貴穴，從點塩指邊來，則下大富穴。皆須有應樂方真。右圖為仙宮，共七穴，四穴吉，三穴凶。《圓機歌》云「七個建星三個凶，左右仙宮一樣同」是也。

도공(陶公)의 《착맥부(捉脈賦)》에 이르길 '이에[爰:원] 장혈(掌穴)이 좌우(左右)로 나누어 엄지와 집게[兩指]이면 호구(虎口)가 귀하고, 가운데가 높으면[中尊] 손가락이 닿는 곳[倒處]이 기이하고, 새끼손가락[小指]에 맺힌 혈은 부혈(富穴)이 되며, 무명지[無名;약지]는 헛되이 애만 쓸 뿐인 것을 어찌 알겠는 가?' 하였다.

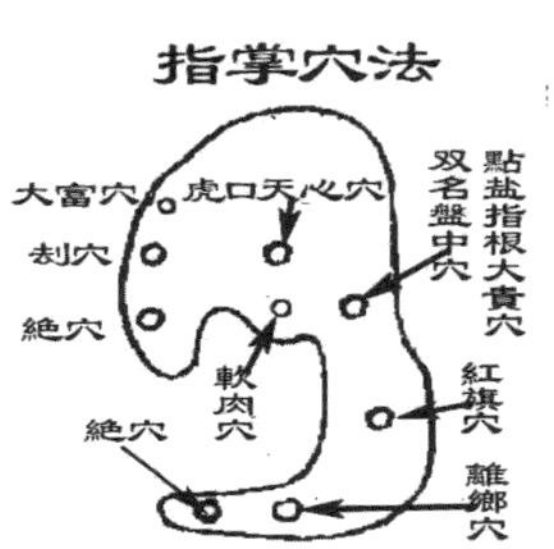

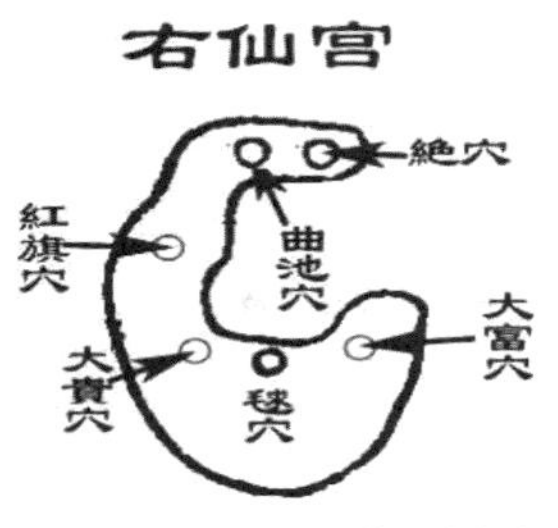

<그림1-150>우선궁(右僊宮)

<그림1-149> 지장혈법(指掌穴法)

<그림1-151> 좌선궁(左僊宮)

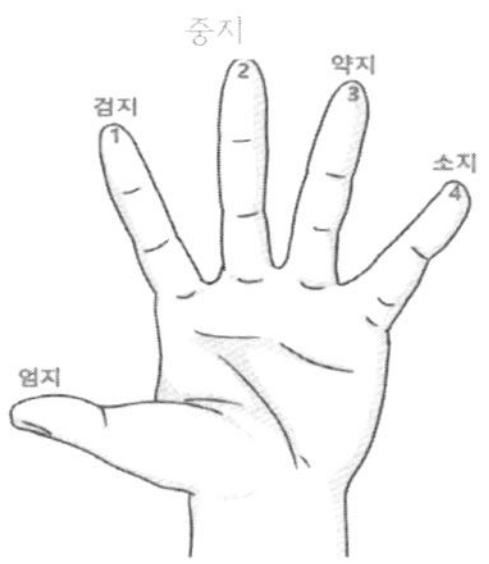

< 그림1-152 > 손가락 명칭

복응천(卜應天)은 《설심부(雪心賦)》에 이르길 '좌측은 손바닥이고 우측은 팔뚝이면, 완급이 얼음과 숯덩이와 같이 서로 다르다. 존지[中指]와 무명지는 지척(咫尺)이라도 구름과 진흙의 차이(差異)이다.' 고 하였다. 양공(楊公)이 이르길 '앙장(仰掌)은 손바닥 안[掌中(장중)] 속에 있어야 한다. 좌우로 가까

이서 배제되면[挨排(애배)] 혈이 아니라 염려된다.' 고 하였다. 또 이르길 '일찍이 손바닥을 옆과 같은 혈을 보았으나 앙장(仰掌)과 함께 양쪽에 모양이 없다.' 고 하였다. 또 이르길 ' 팔[臂]이 반환(盤桓)하면 다만 사람의 형상과 같다. 팔이 없으면 손 가운데서 분별한다. 제일(第一)은 염지근(塩指根)에 점혈을 하면 귀하고, 대지근(大指根)이 가장 좋은 혈이다.' 고 하였다. 이는 모두 지장정혈(指掌定穴)을 한 것이다. 홍오재(洪悟齋)가 다시 추단하여 연역한[推演] 12자 장결(杖訣)도 역시 지장(指掌)정혈로 분명히 설명한 것이며[申明之]. 사람이 그 묘함을 쉽게 알고자 하면 손바닥에 여러 가지를 가리킨 것과 같을 뿐이다. 이제 여러 그림[諸圖(제도)]을 나중에 가리켜 보인다[開示(개시)]. 무릇 양비(兩臂)을 일으키지 않고 다만 완만한 언덕[小坡]에 겸(鉗)이 생긴 것이다. 마땅히 호구혈(虎口穴)에 하장한다. 정수리[頂]에서 뻗어온 맥이 너무 낮으면 하장할 수 없다. **연육혈**(軟肉穴)을 범하면 절손이 된다. 용세(龍勢)를 보아 대지근(大指根) 변을 따라 와 하장을 하면 대귀혈(大貴穴)이 되고 모두 반드시 응락(應樂)이 있어야 비로소 진짜이다.

<그림1-149>(지장혈)은 선궁(仙宮)이 되며 모두 7개 혈이고 4개는 혈이 길하고 3개는 혈이 흉하다. 《원기가(圓機歌)》에 이르길 ' 7개 봉우리를 일으켜 (4개는 길하고) 3개는 흉하다. 좌우선궁(左右仙宮)이 모양이 하나같다.' 고 한 것이다.

毬穴在大指[712]、點塩指中，似虎口穴也，吉。大富穴在大指第[713]一節，吉穴也。紅旗穴在第二指一節，吉穴也。曲池穴在第二指二節，吉穴也。絕穴在大指表頭，主絕，凶。掃蕩穴上無頂而下散，凶穴也。燥火穴上亦無頂而下尖，凶穴也。

- 구혈(毬穴)은 엄지손가락[大指]과 집게손가락[塩指:염지] 가운데를 가리키고[點] **호구혈**(虎口穴)과 유사하며 좋다.

712) 손목[腕] 아래가 손이다. 손에는 다섯 개의 손가락이 있으며 각각 다른 이름을 가진다. 첫 번째 손가락을 대지(大指:大拇指), 두 번째 손가락을 염지(塩指), 세 번째 손가락을 장지(長指), 네 번째 손가락을 무명지(無名指), 다섯 번째 손가락을 소지(小指)라고 한다.
☞ **존지(尊指)는 손의 중지(中指)**, 장지(長指)

713) 大指(대지) : 엄지손가락. 무지 ◦第(제) : 수사(數詞) 앞에 쓰여 차례의 몇 째를 가리킴

- 대부혈(大富穴)은 대지(大指)의 제1절에 있고 길혈(吉穴)이다.
- 홍기혈(紅旗穴)은 제 2지(第二指) 1절에 있으며 길혈(吉穴)이다.
- 곡지혈(曲池穴)은 제2지(第二指) 2절(二節)있는 것으로 길혈이다.
- 절혈(絕穴)은 대지(大指)의 겉면 꼭대기[表頭]에 있다. 절손을 하여 흉하다.
- 소탕혈(掃蕩穴)은 위에 꼭대기가 없고 아래에 흩어져 흉혈이다.
- 조화혈(燥火穴)은 역시 위에 꼭대기가 없고 아래가 뾰족하여 흉혈이다.

<그림1-153> 大富穴 및 曲池穴

대부혈(大富穴)	곡지혈(曲池穴)
	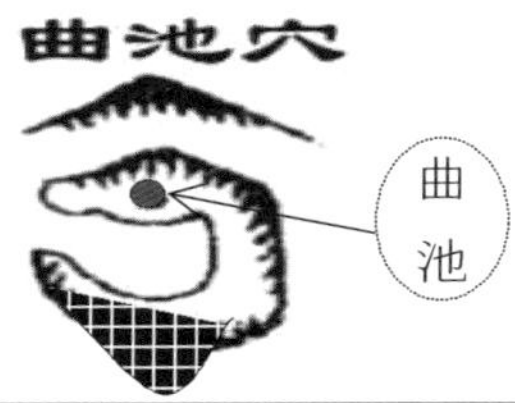

대부혈(大富穴)

大富穴要起頂端正，否則近絕穴易差，宜詳審焉。《詩》曰：「大富水逆先到山，東西宜有水回環。更須節氣無欹側，切忌[714]長流戶不關。」

대부혈(大富穴)은 정상은 단정(端正)하게 솟아야 하고 그렇지 않으면[否則;부즉] 절혈[絕穴]에 가까워 변화하여 차이가 난다[易差;역차]. 마땅히 자세히 살펴야 한다. 《시(詩)》에 이르길 ' 대부혈(大富)은 물을 맞이하는 것보다 산이 먼저 도착하여 동서(東西)에 마땅함은 물이 구불구불 감도는 것이다. 또[更;갱] 반드시 절(節)의 기(氣)가 기울어짐[欹側;의측]이 없어야 한다. 길게 흘러[長流(장류)] 수구[戶;호]에 막힘이 없을 것[無關鎖(불관쇄)]을 극력 삼간다[切忌(절기)].' 고 하였다.

714) 切忌(절기) : 극력 피하다. 극력 삼가다.

곡지혈(曲池穴)

曲池穴要起頂，有後樂，小明堂平正水聚。怕元辰直。若元辰不聚而無關攔者，不可下。《詩》曰「餘氣迢迢到曲池，偏宜後樂障風吹。更防箭射元辰水，左右交流不可虧。

곡지혈(曲池穴)은 정상이 솟아 뒤에 낙산이 있어야 한다. 소명당(小明堂)이 평정(平正)하고 물이 모여야 한다. 원진수가 직류(直流)하는 것을 꺼린다. 만약 원진수[元辰水]가 모이지 않아 관란(關攔)하지 않으면 하장할 수 없다. 《시(詩)》에 이르길 ‘여기(餘氣)가 매우 멀리[迢迢(초초)] 곡지(曲池)에 이르러 치우쳐[偏] 마땅히 후낙(後樂)이 바람이 부는 것을 막아야 한다. 또 쏘고 나아가는[箭射(전사)] 원진수(元辰水)을 막고 좌우에서 만나 흐르면 무너져서는 안된다.

<그림1-154> 毬穴 및 燥火穴

구혈(毬穴)	조화혈(燥火穴)

毬穴

毬穴在大指、點食指之間，似虎口穴也，最吉。《詩》曰「球中平穴貴周圓，水要灣環到面前。若也交流前直去，也須凶惡退牛田。」

구혈(毬穴)은 엄지[大指]와 집게손가락[食指(식지)] 사이를 가리킨다. 호구혈(虎口穴)과 유사하여 가장 좋다. 《시(詩)》에 이르길 ‘구 가운데[球中] 평평한 혈은 주원(周圓)함을 귀하게 여기고 물이 만환(灣環)하여 면전(面前)에 이르러야 한다. 만약 물이 만나[交流] 앞에서 직거(直去)하면[元辰水 直出] 반드시 흉하여 우전(牛田)을 잃는 걱정을 한다.' 고 하였다.

燥火穴

上無頂而下尖利者，謂之燥火穴，大凶，誤下主瘟火。上無頂而下尖利者，謂之燥火穴，大凶，誤下主瘟火。
조화혈(燥火穴)은 위에 정수리가 없고 아래가 끝이 뾰족하고 날카로운 것[尖利:첨리]을 조화혈(燥火穴)이라 한다. 이곳에 하장하면 대흉이다. 잘못 하장하면 돌림병의 화를 당한다[瘟火;온화].

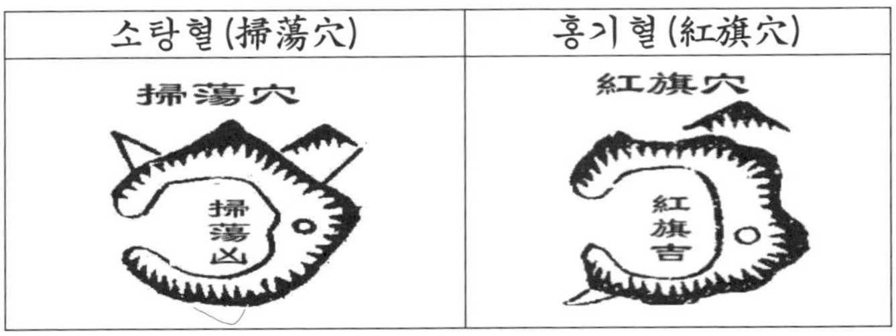

<그림1-155> 掃蕩穴 및紅旗穴

掃蕩穴

上無頂而下凸散者，謂之掃蕩穴，誤下，主絕滅。
소탕혈(掃蕩穴)은 위에 정상이 없고 아래로 분산하여 볼록 튀어나온 것[凸(철)]을 소탕혈(掃蕩穴)이라 한다. 잘못 하장하면 절멸(絕滅)한다.

紅旗穴

上有頂而下圓者，謂之紅旗穴，大吉，主富貴。《詩》曰「紅旗燥蕩卻相隣，下穴猶宜著眼真。更要天心明凸起，若還欹側總非神。
홍기혈(紅旗穴)은 위에 꼭대기[頂]가 있고 아래가 둥근 것을 홍기혈(紅旗穴)

이라 하고 대길하고, 부귀(富貴)한다. 《시(詩)》 이르길 '홍기(紅旗)와 소탕(燥蕩)은 오히려 서로 가깝다[相隣:상린]. 혈 아래가 오히려[猶:유] 진(眞)인지를 고려하는 것[著眼;착안]이 마땅하다. 또 천심(天心)에 (후장이) 볼록 튀어나와 솟아야 한다. 만약[若還(약환)] 측으로 기울면 모두 용신(龍神)이 아니다.

燥火穴、掃蕩穴、紅旗穴，三者一體而分三格，吉凶天淵[715]。燥、蕩欹側斜倒，而無端正體格，紅旗起頂吐唇，端正尊重，迥不同耳。掌心之訣，乃是[716]凹窠正中處立穴。亦有弦厚處，接得來脈者可點穴。則要兩邊應樂，及四山明堂合法。故云小指乃為富穴，大指根為貴穴。在山勢龍脈如何耳。卜公云：「尊指無名，咫尺有雲泥之異。」正謂中指倒處，是掌心穴。其它指倒處，皆偏而不正，不可立穴。楊公所謂「仰掌要在掌心裏，左右挨排恐非是。」斯言懇到，殆無餘蘊矣。凡仙人獻掌形，必須如此究竟，則穴不悞也。

<그림1-156> 장심혈도 (掌心穴圖)

조화혈(燥火穴),소탕혈(掃蕩穴),홍기혈(紅旗穴) 세 가지[三者]는 한 몸[一體]에서 3격으로 대단히 현격한 차이[天淵]로 길흉(吉凶)을 나누어 조화[燥]、소탕(掃蕩)혈이 옆으로 기울어[欹側(의측)] 빗겨 반대로 되면[斜倒(사도)] 단정(端正)한 모양의 격이 없으나, 홍기혈(紅旗)은 정상이 솟아[起頂] 토순(吐唇)이 단정(端正)한 것을 중하게 여기는 것[尊重:존중]과 판이하게[迥;형] 다르다. 장심(掌心)의 비결(訣)은 즉 오목한[凹窠;요과] 한가운데[正中處]에 입혈하고 또한 현능사[弦(현)]가 후부한 곳[厚處(후처)]이 있으면 확실한[得] 내맥에 접하면 점혈을 할 수 있다. 양변에 응락(應樂)과 명당(明堂)이 사산(四山)에

715) 天淵(천연) : 하늘과 땅 만큼의 차이. 대단히 현격한 차이
716) 乃是 (내시) : 즉 ~이다. 곧 ~이다. ☞ 正中(정중) : 한가운데. 중앙

합법(合法)해야 한다. 그러므로 이르길 '소지(小指)에서는 부혈(富穴)을 만들고 대지근(大指根)은 귀혈(貴穴)을 만든다. 산세(山勢)는 용맥(龍脈)이 어떠냐[如何(여하)]에 달렸다. 복공(卜公)이 이르길 '중지(中指)와 무명지는 지척이라도 구름과 진흙의 차이(差異)가 있다.' 고 하였고, 바르게 말하면 중지(中指)에 이른 곳[倒處(도처)]이 바로 장심혈(掌心穴)이다. 기타(其它)의 손가락이 이르는 곳은 모두 치우치고 바르지 않아 입혈할 수 없다.

양공(楊公)은 이르길 '앙장(仰掌)은 장심(掌心) 속에 있어야 하고, 좌우로 배열되면[挨排;애배] 혈이 아니라 두렵다.' 고 하였다. 이 말[좌우로 배열되면]은 결코[懸到;간도] 남아있는 기(氣)[餘蘊;여온]가 거의 없다[殆無:태무]. 무릇 선인헌장형(仙人獻掌形)에 필수적으로 이와 같으면 궁극[究竟구경]적으로 혈을 그르치지 않는다.

左仙宮

財山[717]左抱右宮扦，氣脈行來在左邊。正折[718]明堂之字水，長房葬後富連天。

좌에 있는 재산(財山)이 감싸면 우궁(右宮)에 천장하니. 기맥(氣脈)이 가고 옴이 좌변(左邊)에 있고, 정면으로 명당수가 지자(之字)로 굽으면[折(절)] 장사 후에 장방(長房)이 부(富)가 연속하여 끊이지 않으니[連天;연천].

右仙宮

財山右抱左宮扦，或在當頭或在肩。明堂端正砂環繞，小房富貴百餘年。

재산(財山)이 우(右)에서 감싸면 좌궁(左宮)에 천장하니. (혈은) 혹 당두(當頭)에 있거나 혹 있다. 명당(明堂)이 단정(端正)하고 사(砂)가 에워싸면[環繞;환요] 소방(小房)이 부귀(富貴)는 백여(百餘) 년(年)을 지속한다.

717) 財山乃進神之別號，債山卽退神之易名 逆水砂 謂之進神砂 卽 財山也 若順流而去 謂之 退神砂 卽 債山也 〈 출처〉『지리담자록』잡설편 p264
☞ 別號(별호) : 본이름 외에 따로 지어 부르는 이름 ◦易名(역명) : 다른 이름

718) 折(절) : 휘어서 부러뜨리다. 굽히다. 굽다. 휘어짐.

< 그림1-157 > 左仙宮 및 右仙宮

좌선궁(左仙宮)	우선궁(右仙宮)

夫仙宮穴，乃撲手第一義，為諸穴之祖。彭子宜山人云：「千穴萬穴，只有兩穴。兩穴之中，只有一穴。」蓋分而言之則為左右仙宮，總而言之只一仙宮穴。而千萬穴皆從此變出矣。

무릇 선궁혈(仙宮穴)은 손을 치는 모양[撲手:박수]은 첫째 의의[第一義]는 모든 혈의 조(祖)가 되는 것이다. 팽자의선인(彭子宜山人)이 이르길 '많은 혈[千穴萬穴]이라도 다만 두 혈[兩穴]이 있다. 양혈(兩穴)의 가운데 다만 하나의 혈만 있다.' 고 하였다. 대개 나누어 말하면[分而言之:분이언지] 좌우선궁(左右仙宮)이 있다. 요약하여 말하면[總而言之] 다만 하나의 선궁혈(仙宮穴)이다. 많은 혈[千萬穴]은 모두 이것에 따라[從此:종차] 변하여 생긴 것이다.

詩曰：來勢重重氣脈舒，中間一穴卻成虛。真龍偏向腳跟穴亦為明堂眾水趨。

시(詩)에 이르길 '산맥이 뻗어오는 기세가 거듭[重重] 기맥을 펼쳤으면 중간(中間)의 일혈(一穴)은 오히려 빈혈[虛:허]이 된다. 진룡(真龍)은 치우쳐[偏] 각근혈(腳跟穴)을 향하면 역시 명당(明堂)에 중수(眾水)가 향하여 간다[趨:추].' 고 하였다.

左咬虱 右咬虱 凡單提穴、紐會穴、仙人咬虱穴、弓腳穴，皆仙宮之變格。此二穴名仙人咬虱穴，亦謂之紐會穴。

좌교슬,우교슬은 무릇 단제혈(單提穴),유회혈(紐會穴)、선인교슬(仙人咬虱)혈, 궁각혈(弓腳穴)은 모두 선궁(仙宮)의 변격(變格)이다. 여기서 두개의 혈은 **선인교슬혈**(仙人咬虱穴)**도 유회혈**(紐會穴)이라 한다.

<그림1-158> 左咬虱 및 右咬虱

좌교슬(左咬虱[719])	우교슬(右咬虱)

側掌之穴，其中堂山水不聚，星體側[720]於一邊，或借樂，或不必借樂，但看前朝與水城登對明白，下手有力為正。詩曰：一邊山水聚相迎[721]，仙人側掌大分明。後來左右有長短，須要前朝案有情。

측장혈(側掌之穴)은 중명당[中堂]에 산수가 모이지 않고 성체(星體)가 한 변으로 기울어진 것[側]이다. 혹 차락(借樂)하거나 혹 반드시 낙산을 빌리지 않기도[不必借樂:불필차락]한다. 다만 전조(前朝)와 수성(水城)을 보고 응답하는 것[登對;등대]이 명백(明白)하고 하수사[下手:하수]에 힘이 있으면 규정에 맞다[正].

시(詩)에 이르길 '한변[一邊]에 산수가 모여 서로 맞이하면[相迎]
선인(仙人)이 크게 손을 기울 것[側掌大]이 분명하고[分明]
나중에 뻗어와 좌우에 길고 짧은 것이 있으면[長短]
반드시 앞에 안·조산[朝案]이 유정(有情)해야 한다.' 고 하였다.

719) 咬虱(교슬) : 이를 물다 ◦교(咬) : 물다 .이를 악물다. 맞물다.◦虱(슬) : 이

720) 側(측) : 한쪽으로 치우치다. 기울이다. 곁. 옆 ◦對(대) : 대답하다. 응답함. 대하다. 마주 대하다.

721) 혈의 좌우는 청룡과 백호가 둘러싸서 호위하고(龍虎抱衛:용호포위),주산과 객산은 주인이 손님을 맞이하듯 서로 맞이해야 한다(主客相迎;주객상영). 만약 청룡 백호가 둘러싸 안고 있더라도 주산과 객산(客山)이 서로 응하지 않는다면 그 혈은 의심할 여지없이 가짜다.(若龍虎抱衛而主客不相應則爲花假無疑)

☕ 相迎(상영) : 나아가 맞이하다[出迎:출영]. 맞이하다. 환영하다.

☞주객(主客) : 주산과 객산(객산), 혈 뒤를 받치는 현무(玄武)가 주산이 되고, 혈 앞에서 맞이하는 안산(案山)과 조산(朝山)은 객산이 된다.

<출처>『장서역주(葬書譯註)』, 허찬구, pp.191~192

左側掌	右側掌

<그림1-158 >左側掌 및 右側掌

보의(補義;뜻을 보충함)

大凡穴前，未有元辰不去之理。只要有沙脚交結，左右攔截，使[722]元辰水屈曲之玄則吉。立穴緊要，先須審此。若穴前有橫沙兜攔元辰，則結穴真。緣督《瑣訣》云：「十個單提九個真，十個仙宮九個貴」《賦》云：「外聳千重，不若眠弓一案。」皆謂穴前有橫沙攔收元辰，使氣脈融聚，或穴下有平田囊注[723]之水，皆能關聚生氣。卜氏云「穴前忌見深坑」，又曰「穴下切忌漏槽」。皆謂其不能收固元辰矣。今人動言「入山尋水口」，殊不知水口是城門，衆家所共。先須要自家房屋[724]緊固。如人住室，財寶俱在房奧之中，先須要中門緊密[725]，再要一門、二門、大門，然後才要城門。故單提、仙宮之穴，皆切近於穴有關攔，如房奧之有中門緊密，而能藏珍寶也。

대개[大凡] 혈 앞에 원진수[元辰水]가 흘러가지 않는 이치는 아직 없다. 다만 사의 다리[沙脚:사각]가 서로 만나 유정[交結:교결]해야 하고 좌우에서 가로막아[攔截;난절] 원진수(元辰水)가 굴곡지현(屈曲之玄)하면[使] 좋다.

입혈(立穴)에서 중요하므로[緊要:긴요] 먼저 이를 살펴야 한다. 만약 혈 앞에 횡사(橫沙)가 원진수[元辰]를 둘러싸 막으면[兜攔;두란] 결혈(結穴)이 진

722) 使(사) : 만약. 설사. ~이(가) ~한다면.~을 ~하게 하다.

723) 囊(낭) : 자루. 주머니처럼 생긴 것. ◦注(주) : (정신이나 힘 따위를) 한곳에 모으다. 집중하다. ☞兜(두) : (자루·주머니 형태로 물건을) 싸다.

724) 公有物 : 국가나 공공 단체가 소유하고 있는 물건 ◦房屋(방옥) : 집[房室]. 가옥. 건물

725) 緊密(긴밀) : 긴밀(緊密)하다. (서로의 관계가 매우 가까워 빈틈이 없다. 서로 틈이 없을 정도로 매우 가깝다.☞才(재) : ~에야. ~에야 비로소. [어느 시점(時點)에 이르러서 비로소 동작·작용이 발생하게 되는 것을 표시함] ◦ 切近(절근) : (아주) 가깝다. (상황이) 근사하다. 비슷하다. (진실·실제에) 가깝다.

짜이다. 연독(緣督)의 《쇄결(瑣訣)》에 이르길 '10개 단제혈[單提穴]에서 9개는 진(眞)이고, 10개 선궁혈[仙宮]에서 9개는 귀(貴)하다.' 고 하였다. 《설심부(雪心賦)》에 이르길 '밖에서 천겹으로 솟았을지라도 하나의 면궁안(眠弓案)만 못하다.' 고 하였다. 모두 혈(穴) 앞에 횡사(橫沙)가 원진수[元辰水]를 막아 거두어[攔收:난수] 기맥(氣脈)이 융취(融聚)하도록 한다. 혹 혈 아래 평전(平田)에 주머니처럼 생긴 것[囊注:낭주]의 물은 모두 생기(生氣)를 막아 모을 수 있다. 복씨(卜氏)가 이르길 '혈 앞에 깊은 구덩이가 보이는 것을 꺼린다.' 고 하였다. 또 이르길 '혈 아래에 누조수[漏槽]를 극력 삼가다.' 고 하여 모두 이는 원진수(元辰水)를 확실하게 거둘 수 없는 것을 말한 것이다. 지금 사람들은 말하길 '입산(入山)하면 (먼저) 수구(水口)를 찾아라.' 고 하였으나 수구(水口)가 바로 성문(城門)이고 여러 가문[衆家:중가]의 공유물(公有物)인 것[所共]을 전혀 모른다[殊不知:특부지]. 먼저 자기 집의 건물[房屋:방옥]이 긴밀하고 단단해야 가령 사람이 방에 거처하고[住室:주실] 재보(財寶)는 모두 방안[房奧:방오]의 가운데에 있다. 먼저 반드시 중문(中門)을 빈틈없이 잠그고[緊密:긴밀] 다시 일문(一門)、이문(二門)、대문(大門)을 단속한 후에 비로소[才] 성문(城門)을 단속해야 한다. 그러므로 단제(單提),선궁혈(仙宮之穴)은 모두 혈(穴) 가까이[切近:절근]에서 관란(關攔)하는 것이다. 방 속[房奧:방오]에서 중문(中門)을 긴밀하게[緊密]하면 진귀한 보배[珍寶]를 감출 수 있다.

제16절 원취제물(以遠取諸物)정혈(定穴)

自晉以前專論星，自唐以來專論形。然論星則胸中有主，論形使衆人皆知。雙湖謝氏云：「喝形本欲教初學，而初學懵[726]於五星、頂脈、龍虎、分合之理，決不能因形知穴。明於風水者，則自能知穴，又不待求之物象之粗。」誠確論矣。但形象之法，亦有偶合者，不可盡廢，惟不可盡拘耳。張子微一代偉人，所著《玉髓經》何其[727]該博。只因論地專泥於形以點穴，遂不得與曾、楊、吳、廖分庭抗

726) 懵(몽) : 어리석다. ◦ 拘執(구집) : 구애되다. 구속받다. 고집하다.

禮[728]也。蓋形乃山之表，雖云形真則穴真，然虎與獅皃相似，雁與鳳皇何殊？苟泥於形，豈無認蚓為蛇、指鹿為馬者乎[729]？是故山川則可以理會[730]，不可以形拘，斯定論也。但可因穴喝形，不可因形泥穴。若逐形畫象，是又膠柱鼓瑟也，故特擯斥，不贅及之矣。

진(晉) 이전에 오로지 성(星)으로만 논하였다. 당대[唐]로부터 지금까지[以來:이래] 오로지 형(形)으로만 논하였으나 천성(天星)으로 논하면 마음속[胸中:흉중]에 주장(主掌)하고, 형(形)으로 논하면 뭇사람[衆人:중인]들로 하여금 모두 알 수 있다. 쌍호사씨(雙湖謝氏)가 이르길 ' **갈형**(喝形)은 본래 초학자(初學者)를 가르치고자 하나 초학자(初學者)는 **오성**(五星),**정맥**(頂脈),**용호**(龍虎),**분합**(分合)의 이치를 모르기[懵;몽] 때문에 결코 형(形)에 따라 혈을 알 수 없다. 풍수(風水)에 밝은 사람이면 스스로 혈을 알 수 있고 또 물상(物象)이 거친 곳[粗:조]에서 구하려고 기다리지[待求:대구] 않는다.' 고 하였다. 진실로[誠] 확실한 말이다[確論]. 다만 형상(形象)의 논리[法]도 우연히 부합되는 것[偶合者:우합자]이 있으니 모두 버릴 수 없다. 오로지 모두 구애받아서는 안될 뿐이다. 한때[一代] 위인(偉人)인 장자미(張子微)가 지은[所著]《옥수경(玉髓經)》은 얼마나[何其:하기] 해박(該博)한가? 다만 땅을 논한 것에 따라 오로지 형(形)에만 빠져 점혈(點穴)할 수 있으므로 마침내 증(曾),양(楊),오(吳),료(廖)씨 등 에게 동의를 받지 못하면[不得與] 서로 예의를 갖추어 대하는 것이 아니다[分庭抗禮(분정항례)]. 대개 **형(形)은 산(山)의 표면으로 비록 형(形)이 진(真)이라 하면 혈은 진(真)이나** 호랑이는 사자모양[獅皃;사모]과 비슷하고, 기러기(雁;안)와 봉황(鳳皇)이 무엇이 다른가? 단지[苟;구] **갈형**[形]에만 빠지면[泥] 어찌 지렁이[蚓(인)]를 뱀[蛇]으로 알지 않겠는가? 사슴을 가리켜 말이라 하는가 ?

그러므로[是故] 산천은 (그렇게) 알 수 있다. 형(形)에 구애되어서는 안되는

727) 何其(하기) : 얼마나。其 : 인명(人名)에 쓰이는 글자. 의문의 어기를 나타냄

728) 分庭抗禮 (분정항례) : 손님을 마주 보고 대등하게 예의를 갖춰 대하다。苟(구) : 구차하다. 단지

729) 者乎(자호) : 어조사 의문이나 반문을 강조하며, '~인가'라고 해석한다.
。是故(시고)~ : 이런 까닭으로. 그러므로

730) 可以(가이) : ~할 수 있다. 좋다. 괜찮다.~해도 좋다. 。理會(이회) ; 알다. 주의를 돌리다. 결말(을 내다) ☞ 贅(췌) : 쓸모없다. 번거롭다. 말이 장황함.

것[斯]이 확고한 논리이다. 다만 '혈은 갈형(暍形)을 따를 수[可因] 있으나 형(形)은 혈에 구애되어 따를 수 없다.' 고 하였다. 만약 형(形)을 쫓아서 형상을 그리면 이것 또한 유통성이 없는 것[膠柱鼓瑟;교주고슬]이다. 그러므로 특히 싫어서 물리쳐 멀리하여[擯斥;빈척] 쓸모없이 언급(言及)하지 말라

제17절 유성정혈(以流星定穴)

楊公云：「我觀星辰在龍上，預定前頭穴形象。為鉗為乳或為坡，或險或夷或為掌。歷觀形穴無不然，大小隨形無兩樣。此是流星定穴法，不肯[731]向人謾空誑。」愚按[732]：此是龍之與穴，有自然應合之理。故《經》又云：「今人裁穴只論向，更不觀星後龍上。觀星裁穴[733]始為真，不論星辰是虛誑。」又云：「穴隨星降作鉗乳，形神大小隨龍宗。」所謂望龍知穴，見穴識龍，本相符合，非有神異。亦猶審出脈、過峽而知前去結穴之法，其理一也。大旨要在觀察龍身星體，方知前面結穴之的。但真龍千變萬化，態度不常[734]，寧[735]可步龍審穴，而不在望龍定穴之巧也。為地師者，不可逞[736]異以行怪。而求地之家，尤不可輕信以自惑。茲[737]特揭其名以辨之，而不複贅其詳矣。

양공(楊公)이 이르길 ' 내가 보는 봉우리[星辰]가 용상(龍上)에 있으면 앞머리[前頭]의 혈(穴)의 형상(形象)을 사전에 결정할 수 있는데 겸(鉗)이 되거나 유(乳)가 되거나 혹 고개[坡;파]가 되어, 험함(險:험)이 있거나 평탄함[夷:이]이 있는 것을 주관한다[掌:장]. 두루 살펴보면[歷觀;역관] 혈형[形穴]이

731) 不肯(부긍) : (기꺼이) ~하려고 하지 않다. 요구 따위를 받아들이지 않음。肯(긍) : 옳게 여기다. 수긍(首肯)함. ☞ 謾(만) : 업신여기다. 。誑(광) : 속이다. 호리다. 기만함

732) 愚按(우안) : 자신의 의견을 덧붙여 해설할 때 쓰는 말이다. ☞按(안) : (편자·작자가 연구 조사한 것으로) 논단하다. 안(按)컨대. 생각건대.

733) 裁穴(재혈) : 혈의 위치를 선정하여 혈심(穴心;광중자리)을 찾고 , 좌향(坐向), 굴착깊이[淺深]를 판정하여 천광을 하는 행위를 재혈(裁穴)이라고 한다.

734) **不常(불상)** : 빈번하지 않게, 드물게.

735) 寧(녕)~ : 차라리 ~ 지언정 ~하다. 편안하다. ☞ **望(망)** : 멀리 내다보다.

736) **逞(령;영)** : 뽐내다. 과시하다. 마음대로 하다. 믿다. 의지하다(依支). 펼치다, 드러내 보이다.

737) **玆(자)** : 이, 이에. 이때 이곳. 더욱. 무성하다. ☞ **贅(췌)** : 군더더기. 회유(懷柔)하다.

그렇지 않는 것이 없다. 대소(大小)는 형(形)에 따라[隨;수] 두 모양이 없다.' 고 한다. 이는 바로[此是:차시] 유성정혈법(流星定穴法)으로 사람에게 업신여기고[謾;만] 헛되이 속이는 것[誑:광]을 옳게 여기지 않는다.' 고 하였다. 생각하건데[愚按:우안] 이는 용과 혈[龍之與穴]은 자연적[自然]으로 상호의존적 관계[應合]의 이치이다. 그러므로 《경(經)》에 또 이르길 '지금 사람들의 재혈(裁穴)은 다만 향(向)만 논한 것이다. 다시[更;갱] 뒤에 용의 위에 성신을 보지도 않으나 성신을 보고 재혈(裁穴)해야 비로소 진짜이다. 성신(星辰)을 논하지 않는 것은 속이는 것이다[虛誑;허광]. 또 이르길 '혈(穴)은 봉우리[星]를 따라 내려와[降] 겸(鉗)이나 유(乳)의 혈을 맺어 형신(形神;용과 기)의 대소(大小)는 용의 조종산(祖宗山; 모든 산맥의 시작점)[龍宗]을 따른다. '고 하였다. 이른바 용(龍)을 바라보고[望] 혈(穴)을 아는 것과 혈을 보고 용(龍)을 아는 것은 본래 서로 부합(符合)되는 것이지 신기한 것[神異:신이]은 아니다. 또 출맥(出脈)한 과협(過峽)을 살펴서 앞으로 나아가[前去] 결혈(結穴)하는 법을 아는 이치는 같다. 요지[大旨:대지]는 용신(龍身)과 성체(星體)를 관찰(觀察)해야 비로소 전면(前面)에 결혈(結穴)이 확실한 것을 안다.

다만 진룡(真龍)은 끝없이 변화하여[千變萬化] 모양[態度:태도]이 늘 같지 않아[不常:불상] 걸어 다니면서 용혈을 살피고 멀리 있는 용을 바라보고 혈을 정하는 재주[巧:교]가 있는 지사(地師)는 없다. 이상하게 드러내 보여서[逞異;영이] 괴이하게 행동을 하여서 안되면, 땅을 구하는 가문은 더욱 쉽게 믿어[輕信:경신] 스스로 현혹되어서는 안된다. 이때 특히 명성[名]을 듣고 판단하여[辨;변] 다시 속여[詳;상] 회유해서[贅;췌]는 안된다.

제18절 팔괘정혈(以八卦定穴)

觀物翁曰：「察來山之形勢，水神之曲直。若龍虎有情，賓主相應，件件合法，然後察脈點穴。點穴既定，然後定向。方向既定，然後証之以天星法度即八卦方位之訣也。按《洩天機》云：」四象既定，當分八卦。先於穴星分水脊上下盤針[738]，定脈從何方來。次於暈[739]心標下下盤針，定脈從何方去。又於明堂中下盤針, 定水從何方來, 何方去[740]。如陽脈得陽向, 陽水來, 陽水去 ; 陰脈得陰向, 陰水來, 陰水去, 謂之陰陽純粹, 大吉。若陽脈見陰水來去, 或扦陰向 ; 陰脈見陽水來去, 或扦陽向, 謂之陰陽駁雜, 大凶。向吉水凶, 先吉後凶 ; 向凶水吉, 先凶後吉。此八卦定穴綱領也。

관물옹(觀物翁)이 이르길 '뻗어오는 산[來山]의 형세(形勢)와 흐르는 물[水神]의 곡직(曲直)을 살펴보고, 만약 용호(龍虎)가 유정(有情)하고 빈주(賓主)가 상응(相應)하며 모두[件件] 합법(合法)이면 맥을 살핀[察脈] 후에 점혈(點穴)을 하고, 점혈(點穴)을 결정한 후에[然後] 방향을 결정하고[定向] 방향(方向)을 정한 후에 천성법도(天星法度)로 증명하는 것[証之:증지] 즉 팔괘방위(八卦方位)의 비결이다.' 고 하였다.

조사해보니[按] 《설천기(洩天機)》에 이르길 ' 사상(四象)이 정해진 후에 마땅히 팔괘(八卦)를 나누는 것이다. 혈성(穴星)에 먼저 분수척상(分水脊上:속기처)에 나침반[盤針]을 내려놓고, 맥이 어느 방향에서 오는 가를 정하고[穿山(천산) 72룡;나경 5층], 그 다음 (뇌두 한가운데서) 훈심 드러난[暈心標:훈심표] 아래쪽으로 나침판을 내려놓고 맥이 어느 방향으로 따라 가는가를 정하고[透地(투지)60룡;나경7층] 또 명당 가운데 나침판을 내려놓고 물이 어느 방향에서 오고 어느 방향으로 가는지를 정하는 것이다[4대국 포태법].

가령 양맥(陽脈)은 양향(陽向)을 해야 하고[得:득] 양수(陽水)로 오면 양수(陽水)로 나가야 하며, 음맥(陰脈)은 음향(陰向)을 해야 하고, 음수(陰水)가 오면 음수(陰水)로 흘러가야 하는 것을 음양(陰陽)이 순수(純粹:음양이 박잡하지 않아)하여 대길(大吉)하다는 것이다[淨陰淨陽:정음정양]. 만약 양맥(陽脈)에서

738) √나침반의 명칭은 지라(地螺), 한라(旱羅), 반침(盤針), 나경(羅經),나반(羅盤),윤도(輪圖),패철, 쇠, 경반(經盤) 등 이다.
√패철(佩鐵)의 정식 명칭은 **나경(羅經)**으로 ' 包羅萬象 經綸天地(포라만상 경륜천지) ' 에서 따온 말이고, ' 삼라만상(森羅萬象)의 모든 것을 포괄한다 ' 는 뜻의 ' 나(羅) ' 자(字)를, ' 하늘과 땅의 이치를 다스린다 ' 는 뜻에서 ' 경(經) ' 자(字)를 따 ' 나경(羅經) ' 이라한다.

739) 훈(暈)은 층이 있는데 그 중앙을 훈심(暈心)이라 한다.

740) **8층은 천반봉침(天盤縫針)**으로 득수처(得水處), 수구처(水口處), 지호수(池湖水)의 위치 측정,

음수(陰水)가 오고 가는 것이 보이거나 혹 음향(陰向)으로 천장하거나 음맥(陰脈)에서 양수(陽水)가 오고 가는 것이 보이거나 혹 양향(陽向)으로 천장하는 것을 음양(陰陽)이 박잡(駁雜)하는 것을 대흉이라 한다. 향(向)은 길한데 물이 흉(凶)하면 선길(先吉)하고 뒤에 흉하다. 향(向)은 흉한데 물이 길(吉)하면 선흉(先凶) 후길(後吉)하다. 이것이 팔괘정혈(八卦定穴)의 강령(綱領)이다.

☞ 정음정향(淨陰淨陽)이론(理論)

按：向與水如不合，而形勢、龍穴、沙水、堂氣自吉，則穴內用控制之法，所謂「卦向穴中作」也。大抵向水駁雜者，雖是禍福相雜，然不害富貴。轉凶為吉，全在葬法合矩耳。八卦統干支，所屬方位、陰陽見坤冊。

조사해보니[按]

향과 물이 부합하지 않으나[不合] 형세(形勢),용혈(龍穴),사수(沙水),당기(堂氣)가 자연적으로 길하면 혈 내(穴內)에서 제압[控制]하는 법을 사용한다.

이른바 괘로 향[卦向]을 혈중(穴中)에서 인위적으로 하여야[造作] 한다. 대체로 향(向)과 수(水)가 박잡(駁雜)하면 비록 화복(禍福)에 서로 섞이는 것[相雜;상잡]이 있으나 부귀(富貴)에 해(害)가 없다.

흉(凶)을 길(吉)로 전환하게 하는 것은 전부 장법(葬法)이 법도에 맞는 것에 달렸을 뿐이다. 팔괘(八卦)는 간지(干支)의 소속(所屬)과 방위(方位),음양(陰陽)을 통솔하는 것이니 곤책(坤冊)을 보라

제5장 어록(語錄)

제1절 머리말

此冊續論穴忌。夫五患、五要、五不葬、六戒、十不相、三十六怕等訣，及三十六絕、十般無脈等凶，皆穴之所忌，不可不詧者。採而輯之，俾知所慎云。

장(章)[此冊(차책):이 책]에서는 혈(穴)에서 꺼리는 것을 이어서 말하고자 한다. 무릇 오환(五患),오요(五要),오불장(五不葬),육계(六戒),십불상(十不相),삽십육파(三十六怕) 등 결(訣)과 36(三十六)절(絕),십반무맥(十般無脈) 등은 흉(凶)이므로 모두 혈(穴)에서 꺼리는 바 이므로 살피지 않을 수 없다. 여러 말을 채집하여 조심할 바를 알게 하고자 하는 것이다.

제2절 변집어록(采輯語錄)

程子[741]曰：「擇地先須避五患。須使他日不為道路，不為城郭，不為溝池，也不為貴勢所奪，不為耕犂所及。」又曰：五患者，溝渠、道路、避村落、遠井窯。按程子《語錄》云：「卜其宅兆者，卜其地之美惡也，非陰陽家所謂禍福者也。地之美者，則神靈出，子孫盛。若培壅其根而枝葉茂，理固然[742]也。地之惡者則反是。」然則曷謂地之美者？土色之光潤，草木之茂盛，乃其驗也。父祖子孫同氣，彼[743]安則此安，彼危則此危，亦其理也。若不以奉先為計，而專以利後為慮，尤非孝子安厝[744]之用心也。惟五患者，不得不謹。

741) 程子(정자) : 중국 송나라의 유학자 정호, 정이 형제에 대한 존칭
742) 固然(고연) : 물론 ~지만. 물론 ~거니와
743) 彼(피)와 此(차)의 기본 의미
√彼(피) : '저쪽의 그', 즉 **멀리 있는 대상을 가리키는** 말입니다. 주로 **상대편이나 멀리 있는 사물, 사람**을 지칭할 때 사용.
√此(차) : '이쪽의 그', 즉 **가까이 있는 대상을 가리키는** 말입니다. **자신이나 가까운 곳에 있는 사물, 사람**을 지칭할 때 사용.
1

1) 정자가 이르길

'좋은 땅을 선택하는 데는 먼저 오환(五患)을 피해야 하는 것은 반드시 훗날[他日:타일] 도로(道路)가 되지 않아야 하고 성곽(城郭)이 되지 않아야 하고 도랑과 못[溝池;구지]이 되지 않아야 하고 또 세력이 있는 사람에게 빼앗기지 않으며, 쟁기로 밭을 갈게 되지 않는 바를 말한다.' 고 하였다. 또 이르길 '오환(五患)이란 작은 도랑[溝渠;구거], 도로(道路), 촌락(村落)을 피하고[避:피], 우물과 도기를 굽는[陶窯;도요] 가마터[井窯;정요]를 멀리하는 것[遠]' 이라고 하였다.

살펴보니[按] 정자(程子)의 《어록(語錄)》에 이르길 '묘지[宅兆;택조]를 점치는 것은 땅의 미악(美惡)을 점치는 것이며, 음양가(陰陽家)의 화복(禍福)을 말한 것은 아니다. 땅이 아름다우면 신령(神靈)이 편안하여 자손(子孫)이 번성한다. 만약 뿌리[根:근]를 가꾸면[培壅;배옹] 가지와 잎[枝葉:지엽]이 무성[茂:무]한 이치로 확실히 그러하다[固然:고연]. 땅이 조악하면 이와 반대이다.' 고 하였다. 그러면 무엇[曷;갈]을 지세가 좋다고 말하는 가?[曷謂地之美者？] 흙색이 광택이 나고[土色之光潤:토색지광윤] 초목이 무성하면[草木之茂盛:초목지성무] 이것이 증험(證驗)되는 것이다. 부조(父祖)의 자손(子孫)은 동기(同氣)[同氣感應]로 부조(父祖;彼:피)가 편안하면 자손(子孫;此:차)도 편안하다. 부조(父祖)[彼:피]가 위태하면 자손[此]도 위태한 것이 또한 이치이다. 만약 선조(先)의 덕업을 받들어[奉先:봉선] 헤아리지 않고 오로지 이익[利]만 헤아리면 훗날이 염려된다. 더욱[尤:우] 효자(孝子)가 영구(靈柩;시체를 담은 관)를 일시 안치(安置)하는 것[安厝;안착]은 심혈을 기울이지 않는 것이다. 오직 오환(五患)을 삼가지 않으면 (자리를) 얻을 수 없다.

朱子[745]曰：「凡擇地，必先論其主勢之強弱，風氣之聚散，水土之淺深，穴道[746]之偏正，力量全否。」又曰：「其或[747]擇之不精，地之不吉，則必有水泉、

744) 安厝 (안착) : 영구(靈柩)를 일시 안치(安置)하다.☞ 用心(용심) : 마음을 쓰다. 심혈을 기울이다.
745) <출처> 주자(朱子)의 산릉의장(山陵議狀)
746) 穴道(혈도) : 묘지. 중국의학 (침구의) 혈. (사람 몸의) 급소. 경혈(經穴)

螻蟻、地風之屬以賊其內，使其形神不安。而子孫亦有死亡絕滅之憂，甚可畏也。其或雖得吉地，而葬之748)不厚，藏之不深，則兵戈亂離之際，無不遭罹發掘暴露之變，此又其所慮大者也。」又曰：「穿鑿已多之處，地氣已洩，雖有吉地，亦無全力。而祖塋之側，數興土工，以致驚動，亦能挻災。」丘文莊公曰：「風水之說，雖不可信，若夫749)乘生氣以安祖考之遺體，蓋有合於伊川本根枝葉之論750)，先儒往往取之。文公先生與蔡季通預卜751)藏穴，門人裹糗752)行紼，六日始至，蓋亦慎擇也。朱子論擇地，謂必先論其主勢之強弱，得風氣之聚散，水土之淺深，穴道之偏正，力量之全否，然後可以753)較其地之美惡。後之擇葬地者，誠本朱子是說，而叅以伊川光潤、茂盛之驗，及五患之防可也。」

2) 주자(朱子)가 이르길 '무릇 좋은 땅을 선택하는데[擇地]는 반드시 먼저 주산의 세(主山勢)의 강약(強弱)을, 바람[風氣]의 흩어지고 모임[聚散]을, 수토(水土)의 천심(淺深)을, 묘지[穴道]가 치우치거나 바름[偏正;편정]을 역량(力量)이 온전한 것과 그렇지 않는 것을 논한다.'고 하였다. 또 이르길 '혹시 택지(擇地)가 정밀하지 않거나[不精] 자리가 좋지 않으면 반드시 땅에 물이 나거나[水泉:수천], 땅강아지와 개미[螻蟻;누의]가 있고 바람[風] 등[屬]과 같은 것들이 광중을 침범하여 그 유골과 혼령[形神]을 불안하게 하여 자손 또한 사망 혹은 대가 끊기는 우환[絕滅之憂:절멸지우]이 있으므로 대단히 두려워할 만 하다[可畏:가외].' 고 하였다.
혹시 길지(吉地)를 얻었더라도 장사(葬事)를 후하게 지내지 않고[藏之] 시신을 깊게 묻지 않으면[不深] 곧 전쟁[兵戈:병과]이 발생하였을 때[亂離之際(난이지제)] 발굴되어 드러나는[發掘暴露(발굴폭로)] 변을 당하지[遭罹;조리] 않을

747) 其或 (기혹) : 혹은. 혹시
748) 대저 신이 듣기를 장사(葬事)를 지낸다는 것은 매장하는 것[藏]을 말한다. 이런 까닭에 그 조상을 생각하여 유체를 매장한다[蓋臣聞之, 葬之爲言藏也. 所以藏其祖考之遺體也.]
749) 慮(려) :생각하다. 조사하다. ◦以致(이치) : ~이 되다. ~을 가져오다. ◦若夫(약부) : ~에 대하여는. 그런데.~과 같은 것은
750) 本根枝葉之論 : 근본 원인인 가지와 잎을 제거한다는 뜻인데, 사물의 핵심이나 원인이 되는 것을 없앤다는 말이다[去其枝葉].
751) 豫卜(예복) : 예측(하다). 예상(하다). 점(치다)
752) 糗(구) : 볶은 쌀. 미수가루로 빚은 떡 ◦紼(불): 얽힌 삼 .동아줄. 상여를 끄는 줄
753) 可以(가이) : ~할 수 있다. 좋다.~해도 좋다.

수 없을 것이다. 이것도 큰 걱정[慮大;여대]이 아니겠는가? 또 이르길 '이미 많이 뚫린 곳에 이르면 지기(地氣)가 이미 누설(漏洩;누설)되었으니 비록 길지(吉地)일지라도 역시 온전한 기운(氣運)이 없고[無全力] 조상의 묘[祖塋;조영]의 곁에 자주[數;삭] 흙 공사[土工]를 하여[興;흥] 신혼(神魂)이 놀라 움직이게 하여도[以致驚動:이치경동] 재앙[災;재]을 초래할 수 있다[能挻;능연].' 고 하였다. 구문장공(丘文壯公)이 이르길 ' 풍수설(風水之說)은 믿을 수 없을지라도 할아버지[祖考:조고]의 유체(遺體)를 안장하여 생기를 타는데[乘生氣以安] 대하여[若夫:약부] 대개 정이천(程伊川)선생의 근본[本根]은 지엽(枝葉)의 논리에 부합하므로[有合] 선대의 유학자[先儒]들이 흔히[往往:왕왕] 그것을 취하고 있다. 주문공(朱文公) 선생은 채계통(蔡季通)과 더불어 혈에 매장하고자하는 곳[藏穴]을 미리 점을 쳐[預卜:예복] 문인(門人)들이 양식[볶은 쌀]을 싸들고[裹糗;과뷸] 출발하여 6일 동안 상여를 메고가[行紼:행불] 이르러[至] 역시 신중하게 땅을 택한 것이다[愼擇:신택].

주자(朱子)가 택지(擇地)를 논하기를 ' 반드시 먼저 주산의 세[主勢]가 강한지 약한지, 풍기(風氣)가 모였는지 흩어졌는지, 수토(水土)가 얕은지 깊은지, 혈도(穴道)가 치우쳤는지 바른지, 역량(力量)이 온전한지 아닌지를 논한 후에[然後] 그 땅의 미악(美惡)을 비교하여 후세에 장지(葬地)를 택하는 것이 좋다[可以]. 진실로 본래 주자(朱子)가 말한 것이다. 정이천(伊川)선생은 흙색이 빛나고 윤택하며 초목(草木)이 무성한 것이 바로 그 징험이고[土色之光潤(토색지광윤)과 草木之茂盛(초목지무성)이 乃其驗也(내기증야)] 오환(五患)을 예방할 수 있는 것을 참고로 한 것이다.' 고 하였다.

郭景純《葬書》云山之不可葬者五：「氣以生和，而童山不可葬也。」洪氏理曰：「不生草木，謂之無衣，曰童。程子以土色光潤，草木茂盛為地之美者。」「氣因形來，斷山不可葬也。」洪氏曰：「若崩陷鑿斷，氣脈不續者，不可葬也。」《秘要》曰：「一息不來身是殼。」正此謂也。卻亦與自然跌斷者不同。山行有斷，脈不斷則吉耳。「氣因土行[754]，而石山不可葬也。」洪氏曰：「溫潤顏色鮮明者，吉也。」又有奇異地，隱於石間而有土穴者，又有鑿開頑石，下有

754) 殼(각) : 껍질. 두드리다. √흙은 기(氣)의 몸체(體)로 흙이 있으면 기(氣)가 있다.[土者, 氣之體, 有土斯有氣] √因(인) : 따르다.~부터.~때문에. ~으로 인하여.~를 거쳐서

土穴者，又皆吉地，不以此拘。惟焦壇、麻黑、青板，錐鑿不入，頑硬之石，不可葬也。

3) 곽경순(郭景純)의 《장서(葬書)》에서 산(山)에 장사(葬事)를 할 수 없는 다섯 가지를 이르길
'첫 번째, 기(氣)는 생명체와 조화를 이루는 것이므로 민동산[童山]에 장사(葬事)를 할 수 없다.' 고 하였다. 홍씨(洪氏)의 이(理)에 이르길 ' 초목(草木)이 살지 않는 곳을 옷이 없어[無衣:무의] 일러 동산[童山]이라 한다.
정자(程子)는 '토색(土色)이 윤기가 나고[光潤:광윤] 초목(草木)이 무성(茂盛)한 것을 땅의 아름다운 것으로 삼는다.' 고 하였다.
두 번째, 기(氣)는 형으로 부터[因形:인형] 오기 때문에[來] 맥이 끊어진 산[斷山:단산]에는 장사를 지내서는 안된다.' 하였다. 홍씨(洪氏)가 이르길 ' 만약 무너지고[崩:붕] 꺼지고[陷:함] 패이고 끊겨[鑿斷:굴단] 기맥(氣脈;生氣)이 연결되지 않는 곳은 장사를 지낼 수 없다.' 고 하였다. 《비요(秘要)》에 이르길 ' 온통 멈춰[一息] 용신이 뻗어오지 않으면 빈껍기[是殼:시각]이다.[一息不來身是殼]' 고 하였다. 바로 이를 말한 것이나 역시 자연(自然)으로 행도하다가 끊어진 곳[跌斷者:질단자]과는 다르다. 산(山)이 달리다가[行] 단맥이 있으나 맥(脈) 끊어지지 않으면 길하다.
세 번째, 기(氣)는 흙을 따라[因] 다니므로 석산(石山)에 장사를 지내서는 안된다.'고 하였다. 홍씨(洪氏)가 이르길 '곱고 윤이 나[溫潤;온윤] 색[顏色;안색]이 선명한 것[鮮明者:선명자]이 좋다.' 고 하였고 또 기이(奇異)한 것이 있고 자리[地]가 돌 틈에 숨어있으면 토혈(土穴)이라는 것이다. 또 무딘 돌[頑石:완석]을 파서[鑿開:굴개] 아래에 토혈(土穴)이 있으면 또 모두 길지(吉地)로 이것에 구애하지 말라. 오직 초단(焦壇)、마흑(麻黑)、청판(青板), 추착(錐鑿)은 무디고 딱딱한 돌에 들지 않아도 장사를 해서는 안된다.

「氣以勢止，而過山不可葬也。」洪氏曰：「氣因勢而止，穴因形而結。若其勢竟去不住，曰過龍。兩邊插橈棹，似龍虎，昧者誤下。又有腰結及斬關穴不同者。」楊公云：「好地多從腰裏落，回轉餘枝作城廓。」非過也。何以辨之？曰有穴。「氣以龍會，而獨山不可葬也。」支龍行度，兄弟同宗，雌雄並出。及其止也，城郭完密，衆山會集，方成形穴。今則單山孤露無情，故不可葬。卻有等支龍，不生手足，一起一伏，金木行度，一路[755]平陽，兩邊以水為衛送，為養蔭。及其止也，雌雄交會，大江或朝或橫，外陽遠案，在乎縹緲[756]之間。縱有[757]陰砂，僅高數寸而已。此又不可以孤露而棄之。何也？蓋得水為上，藏風次之，所以貴也。

네 번째, 기(氣)는 용(龍)의 세(勢)가 그치는 것으로 과산(過山)에는 장사를 하여서는 안된다.'고 하였다. 홍씨(洪氏)가 이르길 '이르길 기(氣)는 산세를 따라 멈추고[氣因勢而止:기인세이지],혈은 형에 의지하여 맺힌다[穴因形而結:혈인형이결]. 만약 산세[其勢]가 결국 가고[竟去;경거] 머무르지 않는 것을 과룡(過龍)이라 한다. 양변(兩邊)에 요도(橈棹)가 꽂혀있으므로 용호(龍虎) 같아 우매한 자(愚昧者)는 오인(誤認)하여 하장한다. 또 허리에 맺힌 혈[腰結:요결]과 참관혈(斬關穴)은 같은 것이 아니라.' 고 하였다. 양공(楊公)이 이르길 '좋은 땅[好地]은 대부분 허리 속을 따라 낙혈되고, 회전(回轉)하여 여지(餘枝)가 성곽(城廓)을 이룬다.' 고 하였다. 어떻게 분별하는가? 과룡이 아닌 것은 혈이 있다고 하였다.

다섯 번째, 기(氣)는 용(龍)이 모이게[會] 하는 것으로 독산(獨山)은 장사를 지내서는 안된다.'고 하였다. 지룡(支龍)의 행도(行度)는 형제(兄弟)는 같은 조상[同宗]이고 자웅(雌雄)이 나란히 생겨 그것이 멈추는 곳에 이르러 성곽(城郭)에 빈틈 없이[完密:완밀] 중산(衆山)이 모여[會集;회집]야 비로소 형(形)에 혈(穴)이 생긴다. 지금은 단산(單山)은 홀로 노출되어[孤露]무정(無情)한 것이므로 하장할 수 없다. 그러나[卻:각] 지룡(支龍)에도 등급이 있으나 수족(手足)이 생겨나지 않았지만 (봉우리가) 일기일복(一起一伏)하면서 금·목성(金木星)으로 한 걸음[一路]에 평양(平陽) 달려와[行度] 양변(兩邊)에 물[水]로 호위하여[衛送;위송] 음덕을 길렀고[養蔭:양음] 용이 멈춘 곳에 이르러 자웅(雌雄;좌우의 사)이 만나고[交會], 큰 강[大江]이 조읍하거나[或朝] 혹은 가로막아[或橫] 흐르고 외양(外陽)에 멀리 안산[案山]이 아득히 먼 공간[縹緲之間:표묘지간]에 존재하여 비록[縱:종] 눈에 잘 보이지 않는 음사[陰

755) 一路(일로) : 도중(途中). 동류(同類). 함께 . 한편으로 ~하면서
756) 縹緲(표묘) : 멀고 어렴풋하다. 가물가물하고 희미하다.
757) 縱有(종유) : 설령~이 있다 해도 ☞數(수) : 수. 여러. 몇.

砂]가 있어도 겨우[僅:근] 높이가 몇 치[數寸]일 뿐이다. 이러한 곳에 또 외롭게 노출되나[孤露:고로] (독산을) 버려서는 안된다. 어째서인가[何也]? 대개 득수(得水)을 으뜸으로 여기고 장풍(藏風)을 그다음으로 여기기 때문에 그래서 귀하게 여긴다.

又穴有五要，葬有六凶。法葬其所會，乘其所來[758)]，審其所廢[759)]，擇其所相[760)]，避其所害。陰陽交錯為一凶，歲時之乖為二凶，力小圖[761)]大為三凶，憑福恃[762)]勢為四凶，僭上[763)]逼下為五凶，變應怪見為六凶。又穴有三吉：天光下臨[764)]，地德上載，藏神合朔，神迎鬼避一吉也洪氏曰：「天有一星，地有一穴。天星地形，上下相應。」張燕公曰：神謂人之神魂。合朔謂歲月日時也。謂藏神合夫吉朔也。神迎鬼避，亦年月得吉之義。陰陽衝和，五士四備，二吉也孤陽不生，獨陰不成。二五感合，乃能衝和。乃剛柔相濟[765)]之處，是為吉穴。《中庸》曰：「致中和，天地位焉，萬物育焉[766)]。」其斯之謂與[767)]？五土四備，黑不與。紅黃為上也。目力之巧，工力之具，趍全避缺，增高益下，三吉也目力巧而能趍全避缺，工力具則能增高益下，是故裁成輔相在人。大凡作用之法[768)]，隨宜料

---

758) 혈을 정할 때는 생기가 따라 오는 곳을 타야한다.[定穴 要乘其生氣之所從來]

759) 廢(폐) : 폐기하다. 쓸모없는 (것). 불구의. 황폐하다. 즉 버려진 맥(氣脈),불완전한 터[殘缺]. 파괴(破壞)

760) 혈을 돕고 보필하는 곳을 자세히 살펴보고 혈 자리를 선택하라는 말이다(謂審擇其所相補于我者)

761) 圖(도) : 꾀하다. 바라다. 탐내다.

762) 憑(빙) : 의지하다. 기대다. ◦恃(시) : 믿다. 의지하다. ☞ 恃憑(시빙) : (금력·권력·세력 따위에) 의지하다.

763) 僭上(참상) : 분수에 넘치게 윗사람의 장례를 따라 하는 것 ◦僭(참) : 분수에 지나친 행동을 함◦逼(핍) : 접근하다. 육박하다. 핍박하다.

764) 하늘에 한 별[星]이 있으면 땅에는 그에 대응하는 한 혈(穴)이 있어서, 하늘의 별은 상(象;모양)을 이루고 있다. 장사(葬事)를 별에 대응하는 자리에 정확하게 맞춰서 하면 하늘의 별이 빛을 드리워 아래를 비출 때 ,지덕(地德)이 유순(柔順)하므로 위로 그것을 싣게 된다. [天有一星,地有 一穴,在天成象,在有成形,葬得其所,則天星垂光而下照,地德柔順而上載也] <출처> 『장서역주』, p222

765) **剛柔相濟**(강유상제) : 강하고 부드러운 두 가지 수단을 서로 보충하여 사용하다. 조화를 이루다.

766) 和也者 , 天下之達道也. 致中和 , 天地位焉 , 萬物育焉[중은 천하의 근본이고, 화는 천하에 통하는 이치이다. 중과 화를 이루면, 하늘과 땅이 제자리를 잡아 만물이 자라난다.]

767) 此之謂與(차지위여) : 바로 이것[이를]을 두고 한 말이다.

理[769)], 千變萬化, 本無定式, 全在心目靈巧[770)]而相度之。蔡牧堂所謂「善者盡其當然, 而不害其為自然; 不善者泥乎自然, 而卒不知其所當然。」道不虛行, 存乎人耳。

4) 또 혈은 5가지 중요한 것이 있고, 장사에는 6가지 흉함이 있다.

-혈(穴)의 5요(要)

법장기소회(法葬其所會): 산수가 모여든 곳에 법도에 맞게 장사를 지내라
승기소래(乘其所來) : 장사지내는 법은 생기가 온 곳을 타는 것이다.
심기소폐(審其所廢) : 혈이 훼손되어 버려진 곳도 잘 살펴보라
택기소상(擇其所相) : 혈을 돕는 사(砂)를 살펴보고 혈의 위치를 택하라.
피기소해(避其所害) : 혈에 해로운 것들을 피해야 한다.
즉 사기(死氣)를 피하고 생기(生氣)를 구하라는 말이다.

-장(葬) 6흉(凶)

음양교착(陰陽交錯) 위1흉(爲一凶)은
장사를 지내는 땅이 뒤섞여 음양의 조화(調和)를 이루지 못한 것이 첫 번째 흉함이다.

세시지괴(歲時之乖) 위2흉(為二凶)은
장사를 지내는 때[年月日時]가 어긋난 것이 두 번째의 흉함이 된다.

768) 作用之法(작용지법) : 작용지법(作用之法)은 가령 목일(木日)이 강하여 용금(用金)하여 극(剋)하거나 용화(用火)하여 덜어내고. 목일(木日)이 약(弱)하면 용수(用水)하여 생(生)하거나 용목(用木)하여 생하여 돕는다. 즉 풍수에서 비보를 말한다.
769) 隨宜(수의) : 적당한 대로. 좋을 대로 ◦料理(요리) : (어떤 대상)을 능숙하게 처리함.
770) 靈巧(영교) : 솜씨가 뛰어나다. 머리 회전이 빠르다. ◦相度(상도) : 관찰하다. 판단하다. 따져보다. ☞ 當然(당연) : 당연하다. 당연히. 물론이다. 물론

역소도대(力小圖大) 위3흉(為三凶)은
복을 누리는 힘[福力]이 작으나 대지(大地)를 탐내는 것이 세 번째의 흉함이다.

빙복시세(憑福恃勢) 위4흉(為四凶)은
복(福)과 권세에 의지하여 장사지내는 것이 네 번째의 흉함이다.

참상핍하(僭上逼下) 위5흉(為五凶)은
분수에 넘치게 윗사람의 장례를 따르거나 지나치게 간소함이 다섯 번째 흉함이다.

변응괴현(變應怪見) 위6흉(為六凶)은
정해진 장법에 따르지 않고 아무렇게나 묘지를 만드는 것[變應]과 광중(壙中)에 괴이한 것들이 나타남이 여섯 번째의 흉함이다.

5) 또 혈은 삼길(三吉)이 있다.

하늘에 빛[日月星辰:일월성신](天光:천광)이 혈을 비추면[下臨:하림] 산천의 기(氣)[地德:지덕]가 올라와서 혈에 실린다[上載].

[天光下臨(천광하람), 地德上載(지덕상재)]

- 매장한 신혼[귀신;神魂;藏神]과 때[年月日時]가 부합하여[合朔;처음으로 부합하여] 좋은 신은 맞이하고 나쁜 귀신은 피하는 것이 첫 번째로 길한 것이다.(즉 장사지내는 날은 길일(吉日)을 택하고, 흉일(凶日)을 피하라는 것이다]

[藏神合朔, 神迎鬼避一吉也].

홍씨(洪氏)가 이르길 '하늘에 하나 별[星]이 있으면 땅에는 그에 대응하는 하나 혈(穴)이 있어 천성(天星)과 지형(地形)은 상하(上下)가 상응(相應)한다.' 고 하였다. 장연공(張燕公)이 이르길 ' 신(神)이라 함은 사람(人)의 귀신[神魂]을 말하며, 합삭(合朔)은 연월일시(歲月日時)을 말한다. 장신(藏神)은 좋은 날에 시작[吉朔]하면 부합하여 좋은 신을 맞이하고 나쁜 귀신은 피하는 것[神迎鬼避] 또한 연월(年月)이 좋은 때를 얻는 의미이다.

- (산수의 형세)가 음양의 조화[沖和]를 이루면 오색토(五色土) 중 네 가지가 구비되어 이미 혈은 온화할 것이 두 번째 길한 것이다. (陰陽衝和, 五土四備, 二吉也). 양(陽)만으로 낳을 수 없고, 음(陰)만으로 이룰 수 없다. 음양오행[二五]이 부합하면 감응하여[感合:감합] 이에 조화[衝和:충화]를 이룰 수 있다. 곧 강하고 부드러운 기운이 서로 보충하여 조화를 이루는 곳[剛柔相濟之處:강유상제지처]이므로 이는 길혈(吉穴)이 된다.
  《중용(中庸)》에 이르길 '조화에 이르면 하늘과 땅이 자리를 잡고 만물이 자란다[致中和(치중화), 天地位焉(천지위언), 萬物育焉(만물육언)]'고 하였다. 아마도[其] 이를(此之) 두고 말한 것인가[謂與:위여]? 오토(五土)는 네 가지 구비한 것[四備]은 흑색[黑]을 빼고[不與] 홍황색(紅黃色)이 으뜸이다.

- 눈으로 잘 살피고, 인공적인 능력[力]을 이용하여, 온전함을 따르고 결함을 피하고, 높일 곳은 높이고 낮출 부분은 낮춰주는 것이 세 번째 길한 것이다. [目力之巧(목력지교), 工力之具(공력지구), 趨全避缺(추전피결), 增高益下(증고익하), 三吉也(삼길야)]
  (형세를 보는) 정교한 관찰력[目力:목력]이면 온전함을 따르고 결함이 있는 데를 피할 수 있다[趨全避缺:추전피결]. 솜씨를 구비하면[工力具:공력구] 마땅히 높일 곳은 더 높이고 낮출 곳은 더 낮출 수 있다[增高益下:증고익하]. 그러므로[是故] (마름질하여) 지나친 것을 억제하고 모자란 것을 보충해서 천지의 조화가 이루어지도록 돕는 것[裁成輔相;재성보상]은 사람에게 달려있다. 대체로 사람이 터에 기여(寄與)하는 방법(비보) [作用之法:작용지법]은 마땅한 본보기에 따라[隨宜:수의] 처리해야 하는데[料理] 형세(形勢)가 끝없이 변화하여[千變萬化] 본래부터[本] 정해진 방법[定式]은 없고 모두 사람의 생각[心目]과 뛰어난 솜씨[靈巧:영교]에 달렸고 그것을 판단한다[相度之:상도지]. 채목당(蔡牧堂)은 소위 좋은 것[善]이란 모두 당연하고, 좋은 것을 해하지 않는 것은 자연스럽다. 좋지 않는 것은 자연(自然)을 고집하여 결국[卒] 당연한 것을 알지 못한다.'고 하였다. 도(道)는 진실(眞實)하지 않으면 실행(實行)할 수 없는 것[虛行]이 아니라 사람에게 달렸다.

楊公三不葬：一曰有龍無穴不葬，二曰有穴無人不葬無德之人，三曰有人無時不葬年月未利。厲伯韶四不下：無穴不下，無德不下，無福不下，無期不下。陳希夷先生四要：要龍真，要穴正，要葬善，要時宜。按：希夷先生為种放扦一地葬母，在豹林谷。既定穴，時未利，約[771]以期。至期，先生未至，种遂葬。窆穸畢，先生至，嘆曰：「此地當出數代宰執，惜葬法未善，但出數將而已。」果複出种世衡、种諤等數人，為將有聲。見朱子所著《宋代名臣言行錄種仿傳》。此見葬法矩度，不可有失。而扦穴之妙，誠難矣哉！

6) 양공(楊公)의 삼불장(三不葬)

일왈(一曰), 유룡무혈부장(有龍無穴不葬)
　　첫째, 용은 있는데 혈이 없으면 장사할 수 없다.

이왈(二曰),유혈무인부장무덕지인(有穴無人不葬無德之人)
　　둘째, 혈이 있는데 덕이 없는 사람이면 장사를 할 수 없다.

삼왈(三曰),유인무시부장년월미리(有人無時不葬年月未利).
　　셋째, 덕이 있는 사람이 시간이 맞지 않는[無時] 연월[年月]은 이익이 되지 않아[未利] 장사를 할 수 없다. ☕無(무) : ~이 아니다. ~하지 않다.

7) 여백조(厲伯韶) 사불하(四不下)

- 혈이 없으면 하장할 수 없다.[無穴不下]
- 덕이 없으면 하장할 수 없다.[無德不下]
- 복이 없으면 하장할 수 없다.[無福不下]
- 때가 적정치 않으면[無期] 하장할 수 없다.

771) 約(약) : 기다리다. 때. 기한. 기회. 약속하다. 맞추다. ☞ 以期 : ~을 목적으로 하여

8) 진희이(陳希夷)선생(先生)의 사요(四要)

용이 참이어야 하고[要龍真], 혈이 똑발라야[平正]하고[要穴正], 좋은 곳에 장사를 해야 하고[要葬善], 장사하는 시간 적절해야한다[要時宜].

살펴보니[按]

희이선생(希夷先生)은 충방(种仿)이란 사람을 위하여 한 자리를 구하여 모(母)를 천장하였는데 묘는 표림곡(豹林谷)에 있고, 이미 혈을 정하였으나 **시간**[時]**이 불리하여** 때를 기다려 시간을 맞추어[約以期] 때[해]가 이르렀으나[至期] 선생(先生)이 (약속한 때)가 되었는데 오지 않으니[未至:미지] 혈족[種]인 충방이 장사를 하여[遂葬:수장],매장[窀穸(둔석);매장하다]이 끝났을 때[畢:필] 선생(先生)이 도착하여 탄식(歎息)하여 이르길 ' 이 자리는 수대(數代)의 재상[宰執:재집]이 마땅히 태어날 곳인데 아깝게도 **장법**(葬法)이 좋지 않아 다만 수인(數人)의 장사(將士)만 나올 뿐이다.' 고 하였다.
과연 다시 충세형(种世衡), 충악(种諤) 등 여러 사람[數人]이 태어나 장군이 되어 명성이 높았다. 주자(朱子)의 장서(所著) 《송대명신언행록충방전(宋代名臣言行錄种仿傳)》에서 이는 '**장법**(葬法)**은 법도**[矩度]**를 잃어서는 안된다**' 는 것을 나타내어 혈을 천장하는 묘(妙)함은 진실로 어렵지 않겠는가?

廖金精六戒：第一莫下去水地，立見敗家計；第二休尋劍脊龍，殺師在其中；第三最忌凹風穴，決定人丁絕；第四尤嫌無案山，衣食必艱難；第五生怕明堂跌，決是破家業；第六偏憎龍虎飛，人口主分離。

9) 요금정(廖金精)의 육계(六戒)

첫 번째[第一], 물이 흘러가는 땅[去水地]에 하장 하지 말라. 곧[立] 가계(家計)가 실패하는 것을 보니라
두 번째[第二], 칼등 같은 용[劍脊龍:검척룡]에 (혈을) 찾지 마라[休尋:휴심]. 그 가운데 (혈을) 취하면 지사가 죽는다[殺師:살사].

세 번째[第三], 청룡과 백호의 허리가 끊겨 불어오는 살풍(殺風)[凹風穴]을 가장 꺼리니 반드시[決] 인정(人丁)을 끊어진다.

네 번째[第四], 안산이 없는 것을 혐오한다. 반드시 의식(衣食)이 넉넉하지 못한다[艱難;간난].

다섯 번째[第五], 명당이 기울어진 곳을 두려워하라. 분명 가업이 무너진다[破:파].

여섯 번째[第六], 용호(龍虎)가 치우쳐[偏:편] 비주하는 것을 꺼린다[憎;증]. 가족들이 뿔뿔이 흩어질 것이다.[人口主分離:인구주분리].

青鳥仙十不相

一不相[772]粗頑醜石。頑石粗醜，形類凶惡者不可相也。亦有龍身及穴星，左右龍虎皆粗石，而穴間不見，且穴星純土者，則吉。如沐國公地，來龍純石，拔聳[773]入雲。近而視之，巉岩[774]峻峭可驚。及臨穴，左右皆石，只是當穴純土，光彩明白，所以[775]吉也。福建興、泉諸名地，多有石。

二不相急水爭流。急水交劍爭流，穴前見之極凶，不可相也。

三不相窮源絕境[776]。卜氏云：「窮源僻塢，豈有真龍？」誠以窮僻水尾，乃龍脈發身處，不可相也。有等大龍，翻身入源，奔至塢底[777]而結穴者，不以此拘。

四不相單獨龍頭。單山獨壟，孤寒[778]無倚，不可相也。洪氏云：「獨當作露，不露不忌。」亦有大龍獨行，而至結穴處，開窩鉗，有龍虎者不忌。

五不相神前佛後。

---

772) 相(상) : 택하다. 돕다. 따르다. 보다. 관찰하다.
☞ 不相(불상) : 도움이 되지 않는다. 좋지 않다.

773) 拔聳(발용) : 높이 우뚝 솟다. ☞入(입):안으로 들어가다.拔(발):선발하다.높이솟다.

774) 巉岩(참암) : 깎아지른 듯이 우뚝 선 바위 ☞ 峻峭(준초) : (산이) 높고 험하다. 인품이 뛰어나다.

775) 所以(소이) : 그러니. 그래서. ~ 한 이유는

776) 窮源(궁원) : 물이 처음 발생한 곳을 궁원(窮水之初發處曰窮源)이라 한다.
☞ 絕境(절경) : 한 국가(國家) 내에서, 멀리 떨어져 있는 지역(地域). ☞尾(미) : 끝. 맨 뒤. 말단(末端). 말미(末尾).

777) 塢(오) : 후미진 곳. 둑. 제방(堤防)마을 ☞ 底(저) : 이르다. 바닥. 멈추다.

778) [獨壟(덕롱) : 밭두둑처럼 얕은 능선줄기[壟]가 홀로 뻗어나간 둔덕을 이른다.
☞孤(고) : 배반하다. 외롭다.

10) 청오선(青烏仙)의 십불상(十不相 : 좋지 않는 10가지)

- 첫째, 불상(不相)은 무디고[頑;완] 거칠고 추악한 암석이다.

암석[石]이 무디고 거칠어 추한[頑石粗醜:완석조추] 형상 등[類]은 흉악(凶惡)하여 (용신이나 혈에 있으면) 도움이 되지 않는다. 또한 용신(龍身) 및 혈성(穴星)의 좌우 용호(左右龍虎)에 모두 거친 돌이 있으나 혈의 공간[穴間:혈간]에서 보이지 않고 또 혈성(穴星)이 순토(純土)이면 좋다.

가령 목국공(沐國公)의 자리는 내룡(來龍)이 순석(純石)으로 높이 솟아[拔聳:발용] 구름 속에 있어[入雲:입운] 가까이서 보면 깎아지른 듯이 우뚝 선 바위[巉참암]가 높고 험하여[峻峭;준초] 놀랄 만 하나[可驚:가경] 혈에 이르러 임하면[及臨穴] 좌우(左右)가 모두 암석[石]이다. 다만 당면하는 혈[當穴]은 순토(純土)로서 광채(光彩)가 분명[明白:명백] 하니[所以:소이] 길지이다. 복건(福建)흥천(興泉)의 여러 이름난 자리(명묘)[地]는 대부분 암석이 있다.

- 두 번째, 불상(不相)은 급류[急水]가 다투어 흐르는 것[爭流:쟁류]이다.

급류[急水]가 검을 만나 다투듯이 흘러서[交劍爭流:교검쟁류] 혈 앞에 보이면 지극히 흉하여[極凶:극흉] 좋다고 할 수 없다[不可相].

- 세 번째, 불상(不相)은 멀리 떨어져 있는 지역[絕境:절경]에 물이 처음 발생한 곳이다.[三不相窮源絕境] 즉 궁원절경(窮源絕境)은 궁원벽오(窮源僻塢)이다. 복씨(卜氏)가 이르길 '산간벽지[僻塢:벽오]의 막다른 작은 발원지[窮源]이면 어찌 진룡이 있겠는가?' 라고 하였다. 진실로 궁벽(窮僻)한 물의 말단[水尾:수미]은 용맥(龍脈)의 용신이 출발하는 곳[發身處]으로 불가상(不可相)이다. 대룡(大龍) 등[等]은 용신을 뒤집어[翻身;번신] 수원(水源)에 들어와 후미진 곳[塢;오]에 이르러 멈추어 혈을 맺은 것은 구애되지 않는다.

- 네 번째, 불상(不相)은 홀로 외로운[單獨] 용두(龍頭)이다.

단산(單山) 독롱(獨壟)은 주위 사가 돌아보지 않아 춥고[孤寒] 의지할 곳이 없어[無倚:무의] 불가상(不可相)이다. 홍씨(洪氏)가 이르길 '독롱[獨]은 마땅히 노출되나 노출되지 않으면 꺼리지 않는다.' 고 하였다. 역시 대룡(大龍)이 홀로 달리다가[獨行:독행] 결혈(結穴)할 곳에 이르러 와겸(窩鉗)을 열어 용호(龍虎)가 있는 것은 꺼리지 않는다

- 다섯 번째, 불상(不相)은 신전불후(神前佛後)이다.

卜氏云「神前佛後，忌聞鐘鼓之聲」是也。然予兄弟多見美地，不以此拘。如福建建寧楊文敏公祖地在白鶴山者，弋陽汪尚書祖地在叫岩寺者，皆切近[779]禪室。又如廖金精扦張少保壽基，神廟先據，去其廟而立穴。若此之類，莫能殫[780]舉。然則神前佛後，似亦不足忌與？竊[781]謂神廟寺觀[782]，多是孤陰[783]寡陽、單獨龍神，或水口之山，故在不相。偶亦有結地者，則龍有台[784]屏帳蓋，而非單獨之比。有陰有陽，擁從侍衛，而非水口用神之屬。特其龍甚旺，故山川靈氣所鍾，未下之前，而有神靈依棲者，或餘氣發洩而為神廟寺觀[785]者，若此之類，何神前佛後之足畏？諺云「天下名山僧占多」，其斯之謂與！雖然，猶不可概[786]以壇廟處有穴，而專墓[787]於此。此等去[788]處，不結穴者極多，結穴者乃偶有一二而已。

779) 切近(절근) : (아주) 가깝다. (상황이) 근사하다. 비슷하다.
☞ 壽(수) : 죽은 사람에게 쓰이는 것.
780) 殫(탄) : 다하다. 두루
781) 竊(절) : 저(의 의견). [크게 드러내지 않는다는 뜻으로 자신(의 의견)을 낮추어 하는 말]. 도둑질하다.
782) 寺觀(사관) : 불교의 사원과 도교(道教)의 도관. 묘우(廟宇). 사당. 묘당
783) 孤陰寡陽(고음과양) : 해도 음(陰)이 없으면 가짜 양(陽)에 지니지 않고, 홀로된 음(陰)에 양(陽)이 없으면 가짜 음(陰)이 된다. 이것을 쓰임이 되지 않는 음양(陰陽)이라 한다. 古經에서 말한 고음과양(孤陰寡陽)이 그것이다.
784) 台(대) : 잇다. 계승하다(繼承). ☞ 蓋(개) : 일산(日傘).
☞其(기) : 혹시. 혹은. 아마도. [추측을 나타냄]
785) 寺觀(도관) : 불교의 사원과 도교(道教)의 도관. 묘우(廟宇). 사당. 묘당
786) 猶(유) : 오히려. 차라리. 닮다. ☞可概(가개) : 像是(상시) : 법하다. ~인 것 같다. 듯하다. 듯싶다.

若於不結穴處勉強扦葬，尤非所宜，不可不慎。誠有吉務須至誠，以善[789]求之，不可則止，付之緣份。切不可恃勢[790]強求，以為[791]理外之事。多見因此[792]風水且未得，而反買奇禍[793]者，君子可不慎之哉！

복씨(卜氏)가 이르길 '신당 앞과 절뒤[神前佛後]에 종과 북의 소리가 들리는 것을 꺼린다.'고 한 것이 이것이다. 그러나 우리[予:여] 형제는 많은 미지(美地)을 본 결과 이에 구애받지 않았다.

가령 복건성(福建) 건영(建寧)의 백학산(白鶴山)에 있는 양문민공(楊文敏公)의 조지(祖地)와 규암사(叫岩寺)에 있는 과양(弋陽)의 왕상서(汪尚書)의 조지(祖地)는 모두 선실(禪室)에 가깝다. 또 요금정(廖金精)이 옮긴 장소보(張少保)의 묘지[壽基:수기]는 사당[神廟]이 먼저 자리를 차지하였으나[先據;선거] 사당에 (공간적으로 사이를 두고) 떨어져[去其廟] 입혈을 하였다. 이와 같은[若此] 유(類)는 전부 열거[殫擧;탄거]할 수 없다. 그렇다면[然則] 신전불후(神前佛後)와 비슷한 것 같아도 [似亦:사역] (신전불후)와 같이 전부 꺼리지는 않는다? 내 생각[竊;절]에는 사당[神廟]과 사찰[寺觀]은 대개 고음(孤陰) 과양(寡陽)으로 하나의 독산[單獨]의 용신(龍神)이 되거나 혹 수구산(水口之山)이 되기 때문에 불상(不相)이다.

우연히[偶] 또 혈을 맺는 땅이 있으면 용(龍)에 병풍(屛風)과 장막(帳幕)[屛帳:병장] 그리고 일산(日傘)[蓋]이 이어져 있으면[台:개] 하나의 독산[單獨]과 비교할 수 없다. 음(陰)이 있고 양(陽)이 있으면 모시며 호위하여[侍衛;시위] 따라와 지켜[擁從;호종] 수구(水口)의 용신(用神;쓰이는 龍身) 유(類)에 속(屬)하지 않았으면 특별히 그 용(龍)은 심히 왕성(旺盛)하여 산천(山川)의

787) 慕(모) : 그리다. 그리워하다, 사모하다(思慕--). 뒤를 따르다. ☞ 此等(차등) : 이것들, 이들.

788) 去(거) : 버리다, 돌보지 아니하다. ◦務須 : 필히. 반드시. 꼭

789) 善(선) : 잘 알다, 통달하다(通達하다). 옳게 여기다, 훌륭하다. ☞ 付(부) : 주다. 붙다. 부치다. 부탁하다.

790) 切(절) : 결코. 제발. 부디. ◦恃勢(시세) : 세력에 의지하다. 세력을 믿다. ☞ 恃(시) : 믿다. ☞ 强求(강구) : 강요하다. 무리하게 구하다.

791) 以爲(이위) : 생각하다. 여기다. 알다. 인정하다.

792) 因此(인차) : 그래서. 그러므로. 이 때문에

793) 買(매) : 사다. 명성(名聲). 평판(評判). 불러들이다.
☞奇禍(기화) : 뜻밖에 당하는 재난

영기(靈氣)가 모이는 바[所鍾:소종] 아직 하장하기 전에[未下之前:미하지전] 신령(神靈)이 의지하여 머물러[依棲;의서] 혹 여기(餘氣)가 발설(發洩)되어 사당[神廟:신묘]이나 사찰[寺觀]이 된 것이므로 이와 같은 유(類)는 어찌 신전불후(神前佛後)를 지나치게 두려워하는가[足畏:족외]? 언(諺)에 이르길'천하(天下)의 명산(名山)은 스님[僧:승]이 대부분 차지하고 있다.'고 하였다.

아마도[其] 이것[斯之:사지]을 말한 것인가! 비록 그렇다 해도 [雖然:수연] 오히려[猶] 사당[壇廟:단묘]이 있는 곳[處]은 혈(穴)이 있는 것 같지 않으나 오로지 이것을 따라서[慕;막] 이들[此等:차등]을 돌보지 않는 곳[去處:거처]은 혈을 맺지 않는 것이 아주 많다. 혈을 맺는 것은 우연히 하나나 둘 뿐이다. 만약 혈을 맺지 않는 곳에 억지로[勉強:면강] 천장하면[扦葬:천장] 더욱 적절하지 않아 조심을 해야 한다. 진실로 좋은 혈이 있으면 반드시[務須:무수] 정성을 하여[至誠:지성] 선을 쌓아 구할 수[善求:선구] 없으면 포기하고[止] 연분(緣份)으로 부탁한 것[付;부]은 이치에 벗어난[理外:이외] 일[事]로 여겨[以為:이위] 결코 세력만 믿고[恃勢;시세] 억지로 구할 수 없다[強求:강구]. 그래서[因此;인차] 풍수에서 또 자리를 얻지 못하고[且未得:차미득] 오히려[反:반] 뜻밖에 당하는 재난[奇禍;기화]을 불러일으키는 자[買者;매자]들을 많이 보았다. 군자(君子)는 신중해야 되지 않겠는가![可不慎之哉:가불신지재]

전의(傳疑)

建安楊文敏公祖達卿，好施與，以木萬株施之白鶴山僧，因得其地。先是[794]，有望氣[795]者言此山有異氣，欲斷之。且斷而夜複滿，遂止。楊氏葬後，文敏公榮登第，官太師。又科第數十人，至今富貴不替。

건안(建安)의 양문민공(楊文敏公) 조(祖) 달경(達卿)은 베푸는 것[施與]을 좋아하여 백학산(白鶴山)의 승(僧)에게 나무 만주(萬株)을 시주한 까닭으로 그 자리를 득하였다. 먼저[先是] 망기자(望氣者)가 나타나 말하길 '이산(此山)은

794) 先是(선시) : 처음에는. 먼저. 전에는 ☞ 遂(수) : 즉시. 이루다. 드디어. 따르다.
795) 有(유) : 생기다. 나타나다. [바로 뒤 혹은 문미에 '了'를 주로 동반하여 발생·출현을 나타냄] ☞ 望氣(망기) : 구름을 보고 길흉 및 운세를 점치는 고대의 점술의 하나.

특별한 기[異氣]가 있어 기를 차단하고자 하여 또 차단하였으나 밤에 다시 가득차 마침내 차단하는 것을 그만 두었다[遂止:수지]' 고 한다.
양씨(楊氏)가 장사 후[葬後]에 문민공(文敏公) 영(榮)이 과거를 급제하여[登第:등제] 벼슬[官]은 태사(太師)에 이르렀고, 또 과거시험[科第]에 (급제자) 수십인(數十人)이 배출되어 현재까지도 부귀(富貴)가 쇠하지 않고 이어진다[不替;불체].

按：是亦催官地也。葬此地時，文敏公十餘歲矣。公有《白鶴山房記》詳載[796]得地之由，見《建寧志》，圖見[797]龍法卷。又廖金精為張潛公扦壽域於德興鑄印墩，其穴為吳王芮廟基，神甚顯，不可犯。廖曰：「姑置，俟壬申歲，君家必產貴子，可令乳母襁褓中訓食為析[798]。三四歲語言明白，可負此子入廟，據案上，令乳母以果品食之，彼必言析。預名僕夫百餘人至廟間，候童言析，群聲應曰「領鈞旨[799]」一時撤廟，然後扦穴可也。」果歲至壬申而誕張忠定公燾，如廖公語，撤廟扦穴。後忠定官至少保，贈潛亦少保，今稱少保墓。

살펴보니[按] 이 자리는 역시 속발[催官:최관]하는 자리이다. 이 자리에 장사를 할 때 문민공(文敏公)의 나이가 10여(十餘) 세(歲)였다. 공(公)의《백학산방기(白鶴山房記)》가 있는데 득지한 이유[得地之由]을 상세히 알고자[載;재] 하면 영건지(建寧志)》를 보아라. 그림은 용법의 책[龍法卷]을 참조하라. 또 요금정(廖金精)이 장잠공(張潛公)을 위하여 덕흥(德興) 주인돈(鑄印墩)을 수역(壽域)에 천장[扦:천]을 하였는데, 그 혈(其穴)이 오왕(吳王) 예(芮)의 사당터[廟基;묘기]로 신(神)이 심히 나타나[甚顯;심현] 범할 수 없었다.

요(廖)가 이르길 '아직[姑;고] 두었다가 임신년[壬申歲]을 기다려라[俟;사]. 그러면 그대의 집[君家]에 반드시 귀자(貴子)가 태어날 것이다. 유모(乳母)로 하여금 작은 이불 속[襁褓中;강보중]에 (감추어) 먹이고 가르치게 하며[可令:가령] 사이를 멀어지게 하고[析;탁], 3,4(三四)세(歲)가 되어 말을 명백(明白)하게 깨우치면 이 아이[此子:차자]을 업고 사당에 들어가[入廟:입묘] 책상을

796) 載(재) : 알다. 인식함.
797) 見(견) : 참조하다. ~에 보인다[있다]. [見于'의 뜻으로 피동의 뜻임]
798) 令(령):명령하다.하여금.◦拆(탁): (붙어 있는 것을) 뜯다. 헐다. 사이를 벌어지게 하다.
799) 領(령) : 받다. 영수함. 옷깃 ☞ 鈞旨(조지) : 천자(天子)의 명령

점거(占據)하여 유모(乳母)로 하여금 과일류[果品:과픔]을 먹이면 그 아이[彼:피]는 반드시 말을 식별할 것이다[言析;언탁]. 사전[預;예] 하인[僕夫;복부] 100여인(百餘人)의 이름을 불러[名] 이르게 하여 묘간[廟間]을 기다렸다[候;후] 아동이 죽었다는 말을 군중[群]이 소리에 맞춰 반응[聲應]하면 이르길 '임금의 조지(鈞旨)를 받았다[領;령].' 고 하여 일시(一時)에 사당을 철거한[撤廟:철묘] 연후(然後)에 혈을 천장하는 것이 가능하다. '고 하였다.

과연 해[歲:세]가 임신년[壬申]에 이르러 장충정공(張忠定公) 도(燾)가 태어났다[誕生;탄생]. 요공(廖公)의 말과 같이 사당을 철거하고[撤廟] 천혈(扦穴)하여 후에 충정(忠定)의 벼슬[官]이 소보(少保)에 이르고 잠(潛)에게도 소보(少保)의 증직하여[贈] 지금까지도 소보묘(少保墓)라 한다.

六不相墓宅休囚。墓宅休囚，氣運衰敗，縱有吉穴，亦不發福，不可相也。蓋地之氣運有盛有衰。當其盛時，則小結作亦能發福；當其衰敗，則雖有上結亦不發越。故古今一洛[800]邑也，古今一長安也，昔為富貴繁華之地，而今為草莽[801]荊棘之場，非陵穀[802]變遷，亦氣運使之[803]耳。地師先須識此。七不相山岡潦亂。山勢岡壠走亂，條條無情之處，龍穴不聚，不可相也。八不相風水悲愁。風水悲愁者，山粗雄而不媚，水峻急而有聲，風交吹，如號如泣。或湖泊之間，或渺茫之阪，或山鄉之處，風水悲愁，多為戰鬥之場，每數十年，必有一次戰爭殺伐。或賊寇所過，或剿滅強梁之類，此必然之應也。九不相坐下低軟。凡主山，欲其盛旺高明。若坐下低軟，則無氣脈，多為軟弱蕩皮死氣之類，不可相也。十不相龍虎尖頭。龍虎尖頭相鬥乃凶。若尖而不射不鬥，多是曜星發露，為貴地之証，又未可盡以為凶。楊公云：「或鬥或射尖如針，兩邊相指穴前尋。非[804]為子息多清貴，更須積玉與堆金。」蓋此等龍虎，若龍穴真，乃為明曜，主貴尤顯。

---

800) 越(월) : 빼어나다.미치다.점점 ○洛(낙) : 잇닿다. 뒤를 이음. 다하다. ☞ 洛邑(낙읍) : 중국 뤄양의 서쪽 교외에 있던 고대 도시

801) 草莽(초망) : 초원 . 풀숲. (조정 또는 당시의 정부에 대하여) 재야(在野). 넓은 들 ☞荊棘(형극) : 괴로움이나 어려움을 비유적으로 이르는 말

802) 陵谷(능곡) : 구릉과 계곡이 바뀌다. 세상이 크게 바뀌다. ☞變遷(변천) : 세월(歲月)의 흐름에 따라 바뀌고 변(變)함.

803) 使之(사지) : ~으로 하여금 ~하게 하다. ~을 ~하도록 하다. [之'는 실제로 아무 것도 가리키지 않는 경우가 대부분임] ☞之(지) : 가다. 변하여 가다.

804) 不(불) : (뒤에 '不'를 붙여서) 무슨 일이 있더라도 ~하지 않으면 안 된다. 꼭. 반드시. 필히.

- 여섯 번째, 불상(不相)은 묘택휴수(墓宅休囚)이다.

예) 옛 무덤을 파낸 곳[破舊;파구터]

묘택휴수(墓宅休囚)는 기운(氣運)이 쇠미(衰微)해질 시기[衰敗;쇠패]에는 비록[縱] 좋은 혈일지라도 발복(發福)하지 못하여 불가상(不可相)이다.
대개 땅의 기운(氣運)이 성(盛)할 때 와 쇠(衰)할 때가 있는데 마땅히 땅이 성할 때[盛時]는 작게 혈을 맺어도 능히 발복(發福)이 되고, 당연히 **땅이 쇠미(衰微) 해지면**[衰敗;**쇠패**] 비록 가장 좋은 땅에 혈을 맺어도[有上結] 점점 발복[發越:발월]을 하지 못하므로 예나 지금[古今]은 하나의 낙읍(洛邑)이다. 고금(古今)으로 하나의 장안(長安)이다. 옛날[昔:석] 부귀번화(富貴繁華)의 땅이 이었으나 지금은 풀숲의 가시덤불[草莽荊棘;초망형극]의 터[場]로 구릉과 계곡[陵穀:능곡]이 바뀌지 않아도 세월에 따라 변하여[變遷:변천] 역시 기운(氣運)을 변하게 할 뿐이다[使之耳]. 지사(地師)는 먼저 이를 알아 봐야 한다.

- 일곱 번째, 불상(不相)은 산강료란(山岡潦亂)이다.

산세(山勢)가 **언덕**[岡壟;**강롱**]**으로 어지럽게 달려가면**[走亂;**주난**][**산란**(散亂)**한 모양**] **모두**[條條;**건건**] **무정**(無情)**한 곳으로** 용혈(龍穴)이 모이지 않아[不聚] 불가상(不可相)이다.山勢

- 여덟 번째, 불상(不相)은 풍수비수(風水悲愁)이다.

풍수비수(風水悲愁)이라는 것은 산(山)이 거칠고 웅장하여[粗雄:조웅] 예쁘지 않고[不媚;불미] 물이 가파르게 흘러[峻急:준급] 물소리가 나고[有聲] 바람이 맞불어서[風交吹:풍교취] 울부짖는 것 같고[如號;여호] 혹 우는 것 같은 곳[如泣;여읍]이고, 혹 호수[湖泊:호박]의 사이[間]나 혹 아득한[渺茫:묘망] 언덕[阪:판]이나 혹 산촌[山鄉:산향]에 집이 있는 곳[處]에 **바람과 물이 우는 것 같으면**[風水悲愁] **대부분 전쟁터**[戰鬥之場:**전투지장**]**가 된다**. 늘[每:매] 수십 년[數十年]만에 반드시 한 번씩[一次] 전쟁(戰爭)하는 살벌(殺伐)한 곳이다.

혹 도적[賊寇;적구]이 지나가는 곳[所過:소과]으로 혹 도적의 무리를 무찔러 없애고[剿滅;초멸] 횡포하는[強梁;강량] 유(類)가 있는데 이는 반드시 응한 것이다.

- 아홉 번째, 불상(不相)은 좌하저연(坐下低軟)이다.

보통[凡] 주산(主山)은 그 세력이 왕성하고[其盛旺] 빼어나기[高明]를 바라나, 혈의 아래가 낮고 [坐下] 단단하지 않아 **연약하면[低軟] 기맥(氣脈)이 없어** 대부분 연약(軟弱)하여 떨어져 흩어져[蕩皮;탕피] 기가 없는 사맥[死脈] 유(類)는 하장할 수 없는 흉한 모양[不可相]이다.

- 열 번째, 불상(不相) 용호첨두(龍虎尖頭)이다.

용호(龍虎)가 첨두(尖頭)하면 서로 싸워서[相鬥:상투] 흉(凶)하다. 만약 첨두[若尖:약첨]해도 서로 쏘고 싸우지 않으면 **대부분 요성(曜星)이 드러난 것[發露:발로]으로 귀지(貴地)의 증좌이다**. 또 모두[盡:진] 흉이 된다[以為凶:이위흉]고 해서는 안된다[未可:미가]. 양공(楊公)이 이르길 '혹 싸우거나 혹 뾰족하여 바늘과 같이 쏘는데 양변(兩邊)에 손가락 모양[相指:상지] 앞에서 혈을 찾으면[穴前尋:혈전심] 반드시[不] 자식(子息)이 대부분 청귀(清貴)하고 다시 반드시 옥과 금을 쌓을 것이다.' 고 하였다.
대개 이와 같은[此等:차등] 용호(龍虎)에서 용혈(龍穴)이 진짜이면 비로소 명요(明曜)이고, 귀(貴)는 더욱 명성이 있다[顯;현].

廖金精又穴星八般病：斬首折痕項下拖，破碎石嵯峨。斷肩有水穿膊出，剖腹腦長窟。折臂原來左右低，破面浪痕垂。陷是脚頭竄入水，吐舌生尖嘴。又穴面四病：貫頂脈[805]從腦上抽，星峰不見頭。墜足[806]脈從下去，靈光何所聚。繃面橫生

805) 산이 원정한 것[圓頂]은 사람의 둥근 머리와 같다. 비록 뾰족한 봉우리가 있을 지라도 원체(圓體)를 가진다. 이 둥근 산의 정상(頂上)에 맥적이 노출되어서는 안된다. 만약 맥적이 드러나 곧 분수가 있으면 이것이 **개자(个字)로 정상이 갈라지는 것[破頂]을 관정맥(貫頂脈)**이라 한다.(山之圓頂 似人之圓頭 雖有尖峰亦具圓體 此圓頂上不可露出脈跡 若露

脈數條，生氣自潛消。飽肚807)粗如覆箕樣，醜惡那堪相。李淳風論脈有八病：如葫蘆則非乳，如魚胞則非泡。貫頂如竹不起頂，非節。透頂出脈，非硬。圓有脊，非塊。串不明，非珠。流動出脈，非轉皮808)。粗大非氣

요금정(廖金精)은 혈성(穴星)의 일반적인 팔병(八般病)으로

[廖公訣云：穴星又有八般病]

1.참수(斬首)하여 목[項:항]이 늘어뜨려[下拖:하타] 끊어진 것 같은 흔적[折痕;절흔] [그림 1-70 참고]

2.파쇄(破碎)되고 높고 험한[嵯峨;차아] 바위[石]

3.어깨가 잘려[斷肩;단견] 물이 어깨[膊;박]를 지나[穿:천] 흘러가는 것[出]

4.갈라진 배[剖腹:부복]와 뇌(腦)에 깊은 굴[長窟:장굴]이 있는 것

5.팔이 끊어져[折臂;절비] 본래[原來] 좌우가 낮은 것

6.(혈성)의 면에 깨어진[破面:파면] 흔적[浪痕;랑흔]이 있는 것

7.무너져[陷;함] 다리와 머리[脚頭:각두]가 달아나 물로 들어가는 것

8.혀를 내밀어[吐舌;토설] 끝이 뾰족하게[尖嘴;첨취] 생긴 것은 혈성 가운데 큰 흠이 있는 것이다. 또 혈 면에 4 가지 병으로[又穴面四病]

1) 산정(山頂)에 맥을 뚫고나와 뇌두(腦頭)를 따라 위로 나와[上抽:상추] 성봉(星峰)에 머리를 나타나지 못하는 것이다.
2) 추족(墜足)한 맥이 다리를 따라 내려가면 영광[혈]이 어느 곳에 모이는가?
3) 붕면(繃面)은 횡으로 생긴 맥이 여러 가닥[數條:수조]이면 생기(生氣)가 저절로 슬그머니 사라진다[潛消;잠소].
4) 포두(飽肚)는 다만 키를 엎은 모양[覆箕;복기]과 같고 추악한 것 같으면 어찌[那;나] 택할 수 있는가[堪相:감상]?

出脈跡 便有分水則是个字破頂 謂之貫頂脈) <출처>『설심부 변와정해』

806) 墜足(추족) : 주산이나 현무봉에서 과도하게 행룡하여 쭉 빠져 혈이 용호를 벗어난 상태 ➔繃(붕) : 금이 가다. 파열(破裂)하다. 갈라져 터지다.

807) 포두(飽肚) : 맥이 거칠고 가운데가 배불러 키를 엎어 놓은 모양.

808)轉皮(전피) : 如食指根曲轉之皮者 ☞食指:검지 ☞曲轉 : 굽이굽이 회전 ☞皮(피) : 피부 즉 흙

이순풍(李淳風)의 논맥(論脈)에 팔병(八病)이 있다.

1.표주박[葫蘆;호로]과 같으면 유(乳)가 아니다.
2.부레[魚胞;어포]와 같으면 포(泡)가 아니다.
3.관정(貫頂)은 대나무 같이 이마를 일으키지 못하면 절(節)이 아니다.
4.이마를 뚫어 나온 맥[透頂出脈:투정출맥]은 단단하지 않다[非硬:비경].
5.둥글면 등[脊:척]으로 흙덩어리[塊:괴]가 아니다.
6.꿴 것[串:관]이 분명하지 않으면 구슬[珠:주]이 아니다.
7.유동(流動)하여 출맥(出脈)하면 박환한 표면[轉皮;전피]이 아니다.
8.거칠고 큰 것은 기(氣)가 없다.

팔병도(八病圖)

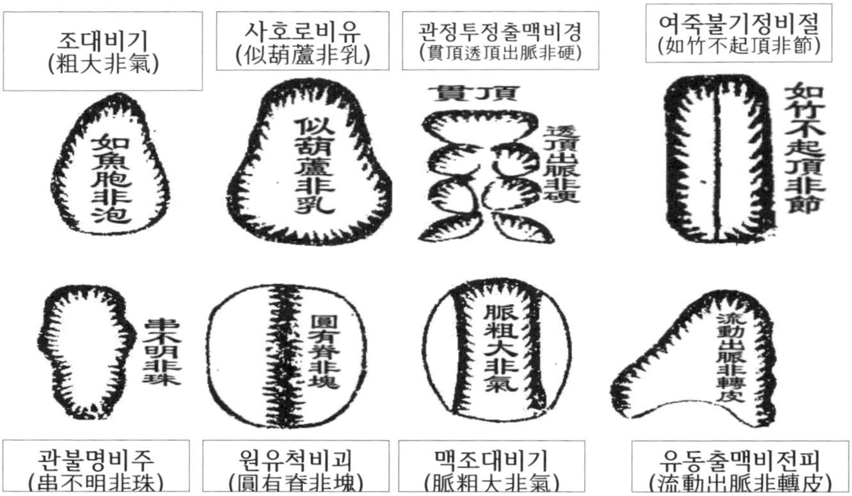

<그림1-159> 맥조대비기(脈粗大非氣) 등

又穴有七凶：貫頂串脈、露胎、繃面、死鱉背、斷如斬、受殺、吐殺。
또 혈에 7흉이 있다.

- 이마를 뚫고[貫頂:관정] 관통하여 맥을 움직여[串脈:관맥] 뇌두[頭]가 없는 성봉은 흉하다. [貫頂出脈星峰無頭凶:관정출맥성봉무두흉]
- 용호 단축으로 태(胎)가 드러난 것[露胎:노태]、
- 면이 쪼그라져 물결과 같고 혹 곧게 부지거나 어긋난 것[繃面;붕면]、
- 죽은 자라등과 같이 완만하고 단단한 것[死鱉背;사별배]、
- 끊어져 베어 자른 것 같은 것[斷如斬:단여참]、
- 살(殺)을 받아 (기가) 흩어진다[受殺:수살]、
- 토살(吐殺)은 곧고 긴 것[直長:직장]은 사토살(死吐殺)이라 한다.

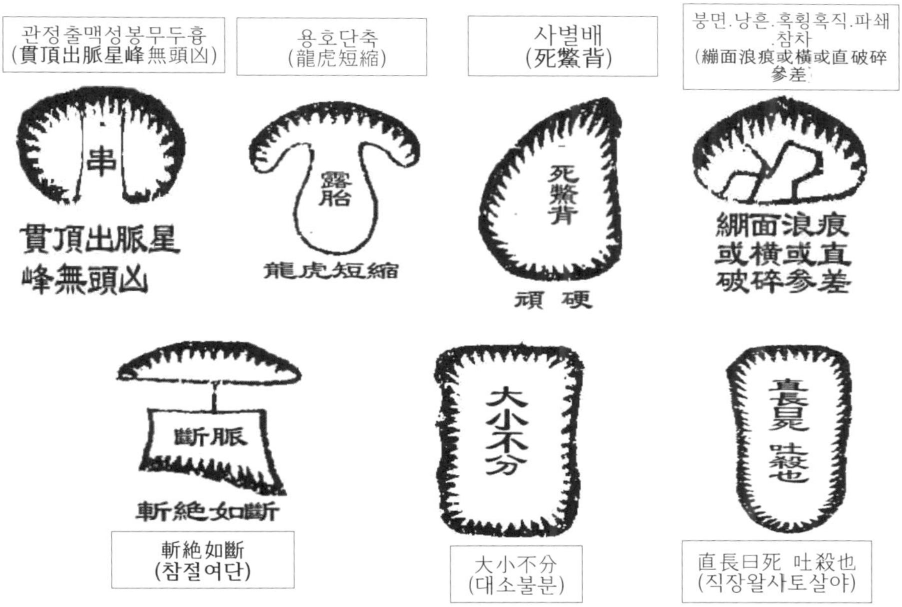

<그림1-160> 관정출맥성봉무두흉 (貫頂出脈星峰無 頭凶) 등

13) 홍사(泓師)의 36절혈(絕穴)

泓師三十六絕穴

覆月：太陰星下角穴，何以謂之覆月絕哉？必孤露飽硬，無受穴之處，來龍不真。多作水口羅星之類，誤下則絕。

牛鼻：獨高而孤垂，無遮護，風交[809]吹者是也。訣云：雨打蛤蟆[810]皆風吹 若牛鼻頭有人扦此穴，田地不留[811]丘。

窮源：源之窮[812]盡處，乃龍未住，大山發足處耳，必山勢雄逼。《雪心賦》曰：窮源僻塢，豈有真龍？亦有大龍翻身屈曲，結穴於源頭者，亦有似源頭寔非源頭者，又不以此拘。

牛角：尖露而出不多，是曜氣，不結穴，誤下必絕。 叙股：硬露脈盡氣絕。

帶刀：峻硬側斜，無立穴處。 牽城：水斜牽無情，必不融結。倒城：傾瀉。

三箭：水直射峻急，而來去皆凶。 撞城：水直撞射穴。 斷城：水衝破。

四吊：四水直去無溶注。裹城：水裹頭無餘氣。訣云：裹頭城裏莫扦墳，劫卻東西便動瘟。

- 복월(覆月): 태음성(太陰星) 아래 각혈(角穴)로 이[엎어진 달과 같은 것]를 어찌, 복월절(覆月絕)이라 하는 가? 반드시 노출되어 외롭고[孤露:고로] 배부르고 단단하여[飽硬:포경] 혈을 받을 수 있는 곳이 없고 내룡이 참이 아니라 대부분 수구(水口)의 나성(羅星) 등 유(類)를 만들었는데 오인하여 하장하면[誤下] 절멸한다[絕;절].
- 우비(牛鼻) : 홀로 높은 곳에 외롭게 매달려 있으므로[孤垂;고수] 막아 보호할 사(砂)[遮護;차호]가 없어 오가는[交:교] 바람을 받는 것[風交吹]이다. 결(訣)에 이르길 '두꺼비[蛤蟆;합마]가 비를 맞는 데[雨打:우타]는 모두 바람을 타고, 만약 소의 코등[鼻頭:비두] 같은 이러한 혈[此穴]에 천장하는 사람은 언덕에 전지(田地)를 물려줄 수 없다.

809) 交(교) : 사귀다. 엇갈리다. 오가다.

810) 風吹雨打: 비바람을 맞다. 온갖 풍상을 겪다.◦ 蛤蟆(합마) : 개구리와 두꺼비의 통칭. ☞ 蛤(합) : 대합조개. 큰 두꺼비. 개구리. 蟆(마) : 두꺼비

811) 留(류) : 보류하다. 보존하다. (~을) 남겨 두다. (~에) 남기다. 물려주다. 전하다.

812) 窮(궁) : 궁진(窮盡)하다. 다하다. 막다르다. 끝장나다. ☞窮盡 : 끝. 다하다.

- 궁원(窮源) : 물의 근원[源]이 막다른 곳[窮盡處:궁진처]으로 용이 멈추지 않고 큰 산에 지각이 발생한 곳으로 반드시 산세가 웅장하고 좁은 곳[雄逼;웅핍]이다. 《설심부(雪心賦)》에 이르길 '산간벽지[僻塢;벽오]의 막다른 작은 발원지[窮源:궁원]라면 어찌 진룡이 있겠는가? 또한 큰 용이 몸을 돌려[翻身] 굴곡(屈曲)하여 발원지 꼭대기[源頭]에 혈을 맺는 것은 또한 원두(源頭)같으나 실은[寔:식] 원두(源頭)가 아니니 또 이것에 구애받지 말라.
- 우각(牛角) : 뾰족하게 노출되어[尖露:첨로] 생긴 것이 많지 않으나 이는 요기(曜氣)로 결혈을 할 수 없다. 잘못 알아 하장을 하면 반드시 절손한다[必絕].
- 차고(釵股) : 단단한 맥이 드러나 기(氣)가 다하여 끊어져 없다[絕;절].
- 대도(帶刀) : 험준하고 단단하며[峻硬:준경] 옆으로 기울어 입혈(立穴;혈을 정하다)할 수 없는 곳이다.
- 견성(牽城) : 물이 비껴 끌고 가[水斜牽:수사견] 무정(無情)하여 반드시 융결(融結)이 되지 않는 것이다. ☞ 융결(融結) : 생기가 모이다(뭉치다).
- 도성(倒城) : 물이 경사져 흘러내리는 것이다[水傾瀉也:수경사야].
  ☞ 瀉(사) : 매우 빠르게 흐르다. 내리붓다. 쏟아지다. 쏟아지다.
- 삼전(三箭) : 세 줄기의 물살이 세차게[峻急;준급] 곧게 내뿜어[直射:직사] 오고 가면 모두 흉하다.
- 당성(撞城) : 물이 곧게 혈을 쳐 쏘는 것[水直撞射穴:수직당사혈]
- 단성(斷城) : 물[水]이 부딪쳐 깨뜨림[衝破;충파].
- 사조(四吊) : 사방의 물[四水]이 곧게 흘러가[直去] 머무르지 않는 것[無溶注무용주:]을 말한다.
- 과성(裹城;裹頭水) : 물이 용두를 감싸[裹頭;과두] 여기(餘氣)가 없다. 결(訣)에 이르길 '이르길 용두를 감싸는[裹頭] 수성 안[城裏:성리]에 무덤을 천장하지 마라[莫扦墳;막천분], 겁박하여[刼] 오히려[卻] 동서(東西)로 곧 온역이 생긴다[動瘟:동온].

蛇頭：氣暴殺重，不開窩鉗，不可扦穴。若有氈者，下粘穴，又不拘此。或下王字穴，或下耳穴，皆要有自然窩泡，否則主凶。

蛇尾：尖利[813]而小且長，亦脈盡氣絕之所矣。浮牌：闊而氣散，不結穴。或龍真者，可為陽基。

813) 尖利(첨리) : 날카롭다. 몹시 영리하다. 예리하다.

遶岡：是纏護之沙，風吹水刼，無枝脚，或縱橫路繞，皆凶。

犁壁：高峻而下尖，八風交吹，無藏蓄[814]之態，主凶。

交劍：山之交劍[815]者，尖利相指[816]射。水之交劍者，兩水相交會。山交劍主殺鬥軍配，水交劍是脈大盡處，主絕。死蛇：死蛇不屈曲而軟弱無氣，主絕。

垂足：箕踞[817]之狀，凶。天敗：崩陷之所，氣敗處也。誤認為窩而下之，主絕。

懸針：大龍行去而垂枝脚，上大而下尖利如懸針，不結穴，主絕。

鞋尖：微有起而孤露，無來脈，風吹水割。狼牙：尖露。

離鄉：左右山飛走順水，無收拾。弓鞠：兩垂。弓弦：直急。鼠頭：尖縮。

過宮：氣去不融結。《葬書》云：「氣以龍止，而過山不可葬也。」

不蓄：陰陽不交，界合[818]不明，生氣散漫而無收拾。謂之不蓄，言不聚蓄也。《葬書》云「不蓄之穴，腐骨之藏」是也。

騰漏：左空右缺，前曠後跌，地中生氣悉為風所蕩散，不能融聚。壟之沉氣升騰[819]於上，支之浮氣漏洩於下，葬之無益於存亡，適足以腐敗棺骨。《經》曰「騰漏之穴，敗棺之藏」是也。

臥尸：壅腫直硬，如死尸臥地。龍之無逶迤不結穴者也。誤下主絕。

釵頭：前言釵股，乃硬而露。此言釵頭，乃硬而尖，皆凶。

- 사두(蛇頭)：기가 사납고[氣暴] 흉험한 기운이 강하여[殺重:살중] 와겸(窩鉗)이 열리지 않아 혈을 천장할 수 없다. 만약 전(氈)이 있는 곳[者]에는 아래에 점혈(粘穴)할 수 있고 또 이에 구애되지 않는다. 혹 아래에 왕자혈(王字穴)이나 이자혈[耳字穴]에 하장하는 것은 모두 자연적으로 와포(窩泡)가 있어야 하고 그렇지 않으면 흉하다.
- 사미(蛇尾)：날카롭고[尖利:첨리] 가늘고 긴 것도 맥이 끝나[脈盡:맥진] 기(氣)가 끊긴 곳이다.

---

814) 藏蓄(장축) : 간직해 두다. 숨겨두다. 품다.
815) 交劍(교검) : 양사(兩沙)에 서로 (각각)[相各] 매달린(붙은) 것을 교검(交劍)이라 한다(兩沙相抱謂之交劍)
816) 指(지) : (손가락이나 끝이 뾰족한 물건으로) 가리키다. 지적하다.
817) 箕踞(기거) : 다리를 뻗고 앉다.
818) 界合(계합) : 혈의 생기가 흩어지지 않기 위해서는 물이 사방을 감싸주고 있어야 한다. 이를 물의 상분하합(上分下合), 또는 계합(界合)이라고도 한다.
819) 升騰(승등) : (화염·기체 따위가) 올라가다.

- 부패(浮牌) : 넓어서 기운이 흩어지는 곳[闊而氣散:활이기산]으로 혈을 맺지 못한다. 혹 용(龍)이 참인 곳은 양기(陽基)가 될 수 있다.
- 요강(遶岡) : 이는 전호(纏護;휘감아 호위하다)하는 사(沙)가 바람을 받고[風吹] 물이 위협하고[水劫] 지각(枝脚)이 없거나 혹 도로를 종횡(縱橫)으로 감싸는 것은 모두 흉(凶)하다.
- 이벽(犁壁) : 높고 험준하고[高峻] 아래가 뾰족하여 팔풍(八風)이 번갈아 불면[交吹:풍취] 기를 품을 모양[態:태]이 없으면 흉하다.
- 교검(交劍) : 산의 교검(交劍)은 뾰족하고 예리하여[尖利] 서로 찌르는 것[相指射:상지사]이고, 물의 교검(交劍)은 혈 앞에 두 물이 서로 만나는 것이다. 산의 교검(山交劍)은 주로 싸워서 죽이고[殺鬥:살투] (전투에서) 군대를 지휘한다[軍配:군배]. 물의 교검(水交劍)은 맥(脈)이 다하여 주로 절손한다[主絕:주절].

<그림1-160> 용호대검(龍虎帶劍)

- 사사(死蛇) : 죽은 뱀은 굴곡(屈曲)하지 않고 연약(軟弱)하여 기가 없는 것으로 절사(絕嗣)한다.
- 수족(垂足) : 다리를 뻗고 앉은 모양[箕踞之狀:기거지상]은 흉하다.
- 천패(天敗) : 무너지고 꺼진[崩陷;붕함] 곳은 기(氣)가 발산된[敗:패] 곳이다. 와(窩)로 잘못 알아[誤認:오인] 하장하면 주로 절손한다.
- 현침(懸針) : 대룡(大龍)이 가면서[行去:행거] 지각(枝脚)을 늘어뜨려 위가 크고 아래가 뾰족하고 예리하여 현침(懸針)과 같아 혈을 맺을 수 없어 주로 절손한다.
- 혜첨(鞋尖) : 미미하게 솟아[微有起:미유기] 외롭게 드러나[孤露:고로] 내맥(來脈)이 없어 바람을 받고[風吹:풍취] 물에 손상을 입는다[水割:수할].

☞割(할): 해치다. 손상하다. 자르다. 끊다.

- 낭아(狼牙) : 뾰족하게 드러난 곳[尖露:첨로]이다.
- 이향(離鄕) : 좌·우산(左右山)이 물을 따라 달아나[飛走順水:비주순수] (기를) 거두지 못한다.

- 궁국(弓鞠) : 양쪽으로 늘어뜨린 것[兩垂:양수]이다.
- 궁현(弓弦) : 곧고 급한 것[直急:직급]으로 흉하다.
- 서두(鼠頭) : 뾰족하고 쪼그라진 것(짧은 것)[尖縮;첨축]이다.
- 과궁(過宮) : 기(氣)가 지나가 융결하지 못한 것이다. 《장서(葬書)》 에 이르길 '기(氣)는 용의 세가 멈춤으로 멈추는 것이므로, 지나쳐 가는 산에다 장사지내서는 안 된다.' 고 하였다.
- 불축(不蓄) : 음양(陰陽)이 만나지 않고 물의 상분하합(上分下合)[界合]이 분명하지 않아 생기(生氣)가 산만(散漫)하여 (기가) 수습할 수 없는 것을 불축(不蓄)이라 하고, 모여 쌓이지 않는 것을 말한다. 《장서(葬書)》 에 이르길 ' 기(氣)가 모이지 않는 혈(穴)에 장사를 지내면[藏] 뼈가 부패(腐敗)한다.' 고 한 것이다. ☕藏(장) : 묻다. 매장(埋藏)함. 감추다. 간직함.
- 등루(騰漏) : 좌우가 비어 결함이 되고[左空右缺] 앞은 넓고[前曠:전광] 뒤는 달아나[後跌:후질] 지중(地中)의 생기(生氣)는 모두[悉;실] 바람에 흩어져[蕩散:탕산] 융취(融聚)할 수 없는 곳이다. 무덤[壟:롱]의 잠긴 기운[沉氣:침실]이 위로 올라가고[升騰:승등] 지각[支]에 뜬 기운[浮氣]이 아래로 누설(漏洩)된 것으로 장사를 하면 삶과 죽음[存亡:존망]에 무익하다. 관골(棺骨)을 적절하게[適足:적족] 부패(腐敗)시키는 것이다. 《(경(經)》 에 이르길 ' 아래위로 기가 새[騰漏;등루]는 혈(穴)은 관곽을 부패하게 하는[敗棺:패곽] 장사(葬事)라 했다.' 는 것이다.
- 와시(臥尸) : 종기같이[壅腫:옹종] 곧고 굳어 시신[死尸:사시]이 땅에 누워 있는 것 같고 용(龍)이 꿈틀거리지 않아[無逶迤;무위이] 결혈할 수 없는 곳이다. 오인하여 하장하면 절손한다.
- 채두(釵頭) : 앞에 말한 채고(釵股)는 단단하고 드러난 것이고, 이것은 채두(釵頭)를 말한 것으로 단단하고 뾰족하여 모두 흉하다.

入式十二例雜論有吉有凶

一曰破：崩破峰壟，斷岡壞塹之地，或流水衝損，霹歷所驚。

二曰反：欹歹不正，在右邊則女不正破產，在左則出奸滑[820]人。

820) 奸滑 (간활) : 교활하다. 간교하다. ☞拖(타) : 끌다. 풀어놓다. 빼앗다. 던지다.

三曰流：流走不顧，隨水而去。或左右山不收，或玄武、朱雀尖竄。
四曰射：山直來，尖射向塚宅。或如拖槍，或如懸刀，或如蚪尾。
五曰回：峰巒環合，入來相揖，龍虎宛轉回抱，歸向不流者是也。
六曰伏：其山偃伏低下，不能高聳，或如覆尸，或如臥蠶是也。
七曰圓：山欲圓而不欲粗，欲小而不欲大。粗大[821]則鈍濁，圓小則清奇。
八曰巧：巧者，秀麗如描[822]畫，聳立如卓旗。或橫如玉帶，或突如琉爐，或轉如勒馬，或盤如戲龍，或疊如垂簾，或簇如懸幕，或列如排衙，或據如案床，或如驅羊，或如飛鳳，千狀萬類，不可盡載，智者自能明之。
九曰暗：形狀不明，在陰暗之處。或模糊不清，或眾山共圍一山。
十曰亂：雜亂繁多，並無條理，如亂花，如投算，四散不可紀是也。
十一曰水：有山無水謂之孤，有水無山謂之寡。水欲深而不急，欲平而無聲。十里之外有秀水入明堂者，大貴之地也。
十二曰石：開壙見青石者凶，紅粉者吉。獨石如鼓，醜石如崩崖，尖利頑塊，俱凶。石碎巉岩，與山無草木，及石間有濕潤者，俱凶。若有五色石，細膩如粉，並五色土者，主大富貴之地。

16) 입식 12례(入式十二例) 잡론(雜論), 유길유흉(有吉有凶)

- 첫째 파(破)는 봉우리와 언덕[峰壟:봉롱]이 붕괴[崩破:붕파]되고 산봉우리가 끊어져[斷岡:단강] 땅이 파괴된 구덩이[壞塹;괴참]이다. 혹 강이나 하천의 물이 빠르게 흐르며, 바위나 흙 표면을 지속적으로 부딪혀 깎아 훼손되고[衝損;충손], 벼락[霹歷;벽력]에 놀라는 것[所驚;소경]이다.
- 둘째 반(反) : 의반(欹反)는 바르지 못한 것[不正]으로 반(反)이 우변(右邊)에 있으면 여자가 부정(不正)하여 파산(破產)하고, 좌측에 있으면 교활한 사람[奸滑人]이 태어난다. cf) 退田筆(퇴전필)/離鄕砂(이향사)
- 셋째 유(流) : 유주(流走) 불고(不顧)로 (좌·우산이)물을 따라 흘러가 돌아보지 않는 것[不顧]이다. 혹 좌·우산(左右山)이 거두어 주지 않거나 혹 현무(玄武)와 주작(朱雀)이 뾰족하게 달아나는 것[尖竄;첨찬]이다.

---

821) 粗大(조대) : (체격·물체가) 굵직하다. (소리가) 크다. 큼직하다. 투박하다.
☞清奇(청기) : (속됨이 없이) 유다르게 아름답다. 아주 훌륭하다.
822) 描(묘) : 그리다. 그림을 그림 ☞繁多(번다) : 대단히 많다. 풍부하다.

- 네 번째 사(射) : 산이 곧게 내려와 무덤[塚宅:총택]을 향하여 뾰족하게 솟는 것이다. 혹 내던진 창[拖槍;타창]과 같거나 혹 매달린 칼과 같거나 혹 뱀의 꼬리와 같다.
- 다섯 번째 회(回) : 봉우리[峰巒]가 환포(環抱;둘러싸다)하여 들어와[入來] 모여[合] 함께 읍(揖)하고 용호(龍虎)가 완전(宛轉)히 회포(回抱)하여 뒤돌아 (혈을) 향하고[歸向:귀향] 물을 따라 흘러가지[流;유] 않는 것이다.
- 여섯 번째 복(伏) : 그 산이 누운 듯이 엎드려[偃伏;언복] 낮게 내려와 높게 솟지[高聳;고용]않는 것으로 혹 시신을 엎어 놓은 것[覆尸;복시]과 같고 혹 누워있는 누에[臥蠶;와잠]와 같은 것이다.
- 일곱 번째 원(圓) : 산이 둥글고 조악하지 않아야 하고 작고 크지 않아야 하며, 크고 거칠면[粗大:조대] 둔탁(鈍濁)하고, 둥글고 작으면[圓小] 아주 아름답다[清奇;청기].
- 여덟 번째 교(巧) : 교(巧)는 수려(秀麗)하기가 그림을 그린 것 같고[如描畫;여묘화] 솟은 것[聳立;용립]이 탁기(卓旗)와 같고, 혹 횡으로 옥대(玉帶)와 같고, 혹 불룩하게 나와 궤로(跪爐)와 같고, 혹 돌아[轉] 늑마(勒馬)와 같고, 혹 서리어[盤:반] 회롱하는 용과 같고[戲龍:희룡] ,혹 거듭[疊:첩] 드리운 발과 같고[垂簾;수렴], 혹 무리를 이루어[簇;족] 걸린 장막[懸幕:현막]과 같고, 혹 배열된 것[列:렬]이 배아(排衙;관청에 윗사람을 알현하는 모양)한 것 같고, 혹 근거로 삼는 것[據:거]은 안상(案床)과 같고, 혹 양을 몰아내는 것 같고[如驅羊;여구양] 혹 나는 봉황과 같고 천가지 형상[千狀:천상]으로 많고 많은 종류[萬類:만류]로 모두 기재할 수 없다. 지혜로운 자는 스스로 그것을 밝힐 수 있다[能明之:능명지].
- 아홉 번째 암(暗) : 형상(形狀)이 분명하지 않아 어둠침침한[陰暗;음암] 곳에 있다. 혹 모호(模糊)하여 분명하지 않고[不清:불청] 혹 중산(眾山)이 하나의 산을 에워싸고 있다.
- 열 번째 난(亂) : 대단히 많이[繁多;번다] 난잡하여[雜亂;잡난] 아울러 체계[條理;조리]가 없어 어지러운 꽃과 같고 산가지를 내던진 것처럼 어지러워[如投算;여투산] 사방으로 흩어져[四散:사산]실마리를 잡을 수 없는[不可紀] 것이다. ☞紀(기) : 벼리. 실마리를 잡다.

- 열한 번째 물[水] : 산이 있는 데 물이 없는 것을 고(孤)라 하고, 물이 있는데 산이 없는 것을 과(寡)라 한다[陰陽不配合]. 물이 깊으면[水欲深:수욕심] 급하지 않고, 물이 평온하면 소리가 없다. 십리 밖에 좋은 물이 명당(明堂)안 으로 들어오면 대귀(大貴)한 땅이다.
- 열두 번째 석(石) : 광중을 팔 때 청석(靑石)이 보이는 것은 흉하고, 홍분석(紅粉石)이 보이는 것은 좋다. 하나의 돌이 북[鼓:고]과 같거나 추한 바위가 무너진 것[崩崖:붕애] 같고, 뾰족하고 예리하거나[尖利] 무딘 덩어리[頑塊:완괴]는 모두 흉하다. 돌이 부서지고[石碎:석쇄] 깎아지른 듯이 우뚝 선 바위[巉岩;참암]와 산에 초목(草木)이 없고 석간(石間)에 축축한 것[濕潤者:습윤자]도 모두 흉하다. 만약 오색(五色) 암이 분(粉)과 같이 보드랍고 매끄럽고[細膩;세니] 오색토(五色土)가 함께 있는 것은 대부귀(大富貴)의 땅이다.

劉白頭十般無脈絕 <그림1-161> 산요절(山凹絕) 및 성문절(城門絕) 복종절(覆鐘絕) 마안절馬眼絕.건유절乾流絕)

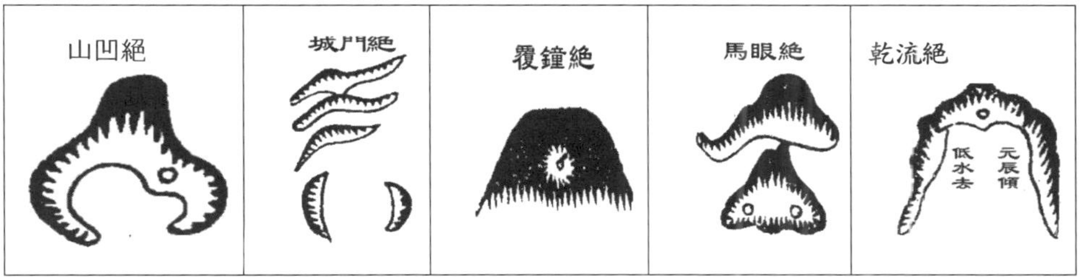

산요절(山凹絕)

如居山谷，且要藏風。此山凹而龍虎腰缺陷，風吹其穴，主絕。廖氏云：「第一莫下凹風穴，決定人丁絕。」

산요절(山凹絕)은 산곡(山谷)에 있으면 또 장풍(藏風)이 필요하다. 이러한 산은 오목하게 들어가[凹陷;요함] 용호(龍虎) 허리의 결함(缺陷)이 있으면 그 혈에 바람을 받아[風吹:풍취] 주로 절손(絕孫)을 한다. 요씨(廖氏)가 이르길 '첫 번째[第一] 꺼져 바람을 받는 혈에 하장하지 마라[莫下]. 반드시[決定] 인정(人丁)이 끊어진다.' 고 하였다.

성문절(城門絕)

真龍正穴結作於內，而門戶間雖似星辰，乃不結穴，謂之城門絕。

성문절(城門絕)은 진룡정혈(真龍正穴)은 내부에 결작(結作)하나 문호간(門戶間)이 비록 성신(星辰)과 같더라도 혈을 맺지 못하는 것을 성문절(城門絕)이라 한다.

복종절(覆鐘絕)

形如覆鐘，高聳而直硬峻急，可尋下吐粘穴，要龍虎護衛其覆鍾。俗取向上穴者非是。若果有穴，則開窩鉗。

복종절(覆鐘絕[823])은 형상이 복종(覆鐘)과 같고 높이 솟아 곧고 단단하고[直硬:직경] 준급(峻急)하여 아래 전순을 내민 곳[下吐:하토]을 찾아 점혈(粘穴)할 수 있다. 용호(龍虎)가 복종(覆鍾)을 호위(護衛)해야 한다. 속에서 향상혈(向上穴)을 취하는 것은 옳지 않다. 만약 혈이 있으면 와겸(窩鉗)을 연다.

마안절(馬眼絕)

來龍急而玄武高昂，不受穴，孤露受風吹，水必不聚堂，一無可取，何必[824]泥亥龍艮龍哉！

마안절(馬眼絕)은 내룡(來龍)이 급하면 현무(玄武)가 높이 솟아[高昂;고앙] 혈을 받을 수 없다. 외롭게 노출되어 바람을 받고 물은 반드시 명당에 모이지 않는다. 한 가지도 취할 수 없다. 해룡(亥龍)과 간룡(艮龍)에 구애받을 필요가 있는가[何必]！

---

823) 후산(後山)이 만약 벽립(壁立)하고 앞에 또 봉우리가 드리워지지[峰降] 않으면 '복종절(覆鍾絶)'이라 한다.[後山若壁立前 又無峯降名 爲覆鐘絶] ☞降(강) : 드리워지다.
<출처>『금탄자(金彈子)』上券

824) 何必(하필) : 구태여 ~할 필요가 있는가. ~할 필요가 없다.

건유절(乾流絶)

橫龍有空亡窩，趕[825]元辰乾流，而左右山皆走竄，龍去別處做[826]穴，乃過龍也。悞[827]下必絶人丁。

건유절(乾流絶)은 횡룡에 공망(空亡)이면, 와(窩)가 원진수가 흐르지 않고[乾流:건류] 좌우의 산도 모두 달아나[走竄;주찬] 용이 다른 곳[別處:별처]으로 가서 혈을 만들기 때문에[做穴;주혈]곧 과룡(過龍)이다. 잘못 하장하면[悞下; 오하] 반드시 인정(人丁)이 끊어진다.

17) 유백두(劉白頭)의 열 가지[十般] 무맥절(無脈絶)

<그림1-162>이취절(犂嘴絶) 및 아두절(鵝頭絶).건과절(乾窠絶).초룡절(初龍絶).대판절(大坂絶)

犂嘴[828]絶	鵝頸絶	乾窠絶	初龍絶	大坂絶

825) 趕(간);去(거) : 달리다 쫓다. 달려감. 뒤를 쫓음
826) 做(주) : 만들다. (글을) 짓다.
827) 悞(오);誤(오) : 그릇되다. 착오로 잘못을 저지름
828) 犂:쟁기(려), 얼룩소(리) ☞ 嘴(취) : 물건의 뾰족한 끝. 사물의 뾰족하게 튀어나온 끝. 새의 주둥이 ☞ 觜(자) : 털 뿔. 부리

이취절(犁嘴[829]絶)

降勢急而尖如犁嘴, 直硬帶殺, 不可扦穴, 誤下必絶。

이취절(犁嘴絶)은 세(勢)가 내려가 급하고 뾰족하여[尖:첨] 보습(쟁기)[犁嘴;여취]과 같아 곧고 단단하여 살을 띠어[帶殺] 천혈(扦穴)을 할 수 없다. 잘못 하장하면[誤下] 반드시 절손한다[絶孫].

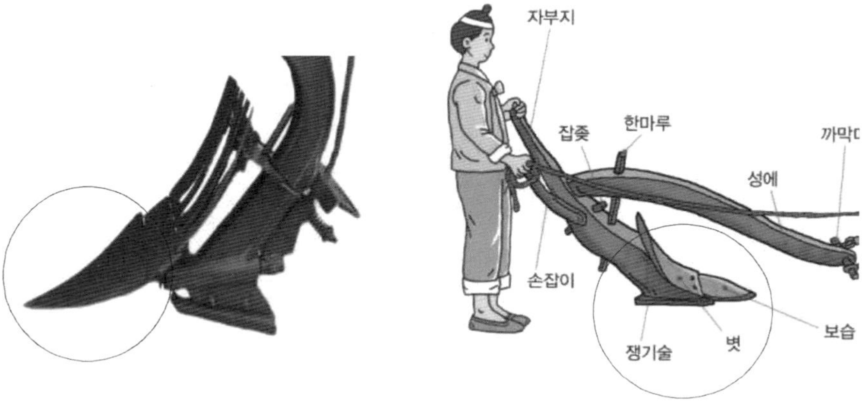

<사진 1 > 쟁기(보습) 머리

< 출처> 쟁기모양 : 네이버 통합검색 (naver.com)

아경절(鵝頸絶)

護送不包穴而皆尖利, 本身雖逶迤, 不可謂龍活, 乃鵝頭鴨頸, 單寒微弱, 故主絶。

아경절(鵝頸絶)은 호위하여 보내는 데[護送:호송] 혈을 감싸지 못하면 모두 뾰족하고 예리하며[尖利], 본신(本身)이 비록 구불구불[逶迤;위이]하나 용(龍)이 살아있다고 말할 수 없다. 모양[形]이 거위의 머리[鵝頭;아두]와 기러기 목[鴨頸;압경]과 같아 외롭고 가난하고[單寒:단한] 미약(微弱)하므로 주로 절손한다.

829) 犁:쟁기(려), 쟁기, 얼룩소(리) ☞ 嘴(취) : 부리. 물건의 뾰족한 끝. 새의 주둥이 ☞ 觜(자) : 털 뿔. 부리

건과절(乾窠絶830))

過龍假結乾窠，橫脈不能鬥虎，又無唇氈証穴，必是花假，主絶。
과룡(過龍)은 거짓으로 맺는[假結:가결] 건과절(乾窠絶)로 횡맥(橫脈)으로 백호가 능히 다툴 수 없다. 또 순전(唇氈)의 혈증이 없어 반드시 가화[花假]이다. 주로 절손한다.

초룡절(初龍絶)

真是初龍結穴則吉。但非初龍，而千龍發處，扦無脈無穴之地，山粗水短，無龍無穴，主絶。
초룡절(初龍絶)은 진실로 초룡(初龍)에 결혈하면 좋다. 다만 초룡(初龍)이 아니라도 많은 용[千龍]이 시작하는 곳에 맥이 없고 혈(穴)도 없는 땅에 천장하면 산이 거칠고 물이 짧아 용(龍)도 없고 혈(穴)도 없다. 주로 절손한다.

대판절(大坂絶)

大坂之中，無龍脈，無突，無來歷，一坦平洋，或經斷脈水劫，不相聯屬，葬之主絶。
대판절(大坂絶)큰 비탈[大坂:대판] 가운데 용맥(龍脈)이 없고 돌(突)한 것도 없고 내력(來歷)도 없이 오로지[一] 평탄한 평양[坦平洋:탕평양]은 혹 단맥(斷脈)을 지나[經] 물이 위협하여[水劫:수겁] 연속하지 않아 장사하면 절손한다.

830) 좌우(左右)에 계합(界合)이 없고 당수(堂水)가 합하여 머무르지[停留] 않으면 건과절(乾窠絶)이다. [左右無界 合堂水不停留名 爲乾窠絶] <출처>『금탄자(金彈子)』上券

18) 홍오재(洪梧齋)의 24살혈(殺穴)

若星頭不明，不土不金，肢脚走閃，岩峻破碎，崩崕洪赤[831]，倒旗惡石，肥[832]壅腫粗，茅葉拖槍，歹歆軟蕩，架柴[833]曬網，破傘嵯峨，柔弱屈曲，死蛇死鰍，散花亂衣，迎送不來[834]，順下斜飛，披頭撒掌[835]，均陷客風，當面巻簾[836]，土牛牽動[837]等穴，若不避忌，悞人敗絶，宜加精辨，庶真假得分也。

만약 성두(星頭)가 분명하지 않으면 토성도 아니고[不土] 금성도 아니며, 지각(肢脚)이 빠르게 피하여 달아나[走閃;주섬], 바위[岩]가 참암(巉巖)하고 부서져[破碎:파쇄] 홍수로 무너진 낭떠러지가 드러나[崩崕洪赤;붕애홍적] 악석(惡石)이 넘어져 깃발과 같고, 거칠어 큰 옹종(壅腫)과 같고, 띠 잎[茅葉;모엽]과 창을 끄는 모양[拖槍;타창]과 같고, 반대로 기울어[反歆:반의] 연한 대나무[軟蕩;연탕]와 같고, 거칠은 시렁[架柴:가시]과 말리는 그물[曬網;소망]과 같고, 차아[嵯峨]하여 찢어진 우산[破傘:파산]과 같고 굴곡(屈曲)이 약하여[柔弱] 죽은 뱀과 미꾸라지 같고 흩어진 꽃과 어지러운 옷[亂衣:난의]과 같고, 보내고 맞이하는 것[迎送]이 없고[不來], 순수하게 아래로 빗겨 달아나고[順下斜飛:순하사비], 산머리가 파쇄되어 완전하지 못하여 찢어져[披頭;파두] 손바닥을 엎지른 것[撒掌:살장]과 같고, 바람이 지나가[客風:객풍] 균일하지 않고[均陷:균함], 눈 앞[當面]에 권렴수(捲簾水), 견동토우[土牛牽動] 등의 혈은 만약 기피[避忌]하지 않고 사람이 잘못 알아[悞人:오인] 하장하면 망하여 죽는다[敗絶:패절]. 마땅히 더욱더 정밀하게 분별[精辨:정변]하여 진가(真假)를 바라보고[庶;서] 명백하게[分] 알아야 한다.

---

831) 赤(적) : 드러내다. 알몸이 되다. 텅 빈.
832) 肥(비) : (옷의 품·신발의 크기 등이) 크다. 너르다. 헐렁헐렁하다.
833) 架柴(가시) : (콩이나 오이 따위에 대어 주는) 섶. 시렁 ☞ 架(가) : 얽다. 얽어 만듦. ◦柴(시) : 거칠다. 꾸밈이 없음◦曬網(쇄망) : 그물을 말리다.
834) 來(래) : 오다. (문제·사건 따위가) 발생하다. (어떤 동작·행동을) 하다.
835) 撒手(살수) : 손을 놓다. 손을 떼다. 놓아주다.
836) 捲簾水(권렴수) : 혈 앞의 지형이 층층이 낮아지며 기울어져 달아나는 지형으로 물이 모이지 않고 흩어져 쏟아진다. 고아와 과부[孤寡]가 있고 외간(外間) 남자를 안방으로 불러들이고 점점 손이 끊어진다[絶人].
837) 견비수(牽鼻水) : 원진수(元辰之水)가 빗겨 이끌려서 일 방향으로 흘러나가 관란을 하지 못한 것을 견동토우(牽動土牛)라 한다. (牽鼻者 元辰之水斜牽而出一向無攔也 謂之牽動土牛). 즉 원진수가 경사로 일방향으로 흘러나가지만 막을 수 없는 것을 말한다.

경장(頸長)

玄武垂下，頸長如繩，而且纖細。頭上成星，而入首不昂，兩邊殺水又劫，全無生氣，不吉而凶。

경장(頸長)은 현무(玄武) 아래에 매달린[垂下;수하] 긴 목[頸長:경장]이 노끈[繩;승]과 같고 또 도두 위에 [頭上] 봉우리를 이루었으나 매우 가늘어[纖細;섬세] 입수(入首)가 높지 않아[不昂] 양변(兩邊)에 살수(殺水)가 또 위협하므로[劫:겁] 생기(生氣)가 전혀 없어 길하지 않아 흉하다.

<그림1-163> 경장(頸長).앙와(仰瓦). 공과(空窠). 토설 (吐舌).
옹현(甕弦).소기(筲箕)

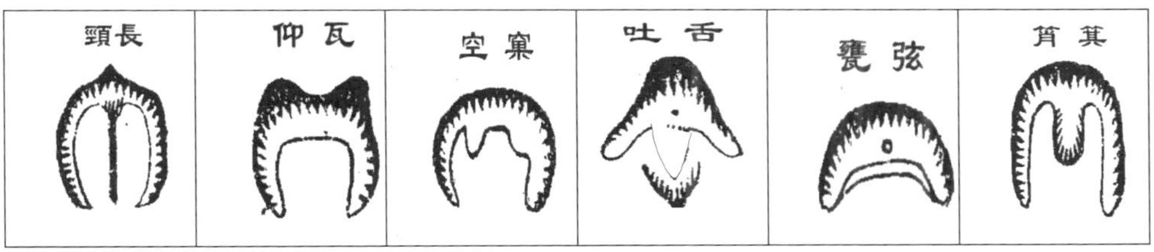

앙와 (仰瓦)

《雪心賦》云：「穴後須防仰瓦。」蓋後宮仰瓦，則氣不融結，何得有地？惟天財穴[838]又喜仰瓦。

앙와 (仰瓦)는 《설심부(雪心賦)》에 이르길 '혈 후에 앙와(仰瓦)는 반드시 피해야 한다.' 고 하였다. 대개 혈 후[後宮;후궁]에 앙와(仰瓦)가 되면 기(氣)가 융결(融結)되지 않았는데 어찌 땅에 혈을 얻을 수 있겠는가? 오직 천재혈[天財穴;凹腦穴]만이 또한 앙와(仰瓦)를 기뻐한다.

838) 天財穴(천재혈) : 요뇌는 '천재혈'이라 한다(凹腦所謂天財穴).

공과(空窠)

不生泡乳，又無氈唇，龍必不真，不須著眼。
공과(空窠)는 유(泡)와 포(乳)가 생기지 않았고 또 전순(氈唇)이 없어 용(龍)이 반드시 참이 아니다. 주의하여 볼 필요가 없다.

토설(吐舌)

玄武吐舌，若龍真而左右有情，亦有截法，所謂「玄武嘴長高處截」是也。
토설 (吐舌)은 현무(玄武)가 토설(吐舌)한 것으로 만약 용(龍)이 참되고 좌우(左右)가 유정(有情)하면 또한 절단하는 법[截法]을 하면 된다. 소위 '현무(玄武)의 부리[嘴]가 높고 긴 곳[處] 절단[截]한다[절장법(截杖法)사용]' 는 한다는 것이다.

옹현(壅弦)

壅腫彎來似壅弦，金魚不到土牛牽動[839]。時師道是窠[840]囊裏，枉費心機空費錢。
옹현(壅弦)은 옹종(雍腫)이 굽어 뻗어 오면[彎來] 옹현(壅弦)과 같아 금어수[金魚水]가 도달하지 않아 토우(土牛:혈)에 영향을 미치는 것[牽動]이다. 시사(時師)와 도사가 '와혈 속[窠囊裏;과낭리]이다' 고 하나, 헛되이 힘써 심기만 돈을 헛되이 소비한다.

소기(筲箕)

如人扶起筲箕樣，水直金魚會不成。氣脈不藏空立穴，子孫窮苦受伶仃。

839) 토우(土牛)는 혈의 호칭이다(土牛穴之號也) ◦牽動(견동) : 영향을 미치다. 牽(견) : 끌어 당기다. ☞견비수(牽鼻水) : 원진수(元辰之水)가 빗겨 이끌려서 일 방향으로 흘러나가 관란을 하지 못한 것을 견동토우(牽動土牛)(牽鼻者 元辰之水斜牽而出一向無攔也 謂之牽動土牛). 즉 원진수가 경사로 일 방향으로 흘러나가지만 막을 수 없는 것을 말한다.
840) 窠(과) : 보금자리. 오목한 곳 ☞ 窠囊裏(과낭리) : 폭하게 생긴 주머니 모양의 속

소기(筲箕)는 사람이 키[筲箕;소기]올려 잡고[扶起;부기] 있는 모양과 같아 물이 직류로 흘러 금어수[金魚]가 모이지 않아 맥(脈)에 기를 저장하지 못하므로 헛되이 입혈하면 자손(子孫)이 빈곤하고[窮苦;궁고]의지할 곳이 없다[伶仃;영정].

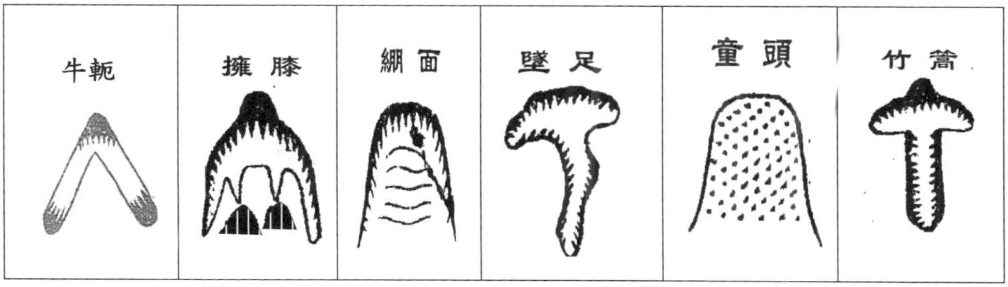

<그림1-163> 우액(牛軛).옹슬(擁膝).붕면(綳面).추족(墜足).동두(童頭).죽고(竹篙)

우액(牛軛)

牛軛[841]形橫無節枝，兩邊水散局順飛。硬直挺然無護揖，誤扦枉死少年兒。

우액(牛軛)와 같은 모양이 가로지르면[形橫:형횡] 마디의 지각[節枝;절지]이 없어 양변(兩邊)에 물이 흩어지고 국(局)이 순행(順行)[順飛;순비]한다. 경직(硬直)되고 여러 가운데에서 두드러지게 뛰어나[挺然;정연] 호위하여 읍함이 없어[無護揖:무호읍] 잘못 알아 천장하면 젊은 소년[少年兒]을 억울하게 죽는다[枉死;왕사].

옹슬(擁膝)

如人擁膝坐寒爐，健硬生來氣脈粗。左右不回山水散，田連阡陌[842]也如無。

옹슬(擁膝)은 사람이 불이 없는 화로[寒爐]에 무릎을 두 팔로 껴안고 앉아

841) 우액(牛軛) : 소 멍에 같은 것을 우액이라 한다. ☞ 옹슬(擁膝) : 무릎을 두 팔로 껴안는다.

842) 阡陌(천맥) : 밭 사이의 길. 남북(南北)으로 난 것을 천(阡), 동서(東西)로 난 것을 맥(陌)이라 함. 사방. 경작지(耕作地)를 달리 일컫는 말. ☞ 條(조) : 가늘고 긴 선[무늬].

[擁膝坐]있는 것 같아 굳세고 단단하여[健硬;건강] 이제까지[生來] 기맥(氣脈)이 조악하고[粗] 좌우(左右)로 회포하지 못하여[不回] 산수가 흩어지면 전답이 사방[阡陌:천맥]으로 이어져도 소용이 없는 것이다[如無].

붕면(繃面)

廖公云：繃面横生脈數條，生氣自潛消。與此稍異，要之皆為凶穴，不可下也。
붕면(繃面)은 요공(廖公)이 이르길 ' 붕면(繃面)이 횡으로 맥이 여러 개 줄무늬[數條:수조]가 생겨, 생기(生氣)가 자연히 모르는 사이에 없어져[潛消;잠소] 이와 같이 생기와 조금 차이 난다[與此稍異]. 요지는 모두 혈이 흉하므로 하장해서는 안된다.

추족(墜足)

廖公云：墜足脈從脚下出，此謂頭細頭粗，皆一理耳，俱不可下。
추족(墜足)은 요공(廖公)이 이르길 ' 추족(墜足)은 맥이 아래 지각[脚下]로 따라가 이는 가는 머리와 거친 머리라 하는 것은 모두 하나의 이치일 뿐이다. 모두 하장할 수 없다.

동두(童頭)

《葬書》云：氣以生和，而[843]童山不可葬也。蓋童禿之山，草木不能生育，安能有生氣以蔭人哉！
동두(童頭)는 《장서(葬書)》에 이르길 ' 기(氣)는 생기로 조화를 이루는 것이므로 민둥산[童山:동산] 장사를 지낼 수 없다. 대개 민둥산[童禿;동독]은 초목(草木)이 자랄 수 없는데 어찌 생기가 있을 수 있어 자손이 조상의 덕[蔭德;음덕]을 받겠는가?

843) ~而~ : ~하고. 그리하여. ~而~ : ~이지만. 그러나 ☞篙(고) : (배를) 젖다. 상앗대(배질을 할 때 쓰는 긴 막대)

죽고(竹篙)

竹篙頭硬而帶殺，既無節又無痕，誠一死硬物耳，安可下穴？
죽고(竹篙)는 두(頭)가 단단하여 살(殺)을 띠는 것으로 마디[節]가 없고 또 흔적도 없어[無痕:무흔] 실로 하나의 죽은 단단한 물건일 뿐인데 어찌 혈에 하장 하리오?

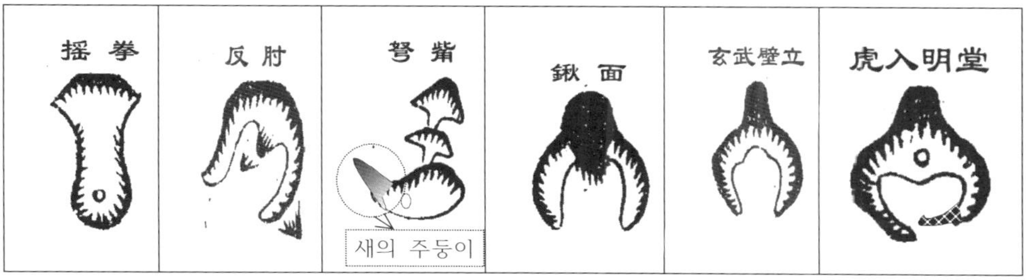

<그림1-164> 요권(搖拳).반주(反肘).노자(弩觜).초면(鍬面).현무벽립 (玄武壁立). 호입명당(虎入明堂).

요권(搖拳)

穴星不成，而硬直如搖拳，孤露受風，必來龍不真，故有此醜穴，不必顧矣。
요권(搖拳)은 혈성(穴星)이 단단하고 곧아[硬直] (혈을) 이루지 못하여 흔드는 주먹과 같아 외롭게 노출되어[孤露] 바람을 받아 반드시 내룡(來龍)이 참이 아니므로 이는 추혈(醜穴)이다. 돌아볼 필요가 없다.

반주(反肘)

反肘[844]無情向穴，謂之龍虎反背，主悖逆爭鬥，不孝不義，凶莫大焉。
반주(反肘)는 혈(穴)에 향하는 정(情)이 없는 용호(龍虎)가 반배(反背)한 것을 이른다. 주로 반역[悖逆;패역]을 하여 싸우고[爭鬥:쟁투], 도덕과 의리[道義]에 어긋나[不義] 부모에게 죄를 짓고[不孝] 흉함[凶]이 더없이 크다[莫大]. ☞義(의) : 예의 행위가 도리에 합당하다. 의롭다. 바르다

844) 반주고골(反肘高骨) : 백로가 날개를 말리는 형국(鷺鷥晒翼).☞反肘(반주) : 팔꿈치 모양의 혈과 반배하는 용호 즉 용호의 팔꿈치에 해당되는 곳

노자(弩觜)

硬面天罡帶火如弩觜，不受穴，切勿輕下，主瘟火人命，枉死少丁。
노자(弩觜)는 단단한[硬] 천강(天罡)면에 화(火)를 띠어 돌출하여 화살촉같이 뾰족하여[弩觜;노자] 혈을 받아들일 수 없다. 절대로 경솔하게 하장하지 마라. 주로 온화(瘟火)로 인명(人命)이 억울하게 죽어[枉死;왕사] 장정이 드물다[少丁].

초면(鍬面)

禾鍬[845]面峻硬壁立，不受穴，是龍不真，故成此形狀，不必追尋耳。
초면(鍬面)은 화초면(禾鍬面)이 높고 험하게 벽립(壁立)하여 혈을 받을 수 없다. 이 용(龍)은 참이 아니므로 이러한[此] 형상(形狀)을 이루면 반드시 쫓아 찾을[追尋;추심] 필요가 없다.

현무벽립(玄武壁立)

玄武不垂頭者，謂之拒尸故但凡[846]穴前，必須要平坦，否則不納穴，皆是拒尸。
현무벽립(玄武壁立)은 현무(玄武)가 수두(垂頭)하지 않는 것을 일러 '시신을 거부한다[拒尸:거시]'고 한다. 그러므로 혈전(穴前)이 반드시 평탄(平坦)해야 한다. 그렇지 않으면 혈을 받아들일 수 없다. 모두 거시(拒尸)이기 때문이다.

호입명당(虎入明堂)

白虎入明堂，兒孫主少亡。蓋虎山高昂，謂之銜尸.又入明堂，謂之拭淚，俱大凶。若水到右，白虎宜強，不以此拘。
호입명당(虎入明堂)은 백호(白虎)가 명당(明堂)에 들어가면[入] 자손[兒孫;아손]이 주로 젊어서 죽는다. 대개 호산(虎山)이 높이 쳐들면[高昂;고앙] **함시**(銜尸)이라 한다. 또 명당(明堂)에 들면 **식루**(拭淚)라 한다. 모두 큰 흉이다 만약 물이 오른쪽에 이르면[到右] 백호(白虎)가 강하여 마땅히 이에 구애받지 않는다.

845) 鍬(초) : 가래(농기구) ☞ 面(면) : 모습. 표면. 겉
846) 但凡 (단범) : 무릇. 다만~하기만 하면

<그림1-165> 시단(翅短). 관정(貫頂). 수견(水梘)

시단(翅[847]短).	관정(貫頂)	수견(水梘[848])

용호(龍虎)가 혈을 호위(護衛)하지 못하면 누태혈(漏胎穴)이 된다. 바람을 받아[風吹] 주로 절인(絶人), 재패[敗再], 전염병이 창궐[瘟火]하여 하장을 할 수 없다.	요공(廖公)이 이르길 ‘관정맥(貫頂脈)이 뇌상(腦上)을 따라 나와도[抽出;추출] 머리를 드러나지 않으면 이는 혈법(穴法)으로는 취하지 않는 것이라.’고 하였다. 반드시 진룡이 혈을 맺은 것은 아니다.	수견(水梘)은 다조(茶槽)와 같은 것이다. 위로는 나눔이 없고 아래로는 합(合)한 것이 없어 사방(四方)에 곧은 물홈통[漏槽;누조]일 뿐이다. 금채[金釵; 침빗 모양]가 산의 정상[頂]이고 후룡(後龍)의 꼭대기[頂]가 둥글고 와혈(窩穴)이 되어도 다만 용호[兩手]가 곧은 것이다.

<그림1-166> 사괴(死塊).별군(鱉裙).돌두(突肚)

사괴(死塊)	별군(鱉裙)	돌두(突肚)
	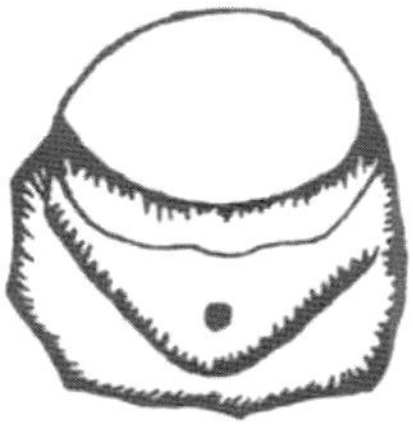	

847) 翅(시) : 날개. 날개를 펴다.
848) 梘(견) : 홈통(梘桶 : 물이 흐르거나 타고 내리도록 만든 물건). 나무뭇(나무로 만든 못)
☞槽(조) : 구유(가축에게 먹이를 주는 그릇)

사괴(死塊)	별군(鱉裙)	돌두(突肚)
사괴(死塊)란 용맥(龍脈)이 없고 종기(腫氣)와 같이 거칠고 무디어[壅腫粗頑] 계수(界水)를 하지 않으며 또한 단한(單寒[849])하여 힘이 약하다[孤弱]. 팔풍(八風)을 만나는 곳[交吹]이다.	별군(鱉裙[850])은 산각(山脚)이 평평한 곳[坪;평]에 모양[形]이 별군(鱉裙)과 같은 것이다. 진기(眞氣)가 이르지 않아 잘못 알아 하장하면 사람을 죽인다[絶人]. 혹 후룡(後龍)이 급히 와서 여기(餘氣)를 드러내면 점혈(點穴[851])할 만하나 횡룡이 되면 길(吉)할 수 없다.	돌두(突肚)는 종경(腫硬[852]) 돌로(突露)하여 혈을 잡지 못하는 곳으로 또 포두(飽肚;배를 내밀다)라 한다. 비록 타응(他應)이 있어도 하장할 수 없다. 만약 당배룡(撞背龍)이 참되면 낮은 혈을 찾아 쓴다.

右二十四位殺穴：頸長者，來弱也；翅短者，無包藏也；貫頂者，無主星也；繃面者，生氣殺[853]也；若如死鱉者，陰陽不分也；墜足者，後輕前重也；童頭者，躁禿無生氣也；竹篙、搖拳者，直殺也；水梘、甕弦、空窩者，無頂乳虛窩也；死塊者，頑硬也；鱉裙者，氣散也；突肚似冬瓜，與覆鐘、箭箕，皆死硬[854]粗峻

849) 옹종(壅腫) : 종기(腫氣:살갗에 생기는 곪는 병(病). ◦조완(粗頑) : 거칠고 억세다.
◦단한(單寒) : 홀로 뻗은 용(龍)이나 고산(孤山)을 말하며, 주변에 보호하며 따라오는[護從] 산(山)이 없거나 혈장이 외롭게 노출되어 있는 산 ☞ 고약(孤弱) : 외롭고 힘이 약하다. ◦교취(交吹) : (바람이) 불다.☞躁(조) : 마르다, 건조하다. ◦禿(독) : (나무가 잎이 떨어져) 앙상하다.(산이) 벌거숭이이다.

850) 1.『지리담자록』: 평평하고 얇은 것을 별군(鱉裙)이라 하고, 배후의 형세가 평평하고 점점 아래로 얇은 것을 별군절(鱉裙絶)이라 한다(平而簿者曰鱉裙 背勢平而漸下漸薄 謂之鱉裙絶).
2.『疑龍經(의룡경)』: 용 아래에 별군(鼈裙)과 같이 평평하다(龍下有坪如鼈裙).
◦平(평) : 평평하다. 나누다. ◦薄(부) : 척박하다. 얇다. 넓다. 낮음. ◦鼈(별) : 자라처럼 생긴 납작한 것. 자라. ◦군(裙) : 치마
3.『인자수지』 별군이란 기가 흩어진 것이다[鱉裙者，氣散也]
4. 『민중원 명리 풍수학회』: 별배(鱉背)와 별군(鱉裙) : 평탄한 가운데 살이 부어올라 종기가 난 것 같으면 자라등 같다하여 별배(鱉背)라 하고, 평탄한 등이 점차 낮아지고 점점 얇아진 것을 별군(鱉裙)이라 한다. 모두 흉하다.

851) 점혈(點穴) : 급소를 찌르다. 지관(地官)이 묏자리를 잡다. cf) 입혈(立穴)

852) 종경(腫硬) : 붓고 단단한 것 ☞納(납) : 받아들임 .거두어 들이다.

853) 殺(살) : 죽이다. 제거하다. 쇠하다.

也；箕口，散也；仰箕，虛窩也；擁膝，逼迫也；仰瓦，後空也；吐舌，露胎也；玄武壁立，不納也；虎逼堂，搥胸拭淚也。大抵穴星粗頑，破碎、壁峻、醜惡、壅腫、尖利、瘦削、柔弱、孤露、硬直不悠揚，皆謂之殺穴，必來龍不真，故作穴不美，而水城、案對、龍虎縱合矩度，亦為虛花，不可貪砂水而失龍穴之根本也。

이상 24 자리의 살혈(殺穴)은 경장(頸長;긴목)은 출맥이 약[來弱]하고 날개가 짧아[翅短者:시단자] 감싸 감추는 것이 없고, 관정(貫頂)은 주성(主星)이 없다. 붕면(繃面)은 생기(生氣)가 쇠한 것[殺]이다. 만약 죽은 별군(鱉裙)과 같이 평평하면 음양(陰陽)이 분명하지 않는 것이다. 추족(墜足)은 뒤가 적고[輕]앞이 큰 것[重]이다. 동두(童頭)란 초목이 없고 말라[躁禿:조독] 생기가 없다. 죽고(竹篙)와 요권(搖拳)은 바로 쇠하다[直殺:직살]. 수견(水梘)과 옹현(甕弦),공와(空窩)는 정(頂)와 유(乳)가 없어 허와(虛窩)이다. 사괴(死塊)란 단단하고 억세다[頑]. 별군(鱉裙)이란 기가 흩어진 것이다. 돌두(突肚)는 동과(冬瓜)나 엎어놓은 종[覆鐘:복종], 대소쿠리[筲箕:소기]와 같은 것으로 모두 단단하여 생기가 없고[死] 거칠고 급하다[粗峻:조준].

<그림1-167> 다조(茶槽)

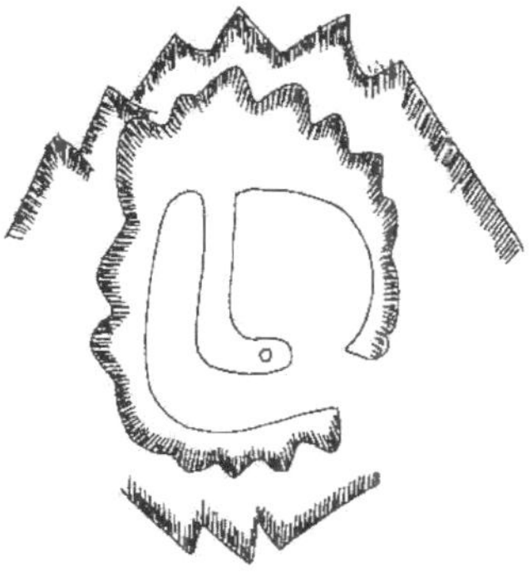

<그림1-168 > 금채낙지형(金釵落地形)

854) 死硬(사경) : (태도가) 옹고집이고 강경하다. 완고하다. 기지가 없다.

기구(箕口)는 기(氣)가 흩어진 것이다. 앙기(仰箕)는 허와(虛窩)이다. 옹슬(擁膝)은 핍박(逼迫)한 것이다. 앙와(仰瓦)는 뒤가 비어있는 것이다.
토설(吐舌)은 태(胎)가 노출되어있는 것이다[露胎:노태]. 현무벽립(玄武壁立)은 기(氣)를 받아들이지 않는 것[不納:불납]이다. 호(虎)가 명당을 핍박하면[逼堂] 추흉식루(搥胸拭淚;가슴을 치고 눈물을 흘림)이다. 대체로 혈성(穴星)은 조완(粗頑),파쇄(破碎),벼랑이 급함[壁峻;벽준],추악(醜惡),옹종(壅腫), 뾰족하고 날카로운 것[尖利],앙상함[瘦削;수삭],유약(柔弱),고로(孤露),단단하고 곧은 것[硬直:직경]이 유연하지 않아[不悠揚:불유양] 모두 혈에 살(殺)이라 한다. 반드시 내룡(來龍)이 참이 아니므로 혈을 만드는데 좋지 않고 수성(水城),안대(案對),용호(龍虎)가 법도[矩度;구도]에 합법할지라도 역시 허화(虛花)가 된다. 사수(砂水)를 탐하여서는 안되면 용혈(龍穴)의 근본(根本)을 잃지 마라.

紫瓊張真人穴法三十六怕
穴怕斗煞[855]直扞。穴怕臃腫頑堅。穴怕孤露單寒[856]。穴怕惡石巉岩。穴怕坐下低軟。穴怕卑濕瀝泉[857]。穴怕懶坦平洋。穴怕崩破鑿傷。穴怕前高後低。穴怕四山壓欺。穴怕左空右缺。穴怕明堂傾跌。穴怕槍頭鼠尾。穴怕鵝頭鴨嘴。穴怕高山峻嶺。穴怕面牆坐井[858]。穴怕水走沙飛。穴怕燒窯築陂。穴怕卷簾水[859]現。穴怕劫砂當面。穴怕凹風吹射。穴怕元辰直瀉。穴怕堂氣不收。穴怕箭水直流。穴怕界水淋頭。穴怕牽動土牛。穴怕明堂空曠。穴怕界水塞暗。穴怕八風交吹。穴怕劍水衝摧[860]。穴怕全無餘氣。穴怕路行穿臂。穴前怕見深坑。穴前怕見反城。穴後怕是仰瓦。穴後怕是高掛。

---

855) 鬪(투) : 맞서다. 싸우게 하다. 만나다. ☞直(직) : 곧다. 바르다; 비뚤어지거나 굽은 데가 없이 곧거나 반듯하다. cf)직래(直來)에 직향(直向)하면 투살(鬪煞)의 흉함을 범하여 살(不脫煞)이 된다. ◦당대(唐代)의 양균송(楊筠松)은 직래직수(直來直受)하면 투살(鬪煞, 살기를 만나다 즉 살이 된다.)이라 하였다.

856) 單寒(단한) : 옷을 얇게 입어서 춥다. 외롭고 가난하다. 가세가 빈천하고 지위가 없다. ☞寒(한) : 차다. 가난하다. 천하다

857) cf) 背囚之穴(배수지혈) 寒水滴瀝(한수적력)이니 其爲可畏(기위가외) 可不愼哉(가불신재)인저. :생기(生氣)가 등진 곳에 갇힌 혈(穴)은 차가운 물방울이 뚝뚝 떨어지니 그것이 바로 두려운데 삼가 조심하지 않을 수 있는가? <출처> 『청오경』

858)坐井觀天(좌정관천) : 우물 속에 앉아서 하늘을 본다는 뜻으로, 사람의 견문(見聞)이 매우 좁음을 이르는 말. ➔井中觀天(정중관천) ◦ 면(面) : 마주대하다.

859) 권렴수(捲簾水) : 혈 앞의 지형이 층층이 낮아지며 기울어져 달아나는 지형으로 물이 모이지 않고 흩어져 쏟아진다.

860) 摧(최) : 때려 부수다. 쳐부수다. 파괴하다.

19) 자경장진인(紫瓊張真人)의 혈법(穴法) 36파(怕)

- 혈(穴)은 살기를 만나는 곳[鬪煞;투살]에 곧게 천장[裁穴:재혈][直扦:직천] 하는 것을 두려워한다.
- 혈(穴)은 옹종(臃腫;부스럼,종기)같이 억세고 굳은 것[頑堅;완견]을 두려워 한다.
- 혈(穴)은 외롭게 노출되어[孤露:고로] 의지할 곳이 없어 차가운 곳[單寒:단한]을 두려워한다.
- 혈(穴) 높고 험한 바위[巉岩:참암]의 조잡한 암석[惡石:악석]을 두려워한다.
- 혈(穴)은 좌하(坐下)가 낮고 연약한 것[低軟:저연]을 두려워한다.
- 혈(穴)은 지대가 낮고 습하여[卑濕;비습](물방울이) 샘이 떨어지는 것[瀝泉:역천]을 두려워한다.
- 혈(穴)은 변화가 없는[懶坦;나탄] 평양(平洋;平原;넓고 평평한 들판)을 두려워한다.
- 혈(穴)은 무너지고 깨지고[崩破;붕파] 뚫리고 손상된 곳[鑿傷;착상]을 두려워 한다.
- 혈(穴)은 앞이 높고 뒤가 낮은 것을 두려워한다.
- 혈(穴)은 사방의 산이 업신여기고 누르는 것[壓欺;압기]을 두려워한다.
  ➔ 즉 천옥(天獄)

<그림1-169 > 아두압경(鵝頭鴨頸)

- 혈(穴)은 좌우가 공결한 것[空缺;공결]을 두려워한다.
- 혈(穴)은 명당(明堂)이 기운 것[傾跌;경질]을 두려워한다.
- 혈(穴)은 창의 끝[槍頭:창두]처럼 뾰족하거나 쥐꼬리[鼠尾;서미]처럼 가늘어 기가 모이지 않는 것을 두려워한다.

- 혈(穴)은 거위 머리와 오리 부리[鵝頭鴨嘴;아두압취]같은 것을 두려워한다.
- 혈(穴)은 산이 높고 험준한 고개[峻嶺:준령]를 두려워한다.
- 혈(穴)은 담벼락을 마주 대하고 선 것같이 앞이 내다보이지 않고, 우물에 앉아 하늘을 보는 것[面牆坐井;면장좌정] 같은 것은 천옥(天獄)같이 좁은 곳으로 두려워한다.
- 혈(穴)은 물이 달아나고 사가 달아나는 것[水走沙飛;山水同去]을 두려워한다.
- 혈(穴)은 언덕을 쌓아[築陂]도자기 · 벽돌 따위를 굽는 곳[燒窯;소요]을 두려워한다.
- 혈(穴)은 권렴수(卷簾水)가 나타나면[現] 두려워한다.
- 혈(穴)은 혈을 위협하는 사[劫砂:겁사]를 마주하면[當面:당면] 두려워한다.
- 혈(穴)은 요풍(凹風)이 불어 쏘는 것[吹射:취사]을 두려워한다.
- 혈(穴)은 원진수(元辰水)가 곧게 쏟아지는 것[直瀉;직사]을 두려워한다.
- 혈(穴)은 내당이 기울어 기(氣)를 거두지 못하는 것[堂氣不收:당기불수]을 두려워한다.
- 혈(穴)은 화살같이 곧게 흐르는 물[箭水直流:전수직류]을 두려워한다.
- 혈(穴)은 (상분하합 하여야 하나) 혈 위쪽으로 맥이 없어 계수(界水)를 하지 못하여 물이 묘의 머리로 흘러오는 것[界水淋頭:계수임두]을 두려워한다.
- 혈(穴)에서 물이 당면직거[牽動土牛(견동토우);牽鼻水(견비수)]하는 것을 두려워한다.
- 혈(穴)은 명당(明堂)이 너무 광활한 것[空曠:공광]을 두려워한다.
- 혈(穴)은 계수(界水)가 가려(엄폐되어)[塞;색] 불분명한 것[暗;암]을 두려워한다. 즉 계수가 불분명한 것
- 혈(穴)은 팔방에 바람[八風]이 동시에 부는 것[交吹:교취]을 두려워한다.
- 혈(穴)은 칼 같은 물[劍水;검수]이 부딪혀 파괴되는 것[衝摧;충최]을 두려워한다.
- 혈(穴)은 전혀 여기(餘氣)가 없는 것을 두려워한다.
- 혈(穴)은 용호를 뚫고 지나[穿臂:천비] 도로가 나는 것을 두려워한다.
- 혈(穴) 앞에 깊은 구덩이[深坑:심갱]가 보이면 두려워한다.
- 혈(穴) 앞에 수성(水城:물길)이 반대로 보이는 것[見反城;반궁수(反弓水)로 보이는 것]을 두려워한다.
- 혈 뒤에 암키와(뒤가 골이 생긴 것)[仰瓦;앙와] 같은 것을 두려워한다.
- 혈 뒤에 높이 걸린 것(壁立한 것)[高掛;고괘] 같은 것을 두려워한다.

즉 후산이 벽같이 우뚝 서 있는 것이 마땅하지 않다.[後山不宜壁立:후산불의벽립]

紫淸眞人白玉蟾四喩

龍雖好而無穴，謂之有若無；穴雖好而無龍，謂之寔[861]若虛；地雖吉而葬不得法，謂之有官而無祿；地雖吉而年月失利，謂之有舟無楫。傳疑玉蟾仙翁為臨川吳氏扦新畬[862]陽基，在縣北百里，鱔魚形。吳氏舊基乏人[863]。翁曰：「扦此大旺人丁，但年月未利。」吳氏欲速，不暇筮期。仙翁曰：「亥卯水流乾戌合，年月不利貴來遲。」吳氏果大旺人丁。自宋迄今，三百年後始出中江公璁，登嘉靖乙未進士，官簽憲。曰方、曰慧、曰宗漢諸君，連登科第方亨。

20) 자청진인(紫淸眞人)의 백옥섬사유(白玉蟾四喩)

- 용이 비록 좋으나 혈(穴)이 없으면 (용이)있는데도 없는 것 같다고 한다.
- 혈(穴)이 좋으나 용(龍)이 없으면 이것[寔:식]도 없는 것[虛]과 같다고 한다.
- 땅[地] 비록 좋으나 장사하는 데 장법[法]이 알맞지 않으면 벼슬[官]이 있으나 녹(祿)이 없다고 한다.
- 땅이 비록 좋으나 연월(年月)이 불리하면 '배[舟]는 있고 돛대[楫]가 없다'고 한다.

전의(傳疑)

옥섬선옹(玉蟾仙翁)이 임천(臨川) 오씨(吳氏)를 신여(新畬)의 양기(陽基)에 천장하였다. 현(縣)의 북(北)으로 100 리(里)에 있으며 선어형(鱔魚形)이다. 오씨(吳氏)의 옛터[舊基:구기]는 쓸모가 없었다[乏人;핍인]. 옹(翁)이 이르길

861) 寔(식): 이. 참으로. 이것 ◦虛(허) : 없다.속이 비다.
862) 畬(여) : 새 밭. 개간한 지 두세 해쯤 되는 밭. 논밭을 일구다. ☞ 鱔(선) : 두렁허리
863) 乏人(핍인) : 쓸모없는 사람. 사람이 없다. 무기력한 사람

'이곳에 천장하면[扦此:천차] 인정(人丁)이 대왕하나 다만 연월(年月)이 불리(未利)하였다.' 고 하였다. 오씨(吳氏)는 빨리 천장하기를 바라[欲速:욕속] 기일을 택할[筮期:서기] 여유[暇;가]가 없다고 하였다. 선옹(仙翁)이 이르길 '해묘수(亥卯水)가 흘러 건술(乾戌)에 합하여[合] 연월(年月)이 불리(不利)하여 귀(貴)가 늦게 온다[來遲:내지].' 고 하였다. 오씨(吳氏)는 과연 인정(人丁)이 크게 왕성하여 송(宋)에서 지금 까지[迄今;흘금] 삼백년(三百年)이 지난 후[後]에 비로소 중강공(中江公) 총(璁)이 태어나 등과하여[登:등] 가정(嘉靖) 을미(乙未)년[1595년]에 진사(進士)에 올랐다. 벼슬[官]은 첨헌(簽憲)에 이르렀다. 방(方),혜(慧),종(宗漢) 등 제군(諸君)은 연등과제(連登科第)를 하여 사방에 형통하였다.

21) 변혈진가(辨穴真假)

附：凡定穴，有天然的定之所，一步不可移易者，方為真穴。如人灼艾[864]用針，自有一定之穴，不可差毫厘[865]。若移左一步放棺亦似是，移右一步放棺亦似，移上亦正，移下亦正，無的然之所者，則非真穴。術家謂之菩薩面[866]，面面皆好，

決非真穴。

864) 定(정) : 정해지다.결정하다. ◦的定(적정) : 반드시. 꼭. ☞작애(灼艾) : 뜸질하기 위한 쑥을 태우는 것이다. ☞ 작(灼) : 사르다. 뜸 ◦艾(애) : 쑥. 뜸쑥

865) 厘(리) : 釐·廛의 俗字 ☞ 的然(적연) : 확실히. 분명. **틀림없이 그러하게**

866) 진혈(眞穴)에는 분합(分合)이 있으니 그것을 일러 야차두(夜叉頭)라 한다. 가혈(假穴)에는 분합[合分]이 없는 것을 일러 보살면(菩薩面)이라 한다.(真穴有分有合謂之夜叉頭。假穴無合無分謂之菩薩面).

☞엎어 놓은 국자[杓]와 같은 산두(山頭)에 사(砂)가 감싸지 않고 키처럼 생긴 대소쿠리[箕箕;소기] 등 위[背上]에 같고 물이 돌아가지 않으면 모두 보살면의 의미다.

(覆杓山頭砂不抱。筲箕背上水無歸。皆菩薩面之意也)

☞위에는 분(分)이 있고 아래에는 합(合)이 있으면 개자(个字)가 있고 세 가닥[三叉] 있고 순전(脣氈)이 있어 마치 야차두 (夜叉頭) 같으면 진혈(眞穴)이다.

(上有分。下有合。有个字。有三叉。有脣氈。如夜叉頭乃真穴也)

부록[附]

무릇 혈(穴)이 결정되어[定:정] 천연적(天然的)으로 반드시[的定:적정] 있는 곳은 일보(一步)도 이동하거나 바꿀 수 없는 곳이라야 비로소 진혈(真穴)이 된다. 사람의 쑥뜸[灼艾;작애]은 침을 이용하는데[用針:용침], 자연적으로 반드시[一定] 혈이 있어 털끝만큼의 차이[差毫厘;차호리]가 있어도 안되는 것과 같다. 만약 좌(左)로 일보(一步) 옮겨 방관(放棺)해도 옳은 것 같고, 우(右)로 일보 옮겨 방관해도 그럴듯하고, 위로 옮겨도 바른 것 같고 아래로 옮겨도 바른 것 같아 확실한 곳[的然之所:적연지소]이 없으면 진혈(真穴)이 아니다. 이러한 것을 술가(術家)들은 보살면(菩薩面)이라 하고, 각 방면[面面]이 모두 좋으면 결코 진혈(真穴)이 아니다.

無鷄跡个字，無燕尾三叉，無唇氈証佐。 **상분**(上分)**하합**(下合)이 없고 닭발[鷄跡;계적]같은 개자(个字)의 모양이 없고 **제비꼬리**[燕尾:**연미**] **같은 삼차**(三叉)**가 없으면 순전**(唇氈)**의 증좌**(証佐)가 없다.	有个字，有唇氈，有三叉。龍分兩片穴三叉，証佐分明始是真。平正尖圓隨步有，也應此地小榮華。 **개자**(个字)가 있고, **순전**(唇氈)이 있고, **삼차**(三叉)가 있으면 용(龍)이 양쪽[兩片]으로 나누어 혈이 세 가닥[三叉;**삼차**]**의 증좌**(証佐)**가 분명**(分明)**해야 비로소 참이다**. 혈처 끝이 뾰족하고 둥글고 바르고 평탄한 곳[平正]을 따라 찾으면[隨步:수보] 이러한 땅은 작은[小] 영화(榮華)의 응함이 있다. ☕步(보) : 걸어가다. 뒤따르다.(천문을)재다, 헤아리다

<그림1-170 > **보살면**

<그림1-171> 야차두

傷龍傷穴有兩說，一是點穴太高為傷龍，穴點太低為傷穴；一是順來順下[867]，氣衝於腦，謂傷龍；斜插太過，氣不貫耳，謂傷穴。二說俱是。以氣言，高則氣太急，低則脫氣，順來順下，鬥氣衝腦，饒減太過，脈注不著。故云「高低饒減咫尺間，得失吉凶從此定。」不可不慎。傷龍主禍速，傷穴主禍遲。古人謂「寧可[868]傷穴，不可傷龍。」以取禍之遲速言耳。其實二者均不可傷。一說掘鑿太廣傷龍，開井太深傷穴，皆當慎之。

부록[附]

상룡상혈(傷龍傷穴)에 두 설(兩說)이 있는데

- 하나는 점혈(點穴)이 너무 높으면[太高] 용(龍)을 상하게[傷] 하고, 점혈[穴點]이 너무 낮으면[太低] 혈(穴)을 상(傷)하게 된다.
- 또 하나[一]는 순래순하(順來順下; 脈과 坐가 동일)하여 기맥[氣脈]이 뇌두[腦頭]를 충(衝)하면[氣冲腦散(기충뇌산)] 상룡(傷龍)이라 한다. (혈을) 너무 벗어나[太過:태과] 비스듬히 비껴서 천장하면[斜插:사삽] 기(氣)는 이어지지 않아[不貫:불관] 상혈(傷穴)이라 한다. 2설[二說]은 모두 기(氣)를 말한 것이다. 높으면 기(氣)가 매우 빠르고 세차고[太急:태급], 낮으면 기(氣)를 벗어난다. 순래순하(順來順下)하면 기맥이 다투어[鬪氣:투기] 뇌두(腦頭)를 찌르고[衝腦:충뇌], 요감(饒減)이 태과(太過)하면 맥이 머무는 곳[脈注:맥주]이 나타나지 않으므로[不著:부저] 이르길 '고저(高低)와 요감(饒減)은 아주 가까운 거리 사이[咫尺間:지척간]에 득실(得失)과 길흉(吉凶)이 이를 따라 결정된다.' 고 하였으니 신중하지 않을 수 없다. 상룡(傷龍)은 주로 화(禍)가 빠르고, 상혈傷穴)은 주로 화(禍)가 느리다[遲:지]. 고인(古人)은 이르길 '차라리 상혈(傷穴)은 가능하나 상룡(傷龍)을 해서는 안된다.' 고 하였다. 화(禍)가 느리고 빠름[遲速]을 평가하여[以取:이취] 말한 것이다. 사실(實)은 두 가지 모두[均:균] 상(傷)해서는 안된다. 일설(一說)은 '굴착(掘鑿)이 너무 넓으면[太廣:태광] 상룡(傷龍)이고, 개정(開井)이 너무 깊으면 혈을 상하여' 모두 마땅히 조심해야 한다.

867) 직래(直來)직향(直向)이라는 것은 가령 유룡(酉龍)이 직래(直來)하여 묘향(卯向)을 하면 형세에 이면 살을 벗어나지 못한다[不脫煞]. 가령 양씨(楊氏)가 이른바 직래(直來) 직수(直受)는 투살(鬪煞)이라 했다(直來直向者。如酉龍直來作卯向。在巒頭謂之不脫煞). 이기(理氣)에 있어서 그것을 기충뇌산(氣冲腦散)이라 한다.(在理氣謂之氣仲腦散)

<출처>『풍수보감』

868) 寧可(녕가) : 차라리 (~하는 것이 낫다) ② 오히려 (~할지언정) ☞寧~: ~함보다는 차라리 ~한 편이 낫다.

제6장 괴혈(怪穴)

제1절 머리말

此冊專論怪穴。夫怪穴者，異常之穴也。真龍藏幸，穴多異常，人難測識，故曰怪穴。寔乃造化隱機，以俟[869]有德。故凡大地，多是怪穴。但常穴易安穩，怪穴多僥險[870]；常穴雖時師猶可知[871]，怪穴非法眼不可辨。若識怪不真，為害不淺。本欲置之不談[872]，尚恐庸師嗜利者，籍口奇怪，黎首飲鴆[873]。又愳自認聰明者，索隱[874]好奇，置身險地。是以[875]將言複輟，欲罷不能[876]。謂如隱秘而不談，孰若[877]直陳而破惑？敢將師訣，參以己知，立歌補注，用述其概云。

이 책(此冊)은 오로지 괴혈(怪穴)을 논하고자 한다. 대개 괴혈(怪穴)이란 정상이 아닌 이상(異常)한 혈(穴)이다. 진룡(真龍)은 요행히 혈을 숨겨[藏穴:장혈] 대부분 평이하지 않아[異常(이상)] 사람들은 알기 어려우므로 괴혈(怪穴)이라 한다. 이[寔;식]는 숨어 비밀리[隱機:은기] 조화(造化)를 부려 덕(德)이 있는 사람을 기다리므로[俟;사] 무릇 대지(大地)는 대부분 괴혈(怪穴)이다. 다만 늘[常(상)] 혈(穴)은 조용하고 편안하다[安穩;안온]. 괴혈(怪穴)은 대부분 요행히 험하고[僥險;요험] 보통[常] 혈(穴)은 시사(時師)가 가히 알 수 있을지라도 괴혈(怪穴)은 법안(法眼)이 아니면 분별할 수 없다. 만약 괴혈은 참이

869) 俟(사) : 기다리다. 바람. 기대함
870) 僥(요) : 요행히. 바라다. ☞ 險(험) : 해하다. 험하다.
871) 可知(가지) : 가히 알 수 있다. (~인 것도) 당연하다.
872) 置之不問(치지불문) : 내버려 두고 묻지 않다. 문제로 삼지 않다.
873) 鴆(짐) : 짐새. 짐새 깃으로 담근 술 . 짐주로 사람을 독살함
874) 愳(구) : 두려워하다. 懼(구)의 古字. ◦索隱(색은) : 은밀한 부분을 밝히다. 숨은 사리(事理)를 찾다.
☞ 好奇(호기) : 신기한 것을 좋아하다. 호기심이 많다. 유별난 것을 좋아하다.
875) 是以(시이) : 이 때문에. 그래서. 그러므로 ➔複(=復:복) : 회복하다. 거듭 또. 다시. 도로. 반복하다. ◦輟(철) : 그치다.
876) 欲罷不能(욕파불능) : 그만두려 해도 그만둘 수 없다.
877) 孰若(숙약) : 어찌 ~와 같으랴. 어떻게 필적할 수 있으랴. 도저히 필적할 수 없다.

아니면 해(害)가 가볍지 않다[不淺:불천]. 본디 문제로 삼지 않고자 하였으나 [置之不談:치지불담] 오히려[尙] 이를 좋아하는 [嗜利;기이] 용사(庸師)들이 괴이한 것[奇怪;기괴]을 구실[핑계]을 삼아[籍口;자구] 백성[黎首;여수]을 짐새 깃으로 담근 술을 마시게 할까[飮鴆;음짐] 두렵고 또 총명함[聰明]을 스스로 인정하는 자들이 신기한 것을 좋아하여[好奇:호기] 숨은 사물의 이치[事理]를 찾아[索隱:색은] (어버이)를 험지(險地)에 두는 것[置身:치신]을 두려워한다[愳;구]. 그래서[是以] 말하려 했다가[將言(장언;will say] 다시 멈추고[複輟:복철] 그만두려 해도 그만둘 수 없는 것[欲罷不能;욕파불능]은 이른바 비밀리에 감추고[隱秘:은비] 말하지 않는 것[不談] 같아 누가 직언(直陳)으로 필적하여 의혹을 없앨가[破惑;파혹]? 감히 장차 사결(師訣)을 가지고 자기가 아는 것을 참고로 하여 보충하고 주석을 달아[補注:보주] 노래를 불러[立歌] 그 개요[其概]를 기술하여[用述:용술] 말한 것이다.

제2절 괴혈파혹가(怪穴破惑歌)

真龍藏倖穴奇怪，俗眼何曾[878]愛？天珍地秘鬼神司，指點[879]待明師。注藏者，晦而隱也。幸者，譎而險也。蓋真龍融結，福量非常，故其為穴，亦殊常格。潛蹤閃跡，韜光[880]斂華，而為詭異形穴，若有閉藏[881]之狀，不使時俗易識，故曰藏幸。厲伯韶云：「天機好處從來秘，不教俗眼識其奇。」然大地吉穴，人不易識。若天地之有呵護[882]以待厚德，不輕與人者。苟非明師深邃[883]奧妙，何以發天地之隱，洩鬼神之機哉！陳氏名策，號靈泉，

878) 何曾(하증) = 何嘗(하상) : 언제 ~한 적이 있었느냐?
[출처] 이백(李白):왕우군(王右軍)|작성자 초우 김명염
879) 指点(지점) : 지시하다. 가리켜 알려 주다.
880) 韬光(도광) : 광채를 감추다. 재주를 감추고 나타내지 않다.☞ 韜(도) : 감추다. ◦斂華(렴화) : 빛남을 속에 숨기다.
881) 閉藏(폐장) : 폐장하다. 엄동설한이 되어 만물이 생기를 잃다. 보관하다.
882) 呵護(가호) : 가호(加護)(하다). 보호(하다) ◦呵(가) : 입김을 불다. 꾸짖다.
883) 深邃(심수) : 깊다. 심오하다 ◦邃(수) : 심오하다. 깊다. 정통하다.

1) 장행혈(藏倖穴)

> **진룡(真龍)은 요행히 혈을 숨겨[藏倖:장행] 괴이[奇怪:기괴]하니 속안(俗眼)으로 언제 좋아한 적이 있는가[曾愛:증혈]?** [真龍藏倖穴奇怪, 俗眼何曾愛]
> 하늘의 보배[天珍:천진]를 땅에 감춰두고[地秘:천비] 귀신(鬼神)이 관장하고[司:사] 명사(明師)를 기다려 알려준다[指點:지점]
> [天珍地秘鬼神司, 指點待明師]

주해[注;주]

장(藏)이란 모습을 감추어[晦;회] 숨은 것이다. 행(倖)이란 (사람을) 속여[譎;휼] 험악하다[險;험]. 대개 진룡(真龍)의 융결(融結)은 복을 담는 그릇[福量:복량]은 평범하지 않다[非常:비상]. 그러므로 그 혈이 됨이 또한 보통과 다른 격[殊常格:수상격]이다. 숨었다가 종적(蹤跡)을 언뜻 보이고[閃;섬] [隱脈(은맥)으로 脈痕(맥흔)이 없다] 광채를 감추어[韜光;도광] 내면의 아름다움을 소중히 여겨[斂華;렴화] 궤이(詭異)한 혈의 모양[形穴]을 하여 만약 드러나지 않게 닫아 감추는 형상으로 시속(時俗)에서 쉽게 알지 못하도록 하므로 장행(藏倖)이라 하였다. 여백소(厲伯韶)가 이르길 '천기(天機)는 좋은 곳[好處:호처]에 비밀리 따라 오므로 속안(俗眼)이 그 기이함을 알도록 가르쳐주지 않는다.' 고 하였다. 그리하여 대지(大地)의 길혈(吉穴)은 사람이 쉽게 알 수 없다. 만약 천지(天地)가 보호하여[呵護;가호] 가볍게 사람에게 주지 않고[輕與人者] 후덕(厚德)한 자를 기다린다[以待;이대]. 진실로[苟:구] 오묘(奧妙)하고 정통한[深邃;심수] 명사(明師)가 아니면 어찌 천지(天地)가 숨긴[隱:은]을 귀신(鬼神)의 기밀(機密)을 밝혀[以發:이발] 누설하리오[洩哉:설재]!
진씨(陳氏)의 이름 책(策), 호(號)는 영천(靈泉)이다.

銀邑人云「地出生成捉穴易，不須師管郭。地逢怪異穴難扦，遂要遇神仙」是也。但怪穴雖待明師而後扦，名師亦必積德而可致。故積德為圖地之本，良[884]有以也。苟使穴皆不怪，人皆可扦，則爲惡之家亦可以[885]得吉地，豈造化福善禍淫[886]之微意哉！

> 은읍(銀邑)의 사람이 이르길 '땅이 생성(生成)하여 드러난[出] 혈(穴)을 쉽게 잡는다면[捉;착] 반드시 관중[管仲]과 곽진(郭珍)을 스승이라 하지 않겠는가.[地出生成捉穴易，不須師管郭] **땅에 괴이(怪異)한 혈(穴)을 만나면 천장하기가 어려우니 마침내 신선(神仙)을 만나야 한다.**'는 것이다.
>
> [銀邑人云 '地逢怪異穴難扦，遂要遇神仙']

다만 괴혈(怪穴)은 비록 명사(明師)를 기다린 후에 천장한다. 명사(名師)도 반드시 적덕(積德)을 하여야 이룰 수 있다. 그러므로 **적덕(積德)은 땅을 도모하는(구하는)[圖地:도지] 근본이다.** 확실한 이유가 있다[良有以也:양유이야]. 진실로 혈(穴)이 모두 괴이함이 없어 모든 사람이 천장할 수 있다면 **악(惡)한 가문일지라도 길지(吉地)를 얻을 수 있다**[可以得:가이득]. 어찌 착한 사람에게는 복이 오고 악한 사람에게는 재앙이 오는[福善禍淫:복선화음] 조화(造化)의 현미(玄微)한 뜻이라 하겠는가!

明師堪破[887]玄機訣，秘密不敢說。恐君緣福或輕微[888]，指出反驚疑。注天造地設，或好地醜形，或好形醜病。如杜后無齒，侍周王則生；鉤弋手拳，遇漢武則伸。俟其人耳。明師之識怪穴，怪穴之待明師，豈偶然哉！但此等大地，明師雖能識之，奈何[889]形穴怪異，隱晦[890]殊常，苟非陰功[891]重厚，福人慶門，雖有曾

884) **圖(도) : 꾀하다.** ◦良(량) : 과연. 확실히. 틀림없이. ◦以(이) : 까닭

885) 可以(가이) : ~할 수 있다. 좋다. ~해도 좋다.

886) **복선화음(福善禍淫) - 선한 일에는 복(福)이, 악한 일에는 화(禍)가 따름** 子曰 爲善者는 天報之以福하고 爲不善者는 天報之以禍니(착한 일을 하는 사람에게는 하늘이 복으로 갚아주고, 착하지 않은 일을 하는 사람에게는 하늘이 재앙을 갚는다) <출처> 명심보감 ➔淫(음) ;오래다, 머무르다.

887) 堪破(감파) : 사물의 진상을 확실하게 알아내다.[= 간파(看破)]

888) 輕微(경미) : 가볍고 아주 작아 대수롭지 않음◦輕(경) : 적다.◦指出(지출) : 밝히다. 가리키다. 지적해 내다. ➔俟(사) : 기다리다.

889) 奈何[(내하) : 어떻게 하다. 어찌. ~를 어찌하겠는가. (누구를) 어떻게 하다.

890) 隱晦(은회) : 모습을 감춤. 자취·모습을 감추고 드러내지 않다. 명확하지 않다.

楊之能，周孔之地，獻之必不受，告之必不信，反致掩口[892]胡盧，或驚駭疑怖[893]，甚至[894]訕謗詆毀而咎之。若吳國師景鸞獻中乾地，而反遭禁錮[895]者，世豈少哉！何也，誠以此等大地，非淺福薄德所宜受用。苟不度德而妄獻輕指，則天地鬼神加怒，而地師反遭禍害。故明師雖遇此真龍大地怪異之穴，必須珍重[896]，毋得輕泄，以取禍愆。

명사(明師)가 알아낸[堪破;감파] 현기결(玄機訣)은 비밀(秘密)로 하고 감히[敢:감] 말하지 않고 [明師堪破玄機訣，秘密不敢說]
그대들의 인연의 복[緣福;연복]이 혹 작아[輕微:경미]，밝히면[指出:지출] 오히려 놀라고 의심할가[驚疑;경의] 두렵다.[恐君緣福或輕微，指出反驚疑]

주해[注;주]

천조지설(天造地設)은 혹 땅이 좋으나 형(形)이 추(醜)거나 혹 형(形) 좋으나 땅이 추악[醜病]하여 명사를 기다린다. 가령 두후(杜后)가 무치(無齒;재주가 없다)인데도 주왕(周王)을 기다려 구익(鉤弋) 부인(夫人)을 낳았는데 (구익의 부인은) 출생 때부터 주먹[手拳;수권]이 펴지지 않았는데 한무제[漢武]를 만나 주먹을 펼 수 있었는 것과 같다. 사람을 기다릴[俟;사] 뿐이다.

명사(明師)는 괴혈(怪穴)을 알고, 괴혈(怪穴)은 명사(明師)를 기다리는 것이 어찌 우연이라 하겠는가! 다만 이러한 종류의 대지는 혈형[形穴]이 괴이(怪異)하고 모습을 감추어[隱晦;은회] 평범하지 않는 데[殊常:수상] 어떻게 알겠는가[奈何:내하] 명사(明師)라야 비록 알 수 있다.

891) 陰功(음공) : 겉으로 드러나지 않게 뒤에서 돕는 공。重厚(중후) : 많다.。慶門 : 어른을 공경하는 마음
892) 掩口(엄구) : (그릇 따위의) 아가리를 막다. 손으로 입을 가리다。掩(엄) : 가리다. 감싸다. 숨기다.
893) 疑(의) : 의심하다. 믿지 않다. 회의하다. ☞ 怖(포) : 두려워하다. 겁내다. 놀라게 하다.
894) 甚至(심지) : 더욱이. 심지어. 심지어 ~조차도.
895) 禁錮(금고) : 죄를 지은 사람이나 그 자손의 관직 진출을 금하는 형벌
896) 珍重(진중) : (중요하거나 얻기 어려운 물건을) 진기하게 여기고 소중히 하다. 몸을 소중히 하다.

진실로[苟] 음공(陰功)이 많은[重厚:중후] 복인(福人)의 경문(慶門)이 아니면 비록 증문천(曾文辿)과 양균송(楊筠松)의 재능[能]과 주공과 공자[周孔]의 자리를 받치는 이가 있다고 해도[獻之:헌지] 반드시 받아들이지 않고[不受:불수], 고하여도[告之:고지] 반드시 믿지 않을 것이고 오히려 입을 다물고[掩口:엄구] 비웃는다.[胡盧;호로] 혹 뜻밖의 일로 몹시 놀라 괴이하게 여기고[驚駭;경해] 두려워하며 믿지 않았다[疑怖;의포]. 더욱이[甚至;심지] 비방(誹謗 하고[訕謗;산방] 헐뜯어[詆毀;저훼] 허물로 여긴다[咎;구].
만약 국사(國師) 오경란(吳景鸞) 중간지(中幹地)를 헌납(獻納)을 하였으나 오히려 금고형[禁錮:금고]을 받은 자가 세상에 어찌 적으랴! 어째서[왜]인가[何也]? 진실로 이러한 종류[此等:차등]의 대지(大地)는 천복박덕(淺福薄德) 하지 않는 자가 누리는 것[受用:수용]이 마땅한가?[所宜:소의]. 진실로 덕(德)을 헤아리지 않고 망령되게[妄:망] 가볍게[천복박덕(淺福薄德)한 사람]을 점혈(點穴)하여 주면 천지(天地)의 귀신(鬼神)이 노하여[加怒:가노] 지사(地師)가 오히려 재난[禍害;화해]을 당하게 된다.
그러므로 명사(明師)들이 이런 진룡(真龍) 대지(大地)의 괴이(怪異)한 혈(穴)를 만날지라도 반드시 진기하게 여기고 소중히 하여[珍重:진중] 가볍게 누설[輕洩:경설]하지 말고 화건(禍愆;화와 허물)으로 취급하라.

賴氏云：「世降風移[897]人少淳，大地相逢勿輕許。」廖氏云：「世人將信又將疑[898]，枉自[899]洩天機。」地有奇巧有醜拙[900]，總名為怪穴。巧是穴形美且奇，地位使人疑。拙是穴形媸且醜，狐疑難下手[901] 高人造化蘊胸中 巧拙盡玄通
注真龍之融結，有處於非常之地者，謂之巧。有結為詭醜之形者，謂之拙。總名曰怪穴，惟高術之士能明之。

897) 世降(세강) : 세상의 인륜과 도덕이 쇠퇴함. ☞ 風移(풍이) : 풍속이 바뀌다[변화하다].
898) 將信將疑(장신장의) : 한편으로는 믿기도 하고 다른 한편으로 의심하기도 한다. 반신반의하다'라는 뜻으로, '믿을 수 없음'을 비유한다.
899) 枉自(왕자) : 헛되이. 보람 없이
900) 拙(졸) : 서투르다. 졸렬하다. 보잘것없다. 우둔하다.
901) 下手(하수) : 서투름. 잘못함

뢰씨(賴氏)가 이르길 '세상에 인륜과 도덕이 쇠퇴하여[世降:세강] 풍속이 변하여[風移:풍이] 순수한[淳]사람이 적으니[世降風移人少淳], 대지(大地)를 만나더라도[相逢:상봉] 가볍게 허락하지 말라.' 고 하였다.[大地相逢勿輕許]

요씨(廖氏)가 이르길 ' 세상 사람들이 믿기도 하고 또 의심도 하여 헛되이[枉自] 천기[天機]를 누설한다.' 고 하였다.[世人將信又將疑, 枉自洩天機]

1) 교졸혈(巧拙穴)

땅에는 기교(奇巧)함도 있고 추하여 보잘 것 없는 것[醜拙:추졸]도 있어 모두 이름하여 괴혈(怪穴)이라 한다.

[地有奇巧有醜拙, 總名為怪穴]

교(巧)는 혈형(穴形)이 아름답고 또 기이하다. 자리[地位]는 사람으로 하여금 의심나게 한다.[巧是穴形美且奇, 地位使人疑]

졸(拙)은 혈형(穴形)이 추하고[媸;치] 또 보아도 추(醜)하면 의심하여[狐疑;호의] 좋지 않는 것[下手]을 밝히기 어렵다.

[拙是穴形媸且醜 狐疑難下手]

고수의 사람은 조화(造化)를 흉중(胸中)에 쌓아두고[蘊;온] 교졸혈[巧拙] 모두 신묘한 기운이 통한다.[高人造化蘊胸中 巧拙盡玄通]

주해[注]

진룡(真龍)의 융결(融結)이 평범하지 않는[非常] 곳에 있는 땅을 교(巧)라고 하고, 혈의 맺힘에 추하여 속이는[詭醜;궤추] 모양이 있으면 졸(拙)이라 하고 두루 일컬어 괴혈(怪穴)이라 한다. 다만 상당한 술법의 선사[高術之士]는 밝힐 수 있다.

大凡怪穴有蹺蹊[902]，龍要十分奇。認得龍神的的[903]真，怪穴始堪鍼[904]。注怪奇以龍為取舍，故必有十分美龍，方可下之。不然則多謬戾[905]，禍不旋踵。《經》云：「龍若真兮穴便真，龍不真兮少真穴。」又云「恐君疑穴難取裁，好[906]向後龍身上推。龍上生峰是根核，前頭形穴是花開。根荄若真穴不假，蓋從種類生出來」是也。

대체로 괴혈(怪穴)은 의심스러워[蹺蹊;교혜] 용(龍)은 마땅히[要] 매우[十分:십분] 기이하다.[大凡怪穴有蹺蹊，龍要十分奇]

용신(龍神)을 분명하게[的的] 알면 괴혈(怪穴)은 비로소 천장 할 수 있다.[認得龍神的的真，怪穴始堪鍼]

주해[注]

기이한 괴혈은 용(龍)으로 취사(取舍)하므로 용(龍)이 매우[十分] 아름다워야 비로소 하장 할 수 있다. 만약 아름답지 않으면[不然:불연] 대부분 어긋나[謬戾;유려] 화(禍)가 빨리 온다[不旋踵:불선종].

《경(經)》에 이르길 '용(龍)이 만약 참되면[真兮;진혜] 혈은 곧 참이다. 용(龍)이 참이 아니면[真兮] 진혈이 없다[少].' 고 하였다. 또 이르길 '그대가 혈이 의심스러워 취하여 재혈 하기가 어려워 두렵다면 후룡(後龍)의 용신을 향하여 가서 용의 신상(身上)을 분별해야 한다.

「恐君疑穴難取裁，好向後龍身上推」

902) 蹺蹊(교혜) : 괴상[이상]하다. 수상쩍다. 의심스럽다. 수상[이상]한 점. 괴이한 점. 곡절. 연유.

903) 認得(인득) : (주로 사람·길·글자 따위를) 알다. ☞ 的的(적적) : 명백(明白)한 모양(模樣).분명하다.

904) 堪(감) : 맡다, 감당하다(堪當하다 : 능히 견디어 내다). 할 수 있다. ☞鍼(침) : 침을 놓다. 찌르다.

905) 謬戾(유려) : 사리에 어긋나다. 그릇되다.☞ 謬(류) : 그릇되다. 어긋나다. 속이다, 위장하다(僞裝--) ☞ 少(소) : 흔하지 않다. 적다. 부족하다. 없어지다.

906) 好(호) : ~해야 한다. ~할 수 있다. 잘 ~하다.

용 위에 봉우리가 생겼으면 근원[根核]으로 앞머리에 혈의 형태가 있으면 그것이 진혈이다. [龍上生峰是根核，前頭形穴是花開].
근핵[龍]이 만약 참이면 혈도 진짜이므로 대개 종류에 따라 생겨서 오는 것이다.' 고 하였다. [根荄若真穴不假，蓋從種類生出來」是也]

제3절 천교혈(天巧穴)

巧穴巧穴何巧穴，仔細與君說。或然[907]高在萬山巔，天巧穴堪扦。注地有結於萬仞山巔而為天巧之穴者，子微云：「第一天巧最高穴，常人懼怕輕棄撇[908]。只言高處穴難安，不知巧穴有真訣。天巧山頂分龍虎，峻地平夷有門戶。人到穴中如半天，四望百里堪摘取。此地神童及狀元，子子孫孫皆過[909]府。」釋之者曰：「穴不在天而名曰天巧，以其高出雲霄，如在天上，故曰天巧。每見龍穴湫[910]窟、仙祠佛宇，多在崇岡疊嶺之上。登山或數十里，或二三十里，多至五六十里，方見窟穴宮室。所在[911]莫不別有天地境界。觀其龍穴，其為龍宮，其為仙廟，其為佛剎，各隨其宜，不可更革。蓋天造地設，逞奇顯異，山上出泉，冬夏不竭。峰巔有田，多至萬頃[912]。開荒[913]開荒，則長林茂木、惡蜂、毒蛇、鬼神占護。及其緣會遇合，則風霆開霹，鬼神剪除[914]，長徑屈蟠，廣途平坦。此造化之玄也。天巧之穴，無以異此。」信哉，言也！

---

907) 或然(혹연) : 아마. 개연(蓋然)하다. 혹시. 혹 그럴 수 있다.
908) **撇(별)** : 치다, 버리다, 던져버리다.
909) 府(부) : 관청. ☞過(과) : 방문하다. 뵙다. 알현(謁見)함.
910) 湫(추) : 늪 ☞ 莫不(막불) : ~하지 않는 자가 없다. 모두 ~하다.
911) 所在: 있는 장소, 소재, 위치.
존재와의 차이:
*존재(存在): 있다. 없다 의 상태(유무)를 나타내고,
*소재(所在): 있는 곳 즉, 장소를 의미한다.
912) 萬頃(만경) : **아주 많은 이랑, 지면(地面)이나 수면(水面)이 아주 넓음을 이르는 말.**
913) 未經(미경) : 아직 ~하지 못하다. 경유[통과]하지 못하다. ☞開荒(개황) : 황무지(荒蕪地)를 개척(開拓)함.
914) 剪除(전제) : (악인·나쁜 세력 따위를) 잘라내다. 제거하다.

1) 천교혈(天巧穴)

교혈(巧穴) 교혈(巧穴)하는 데 무엇이 교혈(巧穴)인가? 자세(仔細)한 것은 그대들과 함께 설명하리라 혹시[或然:혹연] 높은 만산 꼭대기에 있으면 천교혈(天巧穴)로 천장을 할 수 있다[堪扦;감천]

주해[注]

땅이 아주 높은 산꼭대기[萬仞山巓:만인산전]에 혈을 맺었으므로 천교혈(天巧之穴)이라 한다. 장자미[子微]가 이르길 ' 가장 중요한 것[第一] 천교혈(天巧穴)은 가장 높은 곳에 있는 혈(穴)이다. 보통 사람(常人:상인)은 두려워[懼怕;구파] 함부로[輕:경] 버린다[棄撇;기별]. 다만 높은 곳에 혈을 안장하기 어렵다고 말한다. 천교혈[巧穴]에 진기한 비결[真訣:진결]이 있음을 알지 못한다. 천교혈[天巧]은 산정상에서 용호(龍虎)를 분맥하여 높고 험한 땅[峻地:준지]에서 평평한[平夷:평이] 문호(門戶)가 있고 혈 가운데[穴中] 이르면 하늘의 한가운데[半天:반천]와 같아 사방 백리(百里)를 바라보고 골라 취할 수 있다.

이러한 땅은 신동(神童)이 장원급제하여[及狀元:급장원] 자자손손(子子孫孫) 모두 관저에서 (임금을) 알현한다(벼슬을 한다)[過府:과부].' 고 하였다.

이를 해석하는 자가 이르길 ' 혈(穴)이 하늘[天]에 존재하지 않는데 천교혈(天巧穴)이라 하는가? 그것이 높아[以其高:이기고] 하늘[雲霄;운소] 높이 우뚝 솟았으므로[聳出;용출] 천상(天上)에 있는 같으므로 천교혈(天巧穴)이라 한다. 늘 용혈(龍穴)에 볼 수 있고, 추굴(湫窟),선사(仙祠) 절[佛宇;불우]은 대부분 높은 산[崇岡;숭강]이 첩첩이 늘어선 능선[疊嶺;첩령]의 위에 있다.

산에 올라가면 혹 수 십리 혹 2,30리에서 대부분 5,60리까지 이르러 비로소 동굴[窟穴;굴혈]에 궁전[宮室;궁실]과 같은 곳[所在:소재]이 보이면[見] 별천지의 가경(佳景)[別有天地:별유천지]이 경계(境界)가 되지 않는 것이 없다. 그 용혈(龍穴)을 보면 그 것이 용궁(龍宮)이 되고, 그것이 신선을 모시는 사당[仙廟:선묘]이 되고, 그것이 절[佛刹;불찰]이 되기도 하여 각각 그 마땅함을 따라서 다시 고칠 필요가 없다. 대개 아주 자연스럽고 이상적으로[天造地

設:천조지설] 기이(奇異)함이 빠르게 나타나[逞顯;령현] 산 위에 샘이 솟아[出泉:출천] 여름과 겨울[冬夏:동하]에 고갈되지 않고[不竭;불갈] 산꼭대기[峰巓:봉전]에는 밭이 있어 대부분 아주 넓다[萬頃:만경]. 아직 황무지를 개간[開荒:개황]하지 않는 곳이면 나무가 무성하여[茂木:무목] 길게 뻗쳐 있는 숲[長林], 흉악한 벌[惡蜂],독사(毒蛇),귀신(鬼神) 등이 차지하여 보호하고[占護:점호] 한곳에 모여[會合:회합] 인연으로 만나면[緣遇:연우] 바람과 번개[風霆;풍정]로 벼락이 떨어지기도 하고[開霹;개벽] 귀신(鬼神)이 불필요한 것을 제거하여[剪除:전제] 길고 좁은 길[長徑:장경]로 구불구불[屈蟠;굴반]하여 넓은 길[廣途;광도]이 평탄하니[平坦] 이 조화(造化)가 현묘(玄妙)함인 것이다. 천교혈(天巧穴)도 이와 다르지 않다.' 고 신뢰하여 말하였다!

是故凡天巧之穴，雖在高山，及登其所，豁然[915]開闊，局勢寬平，如在平地，不知為萬仞山巔。但見四面八方，獻奇列秀，如三千粉黛、八百煙花，次第羅[916]列。城郭周完，朝案重疊，明堂團聚[917]，左右環抱，三陽具備，諸吉拱護，水不傾瀉，穴不孤寒，乃為真結，力量極大。上格貴龍，乃為禁穴，或出聖賢；中格龍亦能 出將入相、皇妃國戚、神童狀元、滿門朱紫；下格龍無此融結也。

그러므로[是故:시고] 무릇 천교혈(天巧穴)은 비록 고산(高山)에 있으나 그 곳[其所:기소]에 올라보면 시원하게[豁然;활연] 탁트여[開闊:개활] 국세(局勢)가 넓고 평평하여[寬平:관평] 평지(平地)에 있는 것 같다.

아주 높은 산꼭대기[萬仞山巔]이라는 것을 느끼지[知] 않는다. 다만 사면팔방(四面八方)에 보이는 것이 기이하고 빼어나[獻奇列秀;헌기열수] 삼천분대(三千粉黛)와 팔백연화(八百煙花)와 같이 차례로[次第:차제] 성곽(城郭)을 완전히 주밀하게[周完] 조안(朝案)이 중첩(重疊)되게 나열하여[羅列:나열] 명

915) 豁然(활연) : 환하게 트여 시원하게. (마음이) 활짝 트인 모양. 확 뚫린 모양 ☞開闊(개활) : (면적 혹은 공간 범위가) 넓다. (생각·마음이) 탁 트이다. (수단 또는 규모가) 방대하다. 넓히다. ☞知(지) : 깨닫다. 느낌. 터득함.

916) 羅(라) : 벌이다(일을 계획하여 시작하거나 펼쳐 놓다). 늘어서다. 만나다, 맞딱뜨리다. 막다, 차단(遮斷)하다.

917) 團(단) : 모이다. 하나로 뭉치다.☞聚(취) : 모여들다. 회합(會合)함. 몰려들다. 폭주(輻湊)함.

당(明堂)에 (기가) 모이고[團聚;단취] 좌우(左右)로 환포(環抱)하여 삼양(三陽;소명당, 중명당,대명당)을 갖추게 되고[具備] 에워싸 호위하여[拱護;공호] 모두 좋다[諸吉:제길]. 물은 기울어 쏟아지지[傾瀉;경사] 않고, 혈(穴)은 외롭고 차갑지[孤寒] 않아야 비로소[乃] 진결(真結)이 된다.

역량(力量)이 극대(極大)하여 상격(上格)의 귀룡(貴龍)으로 바로 제왕지지(帝王之地)로 금혈(禁穴)이 된다. 혹 성현(聖賢)이 태어나는 곳이기도 하고, 중격룡(中格龍)도 나가면 장수이고 들어오면 재상[出將入相:출장입상]을 할 수 있고、황비(皇妃)나 국척(國戚)이 나오며 신동(神童)이 장원(狀元)하여 권력을 지닌 높은 벼슬아치가 가문에 가득하다[滿門朱紫:만문주자]. 하격룡(下格龍)은 이러한 융결(融結)이 없는 것이다.

予兄弟所見者，如漢高祖祖地在寧都縣靈雲山牙鼓峒見贛州府郡《志》及《一統志》、舊名虔州府虔化縣，朱天子祖地在婺源縣官坑嶺金斗形梁上穴，范文正公祖地，在蘇州大湖格名萬笏朝天，及吾邑廖公下張氏白牛坦祖地出一文一武一神仙：張忠定公燾為叅知政事，文也；甲公忠利侯，武也；紫瓊真人張君範，仙也，泉州曾丞相公亮祖地　番天馬蹄形，皆其格也。大抵此等地，要穴場極暖，雖在高山，不知其高則善。否則，據高挹秀[918]，未免風寒，又多結為神仙窟宅。如太和山之玄帝宮、九華山之地藏殿、匡廬天池寺、雁蕩羅漢岩，與夫武夷天游、西華仙掌、太華三仙、黃梅四祖等處，皆天巧穴也。凡修佛，亦須擇取名山，然後以成道。蓋亦收山川之靈秀耳。人嘗謂「修仙先要選名山如許真君煉丹洞，郭景純選西山金氏宅而後成道，切忌孤峰四望寒。請看古來成道[919]處，洞天[920]福地不尋常古云「天下名山僧占多」不其然乎。」

우리 형제[予兄弟]가 본 것은 가령 한고조(漢高祖)의 조지(祖地)가 영도현(寧都縣) 영운산(靈雲山) 아고동(牙鼓峒)에 있다.
감주부(贛州府) 군(郡) 《지(志)》와 《일통지(一統志)》에 있으니, 구명(舊名)

918) 挹(읍) : 물러나다. 읍하다. ☞ 秀(수) : 높이 솟아나다. 뛰어나다.
919) 成道(성도) : 성도하다. 득도(得道)하다. 깨달음을 얻다.
920) 洞天(동천) : 산과 내로 둘러싸인, 경치가 빼어나게 아름답고 좋은 곳. (신선이 산다는) 동천
☞ 福地(복지) : 신선(神仙)이 사는 곳. 안락한 곳. 보금자리

으로 건주부건화현(虔州府虔化縣)이다. 주천자(朱天子) 조지(祖地)는 무원현(婺源縣) 관갱령(官坑嶺)에 금두형(金斗形) 양상혈(梁上穴)이다.
범문정공(范文正公)의 조지(祖地)는 소주(蘇州)에 대호(大湖)에 있으며 이격[格]은 만홀조천(萬笏朝天)이고 또 오읍(吾邑)은 요공(廖公)이 하장한 장씨(張氏) 백우탄(白牛坦) 조지(祖地)로 일문(一文) 일무(一武) 일신선(一神仙)이 나왔다. 즉 장충정공(張忠定公) 도(燾)가 참지정사(叅知政事)가 되었으니 문(文)이며, 갑공(甲公)은 충리후(忠利侯)는 무(武)이고, 자경(紫瓊) 진인(真人)은 장군범(張君範)이고 신선[神仙]이다. 천주(泉州) 증(曾) 승상(丞相) 공량(公亮)의 조지(祖地) 번천마제형(番天馬蹄形)이 모두 그러한 격[其格]이다.
대저(大抵) 이들[此等]의 자리는 혈장(穴場)이 대단히 따뜻해야[極暖:극난]하고 비록 고산(高山)에 있을 지리라도 높음을 느끼지 않으면[不知;부지] 좋다[善]. 그렇지 않으면 높은 곳에 의지하고[據高;거고] 높이 솟아나 물러나[挹秀:읍수] 바람과 추위[風寒:풍한]를 면할 수 없다[未免;미면]. 또 대부분 맺는 것은 신선(神仙)이 주거하는 동굴[窟宅;굴택]이 된다.
가령 태화산(太和山)의 현제궁(玄帝宮)이 되고, 구화산(九華山)의 지장전(地藏殿)、광려산(匡廬) 천지사(天池寺)의 안탕(雁蕩) 나한암(羅漢岩)과 무이(武夷)의 천유(天游)와 더불어 서화(西華)의 선장(仙掌), 태화(太華)의 삼선(三仙),황매(黃梅)의 사조(四祖) 등이 되는 곳[處]은 모두 천교혈(天巧穴)이다. 무릇 선불(仙佛)을 닦는 곳도 역시 반드시 명산(名山)을 선택하고 취한 연후(然後)에 도를 이룰 수 있다[以成道:이성도]. 이 역시[蓋亦:개역] 산천(山川)의 빼어난 신령스러운 기운을 받을 뿐이다. 사람들은 일찍이[人嘗:인상] 신선이 되기 위하여 수련[修仙:수선]으로 먼저 허진군(許真君)이 골에서 연단(煉丹)하는 것 같이 명산(名山)을 선정하고 수련하는 것이 중요하고, 곽경순(郭景純)은 서산(西山)의 김씨택(金氏宅)을 선택한 후에 도(道)를 이룰 수 있었다. 절대로 꺼리는 것은 외로운 봉우리[孤峰:고봉]로 사방이 보여[四望] 추운 것[寒]이다. 실제로[請:청] 예로부터[古來] 도를 이룬[成道] 곳을 보라. 동천(洞天)의 보금자리[福地]는 심치 않다[不尋常:불심상]. 옛날[古]에 이르길 '천하의 명산(名山)은 승려들이 대부분 차지하여[僧占多:승점다] 그러하다[其然乎:기연호].' 하였다.

或然[921]低在深田裏，沒泥穴可取。

注地有結於平田汚[922]下之處者。廖氏云「藏龜閃跡在田中」是也。張子微謂之天平穴。中原平洋之地，龍行地中而不可見，間露毛脊，為石骨，為墩阜。及結穴處，亦要高下分明，此亦名為沒泥龍蛇，藏蟄於泥，時有毛脊露出[923]泥外，取其不見龍身，間露一二，知其為蛇龍之蟄藏耳。此格全在觀水勢以[924]尋穴。故楊公云「平地龍神因水勢」，又云「凡到平洋莫問蹤，只觀水繞是真龍。」但龍平田散亂難見，而又雜[925]以溝洫，諸水縱橫，未[926]易檢點，必心目聰巧，而後可識。不
然，亦水邊田耳。

혹시[或然:혹연] 낮고 깊은 밭 속에 있으면 몰니혈(沒泥穴)로 취할 수 있다. [或然低在深田裏，沒泥穴可取]

주해[注]

(혈)자리[地]는 평전(平田)의 아래에 낮은 곳[汚下之處:오하지처]에 맺혀있는 것이다. 요씨(廖氏)가 이르길 '거북이가 숨어 언뜻 보이는 자취[藏龜閃跡:장구섬적]는 밭 가운데 있다.' 는 것이다. (물이 둘러싸면 진룡이다.)
장자미(張子微)는 천평혈(天平穴)이라 하였다. 중원(中原)의 평양지(平洋之地)는 용(龍)이 땅속으로 운행하여 볼 수 없으나 간혹[間:간] 작은 등[毛脊:모척]을 드러내 석골(石骨)이 되고 돈부(墩阜)가 되어 결혈처(結穴處)에 이르러 역시 고하(高下)가 분명해야 한다. 이것도[此亦:차역] 몰니혈(沒泥穴)라 한다. 용사(龍蛇;용신)가 진흙 속[泥]에 숨어[藏蟄;장칩] 때때로 작은 등[毛脊]을 진

921) 或然(혹연) : 아마. 혹시. 개연하다.
922) 汚(오) : 흙탕물 따위로 더럽히거나 더러워짐. 괴어 있는 물. 낮다. 땅 또는 지위가 낮음. ☞下(하) : 밑. 아래.~아래.
923) 露出(노출) : 드러내다. 노출시키다. 노출하다.
924) 在 (재) : 존재하다.~에 있다. ~에 머물러 있다. ☞ 以(이)~ : ~을 쓴다. ~을 부린다.
925) 雜(잡) : 섞이다. 만나다.모이다.
926) 未(미)~ : ~지 아니하다(못하다). ☞ 聚(취) : 갖추어지다. 하나가 되다. 모이다. 갖추다.

흙 밖[泥外:니외]에 드러내어[露出:노출] 보이지 않는 것을 취하는 것이다. 간간히 한두 번 용신(龍身)이 보여[드러나] [間露一二] 용사(蛇龍)가 숨어[蟄藏;칩장]있는 것을 알 뿐이다. 이러한 (몰니)격은 머물러있는 수세(水勢)를 전부 보고 혈을 찾아 쓴다[以]. 그러므로 양공(楊公)이 이르길 '평지(平地)의 용신(龍神 ;용과 혈)은 물의 형세[水勢]로 부터 혈을 찾는다.' 고 하였다.
또 이르길 ' 무릇 평양(平洋)에 이르면 자취[蹤;종]을 묻지 말고, 다만 물이 감싸는 것만을 보고 진룡(真龍)이 맞다[是].' 고 하였다.
다만 용(龍)이 평전(平田)에서 산란(散亂)하여 보기가 어렵고[難見:난견] 또 논·밭의 수로[溝洫;구혁]등 제수(諸水)가 종횡(縱橫)으로 만나[雜] 쉽게[易] 점검(檢點)하지 못한다. 반드시 마음 속[心目]의 총명하게 요리 조리 헤아려 보고 생각해 낸 [計巧:계교][聰巧;총교] 후에 알 수 있다. 그렇지 않으면 역시 물가[水邊]에 밭[田]일 뿐이다.

或然孤露八風吹，登穴自隈聚。
注廖氏云：「坐空轉而去當朝，不怕八風搖。」然亦不可穴上受風，登穴隈聚則善也。張子微天風穴云：「八風可至之地，望之若寒，即之則溫；望之似露，登之則藏。」《發揮》云：「山峻穴高，蓋於峻中求平；山露穴出，蓋以兩肩有蔽。」似於孤露受風，其實則藏風聚氣，此所以吉。俗眼不識，嫌其露也。

혹시[或然] 외롭게 노출되어[孤露:고로] 팔풍(八風)을 받으면, 혈에 올라 저절로 산이 굽이진 곳[隈:외]에서 (혈이) 갖추어지다[聚;취].
[或然孤露八風吹，登穴自隈聚]

주해[注]

요씨(廖氏)가 이르길 ' 좌가 낮으면[坐空:좌공] 옮겨 흘러가는 물[轉而去:전이거]이 조수를 마주하면[當朝:당조] 팔풍(八風)이 요동(搖動)치는 것을 두려워하지 않는다.' 고 하였다. 그러나 역시 혈의 위에 바람을 받아서는 안된다. 혈에 올라 산이 굽이진 곳에 (혈을) 구비하면 좋다.

천풍혈(天風穴)을 장자미(張子微)는 이르길 ' 팔풍(八風)이 이르는 자리가 가능한 것은 보기에는 추운 것 같으나 곧 (혈에) 다가가서 보면 온화하고[即之則溫:즉지즉온] 바라보면 드러난 것 같고[望之似露:망이사로] 올라가 보면 감추워졌다.' 고 하였다. 《발휘(發揮)》에 이르길 '산이 높고 험준하고 혈이 높으면 대개 험준한 가운데 평지를 구하고, 산이 노출되어 혈이 생기는 곳[出]은 대개 양어깨[兩肩]가 가려준다[蔽;폐].' 고 하였다. 외롭게 드러나 바람을 받을 것 같으나 실(實)은 장풍(藏風)이 되어 기가 모인다. 이러한 곳은 좋다[以吉]. 속안(俗眼)으로 알지 못하고 혈이 노출되는 것을 싫어한다[嫌;혐].

或然直出兩水射，臨穴有憑借。

注楊公云「也曾[927]見穴直如槍，兩水射脅似[928]難當」是也。然兩水射脅之穴，必要當水射處，或有石曜衝出，或有山頭夾照，穴間不見水來，故曰「臨穴有憑借[929]」

혹시[或然] 양수(兩水)가 직출(直出)하여 화살처럼 나가도 혈에 이르면[臨穴;임혈] 의지할 곳[憑借;빙차]이 있다.[或然直出兩水射，臨穴有憑藉借]

주해[注]

양공(楊公)이 이르길 ' 또한[也曾:야증] 혈(穴)에서 창(槍)과 같이 곧게 보이고, 양수(兩水)가 옆구리를 쏘는 것 같이 보이면[射脅似:사협사] 감당하기가 어려운 것[難當:난당]이' 이것이다. 그러나 양수(兩水)가 옆구리를 쏘는 혈은 마땅히 수사처(水射處)가 필요하나 혹 석요(石曜)가 맞부딪혀 나가거나[衝出:충출] 산두(山頭)가 혈 공간[穴間] 좌우에 끼어 조응[夾照:협조]하여 물이 오는 것이 보이지 않아야 한다. 옛말에 이르길 ' 혈에 임하여서는[臨穴] 의지

927) 也曾(야증) : 이미. 벌써. 또한 ☞曾(증) : 일찍이. 곧. 거듭하다. ~한 적이 있다.
cf) 也有 : 있다.
928) 似(사) : ~처럼 보이다.
929) 憑借(빙차) ; 凭靠빙고) : 의거하다. 의하다. 의지하다.

할 곳이 있어야 한다.' 고 하였다.

或然結在水中央，四畔水汪洋。
注楊公云：「也有穴在深潭裏。」卜氏云：「水底穴，必須道眼。」謝子期釋之曰：「水底之穴，甚難尋究，必是來脈精奇，蹤跡怪異，自然超拔[930]，與眾不同。脈跡奇異而來，臨於深淵大澤，忽然隱脈，必其穴生水底，惟道眼者知之。」

혹[或然] 물의 한가운데서 결혈하는 곳은 사방[四畔:사반]에 물이 끝이 없을 정도로 넓은 곳[汪洋;왕양]이다.[或然結在水中央，四畔水汪洋]

주해[注]

양공(楊公)이 이르길 ' 혈(穴)이 깊은 못 속[潭裏;담리]에 있는 것도 있다[也有].' 고 하였다. 복응천[卜氏:복씨]이 이르길 '수저혈(水底穴)은 반드시 마땅히[須:수] 도안(道眼)이라야 알 수 있다.' 고 하였다.
사자기(謝子期)를 해석하여[釋之:택지] 이르길 ' 수저혈(水底穴)은 심히 찾기가 어려우나 연구하면 반드시[必是] 내맥(來脈)이 정밀하고 교묘하고[精奇:정기] 종적(蹤跡)이 정상적이지 않고 별나며 괴상하여[怪異:괴이] 자연적[自然]으로 빼어나[超拔:초발] 무리와는 다르다. 맥(脈)의 종적(踪跡)이 기이(奇異)하게 와[來] 심연대담(深淵大潭)에 이르러 홀연히(忽然) 맥을 숨기고[隱脈] 반드시 혈은 물밑[水底]에 생긴다. 오직 도안(道眼)인 자만 알 수 있다.' 고 하였다.

張子微亦云：「要[931]知水巧在何處，行水中間[932]龍脈系。或見或隱或夾流[933]，

930) 超拔(초발) : 빼어나다. 발탁하다
931) 要(요) : 필요하다. 바라다. 원하다. ~하려고 한다. ~하고야 말 것이다. [염원이나 굳은 의지를 나타냄]
932) 汪洋(왕양) : 바다가 넓고 큰 모양. ☞間(간) : 사이. 중간. 가운데. (일정한 공간 또는 시간의) 사이[가운데, 중간].

尋得龍來穴無地。居然卻在水中央，百個山人無一喜。正緣[934]見脈不分明，巧在水中難指耳。」誠如諸公所說，則安穴水裏。以愚庸見，則為不然。嘗究廖氏《怪穴破惑歌》云：「捉月雖云在水中，還要土來封。」正恐人以水中安穴，而不能用土封耳，故指出。穴在水中，四畔皆水，乃是水中突出山阜，於山阜上結穴，而四面回環周帀，皆汪洋巨浸，即是穴在水中，為水巧之穴。不可悞作穴安[935]水底，方為水中怪穴。且天地間安有水中作穴扦葬之理？苟或有之，亦行險僥幸，仁人孝子豈忍以親體置之水中，而自取悖逆之罪，以希圖[936]富貴哉！

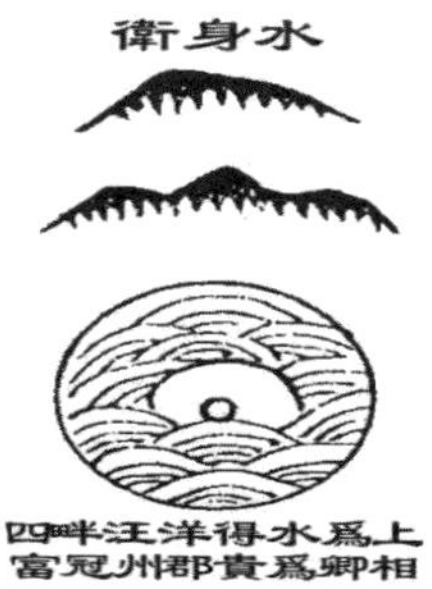

< 그림1-172 > 위신수

장자미(張子微)가 또 이르길 ‘수교혈(水巧穴)이 어느 곳에 있는지 알려면[要知水巧在何處], 물 가운데[水中間] 행도하는 용맥(龍脈)이 연결되어야 하고[系] 혹 보이거나 숨었거나 양수가 끼고 흐르는 곳에[或見或隱或夾流], 내룡(來龍)에 찾으면[尋得龍來] 혈이 없는 자리이나[穴無地] 그러나[然] 결국[卻] 물 가운데[水中央]에 머물러[居:거] 있어, 백 개의 산이라도 사람에게 하나의 기쁨이 없다. 바르게 멈추어[正緣:정연] 맥이 보여도[見脈] 분명(分明)하지 않으면 교묘함[巧]이 물 가운데 존재하여 믿기 어려울 뿐이다.’고 하였다. 진실로 제공(諸公)이 말하는 바와 같으면 물 속[水裏;수리]에 혈을

933) 단지 물이 머물고 흘러가는 것을 찾아보아라. 양수가 끼고 흐르는 곳이 바로 용의 등어리에 해당된다.[只看水注與水流兩水夾流是龍脊]

934) 緣(연) : 두르다. 거치다.[그치다, 막다.] ☞指(지) : 의지하다. 기대하다. 믿다.
◦捉(착) : 사로잡다. 포획하다. 체포하다. 손에 넣다.☞帀(잡) : 두르다. 두루. 빙 두름

935) 安(안) : 마음에 편안히 여기다. 어찌.

936) 以(이) : ~라(고) 여기다[생각하다]. ☞ 希圖(희도) : 바라다. 희망하다.

안장한다. 나의 변변찮은 견해[愚庸見;우용견]로 그러하지 않으나 일찍이[嘗;상] 요씨(廖氏)의 《괴혈파혹가(怪穴破惑歌)》를 연구하여 이르길 '착월[捉月;혈]이 비록 물 가운데 있다고 이르나 도리어[還;환] 흙이 와서 막아야 한다.' 고 하였다. 반드시[正] 사람들이 물 가운데[水中] 혈을 안장하는데 흙을 사용하여[用土] 막지 않을까 두려울 뿐이다.

그러므로 혈이 물 가운데 있고 사방[四畔]이 모두 물이다고 가리킨다[指出:지출]. 이는 **수중에 언덕[山阜:산부]이 솟아[突出:돌출] 언덕[山阜] 위에 혈을 맺고[結穴] 사면(四面)**에 두루[帀;잡] 주위를 빙빙 돌아[回環:회환] **모두 넓고 큰 바다[汪洋:왕양]나 큰 호수[巨浸;거침]**로 곧 이는 수중(水中)에 있는 혈로 **수교혈(水巧之穴)**이다. 편안하게 여겨 수저(水底)에 그릇되게 **혈의 모양**이 생겼다고[作] 해서는 안된다[不可悞作穴:불가오작혈]. 비로소 수중(水中)에 괴혈(怪穴)이다. 또 천지간(天地間)에 어찌[安] 수중(水中)에 혈을 만들어 천장(扦葬)하는 이치가 있는가? 진실로[苟:구] 혹 있어도 행하며[行險:행험] 행운을 기대한다[僥幸:요행]. 어진[仁人] 효자(孝子)가 어찌 부모의 유체[親體:친체]를 수중에 두고 잔인하게[忍;인] 스스로 패역(悖逆)의 죄(罪)를 행하여[取] 부귀(富貴)을 바랄 수 있겠는 가[以希圖:이희도]!

蔡西山亦嘗有云：「水巧之穴，尤其難見，亦且難信。宇宙之間，水中融結固不多見。扦於水中，尤屬937)罕聞。或者舍山而就水，舍高而就低，理則有之，亦須龍穴真的938)無疑方可。不然，反成絕穴。況扦於水中乎？非審察地理精熟939)透徹，何敢以前人體魄嘗940)試驗穴？」誠確論也。

채서산(蔡西山)도 일찍이 말한 것이 있는데[有云] 수교혈(水巧穴)은 더욱 알아보기가 어렵고 더욱이[亦且;역차] 믿기 어렵다[難信:난신]. 우주 공간(宇宙之間)에 수중(水中)의 융결(融結) 확실히 흔히 볼 수 없다[不多見]. 수중(水中)에 천장(扦葬)은 더욱 들어보기 드문 것이다[屬罕聞;속한문]. 혹 어떤 사

937) 屬(속): ~의 것이다. ☞或者(혹자) : 아마.~(이)거나. 어쩌면 ~든지
938) 真的(진적) : 참으로. 진짜 (물건). 정말로. 진실로 ☞方(방) : 바르다. 떳떳하다.
939) 精熟(정숙) : 정통하다. 숙련되다. 훤히 알고 있다. ☞ **透徹(투철) : 투철하다**. 투명. 조리 있고 일관됨 ☞以(이) : ~써, ~로, ~를 가지고, ~를 근거(根據)로
940) 嘗(상) : 체험하다(體驗--). 맛보다. 일찍이

람은 산을 버리고 물을 취하고 높은 곳을 버리고, 낮은 곳을 취하는 이치가 있을 수 있다고 하나[有之] 역시 반드시 용혈(龍穴)이 진실[真的]이면 비로소 의심할 것이 없다[無疑:무의]. 그렇지 않으면 오히려 멸하는 혈[絕穴]이 된다[成]. 하물며 수중(水中)에 하장할 수 있는가? 지리(地理)를 정통하여 투명하게[透徹:투철] 자세히 살피지[審察:심찰] 못하면 어찌 감히[敢:감] 조상[前人]의 체백(體魄:체백)을 가지고 혈(穴)의 진부(眞否)를 시험하여 경험할 수 있는가[嘗;상] 하였다. 참으로 확실히 근거가 있는 논리이다.

或然結在頑石裏，鑿逢土脈取。

注子微云：「也有名山石片漫941)，皆無寸土穴難安。不合龍真難舍去，尋趂942)十日無足觀。此名天完混沌氣，龍皮粗厚頭面乾。時人莫道無草木，不知童山是兩般。童山土色細雜碎，可栽木植生長難。天完之地無縫路，蕩蕩光滑如削刑。卻須回環四獸地，自有土潤草木山。只有相當作穴處，頭面漫漫皆石盤。石必有縫943)可鐫鑿，石板之下有土山。若得944)土時穴須淺，不必深鑿入其間。」是謂穴結石裏也。但頑石漫漫945)，不易測識。苟非高術法眼相度946)，安知頑石之下，可以鑿縫土而安柩哉！故卜氏云「石間穴貴得明師。」

> 혹 단단한 바위[頑石:완석] 속에 혈을 맺어 있으면, 뚫어 토맥(土脈)을 만나면 취한다.[或然結在頑石裏，鑿逢土脈取]

주해[注]

장자미[子微]가 『옥수경』에 이르길 ‘명산(名山)이라 해도 돌조각[石片:

941) 漫(만) : 넘쳐흐르다. 많음. 흩어지다. 어지러움.
942) 趂(진) : 趁과 同字: (때·기회를) 이용해서. 타다. 소유하다. (어떤 목적으로) 모이다. 좇아가다.
943) 縫(봉) : 틈. (언행상의) 결점. (이용할 만한) 기회. 이은 부분 ☞鐫(전) : 파다. 끌. 나무에 구멍을 파는 연장.
944) 得(득) : (추측의 필연성을 나타내어) ~임에 틀림없다. 알맞다. 얻다.
945) 漫漫(만만) : (시간·벌판 따위가) 끝없다. 가득하다. (수면이) 넓다.
946) 相度(상도) : 관찰하다. 판단하다. 따져보다. ☞可以(가이) : ~할 수 있다.

석편]만 어지럽고 조금의 흙도 전혀 없으면[皆無:개무] 혈(穴)을 안장하기 어렵다. 많은 날[十日]을 찾아 가도[尋趂;심진] 족히 볼만한 것이 없으면 진룡(龍真)에 합당하지 않으나 버리고 가기가 어렵다. 이는 천완혼돈기(天完混沌氣)라 하고, 용의 표면[龍皮:용피]은 거칠고 두터우나[粗厚:조후] 두면(頭面)에 생기가 없어[乾;건] 초목이 없다고 세상 사람들아 말하지 말라[莫道;막도]. 동산(童山)의 토색(土色)이 동산에 양면이 있음을 모르는가? 동산은 그 흙의 성분[色]은 미세하고 (암이) 파쇄된 것이 섞여 있어 나무를 심을 수 있어도 생장이 어렵다. 천연적으로 완전한 땅 갈라진 자리[縫路;봉로]가 없고, 넓고 모양[蕩蕩:탕탕]으로 광활(光滑)하여 깎은 것[削刓;삭완] 같고 사수(四獸)가 감싸는[回環:회환] 땅이어야 자연적으로 흙이 윤택하고[土潤:토윤] 초목이 있는 산이 된다. 다만 상당(相當)한 혈이 되는 곳이 있으면 두면(頭面)이 넓고[漫漫:만만] 모두 석반(石盤)이다. 바위는 반드시 틈[縫:봉]이 있어야 팔 수 있다[可鐫鑿;가전착]. 석판(石板) 아래에 토산(土山)이 있어 만약 흙이 적당하면 반드시 혈이 얕아 석판 사이에 들어가게 깊이 굴착할[鑿] 필요가 없다.' 고 하였다. 이는 혈(穴)이 바위 속[石裏]에 맺은 것이라 한다.

다만 단단한 바위[頑石:완석]가 넓어[漫漫;만만] 쉽게 헤아려 알 수 없다. 진실로 높은 술수[高術]의 법안(法眼)이 아니면 어찌 단단한 바위[頑石]의 아래를 판단하여[相度:상도] 바위틈을 굴착하여 흙에 시신을 안장할 수 있으랴? 그러므로 복씨(卜氏)가 이르길 '석간(石間)에 귀한 혈은 명사(明師)라야 득할 수 있다.' 고 하였다.

或然有穴瞰泉竅，葬後泉乾燥。

注真龍氣旺，故結穴完而其氣又有餘盛，從而漏為靈泉。子微所謂「龍氣之旺，迸裂[947]不禁者」是也。亦謂之「龍漏穴」，本是真龍漏天地之秘，示人以自然之穴。但造物玄機，以泉惑人，故未易測。然其泉亦必甘美異常，又非冷泉險潰之比。西山云：「泉有數種，惟冷漿泉不可灌溉，不堪盥[948]俯，不入炊[949]飲，滋滋

947) 迸裂(병렬) : 쪼개져 튀어 나오다. ☞迸(병) : 솟아나오다. 세차게 흘러나옴 ◦裂(렬) : 갈라지다. 무너지다. 금가다.☞甘美(감미) : (맛이) 향기롭고 달다. 감미롭다.

948) 盥(관) : 대야(둥글넓적한 그릇). (손을)씻다.

949) 炊(취) : 불 때다. 밥을 지음 ☞混(혼) : 구별되지 않는 모양. ◦滋(자): 더욱. 번성하다

浸漬，淸不能澄，濁不能混。此無用之泉也。紅泉之地，不可取用，恐有銀脈。腥泉之地，不宜留意，恐有鐵礦。溫泉、醴泉則旺氣已鍾於泉，不複成地。

혹 혈(穴)에서 샘의 구멍이 내려다보이면[瞰泉竅;감천규] 장사 후에 샘이 마르게 된다[乾燥;거조].[或然有穴瞰泉竅，葬後泉乾燥]

주해[注]

진룡(眞龍)은 기가 왕성[氣旺:기왕]하므로 혈을 맺은 후에 기(氣)가 또 왕성하게남아[餘盛:여성] 따라가 누설되어[從而漏:종이루] **영천**(靈泉)이 된다.
장자미[子微]가 이르길 '용의 기(氣)가 왕성(旺盛)하여 솟아 나와[迸裂:병렬] 멈추지 않는 것이다.' 고 한 것이다. 또한 이를 '**용루혈**(龍漏穴)' 이라 한다. 본래 진룡(眞龍)은 천지(天地)가 감춘 비밀을 누설하여 사람에게 자연(自然)의 혈(穴)로 보이게 하여 다만 조물주가 만든 만물[造物:조물]이 깊고 묘한 이치[玄機:현기]를 샘으로[以泉:이천] 사람을 현혹하여[惑人:혹인] 쉽게 알 수 없는 것이다. 그러나 그 **샘**[泉]은 **또한 반드시 향기롭고 달아**[甘美] **보통과 다르고**[異常:**이상**] 또 냉천(冷泉)이 뒤섞여[比:비] 어지럽게 흘러서는[險潰;험궤] 안되다. 서산(西山)이 이르길 ' 샘(泉)에는 여러 종류[數種]가 있다. 오직 **냉장천**(冷漿泉)은 관개(灌漑)를 할 수 없고 손을 씻는 것[盥頫;관부]도 할 수 없다. 물을 넣어 음식을 짓고 마실 수[炊飮;취음] 없으며 **더욱**[滋滋:**자자**] 스며들어[浸漬;침지] 맑아도 물이 깨끗하지 못하고 탁하여 구별할 수 없다. **이는 사용할 수 없는 샘이다**. 홍천의 땅은 취하여 사용할 수 없고 은맥(銀脈)이 있을 염려가 된다. 상천(腥泉;비린내 나는 샘)의 땅은 마땅히 주의할 필요가 없고 철광(鐵礦)이 있을까 두렵다. 온천(溫泉)과 예천(醴泉)은 왕기(旺氣)가 이미 샘[泉]에 모여 다시 땅을 이룰 수 없다.

若泉淸，可掬?，可浣[950)]，可灌，澄之愈淸，混之難濁，春夏不盈，秋冬不涸，

950) 浣(완) : (의복, 발)씻다. 열흘 사이. 옛날에 관리가 열흘마다 휴가를 얻어 목욕한 데서,

皆泉水之美者也。穴適值[951]此，則為佳脈。瞰泉竅上弦[952]以治穴納棺，此泉必縮為生氣，不複流注。若夫[953]得雨則盈，雨霽則涸，望之似可揚塵，踐之或可沒脛，此不瀦之地，地脈疏漏，最為無用。或春夏有泉，秋冬乾涸；或雨則泉迸，晴則泉乾，皆不足用。故穴逢龍漏，又須論泉而後論地，泉吉而穴吉是也。然亦不必拘於葬後泉乾，亦有不乾而吉者，但要泉美為準耳。

만약 샘이 맑아 목욕이나 세수를 할 수 있으며[可浣;가완] 물을 댈 수도 있다.[可灌;가관] 물이 더욱 맑고[愈清;유청] 깨끗하여[澄之;징지] 섞여도 혼탁하기가 어려우며, 춘하(春夏)에도 넘치지 않고[不盈:불영] 가을 겨울에도 마르지 않으면[不涸;불학] 샘물[泉水]은 모두 아름다운 것이다[美者也]. 혈(穴)이 마침 이러한 물을 만나면 좋은 맥[佳脈]이다. 감천규(瞰泉竅)는 물이 활같이 굽어 감싸 상현(上弦)달의 형상인 곳에[上弦:상현] 혈을 수습하여[以治穴] 하관을 한다[納棺:납관]. 이러한 샘에서는 반드시 생기(生氣)가 움추려[縮] 다시 흘러가지[流注;유주] 못한다. 그런데[若夫] 비가 오면 물이 가득 차고[盈;영] 비가 개면[霽;제] 물이 말라[涸;학] 바라보면[望之] 먼지가 날리는 것[揚塵;양진] 같고, 밟으면[踐之:천지] 혹 정강이가 빠질 수[沒脛;몰경] 있어 이러한 곳은 물이 모이지 않는[不瀦;부저] 땅으로 지맥(地脈)이 거칠고 엉성하여[疏漏;소루] 물이 새어 가장 사용할 수 없다[最為無用]. 혹 춘하(春夏)에 샘[泉]이 되고 추동(秋冬)에는 물이 마르고[乾涸；건학] 혹 비가 오면 샘이 솟아나오고[泉迸;천병], 날씨가 개면[晴;청] 샘이 마르는 것[泉乾:천건]은 모두 쓰기에 불가하다[不足用:부족용]. 그러므로 혈(穴)에서 용루(龍漏)을 만나면[逢:봉] 또 샘을 논한 후에 자리를 논해야 한다. 샘이 길하면 혈이 길한 것이다. 그러나 역시 장사 후에 샘이 마르는 것에 구애(拘礙)받을 필요가 없다.

역시 마르지 않고[不乾] 좋을 수 있는 것은 다만 맛이 나는 샘[泉美]을 기준으

일완(一浣)이 일순(一旬), 곧 열흘의 뜻이 됨. ◦灌(관) : 물을 대다. 따르다, 붓다(액체 등을).

951) 適值(적치) : 마침 ~을 만나다. 때마침~에 즈음하다 .

952) 궁원노만(弓圓弩滿)은 물이 활같이 굽어 감싸 상현(上弦)달의 형상인 것을 말한다. [弓圓弩滿言水彎抱如弓弩上弦之形也]

953) 若夫(약부) : ~ 에 대하여는. 그런데. ~과 같은 것은 ◦盈(영) : 차다. 가득 차 넘치다. ◦霽(제) : 개다. 날씨가 화창하다. ◦瀦(저) : 웅덩이. 물이 괴다. ◦迸(병) : 솟아나오다. 세차게 흘러나옴

로 삼아야 할 뿐이다.

或然有穴逼[954]水邊，葬後水城遷。
注龍真穴正，不幸而逼近水涯，或水衝割，此亦造化留心待人主耳，故葬後水徙而吉。卜氏云「水有陵遷谷變」是也。《史記》：「晉郭璞葬母於曁[955]陽，水百步，人以為言。璞曰：『當即為陸矣！』其後沙漲，皆為桑田。」

혹[或然] 혈(穴)이 수변(水邊)에 가까이 있으면, 장사 후에 수성(水城:물길)이 물러나 옮겨간다[遷;천].[或然有穴逼水邊，葬後水城遷]

주해[注]

용진혈정(龍真穴正)하나 불행(不幸)하게 물가[水涯;수애]에 너무 가까워[逼近;핍근] 혹 물이 쳐 손상을 받을 수 있다[水衝割;수충할]. 이러한 곳은 역시 조화(造化)의 신이 마음에 담아 두어[留心:유심] 사람을 기다렸다가[待:대] 주인[主]이 (나타나) 장사를 한 후에 물길[水城]이 이동하여[水徙;수사] 길하다. 복씨(卜氏)가 이르길 '물은 언덕을 옮겨 계곡으로 변화하는 것이다.' 고 하는 것이다. 《사기(史記)》에 이르길 '진나라[晉]의 곽박(郭璞)이 '기양(曁陽)에 모친을 물에서 백보(百步)정도 떨어져 장사를 하였다' 고 사람들은 말을 하였다. 곽박이 이르길 '머지않아[當即] 육지로 될 것이다!' 고 하였고 그 후에 모래가 쌓여[沙漲;사적] 모두 뽕밭이 되었다.' 고 한다.

或然有穴居龍脊，騎龍貴無敵。
注廖氏曰「騎龍須要居龍脊，龍住應無敵」是也。蓋騎龍穴力量最大，乃龍氣旺盛，故結穴後猶有餘氣之山。以其穴不居盡處，故曰騎龍。舊說前去山皆不結

954) 逼(핍) : 핍박하다. 좁다. 접근하다. 육박하다. ☞ 逼近(핍근) : 매우 가까이 닥침. ☞ 害(해) : 해치다(害--), 손상하다(損傷--),파다, 파헤치다, 재앙(災殃), 불행(不幸)
955) 曁(기) : 미치다, 닿다, 이르다(어떤 장소나 시간에 닿다), 도달하다(到達--) ☞ 去(거) : (장소·시간적으로) ~과 떨어져[거리가] 있다.☞當即(당즉) : 즉시. 곧. 바로

穴。予兄弟見仙跡騎龍穴結後，再去山多有結作，但力量有大小，受穴有正副不同耳

혹 혈이 용척(龍脊)에 있으면 기룡혈(騎龍)로 귀(貴)함이 상대할 적이 없다[無敵].[或然有穴居龍脊，騎龍貴無敵。]

주해[注]

요씨(廖氏)가 이르길 '기룡(騎龍)은 반드시[須] 용의 등위[脊上;척상]에 있어야 하며, 용이 머물러 응하여 상대할 적이 없다.' 고 한 것이다[是也]. 대개 기룡혈(騎龍穴)은 역량(力量)이 가장 커 용기(龍氣)가 왕성(旺盛)하므로 결혈(結穴)을 한 후에 오히려[猶:유] 여기(餘氣)가 있는 산으로 그 혈은 진처(盡處:용이 끝난 곳)에 있지 않는 것이므로 기룡(騎龍)이라 한다. 옛말[舊說]에 '앞으로 가는 산은 모두 혈을 맺지 못한다.' 하였으나, 우리 형제가 본 선사들의 자취[仙跡]로 기룡혈(騎龍穴)은 결혈한 후에 다시 뻗어간 산이 대부분 결작을 하였는데 다만 역량(力量)에는 대소(大小)가 있고, 혈을 받는 데[受穴]는 으뜸과 버금[正副:정부]이 있어 같지 않을 뿐이다.

如吾邑吳國師為十院張氏下一騎龍穴，在新營河南五里，土名烏石源，出張忠定公燾，為宰執。甲公封忠利侯，進士五十餘人。其龍結穴後，複起大山，去土名桃芝源，又結董德彰下金鵝抱卯形地，出尚書省齋公張憲。又如績溪縣汪五祖地，將軍踏弩形；景德鎮劉御史祖地，猛虎下山形；福建林見素尚書祖地，鳳凰銜書形等穴，皆是騎龍，結穴後複去，俱結富貴地，寔[956]皆仙跡可証者。蓋以龍氣極旺，故餘氣透漏，猶有融結耳。古歌一篇，論騎龍穴意頗詳盡，坿[957]錄於此。

가령 오읍(吾邑)의 오국사(吳國師)가 십원(十院) 장씨(張氏)를 하장한 기룡혈(騎龍穴)이 신영(新營) 하남(河南)의 5리(五里)에 있으며 토명은 오석원(烏石

956) 寔(식) : 참으로. 두다. 이. 이것. ☞ 透漏(투루) : 새다. 누설하다. 드러나다.
957) 坿(부) = 附(부) : 덧붙이다. 붙이다. 접근하다. 부착하다.

源)이다. 장충정공(張忠定公) 도(燾)가 태어나 재집(宰執)이 되었고, 갑공(甲公)이 충리후(忠利侯)에 봉하여졌고[封], 진사(進士)가 50(五十)여 사람이 배출되었다. 그 용(龍)이 결혈(結穴) 한 후에 다시 큰 산을 일으켜 나갔으며,

토명으로 도지원(桃芝源)에서 또 결작을 하여 동덕창(董德彰)이 하장한 금아포란형(金鵝抱卵形)의 자리는 상서(尚書) 성제공(省齋公) 장헌(張憲)이 태어나고 또 가령 적계현(績溪縣) 왕왕(汪王)의 조지(祖地)에서는 장군(將軍) 답노형(踏弩形)이고, 경덕진(景德鎮)의 유어사(劉御史) 조지(祖地)는 맹호하산형(猛虎下山形)이고 복건(福建)의 임견소(林見素)상서(尚書) 조지(祖地)는 봉황(鳳凰) 함서형(銜書形) 등의 혈은 **모두 기룡혈(騎龍穴)이며 결혈(結穴)한 후에 다시 흘러가 함께 부귀(富貴)을 결혈한 자리들이다.**

이들은 모두 선사의 자취[仙跡]로 증거가 될 수 있는 곳이다[証;증]. 대개 용기(龍氣)가 매우 왕성하므로 여기(餘氣)가 누설되어도[透漏;투루] 오히려[猶] 융결(融結)할 수 있었다. 옛 노래[古歌] 일편(一篇)에 기룡혈(騎龍穴)을 논한 뜻이 매우[頗;파] 상세하고 빠짐없이 철저하여[詳盡;상진] 이에 덧붙여 기록한 것[坿錄]이다.

歌云：三十六座騎龍穴，不是神仙難辨別。水分八字兩邊流，且到穴前傾又跌。無龍無虎無明堂，水去迢迢數里長。玄武雖端氣還過，庸師安敢妄評章[958]？真龍踊勢難頓住，結穴定了氣還去。就身作起案端嚴，四正八方皆會聚。外陽休問有和無，只看藩垣與夾扶[959]。左右護龍並護水，廻環交鎖正龍居。或作龜背或牛肩，或作鶴嘴蜘蛛肚。鳳凰銜印龍吐珠，天馬昂頭蛇過路。前案不拘尖與圓，或橫或直正無偏。但尋真氣居何地，認取天心十道全。

가(歌)에 이르길 '36(三十六) 자리[座]의 **기룡혈(騎龍穴)**은 신선(神仙)이 아니면 분별(辨別)하기가 어렵다. **물이 팔자(八字)로 나누어 양변(兩邊)으로 흐르고** 또 혈 앞[穴前]에 이르러 기울고 또 달려가[跌走:질주] **청룡[龍]도 백호[虎]도 명당(明堂)도 없으며**, 물이 멀리 흘러가[去迢迢:거초초] 수리(數里)나 길고[長], **현무(玄武)는 비록 단정하나 기(氣)가 도리어 지나쳐**[還過;환과] 용

958) 章(장) : 밝다. 밝힘. 나타나다. 나타냄.
959) 夾扶(협부) : 좌우에서 부축함. 좌우에서 모심. 곁에서 부축하여 지지함.

사(庸師)들이 어찌 감히 함부로[敢妄;감망] 밝혀 평가할 수 있는 가[評章;평장]? 진룡(真龍)의 약동하는 힘[踊勢;용세]은 갑자기 멈추기 어려우므로[難頓住] 결혈(結穴)한 후에 용기(龍氣)는 도리어 더 나아간 것이다. 용신을 취하여 일으켜 안(案)이 단정하고 엄숙하고(端嚴:단엄) 사정팔방(四正八方)에서 산수가 모두 모이면[會聚], 외양(外陽)을 보고 온화한지를 유무(有無)를 묻지 마라[休問;휴문]. 다만 울과 담[藩垣;번원]이 좌우에서 도와주는 가[夾扶:협부]를 보아라. 좌우(左右)에 용(龍)과 물이 호위하여 빙빙돌아[廻環:회환] 교쇄(交鎖)하면 정룡(正龍)이 있고 혹 거북의 등이나 소의 어깨 같은 데 혈을 만든다. 혹 학의 부리[鶴嘴;학취]나 거미의 복부(腹部)[蜘蛛肚;지주두]에 혈을 만들거나 봉황(鳳凰)이 인장을 물거나[銜印;함인][鳳凰銜印] 용(龍)이 구슬을 토(吐)하며[龍吐珠:용토주] 천마(天馬)가 머리를 쳐들고[天馬昂頭:천마앙두] 뱀이 길을 지나가[蛇過路:사과로] 전안(前案)이 뾰족하거나 둥근 것에 구애받지 않으나 혹 횡(橫)이거나 직(直)이거나 바르고 치우침이 없어야 한다[無偏]. 다만 진기(眞氣)가 어느 곳에 있나 찾고, 천심십도(天心十道)를 취하여 온전한가를 알아본다.

或在平陽或溪灣，或在高峰半山上。或然山連千萬重，或然水去千萬丈。神仙方識此規模，自可一湖通百湖。巧目神機960)扦正穴，何須逐一看沙圖？教君細認毋怪奇，左右纏護不曾961)離。水雖前去三五里，之玄屈曲合天機。更有異穴倒騎龍，前後妙在看形容962)。千變萬化理歸一，盡在高人心目中。要妙無過捉氣脈，吉凶禍福分黑白。君如下得騎龍穴，百子千孫非浪說。騎龍之穴福非輕，世代富貴無休歇。狀元及第總堪963)誇，將相公侯盈帝闕。按：歌理攸964)當，但三十六穴之說則拘矣，學者不可泥之。

혹 평양이나 혹 계곡이나 바닷가 만에 있거나 혹 고봉이나 반 산상에 있을

960) 神機(신기) : 신의 기틀이나 장치, 혹은 신이 깃들어 있는 가장 중요한 바탕을 함축한다. 신묘한 계기. 매우 중대한 기밀조짐. ☞ 기(機) : 자연. 조화(造化). 우주 만물을 생성해 내는 것. 실마리. 단서. 비밀. 계기(契機). 어떤 일의 기회.

961) 不曾(부증) : ~한 적이 없다. ☞ 沒有(몰유) : 없다. 아직 ~않다. 가지고 있지 않다.

962) 形容(형용) : 형상. 형용하다. 조롱하다. 용모. 사람이나 사물의 생긴 모양

963) 堪(감) : ~할 수 있다. ~할 만하다. 감당하다. ☞ 誇(과) : 자랑하다.

964) 攸(유) : ~하는 바. 즉. 곳

것이나 혹 산이 천만중(千萬重)이나 겹겹이 이어져 있거나 혹 물이 천만장(千萬丈)으로 멀리 나아가기도 한다. 신선도 아는 방법을 이런 규모(規模)로 하는 것이니 자연히 한 호수만 보고도 백 가지 호수에 통하게 되니 신묘한 계기[神機:신기]는 재치가 있는 눈[巧目]으로 정혈(正穴)을 천장한다고 말하나, 어찌 하나의 사도(沙圖)만 보고 따르겠는가[逐;축]? 그대는 괴상하고 기이함(怪奇)이 없는가를 자세히 알도록 하라. 좌우(左右)에서 혈을 호종하여 감싸주는 산[纏護;전호]이 이탈하지 않아[不曾離:부증리] **물이 비록 앞으로 3,5리를 흘러가나 지현자[之玄字]로 굴곡(屈曲)하면 천기(天機;하늘의 조화)에 부합한다**. 다시 특이한 혈(穴)로 도기룡(倒騎龍)이 있다. 전후(前後)에 묘(妙)한 형상이 있음을 볼 수 있다. 끝없이 변화하여도[千變萬化] 이치(理致)는 하나로 돌아가 이 모두 달인[高人]의 마음의 눈 가운데 있다. 요컨대 **묘함은 기맥(氣脈)을 지나지 않고 얻어**[捉:착] 길흉화복으로 흑백(黑白)이 분명하게 밝혀진다. 그대가 만약 기룡혈을 얻어 하장(下葬)하면 백자천손(百子千孫)이 헛된 말[浪說;낭설]이 아님을 알 것이다. 기룡혈(騎龍之穴)은 복(福)이 가벼울 수 없어 대대로[世代:세대] 부귀(富貴)가 멈추지[休歇;휴헐]않아 장원급제(狀元及第)를 하여 모두 자랑할 수 있어[堪誇;감과] 장상공후(將相公侯)가 황제의 궁궐[帝闕;제궐]에 가득할 것이다.

자세히 살펴보니[按]

이 노래의 이치[歌理]는 다만 36혈의 설에 해당되는 것으로 학자들은 이게 너무 구애받지 말라.

或然有穴截龍脈，斬關古有格。

注斬關穴者，乃斬截行龍氣脈而結穴也。蓋龍之大勢已去，旺氣暫注，亦成星辰，有形穴可下，故斬氣截脈下之，非勉強斬截龍脈而立穴也。此地發福極快，但不悠久。蓋為龍盡處自有正穴，故爾[965]。《經》云「假穴斬關莫道真，正穴真

965) 自有(자유) : 저절로 ~이 있다. 자연히~이 있다. 본래[응당] ~이 있다. 故爾(고이) : 그러므

形都差了966)。京口丹徒之候山，常有雲氣在其間。曲阿之中有正穴，卻被劉侯斬一關。斬關之穴始於此，只得二代生龍顏」是也。曲阿在丹徒縣，即劉裕父墳。

혹 용맥(龍脈)을 끊어도 혈이 되는 것인데 참관혈(斬關穴)은 옛날부터 격식에 있다.[或然有穴截龍脈，斬關古有格]

주해[注]

참관혈(斬關穴)이란 행룡(行龍)하는 기맥(氣脈)이 끊어진 곳[斬截;참절]에 혈을 맺는다. 대개 용(龍)의 대세(大勢)는 이미 지나가고 왕기(旺氣)가 잠시[暫;잠] 머물러도 성신(星辰)을 이루어 혈형[形穴]이 있으면 하장할 수 있으므로 기맥을 끊어[斬氣截脈] 하장한다.

억지로[勉強:면강] 용맥을 끊지 않고[斬截:참절] 입혈을 한다. 이와 같은 자리는 발복(發福)이 매우 빠르다[極快;극쾌]. 다만 오래가지 못한다. 대개 용(龍)이 끝나는 곳에 '자연히 정혈(正穴)이 있다'는 이유이다[故爾:고이].

《경(經)》에 이르길 '

가혈(假穴)에 혈을 만들어[斬關;참관] 진(真)이라 말하지 말라[莫道真].

정혈(正穴)의 진짜 모양[形]과는 모두 차이가 있다[都差了:도차료].

경구단도(京口丹徒)의 후산(候山)에 항상 운기(雲氣)가 있어 그 가운데 머물러 굽어 한쪽에 치우친[曲阿:곡아]의 언덕 가운데 있는 정혈(正穴)에 송(宋)나라를 세운 유 황제(劉侯;유후)는 (정혈에 쓰지 않고) 단도(丹徒)에 있는 참관혈(斬關穴)에 하장 하였는데[被;피], 참관혈(斬關之穴)은 여기서 비롯되었는데 다만 2대(二代)만 임금[龍顏;용안]을 배출한 것'이라 함이 이것이다. 곡아(曲阿)는 단도현(丹徒縣)에 있는데, 곧 유유부(劉裕父)의 무덤[墳]이다.

로. 때문이다. 그래서

966) 差不了(차불료) : 큰 차이가 없다. 대체로 같다. ☞ ~不了(불료) : ~ 해 낼 수는 없다. 그렇게 될 수는 없다. ~할 수 없다. ☞ 阿(아) : 언덕 . 구릉 ☞被(피) : 쓰다. 덮다. 당하다.

或然[967]有穴在湖濱，秋冬始見真。

注穴有結於湖濱者，春夏水漲之時，四望皆水。直至[968]秋冬水退，而穴形始見。如認龍真，亦可用之，不畏其卑濕也。楊公云：「也曾[969]見穴臨水際[970]，俗人見穴無包藏。」又云：「平中還有水流坡，高水一寸即是阿。只為時師眼力淺，到彼茫然無奈何[971]。便云無處尋蹤跡，直到有山方識得。如此之人豈可言，有穴在坪原自失。只來山上覓龍虎，又要乳頭始云吉。不知山窮落坪去[972]，穴在坪中貴無敵。癡師誤了幾多人，又道[973]葬埋畏卑濕。不知穴在水中者，如此難憑[974]怕泉瀝[975]。蓋緣水漲在中間[976]，水退卻同乾地力。」此說曲盡[977]湖濱穴法之妙。

> 혹시 생긴 혈(有穴)이 호숫가[湖濱;호빈]에 있으면 추동(秋冬)에 비로소 진짜를 볼 수 있다.[或然有穴在湖濱，秋冬始見真]

주해[注]

혈(穴)이 호수가[湖濱]에 맺혀 있는 것은 춘하(春夏)에 물이 성할[漲;창] 때는 사방을 둘러보아[四望] 모두 물이나, 추동(秋冬)이 되면[直至:직지] 물이 빠져[退] 혈(穴)의 형태가 비로소 나타나는데 만약 용이 진짜인 것을 알면[如認龍真] 역시 사용할 수 있다. 그것이 비습(卑濕)해도 두려울 것이 없다.

양공(楊公)이 (감룡경)에 이르길 '또 혈(穴)이 물 가까이 있는 것[水際]을 보

967) 或然(혹연) : 아마. 개연(蓋然)하다. 혹시. 혹 그럴 수 있다
968) 直至(직지) : 쭉 ~에 이르다. ◦退(퇴) : 내리다. 감소하다. 줄다. 물러나다.
969) 曾(증) : 오르다. 이미. 이전에. 일찍이. ~한 적이 있다. ◦也(야) : 잇닿다. ~도 또한. 게다가. ~조차 (~하다).
970) 水際(수제) : 바다, 강(江), 못 따위와 같이 물이 있는 곳의 가장자리.
971) 奈何(내하) : 어떻게 하다. 어찌.~를 어찌하겠는가. (누구를) 어떻게 하다.
972) 去(거) : 떠나다 . 잃어버리다. 거두어서 깊이 간직하다. 가다.
973) 道(도) : 말하다, 이야기하다. 알다, 깨닫다. 행하다(行--), 실행하다(實行--). 헤아리다, 생각하다.
974) 難憑(난빙) : 믿을 수 없다. 의심스럽다. 믿어지지 않다.
975) 瀝(력) : 물이 방울져 떨어지다 .스며들다.흘리다.
976) 中間(중간) : 두 사물(事物)의 사이.[中央: 사방(四方)의 중심(中心)이 되는 한가운데]
977) 曲盡(곡진) : 간곡(懇曲)하게 정성(精誠)을 다함. 매우 제세하다.

고 속인은 혈을 보고 감싸주는 산[包藏]이 없다. (장풍이 되지 않아 혈이 아니다)' 고 하였다. 또 이르길 ' 평지 가운데 오히려 흐르는 물에 언덕[坡;파]이 있어 물보다 일촌[水一寸] 높으면 곧 언덕(구릉)이다. 다만 세속에 술사들은 안목이 얕아[力淺;역천] 평지에 이르러[到彼] 망연자실하여[茫然] 어찌할 바를 모르고[無奈何;무내하] 즉시[便;편] 찾는 곳에 지맥의 자취를[蹤跡;종적] 찾을 수 없다고 하나, 곧장 산이 있는 곳에 이르러[直到有山] 비로소 알 수 있다.' 고 한다. 이와 같은 사람이 어찌 말할 수 있으랴 ? '평지에 있는 혈은 원래 스스로 자취를 감춘다.' 다만 산에 올라가 용호를 찾고[覓;멱] 또 중요한 것[혈]이 유두(乳頭)이면 비로소 좋다고 이른다.

산이 끝나[山窮:산궁] (혈이) 평지에 맺히는 것을 모른다. 혈이 평지 가운데 맺히면 귀함이 어떤 것도 대적할 수 없다[無敵:무적]. 어리석은 술사들[癡師;치사]이 얼마나 많은 사람을 속였던가? 또한 매장[葬埋]할 때 비습 한곳[卑濕;비습]을 두려워 걱정하는데 혈(穴)이 수중(水中)에도 있다는 것을 모르는 사람이다. 이와 같은 곳에서는 샘물이 흘러내릴 것[泉瀝:천력]을 두려워하여 믿지 않는다. 대개 (봄여름에) 물이 불어나면 (혈은) 물 가운데 있고 (가을과 겨울에) 물이 줄어들면[水退:수퇴] 곧 바로 땅이 마른 땅과 같다. '고 하였다. 이는 호빈혈법(湖濱穴法)의 묘함을 정확하게 설명한 것이다.

或然有穴落田疇，春夏水交流。

注平田之地，高一寸為山，低一寸為水。原自高山撤落平洋，牽連鋪展，平坦而來，微有脊脈。當春夏灌溉之時，滿目皆水，俗眼見此，不忽其為泥汚，則棄其為水瀝，安知其有美地存焉？但結穴之處，必須有銀錠，束氣融聚[978]，分水伶俐，忽起微突，開口明白，界水交截[979]，方為真穴。雖水田滿目，不足[980]畏也。

978) 融聚(융취) ; 자연의 기운(生氣)이 한 곳에 모여 응집되는 상태를 '융취(融聚)'라 하며, 물이 산맥을 따라 흐르며 생기를 한 곳에 모으는 원리로 설명

979) 交截(절) : 두 도형이나 물체가 서로 교차되어 공통된 부분을 가지는 일.
☞ 截(절) : 차단하다. 가로막다. 멈추게 하다. 저지하다.

980) 足(족) : ~에 충분하다. ~할 가치가 있다. 족히 ~할 만하다. [주로 부정에 쓰임.]

혹 혈이 전답[田疇;전주]에 머무르고[落] 있어 춘하(春夏)에는 물이 왕래한다[交流;교류].(或然有穴落田疇，春夏水交流) ☕ 落(낙) : 멈추다. 머무르다. 거처를 정하다. 정착하다.

주해[注]

평평한 밭[平田]의 땅은 한 치[一寸:일촌]가 높으면 산이 되고, 한 치[一寸]가 낮으면 물이 된다. 원래 고산(高山)에서 평양(平洋)에 어지러이 떨어져[撒落;살락] 서로 얽혀[牽連;견연] 펼쳐져[鋪展:포전] 평탄(平坦)하게 오다가 작은 척맥(脊脈)이 있는데 춘하(春夏)의 관개(灌漑)하는 시기에는 눈에 보이는 것 모두[滿目;만목]가 물로 속안(俗眼)으로 이것을 보면 가벼이 하지[忽;홀] 않고 그곳에 진흙탕[泥汚;니오] '물이 방울져 떨어진다[水瀝;수력]' 하여 버리는 곳이다. 어찌 그 속에 미지(美知)가 존재하는 것을 알 수 있는가? 다만 결혈처(結穴之處)에서는 반드시 은정맥[銀錠脈]으로 융취(融聚:기가 응집된 상태)하여 속기(束氣)해야 물이 나누어짐이 분명하여[伶俐;영리] 미돌(微突)이 갑자기 솟아[忽起:홀기] 개구(開口)한 것이 분명하고[明白] 물이 경계를 지어[界水] 함께 만나 멈추면[交截;교절] 비로소 진혈(真穴)이다. 비록 밭에 물이 눈에 가득 차 보여도[滿目:만목] 두려워할 것이 없다.

或然穴在土皮上，名曰培土葬。

注培土葬者，其地氣浮於上，故下棺之時，不深穿井，放棺土皮之上，外以客土培981)之，故曰培土葬也。朱子曰：「漳982)、泉間，棺只浮於土上，深者僅有一半983)入地，所以上面封土甚高。後來見福州人舉移舊墓，稍深者無不有水，方知興化、漳、泉淺葬者，防水耳。」

혹 혈(穴)이 토피 위[土皮上]에 있는 것을 지칭하여 배토장(培土葬)이라 한다. (或然穴在土皮上，名曰培土葬)

981) 培(배) : 흙으로 덮다. 덮어 보호하다. 북을 돋우다[주다].
982) 漳(장) : 둑. 막다. 둑(높은 길을 내려고 쌓은 언덕)
983) 一半(일반) : 반. 절반 ☞ 無不(무불) : ~하지 않는 것이 없다. 모두 ~이다.

주해[注]

배토장(培土葬)이라 함은 지기(地氣)가 지표 위에 뜬 것[浮於上:부어상]이므로 하관(下棺)할 때에 광중[壙中]을 깊게 파서[深穿:심천]는 안되고 관(棺)을 토피(土皮) 위에 놓고 외부에 객토(客土)하여 흙으로 덮어 묻는 것이므로 배토장(培土葬)이라 한다. 주자(朱子)가 이르길 '샘의 틈[泉間]을 막아[漳;장] 관은 다만 흙 위에 띄워야 하는 것이며 깊이[深者]는 땅에 겨우[僅;근] 절반[一半:일반]을 넣어 하관한다[有;放]. 그러므로[所以] 윗면[上面]으로 매우 높게 흙을 쌓아 올려야 하고[封土;봉토], 나중에 와[後來] 복주인(福州人)이 구묘(舊墓)를 들어 옮길 때 보니, 약간 깊게 매장한 곳[稍深者:초심자]에는 모두[無不;무불] 물이 있는 것은 비로소 변화하여 샘이 생긴 것을 알았고 샘을 막아[漳;장] 얕게 매장한 곳[者]은 물을 막을 수 있었다.' 고 하였다.

按：淺葬之法，不特漳、泉為然。蓋地土有厚薄之殊，龍脈有浮沉之異。地土厚，龍脈沉，有葬至數丈者，不謂之過深；地土薄，龍脈浮，有安柩土皮之上，用客土培成塚者，不謂之過淺。噫！非圓機[984]之士，其孰能之？

조사해보니[按]

얕게 매장하는 법은 특별히 (깊이 파면) 물이 나는 것을 막는 것[漳泉;장천]만 그러한 것이 아니고 대개 땅의 흙이 두껍고 얇은 것이 다른 데 있다. 용맥(龍脈)이 부침(浮沉)이 다른 데[差異:차이] 있다. 땅의 흙이 후부[厚富]하여 용맥(龍脈)이 꺼지면[沉;침] 장사[葬]를 수장[數丈]에 이르게 하나 지나치게 깊다고 하지 않았고, 땅에 흙이 얇아[薄:박] 용맥(龍脈)이 뜨면[浮:부] 토피(土皮)위에 영구(靈柩)를 안장[安柩:안구]하고 객토(客土)를 이용하여 흙으로 배토하여[培(배);흙을 돋우다] 무덤을 완성하는 것을 지나치게 얕다고 하지 않는다. 오호라[噫(애)]! 비범한 지사[圓機之士]가 아니고, 그 누가 할 수 있을 가?

---

984) 圓機(원기) : 우주가 운행하는 기틀의 원만한 이치를 단박에 깨우친다.

或然穴在石罅[985]中，有土氣斯通。

注此石山土穴也。《葬經》云：「氣因土行，而石山不可葬。」蓋頑石之不可掘鑿者，則隔斷生氣，且多生水，所以不可下也。故石山必有土穴為真。廖氏云「漱石莫疑安石罅，土穴端無價」是也。楊公云「也有[986]穴在大石間」，卜氏云「石間穴貴得明師」，皆言石間有穴，卻不明言，立穴處必須有土為真。張子微云：「石巧之穴石盤生，如琢如鐫如切成[987]。上無縫[988]脈穿鑿計，且無寸土為遮蔽[989]。」又云：「此穴依山不須鑿，結砌[990]安柩平處是。自然融結得山脈，不必鑿開洩石氣。」則又直指頑石之上安柩。誠如所言，是又與《葬經》相背。且石山土穴，或石山鑿見土脈為穴，予聞其語矣，亦見其地也。石穴不可掘鑿，則是頑石，無生氣。今言安柩其上，以土封之，吾聞其語矣，未見其地也。雖云有之，終於我心有所不安，不敢取以為法，寧從廖，不從張。

혹 혈(穴)이 암반의 틈[石罅;석하] 속에 있으면 토기(土氣)가 존재하면 곧[斯] (기가)통한다.(或然穴在石罅中，有土氣斯通)

주해[注]

이는 석산에 토혈(石山土穴)이다. 《장경(葬經)》에 이르길 '기(氣)는 흙을 따라[因土] 이동하여[行] 석산(石山)에는 매장할 수 없다.' 고 하였다. 대개 단단한 바위[頑石;완석]는 굴착(掘鑿)할 수 없으면 생기(生氣)가 끊어져 막혀[隔斷;격단] 또 대부분 물이 생기기 때문에[所以] 하장할 수 없다. 그러므로 석산(石山)에는 반드시 흙이 있으면 혈(穴)은 진짜이다. 요씨(廖氏)가 이르길

985) 罅(하) : 틈. 갈라지다. 골짜기. 구멍 ☞ 漱(수) : 씻다. 물이 언덕에 부딪쳐 흐름. ☞ 因(인) : 인하다(因--).의지하다(依支--). 따르다, 좇다.

986) 也有(야유) : 也는 또한, 역시(亦是), 有는 있다.

987) 切成(절성) : 잘라서~(으)로 만들다.

988) 縫(봉) : 이은 부분. 틈. 간극(間隙). 갈라진 자리. ☞ 計(계) : 꾀하다. 숙고(熟考)하다. 의논하다.

989) 遮蔽(차폐) : 덮다. (시선 따위를) 가리다. 감추다. 은폐(하다).

990) 砌(체) : (벽돌이나 돌을) 쌓다. 섬돌 . 계단. 겹쳐 쌓다.

'수석(漱石;물이 지나간 바위) 바위 틈[石罅;석하]에 안장하는 것을 의심하지 마라. 수석혈에 흙의 등급[端:단]은 값을 매길 수 없다'는 것이다. 양공(楊公)이 이르길 '역시 혈이 큰 암석 사이[大石間]'에 있다고 하였다.
복씨(卜氏)가 이르길 '암석 사이[石間]에 귀한 혈[穴貴]은 명사(明師)가 찾을 수 있다.'고 하였다. 모두 암석 사이에 혈이 있음을 오히려 말로서 밝히기 어려우나[不明言:불명언] 입혈처(立穴處)는 반드시 흙[土]이 있어야 진혈(真穴)이 이다. 장자미(張子微)가 이르길 '석교혈(石巧之穴)은 암반[石盤:석반]에 생기는 것이다. 쪼아놓은 것 같고[如琢;여탁] 구멍을 파 놓은 것 같고[如鐫;여전] 자른 것 같기도 하다[如切成:여절성]. 위는 봉맥(縫脈)이 없어 천착(穿鑿)을 계획할 수 없으니 또한 한 치의 흙[寸土:촌토]이 없어도 (혈을) 가린다[遮蔽;차폐]'고 하였다. 또 이르길 '이 혈은 산에 의지하여[依山:의산] 반드시 굴착할 필요가 없다[不須鑿:불수착]. 섬돌에 혈이 맺었으면[結砌;결체] 평안한 곳[平處]에 영구를 봉안하는 것[安柩;안구]이다. 자연(自然)에서 융결(融結)은 산맥(山脈)에서 득한다.
파서 뚫을[鑿開:착개] 필요가 없어 석기(石氣)를 누설되지 않았으면 또 곧[直] 완석(頑石)위에 영구를 봉안[安柩:안구]을 의지하라[指:지]. 진실로 말한 바와 같다면 이는 또 《장경(葬經)》과 서로 반대[相背;상배]가 된다. 또 석산(石山)에서 토혈(土穴)은 혹 석산(石山)을 굴착하여[鑿:착] 토맥(土脈)이 나타나면 혈(穴)이 된다. 내[予;여]가 그 말을 들었고 또 그 자리를 보기도 했다. 바위에 혈을 굴착(掘鑿)할 수 없으면 이는 완석(頑石)으로 생기(生氣)가 없다.
지금 완석 위에 안구(安柩)하고[以] 흙으로 봉분을 하는 것을 말한다. 내가 그 말을 들었으나 아직 그 자리를 보지는 못했다. 비록 있다고 할지라도 종내 나는 마음이 불안(不安)한 바가 있어 감히 취하여 본보기[法]로 삼을 수 없다. 차라리[寧;녕] 요금정[廖]의 본보기를 따를지라도 장자미(張子微)의 본보기를 따르지 않는다.
key word :완석위에 천장 / 석산굴착 토맥이 노출 시 안장

也曾見穴水直流，下後出公侯。
注真龍大地，包裏重疊，而正穴必居衆山擁從之內，小水直流，勢所必有。陶公云：「直流百步，變世為官。」必須外面大河大溪，逆潮[991]橫繞，而山脈重重攔截。《賦》云「元辰水當心直出，未可言凶。外面山轉首橫攔，得之反吉」是也。然直流之穴，必須龍長氣旺，力量極大，又兩畔山腳包收，水雖去而山則回，穴甚周密則可。若龍短力少，一步去水亦不可下。廖氏云：「第一莫下；去水地，立見[992]敗家計。」至驗至驗，戒之戒之！

이미[曾;증] 혈에서 물이 직류하는 것이 보이면 하장 후에 공후(公侯)가 나온다.(也曾見穴水直流，下後出公侯。)

주해[注]

진룡(真龍)의 대지(大地)는 산으로 첩첩히 겹쳐 싸이고[包裏重疊;포리중첩] 정혈(正穴)은 반드시 중산(衆山)이 호위하면서 따라온[擁從:옹종] 안에 있고, 소수(小水)가 직류(直流)하는 형세의 경우[勢所:세소]가 반드시 있다[必有]. 도공(陶公)이 이르길 ' 직류백보(直流百步)는 세상을 바꿔어[變世] 관(官)이 되는 것이니, 반드시 외면(外面)에 대하대계(大河大溪)가 역조(逆潮)하거나 횡으로 감싸[橫繞:횡요] 산맥(山脈)이 거듭 가로막은 것[攔截;난절]이다.' 고 하였다. 《설심부(賦)》에 이르길 ' 원진수가 '명당의 한가운데를 마주하여[當心] 곧게 흘러나간다[直去:직거]고 해서 흉하다고 말할 수 없는 것은 외면(바깥쪽)에 (산수가) 머리를 돌려 횡란하면[得] 오히려 길하다.' 고 한 것이다.[元辰水當心直出，未可言凶。外面山轉首橫攔，得之反吉」是也。]그러나 직류(直流)하는 혈(穴)은 반드시 용이 길고[龍長] 기(氣)가 왕성하여야[旺] 역량(力量)을 극대화 하고[極大] 또 양측[兩畔]의 산각(山腳)이 거두어 감싸[包收;포수]나 물은 비록 흘러갈지라도 산이 곧 돌아[山則回:산즉회] 혈이 아주 주밀(周密)하면 좋다[可]. 만약 용(龍)이 짧아 역량[力] 작으면[少] 흘러가

991) 역조(逆潮) : 바람의 방향과 반대로 흐르는 조류. 배의 진행 방향과 반대로 흐르는 조류. ☞ 逆(역) : 거스르다. ☞ 潮(조) : 밀물/조수

992) 見(견) : 당하다. 수동적임을 나타냄. 나타나다. 드러남. ☞ 見敗(견패) : 싸움 따위에서 패배를 당함. 일을 잘못하여 실패를 봄 ☞ 戒(계) : 경계하다. 삼가

는 물이 일보(一步)라도 역시 하장할 수 없다. 요씨(廖氏)가 이르길 ' 중요한 것[第一]은 물이 흘러가는 곳[去水地]에 하장하지 말라. 곧[立] 가계(家計)가 망한다.' 고 하였다. 증험하고 또 증험을 하여[至驗至驗] 경계하고! 또 경계할 지어다![戒之戒之(계지계지)!]

也曾見穴砂斜飛，下後著裶[993]衣。
注真龍貴穴，面前或多順水之砂，俗眼必望而畏之，或指為退田筆，或指為離鄉砂，縱有美地，亦不敢[994]信。豈知此乃曜氣，為極貴之應哉！楊公云：「或如刀，或如劍，隨水順流俱冉冉[995]。庸師只斷定離鄉，豈知內有真龍占。」蓋真龍正穴既已融結，雖有微砂順水，多是秀曜，不可一例斷作[996]退田筆、離鄉砂。何也？蓋砂如美女，貴賤從夫，故爾[997]。如大貴人既在此建府創第，或開藩建節，則軍將兵衛，或左或右，或出或入，皆是為貴人奔走服役，故順去者亦無所畏，乃為秀曜貴氣之驗。然亦須要收拾之，不可使蕩然而去。

> 이미 혈의 사[穴砂]가 사비(斜飛)하는 것이 보여도 하장 후에 관복[裶衣;비의]을 입게 된다.[也曾見穴砂斜飛，下後看裶衣。]

주해[注]

진룡진혈(真龍貴穴)에서 면전(面前)에 혹 대부분 순수(順水)하는 사(砂)는 '속안(俗眼)으로 보면 반드시 두려워[畏之;외지] 혹 가리켜[指;지] 퇴전필(退田筆)이라 하거나 어떤 경우는 가리켜 이향사(離鄉砂)라 하여 비록 미지(美地)일지라도 감히 믿지 못한다' 고 한다[不敢信:불감신]. 요기(曜氣)가 지극히 귀[極貴:극귀]가 응하는 것[應哉(응재)!]을 어찌 알겠는가?

---

993) 裶(비) : 옷 치렁치렁하다. ☞ 看(간) : 대하다. 대우하다. 취급하다.
994) 不敢(불감) : 감히 ~하지 못하다. ~할 리 없다. ~할 용기가 없다.
995) 冉冉(염염) : 천천히 움직이는 모양. 나아가는 모양(模樣)이 느림.
☞ 多是(다시) : 아마. 모두. 대개
996) 作(작) : ~로 여기다[삼다]. ~로 하다. ☞何也(하야) : 어째서(왜) 인가?, 무슨 이유이다.
997) 故爾(고이) : 따라서, ~이므로, ~하는 까닭에 ☞ 在此(재차) : 여기서. 여기에 있다.

양공(楊公)이 이르길 ' 혹 칼과 같고 혹 검(劍)과 같은 사(砂)가 물을 따라 모두 천천히[冉冉;염염] 순수(順水)하게 흐르니 용사(庸師)들은 다만 이향사(離鄕砂)로 판단하고 결정하니(斷定:단정) 어찌 안에[內] 진룡(真龍)이 차지하고[占] 있는 것을 알겠는 가? 하였다. 대개 진룡정혈(真龍正穴)은 이미[既已;기이] 융결(融結)되었으므로 비록 미사(微砂)가 순수(順水)하여도 모두[多是:다시] 요가 빼어난 것[秀曜;수요]이다. 일례(一例)로 퇴전필(退田筆)이나 이향사(離鄕砂)라고 단정(斷定)해서는 안된다. 무슨 이유인가[何也?] 대개 사(砂)는 미녀(美女)의 귀천(貴賤)은 지아비를 따르는 것과 같다. 따라서[故爾;고이] 예를 들어 대귀인(大貴人)이 이미 여기[在此]에 부(府)를 세우고[建:건] 사제(私第)를 창건(創建)하여 혹 번(藩)을 열고 절(節)을 세워 곧[則] 군장병(軍將兵)이 혹 좌우에 호위하거나 혹 출입(出入)하여 모두[皆是;개시] 귀인(貴人)이 분주(奔走)하게 복역(服役)하는 것이므로 순수하게 흘러가도[順去] 두려운 바가 없어[無所畏:무소외] 곧[乃] 수요(秀曜)의 소요한 기운[貴氣]의 징험[驗]이 된다. 그러나 또한 반드시 거두어야[收拾;수습] 하고 뿔뿔이 흩어져[蕩然;탕연] 흘러가서는 안된다.

張子微云：「如龍穴真正998)，而有凶殺照射，或順水走攛，惟在收拾。能收拾，則縱有凶殺，既為我用，不相凶殺。譬如999)大官貴官，黥1000)卒賤徒，皆為我用。何者？權在我故也。故大貴之地，本身龍氣重，未免無殺氣，而護從朝應之山，如武夫悍卒，披堅執銳1001)於我側，未免無可畏狀。然不知皆侍衛我者，非悔我者也。為我所用，何畏之有？適足1002)為貴証矣。

장자미(張子微)가 이르길 '용혈(龍穴)이 참되면[真正;진정] 흉살(凶殺)이 빛

998) 收拾(수습) : 거두다. ☞真正(진정) : 진정한. 진실로. 참된. 참으로 ☞ 攛(찬) : 급히 서둘러서 하다.

999) 譬如 : 예를 들다, 비유하다. 비유컨대 ~와 같다. 예를 들면.

1000) 黥(경) : 묵형(墨刑). 얼굴에 죄명을 자자(刺字)하던 형벌. ◦졸(卒) : 무리(모여서 뭉친 한 동아리), 집단(集團) ☞ 徒(도) : 무리(모여서 뭉친 한 동아리) ☞ 悍(한) : 사납다 .성급하다 .눈을 부릅뜨다.

1001) 披堅執銳(피견집예) : 갑옷 입고 무기를 잡음. ☞ 堅(견) : 갑옷. 굳다. 단단함. ◦披(피) : 입다. 옷을 걸침. 펴다. ☞ 未免(미면) : 아직 면하지(=벗어나지) 못함.

☕ 悔(회) : 깔봄. 얕봄.

1002) 適足(적족) : (어떤 대상이) 알맞게 족하다. ☞ 證(증) : 증명하다. 증거

을 발하고[照射;조사] 혹 순수(順水)하여 달아나도[走竄;주찬] 오직 거두어들이는 데 있어[收拾] 능히 수습(收拾)할 수 있으면 **비록[縱;종] 흉살(凶殺)이 있을지라도 이미 나의 쓰임[我用]이 되어 흉살(凶殺)로 보이지 않는다.**
비유컨대[譬如:비여] 큰 관직(大官)이고 귀한 벼슬(貴宦;귀환)에서 죄를 지은[黥;경]무리[卒]이나 천한 무리[賤徒;천도]는 모두 나의 쓰임이 된다[我用:아용]. 무엇 때문인가[何者]?권세[權]가 나에게 있기 때문이다.
그러므로 대귀의 자리는 본신룡의 기운이 커 아직 살기가 있고 호종(護從)하고 조응(朝應)하는 산은 군인[武夫;무부]들이 나의 옆에 갑옷 입고 무기를 잡고 있는[披堅執銳;피견집예] 사나운 병사[悍卒;한졸]와 같아 두려워할 형상[畏狀;외상]이 없지 않으나[未免:미만] 모두 나를 가까이서 모시며 호위하여[侍衛;시위], 나[我]를 업신여기는 것[侮;회]이 아닌 것을 알지 못한다.
나에게[我] 쓰이는 것인데[所用] 어찌 (그것을)두려워 하는가? [何畏之有(하외지유)?] 알맞게 족하면[適足;적족] 소중한 증거이다.

也曾見穴無包藏，一突在平洋。

注包藏者，穴之護衛，以蔽風寒，不可無也。訣云：「立穴處最怕風吹。」又云：「穴要有包裹。包裹穴無破。」甚言穴之貴於包藏也。但法貴通變。如平洋一突，又不必若[1003]是之泥矣。蔡文節公云：「平洋之地不畏風。」楊公云：「平洋不怕八風吹。」此皆直指平洋不須畏風，不必論其左右之有無也。蓋以平洋之地，一望無際，風行地面，不入地中，故雖無包藏，亦不為害。譬如人在平原曠野，皆無障蔽，終日受風，不至為病[1004]害。若居密室坐臥[1005]之所，有窗櫺[1006]罅隙，賊漏射入[1007]之風，則能為患。故山谷最怕凹風，而平洋之地，既無凹風，又何必拘於周密乎？

1003) 若(약) : 좇다, 따르다. 이와 같다.이르다, 미치다.
1004) 病(병) : 병나다. 피해를 끼치다. 결함 여기서는 바람의 피해를 말한다.
1005) 坐臥(좌와) : 앉음과 누움이라는 뜻으로, 일상생활을 나타내는 말
1006) 窗櫺(창령) : 창살 ◦窗(창) : 창. 窓의 本字 ☞ 櫺(령) : 격자창
1007) 賊(적) : 매우. 아주. 몹시. 재난(災難). ◦射入(사입) : 뚫고 들어가다.

또 이에 감싸 감추지[包藏:포장] 않는 혈(穴)을 보았는데 하나의 돌혈(突穴)이 평지[平洋;평양]에 있었다.[也曾見穴無包藏，一突在平洋。]

주해[注]

포장(包藏)이라는 것은 '혈을 호위(護衛)하여 풍한(風寒)을 막아주는[以蔽;이폐]것이 없어서는 안된다[不可無也(불가무야)].' 는 말이다. 결(訣)에 이르길 ' 입혈처(立穴處)에 바람이 부는 것[風吹:풍취]을 가장 두려워한다.' 고 하였다. 또 이르길 '혈(穴)에 필요한 것은 내부 혈을 감싸는 것[包裹;포리]이다. 속에 혈(穴)을 감싸면[包裹穴] 파괴되는 일 없다[無破:무파].' 고 하였다. 심히 감싸 감추는 것[包藏]으로부터[於] 혈(穴)의 귀함을 말한다.

다만 법(法)에서는 통변(通變)을 귀히 여긴다. 가령 평양(平洋)에 일돌(一突)이면 또 반드시 이와 같이[若:약] 얽매이지 않는 것이다. 채문절공(蔡文節公)이 이르길 ' 평양(平洋)의 자리는 바람을 두려워하지 않다.' 고 하였다. 양공(楊公)이 이르길 ' 평양(平洋)은 팔방에서 부는 바람을 두려워하지 않는다.' 고 하였다. 이는 모두 평양(平洋)에서 반드시 바람을 받는 것을 두려워하지 않는 것을 곧 가리킨 것이니[直指;직지] 반드시 좌우가 있고 없음을 논하지 말라. 대개 **평양(平洋)의 땅**은 일망무제(一望無際)하여 지면(地面)으로 바람이 불고, 지중(地中)에 들어가지[入]못하므로 비록 (혈을) 감싸 감추지[包藏] 않아도 해(害)가 되지 않는다. 예를 들어[譬如;비여] 사람이 넓고 평평한 넓은 들판[平原曠野;평원광야]에 있으나 모두 막아는 주는 것[障蔽;장폐]이 없어 종일(終日) 바람을 받아도[受風:수풍] 피해를 받지 않는다[不至為病害(부지위병해)]. 만약 밀폐된 방에 앉거나 누어서 창살[窗櫺;창령] 틈새[罅隙;하극]로 들어오는 바람을 몹시[賊;적] 맞으면[射入之風(사입지풍)] 환자가 될 수 있다. 그러므로 **산계곡[山谷]에서는 요풍(凹風)을 가장 두려워하고 평양지(平洋地)에서는 이미 요풍이 없는데 또 어찌하여 반드시[何必(하필) 주밀함에 구애를 받겠는가 ?**

也曾見穴多餘氣，山去數十里。
注大龍氣盛，一時收斂不盡，故結穴後有餘氣之山，或去數十里。此地力量極大，俗眼觀之，龍氣未盡，必懷疑惑，不敢下之。殊不知大福力地，其結穴必不在大窮盡處。《經》云：「大地皆從腰裡落[1008]，(回轉)餘枝前去作城郭。」吳公云「餘氣不去數十里，決然[1009]不是王侯地」是也。範越鳳云：「真龍蟠泊，必分牙布爪[1010]，結穴之外，有三五里餘氣，並皆暗拱[1011]。如人之巨室，寢息之處，必在堂奧[1012]之中。」喻亦親切[1013]。但所去之山，必須回環護穴，或去為下手，或去為後杠[1014]，或去為障峽，或去為水口捍門，雖去猶為我所用則可矣。

> 또한 혈에 여기(餘氣)가 많으면 산이 수십 리를 간다. (也曾見穴多餘氣，山去數十里。)

주해[注]

큰 용(간룡)[大龍]은 기가 왕성하여 일시(一時;한번)에 전부 거두어들이지 못하므로[收斂不:수렴불] 혈을 맺은 후에도 여기(餘氣)가 있어 산은 혹 수십 리를 간다. 이와 같은 땅은 역량이 매우 크다[極大]. 속안(俗眼)으로 보면[觀之:관지] 용기(龍氣)가 다 끝나지 않았기 때문에 반드시 의혹(疑惑)을 품고, 감히 하장하지 못한다[不敢下之(불감하지)]. 간룡에 큰 복력이 있는 땅[大福

1008) 落(낙) : 남기다. 멈추다. 머무르다. 낮아지다. ☞ 裡(리) : 동자(同字) 裏(리) : 안. 속. 가운데

1009) 決然(결연) : (결심 따위가) 확고하다. 절대로. 결연하다. 도저히

1010) √장아축조용욕주(藏牙縮爪龍欲住) : 어금니를 감추고(입을 다물고) 손발톱을 오므리면 용은 더 이상 나아 가지 않고 멈추려고 하는 것이다.
√ 분아포조용욕행(分牙布爪龍欲行) : 어금니를 드러내면 손발톱을 꽉 드러내는 것은 용이 혈을 맺지 않고 계속해서 나가려는 것이다. <출처> 『감룡경』

1011) 暗拱(암공) : 암공이란 혈 앞에서는 보이지 않지만 물이 안산[砂]의 밖에 있거나 혹은 조산이나 안산의 방위에서 들어오는 물[朝] 혹은 감싸는 물(環抱) 혹은 모인 물[融聚] 모두 그것을 일러 암공수(暗拱水)이라 한다. ☞ 巨室(거실) : 저택(邸宅).호족(豪族).명문가

1012) 堂奧(당오) : 안방의 깊숙한 곳. 내지(內地). 중심 구역

1013) 親切(친절) : 대하는 태도가 매우 친근하고 다정함 . 친밀하다. 친절하다. 배려하다. 보살피다.

1014) 杠(강) : 깃대. 다리. 조그마한 다리.☞障(장) : 막다. 가로막히다. 보호하다(保護--).

力地]은 그 결혈이 반드시 대궁진처(大窮盡處)에 존재하지 않는 것을 모른다. 《감룡경(撼龍經)》 <탐랑편>에 이르길 ' 대지(大地)는 모두 허리 가운데(중출맥)[腰裡;요리]를 따라 (혈을) 남기고[落:낙] 감싸는 여지(餘枝)가 앞으로 나가 성곽(城郭)을 만든다.' 고 하였다. 오공(吳公)이 이르길 '여기(餘氣)가 수십 리(數十里)를 가지 않으면 결코[決然:결연] 왕후지(王候地)가 아니라는 것' 이 이것이다[是也]. 범월봉(範越鳳)이 이르길 ' 진룡(真龍)이 머무는 곳[蟠泊;번박]은 반드시 분아포조(分牙布爪)하여 결혈한 곳 바깥에 3,5리에 여기(餘氣)가 있어 모두 안산 밖에 물이 에워싼다[暗拱:암공]. 사람이 사는 저택[巨室;거실]에 침실[寢息;침식]이 있는 곳은 반드시 안방의 깊숙한 곳[堂奥;당오] 가운데 있는 것과 같다.' 고 하였다. 역시 보살피는 것[親切:친절]에 비유한 것이다. 다만 여기로 지나간 산은 반드시 회환(回環)하여 혈을 보호해야 한다. 혹 지나가 하수(下手)가 되거나, 혹 지나가 뒤에 지각[杠:강]이 되기도 하고, 혹 지나가 협을 보호하거나[障峽;장협], 혹 지나가 수구(水口)에 한문(捍門)이 되기도 한다. 비록 지나갈지라도[去猶] 나에게 사용되면[我所用:아소용] 좋다.

也曾見穴坐後空，得水不嫌風。

注廖氏云「坐空轉面去當朝，不怕八風搖」是也。蓋來龍躍踊雄猛，及入首[1015]結穴之際，忽然翻身轉面，逆水當其洋潮，雖或坐空，必有水繞，不足畏也。《葬經》云：「得水為上，藏風次之。」此類是矣。然亦須穴場藏聚，如前所謂登穴隈聚則善。

> 또한 좌후(坐後)가 공허한 혈을 보았는데[見] 득수(得水)하면 바람을 혐오하지 않는다.[也曾見穴坐後空，得水不嫌風。]

주해[注]

1015) 입수(入首) : 입수는 용이 혈장에 들어오는 산머리 부분으로 혈의 바로 뒤 입수도두가 입수이다. 혈장을 만들기 직전의 에너지가 응결된 곳이다. 일명 도뇌(頭腦),도두(到頭), 승금(乘金)이라 한다.

요씨(廖氏)가 이르길 ' 좌(坐)가 공허[空]하여도 면을 돌려[轉面:전면] 지나가 마주하여 조읍하면[當朝;당조] 팔풍(八風)에 흔들리는 것을 두려워하지 않는다.' 는 것이 이것이다. 대개 내룡(來龍)이 힘차게 달리는 모양[躍踊:약용]이 웅장하고 용맹[雄猛]하여 **입수(入首)에 이르러 결혈(結穴)할 즈음[際]에 홀연히[忽然) 몸을 뒤집고[翻身:번신] 얼굴을 돌려[轉面] 역수(逆水)하여 큰 물이 밀려오면[其洋潮:기양조] 마땅하다**. 혹 비록 좌공(坐空)일지라도 반드시 물이 감싸면 두려워하기에 부족하다(두려워할 것이 없다)[不足]. 《장경(葬經)》에 이르길 '득수(得水)가 으뜸이고 장풍(藏風)이 그 다음이다.' 고 하였다. 이와 같은 유(類)이다. 그러나 또 반드시 혈장(穴場)에 모여야 한다[藏聚;장취]. 가령 앞에 장소는 혈(穴)에 올라 모퉁이에서 거두어들이면[隈聚;외취] 좋다는 것을 말한다.

也曾見穴面前欺，顧祖不嫌低。

注此回龍顧祖之穴也。張子微云：「高山落平岡之穴，而為回龍顧祖之地，則前朝之山皆我祖宗父母，雖高無害，亦不惡其逼迫。」卜氏云：「回龍顧祖，祖不厭高。」蓋以子孫見祖宗，則尊卑之禮出乎自然，雖高逼不以為1016)欺，非客山來朝之比1017)。若是客山高迫，則有陵壓1018)之患，謂之客山欺主，不可下也。然顧祖穴雖不畏前朝高逼，亦須其山開面平正秀麗，而無粗惡欹斜、臃腫醜陋形狀，及尖射飛走、破碎巉岩等像則可。

또한 면전(面前)에서 기만하는[欺主(기주): 高逼(고핍)] 혈을 보았는데 고조(顧祖)의 혈이라면 낮은 것을 혐오하지 않는다.-회룡고조혈

[也曾見穴面前欺，顧祖不嫌低。]

1016) 以爲(이위) : 생각하다. 여기다. 인정하다.
1017) 比(비) : 대(對)하다. 향하다. 비유하다. ~에 비할 수 있다. ~로 간주하다.
1018) 陵壓(능압) : 지형이 높은 곳에서 낮은 곳을 누르는 형태로, 기운이 억눌리거나 불리하게 흐르는 경우를 표현할 때 사용되는 말이다.
√逼迫(핍박) : 닥치다(가까이 다다르다), 괴롭히다.
√陵壓(능압) : 압박하다. 위압하다.

주해[注]

이는 용이 몸을 돌려[回龍:회룡] 조산을 돌아보는[顧祖:고조] 혈이다. 장자미(張子微)가 이르길 '고산에서 평강[平岡;평평한 언덕]으로 낙맥한 혈(穴)이 곧 **회룡고조(回龍顧祖)**의 자리이고, 앞에 조산(朝山)은 모두 나의 조종(祖宗)이나 부모[父母]로 비록 높아도 해(害)가 없고 또 그것이 핍박(逼迫)하여도 불길하지 않다.' 고 하였다. 복씨(卜氏)가 이르길 '**회룡(回龍)하여 조(祖)를 돌아보면[顧:고] 조산이 높아도 싫어하지 않는다**' 고 하였다. 대개 자손(子孫)이 조종(祖宗)바라보면 신분이 낮고 높음[尊卑;존비]의 예(禮)가 자연(自然)에서 나온다. 비록 높아 핍박하나[高逼:고핍] 업신여기지[以為欺;이위기] 않는다. 객산(客山)이 내조(來朝)하여 향하는 것[比]이 아니기 때문이다. 만약 **객산(客山)이 높아 핍박[高迫:고핍]하면** 능압(陵壓)을 걱정[患:환]하는 것을 '**객산이 주인을 업신여겨 하장할 수 없다**' 고 한다. 그러나 할아버지를 돌아보는 혈은 비록 전조(前朝)가 높으나 **바싹 접근한 것**[逼近:핍근]을 두려워하지 않고 또 그 산(其山)은 면이 개장되어 평평하고 수려(秀麗)해야 한다. 조악(粗惡)하거나 의사(欹斜)하거나 옹종(臃腫)하거나 추루(醜陋)한 형상이고[形狀;형상] 첨사(尖射)하거나 비주(飛走)하거나 파쇄(破碎)되고 참암(巉岩)한 것 등 형상이면 좋지 않다.

也有巧穴[1019]名合氣，來脈雙龍至。
注合氣之穴，力量極大，或二龍、三龍，以至[1020]九龍，合者愈多愈勝。《經》云「更有二龍合一氣，兩水三山共一場」是也。

> 또한 교묘한 혈(巧穴)은 내맥(來脈)이 쌍룡(雙龍)을 이루어 기를 합한 것[合氣]을 이른다.[也有巧穴名合氣，來脈雙龍至。]

1019) 巧穴(교혈=怪穴) : 일반적인 혈(穴)과 다르게 자리가 **기교(奇巧)하고, 추하고, 옹졸하므로 모두 이름 하여 괴혈(怪穴)**이다.
1020) 以至(이지) : ~까지. ~로 하여. **~에 이르기까지** .~때문에

주해[注]

합기(合氣) 혈(穴)의 역량이 매우 큰 것은 혹 이룡(二龍),삼룡(三龍)에서 구룡(九龍)에 이르기 까지 [以至:이지] 합한 것이 많으면 많을수록 좋다[愈多愈勝:유다유승] 《경(經)》에 이르길 ‘다시[更:갱] 두 용[二龍]이 합하여 일기(一氣)가 된 것이 있고, 양수(兩水)나 삼산(三山)이 함께 하나의 혈장[一場]인 것’이다.

也有巧穴名龍脫，來脈水中過。

(혹 전답이나 물가에 있어 숨은 듯, 드러난 듯하나 진상을 추측할 수 없어) 교혈(巧穴)을 용탈(龍脫 : 용을 벗어남)이라 하는데, 내맥(來脈)이 수중(水中)을 지나가게 된다.
[(或在田疇、洲渚。隱隱隆隆。不可捉摸[1021]).) 也有巧穴名龍脫。來脈水中過]

注龍脫者，山脈斷絕，穿落過水[1022]，如人脫離而去，無所拂[1023]著之意。卜氏云：「棄甲曳兵，過水重興營寨。」陶公云：「馬跡過水，攬衣渡河。」皆謂龍脈從水中渡過，然後複起星辰結穴也。然氣乘風則散，脈界水則止。今言過水，何也？蓋必有石梁之脈穿水過，如俗所謂「十大崩洪」石梁[1024]渡脈過水之說方是。如海中諸島，亦是水底石脈聯屬耳。蓋水不界石脈，而界土脈。邵子曰：「水則人身之血，石則人身之骨，土則人身之肉。故血行於肉，不行於骨。血以資[1025]肉，肉以養骨以資身。惟氣無往而不通也。」訣曰：「漏脈過時看不得，留

1021) 捉摸(착모) : 추측하다. 짐작하다. 헤아리다.
1022) 過水(과수) : 강을 건너다. 물에 담그다.
1023) 拂(불) : 털다. 스쳐 지나가다. 거역하다. ☞ 著(착) : 붙이다. 동의자 着(착) ☞번체 著 ☞이체 着(착) : (옷을) 입다. 자리잡다. 있다. 거처함. ◦營寨(영채) ; 병영
1024) 도수협(渡水峽) : 물을 건너는 맥(脈)으로 물 가운데를 석량(石梁)으로 이어 것이다. 본래 맥이란 물을 만나면 그 치게 되는데 이는 토맥 (脈)의 경우이고, 석맥(石脈)은 물을 만나도 계속 행도를 한다.
1025) 以資(이자) : ~으로 ~에 도움이 되는 수단으로 삼다.~으로 ~의 의지할 바로 삼다.

心仔細[1026]看龍格。穿河渡水過其蹤，認他石骨為真脈。」此察龍脈渡水之要訣也。

주해[注]

용탈(龍脫)이란 것은 산맥(山脈)이 끊어져[斷絕:단절] 내려와[落] 물을 뚫고 지나가는 형세[過水][穿落過水:천락과수]가 마치 사람이 고향을 떠나[脫離:탈리] 갔으나[拂:불] 정착(定着)할 의사가 없는 바와 같다. 복응천[卜氏]이 이르길 ' 갑옷을 버리고 병기를 끌며[曳兵:예병] 물을 건너 병영[營寨;영채]을 다시 일킨다.' 고 하였다. 도공(陶公)이 이르길 ' 마적(馬跡)은 옷을 들고[攬衣;람의] 물을 지나서 하천을 건너는 것과 같다.' 고 하였다. **모두 용맥(龍脈)이 수중을 따라[從水中:종수중] 물을 건넌[渡過;과도] 후에[然後]에 다시 성신(星辰)을 일으켜 혈을 맺은 것이다**. 그러나 기(氣)가 **바람을 타면** 흩어지고 맥(脈)은 **물[水]이 경계를 이루면**[界] 멈춘다. 이에[今:금] 과수(過水)라 하는 것은 무엇인가[何也:하야]? 대개 반드시 **석량(石梁)의 맥(脈)이 물을 지나[穿;천] 건너 가는 것[水過]이다**. 가령 속(俗)에 말한 바[所謂] '십대 봉후(十大崩洪)을 말한 것이다' 고 하였다. 석량(石梁)은 물을 지나 건너는 맥(脈)이란 바로 이것이다[方是:방시]. 가령 바다 가운데[海中] 여러 섬[諸島:제도]도 역시(亦是) 물밑으로 석맥(石脈)이 체인처럼 연결되어 있다[聯屬;연속]. 대개 **물은 석맥(石脈)을 경계로 삼는 것이 아니라 토맥(土脈)을 경계로 삼는다.** 소자(邵子)가 이르길 ' 물은 곧 사람 몸의 혈(血)이고, 석(石)은 사람 몸의 골(骨)이며, 흙[土]은 사람 몸의 육(肉)이다. 그러므로 피[血]는 육신(肉身)에서 다니고, 뼈[骨:골]에서는 다니지 않는다. 피[血;혈]는 육신(肉身)을 의지로 삼고, 육신은 뼈를 튼튼하게 하고[以養] 물을 지탱하게 하나 **다만 기(氣)는 이동하여 통하지 않는 것이 없다**' 고 하였다.[氣無往而不通也] 결(訣)에 이르길 ' 맥이 누설되어[漏脈:루맥] 지나갈 때[過時:과시] 보면 얻어진 것이 없고[不得], 용격(龍格)을 자세히 살펴 마음에 새겨 주의하라. 하천을 통과하여

1026) 仔細(자세) : 자세(仔細)하다. ◦留心(유심) : 주의하다. 조심하다. 마음에 새겨 두어 조심(操心)하며 관심(關心)을 가짐. ☞ 田疇(전주) : 밭둑. 곡식밭과 삼밭. 전답

물을 건너 지나간[穿河渡水過] 종적(蹤迹)이면 다른 곳에 석골[石骨]이 진맥(眞脈)되는 것을 알아야 한다' 고 하였다. 이는 용맥(龍脈)이 도수(渡水)하는 것을 살피는 것은 요결(要訣)이다.

此皆奇巧令人疑，造化[1027]隱真機。<출처> 『披肝露膽經』
注已上皆巧穴而怪者，共二十二體，乃造化隱機，必俟有德之人而後得之耳。

이것은 모두 기이(奇異)하고 교묘(巧妙)하여[奇巧;기교]이 사람으로 하여금 의심하게 하는 것은 조화(造化)로 사물의 진정한 모습[真機]을 숨기기 때문이다. [此皆奇巧令人疑，造化隱真機]

주해[注]

이상(已上)은 모두 교혈(巧穴)이 곧 괴혈이란 것은 모두 22체(體)이다. 곧 조화(造化)의 본연의 모습[隱機]은 반드시 덕(德)이 있는 사람을 기다린[俟;사] 후에 얻는다[得之耳].

제4절 추졸혈(醜拙醜)

更有醜穴尤難識，福應無差忒[1028]。醜拙醜拙何醜拙，真有玄微訣。君子盛德貌如愚，良賈藏若虛。 <출처> 『披肝露膽經』
注真龍藏幸而為醜拙之穴，極其難識。即其形狀，若為可棄。然驗之仙蹤，福應無爽毫末。若此者，豈非其有玄微妙訣乎？故得其訣，雖醜拙亦為可取。猶之[1029]

1027) 造化(조화) : 만물(萬物)을 창조(創造)하고 기르는 대자연(大自然)의 이치(理致).
☞眞機(진기) : 사물의 진실한 본래대로의 기틀. 현묘(玄妙)한 이치 또는 도리. 마음이나 사물의 진정한 모습. 우주의 근본 기틀. ☞ 俟(사) : 기다리다. 대기하다(待機--).
1028) 差忒(차특) : 틀리다. 착오. 옳지 못하다. ☞ 忒(특) : 매우 .몹시. 어긋남
☞爲(위) : ~으로 변[변화]하다. ~이 되다. ☞ 毫末(호미) : 털끝. 지극히 작은 것
☞者(자) : 곳을 가리켜 이름. 때. 경우. 것.

大智若愚，大巧若拙[1030]。老子曰「良賈深藏[1031]若虛，君子盛德，容貌若愚」是也。以穴之醜拙而棄美地，猶以貌取人[1032]，而失之子羽矣。

> 다시 추졸(醜拙)은 더욱 알기 어려우나[難識:난식] 복의 응함[福應:복응]은 어긋남[差忒;차특]이 없다. 졸렬하고 졸렬하여 보기 흉한데[醜拙醜拙;추졸추졸] 무엇이 추졸(醜拙)한가? 참된 것은 현미(玄微)한 묘결(妙訣)에 있다. 군자(君子)의 크고 훌륭한 덕[盛德:성덕]은 외모[貌;모]는 어리석은 것 같고, 큰 상인(商人)[良賈;양고]은 저장하여[藏] (창고가) 비어있는 것 같다[若虛;약허].
> <출처> 『披肝露膽經』☞ 賈(고) : 장사

주해[注]

다행히[幸:행] **진룡(真龍)을 감추어[藏:장] 추졸(醜拙)한 혈(穴)로 변하여 지극히 알기가 어렵다**. 즉 그 형상(其形狀)은 버려야 적합할 것 같으나[若為可棄:약위가기] 선인의 자취[仙蹤;선적]을 증험을 하면 복응(福應)이 조금도 어긋나지[爽;상] 않았다. 이와 같은 곳[若此者:약차자]에 어찌 현미한 묘결(玄微妙訣)이 없겠는가? 그러므로 현미한 묘결[訣;결]을 얻으면 비록 추졸(醜拙)하여도 취할 수 있다. 마치 크게 지혜가 있는 사람[猶之:유지]이 어리석은 체하는 것 같고, 재능이 매우 뛰어난 사람[大巧]이 언뜻 보기에는 도리어 서툰 사람 같아 보인다[若拙;약졸]. 노자(老子)가 이르길 ' 큰 상인(商人)[良賈;양고]은 깊이 감추어 두어 (창고가) 비어있는 것 같으며[若虛;약허], 군자(君子)는 크고 훌륭한 덕[盛德]은 용모[容貌]로는 어리석은 사람 같다[若愚]' 고 한 것이다. 혈(穴)이 추졸(醜拙)하다고 하여 미지(美知)를 버리는 것은 사람의 용모로 사람을 평가하여 취하면[以貌取人:이모취인] ' 자우(子羽;공자의 제자)에게 실수한 것과 같다(失之子羽)' 라고 했다.

1029) 猶之(유지) : 마치~과 같다. ☞ 猶(유) : 오히려.~조차도. ~까지도.

1030) 大巧若拙(대교약졸) : 매우 정교한 것은 겉으로 졸렬하게 보인다. 대현(大賢)은 우자(愚者)처럼 보인다.

1031) 深藏(심장) : 깊이 감추(어 두)다. 깊이 숨(기)다.

1032) 以貌取人(이모취인) : 용모로 사람을 평가하다. 용모로 사람을 고르다.

又如女子德淑賢，貌醜不須嫌。

悅色而不好德，世俗之弊。如女子貌陋而有淑德[1033]，世多以醜棄之。貌美如有穢行，世反以美取之，識者必為長太息[1034]也。西施絕色，適以傾人之國[1035]；而無鹽[1036]醜女，乃以興邦。信不在色，而在德耳。故凡論穴，當以龍為主。龍既真，則穴必的[1037]。外雖醜拙，而內含真氣融結，法有可取。猶女子之有淑德，而特外貌不揚。君子取以自配，必成內助之功。若必欲拘於穴之明顯[1038]，而不審[1039]乎龍之是非，是為悅色而不好德也，寧不置[1040]美地於無用哉！

또 여자가 정숙하고 미덕[德淑]이 있어 어진데, 용모가 추(醜)하더라도 반드시 싫어하는 것은 아니다.[須嫌;수혐]

주해[注]

미인을 좋아하고[悅色;열색] 인품[德]이 있는 사람을 좋아하지 않는 것은 세속(世俗)의 폐단[弊蔽이다. 가령 여자(女子)의 용모[貌]가 추루(醜陋)하고 미덕[淑德;숙덕]이 있으나 세상 사람들은 대부분 추루하다고 꺼리어 멀리한다[以醜棄之:이추기지]. 용모가 아름다우면[貌美;용미] 추악한 행위[穢行;예

1033) 淑德(숙덕) : 여자의 정숙하고 단아한 미덕. 부녀자의 미덕

1034) 長太息(장태식) : 길고 큰 한숨을 내쉬면서 깊이 탄식함

1035) 서시(西施) : 춘추시대 말기에 월(越)나라에 도화(桃花)처럼 예쁜 얼굴을 타고난 서시의 조국인 월나라는 오(吳)나라에 패망한 상태였다. 월왕(越王) 구천(勾踐)의 충신인 범려(范蠡)가 서시를 호색가인 오왕(吳王) 부차(夫差)에게 바치고, 서시의 미색에 빠져 정치를 태만하게 한 부차를 마침내 멸망시켰다고 전해지고 있다. ☞ 경국경성(傾國傾城): 나라도 성도 무너뜨리는 미모

1036) 전국시대의 종리춘(鐘離春)은 전국시대 제나라의 무염(無鹽) 지방에 살았던 추녀로 얼굴은 못생겼지만 왕에게 제나라의 문제점에 대한 해결책을 자주 제시해 능력을 인정받아 무염군에 봉해졌고 나중에 황후가 됨. 동한시대의 맹광(孟光·후한 양홍(梁鴻)의 아내로 몸집이 크고 얼굴이 검은 추녀였으나 덕행이 높았다.

1037) 的(적) : 확실하다. 과녁. 분명하다. 명확하다.

1038) 明顯(명현) : 뚜렷하다. 분명하다. 분명히 드러나다. 뚜렷이 나타남

1039) 不審(불심) : 아는 것이 자세(仔細)하지 아니하거나 의심스러움.

1040) 不置(불치) : (~해) 마지않다. 그만두지 않다. ☞ 置(치) : 버리다. 마련하다. 사다.

행]같은 것이 있어도 세인들은 오히려 아름다워 하며 취한다. 식자(識者)는 반드시 길고 큰 한숨을 내쉬면서 깊이 탄식한다[為長太息:위장태식]. 서시(西施)의 미모가 절색(絕色)으로 일국(一國)을 기울게 하는 데는 적당하였으나 얼굴은 못생겼지만 왕에게 제나라의 문제점에 대한 해결책을 자주 제시하여[無鹽醜女:무염추녀] 곧 나라를 흥하게 할 수 있어[以興邦:이흥방] 신뢰는 얼굴이 예쁨[色]에 있지 않고 미덕[德]에 있을 뿐이다.

그러므로 무릇 혈(穴)은 마땅히 용(龍)을 위주(爲主)로 논한다. 용(龍)이 이미 진짜이면 혈(穴)은 반드시 분명하다[的;적]. 외모가 비록 추졸(醜拙)할 지라도 안으로 머금어 융결(融結)하면 장법(葬法)으로 가히 취할 수 있다. 오히려 여자(女子)의 정숙한 미덕[淑德]이 있고 특별하게 외모(外貌)가 드러나지[揚;양] 않더라도 군자(君子)는 자기 배필(配匹)로 취하여 반드시 내조(內助)의 공(功)을 이루어야 한다. 만약 반드시 혈(穴)이 뚜렷한 것[明顯:명현]에 구애받아 용(龍)의 시비(是非)를 의심스럽다[不審]. 이는 미인을 좋아하고 미덕을 좋아하지 않는 것은 차라리 쓸모가 없는 데[無用:무용] 미지(美地)를 마련하지 않는 것이 옳다.

為君洩破天機[1041]秘，醜拙莫輕棄。也曾見穴乳直長，左右莫攔當。

그대를 위하여 천기(天機;모든 조화를 꾸미는 하늘의 비밀)를 밝혀[破;파] 누설하니 추졸(醜拙)하다고 가벼이 버리지 마라.[為君洩破天機秘，醜拙莫輕棄] 또한 유혈(乳穴)이 직장 (直長)한 것이 드러나 좌우에 마땅히 막아줌이 없다. [也曾見穴乳直長，左右莫攔當]

注長乳者，一乳中出獨長，兩邊龍虎抱衛不過。人之見此，莫不[1042]以脈露而棄之。殊不知正脈中出，氣力旺盛，勢難頓止，故獨出而且長也。至結穴處，開窩開鉗，自有本身龍虎衛穴，外山護脈，雖後來左右為托送之山短縮，纏不過穴，

1041) 破(파) : 진상을 밝히다. 명백하게 하다. 분석하다. ☞ 天機(천기) : 하늘의 기밀(機密) 또는 조화(造化)의 신비(神秘). 중대(重大)한 기밀(機密).

1042) 莫不 (막불) : ~ 하지 않는 자가 없다. 모두 ~하다.

亦不為害。楊公云「貪變廉貞梳齒樣，長枝有穴無人葬。人言龍虎不歸隨，誰知葬後生公相」是也。若乳頭不開窩鉗，或轉向左右，則是抱衛他山之砂而孤露矣，不可下也。

주해[注]

장유(長乳)란 하나의 유[一乳]가 가운데로 나와 오직[獨] 길고, 양변(兩邊)의 용호(龍虎)가 감싸고 호위(抱衛)하는 것이 유(乳)에 이르지 못하여 짧은 것이다[漏胎]. 사람들은 이를 보고 맥이 노출(脈露)되어 버리지 않는 자가 없다. 정맥(正脈)이 가운데로 생겨 기력(氣力)이 왕성(旺盛)하여 산세[勢]가 급히 멈추기[頓止;돈지] 어려운 것을 알지 못한다.
그러므로 홀로 가운데로 나와 또 긴 것이다. 결혈처(結穴處)에 이르러 와(窩)나 겸(鉗)을 개구하여 스스로 본신(本身)에서 용호(龍虎)를 만들어[有] 혈(穴)을 호위하고, 외산(外山)이 맥을 보호[護脈]하는 것이다. 비록 좌우 뒤에 탁송(托送)하는 산이 짧게[短縮] 뻗어와 전호[纏護]하는 사(砂)가 혈을 지나지 못하여도 해(害)가 되지 않는다. 양균송[楊公]이 (혈법보의)에서 이르길 '탐랑이 변하여 염정(廉貞)으로 변하여 얼레빗[梳齒;소치] 모양 장지(長枝)에 혈(穴)이 있으나 장사(葬事)를 하는 사람이 없다. 사람들은 용호(龍虎)가 돌아와 따르지 않는다 하나, 장사 후에 공상(公相)이 태어나는 것을 누가 알겠는 가? 말한 것이 이것이다. 만약 유두(乳頭)에서 와겸(窩鉗)을 열지 못하고 혹 좌우(左右)로 방향을 돌렸으면[轉向] 이는 타산(他山)을 감싸 호위하는 사(砂)로 곧 고로(孤露)한 산이니 하장을 해서는 안된다.

也曾見穴腦偏側，時俗難辨識。
注真龍閃跡，變態不一。世俗只識端正之穴，豈知藏幸[1043]之龍穴，多在偏側處融聚。厲伯韶云「談水談山世俗多，用拙不能將奈何？誤葬每因求正面，不扦渾是棄偏頗。豈識真玄奇妙處，仙人多是下偏坡」是也。但偏側之穴，後有鬼樂方為

1043) 藏幸(장행) : 진용(眞龍)이 은밀하게 혈을 감추고 있음을 또한 알아야 한다. [眞龍藏倖更宜知] <출처>『의룡경』변성편 ◦不能(불능) : ~할 수가 없다.

真的[1044]。如無鬼樂，不可妄下。

또한 혈의 뇌(腦)가 옆으로 치우친 것을 보아도[見] 시속(時俗: 時師)은 분별하여 알기가 어렵다. [也曾見穴腦偏側，時俗難辨識。]

주해[注]

진룡(真龍)이 자취를 언뜻 보이고[閃跡;섬적] 변하는 모양[變態;변태]이 하나같지 않다. 세속(世俗)에서는 다만 바른[端正;단정] 혈(穴)만 안다. 용의 혈[龍穴]은 편측처(偏側處)에서 은밀하게[幸:행] 감추어 (기가) 많이 모인 것[融聚]을 어찌[豈:기] 알겠는가? 여백소(厲伯韶)가 이르길 '물 이야기 산 이야기[談水談山]는 세속(世俗)에서 대부분 졸렬(拙劣)하여 사용할 수 없는데[不能] 앞으로 어찌 할 가? [將奈何(장내하)?]
하장을 잘못하는 것[誤葬:오장]은 늘 정면(正面)에만 구하여 혼탁한데 천장하지 않고 어느 한쪽으로 치우친[偏頗:편파] 곳을 버리기 때문이다.
어찌 알겠는 가 ? 진짜 대지[真玄]는 기묘(奇妙)한 곳에 선인(仙人)은 대부분 치우친 언덕[偏坡:편파]에 하장한 것이다.' 고 한 것이 이것이다.
다만 편측(偏側)의 혈(穴)은 뒤에 귀(鬼)와 낙산(樂山)이 있으면 비로소 진짜[真的]이다. 만약 귀낙(鬼樂)이 없으면 함부로[妄;망] 하장을 해서는 안된다.

也有穴下生尖嘴，楓葉三丫體。
楓葉三丫，星辰穴下出嘴，騎刑坐煞扦之，主貴有威權，文官兼武。

또한 혈 아래에 뾰족한 부리 모양[尖嘴;첨취]이 생겨 있으면, 단풍나무 잎(金頭火脚)처럼 세 갈래로 갈라진 모양이다. [也有穴下生尖嘴，楓葉三丫體。]

1044) 真的(진적) : 참으로. 진짜 (물건) ☞丫(아) : 가닥

주해[注]

단풍나무 잎[金頭火脚;금두화각]처럼 세 갈래로 갈라진 모양[楓葉三Y:풍엽삼아]은 성신(星辰)이나 혈 아래[穴下]에 뾰족한 부리 모양[嘴;취]이 생긴 기형좌살(騎刑坐煞)에 천장하면 주로 벼슬은 위권(威權)을 잡아 문무(文官)과 무관(武官)을 겸한다.

<그림1-173> 금두화각(金頭火脚)
☞ **애금전화**(挨金剪火)

也有穴前嘴直長，鑿作臂回遠

注結穴已完，而餘氣猶去不住，當鑿其去處為內堂，作一臂逆掬為妙。如婺源縣九都程氏一地在長慶者，開帳而下，結穴甚美。只是[1045]前去直長，俗皆於盡處取穴，不利。程氏於頂來脈成 星體處扦穴，而截去直長之贅疣，鑿作逆掬一臂為內堂，當代出貴，聯登科第。

또한 혈 앞에 부리[嘴:취]가 직장(直長)하면 그것을 굴착하여 팔(臂)을 만들어 둘러싸게 한다.[也有穴前嘴直長，鑿作臂回遠。]

주해[注]

진룡은 결혈을 완전히 하였으나 오히려 여기(餘氣)가 머무르지 않고 나가면 마땅히 용이 가는 곳을 굴착하면[鑿;착] 내당(內堂)이 되고, 한 팔[一臂]을 역국(逆掬)으로 하면 묘(妙)하게 된다[爲].

1045) 只是(지시) : 다만. 오직. 오로지. (=不過是). 그러나. 그런데. (=但是:단시)

가령 무원현(婺源縣) 구도(九都) 정씨(程氏)의 묘지[一地]는 장경(長慶)에 있는 것으로 개장(開帳)한 아래에 혈을 맺어 심히 좋다. 그러나[只是:지시] 앞으로 곧고 길게[直長] 뻗어가 속인은 모두 진처(盡處)에 혈(穴)을 취하여 불리하다. 정씨(程氏)는 꼭대기[頂:정]부터 나온 맥이 성체(星體)을 이룬 곳에 천혈(扦穴)을 하고 뻗어가 직장(直長)하여 쓸데없는 곳[贅疣;췌우]을 잘라내고 굴착(掘鑿)하여[鑿:착] 한쪽 팔을[一臂] 역국(逆掬)이 되게 만들어 내당(內堂)으로 삼아 당대(當代)에 벼슬하는 사람이 태어나 연이어[聯登:연등] 과거에 급제하였다[科第:과제].

也有穴後是空槽，玉筋夾饅頭。注陽中陰之變也，即合鉗穴

또한 혈 뒤가 빈 구유통(홈통;도랑)[空槽;공조]과 같은 것이면 옥(玉) 젓가락[玉筋;오저]으로 만두(饅頭)를 집는 모양이다.
[也有穴後是空槽，玉筋夾饅頭。]

주해[注]

양중(陽中)에 음(陰)이 변한 것이다. 즉 합겸혈(合鉗穴)이다.
[注陽中陰之變也，即合鉗穴]

也有穴前是深溝，金見與銀槽。 注陰中陽之變也，即正鉗同。

또한 혈 앞에 깊은 도랑(深溝:심구)이 있는데 금견(金梘: 홈통)과 은조(銀槽: 구유통)이다.[也有穴前是深溝，金見與銀槽。]

주해[注]

음중(陰中)에 양(陽)이 변한 것이다. 정겸(正鉗)과 같은 것이다.

也有醜穴如鶴爪，突露無人曉。

注楊公云「祿存[1046]帶祿為異穴，異穴生成鶴爪形。鶴爪之形兩邊短，一距天然撐正身。此是祿存帶祿處，長股之穴為正形。起頂或成衣冠吏，短短低生左右臂。左臂短如插笏形，右臂短如佩魚[1047]勢。時師到此多狐疑，卻嫌龍虎不纏衛」是也。

또한 학의 발톱[鶴爪;학조]과 같은 추한 혈이 있으면 돌로(突露)하여 사람들은 알지 못한다.[也有醜穴如鶴爪，突露無人曉。]

주해 [注]

양공(楊公)이 『의룡경』 「변성편」에 이르길 '녹존의 끝부분에 작은 봉우리가 있으면[祿存帶祿] 기이한 혈(穴)이 되는데 기이한 혈[異穴]은 학의 발톱같은 모양[鶴爪形]을 이룬다. 학의 발톱[鶴爪]과 같은 모양[形]에 양변(兩邊)은 짧은데 발하나가 커서[一距;일거] 자연스럽게[天然] 용신[正身]을 받치고 있는 모습이다. 이것이 바로 녹존 대록처(祿存帶祿處) 이며, 긴 정강이[長股]같이 생긴 혈이 정형(正形)이다. 꼭대기를 일으켜 혹 의관리(衣冠吏:의관을 갖춘 벼슬아치 모양의 산)를 이루나 짧게 낮게 좌우 팔[左右臂]과 같은 지각이 생겨나와 좌비(左臂)가 짧으면 (허리띠에) 꽂은 홀형(笏形)과 같고, 우비(右臂)가 짧으면 관원이 허리에 찼던 어대(魚袋)의 모양[佩魚;패어]과 같은 형상(形狀)[勢]이다. 술사[時師]들은 '이러한 곳에 이르면 의심[狐疑;호의]이 많아 **용호(龍虎)가 혈을 감싸 호위하지[纏衛;전위] 못하므로 꺼려한다[嫌;혐]**' 는 것이다.

1046) 녹존은 산 정상[上形]이 북과 같이 둥글며 또한 지각(枝脚)이 마치 오이나 표주박[瓜瓠:과호]과 같이 쭉 뻗어있다(祿存上形如頓鼓). 오이와 표주박 머리[끝] 같은 부분에 작은 봉우리가 있으면 이곳이 바로 '녹존대록처'이다.(瓜瓠頭前有小峰 此是祿存帶祿處)

<출처> 『감룡경』 녹존 편

☞起頂或成衣冠吏，短短低生左右臂。左臂短如插笏形，右臂短如佩魚勢。時師到此多狐疑，卻嫌龍虎不纏衛

<출처> 『감룡경』 변성편 편

1047) 패어(佩魚) 당(唐) 나라 때 5품 이상의 관원이 허리에 찼던 어대(魚袋)로, 보통 고위 관원을 가리킬 때 자복 패어(紫服佩魚)라는 말을 쓴다. ☞형(形) : 자연계의 현상이나 형상(形狀).

<그림1-174 > 녹존

也有[1048]醜穴似牛皮，懶坦使人疑。

注平坡之穴，微有窟突，俗眼視之，如牛皮懶坦[1049)]，無處可下。不知散中求聚，力量極大。楊公云「撒網之形似牛皮，不著緋衣[1050)]多食祿」是也

> 또한 우피(牛皮)와 같은 추한 혈이 있으면 느리고 변화가 없이 밋밋하여[懶坦;나탄] 사람들로 하여금 의심토록 한다.
>
> [也有醜穴似牛皮，懶坦使人疑。]

주해[注]

평평한 언덕[平坡:평파]의 혈(穴)은 작은[微微;미미] 굴돌(窟突)이 있는 것으로 속안(俗眼)으로 보기에 우피(牛皮)와 같이 느리고 변화가 없어[懶坦;나탄] 하장(下)할 수 있는 곳이 아니다. 산만한 가운데서[散中] 기가 모인 곳을 구하면 역량(力量)이 매우 큰 것을 모른다.

양공(楊公)이 이르길 '그물을 펼친[撒網:살망] 모양은 소가죽[牛皮]과 비슷하면 붉은 색 옷[벼슬][緋衣:비의]을 입지 않으면 식록(食祿)이 풍부하다'고 한 것이다.

1048) **也有 : 也는 또한, 역시(亦是), 有는 있다.**

1049) 懶(라) : 느리다. 게으르다. 의욕이 없다. ☞ 坦(탄) : 굴곡이 없다. 곧고 길다. 드러나다. ☞撒網(살망) : 그물을 치다. 그물을 던진다.

1050) 着[著](착) : (옷을) 입다. 몸에 걸치다. 접촉하다. ☞ 緋衣(비의) : 주홍색 옷 ☞ 붉은 색의 옷. 신라에서는 6두품(六頭品)이 비의를 착용했으며, 백제에서는 1품관(一品冠)에서 16품관까지 입었다. 고려 시대에도 천우좌우장위군(天牛左右杖衛軍)이 비착의(緋窄衣)를 착용했다.

也有醜穴少一臂，時師容易棄。

注世俗論地，只愛左右均勻1051)。才有欠缺，則所不取，此其常耳。卻不知有等1052)真龍大地，結作詭異之穴，多不齊整。或有龍無虎，或有虎無龍。明師見之，自有定訣。古歌云：「有龍無虎亦為吉，有虎無龍未是凶。只要外山連接應，分明有穴福常豐。」卜氏云：「或有龍無虎，或有虎無龍，無龍要水繞左邊，無虎要水纏右畔。」範越鳳云：「水來自左，無左亦可；水自右來，無右亦裁。」張子微云：「又有如釵長短股，無乳無穴何處取？此名龍縮縮處尋，短股頭間氣脈聚。或左或右穴皆然，定有外山作龍虎。」楊公云：「也有左長右枝短，也有左短右枝長，世俗庸師多不取，豈知異穴生賢良。」皆確論也。蔡氏云：「欠缺不齊，天地之奇。」此類是矣。

또한 혈에 추한 것이 한쪽 팔(臂)에 조금 있는 데 시사(時師)는 쉽게 버린다.[也有醜穴少一臂，時師容易棄。]

주해[注]

세속에서 자리를 논하는 것은 좌우가 균등한 것[均勻;균균]만을 좋아한다. 조금이라도 흠결(欠缺)이 있으면 취하지 않는 바[所]는 이는 일반적일 뿐이다(其常常耳:기상상이). 진룡대지(真龍大地)에서 궤이(詭異)한 혈(穴)을 결작(結作)하면 구별이 되나[有等] 대부분 단정하지[齊整;제정] 못한 것을 모른다. 혹 용(龍)이 있으나 호(虎)가 없고, 혹 호(虎)가 있고 용(龍)이 없으나 명사(明師)가 보면 스스로 결정할 수[定訣;정결] 있다.

고가(古歌)에 이르길 '용(龍)이 있고 호(虎)가 없어도 역시 길하고, 호(虎)가 있고 용(龍)이 없으나 흉함이 아니다[未是凶:미시흉]. 단지 바깥 산이 연이어서 응해주어야 분명한 혈이 있어 복이 항상 풍성하다.

복씨(卜氏)가 이르길 '혹 용(龍)이 있으나 호(虎)가 없기도 하고, 혹 호(虎)가 있으나 용(龍)이 없기도 한다. 용(龍)이 없으면 물이 좌변을 감싸야 하고

1051) 均勻(균균) : 균등하다. 고르다. 균일하다. ☞ 才(재) : 겨우. 조금.
1052) 等(등) : 가지런히 하다. 수량·정도가 같다. 동일하다. 구분하다.

[要繞], 호(虎)가 없으면 물이 우측[右畔;우반]을 감싸야[要纏;요전] 한다’ 고 하였다. 범월봉(範越鳳)이 이르길 ‘ 물이 좌측[청룡]에서 오면 좌[左;청룡]가 없어도 가능하고 ; 물이 우(右;백호)에서 오면[水而代地] 우(右;백호)가 없어도 재혈(裁穴)이 가능하다’ 고 하였다. 장자미(張子微)가 이르길 ‘ 또[又;우] 비녀[釵;채]와 같이 길고 짧은 다리[長短股:장단고]가 있어도 유(乳)도 없고 혈(穴)이 없으면 어느 곳을 취할 것인가? 이는 용이 짧으면[龍縮] 짧은 곳[縮處:단처]에 (혈을) 찾고, 짧은 다리[短股]와 두간(頭間)에 기맥(氣脈)이 모이고 혹 좌(左)나 우(右)에 혈(穴)이 모두 그렇다고 여겨 반드시 외산(外山)이 있으면 용호(龍虎)를 만든다’ 고 하였다.
양공(楊公)이 이르길 ‘ 또한 괴혈에는 좌청룡은 길고[左長] 우백호[右枝]가 짧은 혈도 있고, 또한 좌청룡이 짧고 우백호[右枝]가 긴혈도 있다. 세속(世俗)의 용사(庸師)들은 대부분 (혈을) 취할 수 없는데, 괴혈[異穴]에 훌륭한 인물[賢良:현량]이 태어나는 것을 어찌 알겠는가?’ 하였는데 모두 명확한 의론[確論]이다. 채씨(蔡氏)가 이르길 ‘결함[欠缺;흠결]이 있어 가지런하지 않은 것[不齊;부제]은 천지(天地)가 기인한 것이다’ 고 하였다. 이러한 유(類)를 말한 것이다.

也有醜穴體粗頑，細認太極安。
注粗頑之處，人多厭棄。不知其有微茫太極窟突之形，蝦須、蟹眼界水分合明白，乃為貴穴。然此穴多能誤人，若體察不真，不可草草[1053]，必須細察龍脈真的，方可扦之。

또한 혈(穴)의 모양[體]이 거칠고 무디어 흉하게 생긴 것[醜;추]은 태극(太極)을 자세히 알면 안장할 수 있다.[也有醜穴體粗頑，細認太極安。]

1053) 草草(초초) : 간략하게. 걱정하는 모양. 초목이 무성한 모양 ☞ 草(초) : 천(賤)하다. 거칠다.

주해[注]

조완(粗頑)한 곳은 사람들은 대부분 싫어서 버린다[厭棄;염기]. (혈이)어슴푸레하여[微茫;미망] 태극(太極)원훈(圓暈)의 굴돌(窟突)의 모양, 하수수(蝦鬚水), 해안수(蟹眼水)가 있어 계수(界水) 분합(分合)이 명백(明白)하면 곧 귀혈(貴穴)이 된다는 것을 모른다. 그러나 이러한 곳에 혈은 대부분 사람들이 잘못 판단할 수 있다. 만약 모양을 살피는 것[體察:체찰]이 참이 아니면 거칠어 걱정이 되어 천장할 수 없다. 반드시 용맥(龍脈)이 참인지[真的:진적]를 세밀하게 살피고 비로소 천장할 수 있다.

也有怪穴是擔凹，樂起貼身高。

또한 오목한[擔凹:담요] 괴혈(怪穴)이 있으면 낙산(樂山)이 높이 솟아 용신에 아주 가깝게 달라붙어야 한다.[也有怪穴是擔凹，樂起貼身高。]

注張子微所云「又有凹穴[1054]兩肩起，正對主峰凹入底。乳頭又更對凹生，作穴如何安頓是？此名天潛不可輕，凹處深藏有妙理」者是也。凡擔凹之穴，必要有後樂貼身蓋照。若垂乳結穴而乳頭長者，則是氣鍾於乳，雖無樂亦不妨，卻要後宮包裹[1055]，不可空曠，或有孝順鬼尤妙。

1054) **요뇌천재혈**(凹腦天財穴)·**쌍측뇌**(雙側腦)
√요혈(凹穴)은 한쪽은 머리는 높고 한쪽은 머리가 낮으나 가운데 요한[凹] 곳에서 혈을 맺은 것을 '반안혈(扳鞍穴)이라'하고, 양쪽 쌍뇌(雙腦)의 높이가 같으나 중간에 요한[凹] 곳에 결혈(結穴)한 것을 '담요혈(擔凹穴)이라'한다. [頭高頭低而中凹結穴者曰扳鞍穴。雙腦同高而中凹結穴者，曰擔凹穴。]

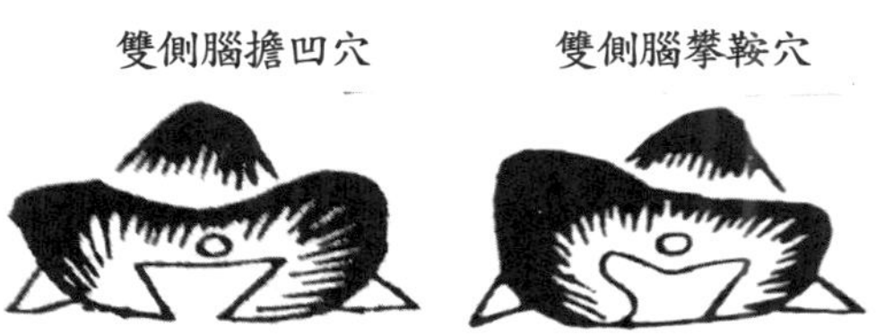

<그림1-175> (쌍측뇌) 담요혈 및 반안혈

주해[注]

장자미(張子微)가 말한 바는 또 오목한 혈(凹穴)은 양어깨가 솟은 것이며, 주산 봉우리[主峰]에 마주하여[正對] 오목하게 들어가 낮은 것[凹入底]으로 유두(乳頭)가 또한 다시 오목한 곳을 마주하여 생기니 작혈(作穴)은 어떻게[如何] 편안하게 혈이 머무르는 가? 이는 이름이 천잠혈[天潛]로 가벼이 할 수 없고, 요처(凹處)에 (혈을) 깊이 감추어[深藏:심장] 오묘한 이치[妙理]가 있는 것이다. 무릇 담요혈(擔凹穴)은 반드시 후락(後樂)이 용신에 바짝 붙어 감추어 조응해야 한다[蓋照;개조]. 만약 유(乳)를 드리워[垂;수] 결혈하고 유두(乳頭)가 길면 이는 유두(乳頭)에 기가 모인 것[氣鍾:기종]으로 낙산(樂山)이 없을지라도 무방하다[不妨;불방]. 오히려[卻;각] 후궁(後宮)에서 (요처를) 감싸야[包裹;포과] 한다. 아주 넓어서[空曠;공광]는 안된다. 혹 효순귀(孝順鬼)가 있으면 더욱 오묘하다[尤妙].

也有怪穴是仰瓦，氣蹙[1056]前頭下。
注凹腦之穴，氣蹙於前，必要後宮仰瓦[1057]。若仰瓦內又出一乳，則非真結。此穴須有後樂為准。若垂乳者，穴立乳頭。後有孝順鬼，無樂亦好。此與擔凹穴同一格耳。

> 또한 괴혈(怪穴)이 앙와(仰瓦)인 것이 있는데, 기(氣)는 앞의 머리(頭) 아래로 오므리는 것이다.[也有怪穴是仰瓦，氣蹙前頭下。]

주해[注]

요뇌혈(凹腦穴)은 기(氣)가 앞에서 오그라들어[蹙;축] 반드시 후궁(後宮)에 앙와(仰瓦)을 필요하다. 만약 앙와(仰瓦) 내에 또 하나의 유[一乳]가 나오면

1055) 裹(과) : 싸다.
1056) 蹙(축) : 쭈그러지다. 오므리다. 오그라들다.
1057) 앙와(仰瓦) : 혈산 뒤에 누조(漏槽)가 있어 기와가 하늘을 쳐다보는 것 같다.

진결(真結)이 아니다. 이러한 혈은 반드시 뒤에 낙산[後樂;후락]을 기준으로 삼아야 한다[准;준]. 만약 수유(垂乳)이란 것은 유두(乳頭)에 입혈(立穴)한다. 뒤에 효순귀(孝順鬼)가 있으면 낙산이 없어도 무방하다. 이는 담요혈(擔凹穴)과 같은 하나의 격식일 뿐이다.

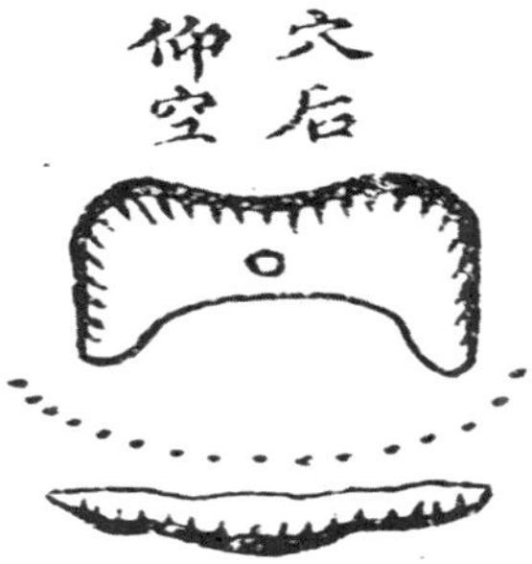

<그림1-176 > 혈후 앙와(穴後仰瓦)

也有怪穴似拖槍，只要護纏長。

注楊公云：「尖槍[1058]之穴要外裹，外裹不牢[1059]反生禍。外山包裹穴如槍，左右包來尖不妨。山來雄勇勢難竭，是致尖形也作穴。只要前山曲抱轉，針着正形官不絕。」又云「有如破軍變貪狼，貪狼入穴如拖槍。拖槍之穴人嫌醜，只緣[1060]纏護兩山長」者是也。

> 또한 창(槍)을 끄는 듯한 괴혈이 있는데, 다만 전호(纏護)가 길어야 한다.[也有怪穴似拖槍，只要護纏長。]

1058) ☕ 구성별(九星別) 혈 모양의 보충설명
√ 탐랑성(貪狼星)은 유두혈(乳頭穴) √거문성(巨文星)은 와혈(窩穴 √ 녹존성(祿存星)은 소치혈(梳齒穴)
√ 문곡성(文曲星)은 장심혈(掌心穴) √ 염정성(廉貞星)은 와혈(窩穴) √ 무곡성(武曲星)은 겸혈(鉗穴)
√ 파군성(破軍星)은 첨창혈(尖槍穴), 겸혈, 와혈 √ 좌보성(左輔星)은 연소혈(燕巢穴), 괘등혈(掛燈穴)
√ 우필성(右弼星)은 돌혈(突穴)을 결혈한다.

1059) 牢(뢰) : 둘러싸다. 감옥. 굳다. 견고함. ☞ 竭(갈) : 다하다. 물이 마르다. 끝나다.

1060) 緣(연) : 연유(緣由)하다. 따르다.

주해[注]

양공(楊公)이 『의룡경』 하편에서 이르길 ' 뾰족한 모양의 혈[尖槍穴:첨창혈]은 밖에서 감싸야 하고, 밖에서 감싸는 사[外裹;외과]가 견고하지 않으면[不牢:불뢰] 오히려 화(禍)가 생긴다. 외산(外山)이 감싸는[包裹:포과] 혈(穴)은 창과 같이 (뾰족하여 흉하다고 생각할 수 있으나) 용호[左右]가 감싸고 오면 뾰족한 것은 꺼리지 않는다[尖不妨;첨불방]. 산이 웅장하고 용맹스럽게[雄勇;웅용] 뻗어와 기세(勢)가 멈추기 어려워[難竭:난갈] (날카롭게 뻗어 가는데) 이러한 뾰족한 모양[尖形]에 이르러 혈을 만든다. 다만 앞에 산이 굴곡하여 용신을 빙 둘러서 (혈을)감싸야[抱轉;포전] 한다. 바늘처럼 뾰족한 혈이 올바른 모양[正形]을 하고 있으면[着:착] 벼슬이 끊이지 않는다' 고 하였다. 또 이르길 '만약 파군(破軍)이 탐랑(貪狼)으로 변하여 탐랑(貪狼)에 합치하면[入:입] 혈은 창을 늘어뜨린[拖;타] 모양과 같다. 창을 드리운 모양[拖槍:타창]의 혈은 사람들이 모양이 추하다고 꺼리는 데[嫌醜;혐추] 단지 전호(纏護)하는 양산이 길기 때문이다' 고 한 것이다.

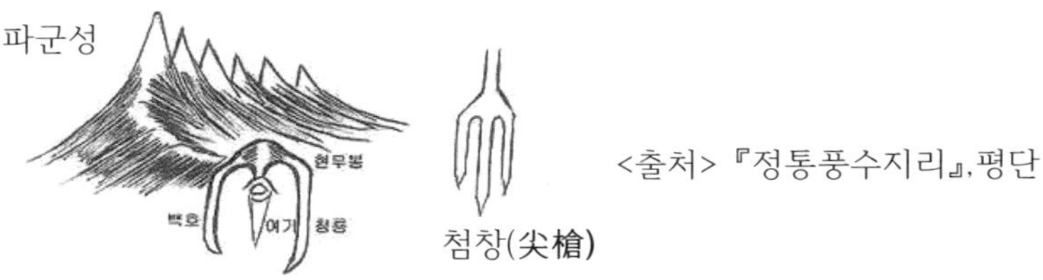

<그림 1-177 > 파군성(破軍星)에 첨창혈(尖槍穴)

也有怪穴如鬪斧1061)，須要鬼樂守。

注鬪斧之穴，如穿針1062)引線，橫來直受，直來橫受。楊公云「亦有異穴如鬪斧，不拘左右生龍虎。橫龍卻向直中扦，直山卻向橫中處」是也。卻要有鬼有樂以為証應，方可安穴。廖氏云：「橫龍結穴必要鬼，樂山宜後峙。」蔡氏云：「此等之穴，先看有鬼無鬼，次看前山朝水。二者相應，再看托樂，便可下手扦之。若無鬼樂，從有前面山水，不可下也。」

1061) 鬪斧(투부) : 가운데에 자루를 박는 구멍이 있고, 자루와 나란히 쌍날 또는 외날이 있는 도끼
1062) 穿針引線(천침인선) : 바늘에 실을 꿰다.

또한 괴혈이 투부(鬪斧: 도끼혈)와 같은 것이 있으면 반드시 귀락(鬼樂)이 지켜야 한다.[也有怪穴如鬪斧, 須要鬼樂守]

<그림 1-178 > 투부(鬪斧)

주해[注]

<그림 1-178 >의 투부혈(鬪斧穴)은 바늘에 실을 꿴 것 같아[穿針引線:천침인선] 횡(橫)으로 와 곧게 받기도 하고, 곧게와 횡으로 받기도 한다. 양공(楊公)이 이르길 ' 또한 이혈(異穴)이 투부(鬪斧)와 같은 것이며 좌우(左右)에 용호(龍虎)가 생긴 것에 구애받지 않는다. 횡룡(橫龍)은 반대로 곧게 향하는 가운데에 천혈(扦穴)하고, 직룡(直龍)이 반대로 횡(橫)으로 향하는 가운데에 있다' 한 것이다. 요씨(廖氏)가 이르길 ' 횡룡(橫龍)에 결혈(結穴)은 반드시 귀(鬼)가 필요하고 낙산(樂山)이 마땅히 뒤에 솟아야 한다[後峙:후치]' 고 하였다. 채씨(蔡氏)가 이르길 ' 이들의 혈(穴)은 먼저 귀(鬼)가 있나 없나를 살피고, 그 다음 앞산(前山)에 조수(朝水)를 보아 두 가지가 상응(相應)하면 다시 탁산(托樂)을 살펴 곧[便;편] 하수(下手)에 천장할 수 있다. 만약 귀낙(鬼樂)이 없으면 비록 전면(前面)에 산수(山水)가 있을지라도 하장할 수 없다' 고 하였다.

也有怪穴無龍虎，何人將眼睹[1063]？

注世俗看地，惟求龍虎二山弓抱而已，此外無複知識。楊公云「只來山上覓龍虎，又要圓頭始云吉」是也。殊不知龍穴真結，不必有龍有虎。若龍穴不真，縱是有龍有虎，反為假花之地。《經》云「君如識穴不識怪，只愛左右包者是。此與俗人無以異，多是[1064]葬在虛花裏。虛花左右似有情，仔細辨來非正形。虛化作穴更是巧，仔細看來無甚好」是也。

> 또한 용호(龍虎)가 없는 괴혈(怪穴)이 있는데, 누가 장차 눈으로 볼 수 있겠는가.[也有怪穴無龍虎，何人將眼睹？]

주해[注]

세속(世俗)에서 지리를 볼 때 오직 용호(龍虎) 두 산이 궁포(弓抱)한 것만 구할 뿐이다. 이외[此外:차외]에는 또[複;복] 아는 것이 없기 때문이다. 양공(楊公)이 이르길 '단지 산 위에 올라와 용호(龍虎)를 찾아보고[覓;멱] 또 꼭대기[頂上;頭]가 둥글어야[圓] 비로소 좋다고 이른 것이다' 한 것이 이것이다. 특히 용혈(龍穴)의 진결(真結)은 반드시 용호가 있을 필요가 없다. 만약 용혈이 진(真)이 아니면 비록[縱] 용호(龍虎)가 있을지라도 오히려 형상(形象)이 비록 아름답고 수려(秀麗)해도 그 땅은 버려야 하는 땅인 것이다[假花之地]. 《경(經)》에 이르길 '그대가 혈을 알고 괴혈을 모르면 다만 좌우(左右)가 감싸준 것을 좋아하는 것이다. 이는 속인(俗人)과 다른 것[以異]이 없다. 대개[多是] 매장(埋葬)한 것[葬]이 허화(虛花) 속에 있으면 허화(虛花)의 좌우가 유정(有情)한 것처럼 보인다. 용이 오는 것을 자세히[仔細] 변별하면 진룡[正形;眞龍]이 아닌데 허화(虛化)가 만든 혈[作穴]도 또한[更;갱] 아름답다[是巧]. 용이 뻗어오는 것을 자세히 보면 심히 좋은 것이 없다'는 것이다.

1063) 睹(도) : 보다. ☞ 而已(이이) : ~일 뿐이다.

1064) 多是 (다시) : 아마, 모두. 대개

也有怪穴無案山，諸水聚其間。

注天造地設[1065]。廖氏云：「第一尤嫌無案山，衣食必
艱難。」今乃有真穴而無案對，俗眼見之，必以有主無賓棄之。豈知水潮即是山朝，楊公云「也有真形無朝山，只要諸水聚其間。汪汪[1066]萬頃明堂外，內局周回如抱環」是也。

> 또한 안산(案山)이 없는 괴혈이 있는데, 여러 물이 그 공간에 모인다.[也有怪穴無案山，諸水聚其間。]

주해[注]

천조지설(天造地設)은 자연스럽게 이루어져 인공으로 다듬을 필요가 없는[天造地設] 진룡(真龍)에 정혈(正穴)은 주산(主山)이 있고 반드시 빈산(賓山)이 있다. 요씨(廖氏)가 이르길 '첫째 더욱 꺼리는 것[尤嫌;우혐]은 안산(案山)이 없으면 의식(衣食)이 반드시 몹시 힘들고 고생스럽다[艱難;가난]' 고 하였다. 지금 말하는 것은 진혈(真穴)이나 안대(案對)가 없어 속안(俗眼)이 보면 반드시 '주산은 있으나 안산[賓:빈]이 없다' 고 하여[以] 버린다.
물이 흘러들면[水潮:수조] 곧 이것이 산의 조산[是山朝:시산조]인 것을 어찌 알겠는 가? 양공(楊公)이 이르길 ' 또한 진룡[真形;진형]에 조산(朝山)이 없으면 다만 여러 물[諸水]이 그 공간에 모여야 한다. 명당(明堂) 밖에 질펀히 드넓어 마치 만이랑 물결(汪汪萬頃:왕왕만경)이 내국(內局) 주위를 빙빙 돌아[周回:주회] 감싸는 [抱環:포환] 같은 것이다' 고 한 것이다.

也有怪穴如反掌[1067]，窩靨形微坦。

注楊公云：「也曾見穴如反掌，卻與仰掌毋兩樣[1068]。」蓋反掌之地，形體偏

1065) 天造地設(천조지설) : 자연적으로 이루어져 더 다듬을 필요가 없다.
1066) 汪汪(왕왕) : 물이 깊고 넓은 ☞ 萬頃(만경) : 아주 넓은 지면이나 수면
1067) 反掌(반장) : 손바닥을 뒤집다. 일이 매우 쉽다.

反，但亦有窩靨之穴，卻與仰掌之掌心穴法不異矣。

> 또한 손바닥을 뒤집은 것[反掌(반장); 覆掌(복장)]과 같은 괴혈이며 와엽(窩靨)형으로 약간 평탄하다.[也有怪穴如反掌，窩靨形微坦。]

주해[注]

양공(楊公)이 이르길 ‘ 또 일찍이 혈을 보았는데 손바닥을 뒤집은 것 같으나 오히려 앙장형(仰掌形)과 다를 것이 없다[無兩樣:무량양]’ 고 하였다.

也有怪穴要鍬皮，苞節認玄微。
注木星之穴，以其來勢直急，恐有殺氣，故鍬皮下之。必要立穴處有苞節芽蘗1069)，方為真穴。不可於硬峻急直之所強勉鑿穴。故曰「苞節認玄微」

> 또한 괴혈이 삽 표면[鍬皮:초피]과 같은 곳에서는 **포절**(苞節, 節處의 마디)이 미묘함[玄微:현미]을 알아야 한다.[也有怪穴要鍬皮，苞節認玄微]

➔玄微(현미) : 도리(道理)나 기예(技藝)가 깊어서 썩 미묘(微妙)함微◦妙(미묘) : 뚜렷하지 않고 야릇하고 묘

주해[注]

목성의 혈에서 내세(來勢)가 직급(直急)하면 살기(殺氣)가 있을까 두려우므로 초피(鍬皮)와 같은 곳에 하장 한다. 입혈처(立穴處)에는 반드시 포절(苞節)에 싹[지각]이 나와야[芽蘗;아폐] 비로소 진혈(真穴)이 된다.
단단하고 험준하여[硬峻;경준] 급하게 향하는[急直;급직] 곳에 혈을 억지로

1068) 却(각) : 도리어. 오히려. 반대로. 그러나. [역접(逆接)을 나타내고, ‘倒’ ‘可’보다 어감이 약함]
☞ 兩樣(양양) : **다르다** . 비범하다. 두 가지 물건. 상이하다.
1069) 芽(아) : 싹. 싹이 트다. ☞ 蘖(폐) ; 번체 蘖 이체 糱 : (그루터기에서 돋아나는) 움. 곁가지. 움이 돋다.

[強勉;강면] 파서는[鑿穴;착굴] 안되므로 이르길 '포절(苞節)이 오묘함[玄微]을 알아야 한다'고 하였다.

有如壁上撲[1070]飛蛾，細看突無多。
注貼壁飛蛾，微有突穴，安突中，粗中細也。

> 마치 벽상(壁上)에 나방[飛蛾:비아]이 붙어있는 같으면 자세히 보면 돌(突)이 많지 않다.[有如壁上撲飛蛾，細看突無多。]

주해[注]

벽에 붙은[貼壁:첩벽] 나방과 같이 미미하게 오뚝 솟은 것이 있으면 혈(穴)은 오뚝 솟은 가운데 거친 가운데[粗中]에 부드러운 것[細]이 있으면 안장한다.

有如壁上挂燈盞，但見窩微仰[1071]]
楊公云「落在高山挂燈樣」，急中緩也。 急山忽然一坦平，穴向此間停。注急中有緩，多結仰高之穴。廖金精為吾邑張氏下一貴地，土名白牛坦，乃萬仞山半，忽然一塊平坦，穴安坦中，是急中緩也。

> 마치 벽 위[壁上]에 등잔(燈盞)을 걸어 놓은 것 같은데, 다만 와(窩)가 약간 높은 곳[仰:앙]을 살펴보라.[有如壁上挂燈盞，但見窩微仰]

1070) 撲(박) : (날개를) 치다. 푸드덕거리다. 엎드리다. 완전히 의지하다.
1071) 仰(앙) : 우러르다. 의지하다. 높다. ☞ 緩(완) : 緩慢(완만) 번체 緩慢(완만) : 완만하다. 느리다. 더디다.

양공(楊公)이 이르길 '낙맥하여 고산(高山)에 괘등의 모양[挂燈樣:괘등양]은 급한 가운데[急中] 완(緩)한 것이다. 급한 산[急山:급산]이 갑자기[忽然:홀연] 약간 평탄하면[一坦平:일탄평] 혈(穴)은 이 공간[此間:차간]에 머문다[停:정].

주해[注]

급한 가운데[急中] 느린 것[緩]이 있으면[陰中에 陽] 대부분 앙고의 혈(仰高之穴:앙고지혈)을 맺는다. 요금정(廖金精)은 오읍(吾邑)의 장씨(張氏)를 하장한[下] 하나의 귀지[一貴地:일귀지]는 토명(土名)이 백우탄(白牛坦)으로 곧 매우 높은 산[萬仞山:만인산] 가운데쯤[半:반] 홀연히 한 곳[一塊;일괴]이 평탄(平坦)하여 혈(穴)을 평탄한 가운데 안장하였다. 이는 급한 가운데 완만한 것이다[緩也:완야].

緩龍到頭突忽起，穴向1072)此中取。
注平洋之地，龍勢似緩。入首忽然突起，謂之平中之突。《葬書》云「地有吉氣，土隨而起」者是也。此穴至貴，但宜葬於巔，緩中急也。

완룡(緩龍:완만한 용)이 도두(到頭)에 돌(突)이 홀연히 일어났으면 혈(穴)은 그 가운데[向]를 취한다.[緩龍到頭突忽起，穴向此中取。]

주해[注]

평양지[平洋之地]에서 용세(龍勢)가 완만한 것 같으나 입수(入首)에서 홀연히(忽然) 오뚝 솟은 것[突起]이다. 이를 평평한 가운데[平中] 오뚝 솟은 것이라 한다[突起:돌기]. 《장서(葬書)》에 이르길 ' 땅에 좋은 기운이 있으면 흙

1072) 向(향) : 근접하다. 다가가다. ~을. ~로부터. ~을 따라

을 따라 이동한다[起]' 는 것이 이것이다. 이러한 혈은 지극히 귀하다. 다만 산꼭대기[巓;전]에 장사를 하는 것이 좋다[宜:의]. 완만한 가운데 급한 것이다.

精神顯露反非祥，隱拙乃為良。

注卜氏云：「何精神顯露[1073]者反不祥？何形勢隱拙者反為吉？隱拙者定有奇跡異蹤，顯露者多是花穴假形。」良有以[1074]也。

정신(精神)이 겉으로 드러난 것은 도리어 좋지 못하고, 숨기면서 쓸모가 없는 듯 은졸(隱拙)하면 좋다.[精神顯露反非祥，隱拙乃為良。]

주해[注]

복씨(卜氏)가 이르길 ' 어찌 정신(精神:形勢)이 드러난 것[顯露者;현로자]이 오히려 상서롭지 못한가[不祥;불상]? 어찌 형세(形勢)가 은졸(隱拙)한 것이 오히려 길(吉)한 것인가? 대개 은졸한 것은 반드시 기이한 종적이 있고, 드러난 것은 대부분[多是] 화혈(花穴)로 가짜 혈의 모양[假穴形]이다' 고 하였으니, 진실로[良:량] 그 이유[以]가 있는 말이다.

真龍藏幸韜[1075]神機，奇怪使人疑。

注真龍藏幸，至結穴處，韜光[1076]斂華，晦其神機，而為奇怪形穴，使人見之，群疑滿腹。非有灼[1077]見，不敢下也。

1073) 顯露(현로) : 밖으로 드러내다. 뚜렷하다. 나타내다. 분명하다.
1074) 以(이) : 이유. 까닭. ~(으)로(써). ~을 가지고. ~을 근거로.
1075) 藏(장) : 숨다. ☞ 韜(도) : 감추다, 덮어 가리다. 포용하다(包容--)
1076) 韜光(도광) : 빛을 감추어 밖에 비치지 않도록 함. 재능(才能)이나 학식(學識) 따위를 숨겨 감춤. 여기서는 혈을 감추어 ☞ 군의만복 (群疑滿腹) : 많은 사람이 다 의심을 품고 있음

진룡은 다행히 숨어[藏:장] 조화의 기틀(형세)[神機;신기]을 감추어[韜:도] 기괴(奇怪)하여 사람으로 하여금 의심하게 한다.
[真龍藏幸韜神機，奇怪使人疑。]

주해[注]

진룡이 다행히 숨어 결혈처(結穴處)에 이르러 영광[혈]을 감추고[韜光;도광] 화려함을 간직하여[斂華;렴화] 신기(神機:형세)를 숨겨 분명하지 않게 하여[晦;회] 기괴(奇怪)한 혈형(形穴)이 되어 사람들이 그것을 보고 여러 사람의 의심이 마음에 가득하여[群疑滿腹:군의만복] 명철한 견해[灼見;작견]가 없으면 감히 하장할 수 없다.

奇怪奇怪何奇怪，千形並萬態。能乘生氣任君針，奇怪莫心疑。
注山龍之變態無窮，奇形怪穴，安可悉舉？一言以蔽之，曰「葬乘生氣」而已。苟能於地理中識透1078) 「葬乘生氣」妙訣，任君所扦，皆能獲福，何奇怪之足畏哉！廖氏云：「變化無窮聊1079)舉例，作用皆如是。乘得生氣任君裁，奇怪不須猜。」楊公云「怪形異穴人厭看，如何1080)子孫世為官？只恐怪穴君未識，識得裁穴卻無難」是也。

기괴(奇怪)하고 기괴한 것(奇怪)은 무엇이 기이한 가[何奇怪]? 천만 가지 모양[千形萬態:천형만태]을 아우르는 것이다. [奇怪奇怪何奇怪，千形並萬態] 생기를 탈 수 있는 것[能乘生氣]은 그대가 신뢰하여 하장을 하여[任君針:임군침] 기괴한 것[奇怪]을 의심하지 마라.[能乘生氣任君針，奇怪莫心疑]

1077) 灼(작) : 그을리다. 명백하다. 빛나다. ☞ 任(임) : 임명하다. 신임하다. 신뢰하다.
1078) 識透(식투) : 속속들이 다 알다. 간파하다.
1079) 聊(료,요) : 바라다, 원하다(願--: 무엇을 바라거나 하고자 하다). 애오라지(부족하나마 그대로).멋대로, 내키는 대로 ☞ 舉例(거례) : 예를 들다.
1080) 如何(여하) : 어떻게. 어떠냐. 왜 . 어떤

주해 [注]

산룡(山龍)이 변화하는 모양은 무궁(無窮)한 기형괴혈(奇形怪穴)을 어찌[安] 다 열거[悉擧:실거]할 수 있는가? 한마디로 그것을 말하면[以蔽之(이폐지)] '장사는 생기를 타는 것[葬乘生氣]' 일 뿐이다. 참으로 지리 속에 장승생기(葬乘生氣)의 묘결(妙訣)을 능히 알아야 한다. 그대가 신뢰하여 천장하면 모두 능히 복을 얻을 수 있는데[獲福;획복], 기괴한 것(奇怪)을 어찌 두려워하는 가[足畏:족외]! 요씨(廖氏)가 이르길 ' 변화(變化)가 무궁無窮)하여도 부족하나마 그대로[聊;료] 예를 들면[擧例;거례] 영향[作用]은 모두 이와 같다. 생기를 얻어 타는 것[乘得生氣]을 신뢰하여 그대가 재혈하면 기괴(奇怪)한 것을 의심할 것이 없다[猜;시]' 고 하였고, 양공(楊公)이 이르길 '괴혈이형(怪形異穴)은 세인들이 보는 것을 두려워하는데 어떻게 자손(子孫) 대대로 벼슬을 하는 가? 다만 괴혈(怪穴)을 두려워하는 것은 그대가 알지 못하는 것인가? (괴혈을) 인식하여 알면 재혈(裁穴)에 오히려 어려움이 없을 것' 이다.

大抵奇形並怪穴，只怕[1081]龍神別。認得龍真穴便真，此訣值千金。
注有真龍則有真穴。龍既真的，穴雖奇怪，亦不足畏。楊公云：「大凡諸山來此聚，諸水流來聚此處[1082]，定有真龍此間作，只恐不知龍住處。住處多為醜惡形，世俗庸師心裏懼。」故扦怪穴之法，惟在審龍。誠於龍認得真，何奇怪之足畏哉！善夫西山之言曰「《葬書》千經萬論，地理千形萬狀，言不能盡，狀不能徧[1083]。約而蔽之，不過龍真朝的，水土交會，穴必在焉。雖神秘怪異，亦可測識。若外此以求善法，非吾之所知也。

> 대저 기형(奇形)은 모두 괴혈(怪穴)로 아마[只怕;지파] 용신(龍神)을 구별하여 진룡(眞龍)을 알아 얻는다면 혈(穴)은 곧 진(眞)인 것이다. 이 비결은 천금(千金)의 가치가 있는 것이다.
> [大抵奇形並怪穴，只怕龍神別。認得龍真穴便真，此訣值千金。]

1081) 只怕(지파) : 짐작컨대. 오직 ~만을 우려하다. 아마 ☞ 把(파) : 접근하다. 바짝 붙다.
1082) 광취명당(廣聚明堂) : 여러 산과 여러 물이 명당에 모이는 것이다.
1083) 徧(편) : 두루 퍼지다. 널리~하다. 보편적으로 ~하다.[주로 동사의 보어로 쓰임]
☞ 蔽(폐) : 포괄하다. 총괄함.

주해[注]

진룡(眞龍)이 있으면 진혈(眞穴)이 있다. 용(龍)이 이미 참[眞的]이라면 혈은 비록 기이[奇怪]하더라도 두려워할 것이 없다[不足畏:부족외]. 양공(楊公)이 이르길 '무릇 제산(諸山)이 와서 이곳에 모이고 제수(諸水)가 흘러와 이곳에 모이면, 반드시 진룡이 이 공간[間]에 있어 혈을 만든다. 다만 용(龍)이 머무르는 곳을 알지 못하는 것을 두려워한다. (용이) 머무는 곳이 대부분 추악(醜惡)한 모양이면 세속(世俗)에 용사(庸師)들은 마음속으로 두려워한다[懼;구]' 고 하였다. 그러므로 **괴혈(怪穴)에 천장하는 법은 오직 용(龍)을 잘 살피는 데 있다**. 용(龍)이 진실로 참됨을 알면[認得;인득] 어찌 괴이[奇怪]한 것을 지나치게 두려워하는 가! 참으로 좋은 말이다. 서산(西山)이 말하여 이르길 '《장서(葬書)》는 온갖 책을 논의[千經萬論:천경만논]한 것이고, 지리(地理)는 온갖 형상[千形萬狀:천형만상]을 말로 다 할 수 없고[言不能盡:언불능진], 형상[狀]이 보편적이라 할 수 없으나[不能徧:불능편] 요약하여[約:약] 한마디로 한 것이다[蔽之;폐지]. **용진(龍眞)하고 조산이 확실하고[朝的:조적] 물과 흙이 서로 만나면[水土交會] 혈(穴)은 반드시 존재한다고 하는 것에 지나지 않는 것이다.** 비록 신비(神秘)하여 괴이(怪異)하여도 예측하여 알 수 있다. 만약 이외(外此)에 선법(善法)을 구하는 것은 내가 아는 바가 아니다' 고 하였다.

假龍無穴不堪[1084]安，莫作怪穴看。若將借口亂安墳，悞盡世間人。用怪不能當守拙，緘口休談說[1085]。要知怪穴有眞玄，須遇至人傳。

> 가룡(假龍)에는 혈이 없어 안장할 수 없는데 현장에서 보고[看] 괴혈(怪穴)이라고 만들지 말라.[假龍無穴不堪安，莫作怪穴看]
> 오직[將] 핑계를 삼아[借口;자구] 난잡하게 안분(安墳)한다면 세상 사람들을 다 그르치게 할 것이다. [若將借口亂安墳，悞盡世間人]

1084) 堪(감) : 할 수 있다. ☞ 緘口(함구) : 입을 다물고 아무 말도 하지 않음
1085) 談說(담설) : 말하다. ☞ 眞玄(진현) : 참먹. 품질(品質)이 아주 좋은 먹.

괴혈을 사용할 수 없으면 마땅히 우직(愚直)함을 지켜[守拙;수졸; 분수를 지켜] 입을 다물고 말하지[談說;담설] 말라. [用怪不能當守拙，緘口休談說]괴혈에는 진원(眞元)이 있음을 알아야 한다. 반드시 도덕이 지극히 높은 사람을 기다려 만날 때까지 기다려 전하여야 한다.

[要知怪穴有真玄，須遇至人傳。]

주해[注]

大凡無穴，必是龍假。蔡西山云：「假龍誤人甚多，其擺布[1086]精神，起人眼目，與真龍無異。只是到頭結果無取，故世俗之人，止謂其氣秀特。而時師又以真龍醜穴之說文之，鮮有不為所惑者。」子微云「假龍亦有穿心開帳，有星辰秀麗，有橈棹手腳，亦有擺布，但無迎送，或蜒蜿[1087]四五里，或縈迂數十里，至大盡處，乃無穴可下」是也。故真龍怪穴，乃是有穴而特醜拙，或有穴而特奇巧，非若假龍之無收拾結果[1088]。至盡處，或有窠而虛闊空亡，有乳而直峻粗大，有鉗而漏槽破頂，有突而破碎懶坦，不可扦葬者。

무릇 혈이 없다는 것은 반드시 용(龍)이 가짜[假]이다. 채서산(蔡西山)이 이르길 '가룡(假龍)에서 오인하는 사람[誤人]이 매우 많다. 가룡이 개장하여[擺布;파포] 용신[精神;龍神]을 사람의 안목(眼目)으로 진룡과 다름없이 보이게 한다. 다만 도두로 생긴 것이 취할 것이 없으므로 세속의 사람들은 그 기운을 특별하다고만 말하는데 그치고 시사(時師)들은 또 진룡(真龍)의 추혈(醜穴)설로 꾸며대니[文之:문지] 미혹되지 않는 자[不為所惑者] 거의 없음이라' 하였고, 장자미[子微]가 이르길 '가룡(假龍)에도 천심(穿心)과 개장(開帳)이 있고, 성진(星辰)이 수려(秀麗)하며, 요도(橈棹)와 수각(手腳)도 있고 파포(擺布)하나 다만 영송(迎送)이 없다. 혹 4,5리(四五里)를 굼틀거려가거나[蜒蜿;연

1086) 擺布(파포) : 진열하다. 배치하다.☞擺(파) : 열리다. 벌여놓다.◦布(포) : 펴다. 벌이다.
1087) 문(文): 꾸미다. ☞연완(蜒蜿) : 길게 뻗어 있는 모양이 구불구불하다. ☞蜒(연) : 구불구불하다. ◦蜿(원) : 굼틀거리다. 뱀 따위가 구불거리며 가는 모양
☞ 乃是 (내시) : 즉 ~이다. 곧 ~이다.
1088) 結果(결과)
√어떤 원인(原因)으로 결말(結末)이 생김. 또는 그런 결말(結末)의 상태(狀態).
√내부적(內部的) 의지(意志)나 동작(動作)의 표현(表現)이 되는 외부적(外部的) 의지(意志)와 동작(動作) 및 그곳에서 생기는 영향(影響)이나 변화(變化).

원] 수 십리(數十里)를 감싸[縈迂;영우] 대진처(大盡處)에 이르러서 곧 하장할 수 있는 혈이 없다' 는 것이다.

그러므로 진룡의 괴혈(真龍怪穴)은 곧 혈이 특히 추졸(醜拙)하더라도 혹 혈(穴)이 특히 정교하고[奇巧;기교] 수습할 수 없는 가룡(假龍)이 아니라도 [收拾:수습] 변화[結果]하여 진처(盡處)에 이르면 혹 와혈[窠(과);오목한 곳]이 있어도 넓고[虛闊;허활] 텅비어 기능을 하지 못하고[空亡;공망], 유혈[乳]이 있어도 험준하고[直峻;직준] 크다[粗大;조대]. 겸혈[鉗]이 있을지라도 꼭대기가 파쇄되어[破頂] 누조(漏槽)가 되고, 돌혈[突]이 있어도 파쇄(破碎)되어 나탄(懶坦)하여 천장(扦葬)할 수 없는 것이다.

若不能辨龍真假，而以假龍無穴之處指為龍真穴怪，強勉鑿穴，以此借口[1089]而誤世人，其害不淺，不若置怪穴於不談，尤為愈也。噫！業地學者，當虛心訪求明師，極辨而研窮之，不可草率鹵莽[1090]，強不知以為知，苟一朝之財賄。前輩謂醫藥有誤，禍止一人；地理有誤，禍及一家。捧誦斯言，尤當悚惕[1091]，可不戒哉！可不慎哉！

만약 용(龍)의 진가(眞假)를 분별할 수 없으면 가룡(假龍)에 혈이 없는 곳을 가리켜 진룡(眞龍)에 괴혈(穴怪)이라 하여 억지로[強勉;강면] 혈을 굴착하면[鑿穴;착혈], 이것을 핑계로 삼아 세상 사람을 잘못되게 하여 그 피해가 가볍지 아닐 것이다[不淺;불천]. 괴혈(怪穴)을 내버려 두고[若置:약치] 담론하지 않는 것이 더욱 나은 것이다. 슬프도다[噫(희)! 앞서[業] 지리학자[地學者]들은 마땅히 허심(虛心)으로 명사(明師)를 널리 찾아 구하여 확실히 설명하고[極辨:극변] 연구[研窮之]하며 경솔하게 해서[草率鹵莽;초솔로망]는 안되며, 모르는 것을 억지로 아는 체하지 말라[強不知以為知:강부지이위지].

구차하게[苟:구] 하루아침[一朝:일조]에 재물[財賄;재회]구하고자 하니 선배(前輩)들이 이르길 '의약(醫藥)에 그릇됨이 있으면 화(禍)가 1인(一人)에 그치나,지리(地理)에 그릇됨이 있으면 화(禍)가 한 가문에 미친다'고 하였다.

1089) 借口(자구) : 구실로 삼다. 구실. 핑계로 삼다.

1090) 草率(초솔) : 경솔하다. 아무렇게나 하다. 거칠다. ☞ 鹵莽(로망) : 노망. 경솔하고 경계가 소홀함. 일을 허술하게 함

1091) 悚惕(송척) : 무서워하다. 두려워하다.

이 말을 삼가 하여 읽어[捧誦;봉송] 더욱 마땅히 두려워하며[悚惕;송척] 어찌 경계(警戒)하지 않을 수 있으며 어찌 삼가 하지 않을 수 있으리오!

補義

上巧穴二十有二，以其穴形完美，而所處之地異於常，故曰巧。拙穴二十有二，以其穴形隱拙，而醜異之態出於常，故曰拙。兼巧與拙，總名曰怪，凡四十有四。然怪穴亦不止此，在智者觸類而長之耳。夫所謂怪穴者，乃權變[1092]怪異之說也。如三出其妻者，似閨化之不行；兩棄其子者，似家教之不立。君臣有義也，而有放伐[1093]之舉；兄弟貴友也，而有破斧之詣[1094]。此皆聖賢制禮之極，而乃出於常理之外。地理怪穴之說，無以異此。

보의(補義)

이상 교혈(巧穴)은 22예(例)(二十有二)는 그 혈형(穴形)이 완미(完美)하고 혈이 머무는 자리[所處之地:소처지지]가 보통과 다르므로[異於常:이어상] 교(巧)라 하였고, 졸혈(拙穴)은 22예(例)는 그 혈형(穴形)이 은졸(隱拙)하고 보기 흉한 모습[醜異之態:추이지태]이 늘 드러나므로[出於常] 졸(拙)이라 하였다. 교(巧)와 졸(拙)을 아울러 총칭하여[總名] 괴혈[怪]이라 한다. 무릇 44개가 있으나 괴혈(怪穴)도 이것에 그치지 않고 많으니, 지혜가 있는 자는 비슷한 유를 접촉하면[觸類而:촉류이] 적용할[長之:장지] 수 있다. 무릇 이른바 괴혈(怪穴)이라는 것은 곧 권변괴이(權變怪異) 설이다. 가령 처를 세 번 버린 자[헤어진 자]는 규화(閨化)의 불행과 비슷하다. 두 번 아들을 버린 자는 가정교육[家教:가교]이 이루어지지 않는 것[不立:불립]과 같다. 군신(君臣)에게

1092) 權變(권변) : 그때그때의 형편 (形便)에 따라 처치 (處置)하는 수단 (手段). 때와 형편에 따라 둘러대어 일을 처리하는 수단. 그때그때의 형편에 따라 임기응변으로 일을 처리하는 수단

1093) 放伐(방벌) : 토멸(討滅). (고대 중국에서) 덕을 잃은 천자를 몰아내던 일.

1094) 詣(예) : 가다, 나아가다. 출두하다(出頭--).참배하다(參拜--)

의(義)가 있어 방벌(放伐;덕을 잃은 천자를 몰아내던 일)함에도 행함[擧;거]이 있다. 형제(兄弟)는 우애를 소중히 여기고, 도끼가 부서질 정도[破斧;파부]로 진영을 구축하였다. 이는 모두 성현(聖賢)의 예법을 제정함이 극진하여 평범한 이치[常理:상리] 밖에서 나왔다. 지리의 괴혈설(怪穴說)도 이와 다르지 않다[無以異此:무이이차].

故《葬書》云「過山不葬」，乃正論也，而怪穴有騎龍斬關之法；「石山不葬」，乃正論也，而怪穴有扦於石間之法；「獨山不葬」，乃正論也，而怪穴有扦於無包藏之法。《雪心賦》云「脈界水則止」，乃正論也，而怪穴有扦於龍脫之法；「穴後須防仰瓦」，乃正論也，而怪穴有扦於仰瓦之法；「可惡者泥水地旁尋穴」，乃正論也，而怪穴有扦於沒泥之法；《洞林訣》云「穴欲住而不欲吐」，乃正論也，而怪穴有扦於長枝中腰之法；《黑囊經》云「穴要有包裹，包裹穴無破」，乃正論也，而怪穴有扦於無龍虎之法；廖金精云「第一莫下去水地」，乃正論也，而怪穴有扦於直流之法；董德彰云「槍頭休下，鼠尾莫扦」，乃正論也，而怪穴有扦於拖槍之法。凡此之類，本皆出常入怪，舍經從權。
그러므로 《장서(葬書)》 이르길 '「과산불장(過山不葬)」이 곧 정론(正論)이나 괴혈(怪穴)에서는 **기룡참관법**(騎龍斬關之法)이 있고, 「석산불장(石山不葬)」이 곧 정론(正論)이나 괴혈(怪穴)에 **석간**(石間)**에 천장하는 법**이 있고, 「독산불장(獨山不葬)」이 정론(正論)이나 괴혈(怪穴)은 **감싸 감추지 않는 곳**[無包藏:**무포장**]**에 천장하는 법**이 있다.' 고 하였다. 《설심부(雪心賦)》 이르길 '「맥은 물로 경계를 지으면 멈추는 것(脈界水則止:맥계수즉지)」' 이 정론(正論)이나 괴혈(怪穴)에서 **용**(龍)**을 벗어난 곳에 천장하는 법**이 있고, 혈 후에 반드시 앙와를 피해야 하는 것(穴後須防仰瓦:혈후수방앙와)이 정론(正論)이나 괴혈(怪穴)에 **앙와**(仰瓦)**에 천장하는 법**이 있고, 「불길한 곳은 니수지(泥水地)의 변에서 혈을 찾는 것(可惡者泥水地旁尋穴)」이 정론(正論)이나 괴혈(怪穴)에서는 **진흙 속**[沒泥;**몰니**]**에서 천장하는 법**[金龜沒泥;**금구몰니**]도 있다. 《동림결(洞林訣)》 이르길 '혈은 머물고자 하나 길게 드러내지 않는 것[不欲吐]' 이 정론이나 괴혈(怪穴)은 긴 가지[長枝]**의 중간**[中腰]**에 천장하는 법**이 있다. 《흑낭경(黑囊經)》 이르길 '「혈은 속을 감싸야 하고[穴要有包裹], 속을 감싼 혈은 파괴되지 않아야 하는 것[包裏穴無破]」이 정론(正論)이나 괴혈(怪穴)에 **용호(龍虎)가 없는 곳에 천장하는 법**이 있다.' 고 하였고, 요금정(廖金精)이 이르길 '「첫째 거수지에 하장하지 마라(第一莫下去水地)」것' 이 정론(正論)이나 괴혈(怪穴)에는 **직류(直流)하는 데에 천장하는 법**이 있으며, 동덕창(董德彰)이 이르길 '창두(槍頭)와 서미(鼠尾)에 천장하지 말라함이 정론(正論)인데 괴혈(怪穴)은 **타창(拖槍)에 하장하는 법**이 있다 '고 하였다. 무릇 이와 같은 유(類)들은 괴혈 범위에 들어 이에 정상적인 법도를 버리고[舍經;사경] 임시방편에 따른 것들이다[從權;종권].

卜氏所謂「更有異穴怪形，我之所取，人之所棄」是也。然古今怪穴名墓，處處有之，固非鑿空[1095]妄誕之說。但俗鮮其傳，而知之者寡。一得於驟見之間，固宜其心駭而疑也。惟高術之士，得其真傳，會山川之性情，識生氣之聚散，苟穴與目遇，即目與心通，雖拙而亦以為[1096]美，雖醜而亦以為妍，是常亦常，怪亦常，不知怪之為怪矣。張子微云：「平夷之地，俊秀之峰，端正之穴，人所易見。惟諺語云『若要[1097]發，險中做』者，須明眼高師能之。」楊筠松云：「怪形異穴人厭看，如何子孫世為官？只恐怪形君未識，識得裁穴卻無難。」識怪不易，信怪尤難。師識而主不之信，傍又從而破之，奈之何哉！此皆天造地設，以俟有福緣者耳。故此等風水，易得難扦，易扦難信。有造物主之，常人以醜怪而不顧，故得之易。庸師以隱拙而難知，故扦之難。師能識之，不遇有緣，告之不信。一或因緣湊合，每有無意求地之人，暗與穴遇，豈非造物使之？噫！人子求地，上以寧父母，下以保子孫，其為關系非小。而明師難遇，美地難逢，若之何哉？亦曰積德以俟之而已矣。

복씨(卜氏)가 이르길 '또 이혈 괴형(異穴怪形)이 있으면 나는 취하지만 다른 사람들은 버린다' 는 것이 이것이다. 그러나 고금(古今)으로 괴혈(怪穴)의 명묘(名墓)는 곳곳에 있으니, 확실히 근거 없는 엉터리 이야기[鑿空妄誕;착공망

1095) 鑿空(착공) : 도로를 개통함. 근거 없는 이야기 ☞ 妄誕(망탄) : 엉터리
1096) 以為(이위) : 알다. 인정하다. 여기다. ☞ 俊秀(준수) : 준수하다. (용모가) 아름답다.
1097) 若要(약요) : 만일 ~이 필요하면. 만일 ~하려면 ☞眼高(안고) : 눈이 높다. 안목이 있다. ☞ 湊合(주합) : 한 곳에 모으다. 가까이 오다. 같이 걷다.

탄]는 아니다. 다만 속세에 전해지고 있는 것이 드물어[鮮;선] 아는 자가 적다. 보는 순간에 하나를 득하였을 때 확실히 사람들은 마음으로 놀라고 의심하는 것이 당연하다. 오직 고술(高術)의 지사만이 그것을 깨달아 진수(眞髓)를 전수(傳授)받아[真傳] 산천(山川)의 성정(性情)을 이해하여[會:회] 생기(生氣)의 취산(聚散)을 안다.

진실로[苟:구] 혈이 눈과 만나면[穴與目遇] 곧 눈이 마음과 통하니 비록 졸렬하나 역시 아름다운 혈임을 안다[以為美]. 비록 추(醜)한 것 같아도 고운 혈임을 안다[以為姸:이위연]. 이는 평범한 것도 평범한 것[常]이고, 괴이한 것도 평범한 것이며[常] 괴한 한 것[怪之]을 괴이한 것인지 모른다. 장자미(張子微)가 이르길 '평평한 땅에 준수(俊秀)한 봉우리와 단정(端正)한 혈(穴)은 사람들에게 쉽게 보이는 것이다'고 하였다.

오직 언어(諺語)에 이르길 '만약 험한 가운데 미혈을 맺은 것[做;주]을 발견하는 것은 모름지기 명사(明師)의 안목이 있어야[眼高] 가능하다[能之]'고 하였다. 양균송(楊筠松)이 이르길' 괴형(怪形)의 이혈(異穴)은 사람들은 보기 싫어하는데, 어떻게[如何] 자손(子孫)들이 대를 이어[世] 벼슬을 하는가?

다만 괴형(怪形)을 그대가 알지 못할 가 염려가 된다. 깨달아 알면[識得;식득] 재혈(裁穴)은 오히려 어려움이 없다'고 하였다.

괴혈을 알기도 쉽지 않고, 괴혈을 믿는 것도 더욱 어려운 것이다. 명사가 알고 있으나 주인이 믿지 않고 옆에서 또 따라가 망가뜨리니[破之] 어찌[奈之;내지] 하겠는가[何哉]! 이는 모두 천조지설(天造地設)이 복록(福緣)이 있는 사람을 기다릴[以俟;이사] 뿐이다. 그러므로 이들[此等:차등] 풍수(風水)는 쉽게 얻어도 천장하는 것은 어렵고, 천장이 쉽다하여도 믿기가 어렵다.

이는 조물주(造物主之)가 있어 보통 사람은 추하고 괴상하여[醜怪;추괴] 돌아보지 않으므로 득하기 쉽고 용사(庸師)들은 은졸(隱拙)하여 알기 어려우므로 천장이 어려운 것이다. 지사는 알 수 있으나 인연이 있는 사람을 만나지 못하고[不遇;불우] 알려줘도 믿지 않는다[告之不信]. 혹 한사람이라도 인연(因緣)으로 가까이 와[湊合;주합] 늘 무의식[無意]적으로 땅을 구하는 사람이 있어 은밀히 혈을 만나니 어찌 조물주로 하여금 부리는 것이 아니겠는가? 오호라[噫:애]! 인자(人子)가 땅을 구하는 것은 위로는 부모를 안녕하게 하고[以寧:이녕] 아래로는 자손을 보전하게 하고[以保] 그것에 관계되는 것이 적지 않으나 명사를 만나기 어렵고 미지(美地)를 찾지도 못하니[難逢:난봉] 이를 어찌 하오리오[若之何哉]? 역시 적덕(積德)을 하여 기다릴 뿐이다.

제4절 교졸만금가(巧拙萬金歌)

巧拙萬金歌論怪穴亦頗明確, 增坿注釋, 並怪穴名地圖具後, 以廣未備。龍有好惡首須知, 穴有巧拙難整齊。好母偏生奇怪女, 名郎不擇俊嬌妻。高人論德不論色, 閥閱止問是誰兒。天機好處從來秘, 莫教粗眼識真機。踏得真龍難尋穴, 把作茅叢容易撇。攲斜缺折不須論, 但於局面低中尋。自是蒹葭成野穗, 本來芍藥結苞深。梧桐葉上偏生子, 楊柳枝頭出正心。

<그림 1-179 > 겸가지 [蒹葭葉]

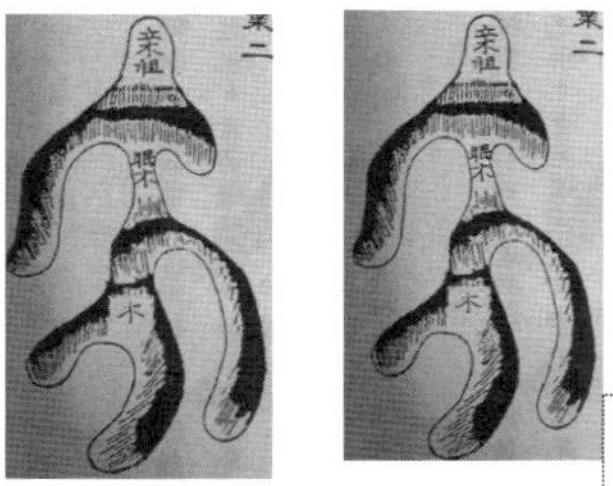

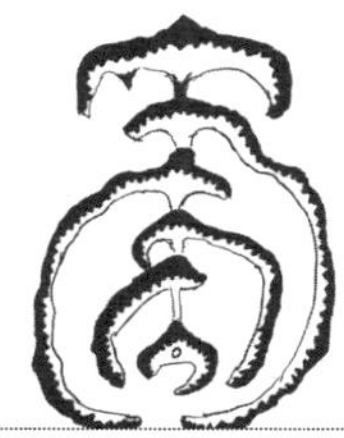

<그림 1-180 > 작약지 (芍藥枝)

<그림 1-181 > 오동지 [梧桐葉]

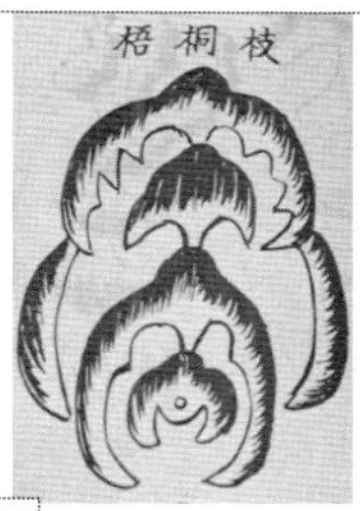

<그림 1-182 > 양류지 (楊柳枝)

괴혈(怪穴)을 논하는 것도 자뭇 명확(明確)하므로 거듭 붙여[增坿:증부] 주석(注釋:주택)을 달았으며 아울러 괴혈(怪穴)의 이름과 그림[地圖]은 뒤에 구비하였다. 폭넓게 구비하지는 못하였다. 용에는 좋고 나쁨[好惡]이 있음을 먼저 알아야 하고 혈(穴)에는 교묘하고 졸렬하여 바르고 가지런하지 않고[難整齊:난정제], 좋은 어머니는 일부로[偏:편] 기괴(奇怪)한 딸을 낳고, 어진 신랑[名郎:명랑]은 뛰어나고 아름다운 처[俊嬌妻;준교처]를 선택하지 않는다.
뛰어난 사람[高人]은 덕(德)을 논하나 얼굴이 예쁨[色]을 논하지 않는다.

문벌(閥閱)은 누구의 자손[誰兒:수아]인가를 묻는데 그치고,
천기(天機;조화의 신비 즉;혈)는 좋은 곳을 따라와 감추니
대략으로 보아 전수하여[敎] 진기(真機;혈)를 알게 하지 마라.
진룡(真龍)을 답산하여 알았으나 혈(穴)을 찾기 어렵다.
손으로 잡고[把作:파작] 띠 떨기[茅叢;모총]이라하고 쉽게 버릴 것이니[撇;별] 기울고[欹斜:의사] 이지러지고[缺;결] 부러진 것[折;절]은 반드시 논하지 않음이요 다만 국면(局面)에 낮은 가운데서 찾아 이로부터 겸가엽[蒹葭葉;갈대)은 들판에 벼[野穗;야수]가 되고, 본래(本來) 작약지(芍藥枝)은 깊은 데 꽃봉리[苞;포]를 맺는다.
오동잎[梧桐葉]은 위에 기울어[偏] 열매[子]가 생기고
양류지(楊柳枝)는 목부분[頭]에 정심(正心;혈)이 나온다.
☞양류지는 한 쪽으로만 가지가 뻗은 때문에 혈은 반듯하게 중심을 잡을 때 가장 아름답다. 학이 날개를 펼친 모습을 띤 가운데 혈이 있는 것이 바로 양류지가 횡룡으로 정심(正心)한 것이다.

注總論美地不限常，惟當看所出之祖何如耳。杞子叉芽難見寔，要從變處識精全。注杞梓枝龍格如初生枝，餘斗角屈折，勢如人字依折，又有斂骨排行，本是偏氣。然得五七節首尾如此，即是[1098]龍氣不雜亂，亦為合格。必須審其變處，可結均勻之穴，故曰「要從變處識精全」。若一向偏而不變均勻，則不足取。但人字亦皆於一字中心出斜脈，雖節節斜行，亦不妨為中出之龍，故此龍多生奇穴，亦頗難測識。

주해[注]

총괄하여 논하면 미지(美地)는 항상 괴혈에 국한하지 말고, 다만 마땅히 조(祖)가 어떻게[何如] 출현하는 곳인지를 보라. 기자(杞子)는 갈래의 싹[叉芽;차아]을 보기가 어렵다. 참으로 변하는 곳을 따라 근본[精:정]이 온전한지를 살펴야 한다.

1098) 即是(즉시) : 이와 같다. 곧~이다. ☞ 斂(렴) : 염하다. 장사(葬事)하다.

주해 [注]

기재지(杞梓枝) 용격(龍格)이 처음 가지가 생기는 것 같으면, 남은 두각(斗角)이 굴절(屈折)하여 용세가 인자(人字)가 휘어져[折;절] 의지하는 것 같고 또 장사한 골[斂骨:렴골]이 줄지어 정렬한 것 같고[排行:배행], 본래 기(氣)가 치우친 것이다. 그러나 5,7절에서 이와 같은 머리와 꼬리[首尾;수미]를 얻으면, 용기(龍氣)는 난잡하지 않아 역시 합격이다.

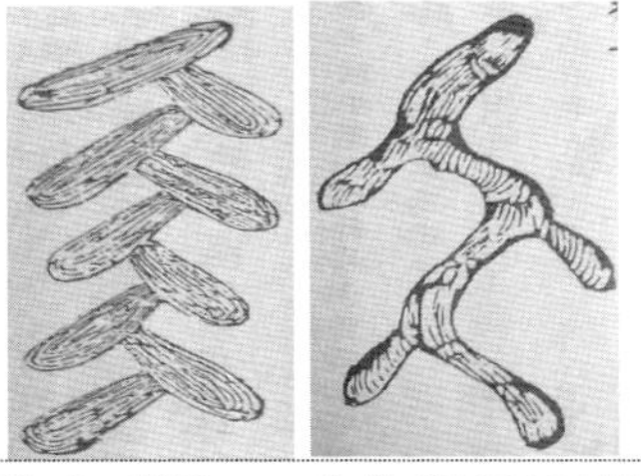

<그림 1-183 > 기재지(杞梓枝)

반드시 변화하는 곳을 살펴보면 균등한[均匀;균균] 혈을 맺을 수 있으므로 '요종변처식정전(要從變處識精全; 변하는 곳을 따라 근본[精]이 온전한지를 살펴야 한다.)' 이라 한다. 만약 한쪽으로 치우쳐 균등하게 변하지 않으면 족히 취할 수 없다. 다만 인자(人字)도 역시 그러하다. 일자중심(一字中心)에서 사맥(斜脈)이 생겨 비록 마디마다[節節:절절] 사행(斜行)을 할지라도 방해가 되지 않는 것은 중출용(中出之龍)이기 때문이다. 이 룡[此龍:차룡]은 기이한 혈[奇穴]이 많이 생긴다. 역시 치우쳐[頗;파] 예측하여 알기 어렵다.

蘆花梟水東西點，未必條條著地尋。

注蘆花梟龍格，多在平地水際。花點[1099]東西不定，不可執一而以正條尋穴。怪穴多在邊旁，或曰蘆花梟龍格雖居平地，或又變起星辰，在山上結穴，故曰「未必條條著地[1100]尋」也，亦通。

1099) 화점(花點) : 바둑판 네 귀의 4·4점. 포석의 기준이 되는 자리. 핵심 포인트, 중요한 지점이라는 의미로 확장 사용됨.

노화뇨수(蘆花裊水)가 동서로 점재하여 반드시 가지마다[條條] 찾을 려고 애쓸 필요가 없다.[蘆花裊水東西點，未必條條著地尋。]

<그림1-183 > 노편·노화·선대 <출처>『지학』

주해[注]

노화뇨(蘆花裊) 용격(龍格)은 대부분 평지(平地)의 물가[水際]에 있다. 화점(花點)은 동서로 일정하지 않으니 한 가지만 고집하지 말고 중간 가지[正條; 중출용]에 혈을 찾아야 한다. 괴혈(怪穴)은 대부분 근처[邊旁;변방]에 있다. 혹 노화뇨용격(蘆花裊龍格)이라 하는 것이 비록 평지(平地)에 있거나 혹 또한 변화하여 성신(星辰)이 솟아 산상(山上)에 결혈하는 것도 있으므로 '미필조조착지심(未必條條著地尋)이라 하였다. 역시 통하는 말이다.

一點露花垂草尾，十分香味在花心。
注此論大窮盡處，縱有結作，不過露華垂於草尾而已，力量幾何？真龍大地，分牙布爪1101)，吐霧興雲，結穴後必有餘氣之山回環拱衛，穴在中腰，故曰「十分香味在花心」。

1100) 着地(착지) : 힘을 들이다 . 애쓰다.
1101) 분아포조용욕행(分牙布爪龍欲行) : 어금니를 드러내면 손발톱을 꽉 드러내는 것은 용이 혈을 맺지 않고 계속해서 나가려는 것이다. <출처> 『감룡경』

한 점[一點]의 노화(露花;이슬은 머금은 꽃)는 풀끝[草尾;초미]에 달려있고, 완전한[十分;십분] 향기(香味)는 화심(花心)에 있다.
[一點露花垂[1102]草尾, 十分香味在花心]

주해[注]

이 논리는 대궁진처(大窮盡處)에 비록 결작(結作)이 있다할지라도[縱有結作:종유결작] 노화(露華)가 초미(草尾)에 달려있는 것에 불과할 뿐이다[而已]. 그 역량(力量)이 얼마[幾何;기하]인가? 진룡대지(真龍大地)가 어금니를 드러내면 손발톱을 꽉 드러내는 것[分牙布爪]은 안개를 토해내고 구름을 일으켜[吐霧興雲:토무흥운] 혈을 맺은 후에 반드시 여기(餘氣)가 있는 산이 회환(回環)하여 둘러싸고 지킨다[拱衛:공위]. 혈(穴) 사물의 중간[中腰:중요]에 있으므로 '십분향미재화심(十分香味在花心)'이라 하였다.

岸上樓台沉水影, 山中木植墮田陰。龍頭必向雲中出, 蛇影難從山上擒。
注四者皆譬形穴在此, 取應在彼, 若於應處求穴則誤矣。
둔덕 위[岸上;안상]의 누대(樓台)는 수면에 비친 물체의 그림자[水影]에 잠기 고[沉;침] [岸上樓台沉水影]
산중에 심은 나무는 밭에 그늘을 떨어뜨린다[墮;타].[山中木植墮田陰]
용의 머리[龍頭]는 반드시 구름가운데를 향하여 나오고[出][龍頭必向雲中出]
뱀의 그림자[蛇影]는 산위의 능금[檎;금]을 따라 잡기 어렵네
[蛇影難從山上擒]

주해[注]

네 구절[四者]은 모두 혈형(穴形)에 달려있음을 비유한 것이다. 응하여 취하는 것 저쪽에 있으니[取應在彼] 응처(應處)에서 혈을 구하면 그르친다.

1102)垂(수) : 드리우다(한쪽이 위에 고정된 천이나 줄 따위가 아래로 늘어지다), 늘어뜨리다

此義仙人不傳授，高明通曉在胸襟。
注仙翁非吝於傳授，蓋非口舌所能言，筆畫所能寫，妙在心悟耳。

이러한 뜻[此義]을 선인(仙人)도 전수(傳授)하지 아니하여 고명(高明)하여, 환하게 깨달아 아는 것[通曉;통효]은 마음속[胸襟;흉금]에 있다.
[此義仙人不傳授，高明通曉在胸襟。]

주해[注]

선옹(仙翁)은 전수(傳授)하는 것에 인색하지[吝;린] 않다. 대개 구설(口舌)로 능히 말할 바가 아니요 붓으로도 능히 베껴 그릴 수 없어, 묘함[妙:묘]은 마음으로 깨닫는 데 있는 것이다[心悟耳:심오이].

固知龍祖傳來好，更有前砂識幸深。
注來龍好必結好地，固其理也。前砂尤能証穴之所在。楊公云：「真龍藏幸穴難尋，惟有朝山識幸心。」

진실로 용조(龍祖)의 전래(傳來)가 좋은 것을 알면 다시[更;갱] 전사(前砂)가 다행히 심오한 것[深]을 알아야 한다.
[固知龍祖傳來好，更有前砂識幸深。]

주해[注]

내룡(來龍)이 좋으면 반드시 호지(好地)에 혈을 맺는다. 진실로 당연한 이치이다[固其理也]. 전사(前砂)는 더욱 혈을 증명할 수 있는 곳에 있다. 양공(楊公)이 『의룡경』에 이르길 ‘진룡은 다행히 감추어 찾기 어려우나 다만 조산이 있으면 다행히 마음으로 알 수 있다’고 하였다.

[真龍藏幸穴難尋，惟有朝山識幸心。」

西岸月升東岸白，上方雲起下方陰。

注此承上文「前砂識幸」之意，蓋取應之砂妙耳。如東邊有秀異之朝砂，西邊必有真龍之結作。

서쪽 기슭[西岸:서안]에 달리 뜨면[月升:월승] 동쪽 기슭[東岸]이 밝고, 위쪽[上方]에 구름이 일면[雲起:운기] 아래쪽[下方]에는 그늘이 된다[陰].
[西岸月升東岸白，上方雲起下方陰。]

주해[注]

이는 윗 문장을 이은 것[此承上文:차승상문]으로 '전사(前砂)에서 다행히 안다' 뜻은 대개 응(應)하는 사(砂)의 묘함[妙]을 취할 뿐이다.
동변(東邊)에 유달리 우수한[秀異:수이] 조사(朝砂)가 있으면, 서변(西邊)은 반드시 진룡(真龍)의 결작(結作)이 있다.

若還只問好頭面，假穴常常真乳見。

注若不審龍，徒泥穴之頭面，則假穴多有好乳。

만약[若還:약환] 단지 두면(頭面)이 좋은 것을 찾는다면, 가혈(假穴)이 항상[常常:상상] 진유(真乳)로 보이리라

주해[注]

만약 용을 살피지 않고 헛되이[徒;도] 혈(穴)의 두면(頭面)에 얽매이면 가혈(假穴)에 호유(好乳)가 많이 있다.

開枝依舊[1103]有遮攔，過形只是無針線[1104]

> 개지(開枝)가 여전히[依舊:의구] 차란(遮攔)하나 **과협의 모양**[過形]은 다만 바늘[針;침]이 실을 이끄는 것[引線] 같은 과협이 없다.
> [開枝依舊有遮攔，過形只是無針線]

注此乘上假穴多有乳中垂，左右亦有龍虎遮攔，只是[1105]後龍不真，全無度峽，來脈不明。蓋相山之法在審龍，而審龍之術在觀峽。未有[1106]真龍而不度美峽，未有峽美而不結吉地。峽之美者，如梭帶絲，如針引線，如藕斷絲連，兩旁遮護稠密，不令風吹水劫。峽之凶者，則毋此格，徒有遮攔，非真脈矣。

주해[注]

이는 윗글을 헤아리면[此乘上] 가혈(假穴)은 아래로 드리운[中垂] 유(乳)가 대부분이다. 좌우에 또 용호(龍虎)가 있으면 차란(遮攔)한다. 다만[只是:지시] 후룡(後龍)이 참이 아니면[不真] 도협(度峽)이 전혀 없다. 내맥(來脈)이 분명하지 않는 것이다. **대개 산을 살피는 법**[相山之法]**은 심룡**(審龍)**에 있고, 심룡**(審龍)**의 기술은 협**(峽)**을 보는 데 있다**.

진룡(真龍)이 아니면 **좋은 협**[美峽]을 건널 수 없다. 미협(峽美)이 없으면 결작(結作)하는 길지(吉地)가 없다. **협**(峽)**이 아름다운 것은** 베를 짜는 북[梭;사]에 실을 찬 것[帶絲:대사] 같고, 바늘[針;침]이 실을 이끄는 것[引線] 같고, 우단사련(藕斷絲連:연뿌리는 끊어져도 실은 이어지다.)과 같아 **양방**(兩旁)**에 차호**(遮護)**로 조밀**(稠密)**하여** 풍취수겁(風吹水劫)을 받지 않았으나 협(峽)이 흉하면 이는 좋은 격이 아니다. 다만 차란(遮攔)을 하여도 진맥(真脈)이 아니다.

1103) 依舊(의구) : 의구하다. 여전하다. 예전대로다.
1104) **침선(針線) : 실과 바늘로 옷과 장신구를 만드는 것**
1105) 乘(승) : (탈것에)타다. 오르다, 올라가다. 헤아리다, 따지다. ☞只是(지시) : 다만.
1106) 未有(미유) : 아직 ~이 없다. ☞依舊(의구) : 의구하다. 여전하다. 예전대로다.

談水談山世俗多，用拙不能[1107]爭奈何？
注談地理者不可勝計[1108]，能用拙穴者幾人？蓋識之者少也。

> 산 이야기 물 이야기[談水談山]가 세속에 많으나[世俗多:세속다]，졸렬(拙劣)한 것을 사용함[用拙:용졸]에 능하지 못한데[不能] 어찌 다투는 가[爭奈何:쟁내하]？ [談水談山世俗多，用拙不能爭奈何？]

주해[注]

지리를 논하는 자[談地理者:담지리자]는 수 없이 많으나[不可勝計:불가승계]，졸혈한 데[拙穴] 쓸 수 있는 자가 몇 명이 될 가[幾人:기인]？ 대개 알고 있는 자는 적다.

誤葬每因求正面，不扦渾是棄偏頗。
注假穴端正，起頂垂乳，易以惑人。真龍棲閃，千變萬化，詭異偏斜，難以[1109]測識。故世之大地，往往有在路旁而人不著目者，多以偏斜棄之耳。

> 오장(誤葬)은 늘 정면(正面)에서 구하기 때문이며，천장하지 않는 것[不扦]은 어리석어[渾;혼] 어느 한쪽으로 치우쳤다고[偏頗:편파] 버린다.
> [誤葬每因求正面，不扦渾是棄偏頗。]

주해[注]

1107) 不能(불능) : ~할 수가 없다.~ 해서는 안 된다. ~ 일 리가 없다.
☛奈何(내하) : 어떻게 하다. 어찌. ~를 어찌 하겠는가. (누구를) 어떻게 하다.
1108) 不可勝計(불가승계) : 부지기수. 헤아릴 수 없이 많다.
1109) 難以(난이) : ~하기 어렵다[곤란하다].

가혈(假穴)이 단정(端正)하여 정상이 솟아[起頂] 유(乳)를 드리워[垂:수] 사람을 쉽게 유혹[惑人:혹인]한다. 진룡(真龍)은 잠간 머물러[棲閃;서섭] 많은 변화를 하여[千變萬化:천변만화] 궤이(詭異)하고 기울어[偏斜:편사] 헤아리[測識]가 어려운 것이다. 그러므로 세상의 대지(大地)는 흔히[往往:왕왕] 길가[路旁;노방]에 있으나 사람들은 분명하게 보지 않고[不著目:부저목] 대부분 기울었다[偏斜)고 버린다.

豈識真玄奇妙處，仙人多是下偏坡。

注仙人墳墓，詭異醜拙難識者，每多偏側。非故好此怪異，廖氏云「隱顯雖有不同，力量本無二致」是也。

> 참으로 오묘하고[真玄] 이상한[奇妙:기묘]곳을 어찌 알겠는가? 선인(仙人)은 대부분 치우친 언덕[偏坡;편파]에 하장한다.
> [豈識真玄奇妙處，仙人多是下偏坡。]

주해[注]

선인(仙人)의 분묘(墳墓)는 궤이추졸(詭異醜拙)하여 알기가 어려운 것은 늘 한쪽으로 치우친 곳[偏側:편측]에 많이 있다. 고의로 이러한 괴이(怪異)한 것을 좋아하는 것은 아니다. 요씨(廖氏)가 이르길 '은현(隱顯)이 비록 같지 않을지라도 역량(力量)은 본래 두 가지에 이르지 않는다는 것이다' 고 함이 이것이다.

好婦不須全俊美，福人何用太嘍囉[1110)]。

注醜婦生貴子，福人無機關，喻大地多醜拙之穴。

1110) 嘍囉(루라) : 총명하고 노련하다(=婁羅, 僂儸, 樓羅). 변방 야만민족의 언어와 성조를 이르기도 한다. 떠들다. 재잘거리는 말소리

호부(好婦)는 전부 준수(俊秀)할[俊美;준미] 필요가 없고,
복인(福人)은 어찌 총명하고 노련한 사람[嘍囉;루라]을 이용하는 가?
[好婦不須全俊美，福人何用太嘍囉]

주해[注]

추부(醜婦)가 귀자(貴子)를 낳고, 복인(福人)은 계기가 없는 것처럼[無機關: 무기관] 비유하면 대지에 추졸한 혈이 많다.

大凡好地作醜穴，不與世人容易說。若教大地穴分明，是使天機容易洩。
注龍真穴丑，造化之微機也。

무릇 호지(好地)는 추혈(醜穴)을 만드니 세인(世人)과 더불어 쉽게 말할 수 없다. 만약[若教:약교] 대지에 혈이 분명하면 이는 천기(天機)를 쉽게 누설한 것이다.[大凡好地作醜穴，不與世人容易說。若教大地穴分明，是使天機容易洩]

주해[注]

용이 참인데 혈이 추(醜=丑)한 것은 조화(造化)의 미묘(微妙)한 기미(機微)이다.

試說楊州有一地，地名霜山金沙尾。十里來龍的的[1111]真，到作處穴笑殺[1112]人。三家葬後盡改去，一家買得複不取。一家轉買仍不用，再賣與人身姓董。買成幾年不敢葬，無人定穴不知向。一朝遇著[1113]柏葉仙，大喜此地意灑然[1114]。董家插

1111) 的的(적적) : 명백(明白)한 모양(模樣).뾰족한 봉우리
1112) 笑殺(소살) : 큰 소리로 비웃다. 크게 웃고 상대하지 않음. 웃음으로 얼버무리고 문제시하지 않음. √ 笑(소) : 업신여기다. 뒤떨어지는 모양.◦殺(살) : 매우. 몹시.

後出俊子，連登上第躋膴仕[1115]。稅錢也及千貫錠，庫業十州難計量。又有徐州一穴地，朝秀堂寬龍虎衛，人爭插葬有五墳，發跡政功總不聞。但言扦後多敗絕，內有一家先發瘟。又有蔡州盧家塘，穿心龍出面向陽。虎長龍短乳穴側，賣過七主無喜色。黃家老翁有陰德，遇著曾仙為指畫[1116]。葬後一子入台諫，一人執政蔭生枝。至今仕宦[1117]尚不絕，代代稅賦無休息。一族百家共此祖，個個富足少貧窶[1118]。若還不是遇神仙，分付時師定不然。要求大地先種德，自有高人為爾扦。

징험(徵驗)한[試] 양주(楊州)의 한 자리를 말하면 지명(地名)이 상산(霜山)금사미(金沙尾)로 십리 내룡(十里來龍)이 봉우리마다 참이나 작혈처에 이르면 사람들 눈에 수준이 매우 뒤떨어진 모습으로[笑殺:소살] 세 집안[三家]은 장사를 한 후에 모두 개장하여 없애고[改去:개거], 일가(一家)가 싼값으로 사드려[買得;매득] 다시 취하지 못하였다. 일가(一家)가 전매(轉買:다른 사람이 산 것을 돌려서 도로 삼)하였으나 사용하지 않았다. 다시 다른 사람에게 팔아넘긴[賣與;매여] 사람이 신성동(身姓董)인데 구입한지[買;매]도 몇 년인데 감히 장사를 못하니 사람이 없으면 혈을 정하고 향을 알 수 없으니 어느 날 아침에 백엽 선인을 만나 이 자리[此地]를(보고) 기분이 좋아[灑然:쇄연] 크게 기뻐하면 동가(董家)가 천장한 후[插後:삽후]에 준수한 자손[俊子:준자]이 태어났다. 우수한 성적으로 급제하여[上第:상제] 연이어 등과하고 높은 벼슬에 올랐다[躋膴仕;제무사]. 세전(稅錢)이 은화(銀貨)[錠;정] 천관(千貫)에 이르렀다. 10개 주에 창고업[庫業:고업]으로 계량(計量)하기도 어려웠다. 또 서주(徐州)의 혈 한 자리는 조산이 빼어나고 명당이 넓고 용호(龍虎)가 호위하여 사람들이 다투어 천장하여[插葬:삽장] 오분(五墳)이 있는데, 발복하여 정사에 공헌한 흔적을 모두 듣지 못하였다. 다만 '천장을 한 후에 대부분 패절하였다'는 말이다. 안에 있는 일가(一家)는 먼저 염병이 발생하였고[發瘟;발온] 또 채주(蔡州) 노가(盧家)의 제방[塘;당]이 있어 용이 개장천심하고 나와 면(面)에서 양향(向陽)을 하였다. 백호(虎)는 길고 청룡(龍)은 짧고, 유혈(乳穴)은

1113) 遇着(우착) : 만나다. 조우(遭遇)하다.
1114) 灑然(쇄연) : 깜짝 놀라는 모양. 깨끗한 모양. 집안이 깨끗하다. 기분이 좋다. 후련하다.
1115) 躋(제);오르다. 膴(무) : 크다. ☞ 膴仕(무사) : 높은 벼슬
1116) 畫(화) : 그림. 고루 갖춤. 가지런히 함
1117) 仕宦(사환) : 벼슬을 하다. 관원. 관리가 되다. 벼슬아치 ◦尚(상) : 아직. 오래다.
1118) 窶(구) : 가난하다. ☞分付(분부) : 부탁하다. 시키다.

치우쳐[側:측], 팔아 7번 주인이 바뀌어[過] 기뻐하는 표정[喜色:희색]이 없더니 황씨 집안[黃家]의 노인[老翁:노옹]의 음덕(陰德)이 있어 선승을 만나[遇著:우저] 고루 갖춘 곳[畫:획]에 지휘를 받아 장사 후에 아들 한명이 대간(台諫)에 들어갔다. 후손이 음덕[蔭孫枝:음손지]으로 정권을 잡아[執政:집정] 지금까지[至今]도 아직 벼슬아치기가 끊이지 않아 대대로 세금[稅賦:세부]이 멈추지 않았다[無休息:무휴식]. 한 종족 백 가족이 모두 이 할아버지 자손이라 하나같이[個個:개개] 풍족(富足)하여 가난한 사람[貧寠:빈구]이 적다.

만약[若還;약환] 신선(神仙)을 만나지 않았다면 지사[侍師]에 부탁하여[分付:분부] 반드시 그렇지 않았을 것이다. **대지(大地)를 구하자 바라면[要求] 먼저 덕(德)을 쌓아라.** 저절로 선사[高人]가 나타나[有] 이와같이[爾:이] 천장하게 된다.

注三段証以龍真穴丑，不害其為貴地。假穴明堂寬大，朝對秀麗，龍虎抱衛，而坐下無龍，葬者敗絕，顧何益哉！末言積德自遇明師，又崇本之至論也。

주해[注]

삼단(三段)은 진룡(龍真)이면 혈(穴)이 추(醜;丑)하여도, 귀지(貴地)가 되어도 해(害)가 없다는 것을 증명한 것이다. **가혈(假穴)**은 명당(明堂)이 관대(寬大)하고 조대(朝對)가 수려(秀麗)하면 용호(龍虎)가 감싸지만[抱衛;포위] **좌하(坐下)에 용맥(龍脈)이 없으니**[無龍:무룡] 장자(葬者)는 패절(敗絕)하니 돌아보면 무슨 이익이 되겠는가[何益哉:하익재]! 마지막에 한 말[末言:말언] 적덕(積德)을 하면 저절로 명사(明師)을 만나고 또 근본을 중시하는[崇本:숭본] 지당한 논리이다[至論:지론].

附諸怪穴圖：

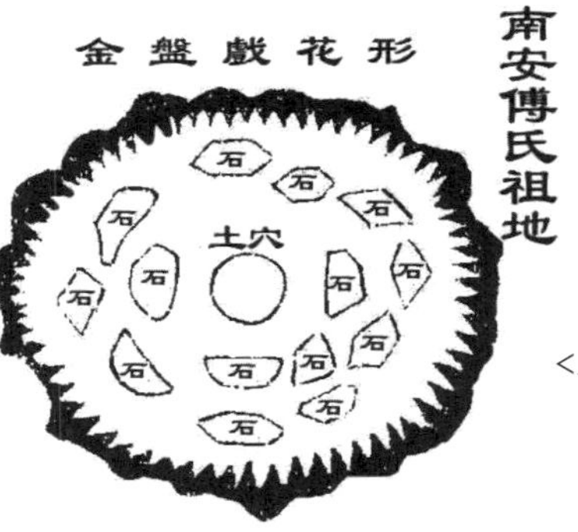

<그림 1-184) 남안전씨조지
(南安傅氏祖地)

來龍甚遠，地結平岡，周環皆石，盤也。盤中小石旋轉，穴安中央，以小石為坐為朝為龍虎，乃石巧穴。南安傅氏名墓，在泉州府西北七里，仙師黃妙應下，人丁1119)科第，自宋至今，四五百年旺盛。傅公夏器登嘉靖庚戌進士，富貴未艾。按傅氏美地尤多，此仙跡也。

<그림 1-184>의 자리는 내룡이 심히 멀고 조지는 평강(平岡)에 결혈하였으며, 주위[周環]는 모두 석반(石盤;너럭바위)이다. 석반 중에 작은 바위[小石]가 선회하여 빙둘러 있어[旋轉;선회] 혈은 중앙에 안장하여[安] 소석(小石)이 좌(坐)도 되고 조(朝)도 되고 용호(龍虎)도 된다. 그래서 석교혈(石巧穴)이라 한다. 남안전씨명묘(南安傅氏名墓)는 천주부(泉州府)서북(西北) 7리에 있고, 선사(仙師) 황묘응(黃妙應)이 하장하여 남자[人丁]가 과거[科第]을 치러 송(宋)대부터 지금(至今)에 이르기까지, 450년을 왕성하였다. 전공(傅公)하기(夏器)가 가정(嘉靖) 경술(庚戌)년에 등과(登科)하여 진사(進士)가 되었고, 부귀(富貴)가 끊이지 않고 있다[未艾].

조사해보니[按]
전씨(傅氏)의 미지(美地)는 더욱 많으며[尤多] 이곳은 선적(仙跡)이 되는 곳이다.

1119) 옛날, 성년자(成年者). [남자 한 사람을 '一丁', 여자 한 사람을 '一口'라고 함]

< 그림 1-185 > 영강왕도간조지도
(永康王都諫祖地圖)

永康王都諫祖地圖——泥水怪穴

右地在永康縣東北五十里。其來龍甚遠，不及詳述。將入首，大帳，帳下疊出木星三四座[1120]聳立，仍走弄數里，一齊落下平坡，勢如層波疊浪，級級湧來。諸脈合氣，數大枝合為一脈。二水交會處，忽起小小石山遠抱，以作龍虎及近案為証。而穴結泥水田中，培土成墳。登穴觀之，四面遠山簇簇，星峰拱照。二水交於穴前，回環屈曲。且石曜自泥田中露出，尤奇。乃範氏所扦。課云：「六十年來出雙貴，誰知妙穴在泥田。」果出兄弟雙科。範氏乃豐城範麻子。永康諺云：「若要[1121]死，去請範麻子；若要敗，去請劉永太。」蓋此二師同時，皆慣點奇穴之人也。亦有不利初年者，故時謗[1122]如此。

< 그림 1-185 >의 조지는 영강현(永康縣) 동북(東北) 50리에 있으며 그 내룡은 심히 멀어 자세히 설명하여 말할 수 없다. 입수(入首)할 즈음에 크게 개장하여 장막 아래에 목성(木星)이 거듭 출맥하여[疊出;첩출] 3,4좌(座)가 높이 우뚝 솟아[聳立:용립], 거듭[仍;잉] 수리(數里)를 제멋대로 달려가[走弄;주롱] 일제히 한번[一齊:일제]에 평파(平坡)에 내려와[落下] 세(勢)가 층층이 솟아오르는 물결[層波疊浪:층파첩랑]과 같이, 층층이(層階:층계)[級級;급급]

1120) 좌(座) : 산이나 탑을 세는 단위
1121) 若要(약요) : 만일 ~이 필요하면. 만일 ~하려면
1122) 謗(방) : 비방하다(誹謗--).

밀려오고 있다[湧來;용래]. **여러 대지(大枝)를 합한 제맥(諸脈)의 합기(合氣)가 하나의 맥이 되었다**. 두 물이 만나는 곳에 작은[小小:소소] 석산이 갑자기 솟아[忽起;홀기] 용호(龍虎)와 근안(近案)을 만들어 멀리 감싸 증거로 삼아[為証] 혈(穴)이 이수전중(泥水田中)에 결혈하여 배토(培土)를 하여 무덤을 만들었다[成墳:성분]. 혈에 올라보면 사면(四面)에 멀리 산이 빽빽하게 많이 모인 모양[簇簇;족족]의 성봉(星峰)이 감싸고[拱照;공조], 두 물이 혈 앞에서 만나 굴곡(屈曲)하여 구불구불 감돌고[回環:회환] 또 석요(石曜)가 진흙 밭 가운데[泥田中]서 드러나[露出:로출] 더욱 기이하다.

이에[乃] 범씨(範氏)가 천장한 곳[所扦:소천]으로 과(課)에 이르길 ‘ 60년 안에 쌍귀(雙貴)가 날것이고 누가 혈이 진흙 밭에 있어 묘함을 알겠는 가?’ 하였다. 과연 형제(兄弟)가 쌍과(雙科)를 하였다. 범씨(範氏)는 풍성(豐城)의 범마자(範麻子) 집안이다. 영강(永康)현의 언(諺)에 이르길 ‘만약 사망하면 범마자(範麻子)에게 가서 부탁하고[去請:거청] 만약 실패[敗]하면, 유영태(劉永太)에게 가서 부탁하라’ 고 하였다. 대개 이 두 선사는 같은 시대의 사람으로 모두 기이한 혈[奇穴:기혈]을 점혈하는 익숙한[慣點:관점] 사람이다. 또한 초년(初年)에 불리(不利)하다는 사람이다. 그러므로 이와 같이[如此] 때를 비난한다[時謗;시방].

按王氏祖墳，景泰癸酉年葬，至正德 癸酉而兩房各生子，一名楷，一名桂。嘉靖乙卯科鄉舉。楷號竹峰，丙辰進士，官都諫。果六十年出雙貴，今人財大旺。

조사하니[按]

왕씨(王氏)의 조분(祖墳)은 경태(景泰) 계유년(癸酉年:1,453년)에 장사[葬]를 하여 정덕(正德) 계유년(癸酉:1,513년)에 이르러 두 방[兩房]에서 각자 아들을 낳았으니 한 사람은 해(楷)이고, 또 한 사람은 계(桂)이다. 가정(嘉靖) 을묘년[乙卯年:1,555년]에 고향에서 과거를 하고[科鄉舉], 해(楷)는 호(號)가 죽봉(竹峰)으로 병진년(丙辰:1,496년) 진사(進士)에 오르고 벼슬[官]은 도간(都諫)이니 과연 60년 쌍귀(雙貴)가 나왔다. 지금도 인재(人財)가 왕성하다.

右地在永康，其龍甚遠，枝節繁衍，過峽重疊。將作穴，疊三峰，抽一偏枝，閃出1123)數節，結穴低平，而開鉗於前。又吐出1124)一脈，穿田前去三十里，作有陽宅數處。此即騎龍穴也。且其正出之山，即逆繞於旁，以為纏護，前去不遠而止，亦無大結。按：此乃明師劉永太所下。施氏子名孟達，與劉仙交厚，一日拜劉仙求吉地安父母。劉問曰：「汝要1125)人丁千口乎？汝要官貴極品乎？」施曰：「只願人丁太旺足1126)矣。」劉乃指此騎龍之穴。葬後果生十子，子又各生十餘，諸孫共百單三人。鄉閭皆稱十子百孫。至今人丁千口之繁，為永康巨室1127)旺丁口不出貴。

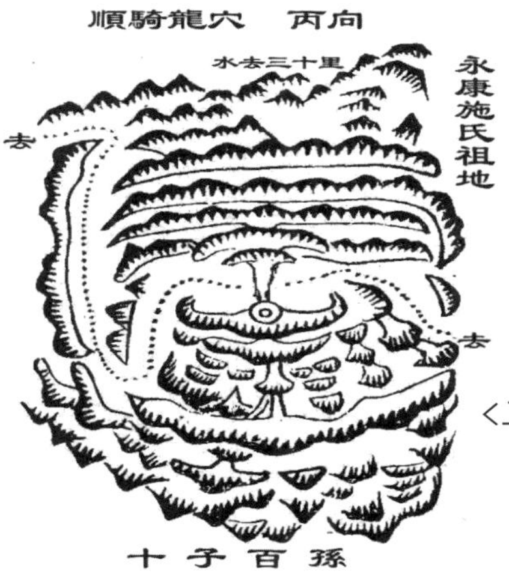

<그림 1-186> 영강시씨조지
(永康施氏祖地

<그림 1-186>의 조지는 영강현(永康縣)에 있으며, 그 용은 심히 멀다. 가지와 마디[枝節]가 많이 퍼져[繁衍;번연] 과협(過峽)이 중첩(重疊)하여 작혈(作穴)할 즈음에 겹쳐진 3 봉우리[疊三峰:첩3봉]에 편지(偏枝)가 하나씩 나와

1123) 閃出(섬출) : 불쑥 나타나다. 갑자기 출현하다.
1124) 吐出(토출) : (입 또는 이음매에서) 길게 내뽑다[드러내다]. 나오다
1125) 要(요) : 필요하다. 바라다. 원하다.
1126) 足(족) : 이루다. 되게 함. 충족하다. 가득 참.
1127) 巨室(거실) : 대대로 번창하고 문벌이 좋은 집안. 거가대족(巨家大族). ☞丁口(정구) : 성년(成年)이 된 남자(男子). 본디(本-) 성년(成年)이 된 남자(男子)는 '정(丁)'이라 하고, 성년(成年)이 된 여자(女子)와 성년(成年)이 안 된 남자(男子)를 '구(口)'라고 하였다.

[抽出:추출], 갑자기 수절(數節)이 갑자기 생겨[閃出:섬출] 낮고 평탄한 곳[低平]에 혈을 맺어 앞에 겸을 열었다. 또 일맥(一脈)을 드러내[吐出] 밭을 지나 앞으로 30리을 가서 양택(陽宅)을 여러 곳에 만들었다. 이것이 곧 기룡혈(騎龍穴)이다. 또 그곳에서 정출한 산이 옆으로 역으로 감싸[逆繞:역요] 전호(纏護)를 하여 앞으로 멀리 가지 못하여 멈추어 역시 큰 결작을 할 수 없다.

조사하니[按]

이곳은 명사(明師) 유영태(劉永太)가 하장한 곳으로 사씨(施氏) 아들 맹달(孟達)이 유선(劉仙)와 교분이 두터웠으며[交厚:교후], 어느 날[一日] 유영태 선사[劉仙]가 길지(吉地)를 구하여 부모(父母)님을 안장하자 방문하였다[拜;배]. 유(劉)가 물어 이르길 ' 자네[汝;여]는 식구[人丁]가 많은 것[千口](자손번창)을 원하는가[要]? 고귀한 극품(極品)의 벼슬[官貴]을 원하는가? 사씨가 이르길 '다만 자손[人丁;인정]이 태왕(大旺)한 것[足]을 원한다' 고 하였다. 유선사[劉]가 이곳 기룡혈(騎龍之穴)을 잡아주었다[지휘하였다][指]. 장사 후[葬後]에 과연 10인의 아들[十子:십자]을 낳았다. 아들은 또 각각 10(十餘)명의 자식을 낳아, 여러 손[諸孫]이 모두 100단위[百單]가 3인(三人)이다. 마을[鄉閭;향여]에서는 모두 십자백손(十子百孫)이라 칭하고, 지금(至今)도 자손[人丁]이 많이 번창하여 영강(永康)의 문벌이 좋은 집안[巨室]이 되었다. 정구(丁口)가 왕성하였으나 아직 귀가 나오지 않았다.

左地在泉州府晉江縣西南二十里，土名烏石山。其龍發自紫帽峰，辭樓下殿，奔騰踊躍，頓伏三十餘里。將至作穴，大斷過脈，忽起大帳撑天，橫闊十餘里。自帳內頓起衝天木星，一連三座，大小相等，疏密停勻，結天然之穴。其大帳兩角掬抱過穴。穴前兩山交互，圈內自成一家。高數丈餘，人行大路在下，莫知上有此奇。及登山入內，則逈[1128]然開暢，一龍中出，木星聳秀，誠如閨中之女。本身二水合襟[1129]繞抱，內堂交會，外洋寬平，前峰端聳如頓

1128) 逈(형) : (아득히)멀다. 요원하다(遙遠、遼遠--: 아득히 멀다)
1129) 合襟(합금) : 현무정에서 분수 하여 혈장 포만 수가 혈장 명당에서 합수되는 것을 말

笏[1130]，當面海水九曲來朝，左右諸峰羅列，四神八將應位，三奇六秀咸集，真美地也。葬後六十年，出榜眼儀庭公鳳翔。

<그림 1-187>의 조지는 천주부(泉州府) 진강현(晉江縣) 서남(西南)20리에 있으며 토명(土名)은 오석산(烏石山)이다. 그 용(龍)은 자모봉(紫帽峰)에서 출발하여 사루하전(辭樓下殿)으로 달리고[奔騰;분등] 뛰어[踊躍;용약] 봉우리를 기봉하여 30여리를 뻗어나갔다. 작혈(作穴)할 즈음에 이르러 크게 잘려 맥(脈)을 지나 홀연히 솟아[忽起:홀기] 크게 개장[大帳]하여 하늘을 찌를 듯이 공중(空中)으로 높이 솟아올라[撐天;탱천] 횡으로 멀리[闊;활] 10여리(十餘里)가 되고 장내(帳內)에서는 갑자기 충천목성(衝天木星)으로 솟았다. 대소(大小)가 비슷한[相等:상등] 하나로 이어진[一連:일련] 3산[三座:3좌]이 넓고 좁아[疏密;소밀] 균형이 잡혀[停勻;정균] 천연의 혈을 맺었다.

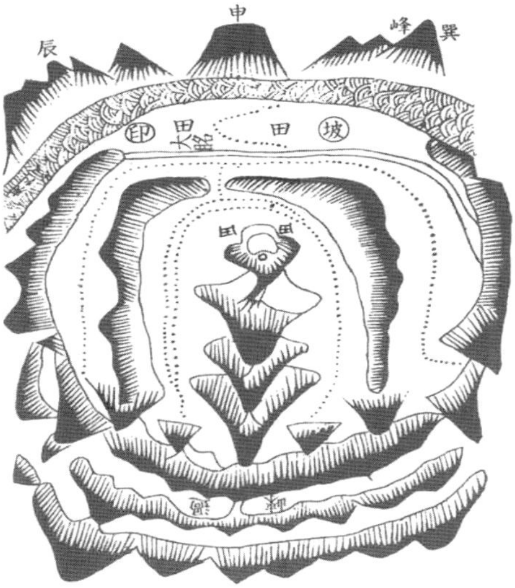

<그림 1- 187> 천주황방조지
泉州黃榜眼祖地)

한다. 또는 혈(穴) 뒤에서 나뉘었던 물[分水]이 혈 앞에서 다시 합쳐지는 것

1130) 頓笏(돈홀) : 거문성은 2종이 있으니 높고 네모난 것은 어병(御屛)이고, 더 높고 네모난 것을 돈홀(頓笏)이라 하며 무각이다. cf) 頓起(돈기) : 불쑥 솟아나다.

큰 장막[大帳:대장]의 양각(兩角)이 혈을 지나[過穴] 감쌌다[掬抱:국포]. 혈 앞에 양산이 서로 어긋나게 만나[交互;교호] 일정한 범위 안[圈內:권내]에 저절로 일가(一家)를 이루었고 높이는 수장(數丈)이 넘는다.

사람이 다니는 대로(大路)가 그 아래에 있으나 위에 그곳에 기인한 혈이 있는 것을 모르고 산에 올라 안에 들어가면 아득히 멀리[逈然;형연] 넓고[開暢;개창] 중출(中出)한 하나의 용(龍)이 목성(木星)으로 빼어나 솟아[聳秀:용수] 진실로 규중(閨中)의 여인과 같다. 본신(本身)용 좌우에 두 물이 합금(合襟)하여 감싸[繞抱;요포] **내당**(內堂)에서 서로 만나고 **외양**(外洋)이 관평(寬平)하다. 앞에 봉우리가 단정(端整)하게 솟아[端聳:단용] 돈홀(頓笏)과 같고, 당면(當面)한 해수(海水)가 구곡(九曲)으로 흘러오고[來朝;래조] 좌우(左右)에 여러 봉우리 나열하여 사신팔장(四神八將;길흉을 나타내는 방위에)이 응위(應位)하며 삼기육수(三奇六秀)가 모두 모여[咸集:함집] 참으로 아름다운 곳이다. 장사 후 60년에 방안(榜眼)의 정공(儀庭公) 봉상(鳳翔)이 나왔다.

傳奇

榜眼公曾祖太學上舍，晚年得子。子方半歲，上舍夫婦繼亡。歸窆皆宗族與諸戚營之。及子長而諸前輩亦謝世矣。求其父母墳墓，毋有識者。至晚年將[1131]沒，囑其子竹亭公曰：「吾生未得履父母墓，今死不瞑[1132]目。汝勿葬我，須徧覓汝祖墓。倘扦憐我，得附葬[1133]於側，泉下瞑目矣！」竹亭公乃百計訪求，因究心地理四十餘年。嘉靖庚申，忽有李、方二姓，皆以尋風水至烏石山中，見其奇秀，知為美地，構訟於官。時郡守拘山鄰審之，即云此山非李亦非方，山乃黃氏祖墳，今五十年，不見有人祭墓，經管者但相沿謂黃氏業，亦不識為何黃氏也。郡守思欲息二氏之訟，乃密令人覓有秀才姓黃者。適儀廷公從庠中來，役者請之，入見郡守，郡守即批付前山。竹亭公遂往山視之，喜曰：「此非天與我乎！」見古墓崩頹，心動。方卜日修墓，開土尺許，即見碑石宛然，歷敘世代，乃其祖上舍公墓也。逐以父附葬。次年辛酉，儀翁發魁，戊辰及第，見任翰林侍講。人皆以世德孝感所致云。

1131) 將(장)~ : 장차 ~하려고 한다. 머지않아 ~되려 한다.

1132) 瞑(명) : 눈을 감다. 눈이 어둡다. ☞倘 (당) : 만약 ~이라면 .혹시

1133) **附葬(부장) : 단독장(單獨葬)과 대조되는 말이다. 다른 말로** 부장(附葬) 또는 합폄(合窆)이라고도 부른다. 단독장은 한 개의 봉분 속에 한 시신만을 매장하는 것이며, 합장은 한 개의 봉분 속에 하나 이상의 시신을 한 묘혈(墓穴)에 나란히 매장하는 것을 말한다.

전기(傳奇)

방안공(榜眼公)의 증조(曾祖) 태학상사(太學上舍)가 만년(晩年)에 아들을 얻었다[得子]. 그 아들이 반년쯤[半歲:반세] (지나) 상사(上舍) 내외(夫婦)가 잇달아[繼;계] 사망했다. 섬겨서 매장하고[歸窆;귀폄] 부계(父系)의 일족(一族)[宗族:종족]과 모든 친척[諸戚;제척]들이 양육하였고[營之:영지], 그 아들이 장성하여서는 여러 친척과 연장자[前輩:전배]도 죽었다[謝世;사세].
부모의 분묘(墳墓)를 찾았으나 아는 자가 없었다[毋有:무유]. 만년(晩年)에 이르러 죽을 즈음[將沒;장몰]에 그 아들 죽정공(竹亭公) 부탁하여[囑;촉] 이르길 '내 생애[吾生:오생] 눈을 감을 수 없구나[不瞑目;불명목], 너는 나를 장사하지 말고, 반드시 너의 조부 묘지를 두루[徧;편] 찾아서[覓;멱] 그 옆에 나를 묻어[倘扦;당천] 합폄을 해주면[得附葬:득부장], 저승[泉下;샘하]에서 눈을 감을 수 있으리라!' 고 하였다.

吾生未得履父母墓，今死不瞑[1134]目
汝勿葬我，須徧覓汝祖墓。倘扦憐我，得附葬[1135]於側，泉下瞑目矣！
竹亭公乃百計訪求，因究心地理四十餘年。嘉靖庚申，忽有李、方二姓
죽정공(竹亭公)이 이에 여러 가지 꾀[百計:백계]로 찾아 구하다[訪求;방구] 지리(地理)를 구하고자 하는 심리 때문에 40여년이 되어 가정(嘉靖) 경신년[庚申]이였다. 문득[忽:홀] 이(李),방(方) 두 성(姓)씨가 모두 풍수(風水)를 찾아 오석산(烏石山) 가운데에 이르러 그 산에 유달리 아름다운 곳[奇秀:기수]을 보고 미지(美地)임을 알고, 관(官)에 소송[송사]을 하였다[構訟;구송]. 이때 군수(郡守)가 구산(拘山) 근처를 살피다가[鄰審之] 곧 이르길 ' 이산은 이씨(李氏)산도 아니고 방씨(方氏) 산도 아니며, 이산은 곧 황씨(黃氏) 조분(祖墳)이 이제까지 50년이 넘었는데 묘제를 지내고 관리(經管;경관)하는 사람을 보지 못하였으며 다만 서로 이어받아(답습하여)[相沿;상연] 황씨(黃氏)의

1134) 瞑(명) : 눈을 감다. 눈이 어둡다. ☞倘 (당) : 만약 ~이라면 .혹시
1135) **附葬(부장) : 단독장(單獨葬)과 대조되는 말이다. 다른 말로** 부장(附葬) 또는 합폄(合窆)이라고도 부른다. 단독장은 한 개의 봉분 속에 한 시신만을 매장하는 것이며, 합장은 한 개의 봉분 속에 하나 이상의 시신을 한 묘혈(墓穴)에 나란히 매장하는 것을 말한다.

묘지[業:업]라 하여 또한 어느 황씨[何黄氏]인지를 알지 못한다' 고 하였다. 군수(郡守)가 생각하여 바라길[思欲:사욕] 이(李),방(方) 두 성(姓)씨이 제송(提訟)을 멈추고자[息;식] 비밀리 사람을 시켜 성(姓)이 황씨인 자가 재능이 우수한 자[秀才]가 있는지를 찾아보라 하고, 마침 의정공(儀廷公)이 상중(庠中)에서 와 일꾼이 청하길[請之:청지] '군에 들어가 군수(郡守)를 만나보라' 하여 군수(郡守)는 곧 앞산을 의지하여 바로잡아[批付;비부] 죽정공(竹亭公)이 마침내[遂;수] 산으로 달려가 보고[視之], 기뻐서 이르길 ' 이는 하늘이 나에게 주는 것이 아닌가 하고? ' 살펴보니 옛 무덤[古墓]이라 무너지고 깨어져[崩頹;붕퇴] 마음이 움직여[心動] 방(方)씨는 묘지 수리 일을 잡아[卜日修墓:복일수묘] 일척(一尺)가량 흙을 파니 곧 비석(碑石)이 아주 또렷하게[宛然] 드러나 나와 세대(世代)를 달력[歷:력]으로 계산해보니[算] 곧 이 묘[其]는 조부 상사공(上舍公)의 묘지(墓也)였다. 빠르게[逐;축] 아버지를 (조부와) 합폄[附葬;부장]을 하였고 다음 해 신유년[辛酉]에 의옹(儀翁)이 무진년(戊辰年)에 장원급제하여[發魁及第:발괴급제] 현재[見] 한림원[翰林]에 시강(侍講)으로 임명되어[任] 사람들은 모두 세대에 덕와 효가 감응한 소치라 일렀다.

右上地葬侍郎之父，葬時侍郎在襁褓中。及長，登嘉靖庚戌進士，累官都憲、兵部0侍郎，巡撫廣東。公號華徯，名應聘，福祉方亨。

<그림 1-188 >의 조지는 시랑(侍郎) 부(父)를 매장한 곳이며 장사를 할 때[葬時] 시랑(侍郎)은 포대기[襁褓;강보] 속에 있었는데, 성장하여[及長:급장] 가정(嘉靖) 경술년[庚戌:1,550년]에 진사(進士)에 올랐고, 여러 벼슬을 하여[累官:누관] 도헌(都憲)、병부시랑(兵部侍郎), 순무(巡撫)광동(廣東)에 이르렀고, 공의 호[公號] 화계(華徯)이며 이름은 응빙(應聘)이고 복지(福祉)가 지금도 형통하다.

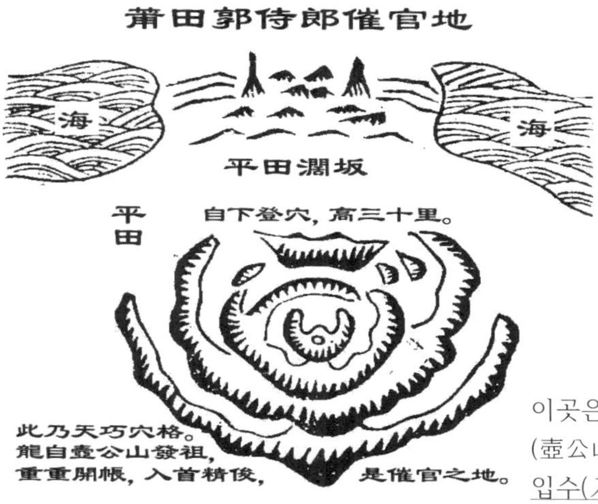

<그림 1-188> 포전곽시랑최관지
(莆田郭侍郎催官地)

이곳은 천교혈(天巧穴格)으로 용(龍)은 호공산(壺公山)에서 조산이 출발하여 거듭 개장하였고 입수(入首)가 매우 뛰어나[精俊;정준] 이는 속발(速發)하는 최관지(催官地)이다.

左地在績溪西八都。其龍發自黃山南龍正脈，分枝疊嶂，千峰磊落[1136]，萬嶺巍峨，屯軍驅[1137]馬，旗鼓旌節重疊，高在雲端。將近穴，大帳撐天，勢如雲擁。帳中星峰雄昂，自天而下，連疊串珠數節，結騎龍穴。穴前起一圓峰，峰外直拽，如鶴嘴插入水中。左右兩山，自少祖發出，拱抱向前，亦垂鶴嘴入水。水中一長石如舟，呼為三鶴爭鰍形。外山羅列兩旁。左山麄惡峻憎，右山木火秀麗。舊謂左武右文[1138]。登穴觀之，面前渺渺[1139]無際。但龍神殺氣未除，星辰反悖，文武亂班，流神駁雜，此所以非享大位，而為偏方偽主耳。故霸先也不過如此而已。

<그림 1-189 >의 조지는 적계(績溪)의 서쪽 팔도(八都)에 있고 그 용(龍)이 황산(黃山)에서 출발하여[發自:발자] 남룡(南龍) 정맥(正脈)이 분지(分枝)하여 거듭 겹쳐 있는 산봉우리[疊嶂;첩장]가 천봉(千峰)이 겹겹이 쌓여있는 모양[磊落:뇌락]이 만개의 봉우리[萬嶺:만령]가 우뚝 솟은 모양[巍峨;위아]과 같

1136) 磊落(뇌락) : 거침없는 모양. 돌이 첩첩이 쌓여 있는 모양.
1137) 驅(구) : 몰다. 빨리 달리다. ☞將近(장근) : 거의 ~에 가깝다. ☞ 鰍(추) : 미꾸라지
1138) 右文左武(우문좌우) : 문무를 다 갖추어 천하를 다스림
1139) 渺渺(묘묘) : 일망무제하다. 그지없이 넓고 아득하다.

고, 주둔군[屯軍;둔군]이 말을 타고 달리는 것 같고[驅馬;구마] 기고(旗鼓:군기와 북)와 깃발[旌節;정절]이 중첩(重疊)하여 높은 구름 속[雲端;운단]에 있는 것 같다. 거의 혈에 가까이서는 크게 솟아[撑天;탱천] 크게 개장하여 세(勢)가 구름같이 장막의 안[帳中]에 차지하고 있어[擁;옹] 성봉(星峰)이 높이

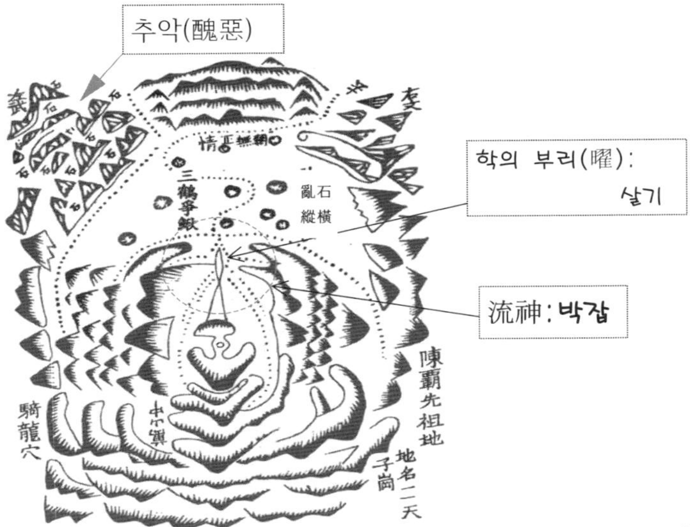

<그림 1-189 > 화용유상서조지
(華容劉尙書祖地)

솟아[雄昂;웅앙] 하늘에서 아래로 이어져[自天而下連:자천이하련] 수절(數)의 구슬을 거듭 꿴 것 같이 기룡혈(騎龍穴)을 맺었다.

혈 앞에 하나의 둥근 봉우리가 솟아 봉우리 밖으로 곧게 당겨[直拽:직예] 학의 부리[鶴嘴;학취]를 수중(水中)에 당겨 넣은 것[入拽:입예] 같다. 좌우양산(左右兩山)도 소조산[少祖]에서 출발하여 앞을 향하여 에워 감싸[拱抱;공포] 또 학의 부리를 드리워[垂] 물에 넣어[入] 수중(水中)에 하나의 긴 돌이 돛단배와 같아[如舟:여주] 3학쟁추형(三鶴爭鰍形)이라 불렀다. 외산(外山)이 양방(兩旁)으로 나열(羅列)되고 좌산이 추악(麄惡)하고 높고 가파르나[峻嶒;준증) 좌우의 산은 목화(木火)로 수려(秀麗)하여 옛날 좌우문무(左武右文)이라 한다. 혈에 올라보면 앞면은 묘망무제(渺茫無際)하다. 다만 용신(龍神)에 살기(殺氣)가 제거 되지 않았다[未除:미제].

성신(星辰)이 반대로 거스르고[反悖;반패] 문무(文武)가 어지럽게 서성이고[亂

班;난반] 흐르는 물[流神:유신]이 뒤섞여 어수선하여[駁雜:박잡] 이러한 곳은 중요한 관직[大位]을 누릴 수 없고 벽지(僻地)[偏方]에 가짜 주인이 될 뿐이다. 그러므로 무제 패선(霸先)은 이와 같은 처지에 불과할 뿐이다.

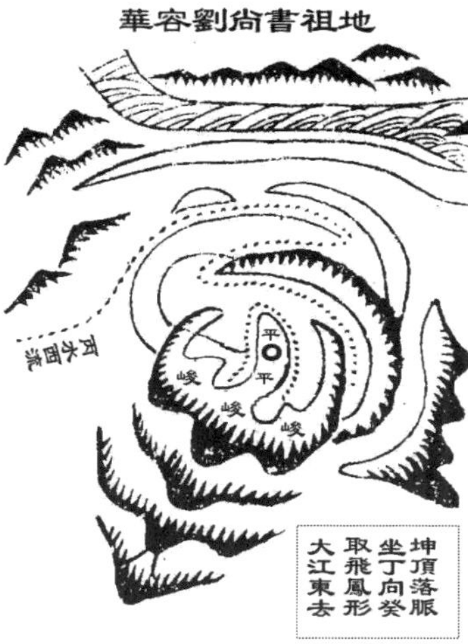

대강(大江) 동거(東去)

곤정(坤頂)에서 낙맥(落脈)하여 정좌계향(丁坐癸向)이고 비봉형(飛鳳形)을 취하였다.
큰 강은 동쪽으로 흘러간다.

<그림 1-190 > 화용유상서조지(華容劉尚書祖地)

左地在華容，土名東山。其龍遠勢雄，星峰聳秀。到頭大飛蛾開肩展翅。中抽一脈，水木垂頭，擺轉作穴。穴扦曲動處，坐倚一邊，似偏寔正，乃曲乳穴也。登穴觀之，內水交結，而左右二砂紐會，內外明堂融聚，真氣衝和，《經》云：「凡是乳穴曲即非，曲是包裹非正穴。」若執以定穴，即棄此大地。殊不知正脈中出，而水木曲動，正是生氣所鍾。且兩肩包裹皆長，而此中乳獨短，兩臂粗而中乳細嫩為奇，又不可執經文而定穴也。乃司馬頭陀所下，出兵部尚書東山先生劉忠宣公大夏，為國朝名臣，至今衣冠不替。

<그림1-190>의 조지는 화룡에 있으며, 토명은 동산(東山)이다. 그 용(龍)은 멀고 세(勢)가 웅장하고 성신(星峰)이 수려하게 솟아[聳秀:용수] 도두에 이르러 나비가 크게 날아 어깨에 날개를 펼쳐 중간에 빠져나온 일맥(一脈)이 수목(水木)으로 수두(垂頭)하여 몸을 돌려 개장하여[擺:파] 혈(穴)을 맺어 혈(穴)은 곡동처(曲動處)에 천장하였다. 좌(坐)는 한 변[一邊:일변]에 의지하여 기운 것 같으나 실제로 똑발랐다. 이는 곡유혈(曲乳穴)이다. 혈에 올라보면

내수가 서로 만나고[交結] 좌우 두 사[二砂]가 만나 연결하여[紐會;뉴회] 내외 명당(明堂)이 융취(融聚)하여 진기(真氣)가 조화[衝和]를 이루었다.

《경(經)》에 이르길 **'무릇 유혈(乳穴)이 굽은 것은 즉 혈이 아니고, 굽은 것은 둘러싸도[包裹;포과] 정혈이 아니다'** 고 하였다. 만약 고집하여 혈을 정하면 곧 대지(大地)를 버리는 것이다. 정맥(正脈)이 중출하여 수목(水木)으로 굽어 움직이면[曲動] 꼭[正] 생기(生氣)가 모이는 것[所鍾:소종]을 모르는 것이다. 또 양 어깨[兩肩]를 감싸는 것[包裹;포과]이 모두 길고 여기 중유(中乳)는 홀로 짧으면 양비[兩臂]는 거칠고[粗:조], 중유(中乳)는 부드러워[細嫩;세눈] 기이하다. 경문(經文)을 고집하여[시행하여] 혈을 정해서는 안된다. 그리하여 사마두사(司馬頭陀)가 소점한 곳[所下:소하]으로 병부상서(兵部尚書) 동산선생(東山先生)과 유충선공(劉忠宣公) 대하(大夏) 등이 태어나 당대(當代)의 조정(朝廷)[國朝]에 이름난 신하[名臣]로 지금까지도 관료[衣冠:의관]가 끊이지 아니한다[不替:불체].

右地在台州府治南七里，土名旗山。其脈發自望海峰，頓跌雄猛，起伏精俊，勢如天馬奔騰[1140]，又如群羊出棧。將至結穴，過峽翻身，出脈隱隱，乃急中之緩。穴前似峻而不峻，左右二水交結，諸峰拱照。乃西兌行龍，朝北作向巳山亥向。對面觀之，儼[1141]如展旗。穴後一山樂托，前應雙塔，幘山挺然奇秀，乃侯氏始祖。自宋至今，人丁蕃盛，科第不替。出侯丕，翰林檢討；曰臣，登進士，左布政；曰潤，進士，通政司參議；曰濟、曰汾、曰衡、曰簡、曰聘、曰向，皆鄉薦；曰綖，進士，左布政；曰溪，進士，知府。

<그림 1-191 >의 조지(祖地)는 태주부(台州府) 치(治) 남(南) 7리에 있으며 토명은 기산(旗山)이다. 그 맥(脈)은 망해봉(望海峰)에서 출발하여 봉우리가 솟아 달려가 머물러 모양[頓跌:돈질]이 웅장하고 용맹하다[雄猛;웅맹]. 기복(起伏)이 매우 뛰어나며[精俊;정준] 세(勢)가 천마(天馬)가 뛰어 달리는 것[奔騰;분등] 같고 또 양떼[群羊:군양]가 우리에서 나오는 것[出棧;출잔] 같다. 결혈처[結穴]에 도착할 즈음에 협을 지나[過峽:과협] 용신을 돌려[翻身:

1140) 奔(분) : 달리다. ☞ 騰(등) : 뛰다./棧(잔) : 창고(倉庫).우리(짐승을 가두어 기르는 곳)
1141) 儼(엄) : 엄연하다(儼然--: 의젓하고 점잖다). 의젓하다. 근엄하다(謹嚴--)

번신] 출맥[出脈]이 은은(隱隱)하여 급한 가운데 완만하여 혈 앞이 험준한 것 같으나 험준하지 않아 좌우 두 물이 서로 얽혀 만나[交結] 여러 봉우리를 감싸[拱照;공조] 서태행룡(西兌行龍)으로 모여[朝] 사좌해향(巳山亥向)으로 북으로 향을 한다. 대면(對面)하여 보면 근엄하게[儼:엄] 기(旗)를 펼친 것 같고 혈 후(穴後)에 하나의 산이 낙탁(樂托)하고 앞에 쌍탑(雙塔)의 책산(幘山;두건과 같은 산)이 응하여 두드러지게 뛰어나[挺然;정연] 기이하게 빼어났다[奇秀:기수]. 이는 후씨(侯氏)의 시조(始祖)로서 송대(宋代)에서 지금까지 자손[人丁]이 번성(蕃盛)하였다. 과거 급제자[科第]가 끊이지 않았다.

<그림 1-191 > 태주후씨조지 (台州侯氏祖地)

후승(侯丞)이 나오고 한림검토(翰林檢討)를 지냈다. 신(臣)이 진사(進士)에 올라 좌포정(左布政)을 하였고, 윤(潤)이 진사(進士)에 올라 통정사참의(通政司參議)이고 제(濟)、분(汾),충(衝),간(簡),빙(聘),향(向)은 향천(鄕薦)이며, 함(緘)은 진사(進士)에 올라, 좌포정(左布政)이요, 계(溪)는 진사에 올라 지부(知府)를 하였다.

<그림 1-192>임해대어사조지(臨海戴御史祖地

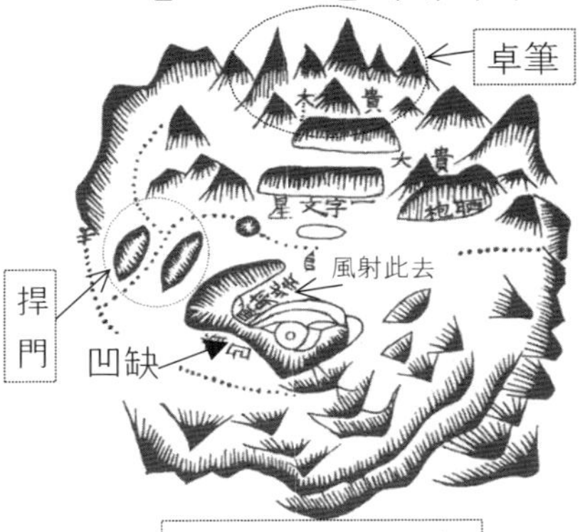

雖然左凹風不射穴,所以爲貴。

右地在臨海縣東北二十五里，土名柘坑。其龍乃府龍，分出左枝，在三十里落脈。迢遞[1142]奔走，起大峰巒。複過峽，再起大帳疊疊。至結穴，橫脈斜穿，而左臂凹缺。缺而複起，轉作下臂，包成左單提[1143]穴。而前面諸峰，如卓筆侵雲。下有方平如一字，以為正應。水口一山突起，成捍門之格。登穴觀之，左邊雖凹，又得外山高障，明堂四水來會，而中有一阜如印，出父子進士，兄弟御史，一僉憲，一州守名汝愚，人丁科甲冠

좌측의 요풍(凹風)이 송곳과 같을 지라도[錐然;추연] 혈을 쏘지 않아 이른바 소중하다.

<그림1-192>의 조지는 임해현(臨海縣) 동북(東北) 25리에 있으며, 토명은 자갱(柘坑)이다. 그 용은 부룡(府龍)의 왼쪽 가지에서 나누어 생긴 것으로 30리를 낙맥(落脈)하여 매우 멀리[迢遞;초체] 달려가[奔走;분주] 큰 봉우리가 솟아 다시 협(峽)을 지나 다시 거듭 크게 개장을 하여 결혈할 즈음에 이르러 **횡맥(橫脈)이 비스듬하게 지나**[斜穿:사천] **좌비(左臂)가 요결(凹缺)하였으나** 다시 솟아 용신을 돌려 하비(下臂)를 만들어 감싸 **좌단제**(左單提)의 혈을 이루었다. 전면에는 여러 봉우리[諸峰]가 **탁필**(卓筆)이 구름에 가까운 것(구름 속에 들어간 것)[侵雲:침운] 같다. 아래에는 일자(一字)와 같이 곧고 평평하여[方平:방평][一字文星:**일자문성**] 바르게 응하고 있다. 수구(水口)에 하나의 산이 우뚝 솟아[突起:돌기] 한문(捍門)의 격을 만들었다. 혈에 올라 보면 좌변(左邊)이 비록 요결(凹缺)하나 또 외산(外山)이 높이 막아주고 명당(明堂)에 사방에 물이 흘러와 모이고[來會:내회] 가운데 하나의 언덕이 도장과 같다. 부자(父子)가 진사(進士)에 나아갔다. 형제(兄弟)는 어사(御史)로 한 사람은 첨헌(僉憲)이고 다른 한 사람은 주수(州守)로 이름은 여우(汝愚)이다. 인정(人丁)과 과갑(科甲)이 읍에서 으뜸이다.

1142) 迢遞(초체) : 매우 멀다.

1143) 좌단제 : 정혈은 청룡에 의지하여 좌(左)에 결혈을 한다. **단제(單提)는 한쪽 다리만 있으니 한 변이 보(補)해야 한다.** 단고(單股) 또는 단제(單提) : 용호 중 한쪽은 길고 짧아 불균일한 것. ☞ 단제는 긴 다리가 반드시 역수(逆水)하여야 한다.

左地在臨海治東三十里，地名北山下。其龍來脈甚遠，逆水奔行四十里。比入局，大斷過峽。峽之左右有墩阜夾護，術家謂之金彈子，貴証也。過峽後頓起高峰，聳秀衝霄。石骨奇異，正脈從石頂中垂落1144)鵝頸百餘丈，複起星峰，數節，直串1145)向西，閃落亥脈，從凹頂脫煞結穴。

<그림 1-193> 태주진장원조지(台州秦壯元祖地)

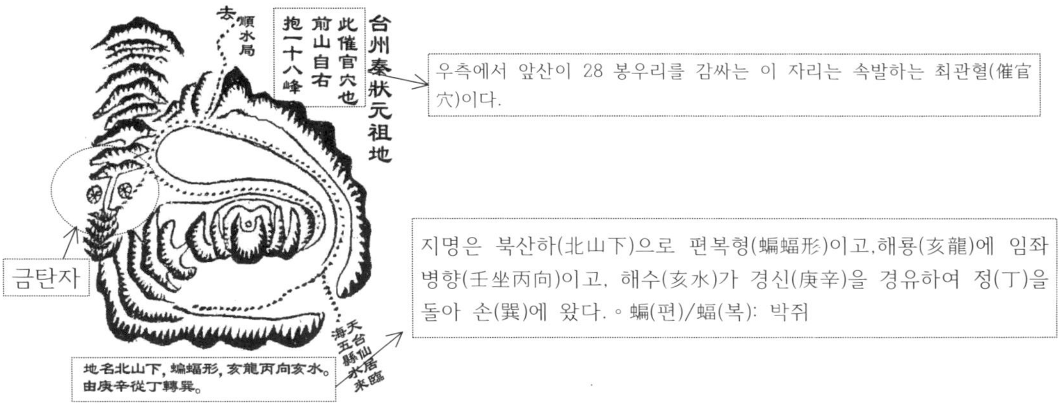

龍氣大旺，入首隱伏，橫鋪平坦，而無落頭之乳。兩畔彎抱重重，而皆長出不止，穴情隱拙，又是順水作向，不入俗眼。亥龍插壬山丙向，俗呼蝙蝠形。後山帳樂，前朝特異，羅城秀列，局勢盤旋，龍真穴隱，如頑石中之美玉，未易詧1146)識。但葬時1147)狀元已數歲，此催官地耳。秦公鳴雷戊寅生，嘉靖甲辰狀元及第，官至禮部尚書。二子懋約、懋勳皆發科1148)，富貴未艾。

<그림 1-193>의 조지는 임해현[臨海] 치(治) 동(東) 30리에 있으며, 지명(地名)은 북산하(北山下)이다. 그 용은 흘러오는 맥이 너무 멀다. 역수(逆水)

1144) 垂落(수락) : (한쪽 끝이) 처지다. 떨어지다.
☞衝(충) : 찌르다. 향하다. 맞부딪치다. 치솟다. 위로 올라감.

1145) 串(관) : 이쪽에서 저쪽으로 움직이다. 끈으로[실로] 꿰다. 향하다. 곧장

1146) 詧(=察)(찰) : 살피다. 알다. 자세하다. ☞詧識 : 살펴서 알다.

1147) 葬時(장시) : 하관(下棺) 따위의 장례(葬禮)에 알맞은 때.

1148)三元 중에서 鄕試와 會試에 합격하면 發科라 하고, 殿試에 합격하던 發甲이라 한다.

로 40 리를 달려 국에 들어올 즈음에 크게 끊어 과협(過峽)을 만들고, 협(峽)의 좌우(左右)에 돈부(墩阜)[扛峽:강협]가 있어 협(夾)을 보호하고 술가(術家)들은 금탄자(金彈子;돈부)를 귀의 증거라 하였다. 협(峽)을 지난 후에 문득 솟은 고봉(高峰)이 빼어나게 하늘을 (향하여)찌를 듯이[衝霄;충소] 높게 솟아 수려하며[聳秀;용수] 석골(石骨)이 기이하고 정맥(正脈)이 바위의 꼭대기 가운데를 따라 거위의 목[鵝頸:아경]모양으로 백여 장(百餘丈)을 떨어졌다가 다시 성봉(星峰)이 솟아 수절(數節)을 서향으로 곧장 움직여[直串;직관] 언뜻 보이다가 해맥(亥脈)으로 낙맥한다. 오목한 정수리[凹頂;요정]를 따라 살을 벗어나[脫煞;탈살] 용기(龍氣)가 크게 왕성하여 혈을 맺었다.

입수(入首)에서 은복(隱伏)하여 횡(橫)으로 평탄하게 펼쳐졌으며 낙두(落頭)에 유(乳)가 없으나 양측[兩畔:양반]이 거듭 굽어 안아[彎抱;만포] 주나 모두 길게 뻗어왔으나 멈추지 않아 혈정(穴情)이 은졸(隱拙)하고 또 물을 따라[順水] 향을 하여 속안(俗眼)에는 들지 않는다. 해룡(亥龍)에 임좌병향(壬山丙向)으로 천장하여[插;삽] 속칭(俗呼) 박쥐형국[蝙蝠形;편복형]이다.

후산(後山)이 낙산으로 장막[帳樂]으로 가리고, 앞에 조산[前朝]이 특이하며, 나성(羅城)이 높이 솟아 늘어서고[秀列;수열], 국세(局勢)가 빙빙 돌아 구부러져[盤旋;반선] 용이 참이고 혈은 숨어[穴隱:혈은] 단단한 바위[頑石;완석]가운데 미옥(美玉)과 같으나 쉽게 살펴서 알기 어렵다.

다만 장사의 때[葬時]가 알맞아 장원(狀元)하여 세월이 흘러 몇 년이 지나 이를 최관지(催官地)라 한다. 진공(秦公) 명뇌(鳴雷)는 무인생(戊寅生)으로 가정(嘉靖) 갑진년[甲辰年:1,544년]에 장원급제(狀元及第)하여 벼슬은 예부상서(禮部尚書)에 이르렀고 두 아들 무약(懋約)과 무동(懋勳)은 모두 발과(發科)하였고, 부귀(富貴)가 끊이지 않았다.

右地在華容縣東，土名石筍玉。其龍甚遠，穿田渡水，忽起星巒。自小兒山湧大帳，奔行數里，換骨頓異[1149]。石嶺巍峨，挺然[1150]天表，勢壓群峰。峰生石筍，卓立十餘丈，逈然清俊[1151]。百里望之，莫不[1152]駭目。但穴結太迫，以木火之

1149) 頓異(돈이) : 동뜨게 아주 다름.[頓殊:돈수]

1150) 挺然(정연) : 여러 사람 가운데 뛰어남. 뛰어나 훌륭함. ☞天表(천표) : 하늘의 바깥[아주 멀거나 높은 곳]. ☞逈(형) : 멀다.

星，而作金水之穴，前吐餘曜雖奇，主星兩臂，分劫尚多。俗眼必為發祖之處，反以兩臂余支求正穴也。《葬書》云：「群壟眾支，當擇其特。眾山低，此獨高；眾山小，此獨大；眾山土，此獨石。」且前應文筆插天，星峰矗矗，融結不凡。出狀元黎公淳，官至禮部尚書。子官方伯。但劫重，火星燥而易滅，故貴止二代，人少產不豐耳。

<그림 1-194>의 조지는 화용현(華容縣) 동쪽에 있다. 토명은 석순옥(石筍玉)이다. 그 용은 너무 멀다. 밭을 지나 물을 건너 홀연히 성만(星巒)을 일으켰고 소아산(小兒山)으로부터 큰 장막[大帳]이 솟아[나와][湧:용] 수리를 달려가 박환하여[換骨;환골] 아주[확연이] 다르게 변하였다[頓異:돈이].

<그림 1-194 > 화용여장원조지
(華容黎狀元祖地)

석령(石嶺)이 매우 높이 솟아[巍峨;외아] 하늘 높이[天表:천표] 빼어나[挺然:정연] 세(勢)가 여러 봉우리[群峰]를 압도한다. 봉우리에서 석순(石筍)이 생겨서 십여 장(十餘丈) 높이로 우뚝 서[卓立:탁립] 멀리서도 분명(分明)하게[然] 빼어나[清俊;청준) 그것을 백리(百里) 밖에서 바라보아도 모두 놀란다[駭目;해목]. 다만 결혈은 너무 가까워 목화(木火) 성봉으로 금수혈[金水之

1151) 清俊(청준) =清秀(청수) : 용모가 맑고 빼어나다. 뛰어나게 아름답다.
1152) 莫不 (막불) :~하지 않는 자가 없다. 모두~하다.☞ 駭(해):놀라다. 놀래다. ☞駭目(해목) :보고 놀라다.

穴]을 만들었다. 앞에는 요(曜)를 드러내어[吐:토] 남겨[餘;여] 비록 기이할 지라도 주성(主星)의 양비(兩臂)에 부분(部分)으로 갈라져[分] 겁(劫)이 상당히 많으면 속안(俗眼)으로 반드시 조(祖)가 생기는 곳으로 여길 것 같으나, 오히려 **양비(兩臂) 여지(余支)에서 정혈(正穴)을 구한다**.

《장서(葬書)》에 이르길 '언덕이 무리를 이루고 지각이 많으면 마땅히 특별히 좋은 곳을 선택하여, **무리의 산이 낮고 이 산만 높으면, 무리의 산이 작고 이 산만 크면** 무리 산이 흙[土]이고, 이 산만 바위[石]이다' 고 하였다. 또 앞에 문필(文筆)이 응하여 성봉(星峰)이 높이 우뚝 솟아 있는 모양[矗矗;촉촉]으로하늘 높이 솟아[插天;삽천] 융합하여 맺어[融結] 범상치 않다[不凡:불범]. 여공(黎公) 순(淳)은 장원하여 벼슬이 예부상서(禮部尚書)에 이르렀고 아들의 벼슬은 방백(方伯)이다. 다만 겁(劫)이 거듭되고[重], 화성(火星)이 조열(燥熱)하여 쉽게 멸망한다. 그러므로 귀(貴) 2대(二代)에 그쳤고 태어나는 사람이 적고 부가 풍부하지 않다.

<그림 1-195>조지는 천주부(泉州府) 서북(西北) 40리에 있으며, 토명(土名)은 팔척령[嶺:령]이다. 그 용은 규산(葵山)에서 발맥(發脈)하여 매우 멀리[迢遞;초체] 7,80리를 달려가 입국(入局)할 즈음에 끊어질 듯이 과협(過峽)을 만들고 갑자기 **충천화성(衝天火星)**을 일으켜 깎아 놓은 듯이 산이 높이 솟아[削峻;삭준] 구름 속에 들어가[侵雲;침운] 양어깨를 크게 펼쳐[大展] 다시 앞을 향하여 환포[繞抱;요포]하였다. 가운데 드리운 은은한 맥이 산 가운데 홀연히 평평하게 펼쳐[開] 여러 층[數級:수층]의 **평면토성(平面土星)** 잇달아 겹쳐[連疊] 토성 아래에 융결(融結)된 작은 **와혈(窩之穴)**이다.

물이 경계를 지고[界] 합(合)이 분명하고[分曉;분효] 좌우(左右)가 굽어 구불구불 돌아[彎回:만회] **대계수[大溪水]**가 이곳에 이르러 횡으로 우측 앞을 감싸 지나갔다. 어병(御屛)이 존엄(尊嚴)하게 높이 우뚝 솟아[聳立;용립] 단정하게 (혈을) 향하여 공읍(拱揖)하고 있다.

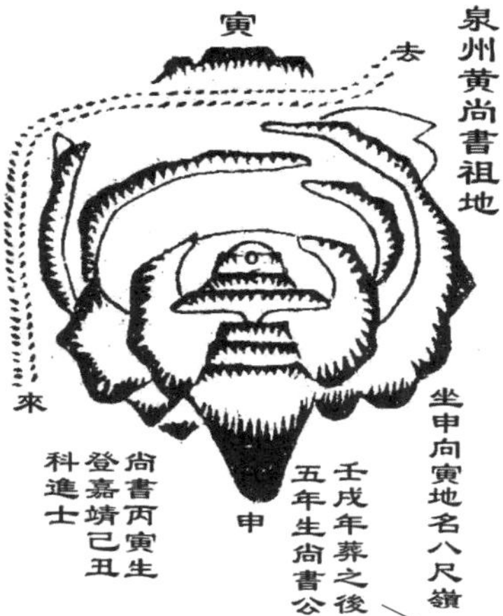

<그림1-195>천주황상조지
(泉州黃尚祖地)

左地在泉州府西北四十里，土名八尺嶺。其龍自葵山發脈，迢遞奔行七八十里。比入局，跌斷過峽，頓起衝天火星，侵雲削峻。兩肩大展，複繞抱向前。中垂隱隱之脈。忽於山半開平，連疊數級平面土星，乃於土星之下融結微窩之穴，界合分曉，左右彎回，內堂平聚。雖是順水作局，而收拾齊整。大溪至此横繞過右前。御屏聳立尊嚴，端然朝拱。

신좌인향(申坐寅向)이고 지명은 팔척령(八尺嶺)이며, 임술년(壬戌年:1,502년)에 장사를 하고 5년 후에 상서(尙公)이 태어났고, 공상서는 병인생(丙寅生:1,506년)이며 가정(嘉靖) 기축년(己丑年:1,529년)에 등과(登科)하여 진사(進士)에 올랐다.

但主星卓峻衝霄，雖明堂中仰望後頂，高入天際[1153]，不見垂落之脈，似乎玄武拒尸。且火星剛燥，亦不融結。不知連疊平坡，則是生土。火以生土，急中有緩，矧兩肩垂落，重重繞抱有情，風氣藏聚，龍旺穴尊，朝端從美，真吉地也。葬後出經歷公晟、教諭公綬俱贈刑部尚書。其孫光升登進士，官至大司寇；曾孫喬楝，官太守，富貴未艾。

다만 주성(主星)이 탁립하여 높이 우뚝 솟아[卓峻;탁준] 하늘을 찌르듯 하고[衝霄;충소] 명당(明堂)가운데 바라보면[仰望;앙망] 후정(後頂)이 하늘 가운데[天際:천제] 높이 들어갈지라도 처진[垂落] 맥이 보이지 않아 현무(玄武)가 시신을 거부하는 것 같고 또 화성(火星)이 조열하여[盛燥] 또한 융결(融結)할 수 없다. 잇달아 겹친[連疊:연첩] 평평한 언덕[平坡]이 흙을 생하는 것을 모르고 화(火)는 흙을 생하여 급한 가운데[急中] 느긋하다[有緩;유완].

하물며[矧;신] 양 어깨[兩肩]를 떨어뜨려[垂落;수락] 거듭된 모양[重重]으로 감싸[繞抱;요포] 유정(有情)하다. 풍기(風氣)를 가두어 모아[藏聚:장취] 용이

1153) 際(제) : 두 사물의 중간.사이. 다다르다. 가. 변두리.

왕성하고 혈이 존엄하다. 전조(前朝)가 단정하며 아름다음이 있어 참 좋은 자리이다. 장사 후에 태어난 경력공(經歷公) 성(晟)과 교유공(教諭公) 수(綬)가 함께 형부상서(刑部尚書)를 증직(贈職)되었고 그 손(孫) 광승(光升)은 진사(進士)에 올라 벼슬은 대사구(大司寇)에 이르렀고 ,증손(曾孫)교동(喬棟)은 벼슬[官]이 태수(太守)였고 부귀(富貴)가 끊이지 않았다.

右地在泉州府西北八十里。其龍發自安溪，迢迢奔行八十里，頓起極高大之山，盤旋數百里，結天巧之局。衆山從擁，高起撐天[1154]大帳。帳中一脈，逶迤頓跌[1155]，生曜生官。兩邊帳角衆山，一齊左回右抱。至入首，結仰天金水星。中生一窩，四圍石骨，而左右遠抱之山交互過前，成一字文星，以收盡內氣。此外俯視[1156]下界，萬山矗矗，穴中皆不見。但數十里外海水汪洋，遠接天際，縹緲極目，取日出扶桑一點紅，特奇之應，俗呼番天馬蹄形，以穴狀名也。出太保宣靖魯國公亮、端明殿學士孝寬、戶部尚書孝廣，及狀元從龍諸貴。

< 그림 1-196 > 천주노승상조지(泉州魯丞相祖地)

< 그림1-196 >의 조지는 천주부(泉州府) 서북(西北) 80리에 있으며 그 용은 안계(安溪)에서 출발하여 매우 멀리[迢迢;초초] 80리를 달려오다가[奔行;분행] 갑자기 매우 크고 높은 산을 일으키고 수 백리를 빙빙 돌아 천교국(天巧之局)을 맺었다. 중산(衆山)이 호종하며[從擁;종옹]따라 큰 장막[大帳]을 높이 일으켜[高起] 높이 솟은[撐天;탱천] 장막 가운데 일맥(一脈)이 구불구불[逶迤(위이);委蛇(위사);구불구불한 모양]하게 달리다가 머물러[頓跌](산줄기에) 요(曜)와 관(官)이 발생하였으며, 양변(兩邊)에 장막의 각[帳角]과

1154) 撐天(탱천) : 하늘을 찌를 듯이 공중(空中)으로 높이 솟아오름.
1155) 頓(돈) : 높은 데에서 내려오다. 머무르다. 잠시 멈추다. 좀 쉬다. 갑자기
1156) 俯視(부감) : 굽어보다. 내려다보다.

중산(衆山)이 일제히[一齊] 좌우로 돌라 감싸고[回抱:회포] 입수(入首)에 이르러 앙천금(仰天金) 수성(水星) 가운데 하나의 와(窩)를 맺었다.
사방[四圍]에 석골(石骨)이고 좌우(左右)에 감싸는 산이 앞을 서로 어긋나게 만나[交互] **일자문성(一字文星)**을 이루었다.
내기(內氣)를 모두 거두어 이밖에 높은 곳에서 낮은 곳[下界:하계]을 내려다보면 만산(萬山)이 (산봉우리 따위가) 높이 솟아 삐죽삐죽하나[矗矗;촉촉] 혈(穴)가운데서는 모두 보이지 않는다. 다만 수 십리 밖에 바닷물이 가없이 넓고[汪洋;왕양] 멀리 하늘의 해가 동쪽 뽕나무 너머에서 떠오를 때[日出扶桑:일출부상] 하나의 붉은 점을 취하여 기이하고 특별나게[特奇:특기] 응(應)하니 속칭(俗呼) **번천마제형(翻天馬蹄形)**이라 하는 것은 혈상(穴狀)의 이름이다. 태보선정노국(太保宣靖魯國) 공양(公亮)과 단명전(端明殿) 학사(學士) 효관(孝寬)이 태어나 호부상서(戶部尚書) 효광(孝廣)과 장원(狀元)하여 용을 따라[從龍] 여러 벼슬[諸貴]이 나왔다.

< 그림 1-197> 적계장씨묘(積溪張氏墓)

左地在績溪縣東十里橋。其龍來歷甚遠，不詳述。將至作穴，起水星大帳。帳中落脈，頓起衝天木星數座[1157]，仍跌斷過脈，逶迤精巧，連珠數節。複頓起天然木星，四面皆圓，而全身石骨。穴結山巔。其後大帳兩角皆環抱過前，以為龍虎交結。而隨身二水界送至穴前交合，洩下大溪，約高數丈。其大溪自右而來，橫過於前。隔溪秀應重重，下手石橋鎖斷地戶，形勢精俊，風氣藏聚。俗呼照天蠟燭形，光明穴。葬後未久，張氏之福祉方亨。

< 그림 1-197 >의 자리는 적계현(績溪縣) 동(東) 10리 교(橋)에 있으며, 그 용(龍)은 지나온 경로[來歷]가 너무 멀어 상술(詳述)할 수 없다.

1157) 座(좌) : 산이나 탑을 세는 단위 ☞鎖(쇄) : 잠그다, 봉하다(封--)

막[將:장] 작혈(作穴)할 즈음에 이르러 수성(水星)의 큰 장막[大帳]을 일으켜 장막 가운데 낙맥(落脈)하여 멈추어[頓:돈] 충천목성(衝天木星)의 여러 산[座:좌]을 일으켜 누차[仍;잉] 질단(跌斷) 속기하여 맥을 지나[過脈] 위이(逶迤)하고 정교(精巧)하며 구슬을 수절 연이은 것 같고[連珠數節:연주수절] 다시 조아려 천연목성(天然木星)을 일으켜 사면(四面)이 모두 둥글고 모든 용신[全身]이 석골(石骨)이다. 혈은 산정산[山巔;산전]에 맺었다. 그 뒤에 큰 장막과 양쪽에 각이 진모양[兩角]이 모두 앞을 지나 환포(環抱)하여 용호(龍虎)가 되어 서로 사귀어[交結:교결] 용신을 따라 두 물이 경계를 이루어 보내고[界送:계송] 혈 앞(穴前)에 이르러 서로 만나[交合:교합] 아래로 흘러[洩下:설하] 큰 개울 이루었다[大溪:대계]. 혈이 대략 높고 너비가 여러 장[數丈:수장]이다. 그 대계(大溪)는 우측에서 흘러와 앞에서 횡으로 통과하여 대계를 사이에 두고[隔溪;격계] 거듭 빼어나 응(應)하여 하수사(下手砂)의 석교(石橋)가 수구[地戶;지호]를 끊어 막았다[鎖:쇄]. 형세(形勢)가 매우 뛰어났다[精俊;정준]. 풍기(風氣)가 장취(藏聚)하여 속칭(俗呼:속호) 조천납촉형(照天蠟燭形)으로 혈이 유망하다. 장사 후에 얼마 안되어[未久:미구] 장씨(張氏)의 복지(福祉)가 비로소 형통하였다.

傳奇

張九朝奉[1158]一日往鄉莊[1159]，至城外二里許，於路邊登廁，見廁屋內青布包裝束甚密，自度必商人遺物。開看，內有衣一件，簿一扇，銀二十錠，又碎銀一包。遂不往莊，候[1160]至日宴，毋有尋者。乃書字於廁曰：張九今日辰刻在此獲青包。失主見此可往東莊來認。次日，其人尋至，見字，至莊所拜告，願分一半。張寔對，悉還之，分毫不取。其人拜天祝君長壽富貴。張旬日忽夢其祖與之曰：「汝有陰功，天與吉地，可往十里橋邊，必有所遇。」覺而天曉。即日至十里橋坐候。至日西，有二人押一人至，其人到橋邊，抵死[1161]不去。指曰：「此

1158) 朝奉(조봉) : 부자(富者). 전당포 주인 ☞ 宴(안) : 늦다. 더디다. 즐기다.
1159) 경제(京第: : 지방에 나가 있는 사대부의 서울 본 집 ◦향장(鄉莊): 서울에서 벼슬하는 사대부가 시골에 두고 있는 집) ◦一件(일건) : 한 벌. 한 가지.
1160) 候(후) :기다리다. 살피다, 방문하다(訪問--).
1161) 抵死(저사) : 죽음에 이르다. 결사적으로. 죽어 마땅하다.

內我有山一片[1162]，願典還穀債。」其二人不受山，定要[1163]谷。張即扣[1164]之曰：「谷[1165]價幾何？」曰：「二十石。」張與白米而受其山。歸，語於妻曰：「我夜夢獲吉地，果應。」次日觀山，全身皆石，毋下穴處。乃徧[1166]請明師點穴，十餘年，經師[1167]百數，莫有能下穴者。又自訟[1168]曰：「昔夢以為陰德之賜，今無穴可
扦，是吾德薄。」仍舍棺木，修造橋路。又三年，其妻夢神人語曰：「照天蠟燭穴居巔。」後句似言富貴，不能記。張喜曰：「山頂必有土。」即往察之，果然。乃葬父於高頂。今五十餘年，有三貢舉[1169]，鄉稱陰德地也。

전기(傳奇)

장구(張九)라는 전당포 주인[朝奉:조봉]이 어느 날 향장(鄕莊)에 가다가 성(城) 밖 2리쯤[許:허]에 이르러 노변(路邊)에 화장실을 사용하러 가다가[登廁;등측] 화장실[見廁;견측] 건물 안[屋內:옥내]에 청포(青布)로 포장(包裝)하여 아주 밀실하게 묶은 것을 스스로 짐작하여[自度:자도] 반드시 상인(商人)의 유물(遺物)로 생각하여 풀어 보니[開看:개간] 속에 의복 한 벌[一件]과 장부[簿:부] 하나 선은(扇銀) 20정(錠)과 또한 쇄은(碎銀) 한 포[一包]가 있었다. 마침내 향장(鄕莊)에 가지 않고 하루 늦게까지[終日]기다렸으나[候;후] 찾는 자가 없어[주인 나타나지 않아] 화장실 (벽에)[於廁:어측] 글자로 '장구(張九)가 금일 진시[辰刻;진각]에 이곳에서 있는 청포(青包)를 주웠는데 잃은 주인은 이 글을 보고 동장(東莊)에 가서 확인하고 오라' 고 하고 그 다음 날 찾을 사람이 도착하여 글자를 보고 장소(莊所)에 와 절하며 고

◦ 片(편) : (하나가 된) 총체(總體). (전체로서의) 하나.
1163) 定要(정요) : 꼭 ~하다 . 꼭. 반드시
1164) **扣(구)** : 값을 깎다. 에누리하다. 물러나다.
1165) 谷(곡) : 계곡.곡식.곡물
1166) 徧(편) :두루. 널리. 돌아다님.
1167) **經師(경사)** : 초상집을 다니며 시체를 다루고 장사를 치르는 일을 업으로 하던 사람
1168) 自訟(자송) : 자신(自身)의 결함(缺陷)이나 잘못에 대(對)하여 스스로 깊이 뉘우치고 자신(自身)을 책망(責望)함.
1169) **貢舉(공거)** : 옛날, 향리(鄕里)에서 선비를 중앙에 천거하는 제도

하길[拜告:배고] 절반을 나누길 원하였다[願分一半:원분일반]. 장씨는 이것을 대질한 후에 아주 적은 양[分毫:분호]도 취하지 않고 모두[悉;실] 돌려주었다. 그 사람은 하늘에 절하고 그대[장씨]의 장수부귀(長壽富貴)를 축원하였다. 열흘쯤 장씨 꿈에 홀연히 그 조부가 친절하게[與之:여지] 이르길 '너[汝]가 음공(陰功)이 있어 하늘[天]에서 길지(吉地)를 주니, 십리(十里)를 가면 교량 가[橋邊]에 반드시 그곳에서 사람을 만날 수 있다' 고 하였다. 꿈에 깨었는데[覺:각] 날이 밝아[天曉;천효] 그날[即日;즉일] 십리(十里)를 가 교량에 앉아 기다려[候:후] 석양[至日西;서쪽에 해가 이르러]에 두 사람[二人]이 한 사람을 호송되어[押:압] 온 그 사람이 교량 가[橋邊:교변]에 이르러 결사코[抵死:저사] 가지 않고 가리켜 이르길 ' 나의 산이 있는 이 안에 한자리[片:편]가 있으니 (한 자리를) 관장하기를 원하면[願典:원곡] 곡식을 빌려[穀債:곡채] 갚으라' 고 하였다.

그 두 사람은 반드시 곡식[谷]이 요구하니 산을 받아들일 수 없었다.

장구씨[張]가 곧 물러나면 이르길 '곡식 가격은 얼마요?' 이르길 ' 20석이요' 하니 장씨는 백미(白米)를 주고 그 산을 받고 귀가하여 아내에게 말하길 ' 내가 꿈에 길지를 얻었는데 과연 그러하였다' 고 하였다. 그 다음날 산을 보니 모든 산[全身]이 온통 석산으로 하장할 혈처가 없다.

명사를 청하여 점혈[點穴]하는 데 10여년을 돌아다녔는데[徧;편] 지사[經師]가 백여 명[百數]이었으나 혈에 하장할 수 있는 자가 없었다. 자신(自身)을 책망(責望)하여 이르길 '옛날 꿈에 음덕(陰德)을 준다고 하였으나 지금 하장할 수 있는[可扦:가천] 혈이 없는 것은 내 덕이 적은 것[薄;박]이다' 고 하고 누차[仍;잉] 관[棺木;관목]을 내버려 두고, 다리길[橋路:교로]을 수리하여 건조하였다[修造:수조]. 또 3년(三年)이 지나 그 처가 꿈을 꾸었는데 신인(神人)이 말하길 '조천(照天) 납촉혈(蠟燭穴)이 산의 정상[巔;전]에 있다' 한 후구[後句]에 말한 같이 부귀(富貴)를 글로서 표기할 수 없었다. 장씨는 기뻐서 이르길 ' 산 정상에는 반드시 흙이 있다' 고 하여 곧 그 곳에 가서 살펴보니 과연(果然) 그러하였다. 높은 정상에 부(父)를 장사하고 지금 50여년 지나 세 번의 공거(貢擧)가 있었고 날이 갈수록 더욱 복이 커지는 곳이다. 향촌에서는 음덕 명당[陰德地:음덕지]이라 한다.

按：此龍穴，後必有顯者。其穴居山巔，元辰洩下數丈1170)，本不利初年。五十年尚未行至木星聳秀之處，蓋發愈遲而福愈大，天理地理昭昭1171)然，惟待其時耳。上諸怪穴，乃怪之最怪者，皆古仙跡，明驗1172)足徵1173)，非誣也。但君子語常而不取怪。況此怪之最怪，何可為訓？然此寔乃天地藏機以福善人，非尋常之可測耳。矧穴怪而龍必不怪，造化既明洩於龍矣，豈複又示以穴乎？知者審龍自可得穴。但極大之地，其怪尤甚。諺有云：「地有十分大，穴有萬分怪。」是以古仙哲師點怪穴者，未嘗1174)不細用心機，參詳思索。或一月而得之，或一年而得之，或數年而後明，或十年而後定，不敢輕易以為是，必深知其情性，洞究其玄微，劃然神悟1175)，透徹真機，果有定見，造化在乎手矣，豈不難哉！

조사해 보니[按]

이 용에 혈(穴)은 배후에 반드시 현자(顯者)가 있어야 하고 그 혈은 산의 정상[山巔:산전]에 있어 원진수[元辰水]가 아래로 수장(數丈)을 흘러가 본래 초년(初年)은 불리하다. 50년이 되어도 오히려 목성(木星)이 빼어나 솟은 곳[聳秀之處:용수지처]에 아직 이르지 못하였다. 대개 발복이 더욱 늦을수록 복이 더욱 큰 것은 천지의 사리(事理)에 밝고 또렷한[昭昭:소소]한 이치이다. 오직 그때를 기다릴 뿐이다 이상 여러 괴혈(怪穴)은 괴혈 중[怪中]에서도 으뜸의 괴혈이다. 모두 옛 선적(仙跡)이 눈에 보여 효험[明驗:명험]을 믿을 만하여[足徵:족징] 속임수[誣;무]가 아니니다. 다만 군자(君子)는 일상적인 것을 말하고 괴이한 혈을 말하지 않는데, 하물며 괴중(怪中)에서도 으뜸의 괴혈을 어찌 교훈[訓]을 삼을 수 있는가? 그러나 이는 진실로[寔;식] 천지(天地)가 기밀을 감추고[藏機:장기] 복을 선인에게 준다[以福善人:이복선인]. 평범하지 않아[非尋常:비심상] 예측할 수 없다.

1170) 丈(장) : 한 자[尺]의 열배로 3m에 해당. 길이 단위. 어른 키의 길이
1171) 昭昭(소소) : 사리(事理)가 밝고 또렷함.
1172) 明驗(명험) : 뚜렷하고 좋은 효험. 눈에 보이는 효과
1173) 足徵(족징) : 근거가 충분함. 믿을 만함
1174) 未嘗(미상) : 일찍이 ~한 적이 없다. ~이라고 말할 수 없다. 지금까지 ~못하다. 결코 ~(이)지 않다. ◦參詳(참상) : 상세히 관찰하다. 자세히 연구하다.
1175) 劃然(획연) : 명확(明確)하게 구별(區別)된 모양(模樣). 한계가 분명한 모양
☞ 神悟(신오) : 빠른 이해력. 재빠르게 이해하다.

하물며[矧;신] 혈은 괴이(怪異)하나 용은 반드시 괴이하지 않다[不怪]. 조화가 용(龍)에서 분명하게 누설하여 나타나기 때문이다. 어찌 다시 또 혈(穴)로 나타나 보여 주겠는가 ? 지혜가 있는 사람은 용(龍)을 자세히 살피면 저절로 혈을 얻을 수 있다. 다만 매우 큰 대지[極大之地:극대지지]는 특히[尤;우] 괴혈이 많다[甚]. 언유(諺有)에 이르길 '땅은 매우[十分:십분] 크고, 혈은 만분지일(萬分之一:만분지일)로 괴이하다' 고 하였다. 이 때문에[是以;시이] 옛 선인[古仙:고선]은 철사(哲師)가 괴혈(怪穴)을 점혈하여 일찍이 마음의 활동[心機:심기]을 세밀히 사용하여[未嘗:미상] 깊이 생각하고[思索:사색] 자세히 관찰하여[參詳:참상] 혹 한 달에 얻기도 하고 혹 1년에 얻기도 하고 혹 수년(數年) 후에 밝히기도 하고 혹 10년이 지나 정하기도 하여 감히 함부로[輕易; 경이] 옳다고 여겨서[以為是]는 안된다.
반드시 그 성정[情性]을 깊은 지혜[深知:심지]로 투철하게 그 현미함[玄微]을 연구하고[洞究;통구] 명확(明確)하게 구별(區別)하여 모양을 빠르게 이해하고[劃然神悟], 진기(真機)에 투철(透徹)해야만 마침내 반드시 의견을 나타낼 수 있다. 조화(造化)가 내 수중에 있어야 하니 어찌 어렵지 않겠는가 !

古語云 :

「一年學得尋龍, 十年學不得點穴。」又云 : 「望勢尋龍易, 登山點穴難。若還差一指, 如隔萬重山。」大抵乘生氣全在點穴, 而點穴須在正心誠意, 從容[1176]精詳, 反複玩索。此系險事, 豈可同明顯之穴而易視之 ? 切不可妄逞聰明, 魯莽[1177]苟且。仙輩如廖公看大汾潭地沐國公祖地也, 盤桓月餘。賴公扦黃氏蛇形, 三移其壙。董德彰扦倪御史祖地, 三遷其穴。劉誠意點金華鄭氏鞭山地, 往來二十年始得其妙。因自嘆曰 : 「我愛鞭山二十年, 鞭山對我默無言。今朝始悟鞭山趣, 貴穴從來不易扦。」此見哲人慎重不苟如此。世有自作[1178]聰明, 強不知以為知,

1176) 從容(종용) : (시간이나 경제적으로) 여유가 있다. 침착하다. 넉넉하다.
☞精詳(정상) : 정밀하고 상세하다. 주도 면밀하다. ☞ 玩索(완색) : 깊이 연구하다. 음미하다. 깊이 새겨보다
1177) 逞(령) : 마음대로 하다, (재능이나 기량을) 뽐내다. 과시하다. 우쭐대다.
☞鹵莽(노망) : 거칠고 서투름 ☞ 苟且(구차) : 살림이 몹시 가난함. 말이나 행동(行動)이 떳떳하거나 버젓하지 못함.
1178) 自作(자작) : 스스로 하다. 자초하다. 자기가 ~라고 생각하다.

或以自誤，或以悞人，吾不知其設心[1179]何如也。吾又怪夫世有不思安親，人子一生極重大事，而輒信匪人，以斷法小術，妄書禍福。一或偶中，遂以為神，而不督其誠僞，一切委之，不免致後悔者多矣。

고어(古語)에 이르길 '일 년 배워 용을 찾을 수 있으나[得尋龍:득심룡], 10년[十年]배워도 점혈(點穴)을 할 수 없다' 하였다. 또 이르길 '세를 바라 보고 용을 찾기는 쉬우나 산에 올라가 점혈(點穴)하는 것은 어렵다. 만약[若還:약환] 조금만 차이[差一指:차일지]라도 만중산(萬重山)에 가로막힌 것과 같다'고 하였다. 대체로[大抵] 생기(生氣)를 타는 것은 온전히 점혈(點穴)에 있고 점혈(點穴)은 반드시 마음을 바르게 하고 뜻을 정성스럽게 함[正心誠意]에 달려있다. 형상을 따라 상세하게[精詳:정상] 반복(反複)하여 깊이 연구하는 것이다[玩索;완색]. 이것[괴혈]은 검사(檢事)하는 데 매여 있는데 어찌 분명하게 드러난[明顯;명현] 혈 과 동일하게 쉽게 볼 수 있겠는가?

일체 망령되게[妄:망] 총명(聰明)함을 과시하며[逞:령] 구차하게 거칠게 해서는 안된다. 요공(廖公)과 같은 선배(仙輩)는 대분(大汾)에 있는 담지(潭地)의 목국공(沐國公) 조지(祖地)를 한 달이 조금 넘는 기간[月餘:월여]을 살펴보고 여기저기를 걸어 다니면서 서성이었다[盤桓;반환]. 뢰공(賴公)은 황씨(黃氏)를 사형(蛇形)에 천장할 때 광중을 세 번이나 옮겼다. 동덕창(董德彰)은 예어사(倪御史)의 조지를 천장할 때 세 번이나 혈(穴)자리를 옮겼고, 유성의(劉誠意)는 금화(金華) 정씨(鄭氏)를 편산지(鞭山地)에 천장할 때 20년을 왕래하여 비로소 묘리(妙理)를 터득하였다.

탄식[嘆:탄]하여 이르길 '내가 편산(鞭山)을 소중히 여긴지 20년이나 편산(鞭山)은 나를 대하여 조용히[默:묵] 말이 없네. 오늘 아침 비로소 편산(鞭山)에 달려가[趣;취] 깨달았다. 지금까지 내려온 그대로[從來:종래] 귀한 혈에 천장하기가 쉽지 않다'고 하였다. 철인(哲人)이 이곳을 보아 이와 같으면 신중(愼重)하여 함부로 하지 않는다[不苟;불구]. 세상에는 자기가 총명(聰明)하다고 생각하는 사람[自作]있다. 모르는 것을 억지로 아는 체하며[以為知:이위지] 혹 스스로 잘못하거나 사람을 속여[以悞人:이오인] 내가 어찌[何如:하여]

1179) 設心(설심) : 用心(마음을 쓰다) ; 設心: 마음에 두고 잊지 아니함(存心).생각을 품다. 저의를 가지다(居心). ☞何如(하여) : 어떻게. 또는 어찌.

그 저의를 가지는 것[其設心]을 모르겠는가? 나는 또 괴부(怪夫)는 세상[世]에 어버이를 편안하게 하는데(安親:안친) 마음을 두지 않는 사람도 있으니 인자(人子)는 일생(一生)에 극히 중요한 대사(大事)를 행위가 바르지 못한 사람[匪人;비인]의 말을 오로지[輒;첩] 믿어 단법소설(斷法小術)로 망언을 화복(禍福)으로 기록하여 어쩌다 한번 우연히 잘 들어맞아[偶中:우중] 마침내 신이 된 것으로 여겨[신이 된 것처럼 행동하여] 그 진위[誠僞]를 살피지 않고 일체(一切)를 위임하여[委之;위지] 후회(後悔[1180])하는 사람이 많다.

1180) 後悔(후회) : 이전의 잘못을 깨치고 뉘우침. 일이 지난 뒤에 잘못을 깨치고 뉘우침

<참고문헌>

『精校绘图地理人子须知(간자체)』, 2007.

『地理人子須知』,竹林書局

『人子須知』(前)·(後), 명문당, 김동규역, 2008.

『玉髓眞經』(上.下), 武陵出版有限公司整理編輯

『地理啖蔗錄』, 珍藏古體重所新編訂發行

『葬書譯註』, 비봉출판사, 허찬구, 2005.

『明山論』, 비봉출판사, 김두규 역해, 2002.

『풍수지리보감』,대한민국풍수지리 연합회

『疑龍經·撼龍經』, 비봉출판사, 김두규 역주, 2009.

『풍수학 사전』, 비봉출판사, 김두규, 2005.

『역사문화수첩』,역민사, 한국역사연구회, 2007.

『한국의 風水思想』, 민음사, 최창조, 1992.

『 정통풍수지리』,평단, 정경연, 2008

『入地眼全書』,죽림서국, 辜託長老

『周易』(上.下), 을유문화사, 정병석, 2010

『설심부변와정해』, 맑은 샘 출판사, 김상태 역주, 2023.

그림으로 배우는 풍수『인자수지』(사법·수법·양기편) 맑은 샘 출판사, 김상태 역주, 2024.

전통지리사상의 관점에서 본 조선시대 읍성연구.(김상태. 박사논문, 2015)

이언적의 선대 陰宅과 陽宅에 대한 풍수지리적 연구.(김상태.석사논문, 2010)

민중원 풍수학당(http://cafe.daum.net/vndtnalswnddnjs)

다음 사전 https://dic.daum.net/

네이버 사전 https://dict.naver.com

인자수지

《풍수(風水)의 꽃《혈편(穴編)》

초판 1쇄 인쇄 2026년 01월 12일
초판 1쇄 발행 2026년 01월 20일
저자 서선계, 서선술
역주 김상태

펴낸이 김양수
펴낸곳 도서출판 맑은샘
출판등록 제2012-000035
주소 경기도 고양시 일산서구 중앙로 1456 서현프라자 604호
전화 031) 906-5006
팩스 031) 906-5079
홈페이지 www.booksam.kr
블로그 http://blog.naver.com/okbook1234
이메일 okbook1234@naver.com

ISBN 979-11-5778-732-6 (03180)